Pratique du Droit du Travail

Gabriel Guéry

Diplômé d'études supérieures de droit privé. PIGG, INSEAD 1981.

Il a débuté sa carrière professionnelle comme conseil à la Société juridique et fiscale de France (FIDAL, DR Nancy). Il est entré le 1er juin 1975 à l'EM Lyon en qualité de professeur-consultant en Droit des Affaires et en Droit du Travail. En 1980, il prenait la responsabilité des enseignements juridiques au sein de cette institution. Il a alors pu travailler en profondeur le marché des responsables d'entreprise et cadres de gestion (futurs et en exercice) afin de leur faire acquérir les connaissances juridiques indispensables à une meilleure maîtrise de la portée des décisions et choix stratégiques qu'ils sont amenés à prendre dans l'exercice de leurs fonctions. Il a ainsi élaboré et mis en œuvre une nouvelle approche du droit sous l'angle d'un « droit-outil de gestion ».

Outre ses activités pédagogiques au sein de l'EM Lyon, Monsieur Guéry exerce en qualité d'avocat et s'est inscrit au barreau de Lyon à la suite de la fusion des professions de conseil juridique et d'avocat.

Il fut par ailleurs conseiller prud'homme à la Section encadrement du Conseil de prud'hommes de Lyon de 1983 à 1994.

Gabriel Guéry est également l'auteur de nombreux articles et ouvrages dans le domaine juridique.

Pratique du Droit du Travail

Gabriel GUÉRY

12e édition

Gualino éditeur

Dans la même collection

- *La transmission d'entreprise en pratique* (Gilles Lecointre) 3e édition.
- *Guide marketing pour l'entreprise* (Guy Audigier).
- *Guide pratique de l'administrateur de société* (Serge Gautier – série ADAE).
- *Guide des relations actionnaires minoritaires/dirigeants* (Jack Bertrandon – série ADAE).
- *L'évaluation des droits de propriété industrielle* (Pierre Breese et Alain Kaiser).
- *Vers l'entreprise numérique* (Josse Roussel).
- *Les 7 modèles économiques d'Internet – Pour vendre sur Internet en gagnant de l'argent* (Djamchid Assadi).
- *Gestion pratique des dividendes* (Jack Bertrandon).
- *La Franchise – Guide juridique – Conseils pratiques* (Dominique Baschet).
- *Les documents Import-Export* (Ghislaine Legrand et Hubert Martini).
- *Guide d'application des normes IAS/IFRS* (Stéphane Brun).

ISBN 2 - 84200 - 877 - 4

Sommaire

Partie 2
LA RELATION INDIVIDUELLE DE TRAVAIL

Partie 3
LA RÉGLEMENTATION DU TRAVAIL

Partie 4
LES RELATIONS COLLECTIVES AU SEIN DE L'ENTREPRISE

Partie 5
LES CONFLITS COLLECTIFS

Avant-propos

L'entreprise est le plus fréquemment définie sous l'angle de sa finalité économique : elle a pour objet la production et/ou la distribution de biens et/ou de services avec le souci de la recherche du meilleur profit possible. Aborder, en revanche, l'entreprise en la présentant comme une « collectivité humaine » reste une démarche qui ne retient pas encore naturellement l'adhésion. Et pourtant nombre d'hommes et de femmes y passent un bon tiers de leur vie quotidienne. Démarche naturelle ou pas, nul désormais ne peut oser se dire responsable ou cadre d'entreprise s'il n'a pas un minimum de connaissances en droit du travail, branche du Droit qui a justement pour objectif de réglementer les relations individuelles et collectives de travail au sein de l'entreprise.

Nous n'aborderons pas le droit du travail de manière théorique, et ceci délibérément, dans la mesure où nous nous adressons essentiellement à des hommes et des femmes de terrain, futurs et en exercice. Tous nos développements sont donc axés sur **la pratique** du droit du travail dans l'entreprise.

Que le lecteur veuille bien au préalable nous autoriser cette comparaison entre le responsable ou cadre d'entreprise qu'il est ou qu'il deviendra et l'automobiliste qu'il est certainement. Elle nous permet en effet de dégager quelques points de repère clés indispensables à la bonne compréhension de nos explications.

L'automobiliste

Il veut aller d'un point A à un point B. L'analyse de son trajet conduit à distinguer l'automobiliste et l'environnement, d'une part, l'automobiliste et la conduite (ou « la gestion ») de son véhicule, d'autre part.

L'automobiliste et l'environnement

L'environnement qui entoure l'automobiliste est un ensemble de données objectives qui peuvent lui apparaître tour à tour comme des contraintes ou comme des opportunités en fonction du lieu, du moment et peut-être aussi... de son humeur. On peut distinguer des données naturelles (configuration de la route, conditions atmosphériques, densité de la circulation, etc.) et des données positives (limitation de vitesse, interdiction de dépasser, stop, etc.) : d'abord la géographie, puis le droit, en l'occurrence le Code de la route. Cette dernière dépendance, qui peut être exclusivement ressentie comme une contrainte, sinon comme une menace, est en fait nécessaire à la coexistence « sans heurts » de l'ensemble des usagers de la route.

L'automobiliste et la conduite du véhicule

Au sein de cet environnement composé d'éléments naturels et de règles de droit, l'automobiliste est libre de choisir son style de conduite. Il pratiquera par exemple la conduite sportive avec de fréquents changements de vitesse ou au contraire une conduite plus souple ; sa conduite sera plus attentive ou plus détendue ; l'accélération sera privilégiée ou plutôt l'économie du véhicule et de l'énergie, etc.

Le manager

Il a un programme à remplir, une décision à prendre, un objectif à atteindre, bref, il doit aussi accomplir un parcours de A à B. Comme précédemment, le parcours est effectué dans un certain environnement au sein duquel il peut déterminer la conduite ou « *la gestion* » de son entreprise.

Le « manager » et l'environnement

Nous retrouvons, parmi l'ensemble des données qui constituent son environnement, des éléments naturels que sont les contraintes économiques (potentialités du marché, état de la concurrence, stade de développement technologique, etc.) et des éléments positifs (droit des affaires, droit du travail, etc.).

Cette somme de données qui gouverne l'action du manager recèle les mêmes caractères d'opportunités et de contraintes que les données géographiques et juridiques qui s'imposent à l'automobiliste.

Ainsi la conjoncture n'est-elle pas systématiquement mauvaise ni le droit menaçant. Le droit du travail, qui nous concerne ici particulièrement, est cette sorte de Code de la route **qui s'efforce d'organiser, de réguler les relations au sein de la collectivité de travail qu'est l'entreprise**.

Le « manager » et son style de gestion

Comme l'automobiliste, le manager jouit de la liberté de conduite au sein de cet environnement. L'ensemble des règles légales, jurisprudentielles ou conventionnelles qui codifient son comportement lui laissent une possibilité de choix dans la détermination de sa gestion.

• Choix du contrat

Le manager embauche : il doit savoir déterminer le type de contrat qu'il peut proposer.

• Liberté rédactionnelle totale

Sous cette expression, nous entendons la possibilité pour la partie contractante ayant l'initiative de la rédaction du contrat de formuler librement ou d'inventer toutes propositions susceptibles de protéger ses intérêts ou de retenir l'attention de ses partenaires.

> *Exemple :*
>
> Un employeur qui embauche un représentant peut décider librement de la fréquence des rapports de visite à lui remettre (journalière, hebdomadaire...), du mode de rémunération (fixe, commission, fixe + prime sur objectifs...), de l'ouverture du droit à commission (à la prise de commande, au jour de l'encaissement du prix...).

• Liberté rédactionnelle contrôlée

À l'occasion de la rédaction d'un contrat, on se trouve souvent devant l'alternative suivante : insérer ou ne pas insérer une clause déterminée. Ce choix est en lui-même l'expression d'une forme de liberté. Si l'on décide d'insérer la clause, il faudra toutefois prendre soin de s'assurer de sa validité en respectant les dispositions législatives, jurisprudentielles ou conventionnelles la régissant.

> *Exemple 1 :*
>
> Stipulera-t-on une clause de renouvellement dans le cadre d'un contrat de travail à durée déterminée ? Oui ? Non ? Liberté. En cas de réponse positive, on s'assurera de sa pleine efficacité en respectant les dispositions législatives qui la gouvernent.

Exemple 2 :

Imposera-t-on une clause de non-concurrence dans le cadre d'un contrat de travail ? Oui ? Non ? Liberté. En cas de réponse positive, on devra tenir compte des dispositions des conventions collectives applicables en la matière, ou à défaut veiller à ne pas enfreindre les dispositions jurisprudentielles relatives aux conditions de validité d'une telle clause.

L'environnement juridique

De même qu'il existe un Code de la route dont le respect s'impose à tous les usagers pour assurer la sécurité de la collectivité, il existe un ensemble de règles de droit, d'origines et de niveaux divers, qui constituent l'environnement juridique du manager.

• Les **composantes** de l'environnement juridique sont de trois ordres.

– *Les règles de droit édictées par les pouvoirs publics* : ce sont celles qui doivent nécessairement être appliquées par ceux qui se trouvent situés dans leur champ d'application.

Exemple :

Il est interdit à tout employeur de prendre en considération l'appartenance à un syndicat ou l'exercice d'une activité syndicale pour arrêter ses décisions en ce qui concerne notamment l'embauchage, la conduite et la répartition du travail, la formation professionnelle, l'avancement, la rémunération et l'octroi d'avantages sociaux, les mesures de discipline et de congédiement (L. 412-2).

– *Les compléments jurisprudentiels* : ils proviennent des décisions rendues par les tribunaux à l'occasion d'un procès né d'un problème d'application de règles de droit susceptibles d'interprétations multiples ou apparemment contradictoires entre elles, ou encore insuffisamment précises.

Exemple :

La loi accorde aux délégués du personnel un crédit d'heures de 10 ou 15 heures par mois, selon la taille de l'entreprise, pour accomplir leur mission. Mais la loi ne précise pas si le crédit d'heures non utilisé pendant un mois peut être reporté sur le mois suivant. À la suite d'un conflit né entre un employeur et un délégué du personnel, les juges ont considéré que le report était interdit.

La règle de droit impérative, donnée première de l'environnement, ne peut se lire et se comprendre qu'à la lumière de ses compléments jurisprudentiels.

– *Les conventions collectives* : il s'agit d'accords sur les conditions de travail et les garanties sociales conclus généralement dans le cadre d'une branche professionnelle par les partenaires sociaux. Ils constituent une donnée d'environnement dans la mesure où leurs dispositions doivent être respectées et appliquées.

• La méconnaissance de cet environnement donne lieu généralement à des sanctions.

– *L'annulation*

Annulation d'une situation donnée

Exemple :

Sauf dans le cas où une faute lourde pourrait être retenue à son encontre, le salarié gréviste ne peut être licencié ; si ce licenciement est prononcé, il est nul.

Annulation de la clause d'un contrat

Exemple :

Toute clause d'un contrat de travail moins favorable pour le salarié par rapport à ce qui est stipulé dans la convention collective est nulle de principe.

Annulation du contrat lui-même

Exemple :

Est nul le contrat qui aurait pour objet de faire échec aux droits du représentant VRP.

– *L'octroi de dommages-intérêts*

Exemple 1 :

Si le chef d'entreprise licencie un salarié pour un motif tiré de son appartenance ou de son activité syndicale, le licenciement est considéré comme abusif et donne lieu à des dommages-intérêts.

Exemple 2 :

En vertu du principe impératif de la force obligatoire du contrat entre les parties signataires, la partie victime de l'inexécution du contrat peut demander réparation du préjudice causé sous forme de dommages-intérêts.

– *Les sanctions pénales*

Exemple 1 :

Le fait de porter atteinte à l'exercice régulier des fonctions de délégués du personnel est puni d'un emprisonnement d'un an et/ou d'une amende de 3 750 €.

Exemple 2 :

Le licenciement fondé sur un motif d'appartenance à un syndicat constitue une infraction passible d'une peine d'emprisonnement d'un an et/ou d'une amende de 3 750 €.

Finalité de l'ouvrage

Ce livre s'adresse aux responsables d'entreprise ainsi qu'à toute personne qui, dans l'entreprise, exerce une fonction d'encadrement. Il s'adresse également aux élèves qui, dans le cadre de leur formation, doivent acquérir une bonne connaissance du droit du travail (citons au premier rang de ceux-ci, les élèves des grandes écoles de gestion et de management).

Les praticiens de la gestion et les étudiants trouveront dans ce livre toutes les connaissances nécessaires à l'acquisition de **réflexes préventifs** leur donnant la possibilité de « flairer » ou d'apprécier les incidences juridiques des décisions prises ou des évènements rencontrés.

Le risque de commettre des erreurs, qui pourraient se révéler parfois gravement préjudiciables pour l'entreprise, s'en trouvera diminué d'autant.

Précisons notre pensée à l'aide d'une image simple. Un obstacle se présente sur notre chemin : à ne pas l'avoir vu, nous risquons de chuter ; dans le cas contraire, nous avons le choix entre deux possibilités : ou bien nous savons contourner l'obstacle nous-même et agirons donc seul, ou bien nous craignons de mal nous y prendre et demanderons l'aide d'une personne compétente. **L'essentiel, c'est d'avoir vu l'obstacle, et suffisamment tôt !**

Cette image reflète fidèlement l'objectif de ce livre.

Sous une forme accessible à tous, nous souhaitons donner à nos lecteurs la connaissance des règles et des pratiques qui régissent le droit du travail mais aussi leur faire « prendre conscience », dans chaque cas rencontré, de la « portée » du droit du travail.

Esprit de l'édition 2006

La présente édition tient compte de l'ensemble des lois, ordonnances et décrets promulgués jusqu'au 15 janvier 2006 ainsi que des accords conclus jusqu'à cette même date. Elle poursuit son enrichissement par la prise en compte des circulaires ministérielles ainsi que des réponses ministérielles aux questions posées par des parlementaires ; elle accroit son souci de la confrontation avec la réalité en multipliant les exemples d'illustration jurisprudentiels et en faisant état des arrêts les plus récents de la Cour de cassation et du Conseil d'État.

Bref, cette nouvelle édition reste dans le droit fil des précédentes en offrant à ses lecteurs une « ***pratique du droit du travail*** » saisie au regard d'un environnement juridique entièrement actualisé et des données sociales les plus récentes.

PARTIE

1 Les sources du droit du travail

Chapitre 1

Les sources textuelles

Elles constituent la première composante de l'environnement juridique de l'entreprise.

1. Les textes d'ordre interne
2. Les textes d'ordre international
3. La législation européenne

1. Les textes d'ordre interne

Nous entendons par textes d'ordre interne ceux adoptés par les autorités législatives et gouvernementales françaises.

1.1 Nature

1.1.1 Les lois

La loi est la règle de droit votée par le Parlement.

La Constitution de la Ve République (4 octobre 1958) a restreint l'étendue du domaine d'intervention du Parlement puisque les matières qui relèvent de sa compétence sont énumérées **limitativement** (voir art. 34). Pour ce qui concerne le domaine qui nous intéresse, la loi **détermine les principes fondamentaux** du droit du travail, du droit syndical et de la sécurité sociale.

1.1.2 Les règlements

Le règlement est la règle de droit élaborée par le Gouvernement. L'actuelle Constitution donne au Gouvernement un pouvoir réglementaire de principe, l'article 37 disposant : « *Les matières autres que celles qui sont du domaine de la loi ont un caractère réglementaire* ». En vertu de l'article 21 de la Constitution, le pouvoir réglementaire est exercé par le Premier ministre.

Ces dispositions constitutionnelles entraînent à distinguer :

– les règlements pris pour l'exécution des lois ou règlements *d'application* ;

– les règlements *autonomes*, c'est-à-dire ceux pris librement dans le cadre de l'article 37.

En ce qui concerne le droit du travail, le droit syndical et le droit de la sécurité sociale, **le pouvoir réglementaire se traduit essentiellement par la prise de règlements d'application**, puisque les principes fondamentaux sont du ressort de la loi. Il en résulte que toute lecture d'une loi doit être complétée par celle de ses mesures réglementaires d'application.

Exemple :

Loi :

Le salarié lié par un contrat de travail à durée indéterminée et qui est licencié alors qu'il compte deux ans d'ancienneté ininterrompue au service du même employeur a droit, sauf en cas de faute grave, à une indemnité minimum de licenciement. Le taux de cette indemnité varie selon que le motif de licenciement est de nature économique ou non et ses modalités de calcul sont fixées par voie réglementaire (L. 122-9).

Règlement :

Pour un licenciement fondé sur un motif économique, cette indemnité ne peut être inférieure à deux dixièmes de mois par année d'ancienneté jusqu'à dix ans et de deux dixièmes de mois plus deux quinzièmes de mois par année d'ancienneté à partir de 10 ans d'ancienneté.

Pour un licenciement fondé sur un motif non économique, cette indemnité ne peut être inférieure à un dixième de mois par année d'ancienneté jusqu'à dix ans et de un dixième de mois plus un quinzième de mois par année d'ancienneté à partir de 10 ans d'ancienneté (R. 122-2).

1.1.3 Les ordonnances

Aux termes de l'article 38 de la Constitution, le Gouvernement peut, pour l'ensemble de son programme, demander au Parlement l'autorisation de prendre par ordonnance, pendant un délai limité, des mesures qui sont normalement du domaine de la loi. C'est là une forme de pouvoir réglementaire tout à fait spéciale puisqu'elle va s'exercer dans le domaine réservé à la loi.

Exemple :

Ordonnance n° 2004-602 du 24 juin 2004 *relative à la simplification du droit dans les domaines du travail, de l'emploi et de la formation professionnelle.*

1.1.4 Les arrêtés ministériels et interministériels

Le pouvoir réglementaire étant attribué de principe au Premier ministre, les ministres ne peuvent prendre des dispositions générales par voie d'arrêtés que lorsqu'ils en ont été expressément autorisés en vertu, soit d'un règlement pris par le Premier ministre, soit d'une loi votée par le Parlement.

Exemple 1 :

Les relèvements du SMIC en fonction des prix ont lieu dès que l'indice national des prix à la consommation enregistre une hausse d'au moins 2 % par rapport au niveau où il se trouvait lors de la précédente fixation du salaire minimum. Un règlement précise que lorsque le SMIC est relevé en application de cette première procédure, **un arrêté** conjoint du ministre du Travail, du ministre de l'Agriculture et du ministre de l'Économie fait connaître le nouveau montant de ce salaire.

Exemple 2 :

L'article L. 133-8 précise que les dispositions d'une convention collective de branche peuvent – sous certaines conditions – être étendues par **arrêté** du ministre du Travail à toutes les entreprises rentrant dans son champ d'application professionnel et territorial.

1.1.5 Les circulaires ministérielles

Elles sont intéressantes à connaître dans la mesure où elles viennent préciser les modalités d'application d'un texte de droit ou apporter des instructions explicatives sur les dispositions prêtant à controverse. Elles permettent de connaître ainsi **le point de vue de l'Administration**. Mais ce n'est que le point de vue de l'Administration et les juges ne sont pas liés par les précisions ainsi apportées. Les circulaires sont cependant d'un précieux concours et leurs instructions pratiques éclairent ceux qui se trouvent visés par le texte de droit concerné.

1.2 Codification

Les textes législatifs de nature parlementaire et gouvernementale ont été codifiés en 1973 et en 1974. Toute personne ouvrant un Code du travail constatera que les articles qu'il renferme sont précédés des lettres L., R. ou D.

L. signifie qu'il s'agit d'un article de nature parlementaire, c'est-à-dire qui a été voté par le Parlement ou adopté par le Gouvernement par voie d'ordonnance. Les décrets d'application sont répartis entre R. et D. suivant le mécanisme de leur élaboration. Les décrets qui ne peuvent être pris qu'après avis du Conseil d'État sont appelés « règlements » et les articles qui les codifient sont précédés de la lettre R ; les décrets qui peuvent être pris directement sans un nécessaire avis préalable du Conseil d'État sont appelés « décrets simples » et les articles qui les codifient sont précédés de la lettre D.

Pour avoir une information légale complète sur un sujet donné, il est indispensable de lire non seulement l'article de loi (L.), mais aussi les mesures réglementaires qui le complètent (R. et/ou D.).

2. Les textes d'ordre international

Nous entendons par textes d'ordre international ceux dont le rayon d'action s'étend sur deux ou plusieurs pays.

2.1 Conventions bilatérales

Conclus entre la France et un pays étranger, leurs dispositions intéressent la condition juridique des salariés de ce pays lorsqu'ils viennent travailler en France et inversement celles des salariés français travaillant dans ce pays étranger. Elles doivent être connues par les responsables d'entreprise dès lors qu'ils embauchent un ou plusieurs salariés du pays concerné ou qu'ils ont l'occasion d'y envoyer un ou plusieurs de leurs propres salariés.

2.2 Conventions internationales

Elaborées par l'OIT (Organisation internationale du travail), un des organismes spécialisés de l'ONU, ces conventions ont une portée relativement large puisqu'elles tendent à l'unification progressive du droit du travail, par l'adoption, sur chacune des matières auxquelles elles sont consacrées, de règles communes à tous les États signataires.

Portée large, mais d'efficacité limitée puisque, pour la France notamment, ces conventions ne sont pas automatiquement applicables dans notre pays. Elles ne s'incorporent en quelque sorte à notre droit interne qu'après avoir été ratifiées par le Parlement.

3. La législation européenne

C'est le traité de Rome du 25 mars 1957 qui a institué la Communauté économique européenne, avec pour objectif de créer une vaste zone de politiques communes et permettant une expansion et une stabilité accrues.

La signature de l'« *Acte Unique* », puis du « *traité de Maastricht* » et enfin du « *traité d'Amsterdam* » a redonné un nouveau souffle à la construction « *économique* » de l'Europe rendue de plus en plus nécessaire sous la pression des deux principaux concurrents de l'Europe, les États-Unis et le Japon.

3.1 Outils communautaires

Sur le plan des règles de droit, il convient de distinguer :

– le « *règlement* » : c'est l'instrument **d'uniformisation** des législations ; il a une portée générale, il est obligatoire dans tous ses éléments et il est directement applicable dans tout État membre ;

– la « *directive* » : c'est l'instrument **d'harmonisation** des législations ; elle lie tout État membre destinataire quant au résultat à atteindre, tout en laissant aux instances nationales la compétence quant à la forme et aux moyens ;

– la « *décision* » : elle lie le destinataire, État membre ou particulier, auquel elle est notifiée ; elle n'est donc pas un acte normatif mais un acte individuel ;

– « *les avis et les recommandations* ».

Il y a lieu de souligner parmi les institutions européennes le rôle tout particulier de la Cour de justice des Communautés européennes sise à Luxembourg qui, au fil de sa jurisprudence abondante, favorise l'émergence progressive d'un véritable droit européen qui s'impose à tous.

3.2 Dimension sociale du marché intérieur

3.2.1 Le volet « social » du traité de Rome

– Il s'agit en premier lieu de la libre circulation des travailleurs à l'intérieur de la Communauté :

• ce qui implique l'abolition de toute discrimination, fondée sur la nationalité, entre les travailleurs des États membres, en ce qui concerne l'emploi, la rémunération et les autres conditions de travail ;

• ce qui comporte le droit, sous réserve des limitations justifiées par des raisons d'ordre public, de sécurité publique et de santé publique, de répondre à des emplois effectivement offerts, de se déplacer à cet effet librement sur le territoire des États membres et de séjourner dans un des États membres afin d'y exercer un emploi conformément aux dispositions législatives, réglementaires et administratives régissant l'emploi des travailleurs nationaux.

– Il s'agit en second lieu de la mise en œuvre d'un système de sécurité sociale pour les travailleurs migrants.

– Il s'agit en troisième lieu de l'application du principe de l'égalité juridique entre hommes et femmes impliquant tout à la fois l'égalité de rémunération et l'égalité de traitement.

– Il s'agit en quatrième lieu des dispositions relatives au Fonds social européen dont la mission consiste à « *promouvoir à l'intérieur de la Communauté les facilités d'emploi et la mobilité géographique et professionnelle des travailleurs* ».

– Il s'agit enfin de la mise en œuvre d'une politique commune de formation professionnelle qui puisse contribuer au développement harmonieux tant des économies nationales que du marché commun.

3.2.2 L'impulsion sociale de « l'Acte unique[1] »

L'Acte unique élargit le champ d'application du principe de la majorité qualifiée dans la prise des décisions du Conseil des ministres, et en particulier dans le domaine de la sécurité et de la santé des travailleurs ; stimule le dialogue entre partenaires sociaux au niveau européen ; met l'accent sur la nécessité de la cohésion économique et sociale de la Communauté.

1. L'Acte unique est entré en vigueur le 1er juillet 1987.

A – La sécurité et la santé des travailleurs

Aux termes de l'article 118 A, « *Les États membres s'attachent à promouvoir l'amélioration, notamment du milieu du travail, pour protéger la sécurité et la santé des travailleurs et se fixent pour objectif l'harmonisation, dans le progrès, des conditions existant dans ce domaine* ».

Pour réaliser cet objectif, le Conseil, statuant à la majorité qualifiée, arrête par voie de directive les « *prescriptions minimales* » applicables progressivement, compte tenu des conditions et des réglementations techniques existant dans chacun des États membres.

B – La stimulation du dialogue social

« *La Commission s'efforce de développer le dialogue entre partenaires sociaux au niveau européen, pouvant déboucher, si ces derniers l'estiment souhaitable, sur des relations conventionnelles* » (art. 118 B).

C – La cohésion économique et sociale

La Commission se donne pour objectif de réduire l'écart entre les diverses régions et le retard des régions moins favorisées par une action menée à travers les Fonds à finalité structurelle, parmi lesquels se trouve le Fonds social européen, objet de plusieurs réformes à cet effet.

3.2.3 La dynamique sociale du traité de Maastricht[2]

Depuis la signature du traité de Rome en 1957, le sommet de Maastricht des 9 et 10 décembre 1991 est certainement le rendez-vous le plus important que l'Europe ait jamais eu avec elle-même. N'a-t-on pas parlé d'ailleurs de « Maastricht » comme du « rendez-vous de l'Europe avec l'Histoire » ?

Trente-quatre ans après la signature du traité de Rome, la Communauté européenne a franchi un nouveau pas historique à Maastricht : les Douze ont institué entre eux une « **Union européenne** », nouvelle étape de la construction européenne. Le renforcement de la Communauté s'appuie sur deux éléments moteurs : une monnaie unique et une politique de défense commune.

L'Europe sociale allait recevoir à cette occasion de nouvelles lettres de noblesse puisqu'il fut décidé d'accélérer son rythme pour le maintenir à la cadence de l'Europe économique. Décision à Onze seulement, puisque la Grande-Bretagne ne s'est pas jointe à la signature de l'accord sur la politique sociale.

Cette volonté de « passer la vitesse supérieure » dans le domaine social s'est concrétisée par deux décisions majeures :

– extension du vote à la majorité qualifiée ;

– feu vert à la négociation collective au niveau communautaire.

A – L'extension du vote à la majorité qualifiée

Sont traitées à la majorité qualifiée les décisions concernant :

– l'amélioration du travail pour protéger la santé et la sécurité des travailleurs ;

– les conditions de travail[3] ;

– l'information et la consultation des travailleurs ;

– l'égalité entre hommes et femmes sur le marché du travail ;

– l'intégration des personnes exclues du marché du travail.

---

2. Signé officiellement le 7 février 1992, le traité de Maastricht n'est entré en vigueur que le 1er novembre 1993 à l'issue d'une procédure de ratification par les « Douze » dont le moins que l'on puisse dire est qu'elle a donné lieu à de nombreux rebondissements.
3. La formulation retenue est susceptible d'une interprétation large.

Demeurent soumises à la règle de l'unanimité[4] :

– la sécurité sociale et la protection sociale des travailleurs ;
– la protection des salariés en cas de résiliation du contrat de travail ;
– la représentation et la défense collective des intérêts des travailleurs et des employeurs, y compris la cogestion ;
– les conditions d'emploi des ressortissants des pays tiers résidant légalement sur le territoire de la Communauté ;
– les contributions financières visant la promotion de l'emploi et la création de postes de travail.

Il reste à noter que les rémunérations, le droit d'association, le droit de grève et de lock-out échappent entièrement à la compétence des autorités communautaires.

B – Le renforcement du rôle des partenaires sociaux

1) Les modes d'intervention

a) Consultation obligatoire

L'ensemble du processus d'élaboration de la législation sociale communautaire devient formellement « triangulaire » par la consultation obligatoire des partenaires sociaux, laquelle est requise à deux moments distincts :

– dans un premier temps, et avant que la Commission ne présente ses propositions formelles, la consultation porte sur les orientations possibles de l'action envisagée ;
– dans un second temps, il y a consultation sur le contenu même de l'initiative que la Commission aura finalement décidée : à cette occasion, les partenaires sociaux ont alors la faculté d'adresser à la Commission un avis ou une recommandation.

b) Mise en place d'un processus de négociation

Le dispositif législatif ne se limite pas à imposer la consultation préalable des organisations d'employeurs et de salariés : il leur attribue aussi un pouvoir d'intervention qui les autorise à poursuivre par voie de négociation le travail initié par la Commission. Les partenaires sociaux peuvent en effet se déclarer prêts à négocier un accord européen au lieu et place de l'action législative projetée, ce qui a pour conséquence de **suspendre** le travail de la Commission pendant une durée qui ne saurait dépasser neuf mois, sauf prolongation décidée en commun par les partenaires sociaux concernés et la Commission. L'échec constaté des négociations au délai ultime fixé conduira naturellement la Commission à reprendre elle même ses travaux pour les mener à bien.

2) La mise en œuvre des accords

Elle peut avoir lieu selon deux modalités distinctes.

Première voie. Les accords sont appliqués en conformité avec les procédures et les pratiques propres aux partenaires sociaux et aux États membres. Une déclaration interprétative précise que l'application de ces accords est assurée par le développement de la négociation collective selon les règles nationales en vigueur : les États membres ne sont toutefois pas obligés de les appliquer directement ni de les transposer dans leur législation ni encore de modifier leurs dispositions internes pour faciliter leur mise en œuvre. Ces accords n'ont pas d'efficacité juridique générale et ne sont donc opposables qu'aux seules parties qui les ont négociés et signés.

---

4. Depuis le traité de Nice signé le 26 février 2001, le Conseil, statuant à l'unanimité sur proposition de la Commission après consultation du Parlement européen, peut décider de rendre applicable la procédure retenue pour les décisions à la majorité qualifiée dans les domaines suivants : protection des travailleurs en cas de résiliation du contrat de travail ; représentation et défense collective des intérêts des travailleurs, conditions d'emploi des ressortissants des pays tiers.

Deuxième voie. À la demande conjointe des parties signataires, la mise en œuvre des accords est assurée, sur proposition de la Commission, par une décision du Conseil – prise à l'unanimité ou à la majorité qualifiée selon le domaine traité – qui confère une efficacité juridique générale à ces accords. Cette procédure n'est envisageable que pour les seuls accords dont l'objet concerne une ou plusieurs questions relevant de la compétence parallèle du législateur européen[5].

3.2.4 La consolidation sociale du traité d'Amsterdam

Le traité d'Amsterdam signé le 2 octobre 1997 par les 15 États membres de l'Union européenne a consolidé la dimension sociale de l'Union européenne dans le cadre de son titre XI intitulé « politique sociale, éducation, formation professionnelle ». Ce titre intègre en particulier dans le corps même du traité les dispositions du protocole social annexé au traité de Maastricht et signé alors par onze États sur douze[6] (voir art. 137 à 139).

Pour bien s'informer sur cette première composante de l'environnement juridique de l'entreprise, on prendra soin d'avoir à sa disposition, pour ce qui concerne l'environnement interne, un *Code du travail* dans son édition la plus récente ainsi que le *Journal Officiel de la République française* (édition « Lois et décrets ») pour le suivi des nouveaux textes[7] et pour ce qui concerne l'environnement européen, le *Journal Officiel des Communautés européennes.*

Chacun complétera son information par les revues juridiques de son choix qui commentent abondamment l'actualité sociale. Pour notre part, nous recommandons les différentes publications du groupe « Liaisons sociales »[8] auxquelles nous avons emprunté, avec leur autorisation expresse, de nombreux exemples de jurisprudence.

5. L'accord-cadre conclu le 14 décembre 1995 par les partenaires sociaux sur le congé parental a donné lieu à la directive du 3 juin 1996 ; celui du 6 juin 1997 sur le travail à temps partiel a été repris dans la directive du 15 décembre 1997 ; celui du 18 mars 1999 sur le contrat de travail à durée déterminée à été repris dans la directive du 28 juin 1999.
6. La Grande-Bretagne a donc depuis rejoint ses partenaires.
7. Pour une meilleure compréhension des textes, il est conseillé de se reporter aux débats parlementaires (éditions spéciales du *JO*).
8. 1 rue Eugène et Armand Peugeot, 92856 Rueil-Malmaison Cedex.

Chapitre 2

Les sources jurisprudentielles

Elles constituent la deuxième composante de l'environnement juridique de l'entreprise.

Il s'agit des décisions rendues par les tribunaux.

1. La formation de la jurisprudence
2. Les juridictions compétentes en droit du travail
3. L'acquisition des réflexes préventifs

1. La formation de la jurisprudence

1.1 Rôle des juges

Les juges, bien qu'invisibles dans les entreprises, n'en conditionnent pas moins les prises de décision des responsables et cadres d'entreprise. Comment cela ? Lorsqu'une règle de droit est ambiguë, susceptible de plusieurs interprétations, ou inexistante face au problème concret qui est à résoudre, le risque de conflit est grand entre employeurs et salariés : l'employeur opte pour une position donnée, le salarié en adopte une autre. Si le conflit persiste, il y a de fortes chances pour qu'une action judiciaire soit intentée et c'est alors aux juges qu'incombera la tâche de trancher et de prendre position. La décision judiciaire qui sera prise peut avoir une influence sur les comportements de l'ensemble des chefs d'entreprise et (ou) des salariés.

Nous aurons l'occasion, tout au long de ce livre, de faire état de cette seconde donnée de l'environnement juridique en présentant, lors des différents problèmes abordés, les principales décisions jurisprudentielles qui ont été rendues à leur sujet.

1.2 Unité jurisprudentielle

L'environnement jurisprudentiel peut poser néanmoins un problème fondamental : celui de l'**unité des décisions judiciaires** rendues. Ne peut-on pas être troublé par le risque de contradiction de jurisprudence d'un tribunal à un autre à propos d'un même contentieux ? En d'autres termes, l'environnement jurisprudentiel ne serait-il pas sujet à variation d'une circonscription géographique à une autre ?

> *Exemple :*
>
> Deux délégués syndicaux (l'un salarié d'une entreprise lyonnaise, l'autre d'une entreprise nancéienne) prennent leurs congés payés du 1er au 28 août inclus. À leur retour, chacun d'eux apprend que leur employeur

respectif a décidé de réduire leur crédit d'heures du mois d'août proportionnellement à leur temps de présence, c'est-à-dire trois jours. Estimant qu'il y a là un délit d'entrave à l'exercice régulier de leurs fonctions de délégué syndical, chacun d'eux intente une action judiciaire devant le tribunal correctionnel du siège social de leur entreprise respective, Lyon et Nancy. Le tribunal de Lyon, estimant, par exemple, que cette réduction est licite, relaxe l'employeur ; à l'inverse, le tribunal de Nancy considérant que le crédit d'heures s'applique à chaque mois civil indépendamment des périodes de non-activité, condamne l'employeur. On conçoit aisément qu'un tel environnement jurisprudentiel deviendrait vite insoutenable.

Il y a possibilité d'aboutir à une unité d'interprétation grâce à l'existence d'une hiérarchie des juridictions, au sommet de laquelle se trouvent, d'une part, la Cour de cassation pour ce qui concerne les juridictions de l'ordre civil et pénal, d'autre part, le Conseil d'État pour ce qui concerne les juridictions de l'ordre administratif.

La Cour de cassation, qui avait été saisie du conflit pris à titre d'exemple, a considéré que la durée du temps alloué aux délégués syndicaux s'applique à chaque mois civil, indépendamment des périodes de non-activité. Décision de principe qui unifie sur ce point l'environnement jurisprudentiel pour l'ensemble du territoire.

Bien que les juridictions inférieures restent libres de juger comme elles l'entendent, il n'en reste pas moins qu'elles auront tendance à adapter leurs jugements conformément à ceux arrêtés au niveau supérieur.

2. Les juridictions compétentes en droit du travail

En droit du travail, **trois ordres de juridictions** sont appelés à intervenir :

– les juridictions civiles ;

– les juridictions pénales ;

– les juridictions administratives.

2.1 Juridictions civiles du premier degré

2.1.1 Le conseil de prud'hommes

Nous insisterons en particulier sur cette juridiction dans la mesure où elle est appelée à connaître au premier degré des **litiges individuels nés du contrat de travail**, c'est-à-dire, en pratique, des litiges les plus fréquemment rencontrés dans le cadre général des relations de travail.

Cette juridiction a fait l'objet de nombreuses réformes au fil des temps, dont les deux plus importantes datent des lois du 18 janvier 1979 et du 6 mai 1982 (L. 511-1).

Avant la réforme de 1979, il n'existait pas de conseil de prud'hommes sur tout le territoire ; de ce fait six millions de salariés voyaient leurs litiges individuels tranchés par les tribunaux d'instance, tribunaux seuls compétents en l'absence de juridiction prud'homale.

Désormais, il y a au moins **un conseil dans le ressort de chaque tribunal de grande instance**. Le ressort du conseil, s'il est unique, s'étend à l'ensemble de cette circonscription. Pour des raisons d'ordre géographique, économique ou social, plusieurs conseils de prud'hommes peuvent être créés dans le ressort d'un tribunal de grande instance.

La solution retenue assure une implantation des conseils offrant une couverture totale du territoire métropolitain et des départements d'outre-mer, suivant le vœu unanime de la prud'homie et des organisations professionnelles et syndicales.

Tableau 1 – Organisation schématique des juridictions

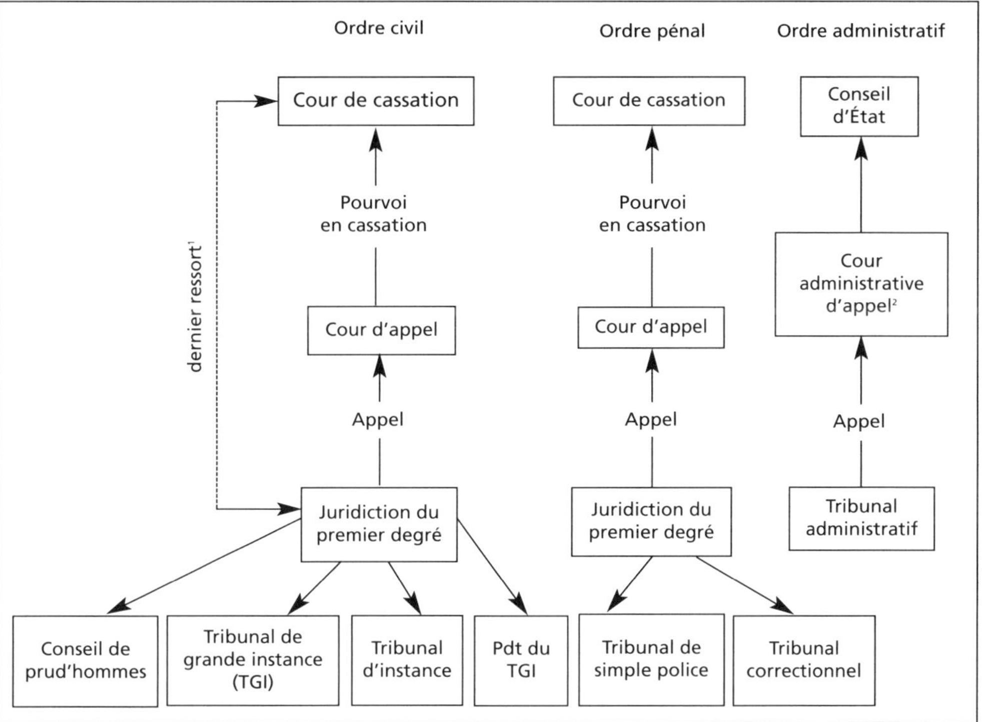

1. Les jugements du conseil de prud'hommes sont directement déférés devant la Cour de cassation lorsque la valeur du litige, telle qu'elle se trouve déterminée par les prétentions financières du demandeur à l'encontre du défendeur, ne dépasse pas un certain montant fixé annuellement par décret.
2. La Cour administrative d'appel a été créée par la loi du 31 décembre 1987. Il en existe actuellement 5 : Bordeaux, Lyon, Nancy, Nantes et Paris. La Cour administrative d'appel est compétente pour statuer sur les appels formés contre les jugements des tribunaux administratifs, à l'exception notamment de ceux portant sur les recours en appréciation de légalité et sur les recours pour excès de pouvoir formés contre les actes réglementaires.

A – La compétence

1) La compétence territoriale

« Le conseil de prud'hommes territorialement compétent pour connaître d'un litige est celui dans le ressort duquel est situé l'établissement où est effectué le travail.

Si le travail est effectué en dehors de tout établissement ou à domicile, la demande est portée devant le conseil de prud'hommes du domicile du salarié.

Le salarié peut toujours saisir le conseil de prud'hommes du lieu où l'engagement a été contracté ou celui du lieu où l'employeur est établi » (R. 517-1).

Toute clause incluse dans le contrat de travail dérogeant aux règles de compétence territoriale est **nulle** et réputée non écrite.

2) La compétence d'attribution

L'article L. 511-1 donne compétence *exclusive*[1] aux conseils de prud'hommes pour connaître, quel que soit le montant de la demande, des litiges individuels qui peuvent s'élever à l'occasion de tout contrat de travail, entre les employeurs ou leurs représentants, et les salariés qu'ils emploient.

1. Le législateur veille à ce que le salarié puisse saisir le juge prud'homal. L'article L. 121-3 prohibe de manière générale les clauses attributives de juridiction incluses dans un contrat de travail, ce qui rend la compétence d'attribution des juridictions prud'homales d'ordre public absolu. De même, dans un contrat de travail régi par le droit français, les parties ne peuvent à l'avance inscrire dans leur contrat une clause compromissoire, c'est-à-dire convenir de renoncer à la juridiction prud'homale et ultérieurement désigner un arbitre pour les départager.

Depuis le 1er janvier 1987, le licenciement pour raisons économiques des salariés « non protégés »[2] ne requérant plus l'autorisation préalable de la Direction départementale du travail et de l'emploi, il en résulte que relèvent désormais directement de la compétence du conseil de prud'hommes les litiges relatifs à ce type de licenciement : le juge sera appelé à apprécier la régularité de la procédure poursuivie et le caractère réel et sérieux des motifs économiques invoqués par l'employeur.

B – L'organisation

Le conseil de prud'hommes est divisé en 5 **sections autonomes** :

– section de l'encadrement (créée par la loi de 1979) ;

– section de l'industrie ;

– section du commerce et des services commerciaux ;

– section de l'agriculture ;

– section des activités diverses.

La section de l'encadrement est compétente pour juger des litiges opposant un employeur à un salarié ayant la qualité de cadre, et ce, quelle que soit la nature de l'activité de l'entreprise. Cette section se présente non pas comme une section professionnelle mais comme une section catégorielle dont la création s'est expliquée par la particularité des relations de travail qui s'instaurent entre un employeur et un cadre.

La compétence de la section de l'industrie et de la section du commerce et des services commerciaux est définie par rapport à l'activité principale de l'employeur : ainsi les litiges où se trouvent parties les salariés non cadres d'une entreprise dont l'activité est industrielle, sont de la compétence de la section de l'industrie ; ainsi les litiges où se trouvent parties les salariés non cadres d'une entreprise dont l'activité est commerciale, sont de la compétence de la section du commerce et des services commerciaux.

Les salariés non cadres des professions agricoles relèvent de la section de l'agriculture.

Les salariés non cadres dont l'employeur n'exerce pas une activité industrielle, commerciale ou agricole, relèvent de la section des activités diverses.

Au sein de chaque section comportant plusieurs chambres, une chambre spécialisée doit être créée pour connaître en particulier des litiges relatifs aux licenciements économiques[3]. Dans les sections qui ne sont pas divisées en chambres, c'est la section elle même qui se prononce sur ces litiges.

C – Le fonctionnement

1) Les formations de conciliation et de jugement

Les conseils de prud'hommes ont une double mission : ils doivent **d'abord concilier**[4] et c'est seulement en **cas d'échec** de la conciliation qu'ils sont appelés à **juger**.

Toutes les affaires doivent donc en principe être portées en premier lieu devant le bureau de conciliation qui s'efforce d'obtenir un accord entre les parties. Ce bureau est composé d'un employeur et d'un salarié. En cas d'échec de la conciliation, le bureau de jugement est alors saisi. Celui-ci composé d'un nombre égal d'employeurs et de salariés, comprend au moins deux employeurs et deux salariés. En cas de partage des voix, que l'on soit devant le bureau

2. Il faut entendre par cette expression les salariés non investis d'un mandat syndical ou électif.
3. Les sections sont rarement scindées en chambres (moins de 10 %).
4. La procédure de conciliation est obligatoire, sauf cas très exceptionnels (ex. : voir loi n° 85-98 du 25 janvier 1985 « *relative au redressement et à la liquidation judiciaires des entreprises* », art. 126 (C. com., art. L. 621-18) ; voir également le contentieux de la requalification du CDD en CDI, Partie 2, chapitre 1, § 2.2.5).

de conciliation ou devant le bureau de jugement, il est fait appel à un juge départiteur qui n'est autre qu'un juge du tribunal d'instance dans le ressort duquel est situé le siège de la juridiction prud'homale.

2) La formation de référé

Elle est commune à l'ensemble des sections : elle est tenue par un prud'homme employeur et un prud'homme salarié. Dans la limite de la compétence des conseils de prud'hommes, cette formation peut, dans **tous les cas d'urgence**, ordonner toutes mesures qui ne se heurtent pas à une contestation sérieuse sur le fond du droit. Lorsqu'il apparaît que la demande formée devant elle excède ses pouvoirs et qu'elle présente une particulière urgence, la formation de référé peut, avec l'accord de toutes les parties et après avoir procédé elle-même à une tentative de conciliation en audience non publique, renvoyer directement l'affaire devant le bureau de jugement. La notification aux parties de l'ordonnance de référé mentionnant la date de l'audience du bureau de jugement vaut citation en justice (R. 516-33).

3) La procédure spéciale applicable aux litiges en matière de licenciements pour motif économique

La séance de conciliation doit avoir lieu **dans le mois** de la saisine du conseil de prud'hommes. L'employeur doit, dans les 8 jours suivant la date de la réception de la convocation à la conciliation, déposer ou adresser par lettre recommandée avec AR au greffe de la juridiction les éléments d'information fournis aux représentants du personnel (comité d'entreprise ou délégués du personnel). Dans une entreprise dépourvue de représentants du personnel, l'employeur doit alors communiquer au greffe l'ensemble des renseignements qu'il a dû légalement fournir à la direction départementale du travail et de l'emploi[5].

En cas d'échec de la conciliation, le bureau de conciliation détermine les mesures nécessaires à l'instruction de l'affaire, mesures qui doivent être exécutées dans un délai **n'excédant pas 3 mois**. Ce même bureau fixe la date d'audience du bureau de jugement qui doit statuer dans un délai **ne pouvant excéder 6 mois** à compter de la date à laquelle l'affaire lui a été renvoyée (R. 516-45 à R. 516-47).

Si, lors de la séance de conciliation, une section du conseil de prud'hommes est saisie par plusieurs demandeurs de procédures contestant le motif économique d'un licenciement collectif, le bureau de conciliation en ordonne la jonction (R. 516-48).

D – La représentation et l'assistance des parties

Les parties sont tenues de comparaître en personne sauf à se faire représenter en cas de motif légitime. Elles peuvent se faire assister. Les personnes habilitées à représenter ou à assister les parties en matière prud'homale sont :

- les salariés ou les employeurs appartenant à la même branche d'activité ;
- les délégués permanents ou non permanents des organisations syndicales ouvrières ou patronales ;
- le conjoint ;
- les avocats.

Selon l'article L. 516-4 introduit par la loi du 6 mai 1982, les salariés des établissements de plus de 10 salariés qui exercent des fonctions de représentation ou d'assistance devant les juridictions prud'homales et qui sont désignés par les organisations syndicales et professionnelles les plus représentatives au niveau national (CGT, FO, CFDT, CFTC, CFE-CGC) disposent du temps nécessaire à l'exercice de leur fonction dans les limites d'une durée qui ne peut excéder 10 heures par mois. Ce

---

5. Voir Partie 2, chapitre 3, § 3.2.3.

temps n'est pas payé légalement comme temps de travail. Toutefois, il est assimilé à une durée de travail effectif pour la détermination de la durée des congés payés, du droit aux prestations d'assurances sociales et aux prestations familiales ainsi qu'au regard de tous les droits que le salarié tire de son ancienneté dans l'entreprise.

E – Les conseillers prud'hommes

1) L'élection

Pour être **électeurs**, les salariés et les employeurs doivent être âgés de 16 ans accomplis, exercer une activité professionnelle ou être sous contrat d'apprentissage ou être involontairement privés d'emploi et n'avoir encouru aucune des condamnations mentionnées aux articles L. 5 et L. 6 du Code électoral. Les étrangers peuvent être électeurs.

Sont **éligibles** les candidats employeurs et salariés de nationalité française, âgés de 21 ans au moins et n'ayant encouru aucune des condamnations prévues aux articles L. 5 et L. 6 du Code électoral. Reste éligible toute personne ayant cessé son activité depuis moins de 10 ans (cette disposition peut notamment intéresser les retraités).

Depuis la création de la section « encadrement », les salariés sont répartis en deux collèges électoraux, collège des ouvriers et employés d'une part, collège de l'encadrement d'autre part.

– Relèvent de la section de l'encadrement, les ingénieurs ainsi que les salariés qui, même s'ils n'exercent pas de commandement, ont une formation équivalente constatée ou non par un diplôme ; les salariés qui, ayant acquis une formation technique, administrative, juridique, commerciale ou financière, exercent un commandement par délégation de l'employeur ; les agents de maîtrise qui ont une délégation écrite de commandement ; les voyageurs, représentants et placiers (VRP).
– Doivent être légalement considérés comme des employeurs, les cadres détenant sur un service, un département ou un établissement de l'entreprise une délégation particulière d'autorité établie par écrit, permettant de les assimiler à un employeur.

Obligation est faite aux employeurs de communiquer aux maires compétents les listes des salariés qu'ils emploient en faisant mention de la section dont relève l'entreprise ou l'établissement. Ces listes doivent mentionner les nom et prénoms, date, lieu de naissance et domicile des salariés.

Avant d'être communiquées aux maires, les listes sont tenues aux fins de consultation pendant 15 jours à la disposition du personnel.

Les conseillers prud'hommes sont élus pour 5 ans et le renouvellement est général[6]. Les conseillers sont rééligibles. Le mandat des conseillers prud'hommes en fonction non réélus prend fin à la date de l'installation des conseillers nouvellement élus.

Alors qu'avant la réforme de 1979 le vote avait lieu le dimanche et à la mairie du lieu de travail, il se fait désormais dans un lieu proche du lieu de travail, pendant le temps de travail et sans retenue de salaires.

2) Le statut

Les salariés de l'entreprise, membres d'un conseil de prud'hommes, bénéficient d'un **statut protecteur**.

– Il doit leur être laissé le temps nécessaire pour se rendre et participer aux différentes formations et commissions du conseil (bureau de conciliation, bureau de jugement, audiences de référé, assemblées générales, etc.) ainsi qu'à l'exécution des missions qui peuvent leur être confiées. Le temps de trajet pour exercer les diverses activités prud'homales, et non pas seulement le temps d'exercice de ces activités, doit être pris en compte dans le temps laissé libre au conseiller prud'homme par l'employeur.

6. Les dernières élections ont eu lieu le 11 décembre 2002.

Ces absences de l'entreprise du conseiller prud'homme sont considérées comme temps de travail effectif pour la détermination de la durée de ses congés payés, de son droit aux prestations sociales (assurances sociales, prestations familiales) ainsi qu'au regard de tous les droits qu'il tient du fait de son ancienneté dans l'entreprise.

Les absences justifiées par l'exercice des fonctions prud'homales ne peuvent donner lieu à aucune diminution de salaire : l'employeur est remboursé par l'État. Le système du paiement à la vacation ne subsiste que pour les conseillers prud'hommes du collège employeur ainsi que pour ceux du collège salarié qui exercent leurs fonctions en dehors des heures de travail ou qui ont cessé leur activité professionnelle ou qui sont involontairement privés d'emploi.

- Il doit leur être accordé, s'ils le demandent, des autorisations d'absence pour répondre à leurs besoins de formation. Les absences, qui ne peuvent excéder 6 semaines par mandat, donnent lieu à rémunération par l'employeur et sont admises au titre de la participation des employeurs au financement de la formation professionnelle. Comme dans le cas précédent, ces absences pour formation sont assimilées à des temps de travail effectif pour la détermination de la durée des congés payés, du droit aux prestations sociales et des droits liés à des conditions d'ancienneté.
- L'exercice des fonctions prud'homales ne saurait être une cause de rupture par l'employeur du contrat de travail.

Le licenciement par l'employeur d'un salarié exerçant les fonctions de conseiller prud'homme ou ayant cessé ses fonctions depuis moins de 6 mois ne peut intervenir qu'après autorisation de l'inspecteur du travail. Il en est de même du licenciement des candidats aux fonctions de conseiller prud'homme dès la publication des candidatures et pendant une durée de 3 mois. On retiendra que la procédure de rupture du contrat (à durée déterminée ou indéterminée) d'un conseiller prud'homme est calquée sur celle des délégués syndicaux[7].

3) L'entrave

Quiconque porte atteinte ou tente de porter atteinte soit à la libre désignation des candidats à l'élection des conseillers prud'hommes, soit à l'exercice régulier des fonctions de conseiller prud'homme (notamment par le non-respect de leur statut protecteur) est puni d'un emprisonnement d'un an et/ou d'une amende de 3 750 €.

En cas de récidive, l'emprisonnement est porté à 2 ans et l'amende à 7 500 €.

2.1.2 Le tribunal de grande instance

En droit du travail, le tribunal de grande instance a compétence pour connaître des conflits engendrés par l'interprétation ou l'application des conventions collectives.

Par ailleurs, dans tous les cas d'urgence, le président du tribunal de grande instance peut ordonner en « **référé** » toutes les mesures qui s'imposent pour prévenir un dommage imminent ou faire cesser un trouble manifestement illicite. Le président du tribunal de grande instance dispose, en qualité de « juge des référés », de pouvoirs importants en droit du travail dans la mesure où l'application pratique de ce droit lui donne souvent l'occasion d'être saisi d'urgence.

Exemple 1 :

Lorsqu'il constate un risque sérieux d'atteinte à l'intégrité physique des salariés dû à l'inobservation des règles d'hygiène et de sécurité, l'inspecteur du travail peut saisir le juge des référés, afin qu'il ordonne toutes mesures propres à faire cesser ce risque, telles que par exemple la mise hors service des machines ou encore la fermeture temporaire de l'atelier ou du chantier.

---

7. Voir Partie 4, chapitre 9.

Exemple 2 :

Le juge des référés peut être saisi par l'employeur en cas de grève avec occupation des locaux pour obtenir le prononcé éventuel d'une décision d'expulsion des grévistes.

Exemple 3 :

Le juge des référés peut être saisi par l'employeur pour obtenir le retrait d'une affiche syndicale présentant un caractère injurieux ou diffamatoire ou présentant un caractère très prononcé de propagande politique.

2.1.3 Le tribunal d'instance

Ce tribunal a une compétence particulièrement importante en droit du travail puisqu'il est le juge exclusif des litiges relatifs aux élections des représentants du personnel et à la désignation des délégués syndicaux, ce qui inclut en particulier les contestations sur la représentativité des syndicats[8].

2.2 Juridictions pénales du premier degré

De nombreuses dispositions de la législation du travail sont sanctionnées pénalement : on peut même parler de l'existence d'un véritable « Code pénal du travail ».

2.2.1 La compétence des juridictions pénales

A – Le tribunal de simple police

Il est compétent pour connaître des infractions pénales qualifiées de **contraventions**, c'est-à-dire de celles punies d'une amende pouvant aller jusqu'à 1 500 €[9].

Exemple :

Le défaut de règlement intérieur dans une entreprise est une contravention passible d'une amende de 450 €.

B – Le tribunal correctionnel

Il est compétent pour connaître des infractions pénales qualifiées de **délits**, c'est-à-dire de celles punies d'une amende égale ou supérieure à 3 750 € et/ou d'un emprisonnement pouvant aller jusqu'à 10 ans.

Exemple :

L'entrave apportée à l'exercice du droit syndical est un délit puni d'une amende de 3 750 € et/ou d'un emprisonnement d'un an.

8. Voir Partie 4, chapitres 1 et 5.

9. Les contraventions, divisées en 5 classes, sont punies de peines d'amende, sans préjudice du prononcé de peines complémentaires. Pour les contraventions de la 5e classe, la peine d'amende peut être remplacée par le prononcé d'une ou plusieurs peines privatives ou restrictives de droits (voir C. pén., art. 131-12 à 131-18).

Classe	Montant maximum de l'amende en 1re infraction	Montant maximum de l'amende sur récidive
1	38 €	id
2	150 €	id
3	450 €	id
4	750 €	id
5	1 500 €	3 000 €[1]

1. Ce montant ne peut être prononcé que si le législateur l'a prévu expressément.

2.2.2 Le déclenchement de l'action pénale

L'action pénale peut être mise en mouvement :

– soit par l'employeur ;

– soit par le salarié concerné ;

– soit par le Parquet qui peut déclencher les poursuites de sa propre initiative ou à la suite d'un procès-verbal dressé par l'inspecteur du travail ;

– soit par un syndicat dans le cadre de son droit d'agir en justice pour défendre les intérêts collectifs de la profession qu'il représente (L. 411-11).

2.2.3 La responsabilité pénale des personnes morales

Jusqu'au 1er décembre 2005, la responsabilité des personnes morales continue à revêtir un caractère **spécial**, c'est à dire qu'elle ne peut être engagée que dans les cas expressément prévus par les dispositions législatives et réglementaires. (Exemples tirées du Code du travail : travail dissimulé ; marchandage ; emploi irrégulier de travailleurs étrangers ; exemples tirés du code pénal : atteinte au principe de non-discrimination ; infractions d'homicide ou de blessures involontaires constatées à l'occasion d'un accident du travail).

La loi du 9 mars 2004 portant adaptation de la justice aux évolutions de la criminalité met fin à cette situation, en **généralisant** le principe de la responsabilité pénale des personnes morales. C'est ainsi que depuis le 1er décembre 2005, ces dernières pourront être poursuivies pour toute infraction à la législation sociale, même en l'absence de dispositions spécifiques.

Le maximum de l'amende pouvant frapper une personne morale est égal à **5 fois** le montant prévu pour les personnes physiques pour la même infraction.

> *Exemple :*
>
> L'amende encourue par les personnes physiques pour atteinte au principe de non discrimination est de 45 000 €. Elle est donc de 225 000 € pour les personnes morales.

2.3 Juridictions administratives

2.3.1 Le fondement de leur intervention

Les autorités administratives que constituent la Direction départementale du travail et l'inspecteur du travail sont investies d'un véritable pouvoir de décision dans de nombreux domaines touchant aux relations de travail.

N'est-ce pas le directeur départemental du travail qui est appelé à décider, en cas de désaccord entre employeur et syndicats, du nombre d'établissements distincts d'une entreprise quand il s'agit de procéder aux élections des comités d'établissements ? N'est-ce pas l'inspecteur du travail qui est appelé à donner son autorisation pour le licenciement pour cause personnelle ou pour raisons économiques d'un salarié « protégé » comme les représentants élus du personnel ou les délégués syndicaux ?

En vertu des principes du droit administratif, toute décision d'une autorité administrative peut faire l'objet d'un recours contentieux devant les juridictions administratives.

2.3.2 Le recours contentieux administratif

La juridiction administrative de premier degré est **le tribunal administratif**. Le recours contentieux doit être exercé dans un délai de 2 mois à compter de la notification de la décision de l'autorité administrative. En pratique, le demandeur présente au préalable **un recours hiérarchique** devant le ministre du Travail, la décision du ministre pouvant elle-même faire l'objet d'un recours contentieux. Le recours hiérarchique exercé dans le délai du recours contentieux (2 mois) conserve ce recours contentieux.

L'appel du jugement du tribunal administratif est porté devant le Conseil d'État ; le délai d'appel est de 2 mois à compter de la signification du jugement.

3. L'acquisition des réflexes préventifs

3.1 Conservation de preuves écrites

Personne ne peut prévoir d'avance ce que sera le dénouement d'une relation contractuelle. Se déroulera-t-elle de façon harmonieuse et sans problème ? Se déroulera-t-elle, au contraire, de façon conflictuelle ?

Ce qui nous paraît important dans la gestion des relations de travail, compte tenu de cette incertitude, c'est de se ménager des preuves, de telle sorte qu'en cas de conflit, chacun puisse présenter un dossier nourri permettant aux juges de s'assurer du bien-fondé des prétentions avancées. Les juges le répètent sans cesse : « Il nous faut des **preuves** ».

Peut-on raisonnablement penser qu'un juge, par exemple, retiendra le bien-fondé d'un licenciement seulement étayé par une argumentation verbale ?

Un bon dossier est un dossier qui renferme en lui-même les chances de son succès.

3.2 Recours à un juriste professionnel

Étant donné que les procès sont souvent longs et coûteux, nous conseillons, avant de se lancer dans une action judiciaire, de prendre conseil auprès de son juriste d'entreprise ou de son avocat pour étudier avec lui la situation litigieuse et les hypothèses envisageables d'arrangement amiable. Retenons ce principe **qu'il vaut mieux une transaction même un peu défavorable qu'un procès**.

3.3 Recherche de l'information jurisprudentielle

Les apports jurisprudentiels constituant une des composantes de l'environnement juridique de l'entreprise, nous insistons sur le fait que toute lecture d'une règle de droit, composante première de cet environnement, doit être complétée par une vérification d'ordre jurisprudentiel afin de connaître les précisions complémentaires dont la règle de droit a pu éventuellement faire l'objet à la suite d'une action judiciaire.

Compte tenu du rôle unificateur de la Cour de cassation et du Conseil d'État, nous avons retenu en particulier les arrêts de la chambre sociale (habilitée à trancher les conflits non pénaux nés des relations individuelles ou collectives de travail) et de la chambre criminelle (habilitée à trancher les conflits d'ordre pénal) de la Cour de cassation, ainsi que les arrêts du Conseil d'État en ce qui concerne les conflits nés de l'intervention de l'autorité administrative.

De nombreuses revues juridiques commentent l'actualité jurisprudentielle. Libre au lecteur de choisir celle qui lui convient le mieux. Il convient par ailleurs de ne pas oublier l'accès aux bases de données.

Comme nous l'avons signalé précédemment, les compléments jurisprudentiels dont nous faisons état dans ce livre ont été extraits pour la majeure partie d'entre eux des sommaires de jurisprudence de la revue *Liaisons sociales*. Leur présentation simple, pratique et concrète a retenu tout particulièrement notre attention compte tenu du public auquel nous nous adressons.

Chapitre 3

Les sources conventionnelles

Ils constituent la troisième composante de l'environnement juridique de l'entreprise, composante **spécifique** des relations de travail.

1. L'évolution de la négociation collective
2. Les principaux types de conventions et accords collectifs de travail
3. Le régime juridique des conventions et accords collectifs de travail
4. L'assujettissement des entreprises à une convention ou un accord collectif
5. La démission de l'employeur de l'organisation patronale signataire
6. La mise en oeuvre des conventions et accords collectifs de travail
7. Les garanties de l'application des conventions et accords collectifs de travail
8. La connaissance des conventions et accords collectifs de travail
9. Les conséquences du principe de l'autonomie des sources du droit du travail
10. Le suivi de « l'actualité conventionnelle »

1. L'évolution de la négociation collective

Il y a lieu d'attirer d'emblée l'attention sur l'importance croissante de cette composante de l'environnement juridique de l'entreprise. Tout le monde ou presque s'accorde à dire en effet que la politique contractuelle « *doit être le fondement des relations de travail* » ou encore « *doit devenir la politique privilégiée du progrès social* ».

La négociation collective s'est d'abord développée en France au niveau des **branches d'activité**. C'est ce cadre de négociation qu'a privilégié la loi du 11 février 1950, qui a constitué pendant plus de 30 ans le texte de base en la matière. Sur le fondement de cette loi, des conventions collectives ont été conclues dans la plupart des branches d'activité, soit au niveau **national**, soit au niveau **régional** ou **local**. Initialement, les conventions conclues ne couvraient dans la branche d'activité que les entreprises ayant adhéré à l'organisation patronale signataire : c'était là une faiblesse du mécanisme. Le législateur a alors progressivement mis en place une procédure qui s'est affinée au fil des temps permettant de rendre la convention collective applicable aux **autres** entreprises de la branche : il s'agit de **la procédure d'extension**.

En marge de ce mouvement, se sont développés les accords nationaux interprofessionnels mettant en présence le Medef, la CGPME, l'UPA et les grandes confédérations de salariés représentatives sur le plan national (CGT, CFDT, FO, CFTC, CFE-CGC). Ces accords peuvent être considérés comme des mesures para-législatives du fait qu'ils ont vocation à s'appliquer à la quasi-totalité des salariés du secteur privé. Ce sont des accords de ce type qui ont institué par exemple les régimes complémentaires de retraite et l'assurance chômage.

Quant à la **négociation d'entreprise**, si elle s'est généralement peu développée par rapport à la négociation de branche, elle a retrouvé un nouveau souffle depuis quelques années et en particulier depuis la promulgation de la loi du 13 novembre 1982 « *relative à la négociation collective* ».

La négociation collective va désormais trouver un tout nouveau « *visage* » avec l'entrée en vigueur de la loi du 4 mai 2004 « *relative à la formation professionnelle tout au long de la vie et au dialogue social.* » Ce texte entraîne une véritable petite révolution, dans la mesure où il vient bouleverser un schéma législatif applicable depuis des décennies et auquel chacun s'était habitué comme s'il s'agissait d'un modèle intangible.

Deux traits importants de la réforme doivent être mis en exergue et peuvent permettre de comprendre que le mot « *révolution* » a tout son sens.

a) Concernant la validité d'un accord collectif, il suffisait jusqu'à présent de la signature d'une organisation syndicale de salariés ayant fait la preuve de sa représentativité ou bénéficiant d'une présomption irréfragable de représentativité, peu importe que cette organisation soit « *minoritaire* ». Afin de renforcer la légitimité des accords, la loi retient le principe de l'accord **majoritaire** selon lequel un accord est valide lorsqu'il recueille la signature de la ou des organisations syndicales majoritaires ou, à défaut, lorsqu'il n'a pas fait l'objet d'une opposition de ces organisations.

b) Concernant l'articulation des niveaux de négociation, la hiérarchie des normes conventionnelles en droit du travail a toujours reposé sur le principe dit « *de faveur* », en ce sens que chaque niveau conventionnel ne peut déroger aux normes conclues à un niveau supérieur que dans un sens *plus favorable* aux salariés. La loi du 4 mai 2004 revient sur cet état du droit en autorisant la possibilité de principe de déroger dans un sens **moins favorable** pour les salariés aux dispositions des conventions ou accords conclus à un niveau supérieur.

2. Les principaux types de conventions et accords collectifs de travail

Sur un plan juridique, la convention ou l'accord collectif se définit comme un accord conclu entre un ou des groupements d'employeurs ou des employeurs d'une part et les organisations syndicales de salariés reconnues comme représentatives[1] dans le champ d'application de l'accord, et relatif aux conditions d'emploi, de formation professionnelle et de travail des salariés ainsi qu'à leurs garanties sociales.

Sur un plan technique, on parle de *convention* lorsque s'y trouve traité l' « *ensemble* » des questions liées aux conditions d'emploi, de travail, de garanties sociales et de formation, et d'**accord** lorsque s'y trouve(nt) traité(s) seulement « *un ou des sujets déterminés dans cet ensemble* ». Si l'accord concerne une seule branche, on parle d'« *accord professionnel* » ; si l'accord concerne un ensemble de branches, on parle d'« *accord interprofessionnel* ».

2.1 Accords nationaux interprofessionnels

Il s'agit d'accords négociés entre les partenaires sociaux au plus haut niveau, c'est-à-dire entre les confédérations patronales (Medef ; CGPME ; UPA) ; et les confédérations syndicales (CFDT ; FO ; CGT ; CFTC ; CFE-CGC). Conclus ainsi au niveau des confédérations, ces accords ont vocation à s'appliquer à l'ensemble des branches professionnelles. Nous citerons, à titre d'illustration, l'accord national interprofessionnel « *sur l'emploi* » du 20 octobre 1986, celui « *sur les*

1. Sur la notion de représentativité syndicale, voir Partie 4, chapitre 1, § 3.2

mutations technologiques » du 23 septembre 1988, celui « *sur l'aménagement du temps de travail* » du 21 mars 1989, celui « *sur le travail précaire* » du 24 mars 1990 et ceux relatifs « *à la politique contractuelle* » et « *à l'emploi* » du 31 octobre 1995, « *au droit individuel à la formation* (DIF) » du 20 septembre 2003, « *à la mixité et à l'égalité professionnelle entre les hommes et les femmes* » du 1er mars 2004, et enfin « *au télétravail* » du 19 juillet 2005.

En application du principe majoritaire dégagé par la loi du 4 mai 2004, la validité d'un accord interprofessionnel est subordonnée à l'absence d'opposition de la majorité des organisations syndicales de salariés représentatives dans le champ d'application de l'accord.

En pratique, les syndicats représentatifs au plan national étant au nombre de cinq, de deux choses l'une :

- ou bien l'accord a été signé par trois de ces syndicats, et il est à l'abri de tout opposition,
- ou bien il n'a été signé que par deux ou l'un d'entre eux, et il ne pourra prendre effet qu'à la condition de ne pas faire l'objet d'une opposition émanant de la majorité des autres.

C'est donc la majorité en **nombre** qui est ici à prendre en considération.

L'opposition est exprimée dans un délai de 15 jours à compter de la date de notification de l'accord par la partie la plus diligente à l'ensemble des organisations syndicales représentatives à l'issue de la procédure de signature. L'opposition doit être motivée en ce sens qu'elle précise les points de désaccord. Les textes frappés d'opposition majoritaire sont réputés non écrits (L. 132-2-2).

2.2 Conventions et accords collectifs de branche

2.2.1 Le champ d'application

A – Le champ d'application territorial

La convention ou l'accord peut avoir été conclu au niveau :

- national ;
- régional ;
- départemental ;
- local.

Les quatre niveaux peuvent coexister ce qui pose le problème de l'articulation des différentes conventions et accords les uns par rapport aux autres, problème que nous envisageons plus loin[2]. En pratique, la conclusion au niveau national est la plus courante.

B – Le champ d'application professionnel

Selon les dispositions de l'article L. 132-5, le champ d'application professionnel de la convention ou de l'accord doit être défini en termes d'« *activités économiques* ».

C – Le champ d'application catégoriel

La convention collective ou l'accord peut viser les salariés toutes catégories confondues, ou au contraire ne viser qu'une catégorie bien précise : ouvriers, employés, techniciens et agents de maîtrise, ingénieurs et cadres.

Les trois champs d'application doivent être cumulativement pris en considération pour bien cerner l'étendue de l'accord conclu.

2. Voir *infra*, § 3.6.

Exemple 1 :
Convention collective des ingénieurs et cadres de la métallurgie.

Exemple 2 :
Convention collective nationale du personnel des services interentreprises de médecine du travail.

Exemple 3 :
Convention collective nationale interprofessionnelle des VRP.

2.2.2 Les domaines de négociation obligatoire

A – L'obligation d'une négociation annuelle sur les salaires

Selon l'article L. 132-12, les organisations patronales et syndicales liées par une convention de branche, ou, à défaut, par des accords professionnels, doivent se réunir au moins une fois par an pour négocier sur les salaires.

« *La négociation sur les salaires est l'occasion, au moins une fois par an, d'un examen, par les parties, de l'évolution économique et de la situation de l'emploi dans la branche, de son évolution et des prévisions annuelles ou plurianuelles établies, notamment pour ce qui concerne les contrats de travail à durée déterminée et les missions de travail temporaire ainsi que des actions éventuelles de prévention envisagées compte tenu de ces prévisions ainsi que de l'évolution des salaires effectifs moyens par catégories professionnelles et par sexe, au regard, le cas échéant, des salaires minima hiérarchiques* » (L. 132-12 al. 2).

À cet effet, un rapport est remis par la partie patronale aux organisations de salariés au moins 15 jours avant la date d'ouverture de la négociation. Au cours de cet examen, la partie patronale fournit aux organisations syndicales les informations **nécessaires** pour permettre de négocier en toute connaissance de cause.

B – L'obligation d'une négociation annuelle sur les contrats d'insertion en alternance et les contrats d'apprentissage

Aux termes de l'article 63-I de la loi quinquennale du 20 décembre 1993 « *relative au travail, à l'emploi et à la formation professionnelle* », les organisations patronales et syndicales visées au point 1) qui précède doivent se réunir tous les ans pour négocier sur les modalités de recours aux contrats d'insertion en alternance définis aux articles L. 981-1 et suivants ainsi qu'aux contrats d'apprentissage prévus à l'article L. 117-1.

C – L'obligation d'une négociation triennale sur l'égalité professionnelle entre les femmes et les hommes

En vertu des dispositions des alinéas 3 et suivants de l'article L. 132-12, les organisations patronales et syndicales visées au point A qui précède, doivent se réunir « *pour négocier sur les mesures tendant à assurer l'égalité professionnelle entre les femmes et les hommes et sur les mesures de rattrapage tendant à remédier aux inégalités constatées* ». Les points-clés de la négociation ont trait aux conditions d'accès à l'emploi, à la formation et à la promotion professionnelle ainsi qu'aux conditions de travail et d'emploi.

La négociation se déroule sur la base d'un rapport présentant la situation comparée des hommes et des femmes dans ces domaines et sur la base d'indicateurs pertinents, reposant sur des éléments chiffrés, pour chaque secteur d'activité.

D – L'obligation d'une négociation triennale sur la formation professionnelle

Aux termes de l'article L. 934-2, les organisations patronales et syndicales visées au point 1) qui précède doivent se réunir au moins tous les 3 ans pour négocier sur les **priorités**, les **objectifs** et les **moyens** de la formation professionnelle des salariés.

La négociation porte notamment sur les points suivants :

– « *la nature des actions de formation et leur ordre de priorité ;*

– *la reconnaissance des qualifications acquises du fait d'actions de formation ou de la validation des acquis de l'expérience ;*

– *les moyens reconnus aux délégués syndicaux et aux membres des comités d'entreprise pour l'accomplissement de leur mission dans le domaine de la formation ;*

– *les conditions d'accueil et d'insertion des jeunes et des adultes dans les entreprises, notamment dans le cadre des contrats ou des périodes de professionnalisation ;*

– *les objectifs en matière d'apprentissage, les priorités à retenir en termes de secteurs, de niveaux et d'effectifs formés ainsi que les conditions de mise en œuvre des contrats d'apprentissage ;*

– *les actions de formation à mettre en œuvre en faveur des salariés ayant les niveaux de qualification les moins élevés et, en particulier, ceux qui ne maîtrisent pas les compétences de base, notamment pour faciliter leur évolution professionnelle ;*

– *la définition et les conditions de mise en œuvre des actions de formation en vue d'assurer l'égalité d'accès des hommes et des femmes à la formation professionnelle, notamment par détermination d'un objectif de progression du taux d'accès des femmes ;*

– *aux différents dispositifs de formation et des modalités d'atteinte de cet objectif ;*

– *les conditions d'application, dans les entreprises qui consacrent à la formation de leurs salariés un montant au moins égal à l'obligation minimale légale ou celle fixée par convention ou accord collectif de branche relative à la participation des employeurs au financement de la formation professionnelle continue, d'éventuelles clauses financières convenues entre l'employeur et le salarié avant l'engagement de certaines actions de formation et applicables en cas de démission*[3]*, les versements effectués au titre de ces clauses étant affectés par l'entreprise au financement d'actions dans le cadre du plan de formation ;*

– *la recherche de réponses adaptées aux problèmes spécifiques de formation dans les petites et moyennes entreprises et en particulier dans celles ayant moins de dix salariés ;*

– *les conséquences éventuelles des aménagements apportés au contenu et à l'organisation du travail ainsi qu'au temps de travail sur les besoins de formation ;*

– *les conséquences de la construction européenne sur les besoins et les actions de formation ;*

– *les conséquences sur les besoins et les actions de formation du développement des activités économiques et commerciales des entreprises françaises à l'étranger ;*

– *les modalités d'application par les entreprises des dispositions de l'éventuel accord de branche résultant de ladite négociation ;*

– *les conditions de mise en place d'un observatoire prospectif des métiers et des qualifications et d'examen par la commission paritaire nationale de l'emploi et l'évolution quantitative et qualitative des emplois et des qualifications professionnelles ;*

---

3. Les clauses de « *dédit-formation* » – c'est-à-dire celles qui obligent le salarié à rester au service de l'entreprise un minimum de temps à l'issue de sa formation, sauf à lui rembourser les frais qu'elle a accepté de prendre en charge – sont licites dans la mesure où elles constituent la contrepartie d'un engagement pris par l'employeur d'assurer une formation entraînant des frais réels au-delà des dépenses imposées par la loi ou la convention collective. Elles ne doivent toutefois pas être « excessives », privant ainsi le salarié de toute réelle liberté de démissionner : dans cette hypothèse, elles seraient réduites par le juge.

– *la définition des objectifs et priorités de formation que prennent en compte les entreprises dans le cadre du plan de formation et du droit individuel à la formation ;*
– *la définition et les conditions de mise en œuvre des actions de formation, de leur suivi et de leur évaluation, en vue d'assurer l'égalité professionnelle, le maintien dans l'emploi et le développement des compétences des travailleurs handicapés, notamment par la détermination d'un objectif de progression du taux d'accès des travailleurs handicapés aux différents dispositifs de formation et des modalités d'atteinte de cet objectif ;*
– *la définition et les conditions de mise en oeuvre à titre facultatif d'actions de formation économique en vue de mieux comprendre la gestion et les objectifs dans le cadre de la concurrence internationale* ».

Pour ce qui concerne la négociation sur les priorités, les objectifs et les moyens de la formation, le législateur entend qu'elle porte sur les actions de formation mises en œuvre pour assurer l'adaptation des salariés à l'évolution de leurs emplois, le développement de leurs compétences ainsi que la gestion prévisionnelle des emplois des entreprises de la branche compte tenu de l'évolution prévisible des métiers. La négociation doit porter également sur les conditions dans lesquelles les salariés peuvent bénéficier d'un entretien individuel sur leur évolution professionnelle ainsi que les suites données à celle-ci.

E – L'obligation d'une négociation triennale sur le temps de travail

Conscients de l'importance que revêt la réduction de la durée du travail comme instrument de lutte contre le chômage, les partenaires sociaux ont convenu, dans le cadre de l'accord national interprofessionnel du 30 octobre 1995 « *sur l'emploi* » que les branches professionnelles engageront tous les trois ans des négociations sur l'ensemble des questions liées au temps de travail au regard des caractéristiques qui leur sont propres.

F – L'obligation triennale de négocier sur l'emploi

Il revient aux partenaires sociaux de la branche de se réunir tous les trois ans pour engager des négociations autour de la gestion prévisionnelle des emplois et des compétences ainsi que sur les mesures d'accompagnement susceptibles de lui être associées, en particulier en matière de formation, de validation des acquis de l'expérience, de bilan de compétences ainsi que d'accompagnement de la mobilité professionnelle et géographique des salariés (L. 132-12-2).

G – L'obligation d'une négociation quiquennale sur les classifications

Selon l'article L. 132-12 précité, les organisations patronales et syndicales visées au point A qui précède doivent se réunir au moins tous les 5 ans « *pour examiner la nécessité de réviser les classifications* ».

2.2.3 Les conditions d'entrée en vigueur

La déclinaison du principe majoritaire dégagée par la loi du 4 mai 2004 conduit à prendre en considération la majorité des **salariés** de la branche, et à titre subsidiaire, la majorité *en nombre* des organisations syndicales.

Selon les dispositions de l'article L.132-2-2, lorsqu'une convention de branche ou un accord professionnel étendu, signé par la majorité en nombre d'organisations syndicales représentatives ou en l'absence d'opposition de sa part, **le prévoit**, les conventions ou accords de branche ne peuvent entrer en vigueur qu'à la condition d'avoir été signés par une ou des organisations syndicales représentant une **majorité de salariés de la branche**. La convention de branche ou l'accord professionnel étendu dont il s'agit définit la règle selon laquelle cette majorité est appréciée en retenant au choix les résultats des deux processus suivants :

- une **consultation des salariés** concernés, organisée périodiquement, en vue de mesurer la représentativité des organisations syndicales de salariés de la branche ;

- les **résultats des dernières élections** aux comités d'entreprise, ou à défaut des délégués du personnel, sachant que le mode de décompte des résultats est fixé par la convention de branche ou l'accord professionnel étendu.

Faute d'une telle convention de branche ou d'un tel accord professionnel étendu, la validité d'une convention de branche ou d'un accord professionnel est soumise aux conditions prévues pour la validité des accords interprofessionnels[4].

Les textes frappés d'opposition majoritaire et les textes n'ayant pas obtenu l'approbation de la majorité des salariés sont réputés non écrits.

On peut estimer qu'au regard de la complexité de la fixation des règles de majorité propres à la branche, la plupart des branches préfèreront relever de la règle de la majorité en nombre applicable à la validité des accords nationaux interprofessionnels.

2.3 Accords d'entreprise et d'établissement

On rappelle qu'il s'agit d'accords sur les conditions d'emploi, de formation professionnelle, de travail et les garanties sociales des salariés conclus entre un employeur et les organisations syndicales de salariés représentatives respectivement **au niveau de l'entreprise ou au niveau de l'établissement** ou d'un **groupe d'établissements**.

2.3.1 Les modalités de négociation

A – Le cas des entreprises pourvues de délégués syndicaux

Les parties à la négociation sont d'une part les organisations syndicales de salariés représentatives implantées dans l'entreprise, d'autre part l'employeur ou son représentant dûment habilité.

1) La nécessaire représentativité des négociateurs syndicaux

Est considéré **de droit** comme représentatif dans l'entreprise tout syndicat affilié à l'une des 5 confédérations représentatives sur le plan national (CFDT, CFTC, CFE-CGC, CGT, FO). Toute autre organisation syndicale peut être contestée éventuellement dans sa représentativité, soit par le chef d'entreprise, soit par une organisation syndicale rivale. Dans l'hypothèse d'une telle contestation, il appartiendra alors au syndicat concerné d'établir sa représentativité sur la base des critères retenus par le législateur, à savoir les effectifs, l'indépendance, les cotisations, l'expérience et l'ancienneté[5].

2) La composition de la délégation

« *La délégation de chacune des organisations représentatives parties à des négociations dans l'entreprise comprend* **obligatoirement** *le délégué syndical de l'organisation dans l'entreprise ou, en cas de pluralité de délégués, au moins deux délégués syndicaux.*

Chaque organisation peut compléter sa délégation par des salariés de l'entreprise, dont le nombre est fixé par accord entre l'employeur et **l'ensemble des organisations** *visées à l'alinéa précédent. À défaut d'accord, ce nombre est au plus égal, par délégation, à celui des délégués syndicaux de la délégation. Toutefois, dans les entreprises n'ayant qu'un seul délégué syndical, ce nombre peut être porté à deux.*

Le temps passé à la négociation est payé comme temps de travail à échéance normale » (L. 132-20).

---

4. Voir *supra*, § 2.1.
5. Voir Partie 4, chapitre 1.

B – Le cas des entreprises dépourvues de délégués syndicaux

Ce peut être le cas soit dans les entreprises de plus de 50 salariés, soit dans celles de moins de 50, en l'absence de délégué du personnel faisant fonction de délégué syndical[6].

L'article L. 132-26 dispose qu'une convention de branche ou un accord professionnel étendu peut prévoir deux modalités de conclusion d'accords d'entreprise ou d'établissement en même temps qu'elle fixe les thèmes ouverts à ce mode de négociation dérogatoire ou atypique.

1re modalité : conclusion avec des élus du personnel

La négociation peut se dérouler via les représentants élus au comité d'entreprise ou, à défaut, les délégués du personnel.

Il est prévu que de tels accords, pour avoir valeur d'accord collectif, doivent être approuvés par une commission paritaire nationale de branche, à défaut de quoi ils seront réputés non écrits. En outre, ils ne peuvent entrer en application qu'après leur dépôt auprès de l'inspection du Travail, accompagnés de l'extrait du procès-verbal de validation de la commission paritaire[7].

2e modalité : mandatement syndical[8]

En l'absence de délégué syndical, d'une part et **en outre** de représentants élus du personnel établie par un procès-verbal de carence[9], d'autre part, chaque organisation syndicale représentative implantée dans l'entreprise peut mandater **un** salarié pour une négociation déterminée.

Il est prévu que pour être valable, l'accord qui a pu ainsi être négocié et conclu doit ensuite être **approuvé** par les salariés à **la majorité des suffrages exprimés**, faute de quoi il serait réputé non écrit[10]. Par ailleurs, il ne peut entrer en application qu'après avoir été déposé auprès de l'Inspection du travail.

2.3.2. La négociation obligatoire

A – La négociation annuelle obligatoire

1) Le champ d'application

Sont soumises à l'obligation de négociation annuelle les entreprises où sont constituées une ou plusieurs sections syndicales d'organisations représentatives (L. 132-27)[11]. En pratique, il est clair que ce sont les entreprises au sein desquelles a été désigné un délégué syndical, soit les entreprises de 50 salariés et plus, qui se trouvent concernées par cette obligation. Les entreprises de taille moindre peuvent néanmoins se trouver assujetties à cette obligation dans la mesure où l'article L. 412-11 alinéa 4 reconnaît au syndicats représentatifs la possibilité de désigner, dans les entreprises qui au total occupent moins de 50 salariés, un délégué du personnel pour la durée de son mandat en qualité de délégué syndical[12].

---

6. Voir Partie 4, chapitre 3, 1.1.1.

7. À défaut d'approbation par une commission paritaire nationale de branche, cet accord n'aurait valeur que de simple engagement unilatéral de l'employeur dont le salarié peut alors se prévaloir s'il y avantage pour lui. Selon la jurisprudence, cet engagement ne peut imposer d'obligations qu'à l'employeur, les salariés ne pouvant en être affectés que dans la mesure où il est créateur d'avantages pour eux.

8. Par dérogation à l'article L. 132 -26 qui veut que le recours au mandatement ne soit possible que sous la condition qu'un accord de branche étendu l'ait prévu, la mise en place conventionnelle d'un compte épargne-temps selon ce processus ne requiert pas cette exigence (voir Partie 3, chapitre 3, § 10).

9. Voir Partie 4, chapitre 4, § 2.1.3 et chapitre 6, § 2.4.

10. Les modalités de la consultation sont précisées sous les articles D. 132-1 à D. 132-3.
On précisera seulement sous cette note que la consultation a lieu pendant le temps de travail au scrutin secret et sous enveloppe et que son organisation matérielle incombe à l'employeur.

11. Sur les sections syndicales, voir Partie 4, chapitre 2.

12. Dans les entreprises visées comportant des établissements distincts, cette négociation peut avoir lieu au niveau de ces établissements ou groupe d'établissements.

2) Les domaines imposés de négociation

Ils sont énumérés sous l'article L. 132-27.

Un premier domaine couvre **les salaires effectifs, la durée effective et l'organisation du temps de travail**, notamment la mise en place du **travail à temps partiel à la demande des salariés**. Cette négociation est l'occasion d'un examen par les parties de l'évolution de l'emploi dans l'entreprise, et notamment du nombre des contrats de travail à durée déterminée, des missions de travail temporaire, du nombre de journées de travail effectuées par les intéressés ainsi que des prévisions annuelles ou pluriannuelles d'emploi établies dans l'entreprise[13].

Un second domaine couvre les objectifs en matière d'égalité professionnelle entre les femmes et les hommes dans l'entreprise, ainsi que les mesures permettant de les atteindre, à partir des éléments figurant dans le rapport de situation comparée annuel soumis pour avis au comité d'entreprise[14].

Un troisième thème a trait au régime de prévoyance maladie lorsque les salariés ne sont pas couverts par un accord de branche ou un accord d'entreprise en prévoyant les modalités.

Un quatrième domaine couvre les régimes d'épargne salariale (intéressement, participation, plans d'épargne d'entreprise) lorsque les salariés ne sont couverts par aucun accord collectif, de branche ou d'entreprise.

3) L'initiative

C'est à l'employeur que revient l'initiative de mettre en œuvre une fois par an le processus de négociation en convoquant les organisations syndicales représentatives. À défaut d'initiative personnelle de l'employeur depuis plus de 12 mois suivant la précédente négociation, la négociation doit s'engager obligatoirement à la suite de la demande formulée par l'une des organisations syndicales. L'employeur transmet alors la demande de négociation dans les 8 jours aux autres organisations syndicales et convoque les parties pour la négociation dans les 15 jours qui suivent la formulation de la demande.

Il y a lieu de s'interroger sur l'expression « *précédente négociation* » : faut-il prendre en compte la date d'ouverture de cette négociation ou au contraire celle de sa conclusion ? La négociation constituant un tout, il est logique de considérer que le point de départ du délai de 12 mois commence à courir à compter de la date de conclusion dûment constatée par la signature effective d'un accord ou l'établissement d'un procès-verbal de désaccord. Cette interprétation doit d'autant plus être retenue qu'une négociation pouvant se dérouler sur plusieurs semaines, voire plusieurs mois, la référence d'un délai de 12 mois courant à compter de la date d'ouverture serait dénuée de tout bon sens.

4) Le déroulement de la procédure

– Lors de la première réunion sont précisés :

- les informations[15] que l'employeur remettra aux délégués syndicaux et aux salariés composant la délégation et la date à laquelle elles leur seront remises (L. 132-28) ;
- le lieu et le calendrier des réunions ultérieures.

– Sur les sujets inscrits à l'ordre du jour, l'employeur ne peut prendre de décision unilatérale concernant la collectivité des salariés avant l'achèvement de la négociation sauf si l'urgence le justifie.

---

13. Dans l'entreprise, la gestion préventive ou prévisionnelle de l'emploi donne lieu à une consultation annuelle du comité d'entreprise.
14. Lorsqu'un accord collectif comportant de tels objectifs et mesures est signé dans l'entreprise, la périodicité de négociation est portée à trois ans.
15. Les informations fournies doivent permettre une analyse comparée de la situation des hommes et des femmes en ce qui concerne les emplois et les qualifications, les salaires payés, les horaires effectués et l'organisation du temps de travail. Ces informations doivent faire apparaître les raisons de ces situations.

5) Le constat d'un désaccord

L'obligation de négocier n'impliquant pas l'obligation de conclure, il en résulte que l'employeur, en cas de désaccord à l'issue de la négociation, pourra prendre ses responsabilités et décider librement sur les sujets qui n'auront pas abouti.

Il devra alors être établi un procès-verbal de désaccord consignant les dernières propositions des parties. Le procès-verbal est déposé par la partie la plus diligente en 5 exemplaires auprès de la Direction départementale du travail et de l'emploi dans le ressort de laquelle a été conclue la convention. Un exemplaire doit être également adressé au secrétariat-greffe du conseil de prud'hommes du lieu de conclusion.

6) Les sanctions

L'employeur, qui se soustrait à l'obligation légale d'engager chaque année le processus de la négociation annuelle, commet un délit pénal puni d'une amende de 3 750 € et/ou d'un emprisonnement d'un an ; sur récidive, l'amende est portée à 7 500 € et l'emprisonnement à 2 ans.

Les employeurs doivent prendre conscience qu'ils commettent l'infraction en s'abstenant de prendre chaque année l'initiative d'une négociation. Nous avons vu précédemment (voir point 3)) que la loi prévoit la possibilité pour les syndicats représentatifs de déclencher la négociation lorsque plus de 12 mois se sont écoulés depuis la précédente négociation. Si le refus du chef d'entreprise d'engager la négociation après une demande syndicale constitue, à coup sûr, l'infraction, il n'est pas nécessaire pour autant qu'il y ait eu une demande expresse d'une organisation syndicale pour que le délit soit constitué : l'abstention annuelle du chef d'entreprise constitue à elle seule l'infraction. Commet de même le délit pénal l'employeur qui empêcherait le déroulement normal de la négociation (ex. : ne pas donner d'informations ; ne pas faire de propositions ; ne pas discuter les contrepropositions syndicales ; ne pas négocier dans les domaines imposés par la loi).

Une circulaire ministérielle du 25 octobre 1983 a précisé que dans les hypothèses de carence de l'employeur, le président du tribunal de grande instance pourrait être saisi en la forme des référés afin qu'il ordonne à l'employeur, le cas échéant sous astreinte, d'engager la négociation.

B – La négociation triennale obligatoire

L'article L. 320-2 introduit dans le code du travail par la loi du 18 janvier 2005 « *de programmation pour la cohésion sociale* » prévoit que dans les entreprises ou groupe d'entreprises occupant **au moins 300 salariés**, l'employeur est tenu d'engager tous les 3 ans une négociation portant sur les modalités d'information et de consultation du comité d'entreprise sur la stratégie de l'entreprise et ses effets **prévisibles** sur l'emploi ainsi que sur les salaires. La négociation porte également sur la mise en place d'un dispositif de gestion prévisionnelle de l'emploi et des compétences susceptibles de lui être associées, en particulier en matière de formation, de validation des acquis de l'expérience (VAE), de bilan de compétences ainsi que d'accompagnement de la mobilité professionnelle et géographique des salariés.

Dans ces mêmes entreprises d'au moins 300 salariés, cette négociation triennale doit également porter sur les conditions d'accès et de maintien dans l'emploi des salariés âgés et de leur accès à la formation professionnelle (L. 132-27 al. 3).

2.3.3. La validité des accords d'entreprise

A – Les règles du droit commun

Le principe majoritaire retenu par la loi du 4 mai 2004 est ici décliné par une convention de branche étendue qui retient l'une ou l'autre des dispositifs ci-après pour la détermination de la validité des accords d'entreprise (ou d'établissement) : soit un dispositif reposant sur une majorité d'approbation, soit un dispositif reposant sur l'absence d'une majorité d'opposition.

1er dispositif : la convention ou l'accord d'entreprise est valide s'il est signé par une ou des organisations syndicales représentatives ayant recueilli au moins la moitié des suffrages exprimés **au premier tour** des dernières élections au comité d'entreprise ou, à défaut, des délégués du personnel[16].

Dans l'hypothèse où les organisations syndicales signataires ne satisfont pas à la condition de majorité, le texte n'est valide que s'il recueille l'approbation des salariés de l'entreprise ou de l'établissement, **à la majorité des suffrages exprimés**, à l'initiative des organisations syndicales de salariés signataires, à laquelle des organisations syndicales de salariés non signataires peuvent s'associer.

2e dispositif : en **l'absence** d'accord de branche ou si l'accord de branche préfère cette option, la validité de l'accord signé par des syndicats minoritaires est seulement conditionnée à l'absence de majorité d'opposition des organisations syndicales majoritaires en nombre de voix.

L'opposition doit être exprimée dans un délai de huit jours à compter de la date de notification de l'accord par la partie la plus diligente à l'ensemble des organisations syndicales représentatives à l'issue de la procédure de signature. L'opposition doit être motivée en ce sens qu'elle doit préciser les points de désaccord.

Les textes frappés d'opposition majoritaire ainsi que ceux n'ayant pas obtenu l'approbation de la majorité des salariés sont réputés non écrits (L. 132-2-2 V al. 2).

B – La carence d'élections professionnelles

En cas de carence d'élections professionnelles, lorsqu'un délégué syndical a été désigné dans l'entreprise ou dans l'établissement, la validité d'une convention ou d'un accord d'entreprise ou d'établissement signé par ce délégué est subordonnée à l'approbation des salariés de l'entreprise ou de l'établissement à la majorité des suffrages exprimés.

Est assimilé à cette hypothèse le cas où la constitution de listes d'entente entre les syndicats au premier tour des élections professionnelles ne permet pas de mesurer l'audience respective de chacun d'eux.

C – La signature de l'accord avec les représentants élus du personnel

Un tel accord, lorsqu'il est autorisé par un accord de branche étendu, doit pour sa validité, rappelons-le, être approuvé par une commission paritaire nationale de branche.

D – La signature de l'accord avec un salarié mandaté

Il convient de rappeler également que la validité d'un accord signé par un ou plusieurs salariés mandatés pour une négociation déterminée par une ou plusieurs organisations syndicales représentatives requiert l'approbation des salariés à la majorité des suffrages exprimés[17].

2.3.4 Le sort d'un accord d'entreprise à défaut de consultation préalable du CE

Le défaut de consultation du comité d'entreprise préalablement à la conclusion d'un accord d'entreprise portant sur l'une des questions soumises obligatoirement à l'avis du comité, n' a pas pour effet d'entraîner la nullité de l'accord dont la validité et la force obligatoire demeurent soumises aux règles qui lui sont propres. Un défaut de consultation ne peut donc être sanctionné qu'à travers le délit d'entrave.

---

16. Ne sont pas pris en compte les votes blancs ou nuls.
Le nombre de voix à prendre en compte est le total de celles recueillies par chaque liste et par collège par les candidats titulaires au premier tour, alors même que l'ensemble des sièges n'aurait pas été pourvu ou que le quorum n'aurait pas été atteint.
17. Voir *supra* § 2.3.1.

Tableau 2 – Récapitulatif des cas de recours à la consultation du personnel de l'entreprise

• Accord conclu par un ou des syndicats minoritaires alors que l'accord collectif subordonne son accord à la signature des syndicats majoritaires en voix.
• Accord signé avec le ou les délégués syndicaux dans un contexte de carence d'élections professionnelles.
• Accord conclu avec le ou les délégués syndicaux dans un contexte d'impossibilité de mesurer l'audience respective de chacune des organisations syndicales représentatives implantées dans l'entreprise.
• Accord conclu avec un ou plusieurs salariés mandatés par une ou plusieurs organisations syndicales représentatives.

2.4. Conventions et accords de groupe

Après la consécration jurisprudentielle, l'accord de groupe trouve une reconnaissance légale de portée générale avec la loi du 4 mai 2004.

2.4.1 Le périmètre de négociation

La convention ou l'accord de groupe fixe son champ d'application, constitué de tout ou partie des entreprises constitutives du groupe.

2.4.2 Les parties à la négociation

La convention ou l'accord de groupe est négocié et conclu entre :

- d'une part, l'employeur de l'entreprise dominante ou un ou plusieurs représentants, mandatés à cet effet, des employeurs des entreprises concernées par le champ de la convention ou de l'accord ;
- et, d'autre part, les organisations syndicales de salariés représentatives dans le groupe ou dans l'ensemble des entreprises concernées par le champ de la convention ou de l'accord.

Pour la négociation en cause, les organisations syndicales de salariés représentatives peuvent désigner un ou des coordonnateurs syndicaux de groupe choisis parmi les délégués syndicaux du groupe et habilités à négocier et à signer la convention ou l'accord de groupe (L. 132-19-1).

Un syndicat présent dans une seule des entreprises du groupe doit-il être admis à la table des négociations au niveau du groupe ? La Cour de cassation, antérieurement à la mise en vigueur de la loi du 4 mai 2004, avait jugé à plusieurs reprises que sont représentatives au niveau du groupe les organisations ayant eu des élus aux comités d'entreprise ou d'établissements des entreprises du groupe. Cette jurisprudence, faisant remonter au niveau du groupe une représentativité attestée par l'élection au niveau de l'entreprise, membre du groupe, montre la voie.

2.4.3 La validité des conventions et accords de groupe

Les règles de validité suivent celles applicables aux accords d'entreprise telles qu'exposées au point 2.3.3 qui précède. Il en résulte que la validité d'une convention ou d'un accord d'entreprise dépendra de « *l'option majoritaire* » retenue par la convention de branche, soit la signature des syndicats « majoritaires », soit l'absence d'opposition de leur part.

Lorsque le groupe relève de différentes branches et que les conditions de validité prévues par ces branches pour les conventions ou les accords d'entreprise ou d'établissement diffèrent, la validité de l'accord de groupe dépendra exclusivement de l'absence d'opposition des organisations syndicales majoritaires non signataires.

2.4.4 La portée des accords de groupe

« *La convention ou l'accord de groupe emporte les mêmes effets que la convention ou l'accord d'entreprise* » (L. 132-19-1 al. 1). En d'autres termes, la négociation de groupe pourrait être appelée, sur la base de cette règle, à se substituer à la négociation d'entreprise. Cette perspective découle d'ailleurs de la qualité des parties à la négociation. Si, en effet, l'employeur « *dominant* » représente légalement les employeurs dominés et signe en leur nom, il conclut par là même un accord liant ces derniers. Produisant légalement les effets d'accords d'entreprise, l'accord de groupe vaut à leur égard accord d'entreprise !

3. Le régime juridique des conventions et accords collectifs de travail

3.1 Durée d'application

« *La convention ou l'accord collectif de travail est conclu pour une durée déterminée ou pour une durée indéterminée. À défaut de stipulations contraires*[18]*, la convention ou l'accord à durée déterminée qui arrive à expiration continue à produire ses effets comme une convention ou un accord à durée indéterminée.*

Quand la convention ou l'accord est conclu pour une durée déterminée, celle-ci ne peut être supérieure à 5 ans » (L. 132-6).

3.2 Révision

Selon les dispositions de l'article L. 132-7 alinéa 1 « *la convention et l'accord collectif de travail prévoient dans quelle forme et à quelle époque ils pourront être révisés* ».

3.2.1 Les organisations syndicales concernées

Seules les organisations syndicales représentatives, signataires d'une convention ou d'un accord ou qui ont adhéré à ce texte, sont habilitées à **conclure** des accords portant révision d'un texte initial. La représentativité doit s'apprécier au niveau où le texte conventionnel a été signé : entreprise, branche, groupe ou interprofessionnel.

Il *n'est pas* exigé toutefois, pour que l'avenant soit opposable au salarié, la signature de *toutes* ces organisations syndicales, comme l'avait à un moment donné soutenu une certaine jurisprudence de la Cour de cassation. Le législateur est expressément intervenu à cet effet en complétant l'article L. 132-7 du Code du travail.

La chambre sociale de la Cour de cassation a jugé qu'à peine de nullité de l'accord de révision, **tous** les syndicats représentatifs implantés dans l'entreprise devaient cependant être **convoqués** à la table des négociations.

3.2.2 Les conditions d'application de l'avenant

Un avenant portant révision de tout ou partie de la convention ou de l'accord collectif signé par une ou plusieurs organisations syndicales représentatives **se substitue de plein droit** aux stipulations du texte conventionnel qu'il modifie. Il n'est opposable qu'aux employeurs signataires, ce qui a pour conséquence qu'une opposabilité « *erga omnes* » n'est possible qu'après mise en œuvre d'une procédure d'extension ou d'élargissement.

---

18. L'accord peut comporter en effet une clause de cessation de plein droit à l'échéance du terme.

3.3 Dénonciation

3.3.1 La faculté de dénonciation

La caractéristique de la convention ou de l'accord à durée indéterminée est qu'il peut être dénoncé par l'une ou l'autre des parties signataires, moyennant le respect d'un préavis dont la durée, en l'absence de stipulation expresse, est de **3 mois**. La décision est notifiée par son auteur aux autres signataires de la convention ou de l'accord et doit donner lieu à dépôt auprès de la Direction départementale du travail et de l'emploi dépositaire de la convention ou de l'accord.

La démission par un employeur de l'organisation patronale signataire n'équivaut pas de sa part à une dénonciation de la convention collective produisant effet dans son entreprise[19].

3.3.2 Les effets de la dénonciation

A – La survie provisoire de la convention ou de l'accord dénoncé

– « *Lorsque la dénonciation émane de la totalité des signataires employeurs ou des signataires salariés, la convention ou l'accord continue de produire effet jusqu'à l'entrée en vigueur de la convention ou de l'accord qui lui est substitué ou, à défaut, pendant une durée d'**un an** à compter de l'expiration du délai de préavis*[20]*, sauf clause prévoyant une durée déterminée*[21] *supérieure* » (L. 132-8 al. 3).

– « *Lorsque la dénonciation est le fait d'une partie seulement des signataires employeurs ou des signataires salariés, elle ne fait pas obstacle au maintien en vigueur de la convention ou de l'accord entre les autres parties signataires. Dans ce cas, les dispositions de l'alinéa précédent s'appliquent seulement à l'égard des auteurs de la dénonciation* » (L. 132-8 al. 4).

B – Le maintien des avantages acquis

– Lorsque la convention ou l'accord qui a été dénoncé n'a pas été remplacé par une nouvelle convention ou un nouvel accord dans les délais précisés au point A qui précède, les salariés conservent **les avantages individuels qu'ils ont acquis**, en application de la convention ou de l'accord, à l'expiration de ces délais.

La notion « *d'avantages individuels acquis* » est assez difficile à cerner en pratique : nous retiendrons toutefois comme ligne directrice que l'avantage individuel acquis est celui qui correspond à un droit dont le salarié **a déjà pu se prévaloir et dont il peut toujours continuer à se prévaloir** (ex. : niveau de rémunération ; congés d'ancienneté ; primes d'ancienneté). L'avantage individuel acquis s'opposerait au droit simplement éventuel : ainsi en est-il du montant de l'indemnité de licenciement qui ne s'ouvre qu'à la rupture du contrat de travail et ne peut donc faire l'objet d'un avantage acquis avant cette rupture.

– Si une nouvelle convention collective vient à se **substituer** à celle qui a été dénoncée après négociation, les dispositions plus favorables de la convention ancienne ne peuvent pas faire l'objet d'avantages acquis, sauf stipulation d'une **clause expresse** de maintien des avantages acquis.

---

19. Voir *infra*, § 5.

20. Soit en fait 15 mois (12 mois + 3 mois de préavis).

21. La jurisprudence antérieure à ces dispositions réputait déjà non écrites les clauses fixant une durée indéterminée jusqu'à la conclusion d'un nouvel accord. On aboutirait sinon, en effet, faute d'un nouvel accord, à un engagement perpétuel, ce qui est prohibé dans notre système contractuel.

3.4 Sort des textes conventionnels en cas de succession d'entreprises

Nous avons vu que pour être soumis à une convention ou à un accord collectif, l'employeur doit, d'une part, entrer dans le champ d'application de cet accord ou de cette convention, d'autre part, soit avoir lui-même signé cet accord ou cette convention, soit être adhérent du syndicat patronal signataire (à moins que l'accord ou la convention ne soit étendu).

Par ailleurs, il résulte du principe de l'effet relatif des contrats que, lorsque l'employeur change d'activité principale, ou lorsque survient une modification dans sa situation juridique (fusion, cession, scission, etc.), les conventions et accords collectifs, applicables jusque-là en vertu des règles rappelées ci-dessus, ne sont normalement plus opposables au nouvel employeur (ou, le cas échéant, à l'employeur ayant changé d'activité principale). En droit civil strict, cette inopposabilité devrait s'appliquer dès la date de la modification dans la situation de l'employeur.

Aussi la loi a-t-elle aménagé des dispositions particulières destinées à éviter les conséquences sociales d'un vide conventionnel inopiné. Il s'agit de l'article L. 132-8 alinéa 7 qui prévoit que la convention ou l'accord ainsi « *mis en cause* » continue de produire effet jusqu'à l'entrée en vigueur de la convention ou de l'accord **qui lui est substitué** ou, à défaut, pendant une durée d'un an[22], tout en précisant qu'une nouvelle négociation doit s'engager « *soit pour l'adaptation aux dispositions conventionnelles nouvellement applicables, soit pour l'élaboration de nouvelles dispositions, selon le cas* ». Si ces négociations aboutissent, l'accord qui en résulte se substitue immédiatement à l'ancien statut **sans possibilité pour les salariés de se prévaloir des avantages acquis** sous l'empire de la convention collective qui les régissait jusqu'alors. Dans le cas contraire, c'est à une application simultanée des deux conventions que devra procéder le nouvel employeur pendant le délai d'un an prévu par la loi. Cependant, l'application simultanée de deux conventions collectives n'emporte pas, pour autant, leur cumul. Selon une jurisprudence constante, deux avantages ayant le même objet ne se cumulent pas, mais seul celui aboutissant au résultat **le plus avantageux** pour les salariés doit être appliqué. À l'issue du délai d'un an, la convention collective du second employeur deviendra alors applicable aux salariés concernés **sous réserve du maintien des avantages individuels acquis**.

> *Exemple (Cass. soc., 1er décembre 1993) :*
>
> Le rachat, par une société, d'une chaîne de magasins d'alimentation s'est traduite pour les salariés de ces magasins par un changement d'employeur et un changement de statut collectif. Or, la convention collective applicable au cessionnaire ne prévoyait pas, comme celle dont relevait le cédant, de prime d'ancienneté.
>
> Quel sort fallait-il réserver à cette prime après expiration du délai d'un an suivant le transfert ? Il résulte clairement de l'arrêt, qu'à défaut d'accord d'adaptation intervenu dans l'entreprise, **les salariés qui avaient antérieurement bénéficié de la prime pouvaient prétendre en conserver le bénéfice**, s'agissant d'un avantage individuel acquis dont le maintien est expressément prévu par l'article L. 132-8 du Code du travail.

3.5 Accords dérogatoires

Par exception au principe qui veut que les conventions et accords collectifs de travail ne puissent contenir des dispositions moins favorables pour les salariés que celles prévues par les lois et règlements, le législateur a prévu de façon **limitative** certains cas où il est possible de déroger au texte qu'il édicte[23].

Selon les dispositions de l'article L. 153-1, « *lorsqu'en vertu d'une disposition législative expresse dans une matière déterminée, une convention ou un accord collectif* ***étendu*** *déroge à des dispositions*

22. Soit au total 15 mois si l'on retient un préavis de 3 mois.
23. Voir tableau n°20 pour le récapitulatif des dispositions pouvant donner lieu à accords dérogatoires.

législatives ou réglementaires, les infractions aux stipulations dérogatoires sont passibles des sanctions qu'entraînerait la violation des dispositions législatives ou réglementaires en cause »[24].

3.6 Articulation des textes conventionnels

Comme indiqué en introduction à ce chapitre, jusqu'à l'entrée en vigueur de la loi du 4 mai 2004, un accord de niveau inférieur ne pouvait déroger, sauf exception, au niveau supérieur que dans un sens favorable aux salariés. Le législateur de 2004, en recensant quatre niveaux possibles de négociation – l'interprofessionnel, la branche, le groupe, l'entreprise – rompt avec cette démarche, en permettant au niveau inférieur de déroger au niveau supérieur, à moins que ce dernier ne l'interdise. En d'autres termes, la dérogation est désormais devenue la règle, le sacro-saint principe « de faveur » se trouvant ainsi battu en brèche.

A – Le niveau **branche, professionnel** *ou* **interprofessionnel**

Selon les dispositions de l'article L. 132-13 alinéa 1, « *une convention de branche ou un accord professionnel ou interprofessionnel ne peut comporter des dispositions moins favorables aux salariés que celles qui leur sont applicables en vertu d'une convention ou d'un accord couvrant un champ territorial ou professionnel plus large,* ***à la condition que les signataires de cette convention ou de cet accord aient expressément stipulé qu'il ne pourrait y être dérogé en tout ou en partie*** ».

> *Exemple :*
> Une convention départementale ou un accord professionnel régional peut déroger à un accord interprofessionnel national ou à une convention collective nationale, sauf s'il en est décidé autrement par cet accord ou cette convention de dimension nationale.

Selon les dispositions de l'article L. 132-13 alinéa 2, « *s'il vient à être conclu une convention ou un accord de niveau supérieur à la convention ou à l'accord intervenu, les parties adaptent celles des clauses de leur convention ou accord antérieur qui seraient moins favorables aux salariés* ***si une disposition de la convention ou de l'accord de niveau supérieur le prévoit expressément*** ».

B – Le niveau **entreprise**

Au regard du dispositif législatif mis en place, l'autorité de la branche risque de s'estomper au profit de la négociation d'entreprise.

1) L'articulation entreprise – niveaux supérieurs

Le principe de dérogation veut que l'accord d'entreprise puisse déroger, même dans un sens moins favorable aux salariés, aux dispositions de convention de niveau supérieur, sauf si ce niveau supérieur en dispose autrement.

Il est prévu par le législateur que l'accord de branche conservera son caractère **impératif** en matière de salaires minima, de classification, de prévoyance collective et de mutualisation des fonds de la formation professionnelle.

---

24. De son côté, la jurisprudence a considéré que la violation des dispositions conventionnelles peut être passible de sanctions pénales, au même titre que les infractions aux dispositions légales correspondantes, lorsque la loi prévoit expressément que ces dispositions peuvent être améliorées par voie d'accord.
Exemple : En applications des dispositions de l'article L. 412-21, les dispositions légales relatives à l'exercice du droit syndical dans les entreprises ne font pas obstacle aux conventions ou accords comportant des clauses plus favorables, notamment celles qui sont relatives à l'institution de délégués syndicaux ou de délégués syndicaux centraux dans tous les cas où les dispositions législatives n'ont pas rendu obligatoire cette institution. Si donc, un accord a prévu par exemple la possibilité de nommer des délégués syndicaux dans les entreprises de moins de 50 salariés, l'atteinte par l'employeur à l'exercice du droit syndical de ces délégués sera punie pénalement dans les mêmes conditions que l'atteinte à l'exercice du droit syndical des délégués nommés régulièrement dans les entreprises employant habituellement au moins 50 salariés.

2) La mise en œuvre de la loi

Le principe veut désormais que lorsque la loi renvoie pour sa mise en œuvre à un accord de branche, elle puisse également renvoyer à un accord d'entreprise.

Le législateur n'a prévu que cinq exceptions pour lesquelles les dispositions de la branche s'imposent :

– la mise en place d'horaires d'équivalence ;

– la définition du travailleur de nuit ;

– la durée maximale hebdomadaire de travail ;

– le transfert du compte épargne-temps ;

– les contrats précaires d'usage.

C – *Le niveau* groupe

Si la supériorité de la norme de branche sur l'entreprise disparaît en son principe, elle retrouve préséance vis à vis de la norme de groupe, sauf disposition contraire. En d'autres termes, le principe de faveur reste la règle et la dérogation l'exception.

« Les conventions ou les accords de groupe ne peuvent comporter des dispositions dérogatoires à celles qui sont applicables en vertu de conventions de branche ou d'accords professionnels dont relèvent les entreprises ou établissements appartenant à ce groupe, sauf disposition expresse de ces conventions de branche ou accords professionnels » (L. 132-19-1 al. 3).

La volonté affichée du législateur est d'éviter l'instabilité pour la couverture conventionnelle des salariés et une fragilisation des relations sociales au sein du groupe.

Tableau 3 – Articles du Code du travail pouvant être mis en œuvre par accord d'entreprise

Article	Thème	Objet de la négociation
L. 122-3-4 2e alinéa	Contrat de travail	Contrat à durée déterminée Limitation de l'indemnité de fin de contrat à 6 % (contre 10 %) avec contreparties.
L. 124-4-1	Contrat de travail	Travail temporaire Fixation de la période d'essai
L. 124-4-4 5e alinéa (1°)	Contrat de travail	Travail temporaire Cas de suppression de l'indemnité de fin de mission
L. 124-21-1	Contrat de travail	Travail temporaire Définition du champ des missions de travail temporaire (extension aux actions en lien avec l'activité professionnelle de ces salariés)
L. 212-4-4	Durée du travail Temps partiel	Réduction du délai de prévenance et contreparties à cette réduction Décalage jusqu'au tiers des heures au-delà de la durée stipulée au contrat Clauses obligatoires sur la mise en œuvre des droits reconnus aux salariés à temps complet. Fixation d'une période minimale de travail continue et limitation du nombre d'interruptions d'activité ou interruption supérieure à 2 heures
L. 212-4-6 4° et 8°	Durée du travail Temps partiel modulé	Réduction du délai de prévenance a minima 3 jours Limitation du nombre d'interruptions d'activité ou interruption supérieure à 2 heures
L. 212-5	Durée du travail	Réduction a minima (10 %) du taux de majoration des heures supplémentaires

→

Article	Thème	Objet de la négociation
L. 212-5-2	Durée du travail	Heures supplémentaires Travail saisonnier Détermination des périodes de référence pour le décompte des heures supplémentaires et des repos compensateurs
L. 212-6	Durée du travail	Contingent d'heures supplémentaires
L. 213-3	Travail de nuit	Dérogations à la durée du travail quotidienne et hebdomadaire
L. 220-1	Durée du travail	Dérogation au repos quotidien de 11 heures
L. 221-4	Durée du travail	Dérogation au repos de 2 jours des jeunes travailleurs
L. 221-5-1	Durée du travail	Équipes de suppléance – repos par roulement
L. 236-10 4e alinéa	Santé et sécurité au travail	Hygiène, sécurité et conditions de travail – formation spécifique des membres du CHSCT, établissements de moins de 300 salariés

(Source : Liaisons sociales)

4. L'assujettissement des entreprises à une convention ou un accord collectif

Dans quelle mesure une entreprise se trouve-t-elle obligatoirement assujettie aux dispositions d'une convention collective de branche ou d'un accord professionnel[25] ?
Pour répondre à cette question, il convient de suivre une quadruple démarche.

4.1 Nature de l'activité de l'entreprise

Une entreprise n'est assujettie à une convention collective que si elle exerce l'une des activités visées par la convention collective. Les partenaires sociaux doivent prendre soin d'énumérer avec la plus grande précision les activités économiques qu'ils entendent viser afin de prévoir plus aisément l'étendue du champ d'application professionnel de la convention.

Pour ce faire, ils ont le choix entre deux solutions :

– soit énumérer expressément les activités visées par la convention ;

– soit énumérer ces activités par référence à la nomenclature des activités économiques établie par l'Institut National de la Statistique et des Études Économiques (INSEE).

4.1.1 L'exercice d'une seule activité

L'applicabilité d'une convention collective dépend de l'activité économique de l'entreprise. Celle-ci est déterminée par un numéro d'identification (NAF) attribué à chaque entreprise par

25. Rien n'interdit à un employeur d'appliquer *volontairement* une convention collective de branche à laquelle il n'est pas juridiquement assujetti. Ceci étant, la Cour de cassation a eu l'occasion de rappeler à plusieurs reprises que l'assujettissement volontaire ne peut résulter que d'une volonté claire et non équivoque de la part de l'employeur. Par ailleurs, l'assujettissement volontaire peut n'être que partiel, entraînant l'application de certaines seulement des clauses de la convention et concerner seulement certaines catégories de salariés.
Exemple (Cass. soc., 5 octobre 1993) : Deux salariées d'une société de transport de fonds récemment licenciées réclamaient à leur ancien employeur le paiement de la prime d'ancienneté prévue par la convention collective des entreprises de prévention et de sécurité. Le conseil de prud'hommes avait fait droit à la demande estimant que l'employeur, s'il n'entrait pas dans le champ de la convention collective litigieuse, s'y était néanmoins placé volontairement ainsi qu'il ressortait d'une instance antérieure concernant un autre salarié de l'entreprise. Décision censurée par la Cour de cassation qui rappelle que si un employeur n'entrant pas dans le champ d'application d'une convention collective peut appliquer celle-ci volontairement, il peut très bien limiter cette application à certaines catégories de salariés. On ne pouvait donc, dans le présent litige, tirer aucune conséquence de la position prise à propos d'un salarié déterminé, dans un litige antérieur.

l'INSEE, numéro figurant d'ailleurs obligatoirement sur le bulletin de paie. Le numéro d'INSEE de l'entreprise n'a cependant valeur que d'une présomption simple. En cas de contestation, l'activité réelle de l'entreprise constituerait l'indicateur le plus fiable de la convention collective applicable[26].

4.1.2 L'exercice de plusieurs activités

Pour minimiser les difficultés dans la gestion du personnel, il est préférable de voir l'entreprise n'être assujettie qu'à une seule convention collective. La jurisprudence va dans ce sens en décidant que l'entreprise qui exerce plusieurs activités, relevant de conventions collectives de branches différentes, doit appliquer à l'ensemble de son personnel la convention collective dont relève **son activité principale**. Le législateur en a lui-même repris le principe dans la loi du 4 mai 2004 qui a ajouté au Code du travail un article L. 132-5-1 ainsi libellé : « *la convention collective applicable est celle dont relève l'activité principale exercée par l'employeur* ».

Les critères permettant de déterminer l'activité principale d'une entreprise ont été définis comme suit par l'administration :

- s'il s'agit d'une entreprise industrielle, l'activité principale est celle occupant le plus grand nombre de salariés ;
- s'il s'agit d'une entreprise commerciale, l'activité principale est celle procurant le chiffre d'affaires le plus élevé ;
- si l'entreprise a à la fois une activité industrielle et une activité commerciale, l'activité principale sera industrielle si le chiffre d'affaires relatif à ce type d'activité est supérieur à 25 % du chiffres d'affaires total.

Le législateur ajoute cependant qu'en cas de concours d'activités rendant incertaine l'application de ce critère de l'activité principale pour le rattachement d'une entreprise à un champ conventionnel, « *les conventions collectives et les accords professionnels peuvent, par des clauses réciproques et de nature identique, prévoir les conditions dans lesquelles l'entreprise détermine les conventions et accords qui lui sont applicables* (L. 132-5-1 al. 2).

Ce n'est que dans le cas où les activités de l'entreprise sont nettement **différenciées** et sont exercées dans des centres d'activité **autonomes** que peuvent s'appliquer plusieurs conventions collectives.

– Pour l'application de plusieurs conventions :

> *Exemple (Cass. soc., 29 avril 1976) :*
>
> Le personnel de magasins de vente au détail exploités par une entreprise de fabrication de vêtements, relève, non de la convention des industries de l'habillement, mais de celle du commerce de détail des articles d'habillement, dès lors que la vente au détail s'exerce dans des **établissements distincts**, en faisant appel à un **personnel particulier**, sans qu'il y ait lieu de s'attacher au caractère prépondérant de l'activité de fabrication.

– Pour l'application d'une seule convention :

> *Exemple (Cass. soc., 17 octobre 1983) :*
>
> Technicien affecté au « service après-vente » dans cette entreprise de vente d'appareils de pesage, le salarié aurait souhaité se voir appliquer les dispositions de la convention collective des industries métallurgiques et connexes du Vaucluse. Invoquant la finalité différente de son activité de technicien par rapport à la vente, il

26. Une difficulté peut surgir d'une contradiction entre la convention collective applicable au regard de l'activité de l'entreprise et celle mentionnée dans le contrat de travail du salarié.
Exemple (Cass. soc., 18 juillet 2000) : Dans cette affaire, le contrat de travail d'une salariée opérateur topographe, mentionne l'application de la convention collective des cabinets d'études techniques, cabinets d'ingénieurs conseils, sociétés de conseil. Toutefois, considérant que son employeur relevait en fait, compte tenu de son activité principale, de la convention collective nationale des géomètres-experts, entreprises de topographie, la salariée demande l'application de cette dernière convention, indépendamment des stipulations contractuelles. Dès lors que la convention applicable dans les relations collectives (celle des géomètres-experts) s'avère plus intéressante que la convention collective applicable dans les relations individuelles (celle des cabinets d'études techniques), le salarié a la faculté de revendiquer l'application de la convention collective la plus favorable.

avait fait valoir encore que cette activité s'exerçait dans des ateliers distincts des bureaux de vente et pouvait donc être dissociée de celle de la vente.

Non, lui ont dit les juges : une seule convention, pas deux. L'activité principale de l'entreprise concernée était la vente des appareils de pesage ; le « service après-vente » qui s'exerçait dans le même établissement n'était « **qu'accessoire et complémentaire de l'activité commerciale** qui constituait la finalité économique de l'entreprise » ; c'est cette activité principale qui devait seule être prise en considération pour déterminer la convention collective applicable.

Lorsque ces activités différentes s'exercent, en revanche, au sein d'établissements géographiquement distincts, chaque établissement relève alors de la convention collective correspondant à sa propre activité principale. La Cour de cassation a même eu l'occasion d'élargir cette notion d'établissement distinct au cas où, sur un même lieu géographique, il existe, au sein de la même entreprise, des « secteurs d'activité nettement individualisés » c'est-à-dire, semble-t-il, des unités distinctes et autonomes sur le plan de la direction, de l'organisation et de la gestion justifiant l'application de convention collective propre à leur activité.

4.2 Localisation de l'entreprise

Une entreprise n'est assujettie à une convention collective que si elle se trouve dans le champ d'application territorial de la convention (national, régional, départemental, local).

4.3 Nature de la convention collective conclue

Il existe deux types de conventions collectives : la convention collective ordinaire et la convention **susceptible d'extension.**

4.3.1 La convention collective ordinaire

Elle n'assujettit que les entreprises membres des organisations syndicales d'employeurs signataires : telle est l'application pure et simple de la règle qui veut que ne soient liés par une convention que ceux qui l'ont signée.

Exemple :

Une entreprise :

- dont **l'activité** se trouve visée par la convention,
- qui se trouve **localisée** dans le champ d'application territorial de la convention,
- qui est **membre** d'une organisation syndicale d'employeurs signataires, se trouve obligatoirement assujettie à la convention collective.

4.3.2 La convention collective susceptible d'extension

C'est une convention dont la loi fixe très précisément les conditions d'élaboration et le contenu, dont le domaine est tellement vaste que l'on peut dire que la convention devient la véritable ossature des conditions de travail et d'emploi et des garanties sociales de la branche d'activité ou de la profession (L. 133-5). Une fois conclue, cette convention peut, selon une procédure particulière, faire l'objet d'une extension par voie d'arrêté ministériel.

Retenons comme essentiel que l'arrêté d'extension a pour effet de rendre ***obligatoire*** tout ou partie (selon le contenu de l'arrêté) des dispositions de la convention collective à toutes les entreprises se situant dans son champ d'application professionnel et territorial.

Les arrêtés d'extension ainsi que le texte étendu étant publiés au Journal Officiel, on prendra soin de le lire régulièrement ou, à défaut, de s'informer auprès de sa direction départementale du Travail, ou encore de consulter un conseil spécialisé en droit social.

Tant que l'arrêté d'extension n'est pas publié, seules se trouvent assujetties les entreprises membres d'une organisation syndicale d'employeurs signataires.

Exemple :

Une entreprise :

– dont **l'activité** se trouve visée par la convention,

– qui se trouve **localisée** dans le champ d'application territorial de la convention,

– qui **est ou non membre** d'une organisation syndicale d'employeurs signataires, se trouve obligatoirement assujettie à la convention collective dès lors qu'elle est **étendue**.

Contenu minimal obligatoire d'une convention de branche étendue, conclue au niveau national (L. 133-5)

1 – L'exercice du droit syndical et la liberté d'opinion des salariés, le déroulement de carrière des salariés exerçant des responsabilités syndicales et l'exercice de leurs fonctions.

2 – Les délégués du personnel, le comité d'hygiène, de sécurité et des conditions de travail, les comités d'entreprise et le financement des activités sociales et culturelles gérées par lesdits comités.

2 bis – Les conditions d'exercice des mandats de négociation et de représentation au niveau de la branche.

3 – Les éléments essentiels servant à la détermination des classifications professionnelles et des niveaux de qualification, notamment les mentions relatives aux diplômes professionnels ou à leurs équivalences, à condition que ces diplômes aient été créés depuis plus d'un an.

4 – Les éléments énumérés ci-dessous du salaire applicable par catégories professionnelles, ainsi que les procédures et la périodicité prévues pour sa révision :

a) le salaire minimum national professionnel du salarié sans qualification ;

b) les coefficients hiérarchiques afférents aux diverses qualifications professionnelles ;

c) les majorations pour travaux pénibles, physiquement ou nerveusement, dangereux, insalubres ;

d) les modalités d'application du principe « à travail égal, salaire égal » et les procédures de règlement des difficultés pouvant naître à ce sujet, compte tenu notamment des situations révélées par l'application de l'article L. 132-12, deuxième alinéa.

5 – Les congés payés.

6 – Les conditions d'embauchage des salariés, sans que les dispositions prévues puissent porter atteinte au libre choix du syndicat par ceux-ci.

7 – Les conditions de la rupture des contrats de travail, notamment quant au délai-congé et à l'indemnité de licenciement.

8 – Les modalités d'organisation et de fonctionnement de l'apprentissage, de la formation professionnelle et de la formation permanente dans le cadre de la branche considérée, y compris des modalités particulières aux personnes handicapées.

9 – L'égalité professionnelle entre les femmes et les hommes et les mesures de rattrapage tendant à remédier aux inégalités constatées. Ces mesures s'appliquent notamment à l'accès à l'emploi, à la formation et à la promotion professionnelle et aux conditions de travail et d'emploi.

10 – L'égalité de traitement entre salariés, quelle que soit leur appartenance à une ethnie, une nation ou une race, notamment en matière d'accès à l'emploi, de formation, de promotion professionnelle et de conditions de travail.

11 – Les conditions propres à concrétiser le droit au travail de toutes personnes handicapées en état d'exercer une profession, notamment par application de l'obligation d'emploi prévue à l'article L. 323-9.

12 – En tant que de besoin dans la branche :

a) les conditions particulières de travail des femmes enceintes ou allaitant et des jeunes ;

b) les conditions d'emploi et de rémunération du personnel à temps partiel ;

c) les conditions d'emploi et de rémunération des travailleurs à domicile ;

d) les garanties des salariés appelés à exercer leur activité à l'étranger ;

e) les conditions d'emploi des personnels, salariés d'entreprises extérieures, notamment des travailleurs temporaires ;

→

f) les conditions dans lesquelles le ou les salariés, auteur d'une invention dévolue à l'employeur en vertu des dispositions du deuxième alinéa de l'article 1er ter de la loi n° 68-1 du 2 janvier 1968 sur les brevets d'invention, bénéficient d'une rémunération supplémentaire.

13 – Les procédures conventionnelles de conciliation suivant lesquelles seront réglés les conflits collectifs de travail susceptibles de survenir entre les employeurs et les salariés liés par la convention.

14 – Les modalités d'accès à un régime de prévoyance maladie.

15 – Les modalités de mise en œuvre des dispositifs prévus au titre IV relatifs à l'intéressement des salariés, à la participation aux résultats et aux plans d'épargne d'entreprise...

16 – Les modalités de prise en compte dans la branche ou l'entreprise des demandes relatives au thème de négociation émanant d'une ou des organisations syndicales de salariés représentatives.

Les avenants et accords consécutifs à la conclusion d'une convention collective ayant fait l'objet d'un arrêté d'extension sont étendus selon la même procédure.

4.4 Publication d'un arrêté d'élargissement

La procédure d'élargissement a pour objectif de pallier l'absence ou la carence syndicale dans un secteur territorial déterminé ou une branche professionnelle donnée. Si cette insuffisance syndicale se traduit par « *une impossibilité persistante de conclure une convention ou un accord* » le ministre du Travail peut, par arrêté publié au Journal Officiel, après respect d'une procédure :

- rendre **obligatoire** dans le secteur territorial considéré, une convention ou un accord de branche déjà **étendu** à un secteur territorial **différent** ;
- rendre **obligatoire** dans le secteur professionnel considéré une convention ou un accord professionnel **déjà étendu** à un **autre** secteur professionnel.

5. La démission de l'employeur de l'organisation patronale signataire

Selon la jurisprudence de la Cour de cassation, l'employeur démissionnaire de l'organisation patronale signataire reste non seulement lié par les dispositions conventionnelles antérieures à sa démission, mais aussi par les accords **postérieurs** à sa démission lorsqu'ils ne sont que l'**application** de la convention ou de l'accord (Cass. soc., 10 février 1999). En conséquence, seule une **nouvelle** convention collective ou un avenant **modificatif ultérieur** ne lui sera pas opposable. La démission ne valant pas dénonciation, il en résulte que si l'employeur souhaite que la convention collective ne soit plus applicable dans son entreprise, il doit dénoncer ladite convention selon les modalités prévues par l'article L. 132-8[27].

6. La mise en œuvre des conventions et accords collectifs de travail

Le dépôt des conventions et accords collectifs de travail, de leurs avenants et de leurs annexes, est opéré par la partie la plus diligente en 5 exemplaires signés des parties **auprès de la direction départementale du travail et de l'emploi** dans le ressort duquel se trouve le lieu où les parties ont conclu leur accord. Lorsqu'une convention ou un accord collectif d'entreprise s'applique à des établissements ayant des implantations distinctes, le texte déposé est accompagné de la liste en 3 exemplaires de ces établissements et de leurs adresses respectives.

27. Voir *supra*, § 3.3.

La partie la plus diligente remet également un exemplaire de chaque convention ou accord collectif de travail au secrétariat-greffe du conseil de prud'hommes du lieu de conclusion (L. 132-10).

Les textes conventionnels sont **applicables**, sauf stipulations contraires, **à partir du jour qui suit leur dépôt** auprès du service compétent.

7. Les garanties de l'application des conventions et accords collectifs de travail

Les garanties d'application par les entreprises des conventions et accords collectifs de travail ont été renforcées par la loi du 13 novembre 1982. Elles sont de trois ordres.

7.1 Contrôle de l'inspecteur du travail

Jusqu'à la loi du 13 novembre 1982, l'inspecteur du travail était chargé de veiller à l'application des seules conventions étendues. Désormais, il est chargé de veiller à l'application des dispositions de **toutes** les conventions et accords collectifs de travail (L. 611-1).

7.2 Contrôle des salariés

Qu'il y ait convention collective ordinaire ou étendue, les salariés d'une entreprise qui s'y trouve assujettie sont naturellement enclins à vérifier que leur employeur respecte bien les dispositions conventionnelles. Ainsi, le fait pour un employeur de ne pas respecter ces dispositions dans ses rapports avec chacun de ses salariés engage sa responsabilité contractuelle. Cette responsabilité peut être mise en jeu à la suite d'une action judiciaire intentée par le salarié ou son organisation syndicale devant la juridiction prud'homale.

8. La connaissance des conventions et accords collectifs de travail

8.1 Communication au public[28]

Elle revêt deux formes :

- toute personne intéressée peut se rendre auprès des services de la Direction départementale du travail et de l'emploi pour prendre connaissance gratuitement du contenu d'un texte conventionnel ;
- copie du texte peut-être délivrée moyennant finance.

8.2 Information dans l'entreprise

Les conditions d'information des salariés et des représentants du personnel sur le droit conventionnel applicable sont librement définies par convention de branche ou accord professionnel.

Le législateur n'est intervenu qu'à titre supplétif, c'est-à-dire en l'absence de convention de branche ou d'accord professionnel. Dans cette hypothèse, l'employeur se voit assujetti à une quadruple obligation ainsi que l'édicte l'article L. 135-7 dans sa dernière version apportée par la loi du 4 mai 2004.

---

28. Le texte des conventions collectives nationales étendues peut être demandé auprès des services des Journaux Officiels ou à la Documentation française.

- Au moment de l'embauche, l'employeur doit fournir au salarié une notice d'information relative aux textes conventionnels applicables dans l'entreprise ou l'établissement. Le texte de loi ne mentionnant pas expressément la remise au salarié d'un exemplaire des textes conventionnels, il convient seulement de voir dans cette exigence légale la communication d'une notice précisant l'intitulé des accords de branche et d'entreprise applicables.
- L'employeur lié par une convention ou un accord collectif de travail doit fournir un exemplaire de ce texte au comité d'entreprise et, le cas échéant, aux comités d'établissement ainsi qu'aux délégués du personnel et aux délégués syndicaux (ou au salarié mandaté par une organisation syndicale pour une négociation déterminée).
- En outre, il tient un exemplaire **à jour** de cette convention ou accord collectif à la disposition du personnel sur **le lieu de travail**. Sous peine d'une amendé pénale de 750 €, un avis est affiché à ce sujet dans les lieux de travail, aux emplacements réservés aux communications destinées au personnel. Cet avis comporte l'intitulé des conventions et des accords collectifs de travail applicables dans l'établissement, précise où les textes sont tenus à la disposition du personnel ainsi que les modalités propres à permettre à tout salarié de l'établissement de les consulter, pendant son temps de présence sur le lieu de travail.
- Dans les entreprises dotées d'un intranet, l'employeur met sur celui-ci à disposition des salariés un exemplaire **à jour** de la convention ou de l'accord collectif de travail par lequel il est lié.

Les employeurs doivent prêter attention aux sanctions qui peuvent frapper la non application de ces exigences légales. En effet, la Cour de cassation a eu l'occasion de dire que le défaut d'affichage de l'avis – obligation qui existait antérieurement à la loi du 4 mai 2004 – entraînait l'**inopposabilité** des dispositions conventionnelles au salarié, « *celui-ci n'ayant pas été mis en mesure de connaître l'étendue de ses obligations au regard de la convention applicable* ». Ainsi a-t-elle considéré par exemple que lorsque le contrat de travail ne fait pas mention de l'existence d'une période d'essai, l'employeur ne peut se prévaloir de la période d'essai instituée de manière obligatoire par la convention collective dès lors qu'il n'a pas respecté l'obligation d'affichage. L'inopposabilité ne peut plus toutefois être invoquée s'il est **prouvé** que le salarié a été mis en mesure de prendre connaissance des accords et conventions applicables dans l'entreprise. Ce sera à l'évidence le cas en particulier si l'employeur se soumet à l'obligation légale de mettre sur l'intranet de l'entreprise un exemplaire de la convention ou de l'accord collectif applicable.

La vigilance s'impose donc. À défaut, imaginons pour s'en convaincre l'inopposabilité d'un accord d'aménagement de la durée du travail mettant en place un régime dérogatoire de décompte de la durée du travail tel que la modulation… Ou encore l'inopposabilité d'un accord de révision moins favorable que l'accord initial. Ou encore plus simplement, à la suite de la réforme opérée par la loi du 4 mai 2004, l'inopposabilité des dispositions d'un accord d'entreprise moins favorables que celles de la convention collective de branche.

Au surplus, la Cour de cassation a également décidé que le défaut d'information sur la convention collective applicable cause nécessairement un préjudice aux salariés dont celui-ci peut se prévaloir au regard des circonstances de l'espèce (Cass. soc., 19 mai 2004).

Par ailleurs, « *l'employeur fournit,* **chaque année**, *au comité d'entreprise, aux délégués syndicaux ou, à défaut, aux délégués du personnel, la liste des modifications apportées aux conventions ou accords collectifs de travail applicables dans l'entreprise ; à défaut de délégués du personnel, cette information est communiquée aux salariés.*

En outre, lorsqu'il démissionne d'une organisation signataire d'une convention ou d'un accord collectif de travail, l'employeur en informe ***sans délai*** *le personnel dans les conditions définies à l'alinéa ci-dessus* » (L. 132-8).

9. Les conséquences du principe de l'autonomie des sources du droit du travail

Il résulte en particulier du principe de l'autonomie des sources du droit du travail, que ni les dispositions des conventions et accords collectifs de travail, ni celles des usages et engagements unilatéraux, ne sont intégrées dans le contrat de travail. La Cour de cassation en a tiré les conséquences en affirmant dans un arrêt du 17 mars 1993, que « *lorsqu'une convention ou un accord collectif cesse de s'appliquer dans une entreprise, il n'en* ***résulte aucune modification*** *des contrats de travail en vigueur* ».

Dans la même démarche, la Cour a considéré qu'un accord collectif ne peut modifier, sans l'accord des salariés concernés, les droits qu'ils **tiennent de leur contrat de travail**.

Exemple 1 (Cass. soc., 27 janvier 1999) :

Une entreprise ayant changé de convention collective, un salarié réclamait le paiement d'une prime d'ancienneté en application de cette nouvelle convention collective. L'employeur avait, en effet, lors du changement de convention collective, ventilé la rémunération du salarié afin d'y « intégrer » la prime d'ancienneté due en vertu de la nouvelle convention collective, sans modifier le montant global du salaire. L'employeur estimait en effet qu'il n'était tenu, en l'absence de disposition contraire, qu'au maintien de la rémunération antérieure du salarié.

Cette argumentation est rejetée par la Cour de cassation : l'employeur ne pouvait toucher à la rémunération antérieure du salarié dès lors que celle-ci était contractuelle et la nouvelle prime d'ancienneté devait en conséquence s'ajouter au salaire contractuel.

Exemple 2 (Cass. soc., 15 juillet 1998) :

Une employeur avait considéré qu'il y avait lieu de ramener la durée du préavis fixé dans le contrat de travail de son salarié au niveau prévu par une convention collective nouvellement déclarée applicable.

La Cour de cassation a considéré que puisque la durée du préavis était fixée dans le contrat, elle ne pouvait être réduite qu'au moyen d'une modification de celui-ci impliquant l'acceptation du salarié. (La solution aurait été évidemment différente si la convention collective déclarée applicable au salarié avait prévu un préavis plus long que celui fixé par le contrat : ses dispositions auraient alors immédiatement prévalu sur la base de l'application automatique du **régime de faveur** ; voir ci-après).

L'application des règles de l'ordre public en droit du travail qui posent le fondement du principe de faveur (bénéfice des dispositions plus favorables au profit du salarié) laisse intacte l'autonomie des sources. Si c'est le contrat de travail qui est plus favorable, c'est lui qu'on applique, mais les dispositions de l'accord collectif subsistent. Si c'est l'accord collectif qui est plus favorable, c'est lui qu'on applique, mais la disposition contractuelle n'est pas pour autant annulée et elle reprendrait effet si, pour une raison ou pour une autre, la disposition conventionnelle ne s'appliquait plus.

Exemple (Cass. soc., 19 novembre 1997) :

Un contrat de travail comportant une période d'essai d'un an prend effet le 27 août 1992. Une convention collective applicable à ce contrat et limitant la durée de la période d'essai à six mois, est déposée le 15 mars 1993. Le 7 juin 1993, soit plus de 6 mois après le début de l'exécution du contrat, l'employeur adresse au salarié une lettre l'informant de la rupture du contrat en raison du caractère non concluant de la période d'essai.

La Cour de cassation a jugé que la disposition de la convention collective s'applique immédiatement et se substitue à celle du contrat de travail qui est moins favorable au salarié : l'employeur ne pouvait donc désormais procéder à la rupture du contrat que par la seule voie du licenciement. Pour la Cour suprême, il n'y a pas d'effet rétroactif : en application des règles de l'ordre public social, les conventions collectives (comme la loi) dont les dispositions sont plus favorables aux salariés sont d'application immédiate, même si elles modifient les effets d'un contrat de travail en cours.

10. Le suivi de « l'actualité conventionnelle »

Les développements qui précèdent montrent qu'il est d'un intérêt on ne peut plus évident de suivre avec soin l'actualité conventionnelle de la branche à laquelle se trouve assujettie l'entreprise dans laquelle on travaille.

- Les conventions de branche se présentent souvent comme la véritable charte des relations de travail dans une branche d'activité ou une profession déterminée.
- Elles ont pour objectif de compléter ou d'adapter le dispositif législatif et réglementaire et de l'améliorer autant que faire se peut dans un sens nécessairement plus favorable pour les salariés, sous réserve de ne pas déroger aux dispositions d'ordre public de ces lois et règlements, et sous réserve de la possibilité de conclure des d'accords dérogatoires, là ou la loi l'autorise.
- L'environnement juridique conventionnel est extrêmement évolutif. De nombreux avenants ou accords particuliers (accords de salaires notamment) sont régulièrement conclus par les partenaires sociaux pour réactualiser certaines des dispositions des conventions et accords collectifs initialement conclus compte tenu de l'évolution de la conjoncture économique et sociale. Il convient de procéder à une mise à jour régulière.
- Les conventions collectives doivent être lues attentivement. Elles doivent être utilisées comme **un élément de prévention** et non pas comme le recours de dernière minute une fois un incident survenu.
- Elles imprègnent les relations contractuelles de travail dans la mesure où toute clause d'un contrat de travail considérée comme moins favorable pour le salarié est réputée non écrite.

Des contacts réguliers avec les groupements professionnels concernés ne peuvent être que vivement conseillés, d'autant plus que ces groupements facilitent la tâche de leurs adhérents par l'envoi de bulletins d'information.

Chapitre 4

Les usages

Ils constituent la quatrième composante de l'environnement juridique de l'entreprise.

1. Les usages professionnels et locaux
2. Les usages d'entreprise

1. Les usages professionnels et locaux

Ils sont le résultat d'une **pratique** de longue durée régulièrement appliquée par un milieu professionnel ou dans une localité donnée.

> *Exemple :*
> L'usage dans la plupart des professions et des localités est d'attacher à la qualification de **cadre** un préavis réciproque de 3 mois, en cas de rupture du contrat de travail.

La multiplication des règles écrites (lois, règlements, conventions collectives) a réduit considérablement le champ régi par les usages. Il n'en demeure pas moins qu'il trouve encore à s'appliquer dans certains cas et que les règles de droit écrites y font parfois expressément référence.

> *Exemple 1 :*
> En l'absence de dispositions légales, de conventions collectives ou de règlement intérieur ou de stipulations du contrat de travail relatives au préavis, la durée du préavis, en cas de démission du salarié, résulte des usages pratiqués dans la localité ou la profession (L. 122-5).
>
> *Exemple 2 :*
> Il en est de même de la durée du préavis de licenciement auquel a droit un salarié ayant une ancienneté inférieure à six mois (L. 122-6 1°).
>
> *Exemple 3 :*
> Les salariés en cours de préavis ont généralement droit, en cas de démission comme en cas de licenciement, à deux heures par jour pour rechercher un autre emploi[1].

2. Les usages d'entreprise

2.1 Naissance d'un usage

Un usage peut s'instaurer dans une entreprise par une volonté non équivoque de l'employeur d'en faire une des sources du statut collectif de ses salariés : il se définit comme un avantage octroyé par l'employeur de manière **unilatérale et non écrite**.

1. Usage relayé par de nombreuses conventions collectives.

Exemple 1 :
Versement d'une « prime de treizième mois ».

Exemple 2 :
Application volontaire d'une convention collective par un employeur qui ne s'y trouve pas obligatoirement assujetti.

Mais pour qu'il y ait usage, encore faut-il que la pratique invoquée ait acquis le caractère de **constance** (octroi régulier de l'avantage comme par exemple une prime annuelle versée quatre fois déjà), qu'elle soit **générale** (c'est-à-dire reconnue à tout le personnel, ou du moins à toute une catégorie), enfin qu'elle soit **fixe**, c'est-à-dire qu'il s'agisse bien à chaque fois du même avantage. L'appréciation de la réalité de ces trois critères est une question d'appréciation des juges du fond au vu des circonstances de l'espère. En l'absence de l'un ou de l'autre, il ne peut y avoir usage mais seulement simple libéralité librement révocable.

2.2 Remise en cause d'un usage

2.2.1 La dénonciation unilatérale

A – La procédure

La Cour de cassation reconnaît à l'employeur le droit de revenir unilatéralement sur un usage instauré dans l'entreprise, en le supprimant ou en le modifiant, sous réserve d'un préavis **suffisant** permettant d'éventuelles négociations, d'informer les institutions représentatives du personnel et de prévenir les salariés concernés **individuellement**, s'il s'agit d'une disposition qui leur profite. C'est aux juges du fond qu'il revient d'apprécier la « suffisance » du délai au regard en particulier de la périodicité et de l'importance de l'avantage découlant de l'usage[2].

Exemple (Cass soc., 3 mars 1993) :
La dénonciation le 1er décembre d'une prime de treizième mois devant être versée fin décembre est tardive et ne peut avoir d'effet pour l'exercice en cours.

La Cour de cassation a jugé que si la dénonciation n'a pas à être motivée, elle est néanmoins nulle s'il est établi que le motif qui a entraîné la décision de l'employeur est illicite.

Exemple (Cass. soc, 13 février 1996) :
Un employeur avait utilisé l'arme de la dénonciation d'un usage comme menace afin d'éviter une grève.

B – Les effets

Selon une jurisprudence déjà ancienne, l'usage **ne s'incorpore pas** au contrat de travail, en conséquence de quoi, sa dénonciation n'emporte aucune modification du contrat de travail. La rupture du contrat de travail né du refus du salarié de poursuivre la relation de travail aux nouvelles conditions engendrées par la dénonciation de l'usage déboucherait sur un licenciement pour cause personnelle[3].

2.2.2 La voie conventionnelle

Il est de jurisprudence bien assise que l'usage étant par nature supplétif de la volonté des parties, il peut être mis fin à un usage par une convention collective. En d'autres termes, se trouve consacrée la thèse de la **primauté** de l'accord collectif sur l'usage, même si l'accord est moins favorable et que l'usage n'a pas été dénoncé.

---

2. Trois mois peuvent paraître raisonnables sur le plan du principe.
3. Si en revanche, l'employeur s'engage expressément dans les contrats individuels de travail à faire bénéficier les salariés d'un avantage qui résulte d'un usage, il ne peut alors, en dénonçant l'usage, priver les travailleurs de cet avantage qui s'est intégré à leur contrat : l'usage aurait en effet acquis un caractère contractuel. Il en résulte que la rupture du contrat de travail consécutive au refus du salarié d'accepter cette suppression équivaudrait à un licenciement pour cause économique (voir Partie 2, chapitre 5, § 3.2.3).

Tableau 4 – Environnement social de l'entreprise

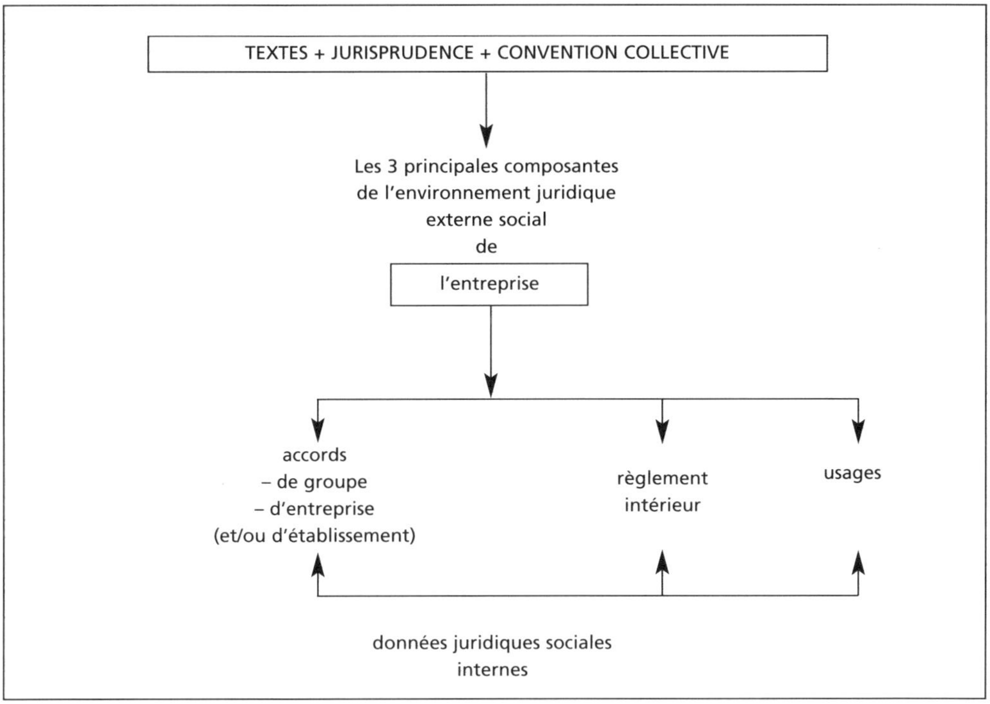

PARTIE 2
La relation individuelle de travail

Chapitre 1

La conclusion du contrat de travail

1. Le recrutement et l'embauche
2. Les principaux types de contrats de travail
3. Le contenu du contrat de travail
4. La situation des mandataires sociaux
5. Les formalités administratives

Le contrat de travail est le contrat par lequel une personne physique appelée salarié, loue ses forces de travail au profit d'une autre personne – physique ou morale, appelée employeur –, contre une rémunération. La caractéristique du contrat de travail est **l'état de subordination** du salarié vis-à-vis de l'employeur : le salarié, par l'effet du contrat, va se trouver sous l'autorité de l'employeur qui pourra lui donner des ordres et instructions, en contrôler l'exécution et sanctionner les éventuels manquements.

1. Le recrutement et l'embauche

Un employeur décide de recruter puis procède à l'embauche.

1.1 Qualité de l'employeur

Il peut s'agir d'un employeur seul ou d'un groupement d'employeurs.

1.1.1 L'employeur seul

Ce point ne retiendra que peu l'attention puisqu'il ne pose pas de difficulté en lui-même : l'employeur peut être une personne physique ou une personne morale, publique (ex. : entreprise nationalisée, établissement public à caractère administratif) ou privée (ex. : société, association, syndicat), de nature civile (ex. : société civile immobilière, professions libérales, groupements agricoles d'exploitation en commun) ou commerciale (ex. : société à responsabilité limitée, société anonyme).

1.1.2 Le groupement d'employeurs

Son origine remonte à la loi du 25 juillet 1985 « *portant diverses dispositions d'ordre social* ». Il a été voulu pour favoriser le développement de l'emploi dans les petites et moyennes entreprises, parfois réticentes à embaucher les salariés à temps partiel dont elles auraient besoin, et faciliter aux salariés recrutés sur de tels emplois l'exercice de leur activité professionnelle. Le groupement d'employeurs se trouve régi par les articles L. 127-1 à L. 127-7 auxquels s'ajoutent les dispositions réglementaires d'application.

A – La constitution

1) Les conditions de fond

a) Nombre de salariés occupés par les membres du groupement

Peuvent faire partie d'un groupement d'employeurs les personnes physiques ou morales occupant **au plus 300 salariés**. Pour déterminer le seuil d'effectifs, il doit être fait appel aux mêmes modalités de calcul que celles qui sont retenues pour apprécier les seuils en matière d'élection de délégués du personnel[1].

b) Champ d'application conventionnel identique

Le principe veut que le groupement d'employeurs soit composé de membres entrant dans le champ d'application d'une même convention collective, afin d'éviter une gestion « dispersée » du personnel susceptible d'engendrer des risques conflictuels. Dans cette hypothèse, la constitution du groupement requiert la simple information de l'inspecteur du travail (voir *infra* 3).

c) Champ d'application conventionnel différent

Des personnes physiques ou morales n'entrant pas dans le champ d'application de la même convention collective peuvent toutefois constituer un groupement d'employeurs à condition de déterminer quelle sera la convention collective applicable. Dans cette hypothèse, le groupement ne peut exercer son activité qu'après **une déclaration** auprès de la direction départementale du travail et de l'emploi du lieu de son siège social (L. 127-7). L'autorité administrative dispose d'un délai **d'un mois** à compter de la réception de la déclaration pour notifier au groupement par lettre recommandée avec AR qu'elle s'oppose à l'exercice de son activité. Le silence de l'administration vaut acceptation. L'autorité administrative ne dispose pas toutefois d'un pouvoir discrétionnaire : il s'agit pour elle de contrôler si la convention collective choisie est adaptée « *aux classifications professionnelles, aux niveaux d'emploi des salariés ou à l'activité des différents membres du groupement* » et si les dispositions législatives ou réglementaires relatives aux groupements d'employeurs ont bien été respectées (R. 127-4).

La décision du directeur départemental du travail et de l'emploi peut faire l'objet d'un recours hiérarchique auprès du directeur régional du travail et de l'emploi dans **le mois** suivant sa notification. La réponse de l'autorité régionale doit être faite par lettre recommandée avec AR dans **le mois** qui suit la réception du recours. À défaut de réponse, le recours est réputé rejeté (R. 127-7).

Pour faciliter le recours aux groupements d'employeurs multisectoriels, la loi du 2 août 2005 « *en faveur des petites et moyennes entreprises* » a rétabli dans le code du travail un article L. 127-8 aux termes duquel les organisations professionnelles représentant les groupements d'employeurs visés à l'article L. 127-7 et les organisations syndicales de salariés représentatives peuvent conclure des accords collectifs de travail portant sur la polyvalence, la mobilité et le travail à temps partagé des salariés desdits groupements.

d) Limitation du nombre d'adhésions

« *Une personne physique ou morale ne peut être membre que* ***de deux groupements****. Toutefois, une personne physique possédant plusieurs entreprises juridiquement distinctes enregistrées soit au registre du commerce, soit au registre des métiers peut, au titre de chacune de ses entreprises, appartenir à un groupement différent* » (L. 127-1 al. 4).

---

1. Voir Partie 4, chapitre 4, § 1.2.
La loi « Aubry » du 19 janvier 2000 autorise l'adhésion à un groupement d'employeurs des entreprises occupant plus de 300 salariés, sous condition de la conclusion, dans l'entreprise concernée, d'un accord collectif définissant les garanties accordées aux salariés du groupement. L'adhésion ne peut prendre effet qu'après communication de l'accord à l'Inspection du travail.

2) Les conditions de forme

Les groupements doivent être constitués **sous la forme des associations déclarées de la loi de 1901**.

3) L'information

a) Information des représentants du personnel

Les employeurs qui adhèrent à un groupement d'employeurs sont tenus d'informer les institutions représentatives du personnel existant dans leur entreprise de la constitution et de la nature du groupement d'employeurs. Le texte ne précise pas expressément le moment auquel cette information doit être dispensée. La rédaction retenue n'exige pas nécessairement une information préalable mais, une fois le groupement constitué, rien ne justifierait une information anormalement tardive.

b) Information de l'Inspection du travail

Le groupement d'employeurs ou le groupement local d'employeurs doit adresser à l'inspecteur du travail dont relève son siège social, dans **le mois** suivant sa constitution, une note d'information qui comporte les mentions et à laquelle sont joints les documents suivants :

« 1) Le nom, le siège social et la forme juridique du groupement ;

2) Les noms, prénoms, domicile des dirigeants du groupement ;

3) Les statuts ;

4) Une copie de l'extrait de déclaration d'association parue au Journal Officiel ; dans les départements du Haut-Rhin, du Bas-Rhin et de la Moselle une copie de l'inscription au registre des associations ou le numéro d'immatriculation de la coopérative artisanale au registre du commerce et des sociétés ;

5) Une liste des membres du groupement comportant pour chacun d'eux :

a) lorsqu'il s'agit d'une personne morale, son siège et l'adresse de ses établissements, ainsi que la nature de sa ou de ses activités ;

b) lorsqu'il s'agit d'une personne physique, son adresse et, le cas échéant, le siège de l'entreprise au titre de laquelle elle adhère au groupement ainsi que la nature de la ou des activités et l'adresse des établissements ;

c) le nombre de salariés qu'il occupe ;

6) La convention collective dans le champ d'application de laquelle entre le groupement » (R. 127).

La note d'information, datée et signée par la personne habilitée à cet effet par le groupement, est envoyée sous pli recommandé avec AR.

Par ailleurs, la liste des membres du groupement doit être en permanence au siège du groupement à la disposition de l'inspecteur du travail.

B – L'objet

Les activités d'un groupement d'employeurs qui restent strictement **à but non lucratif** consistent à mettre à la disposition de ses membres des salariés liés à lui par un contrat de travail et de leur apporter son aide ou son conseil en matière d'emploi ou de gestion des ressources humaines (L. 127-1).

C – Les obligations des membres

Les membres du groupement sont **solidairement responsables** de ses dettes vis-à-vis des salariés et des organismes créanciers de cotisations obligatoires, tels l'Urssaf et l'Assedic.

D – La nature des relations entre les partenaires

1) Les relations groupement d'employeurs – salariés du groupement

Les contrats de travail liant le groupement d'employeurs à ses salariés doivent être conclus **par écrit**. Ils indiquent les conditions d'emploi et de rémunération, la qualification du salarié, la liste des utilisateurs potentiels (c'est-à-dire les membres du groupement) et les lieux d'exécution du travail.

Par ailleurs, les salariés du groupement bénéficient de la convention collective dans le champ d'application de laquelle le groupement a été constitué.

2) Les relations entreprise utilisatrice – salariés du groupement

La nature de ces relations est identique à celle qui existe avec une entreprise utilisatrice de salariés intérimaires[2].

a) Conditions d'exécution du travail

Sans pour autant remettre en cause la qualité d'employeur du groupement d'employeurs, l'entreprise utilisatrice se trouve néanmoins responsable, pour chaque salarié mis à sa disposition, des conditions d'exécution du travail, telles qu'elles sont déterminées par les mesures législatives, réglementaires et conventionnelles applicables **au lieu de travail**. Sous l'expression « *conditions d'exécution du travail* », le législateur vise **limitativement** ce qui a trait à la durée du travail, au travail de nuit, au repos hebdomadaire et des jours fériés, à l'hygiène et à la sécurité, au travail des femmes, des enfants et des jeunes travailleurs (L. 127-3 al. 1 et 2).

b) Bénéfice de certains avantages collectifs

Selon les dispositions de l'article L. 127-4 « *Les salariés du groupement ont accès, **dans l'entreprise utilisatrice**, dans les mêmes conditions que les salariés de cette entreprise, aux moyens de transport collectif et aux installations collectives, notamment de restauration, dont peuvent bénéficier ces salariés* ». La personne responsable de la gestion de ces équipements collectifs dans l'entreprise utilisatrice s'exposerait à une amende de 1 500 € (3 000 € en cas de récidive) au cas où elle empêcherait un salarié du groupement de bénéficier de ces avantages (R. 152-9).

c) Surveillance médicale

Ne pèse sur l'entreprise utilisatrice que l'obligation de surveillance médicale spéciale rendue éventuellement nécessaire par la nature de l'activité exercée par le salarié. Restent à la charge du groupement d'employeurs, les obligations afférentes à la surveillance médicale générale et permanente (R. 127-3 al. 3).

E – Les sanctions

Toute infraction aux modalités de constitution du groupement ou aux conditions contractuelles d'embauche des salariés est punie d'une amende de 3 750 € (portée à 7 500 € en cas de récidive, avec éventuellement une peine d'emprisonnement de 6 mois).

Dans tous les cas, le tribunal peut ordonner, aux frais de la personne condamnée, l'affichage du jugement à la porte du siège du groupement et aux portes des entreprises utilisatrices et sa publication dans les journaux qu'il désigne (L. 152-5).

1.2 Recrutement

1.2.1 La prise de décision

L'employeur peut décider **librement** de recruter du personnel selon ses besoins en effectifs.

1.2.2 La mise en œuvre de l'offre d'emploi

A – L'information auprès de l'ANPE

Sous peine d'une amende de 450 €, l'employeur est tenu de notifier au service de l'agence nationale pour l'emploi (ANPE) dont il relève toute place vacante dans son entreprise (L. 311-2).

---

2. Voir chapitre 2, § 3.3.

B – L'information de l'offre d'emploi par voie de presse

Tout employeur qui fait insérer dans un journal, revue ou écrit périodique une offre anonyme d'emploi est tenu de faire connaître son nom ou sa raison sociale et son adresse au directeur de la publication, tous renseignements qui doivent être fournis par ce dernier sur simple demande de la part des services de l'agence nationale pour l'emploi (L. 311-4 al. 3).

C – La rédaction de l'offre d'emploi

L'article L. 123-1 interdit sous peine de poursuites pénales (amende de 3 750 € et/ou emprisonnement d'un an) de « *mentionner ou faire mentionner dans une offre d'emploi, quels que soient les caractères du contrat de travail envisagé, ou dans toute autre forme de publicité relative à une embauche,* ***le sexe ou la situation de famille du candidat recherché*** ». La seule exception admise par la loi vise les cas où l'appartenance à l'un ou l'autre sexe **est la condition déterminante** de l'exercice de l'emploi ou de l'activité professionnelle. Aux termes de l'article R. 123-1, il s'agit des emplois et activités professionnelles ci-après :

– artistes appelés à interpréter soit un rôle féminin, soit un rôle masculin ;

– mannequins chargés de présenter des vêtements et accessoires ;

– modèles masculins et féminins.

Concernant la rédaction des offres d'emploi, une circulaire ministérielle du 2 mai 1984 recommande :

« *1) lorsque l'offre et l'annonce correspondante concernent un emploi dont il existe une dénomination au masculin et féminin (employé/e, ouvrier/ère), de mentionner les deux genres ;*

2) lorsque, au contraire, la dénomination de l'emploi n'existe qu'au masculin ou au féminin, de s'inspirer de l'une ou l'autre des formules qui suivent :

– ajouter une mention indiquant que l'emploi est offert aux candidats des deux sexes (ex. : cadre H/F ; ingénieur H/F) ;

– utiliser des mots neutres tels que : personnel/s chargée/s de..., lorsqu'il résulte clairement de la rédaction de l'offre qu'elle s'adresse aux candidats des deux sexes dans des conditions identiques. »

1.2.3 Les entretiens de sélection

Ils ont pour objectif d'apprécier le profil des candidats qui se sont déclarés après la parution d'une offre d'emploi. Le législateur est intervenu pour que soit sauvegardé le principe du respect des libertés individuelles lors des entretiens d'embauche.

– « *Les informations demandées, sous quelque forme que ce soit, au candidat à un emploi (ou à un salarié) ne peuvent avoir comme finalité que d'apprécier sa capacité à occuper l'emploi proposé ou ses aptitudes professionnelles. Ces informations doivent présenter un lien direct et nécessaire avec l'emploi proposé ou avec l'évaluation des aptitudes professionnelles. Le candidat à un emploi ou le salarié est tenu d'y répondre de bonne foi* » (L. 121-6).

Il ressort donc de ce texte que les renseignements demandés à l'occasion de ces entretiens ne doivent avoir pour seul but que d'apprécier les qualités professionnelles des candidats et donc présenter « *un lien direct et nécessaire avec l'emploi auquel il postule* ». Toute question étrangère à cette vérification des aptitudes ne saurait donc être acceptée et rendrait le recruteur fautif (faire préciser par exemple au candidat son appartenance syndicale, religieuse, ou tout autre élément de sa vie privée).

La jurisprudence dominante considère que le candidat à un emploi ne peut délivrer de fausses informations à son futur employeur : si ces manœuvres mensongères, équivalentes au dol, ont été **déterminantes** du consentement de l'employeur au recrutement de l'intéressé, l'annulation de son contrat de travail se justifie. En revanche, il n'est pas interdit au candidat de chercher à se présenter sous le meilleur jour : forcer le trait pour soigner son image fait souvent partie de sa stratégie. Au recruteur, lors des entretiens d'embauche, à poser les bonnes questions et à se faire remettre tous justificatifs utiles dans le cadre du pouvoir d'investigation qu'il tire de l'article L. 121-6.

Au moment du recrutement, loyauté mutuelle des deux parties et pertinence des renseignements demandés sont les principes qui régissent cette phase pré-contractuelle.

– « *Le candidat à un emploi est expressément informé, préalablement à leur mise en œuvre, des méthodes et techniques d'aide au recrutement utilisées à son égard. Le salarié est informé de la même manière des méthodes et techniques d'évaluation professionnelle mises en œuvre à son égard. Les résultats obtenus doivent rester confidentiels.*

  Les méthodes et techniques d'aide au recrutement ou d'évaluation des salariés et des candidats à un emploi doivent être pertinentes au regard de la finalité poursuivie » (L. 121-7).

– « *Aucune information concernant personnellement un salarié ou un candidat à un emploi ne peut être collectée par un dispositif qui n'a pas été porté préalablement à la connaissance du salarié ou du candidat à un emploi.* » (L. 121-8)

– Enfin, aucune personne ne peut être écartée d'une procédure de recrutement en raison de son origine, de son sexe, de ses mœurs, de sa situation de famille, de son appartenance à une ethnie, une nation ou une race, de ses opinions politiques, de ses activités syndicales ou mutualistes, de ses convictions religieuses ou, sauf inaptitude constatée par le médecin du travail, en raison de son état de santé ou de son handicap (L. 122-45).

L'ensemble de ces dispositions relatives au recrutement concernent aussi bien les entreprises qui procèdent directement aux embauches que les intermédiaires, qu'ils soient publics (ANPE, Apec) que privés (cabinets de recrutement ou de « chasseurs de têtes »).

1.3 Embauche

L'embauche se traduit concrètement par l'envoi d'une lettre d'embauche ou la rédaction d'un contrat de travail. L'employeur est alors engagé et il ne peut se rétracter ultérieurement sauf à encourir une action judiciaire à son encontre.

> *Exemple (Cass. soc., 12 avril 1995) :*
>
> L'engagement pris par une société sous la forme d'une lettre précisant qu'elle « s'engage à embaucher » un salarié à compter d'une date précise et pour un salaire déterminé, constitue une promesse d'emploi et non une simple offre d'emploi. Peu importe qu'en l'espèce le salarié n'ait pu établir qu'il avait accepté cet emploi ; la société qui n'avait pas honoré ses engagements lui était redevable d'une indemnité de préavis et de dommages et intérêts pour licenciement sans cause réelle et sérieuse.

1.3.1 Le principe de la liberté d'embauche

L'employeur peut décider librement d'embaucher la personne qui lui convient : cela implique qu'il peut aussi éliminer en toute liberté les candidatures qui ne retiennent pas son agrément.

1.3.2 Les exceptions à la liberté d'embauche

Trois types de considérations ont conduit le législateur à limiter le principe de la liberté d'embauche.

A – Éviter les discriminations

1) Les dispositions du Code pénal

Est puni d'un emprisonnement de 2 ans et d'une amende de 45 000 € le fait pour un employeur de refuser d'embaucher une personne en raison de son origine, de son sexe, de sa situation de famille, de son apparence physique, de son patronyme, de son état de santé, de son handicap, de ses caractéristiques génétiques, de ses mœurs, de son orientation sexuelle, de son âge, de ses opinions politiques, de ses activités syndicales, de son appartenance ou de sa non-appartenance, vraie ou supposée, à une ethnie, une nation, une race ou une religion déterminée (C. pén., art. 225-1 ; art. 225-2)[3].

Cette infraction est visée par le Code pénal au titre de celles portant atteinte à la dignité de la personne.

Dans un arrêt du 2 septembre 2003, la chambre criminelle de la Cour de cassation a fait preuve d'une interprétation large du texte répressif dans une affaire de discrimination syndicale dont elle s'est trouvée saisie en assimilant au refus d'embauche le refus, pour une société recourant aux services d'une entreprise de travail temporaire, de conclure le contrat de mise à disposition prévu par l'article L. 124-3 du Code du travail, dès lors qu'il fait obstacle à l'embauche, par l'entreprise de travail temporaire, du salarié visé dans le contrat.

2) Les dispositions du Code du travail

a) Discrimination fondée sur le sexe ou la situation de famille

Selon les dispositions de l'article L. 123-1, « *nul ne peut refuser d'embaucher une personne en considération du sexe ou de la situation de famille, ou sur la base de critères de choix différents selon le sexe ou la situation de famille* ».

> *Exemple (Cass. crim., 14 octobre 1986) :*
>
> La Cour de cassation, après avoir considéré que l'embauche ne revêt un caractère définitif qu'à l'expiration de la période d'essai, a condamné pour discrimination raciale à l'embauche, un employeur qui avait interrompu la période d'essai de son salarié du fait de sa nationalité marocaine.

Le législateur a cherché à faciliter la charge de la preuve de la part du salarié qui se prévaut d'une telle discrimination.

En exigeant seulement de lui la présentation des éléments de faits laissant supposer l'existence d'une discrimination, *directe ou indirecte*, c'est alors à la partie défenderesse qu'il incombera, au vu de ces éléments, de prouver que sa décision est justifiée par des éléments objectifs étrangers à toute discrimination. Au juge à former alors sa conviction.

b) Discrimination syndicale

Est puni d'une amende de 3 750 € (en cas de récidive, 7 000 € et/ou emprisonnement d'un an) le fait pour un employeur de prendre en considération l'appartenance à un syndicat ou l'exercice d'une activité syndicale pour arrêter sa décision en ce qui concerne l'embauchage.

– Est puni d'une amende de 1 500 € le fait pour un employeur de prendre en considération l'état de grossesse d'une femme pour refuser l'embauche[4]. Il lui est d'ailleurs interdit de rechercher ou de faire rechercher toutes informations concernant l'état de grossesse de

---

3. Les personnes morales peuvent être déclarées pénalement responsables de l'infraction définie à l'article 225-2 du Code pénal (art. 225-4). Le maximum de l'amende est égal à 5 fois le montant prévu pour les personnes physiques pour la même infraction, soit en l'occurrence 225 000 €.

L'article 225-3 énumère un certain nombre d'exceptions, et vise notamment le refus d'embauche fondé sur l'état de santé ou le handicap concrétisé par une inaptitude médicalement constatée, ainsi que le refus d'embauche fondé sur le sexe lorsque l'appartenance à l'un ou à l'autre sexe constitue la condition déterminante de l'exercice d'un emploi ou d'une activité professionnelle (ex. : mannequins, acteurs/actrices, etc.).

À noter qu'est constitutif d'une infraction pénale le fait de décider d'une sanction ou d'un licenciement en raison d'un des éléments énumérés à l'article 225-1 du Code pénal. Il en est de même du fait de subordonner une offre d'emploi, une demande de stage ou une période de formation en entreprise à une condition fondée sur l'un des éléments visés par ce même article.

4. L'article L. 122-25 pose le principe de la protection de la maternité à tous les stades de l'exécution du contrat de travail : embauche, mutation d'emploi, licenciement. Le législateur autorise toutefois l'affectation temporaire dans un autre emploi de la salariée en état de grossesse, à son initiative ou à celle de l'employeur, si l'état de santé médicalement constaté de la salariée l'exige, et ce, sans aucune diminution de rémunération. L'affectation temporaire ne peut avoir d'effet excédant la durée de la grossesse et prend fin dès que l'état de santé de la femme lui permet de retrouver son emploi initial (L. 122-25-1).

l'intéressée (L. 122-25). De son côté, la femme candidate à un emploi n'est pas tenue de révéler son état de grossesse, pas même au médecin qui effectue la visite médicale consécutive à l'embauche[5].

Le problème pratique le plus délicat auquel se trouve confrontée la salariée qui pense avoir été victime d'une discrimination consiste à en rapporter la preuve. Aussi le législateur lui a-t-il facilité la tâche en faisant peser sur l'employeur la charge principale de la preuve de la discrimination : en cas de litige, l'employeur est tenu de communiquer au juge tous les éléments de nature à justifier sa décision, et si un doute subsiste, il profite à la salariée.

B – Favoriser l'emploi des travailleurs handicapés, mutilés de guerre et assimilés

La dernière réforme en la matière remonte à la loi modifiée du 10 juillet 1987 « *en faveur de l'emploi des travailleurs handicapés* » complétée de ses décrets d'application du 22 janvier 1988.

1) Les catégories de bénéficiaires

Elles sont énoncées à l'article L. 323-3.

« *1) Les travailleurs reconnus handicapés par la commission technique d'orientation et de reclassement professionnels (Cotorep)*[6] *;*

2) Les victimes d'accidents du travail ou de maladies professionnelles ayant entraîné une incapacité permanente au moins égale à 10 % et titulaires d'une rente attribuée au titre du régime général de sécurité sociale ou de tout autre régime de protection sociale obligatoire ;

3) Les titulaires d'une pension d'invalidité attribuée au titre du régime général de sécurité sociale, de tout autre régime de protection sociale obligatoire ou au titre des dispositions régissant les agents publics à condition que l'invalidité des intéressés réduise au moins des 2/3 leur capacité de travail ou de gain ;

4) Les anciens militaires et assimilés, titulaires d'une pension militaire d'invalidité au titre du code des pensions militaires d'invalidité et des victimes de la guerre ;

5) Les veuves de guerre non remariées titulaires d'une pension au titre du même code dont le conjoint militaire ou assimilé est décédé des suites d'une blessure ou d'une maladie imputable à un service de guerre ou alors qu'il était en possession d'un droit à pension militaire d'invalidité d'un taux au moins égal à 85 % ;

6) Les orphelins de guerre âgés de moins de 21 ans et les mères veuves non remariées ou les mères célibataires, dont respectivement le père de l'enfant, militaire ou assimilé, est décédé des suites d'une blessure ou d'une maladie imputable à un service de guerre ou alors qu'il était en possession d'un droit à pension d'invalidité d'un taux au moins égal à 85 % ;

7) Les veuves de guerre remariées ayant au moins un enfant à charge issu du mariage avec le militaire ou assimilé décédé, lorsque ces veuves ont obtenu ou auraient été en droit d'obtenir, avant leur remariage, une pension dans les conditions prévues au 5) ci-dessus ;

8) Les femmes d'invalides internés pour aliénation mentale imputable à un service de guerre si elles bénéficient de l'article L. 124 du Code des pensions militaires d'invalidité et des victimes de la guerre. »

---

5. La Cour de cassation fait logiquement bénéficier les titulaires de contrats à durée déterminée du régime légal de protection de la maternité. En application de l'article L. 122-25, souligne-t-elle, la salariée n'étant pas tenue de révéler son état de grossesse, l'employeur ne peut lui reprocher de ne pas l'avoir informé de cet état lors de l'embauche. Elle en conclut que la rupture anticipée du contrat à durée déterminée, motivée par l'impossibilité de la salariée, du fait de son état de grossesse, d'assumer ses fonctions, méconnaît les dispositions protectrices de la maternité (Cass. soc., 10 novembre 1993 ; Cass. soc., 2 février 1994).

6. Sur la Cotorep, voir article L. 323-11.

2) Les entreprises assujetties

a) Détermination

Tout employeur occupant au moins 20 salariés est soumis à l'obligation d'emploi de travailleurs handicapés dans les conditions exposées au point 3).

La notion d'employeur est très large et englobe notamment les entreprises industrielles et commerciales, les professions libérales, les sociétés civiles, les syndicats professionnels, les associations.

b) Décompte des effectifs

Pour établir le décompte des effectifs, il doit être fait appel aux mêmes modalités de calcul que celles qui sont retenues pour apprécier les seuils en matière d'élection de délégués du personnel[7].

c) Délai d'exécution de l'obligation d'emploi de travailleurs handicapés

Toute entreprise qui rentre dans le champ d'application de la législation sur les travailleurs handicapés, soit au moment de sa création, soit en raison de l'accroissement de son effectif, dispose d'un délai de **3 ans** à compter de cette date pour se mettre en conformité avec l'obligation sus-énoncée.

3) Le régime

a) Nature de l'obligation de l'employeur assujetti

Le législateur oblige l'entreprise ou l'établissement[8] concerné à employer, à temps plein ou à temps partiel, les bénéficiaires susvisés au point 1) qui précède dans la **proportion de 6 %** de l'effectif total de ses salariés.

L'article D. 323-2 précise les modalités de décompte des catégories de bénéficiaires visées au point 1) qui précède. Si le principe est **le décompte par unité**, certains travailleurs handicapés peuvent par exception être comptés **pour plus d'une unité**.

– En fonction du handicap

Les travailleurs handicapés classés par la Cotorep en catégorie B (handicap modéré) comptent pour 1 1/2 unité ; ceux classés en catégorie C (handicap grave) pour 2 unités.

Les victimes d'accidents du travail ou de maladie professionnelle comptent pour 1 1/2 unité si le taux d'incapacité permanente est compris entre 66,66 % et 85 % ; pour 2 unités au-delà.

– En fonction de l'âge

Les travailleurs handicapés reconnus par la Cotorep âgés de moins de 25 ans ou de plus de 50 ans comptent pour 1/2 unité supplémentaire.

– En fonction d'une formation en entreprise

Les travailleurs handicapés reconnus par la Cotorep suivant une formation professionnelle au sein de l'entreprise comportant un cycle de formation d'au moins 500 heures comptent pour 1/2 unité supplémentaire.

– En fonction du placement antérieur

Les travailleurs handicapés embauchés à leur sortie d'un atelier protégé, d'un centre d'aide par le travail (CAT), d'un centre de formation professionnelle, y compris d'un institut médico-professionnel, sont comptés pour 1/2 unité supplémentaire pendant l'année de leur embauche et l'année suivante.

---

7. Voir Partie 4, chapitre 4, § 1.2.

8. Pour les entreprises à établissements multiples, cette obligation d'emploi s'applique établissement par établissement. Ainsi dans une entreprise occupant 51 salariés dans 2 établissements comprenant respectivement 35 et 16 salariés, il y a lieu d'employer 2 travailleurs handicapés (6 % de 35).

b) Substituts de l'obligation d'emploi

– Le premier substitut est le versement par l'employeur au Fonds de développement pour l'insertion professionnelle des handicapés d'une contribution annuelle pour **chacun** des bénéficiaires qu'il aurait dû employer, cotisation dont le montant ne peut dépasser 500 fois le SMIC (L. 323-8-2)[9]. Cette contribution doit être adressée à l'association gestionnaire du Fonds avant le 15 janvier de l'année suivant l'année civile au titre de laquelle la contribution est due.

– Le second substitut est l'application par l'employeur d'un accord de branche, d'un accord d'entreprise ou d'établissement préalablement agréé qui prévoit la mise en œuvre d'un programme annuel ou pluriannuel en faveur des travailleurs handicapés comportant un plan d'embauche en milieu ordinaire et deux au moins des actions suivantes :

- plan d'insertion et de formation ;
- plan d'adaptation aux mutations technologiques ;
- plan de maintien dans l'entreprise en cas de licenciement (L. 323-8-1).

– Le troisième substitut est la conclusion par l'employeur de contrats de fournitures de sous-traitance ou de prestations de service avec des ateliers protégés, des centres de distribution de travail à domicile ou des CAT. La mise en œuvre de ce substitut n'exonère toutefois que **partiellement** (à hauteur de 50 % au plus) l'employeur de son obligation d'emploi (L. 323-8)[10].

4) La déclaration annuelle

Les employeurs concernés doivent adresser par lettre recommandée avec AR au plus tard le 15 février de chaque année, au préfet du département où l'entreprise a son siège – ou, lorsqu'il s'agit d'une entreprise à établissements multiples situés dans plusieurs départements, au préfet du département où chaque établissement concerné est situé – une déclaration indiquant l'effectif de leur entreprise ainsi que le nombre de handicapés, mutilés ou assimilés qui y sont employés ou justifiant de la mise en œuvre éventuelle d'un des substituts présentés au point 3) qui précède (L. 323-8-5 et R. 323-9).

Cette déclaration est portée à la connaissance du comité d'entreprise ou, à défaut, des délégués du personnel (R. 323-10).

5) Les sanctions

Les employeurs assujettis à l'obligation d'emploi qui n'occupent pas le nombre requis de travailleurs handicapés et qui ne justifient pas de la mise en œuvre des possibilités légales d'exonération de l'obligation d'emploi doivent verser, pour chaque emploi non pourvu, une pénalité au Trésor public. Cette pénalité est égale au montant de la contribution au Fonds de développement pour l'insertion professionnelle des handicapés, majoré de 25 %[11].

---

9. Le montant de la contribution a été fixé par arrêté ministériel du 17 mars 1988 :
– 370 x SMIC pour les entreprises ≥ 20 ≤ 199 salariés ;
– 400 x SMIC pour les entreprises ≥ 200 ≤ 749 salariés ;
– 500 x SMIC pour les entreprises ≥ 750 salariés.

10. Dans la limite maxima de la moitié du quota d'embauche apprécié sur la base de la durée légale du travail, le nombre de bénéficiaires que le chef d'entreprise est dispensé d'employer est égal *« au quotient obtenu en divisant le prix HT des fournitures, travaux ou prestations figurant au contrat, déduction faite des coûts des matières premières, produits, matériaux, consommations et des frais de vente, par 3 000 fois le SMIC en vigueur au 31 décembre de l'année d'assujettissement à l'obligation d'emploi »* (R. 323-2).

11. Le montant de la pénalité s'élève à :
– 375 x SMIC pour les entreprises ≥ 20 ≤ 199 salariés ;
– 500 x SMIC pour les entreprises ≥ 200 ≤ 749 salariés ;
– 625 x SMIC pour les entreprises ≥ 750 salariés.

C – Contrôler la main-d'œuvre étrangère

1) Les conditions d'exercice d'une activité salariée par un étranger

Selon les dispositions de l'article L. 341-2, « *pour entrer en France en vue d'y exercer une profession salariée, l'étranger doit présenter, outre les documents et visas exigés par les conventions internationales et les règlements en vigueur, un contrat de travail visé par l'autorité administrative ou une autorisation de travail et un certificat médical* ».

Un étranger ne peut donc exercer une activité professionnelle salariée en France sans s'être soumis au respect des dispositions de l'article L. 341-2. L'autorisation de travail peut être délivrée à un étranger qui demande l'attribution de la carte de séjour temporaire (valable un an, renouvelable) sous la forme de la mention « salarié » apposée sur cette carte. Elle habilite cet étranger à exercer les activités professionnelles indiquées sur la carte dans les zones qui y sont mentionnées. L'autorisation de travail peut également être délivrée à un étranger sous la forme d'une carte de résident (valable 10 ans, renouvelée de plein droit) qui lui confère le droit d'exercer, sur l'ensemble du territoire de la France métropolitaine, toute activité professionnelle salariée de son choix dans le cadre de la législation en vigueur.

2) Les sanctions de l'embauche irrégulière

« *Nul ne peut, directement ou par personne interposée, engager, conserver à son service ou employer pour quelque durée que ce soit un étranger non muni du titre l'autorisant à exercer une activité salariée en France.*

Il est également interdit à toute personne d'engager ou de conserver à son service un étranger dans une catégorie professionnelle, une profession ou une zone géographique autres que celles qui sont mentionnées, le cas échéant, sur le titre prévu à l'alinéa précédent » (L. 341-6).

– La première sanction est d'ordre **administratif**. Tout employeur qui occupe un travailleur étranger non muni du titre requis en violation de l'alinéa 1er de l'article L. 341-6 est tenu d'acquitter une contribution spéciale au bénéfice de l'Office des migrations internationales (OMI) dont le montant est égal à **1 000 fois** le taux du « *minimum garanti* »[12] au moment de l'infraction, et autant de fois appliquée qu'il y aura d'étrangers en situation irrégulière.

Lorsque l'emploi de l'étranger n'a pas donné lieu à la constatation d'une autre infraction, le directeur de l'OMI peut, sur proposition du directeur départemental du travail et de l'emploi, réduire ce montant à **500 fois** le minimum garanti.

Le montant de la contribution spéciale sera porté à **2 000 fois** le taux du minimum garanti, lorsque l'employeur aura déjà été condamné à verser cette contribution pour emploi d'un étranger sans titre, dans la période de 5 ans précédant la constatation de la nouvelle infraction.

Une majoration de 10 % est ajoutée au montant de la contribution due par l'employeur lorsque celui-ci ne l'aura pas acquittée dans les 2 mois suivant la date de la notification. Cette majoration s'applique aux seules infractions constatées depuis le 16 novembre 1990 (décret du 8 novembre 1990).

– La seconde sanction est d'ordre **pénal**[13]. L'engagement d'un travailleur étranger non muni du titre requis constitue un délit pénal puni de 3 ans d'emprisonnement et de 4 500 € d'amende. L'amende est appliquée autant de fois qu'il y a d'étrangers concernés (L. 364-3).

3) Le sort des salariés étrangers en situation irrégulière

Par la loi du 17 octobre 1981, dont les dispositions se trouvent insérées à l'article L. 341-6-1, le législateur a cherché à garantir sans ambiguïté les droits des salariés étrangers embauchés en violation de la réglementation, c'est-à-dire dépourvus de titres de travail réguliers.

---

12. Sur la notion de « minimum garanti », voir Partie 3, chapitre 1, § 1.2.1.
13. Sans préjudice de la responsabilité pénale des personnes morales pour infraction aux règles sur la main-d'œuvre étrangère.

Les principales composantes de cette garantie sont les suivantes :

– l'étranger irrégulièrement employé est assimilé, à compter de la date de son embauchage, à un travailleur régulièrement engagé en ce qui concerne les obligations de l'employeur relatives à la réglementation du travail (conditions de travail, repos et congés, hygiène et sécurité, médecine du travail) ainsi qu'à la prise en compte de l'ancienneté dans l'entreprise ;
– l'étranger a droit, au titre de la période d'emploi illicite, au paiement du salaire et des accessoires dans les conditions légales et réglementaires posées par le Code du travail ou résultant d'accords collectifs ou individuels ;
– l'étranger employé irrégulièrement a droit, en cas de rupture de la relation de travail, a une indemnité forfaitaire égale à **un mois de salaire**, sauf si l'application des règles légales ou conventionnelles relatives à la rupture du contrat de travail à durée déterminée ou au licenciement conduit à une solution plus favorable[14].

4) Les régimes d'exception

Les dispositions restrictives à l'emploi des travailleurs étrangers ne sont pas applicables aux travailleurs appartenant aux pays de l'Union européenne (UE), ainsi qu'aux ressortissants de pays qui ont signé avec la France des accords de circulation et d'établissement de la main-d'œuvre.

Les ressortissants d'un État de l'UE venant occuper en France un emploi salarié non temporaire en y installant leur résidence effective et habituelle doivent demander dans les 3 mois de l'entrée en France « *la carte de séjour de ressortissant d'un État membre de l'UE* ». Pour ce faire, le requérant doit produire le document sous le couvert duquel il est entré en France (carte d'identité, passeport) et un certificat médical.

Lorsque les conditions en sont remplies, la délivrance de la carte de séjour est de droit. Cette carte, qui vaut pour l'ensemble du territoire français, est valable 5 ans. Son renouvellement est automatique.

1.3.3 L'information de l'ANPE

Tout employeur qui embauche une personne inscrite comme demandeur d'emploi à l'Agence nationale pour l'emploi doit dans les 48 heures suivant l'embauche en informer le service de l'agence dont il dépend au moyen d'un document qui doit lui être remis par le demandeur d'emploi. La date d'embauche doit être mentionnée sur le document et certifiée exacte par l'employeur (R. 320-1).

L'inobservation de cette formalité est sanctionnée par une amende de 750 € (R. 362-1).

1.3.4 La déclaration préalable à l'embauche

A – Les modalités

Depuis le 1er septembre 1993, toute embauche d'un salarié doit obligatoirement être **précédée** par l'envoi (par télématique – 3614 DPAE – ou télécommunication et télécopie ou par lettre recommandée avec AR ou encore par déclaration écrite dans les locaux mêmes de l'organisme destinataire) au plus tôt dans les 8 jours précédant sa date prévisible et au plus tard de manière concomitante à la mise au travail, d'une **déclaration nominative** à l'Urssaf dans le ressort territorial duquel est situé l'établissement devant employer le salarié (R. 320-1 et 3).

La déclaration doit comporter les mentions suivantes (R. 320-2) :

– dénomination sociale ou nom et prénoms de l'employeur, code APE, adresse, numéro du système d'identification du répertoire des entreprises et de leurs établissements (numéro Siret) ou numéro sous lequel les cotisations de sécurité sociale sont versées (numéro Urssaf) ;

14. La juridiction prud'homale saisie peut ordonner par provision le versement de l'indemnité forfaitaire. L'application des règles susvisées ne fait pas obstacle au droit du salarié de demander en justice une indemnisation supplémentaire s'il est en mesure d'établir l'existence d'un préjudice distinct.

– nom, prénoms, nationalité, date et lieu de naissance du salarié ainsi que son numéro national d'identification s'il est déjà immatriculé à la sécurité sociale ;
– date et heure d'embauche.

Dans les 5 jours ouvrables suivant celui de la réception de la déclaration, l'organisme destinataire doit adresser à l'employeur un document accusant réception de la déclaration et mentionnant les informations enregistrées. L'employeur a l'obligation de remettre sans délai au salarié le volet détachable de l'accusé de réception, mentionnant les informations contenues dans la déclaration. Toutefois, l'employeur est dispensé de cette formalité s'il délivre au salarié un contrat de travail écrit, accompagné de la mention de l'identité de l'organisme destinataire de la déclaration préalable d'embauche.

Le salarié doit être, dès l'embauche, en possession d'un document sur lequel sont reproduites les informations obligatoirement contenues dans la déclaration préalable. L'employeur doit donc lui délivrer à cet effet, dès l'embauche et en attendant l'accusé de réception de la déclaration :
– soit un document spécifique provisoire ;
– soit un contrat de travail écrit comportant toutes les mentions requises (R. 320-5).

B – Le contrôle

L'employeur est tenu de présenter à toute réquisition des agents de contrôle habilités à relever les infractions en matière de travail clandestin (notamment : inspecteur du travail, agents assermentés des organismes de sécurité sociale) l'accusé de réception de la déclaration. Ce document doit être conservé jusqu'à la délivrance du premier bulletin de paie.

C – Les sanctions

Le fait de ne pas effectuer la déclaration d'embauche est puni d'une amende de 1 500 €.

Le fait de ne pas fournir au salarié, lors de son embauche, un document sur lequel sont reproduites les informations contenues dans la déclaration préalable à l'embauche le concernant, de ne pas présenter l'accusé de réception aux agents compétents ou de ne pas remettre sans délai au salarié le volet détachable (ou un contrat écrit avec la mention de l'organisme destinataire de la déclaration) est puni d'une amende de 750 €, portée à 1 500 € en cas de récidive.

2. Les principaux types de contrats de travail

Le contrat de travail n'ayant pas été défini par le législateur, c'est aux tribunaux qu'est revenue la tâche d'en déterminer les critères. En application d'une jurisprudence maintes fois répétée par la Cour de cassation, l'existence d'un **lien de subordination juridique** du salarié vis-à-vis de l'employeur est la caractéristique essentielle du contrat de travail.

2.1 Contrat de travail à durée indéterminée

2.1.1 Les caractéristiques

Le contrat de travail à durée indéterminée se caractérise par le fait qu'il n'est pas limité dans le temps et qu'il a donc vocation à se poursuivre sur une longue période. Il débute généralement par une période d'essai permettant aux parties au contrat de travail de tester leurs relations. À l'issue de la période d'essai, l'engagement devient définitif et le contrat ne peut être rompu que moyennant le respect d'un formalisme assez lourd, surtout lorsque c'est l'employeur qui décide de mettre fin aux relations contractuelles.

2.1.2 La forme

Le principe a longtemps voulu que le contrat de travail à durée indéterminée pui[illegible] conclu soit verbalement, soit par écrit. Il allait de soi que l'écrit était vivement cons[illegible] de diminuer les risques de litiges éventuels sur la nature et l'étendue des droits et obligations de chacune des parties.

Aujourd'hui, l'écrit devient le support obligatoire de la relation de travail à durée indéterminée. D'une part, de nombreuses conventions collectives imposent l'engagement par écrit du salarié. D'autre part, la directive communautaire du 14 octobre 1991 « *relative à l'obligation de l'employeur d'informer le travailleur des conditions applicables au contrat ou à la relation de travail* » tend à rendre obligatoire dans les différentes législations nationales l'existence d'un écrit établissant la relation de travail, qu'elle soit à durée indéterminée ou déterminée[15].

2.1.3 La date de conclusion

Elle peut être antérieure, concomitante ou postérieure à la date d'embauche. Certaines difficultés apparaissent lorsque la date de conclusion est antérieure à sa date d'effet. Il est clair que le contrat ainsi conclu n'en est pas moins parfait et crée donc des droits et des obligations pour chacune des deux parties : au jour de l'embauche, l'employeur doit fournir le travail convenu et le salarié exécuter ce travail. Aussi, le refus par l'une ou l'autre des parties d'exécuter le contrat à la date convenue constitue-t-il une faute contractuelle susceptible de donner lieu à réparation. Il en a été jugé ainsi lorsque l'employeur rétracte une proposition ferme d'embauche. Même solution pour le salarié qui n'entend plus donner suite à l'engagement qu'il a signé. Dans ces contentieux, la partie qui a rompu les relations contractuelles avant même qu'elles aient pris effet invoque souvent l'existence dans le contrat, le cas échéant, d'une période d'essai pour soutenir que, si, durant ladite période d'essai, chaque partie peut rompre librement et à tout moment le contrat, a fortiori devrait-il en aller de même durant la période qui précède la prise d'effet du contrat dans les cas où celui-ci a été conclu à l'avance. Mais il importe de rappeler que la période d'essai a un objet précis, celui de permettre aux parties au contrat de travail d'éprouver leurs relations. Pour cela, encore faut-il, par définition, que le contrat de travail ait commencé à s'exécuter. La Cour de cassation a souvent eu l'occasion de rappeler que la période d'essai ne peut dispenser le salarié de respecter l'obligation préalable d'entrer en fonctions.

2.2 Contrat de travail à durée déterminée

Le régime du contrat de travail à durée déterminée a subi de nombreuses évolutions au cours de ces dernières années. La dernière réforme substantielle remonte à la loi du 12 juillet 1990 qui s'est amplement inspirée des dispositions de l'accord national interprofessionnel du 24 mars 1990 *sur le travail précaire*. Cette loi a fait l'objet d'un certain nombre d'aménagements techniques par la loi de modernisation sociale du 18 janvier 2002 qui a cherché à lutter contre le développement du travail précaire et à renforcer la protection des salariés qui en font l'objet.

Le législateur affirme expressément le caractère **exceptionnel** du recours au contrat de travail à durée déterminée[16] en précisant à l'article L. 122-1 que « *le contrat à durée déterminée, quel que soit son motif, ne peut avoir ni pour objet ni pour effet de pourvoir durablement un emploi lié à l'activité normale et permanente de l'entreprise* ». L'esprit de la loi est de ne permettre la conclusion du contrat de travail à durée déterminée que pour l'exécution d'une tâche précise et temporaire.

2.2.1 Les cas des recours

A – Les recours autorisés

Le législateur n'autorise l'usage du contrat de travail à durée déterminée que dans **3** principales séries d'hypothèse les plus fréquemment rencontrées en pratique.

---

15. Voir *infra*, § 3.3.
16. La directive européenne du 28 juin 1999 sur le contrat de travail à durée déterminée réaffirme elle-même le principe selon lequel le contrat à durée indéterminée est le contrat de droit commun.

1) Le remplacement d'un salarié

Sous la rubrique, « *remplacement d'un salarié* », le législateur a envisagé 3 hypothèses, étant entendu que le salarié concerné peut être titulaire d'un contrat de travail à durée indéterminée ou déterminée.

– Remplacement d'un salarié en cas d'absence, de passage provisoire à temps partiel, conclu par avenant à son contrat de travail ou par échange écrit entre ce salarié et son employeur, ou de suspension de son contrat de travail

Une circulaire ministérielle du 30 octobre 1990 a apporté les précisions suivantes :

« *Il s'agit notamment :*

- *des congés de toutes sortes (congés payés, congés pour événements familiaux, congé de maternité, congé parental d'éducation, congé pour la création d'entreprise, congé de formation, congé sabbatique, etc.) ;*
- *des absences consécutives à la maladie ou à un accident ;*
- *du passage momentané d'un salarié d'un travail à temps plein à un travail à temps partiel ; bien qu'il ne s'agisse pas réellement d'une absence, il convient d'admettre qu'un salarié puisse être embauché par contrat de travail à durée déterminée ou par contrat de travail temporaire pour assurer le complément d'horaire pendant la période convenue...*

Le recours au contrat à durée déterminée est également possible lorsqu'un salarié se trouve temporairement absent de son poste de travail. Dans ces conditions, un employeur peut parfaitement recruter un salarié par contrat à durée déterminée, ou faire appel à un intérimaire, pour remplacer un salarié présent dans l'entreprise mais absent temporairement de son poste à la suite d'une affectation temporaire sur un autre poste pour raisons médicales, conformément à l'article L. 241-10-1 du Code du travail, ou d'une mutation provisoire ou bien encore d'une promotion conditionnée à une période d'adaptation.

Dans un arrêt du 22 novembre 1995, la Cour de cassation autorise le remplacement « en cascade », considérant que l'absence peut s'entendre non seulement d'une absence de l'entreprise mais aussi du poste de travail. L'employeur se voit ainsi offrir la possibilité de remplacer un salarié absent de son poste par un autre salarié de l'entreprise et ainsi de suite et d'embaucher un salarié sous contrat à durée déterminée (ou un intérimaire) pour remplacer le dernier absent de la chaîne.

– Départ définitif du salarié précédant la suppression de son poste de travail[17]

« *Le recours à un salarié embauché par contrat de travail à durée déterminée est possible pour pourvoir un poste de travail devenu vacant mais temporairement maintenu dans l'attente par exemple d'un arrêt d'activité, d'un changement de technique de production ou de matériels. Le remplacement d'un salarié dont le départ définitif précède la suppression de son poste s'effectue dans les conditions suivantes :*

- *le départ du salarié titulaire d'un contrat de travail à durée indéterminée doit être* ***définitif*** *et ce quel qu'en soit le motif ;*
- *la suppression du poste doit intervenir dans un délai de* ***vingt-quatre mois*** *;*
- ***préalablement*** *au recrutement du salarié titulaire d'un contrat à durée déterminée l'employeur doit procéder à la consultation du comité d'entreprise ou, à défaut, des délégués du personnel* » (circ. min.).

– Départ **définitif** d'un salarié (licenciement, démission, départ à la retraite, mutation définitive) en cas d'attente de l'entrée en service effective du salarié recruté par contrat à durée indéterminée appelé à le remplacer

17. L'accord national interprofessionnel du 24 mars 1990 apporte cette précision que la suppression du poste doit résulter d'arrêts d'activité, ou de changements de technique de production ou de matériels devant, dans un délai de 24 mois, aboutir à des suppressions d'emploi dans l'entreprise.

« ... Un employeur ne peut embaucher un salarié par contrat à durée déterminée en invoquant le départ imminent de son salarié sous contrat de travail à durée indéterminée.

Par ailleurs, le nouveau salarié permanent doit avoir été pressenti, voire recruté, mais il n'est pas immédiatement disponible (préavis à exécuter, formation à suivre, etc.) » (circ. min.).

2) L'accroissement temporaire de l'activité de l'entreprise

Se trouvent englobés sous cette formulation juridique les 4 cas de recours ci après prévus par l'accord national interprofessionnel du 24 mars 1990 :

- l'accroissement temporaire d'activité ;
- l'exécution d'une tâche occasionnelle précisément définie et non durable ne relevant pas de l'activité normale de l'entreprise (ex. : mise en place de technologies nouvelles ; lancement d'une étude technique...) ;
- la survenance dans l'entreprise d'une commande exceptionnelle, notamment à l'exportation, dont l'importance nécessite la mise en œuvre de moyens quantitativement ou qualitativement exorbitants de ceux qu'elle utilise ordinairement ;
- les travaux urgents dont l'exécution immédiate est nécessaire pour prévenir des accidents imminents, organiser les mesures de sauvetage ou réparer les insuffisances du matériel, des installations ou des bâtiments présentant un danger pour les personnes.

La Cour de cassation a eu l'occasion de préciser deux points :

- d'une part, concernant cette notion même d'accroissement temporaire d'activité, elle a jugé que la possibilité donnée à l'employeur de conclure un CDD pour l'accroissement temporaire de l'activité de l'entreprise n'implique pas pour lui l'obligation d'affecter le salarié à des tâches directement liés à ce surcroît d'activité ;
- d'autre part, elle a fait précisément application de ce cas de recours aux variations cycliques de production ou de l'activité de l'entreprise, à condition que de telles variations soient bien établies : « ... *attendu que la cour d'appel a constaté que la société S. bénéficiait d'une augmentation constante de sa production, et que les différents contrats de travail* [précaires] *s'inscrivaient dans cet accroissement durable et constant de son activité, qu'elle a exactement décidé que ces contrats de travail qui avaient pour effet de pourvoir durablement des emplois liés à l'activité normale et permanente de l'entreprise, devaient être requalifiés en contrat de travail à durée indéterminée* » (Cass. soc., 21 janvier 2004).

3) Les emplois temporaires par nature

Ils sont de deux ordres :

- les emplois **saisonniers** entraînant l'exécution de tâches normalement appelées à se répéter chaque année, à date à peu près fixe, en fonction du rythme des saisons ou des modes de vie collectifs, et qui sont effectués pour le compte d'une entreprise exerçant des activités obéissant aux mêmes variations (ex. : agriculture (moisson, vendanges, etc.), industries agro-alimentaires, industries et services liés au tourisme, activité de loisirs, hôtellerie, fabrication de jouets, activités liées aux rentrées scolaires...)[18].

  « ... La distinction entre le travail saisonnier et le simple accroissement d'activité repose sur le caractère régulier, prévisible, cyclique de la répétition de l'activité ou du travail en question.

  Ainsi une entreprise, dont l'activité de vente se poursuit sans interruption pendant toute l'année, qui voit sa demande augmenter durant certaines périodes de l'année à la suite de campagnes publicitaires ou promotionnelles (telles que le « blanc ») ne saurait à bon droit, pour faire face à cette augmentation de la demande de la clientèle, conclure des contrats saisonniers. Dans cette hypothèse, seuls des contrats pour le motif d'accroissement temporaire d'activité peuvent être conclus... » (circ. min.) ;

---

18. Cette liste peut être complétée par voie de convention ou d'accord collectif étendu.

– les emplois pour lesquels, dans certains secteurs d'activité, il est d'**usage constant** de ne pas recourir au contrat à durée indéterminée en raison de la nature de l'activité exercée et du caractère par nature temporaire de cet emploi. La liste de ces secteurs d'activité est énumérée à l'article D. 121-2 :

- exploitations forestières ;
- réparation navale ;
- déménagement ;
- hôtellerie et restauration ;
- spectacles ;
- action culturelle ;
- audiovisuel ;
- information ;
- production cinématographique ;
- enseignement ;
- activité d'enquête et de sondage ;
- édition phonographique ;
- centre de loisirs et de vacances ;
- entreposage et stockage de la viande ;
- sport professionnel ;
- bâtiment et travaux publics pour les chantiers à l'étranger ;
- activités de coopération, d'assistance technique, d'ingénierie et de recherche à l'étranger ;
- recherche scientifique réalisée dans le cadre d'une convention internationale, d'un arrangement administratif international pris en application d'une telle convention ou par des chercheurs étrangers résidant temporairement en France.

« *Le seul fait que la liste mentionne tel secteur d'activité ne signifie pas que tous les emplois offerts par ce secteur peuvent donner lieu à la conclusion d'un contrat de travail à durée déterminée. Seuls les emplois de nature temporaire autorisent la conclusion de tels contrats.*

Ainsi, dans le secteur de l'hôtellerie et de la restauration, s'il est d'usage de faire appel aux "extras" dans le cadre de contrats de travail à durée déterminée ou de contrats de travail temporaire, il n'en est pas de même pour les personnes affectées à des tâches administratives ou d'entretien présentant un caractère permanent.

De même dans le secteur des spectacles, notamment dans les théâtres, s'il est d'usage d'offrir un contrat de travail à durée déterminée aux acteurs, en revanche, les ouvreuses, par exemple, doivent être engagées sous le régime du contrat de travail à durée indéterminée... » (circ. min.).

Revenant sur sa jurisprudence antérieure laquelle se trouvait calquée sur la position administrative, la chambre sociale de la Cour de cassation a jugé dans quatre arrêts du 26 novembre 2003 que lorsque les juges du fond sont saisis d'une demande de requalification de contrats à durée déterminée d'usage en contrat à durée indéterminée, ils doivent **seulement** rechercher si, au niveau du secteur d'activité concerné, il est effectivement ***d'usage constant*** de ne pas recourir au contrat de travail à durée indéterminée. Cette recherche relève du pouvoir d'appréciation des juges sur la base des éléments de preuve rapportés par les parties au conflit.

Dés lors que les juges du fond constateront l'existence d'un tel usage, la conclusion d'un contrat à durée déterminée au titre de l'usage de l'article L. 122-1-1 3° sera aujourd'hui permise ***sans qu'il soit besoin de rechercher***, comme sous l'état de la jurisprudence antérieure désormais devenue **caduque**, si l'emploi en cause ***est ou non par nature temporaire***.

4) Les autres cas de recours

La faculté de recourir au CDD est autorisée par l'article L. 122-2 dans deux cas particuliers :

– lorsqu'il est permet le placement et la réinsertion de demandeurs d'emploi inscrits comme tels à l'Agence nationale pour l'emploi (ANPE) depuis plus de 12 mois ;

– lorsque l'employeur s'engage à assurer un complément de formation professionnelle aux catégories de salariés définis à l'article D. 121-1[19].

B – Les recours interdits

Ils sont au nombre de trois.

1) L'embauche après notification d'un licenciement économique

Dans les **établissements** ayant procédé à un licenciement pour motif économique, dans **les 6 mois** qui suivent ce licenciement – le point de départ de cette période étant la date de notification du licenciement au salarié concerné[20] –, un salarié ne peut être embauché sur un **même poste** par contrat de travail à durée déterminée pour le motif *d'accroissement temporaire de l'activité,* y compris *d'exécution d'une tâche occasionnelle précisément définie et non durable.* L'interdiction ne vise que l'établissement dans lequel il a été procédé à un licenciement économique et non l'entreprise ainsi que les postes concernés par le licenciement, c'est-à-dire ceux sur lesquels le salarié licencié peut faire valoir la priorité de réembauchage.

Deux dérogations à cette interdiction d'embauche ont été prévues par l'article L. 122-2-1, chacune d'entre elles étant toutefois subordonnée à l'information et à la consultation **préalables** du comité d'entreprise ou, à défaut, des délégués du personnel, s'il en existe :

– la durée du contrat non susceptible de renouvellement n'excède pas 3 mois ;
– le contrat, quelle que soit sa durée, est lié à la survenance dans l'entreprise, qu'il s'agisse de l'entrepreneur principal ou d'un sous-traitant, d'une commande exceptionnelle à l'exportation dont l'importance nécessite la mise en œuvre de moyens quantitativement ou qualitativement exorbitants, par rapport à ceux que l'entreprise utilise ordinairement.

2) Le remplacement des salariés grévistes

Il ne peut en aucun cas être fait appel à un salarié sous contrat à durée déterminée pour assurer « *le remplacement d'un salarié dont le contrat de travail est suspendu par suite d'un conflit collectif du travail* » (L. 122-3).

3) Les travaux dangereux

Il est interdit de faire appel à des salariés sous contrat à durée déterminée pour effectuer des travaux particulièrement dangereux figurant sur une liste établie par arrêté du ministre du Travail et notamment pour certains travaux qui font l'objet d'une surveillance médicale spéciale au sens de la réglementation relative à la médecine du travail[21].

---

19. Sont visés par l'article D. 121-1 les candidats effectuant un stage en vue d'accéder à un établissement d'enseignement, les élèves ou anciens élèves d'un établissement d'enseignement effectuant un stage d'application, les étrangers venant en France en vue d'acquérir un complément de formation professionnelle, les bénéficiaires d'une aide financière individuelle à la formation par la recherche, les salariés liés par un contrat de rééducation professionnelle.
Ce type de contrat dont le terme doit être fixé avec précision lors de sa conclusion peut être renouvelé une fois dans le cadre d'une durée maximale de 24 mois.

20. Les services ministériels ont précisé le point de départ du délai de 6 mois : « *Lorsque des postes occupés par des salariés d'une qualification professionnelle déterminée et qui ne peuvent être isolés ont donné lieu à des licenciements pour motif économique qui se sont étalés dans le temps, le jour de départ du délai de six mois est donc constitué par la notification du dernier licenciement d'un salarié de cette qualification.* »

21. La liste de ces travaux est fixée et actualisée par arrêté ministériel. Tout chef d'établissement peut toutefois être autorisé, sur sa demande, à utiliser des salariés sous CDD pour effectuer ces travaux. Cette demande doit être adressée au directeur départemental du travail et de l'emploi, accompagnée de l'avis, d'une part, du CHSCT ou, à défaut, des délégués du personnel ; d'autre part, du médecin du travail de l'entreprise, par lettre recommandée avec demande d'avis de réception. Il est statué sur la demande dans le délai d'un mois, après enquête permettant de vérifier que des mesures particulières de prévention, notamment par une formation appropriée à la sécurité, assurent une protection efficace des salariés de l'établissement contre les risques dus à ces travaux. L'autorisation est réputée acquise si aucune réponse n'a été notifiée dans ce délai. La réclamation du chef d'établissement contre toute décision de rejet est adressée par lettre recommandée avec AR au directeur régional du travail et de l'emploi qui statue dans le délai d'un mois à compter de la réception de la demande. L'absence de réponse à l'expiration de ce délai vaut acceptation de la demande.

2.2.2 La conclusion du contrat

A – La fixation d'un terme précis

Le principe veut que le contrat de travail à durée déterminée comporte « *un terme fixé avec précision dès sa conclusion* » (L. 122-1-2 I).

1) La durée

En principe, la durée maximale des contrats de travail à durée déterminée conclus de date à date est de **18 mois**, renouvellement inclus.

Par dérogation à ce principe, cette durée est ramenée à **9 mois** dans les deux cas suivants :

- en cas d'attente de l'entrée en service effective d'un salarié recruté par contrat de travail à durée indéterminée ;
- lorsque l'objet du contrat consiste en la réalisation de travaux urgents nécessités par des mesures de sécurité.

D'autre part, la durée maximale est portée à **24 mois** dans les trois hypothèses suivantes :

- en cas de remplacement d'un salarié dont le départ définitif précède la suppression de son poste de travail ;
- en cas de survenance dans l'entreprise, qu'il s'agisse de l'entrepreneur principal ou d'un sous-traitant, d'une commande exceptionnelle à l'exportation : les contrats conclus pour ce motif ne peuvent pas avoir une durée inférieure à 6 mois et l'employeur doit, préalablement aux recrutements envisagés, procéder à la consultation du comité d'entreprise ou, à défaut, des délégués du personnel, s'il en existe[22] ;
- lorsque le contrat de travail est exécuté à l'étranger, et ce quel que soit le motif pour lequel il est conclu. Par contrat exécuté à l'étranger, il convient d'entendre un contrat exécuté en totalité à l'étranger mais qui peut donner lieu cependant à une phase de préparation (information, formation) en France.

En fin de compte, les contrats d'une durée maximale de 18 mois ne devraient trouver à s'appliquer en pratique que dans les cas d'accroissement temporaire d'activité et d'exécution d'une tâche occasionnelle précisément définie et non durable.

2) Le renouvellement

Le contrat à durée déterminée à terme précis ne peut faire l'objet que d'un seul renouvellement, la durée de la période renouvelée pouvant être **supérieure** à celle de la période initiale dans le respect des limites maximales précisées au point a) qui précède[23].

Les conditions du renouvellement peuvent être stipulées dans le contrat ou faire l'objet d'un avenant soumis au salarié avant l'arrivée du terme initialement prévu. L'employeur qui entend faire état d'une clause de renouvellement dans le contrat initial doit procéder à sa rédaction avec le plus grand soin pour ne pas se trouver juridiquement engagé au-delà de la période initiale : il est de son intérêt que le renouvellement ne soit considéré que comme une simple **faculté**.

B – L'absence de terme précis

Par dérogation au principe selon lequel le contrat à durée déterminée doit prévoir un terme fixe avec précision dès sa conclusion, **il est possible** de conclure un contrat sans terme précis dans les cas ci-après :

---

22. Ces conditions ne s'imposent pas, a contrario, lorsqu'il n'est pas fait usage de cette dérogation. Ainsi, il est permis de faire appel à un salarié précaire pour une durée inférieure à 6 mois et la consultation des représentants du personnel n'est pas requise si la durée du contrat envisagé n'excède pas 18 mois.

23. Il a été jugé par la Cour de cassation que la présence d'une clause de renouvellement dans un contrat à durée déterminée conclu pour une période égale à la durée maximale autorisée par la loi suffit à lui conférer la nature de contrat à durée indéterminée. La rupture d'un tel contrat par l'employeur au seul motif de la prétendue survenance du terme justifie donc l'attribution au salarié de dommages-intérêts pour licenciement sans cause réelle et sérieuse (Cass. soc., 3 décembre 1987).

– remplacement d'un salarié absent ou dont le contrat de travail est suspendu[24] ;
– attente de l'entrée en exercice effective d'un salarié recruté par contrat à durée indéterminée ;
– pourvoir un emploi saisonnier ou un emploi ou l'usage exclut le recours au contrat à durée indéterminée[25].

Les contrats doivent alors être conclus pour une **durée minimale** et ils ont pour terme la fin de l'absence du salarié remplacé ou la réalisation de l'objet pour lequel ils ont été conclus.

Les contrats sans terme précis ne sont pas assujettis au respect d'une durée maximale, exception faite de ceux conclus dans l'attente de l'embauche définitive d'un salarié recruté sous contrat à durée indéterminée (durée limitée à 9 mois). Ils ne peuvent par ailleurs, en principe, faire l'objet d'aucun renouvellement.

2.2.3 L'établissement du contrat

« *Le contrat de travail à durée déterminée doit être établi par écrit* ***et*** *comporter la définition précise de son motif ; à défaut, il est* ***réputé*** *conclu pour une durée indéterminée* » (L. 122-3-1). La seule constatation de l'absence d'écrit, quel que soit le secteur dans lequel le contrat est conclu, permet au salarié – **et au salarié seulement** – de solliciter la requalification du contrat à durée déterminée en contrat à durée indéterminée, sans que l'employeur soit autorisé à opposer la réalité du caractère temporaire de l'engagement. La loi du 12 juillet 1990 a ainsi créé une **présomption irréfragable** de durée indéterminée. En l'absence d'écrit ou de définition précise du motif, le juge doit se borner à constater la méconnaissance du formalisme et à en tirer les conséquences de droit qui s'imposent.

« *Par définition précise du motif du contrat, il convient d'entendre non pas l'indication du cas qui autorise la conclusion du contrat de travail à durée déterminée, mais toutes précisions permettant d'apprécier la réalité du motif mentionné dans le contrat. S'agissant par exemple d'un contrat pour faire face à un accroissement temporaire d'activité, il appartient à l'employeur de bien indiquer les travaux ou les tâches à accomplir qui nécessitent cette embauche supplémentaire* » (circ. min.).

Jusqu'à l'entrée en vigueur de la loi de modernisation sociale, l'absence d'un contrat écrit comportant la définition précise de son motif n'était sanctionnée légalement que par une sanction *civile* consistant en une *requalification* du contrat en contrat à durée indéterminée. Désormais, elle constitue en outre un **délit pénal** puni d'une amende de 3 750 € (ou 7 500 € en cas de récidive et/ou d'un emprisonnement de 6 mois) (L. 152-1-4).

Par ailleurs, le contrat de travail doit être transmis au salarié – soit par lettre recommandée avec AR, soit par lettre remise en main propre contre décharge – dans les **deux jours** ouvrables qui suivent sa prise effective de fonction.

Faut-il que ce contrat soit transmis, signé par l'employeur ? Pour la Cour de cassation, le fait que le contrat à durée déterminée remis au salarié ne soit pas signé par l'employeur n'implique pas sa requalification à durée indéterminée, dès lors que ce contrat comporte l'ensemble des mentions obligatoires prévues par l'article L. 122-3-1 et a bien été remis au salarié dans les deux jours suivant son embauche.

---

24. Dans l'hypothèse du remplacement, le contrat de travail peut prendre effet avant l'absence du salarié à remplacer, que le contrat soit de date à date ou sans terme précis. Cette « souplesse » ne doit pas cependant être utilisée au-delà du temps qui est nécessaire à la transmission des instructions et à la mise au courant du remplaçant. En outre, le terme du contrat initialement fixé peut être reporté jusqu'au surlendemain du jour où le salarié reprend son emploi. Il convient de noter par ailleurs qu'un employeur peut engager un salarié sous contrat à durée indéterminée pour assurer le remplacement d'un salarié absent : le retour du salarié absent constitue alors un motif réel et sérieux de licenciement du salarié remplaçant (Cass. soc., 13 janvier 1982). Cela étant, la Cour suprême rappelle que cette faculté de l'employeur suppose – sauf à encourir une action en licenciement abusif – que les parties se soient bien mises d'accord sur le caractère précaire du contrat de travail et que donc le salarié ait bien été informé de l'objet du contrat qui est exclusivement d'assurer le remplacement d'un salarié absent.

25. Les parties gardent toujours la faculté, même dans ces trois séries d'hypothèse, de soumettre le contrat au régime du contrat avec terme précis (voir *supra*, § 1).

La loi de modernisation sociale sanctionne pénalement d'une amende de 3 750 € et/ou d'un emprisonnement de 6 mois le non-respect du délai de transmission du contrat au salarié.

2.2.4 La protection des salariés sous contrat à durée déterminée

« ***Sauf dispositions législatives expresses**, et à l'exclusion des dispositions concernant la rupture du contrat de travail, les dispositions légales et conventionnelles ainsi que celles qui résultent des usages, applicables aux salariés liés par un contrat de travail à durée indéterminée, s'appliquent également aux salariés liés par un contrat de travail à durée déterminée* » (L. 122-3-3)[26].

Le législateur en a tiré les conséquences sur le plan de la rémunération en précisant que la rémunération (salaires + avantages ou accessoires) que perçoit le salarié sous contrat de travail à durée déterminée ne peut être inférieure au montant de la rémunération que percevrait dans la même entreprise, après période d'essai, un salarié sous contrat de travail à durée indéterminée de qualification équivalente et occupant les mêmes fonctions.

Le principe d'égalité de rémunération ainsi défini ne s'applique qu'aux éléments de rémunération qui s'attachent au poste de travail. Ainsi, par exemple, lorsqu'une partie de la rémunération est versée, eu égard à l'ancienneté du salarié, le salarié titulaire d'un contrat de travail à durée déterminée n'en bénéficie qu'à la condition de remplir lui-même cette condition d'ancienneté.

La violation du principe d'égalité de rémunération constitue un délit pénal puni d'une amende de 3 750 € et, en cas de récidive, d'une amende de 7 500 € et/ou d'un emprisonnement de 6 mois (L. 152-1-4).

2.2.5 Le contentieux

Le législateur a cherché à mieux faire respecter la réglementation des contrats à durée déterminée en adoptant trois séries de mesures.

A – La requalification judiciaire

Lorsque le conseil de prud'hommes est saisi d'une demande de requalification d'un contrat à durée déterminée en contrat à durée indéterminée, l'affaire est portée **directement** devant le bureau de jugement. Celui-ci doit statuer au fond dans le délai d'**un mois** suivant sa saisine et sa décision est exécutoire de droit à titre provisoire.

Si le tribunal fait droit à la demande du salarié, il doit lui accorder, à la charge de l'employeur, une indemnité qui ne peut être inférieure à **un mois** de salaire, sans préjudice de l'application des dispositions relatives à la résiliation des contrats à durée indéterminée.

La Cour de cassation considère que la requalification d'un contrat de travail à durée déterminée en contrat à durée indéterminée ne peut être prononcée qu'**à la seule demande du salarié**. L'employeur, même s'il y a intérêt, ne peut la demander et le juge ne saurait l'imposer d'office.

Sauf fraude, l'AGS n'est pas non plus recevable à demander la requalification d'un contrat à durée déterminée irrégulièrement conclu en contrat de travail à durée indéterminée (Cass. soc., 4 décembre 2002). Décision jurisprudentielle louable, mais qui n'est pas bonne pour les comptes de l'institution...

B – Le droit d'action des syndicats

Les organisations syndicales représentatives (dans l'entreprise ou au plan national) peuvent exercer en justice toutes actions (civile et pénale) en faveur d'un salarié sous contrat à durée déterminée si celui-ci ne s'y oppose pas[27].

---

26. La directive européenne du 28 juin 1999 sur le travail à durée déterminée prône elle-même ce principe de l'égalité de traitement : *« pour ce qui concerne les conditions d'emploi, les travailleurs à durée déterminée ne sont pas traités d'une manière moins favorable que les travailleurs à durée indéterminée comparables au seul motif qu'ils travaillent à durée déterminée, à moins qu'un traitement différent soit justifié par des raisons objectives. »*

27. Le salarié doit avoir été averti par lettre recommandée avec accusé de réception. Il dispose alors d'un délai de 15 jours à compter de la date à laquelle l'organisation syndicale lui a notifié son intention pour s'opposer à l'action de celle-ci. Enfin, le salarié peut toujours intervenir à l'instance engagée par le syndicat et y mettre un terme à tout moment.

C – Les sanctions pénales

Est punie d'une amende de 3 750 € (portée à 7 500 € à laquelle peut s'ajouter un emprisonnement de 6 mois, en cas de récidive) la violation de la législation sur les contrats à durée déterminée relative aux cas de recours autorisés et interdits, au terme, à la durée et au renouvellement des contrats[28].

3. Le contenu du contrat de travail

Il convient de porter la plus grande attention à la rédaction du contrat de travail puisqu'elle vient confirmer et préciser la nature des relations contractuelles qui ont été « négociées » entre l'employeur et le salarié. Lorsqu'un contentieux survient, le contrat de travail devient alors une des pièces maîtresses du débat, base sur laquelle vont prendre appui les prétentions des parties. Par ailleurs, les relations contractuelles sont naturellement appelées à évoluer au fur et à mesure du développement même de l'entreprise : **l'avenant**, pour lequel le même soin rédactionnel sera apporté, constitue l'écrit qui constatera les modifications alors décidées.

Généralement, le contrat de travail développe par des clauses successives les différents points qui **personnalisent et individualisent** la relation de travail[29] et renvoie, pour le reste, aux données de l'environnement social applicable à l'entreprise.

3.1 Principales clauses du contrat de travail

Après avoir procédé à leur présentation, en distinguant selon qu'il s'agit du contrat de travail à durée déterminée ou du contrat de travail à durée indéterminée, nous détaillerons deux clauses qui posent souvent des difficultés pratiques de mise en œuvre et d'exécution : la clause de période d'essai et la clause de non-concurrence.

3.1.1 La présentation

A – Le contenu du contrat de travail à durée déterminée

Outre l'énonciation de son motif **précis** de recours, le contrat de travail à durée déterminée doit répondre au contenu minimum **imposé** par le législateur.

1) La nature des clauses obligatoires

Le contrat doit indiquer :

- le nom et la qualification du salarié remplacé (dans l'hypothèse d'un contrat conclu en raison d'une absence temporaire ou d'une cause de suspension du contrat) ;
- la date d'échéance du terme et, le cas échéant, une clause de renouvellement lorsqu'il comporte un terme précis ;
- la durée minimale pour laquelle il est conclu lorsqu'il ne comporte pas de terme précis ;
- la désignation du poste de travail en indiquant, le cas échéant, que ce poste figure sur la liste des postes de travail présentant des risques particuliers, pour la santé et la sécurité des salariés titulaires d'un contrat de travail à durée déterminée, liste établie par le chef d'établissement ou, à défaut, de l'emploi occupé ou de la nature des activités auxquelles participe le salarié embauché en vue de bénéficier d'un complément de formation professionnelle ;
- l'intitulé de la convention collective applicable ;

---

28. Voir Tableau 9.

29. Sont considérées comme faisant partie du socle contractuel les clauses qui ont déterminé le salarié à accepter l'offre de travail qui lui a été proposée. Parmi ces clauses, nous citerons celles relatives à la fonction, à la qualification, à la rémunération, à l'horaire et au lieu de travail. Sans anticiper sur les développements à venir, nous noterons dès à présent que toute modification apportée unilatéralement par l'employeur à l'une ou l'autre de ces clauses s'analyse, en cas de refus du salarié, comme une rupture du contrat du fait de l'employeur.

– la durée de la période d'essai éventuellement prévue ;
– le montant de la rémunération et de ses différentes composantes, y compris, s'il en existe, les primes et accessoires de salaire ;
– le nom et l'adresse de la caisse de retraite complémentaire ainsi que, le cas échéant, ceux de l'organisme de prévoyance (L. 122-3-1).

2) Les sanctions

Indépendamment de l'obligation de l'écrit et de l'indication du motif de recours dont nous avons vu au § 2.2.3 qui précède que leur omission conduit à une requalification obligatoire du contrat en contrat à durée indéterminée, l'absence ou l'inexactitude des autres mentions obligatoires ne se trouve sanctionnée que par une *présomption simple* de relation de travail à durée indéterminée. Comme toute présomption simple, il est possible de la combattre en rapportant la preuve contraire, et en l'espèce de démontrer que les parties avaient bien l'intention de conclure un contrat de travail à durée déterminée.

La Cour de cassation s'est montrée plus sévère en ayant une lecture plus stricte des textes. Ainsi, a-t-elle eu l'occasion de juger que le défaut d'indication du nom et de la qualification du salarié remplacé donnait lieu de façon irréfragable à une relation de travail à durée indéterminée.

En matière de contrat de travail à durée déterminée, la précision formelle s'impose.

B – Le contenu du contrat de travail à durée indéterminée

Les clauses les plus fréquemment rencontrées sont les suivantes : date d'embauche ; nature du poste occupé (avec, le cas échéant, référence à la classification prévue par la convention collective applicable : niveau, coefficient) ; période d'essai ; définition des fonctions ; lieu et horaire de travail ; rémunération ; frais professionnels ; obligation de confidentialité ; obligation de loyauté ; préavis de rupture ; obligation de non-concurrence.

3.1.2 La période d'essai

A – L'existence

Pour ce qui concerne le travail à durée **déterminée**, il n'y a période d'essai que si elle se trouve expressément stipulée au contrat, comme le prévoit l'article L. 122-3-1.

Pour ce qui concerne le contrat de travail à durée **indéterminée**, la Cour de cassation a posé depuis longtemps le principe suivant : la période d'essai **ne se présume pas** et elle doit donc être **expressément** prévue dans le contrat de travail ; à défaut, l'engagement est **définitif** dès le premier jour d'embauche dans l'entreprise.

Cette règle jurisprudentielle doit toutefois être nuancée selon que la convention collective applicable à l'entreprise **impose** une période d'essai ou en prévoit seulement **l'éventualité**.

1er cas : la convention collective impose une période d'essai.

Bien que peu fréquente, cette situation se rencontre néanmoins.

Les formules conventionnelles les plus usitées sont les suivantes : « **tout** contrat de travail débute par une période d'essai de... » ou encore « tout salarié sera à l'essai pendant... » ou encore « tout contrat ne sera considéré comme définitif qu'à l'issue d'une période d'essai ». Même non expressément stipulée, la période d'essai existe bien : la clause conventionnelle s'applique ***de plein droit*** dès lors que le contrat de travail ne l'a pas expressément écartée.

La Cour de cassation a toutefois jugé que lorsque le contrat de travail n'en fait pas mention, l'employeur ne peut se prévaloir de la période d'essai instituée de manière obligatoire par la convention collective que si le salarié a été informé, au moment de son engagement, de l'existence de cette convention collective et a été mis en mesure d'en prendre connaissance[30].

---

30. Voir *supra*, Partie 1, chapitre 3, § 7.2.

2e cas : la convention collective prévoit l'éventualité d'une période d'essai.

Dans cette hypothèse, la période d'essai doit être expressément stipulée, « la seule référence à la convention collective prévoyant une telle période ne suffisant pas à apporter la preuve qu'elle a réellement été convenue » *(Cass. soc., 18 mars 1992 ; Cass. soc., 11 janvier 1994).*

B – L'incidence du changement de fonctions en cours de contrat

Dans trois arrêts du 30 mars 2005, la Cour de cassation opère une distinction très claire entre période d'essai et période probatoire en confirmant des prises de position antérieures.

Saisie de la question de savoir si une période d'essai peut être valablement convenue **en cours de contrat** dans l'hypothèse d'un changement de fonctions, et notamment par promotion, par voie d'avenant ou de nouveau contrat, alors que l'embauche est devenue définitive, la Cour répond par la négative. En clair, une période d'essai ne peut être convenue en cours de contrat ce qui a comme conséquence directe qu'une rupture du contrat de travail décidée par l'employeur sur la base d'une prétendue période d'essai s'analyserait en un licenciement sans cause réelle et sérieuse. En effet, c'est un licenciement puisque la période d'essai convenue n'en est donc pas une et c'est un licenciement sans cause réelle et sérieuse puisque la rupture (fondée sur le seul fait d'une période d'essai) ne se trouve pas alors motivée conformément aux exigences légales.

En revanche, la Cour considère que les parties peuvent toujours convenir, en cours de contrat, à l'occasion d'un changement d'emploi, d'*une période probatoire* mais dont la rupture **a pour effet de replacer le salarié dans ses fonctions antérieures**. En d'autres termes, si une période d'essai qualifiée telle et même éventuellement reconnue comme telle par les parties est convenue en cours de contrat à l'occasion d'une modification dans la qualité de l'emploi ou de la fonction, elle est donc illicite comme période d'essai et expose l'employeur à un licenciement abusif en cas de rupture, sur son fondement, de la relation de travail. En revanche, elle vaut comme période probatoire en sorte que l'employeur pourra valablement s'en prévaloir à l'égard du salarié pour le replacer dans ses fonctions antérieures et, le cas échéant, le sanctionner en cas de refus.

C – La durée

1) Le cas du contrat à durée indéterminée

Sauf exception (ex. : le contrat de VRP), le législateur ne dit mot sur les durée maximales de période d'essai dans les contrats de travail à durée indéterminée. Il convient alors de stipuler un délai d'essai qui ne soit pas excessif, c'est-à-dire hors de proportion avec le temps nécessaire pour apprécier les aptitudes du salarié au regard du poste occupé. À défaut, le juge pourrait être amené à requalifier la situation contractuelle et à voir un engagement définitif à l'expiration d'une période d'essai considérée par lui comme raisonnable.

De nombreux accords collectifs de travail fixent des durées maximales d'essai : il convient alors de ne point stipuler dans les contrats de travail individuels des durées supérieures.

> *Exemple :*
>
> Convention collective nationale des ingénieurs et cadres de la métallurgie :
>
> Art. 5 al. 1 à 4 : « *La durée de la période d'essai est de 3 mois pour les ingénieurs et cadres des positions I et II. Toutefois, la période d'essai peut, d'un commun accord, être réduite ou, au contraire, notamment pour les fonctions présentant des difficultés particulières, être prolongée d'une durée égale. Pour les ingénieurs de la position III, la période d'essai peut être fixée d'un commun accord à une durée supérieure à 3 mois. En tout état de cause, la période d'essai ne saurait excéder 6 mois* ».

– S'il n'existe aucune disposition conventionnelle à ce sujet, il conviendra de s'informer de l'existence éventuelle d'usages dans la profession ou dans la région. À défaut, l'employeur retrouve une liberté contractuelle limitée pour fixer la durée de la période d'essai.

2) Le cas du contrat à durée déterminée

À la différence du contrat de travail à durée indéterminée, le législateur fixe précisément la durée maximale de la période d'essai : elle ne peut excéder une durée calculée à raison d'un jour par semaine, dans la limite de 2 semaines lorsque la durée initialement prévue du contrat est ≤ 6 mois et d'un mois lorsque cette durée est > 6 mois (L. 122-3-2).

Ce texte appelle plusieurs remarques :

– pour les contrats dont le terme doit être fixé avec précision dès la conclusion du contrat (ou l'a été de par la volonté des parties contractantes), la période d'essai se calcule sur la seule période initiale, même si le contrat comporte une clause de renouvellement ;
– pour les contrats dont il est possible de ne pas fixer le terme avec précision, la période d'essai est calculée par rapport à la durée minimale du contrat ;
– les délais légaux ne s'appliquent qu'à défaut d'usages ou de dispositions conventionnelles prévoyant des durées moindres. Il ne s'agit là que de l'application de la règle aux termes de laquelle les usages ou conventions peuvent déroger aux lois et règlements (qui ne sont pas d'ordre public) dans un sens plus favorable pour les salariés. Or restreindre une période d'essai se traduit par la diminution de la durée pendant laquelle le contrat peut être rompu à tout moment ;
– la période d'essai prévue en jours se décompte en jours travaillés ; celle prévue en semaines ou mois se décomptent en semaines civiles ou mois calendaires.

Exemple :

Pour un contrat conclu pour 11 semaines, le nombre théorique de jours d'essai est de 11 dans la limite de 2 semaines. La durée maximale réelle de l'essai sera de 10 jours si le salarié travaille 5 jours par semaine et de 11 jours s'il travaille 6 jours par semaine. Pour un contrat d'une durée > 6 mois prenant effet au 10 novembre, la période d'essai expirera le 9 décembre à minuit.

Selon les dispositions de l'article L. 122-3-10, lorsque la relation contractuelle de travail se poursuit après l'échéance du terme du contrat, celui-ci devient un contrat à durée indéterminée. La durée du contrat à durée déterminée est déduite de la période d'essai éventuellement prévue dans le nouveau contrat. Cette règle vaut pour autant que le nouvel emploi exige du salarié des qualités et des compétences identiques à celle requises par les fonctions précédemment occupées sous contrat à durée déterminée.

D – L'exécution

La période d'essai ayant pour but de permettre aux parties d'éprouver leurs relations contractuelles avant qu'elles ne deviennent définitives, il en résulte qu'elle consiste nécessairement en une période de travail **effectif** et d'exécution normale des obligations réciproques. Les périodes pendant lesquelles le salarié est indisponible entraînent donc normalement la suspension de la période d'essai qui peut alors être prorogée pour une durée égale à la durée de l'indisponibilité (ex. : maladie ; incapacité temporaire ; congés, etc.).

Exemple (Cass. soc, 12 janvier 1993) :

Durant sa période d'essai de 15 jours, un salarié avait été victime d'un accident de travail ayant entraîné une incapacité de travail de près de 2 mois. Licencié à son retour, le salarié reprochait à l'employeur de n'avoir pas justifié d'un motif de licenciement. La Cour de cassation rejette le pourvoi de l'intéressé contre l'arrêt d'appel qui l'avait débouté de sa demande de dommages et intérêts pour rupture abusive, en relevant que la période d'essai n'était pas expirée au moment de l'accident et qu'elle était donc toujours en cours lors de la reprise de travail permettant, par-là même, à l'employeur de résilier le contrat de travail sans avoir à invoquer un motif particulier.

E – La rupture

1) La procédure

a) Absence de dispositions conventionnelles

• Procédure formelle

Le principe veut que sur le plan de la forme, la rupture de la relation de travail au cours de la période d'essai n'obéit à aucune règle de procédure particulière. Ainsi, sauf problème de preuve, une notification verbale faite au salarié pourrait suffire. Ainsi, une lettre simple, même si elle n'est pas conseillée pour des problèmes de preuves également, suffirait.

La Cour de cassation décidait que la notification de la rupture soit **portée à la connaissance du salarié avant l'expiration de la période d'essai**. Mais dans un arrêt du 11 mai 2005, la Cour de cassation a considéré en opérant un revirement de jurisprudence que la rupture du contrat de travail se situe à la date où l'employeur a manifesté sa volonté d'y mettre fin, c'est-à-dire concrètement **au jour de l'envoi** de la lettre notifiant la rupture, lettre dont il est vivement conseillé qu'elle soit adressée par la voie du « recommandé avec AR ». C'est ainsi qu'elle a confirmé une décision de cour d'appel qui, pour dire qu'il a été mis fin à la relation contractuelle au cours de la période d'essai, a constaté, par une appréciation souveraine des faits que la rupture a été notifiée au salarié au moyen d'une lettre recommandée **envoyée avant la date d'expiration de cette période**.

• Procédure au fond

L'employeur comme le salarié peut rompre à tout moment la relation de travail sans préavis, sans indemnité et **sans avoir à justifier sa décision**, faculté qui vaut tout autant pour la rupture de la période d'essai d'un contrat de travail à durée déterminée que pour celle d'un contrat de travail à durée indéterminée.

L'attention doit cependant être attirée sur une décision de la Cour de cassation du 10 mars 2004 selon laquelle « *si l'employeur peut sans motif et sans formalité mettre fin à la période d'essai, il doit, lorsqu'il invoque un motif disciplinaire, respecter la procédure disciplinaire.* » En application de l'article L. 122-41, il conviendrait alors de convoquer le salarié à un entretien préalable puis de notifier la rupture par lettre recommandée avec AR motivée ! Cette décision n'a vocation à s'appliquer que dans la seule hypothèse où l'employeur entend faire état d'un motif disciplinaire à l'appui de sa décision de rompre la période d'essai. En d'autres termes, cette jurisprudence se retourne seulement contre l'employeur qui pêche par excès de zèle, **puisque la rupture de la période d'essai se passe légalement de l'exigence de la motivation !**

b) Existence de dispositions conventionnelles

Sans préjudice de l'application des principes jurisprudentiels exposés ci-dessus, les conventions collectives peuvent prévoir le respect de règles particulières applicables à la rupture de la période d'essai. Elles prévoient souvent en particulier le respect d'un préavis dont la violation pourrait donner lieu à l'octroi d'une indemnité calculée en fonction de sa durée, soit déjà exécutée, soit totale.

> *Exemple :*
>
> Convention collective nationale des ingénieurs et cadres de la métallurgie :
>
> Art. 5 al. 5 : « *Après 45 jours de période d'essai, le délai de préavis réciproque, sauf faute grave ou force majeure, est de 15 jours, ce préavis pouvant être signifié jusqu'au dernier jour de la période d'essai. Le préavis peut être éventuellement remplacé par une indemnité correspondante. Il est porté à un mois si la période d'essai est de 6 mois* ».

2) La motivation

Légalement, la rupture de la période d'essai ne requiert légalement aucune motivation de la part de l'employeur. Ceci étant, il y aurait abus condamnable de la part de l'employeur si la décision de rompre la période d'essai n'avait été dictée que pour motif « *extraprofessionnel* », c'est-à-dire sans aucune relation avec les aptitudes de l'intéressé au poste proposé, ou, d'une manière plus générale, si elle procédait d'une « *malveillance* » ou d'une « *légèreté blâmable* » ou de toute autre cause étrangère aux aptitudes professionnelles. Reste, en pratique, à en faire la preuve !

L'employeur est invité en toute hypothèse à se montrer prudent d'autant que dans un arrêt récent du 16 février 2005, la Cour de cassation a considéré que l'article L. 122-45 du Code du travail, qui prône l'interdiction des discriminations sous peine de **nullité** de la décision prise, s'applique à la rupture de la période d'essai.

En l'espèce, le salarié avait été engagé le 15 mars 1999 par contrat de travail à durée indéterminée avec une période d'essai de 3 mois. Au bout de deux mois et demi, il tombe malade et n'a pu reprendre son travail que le 13 septembre. Dés le 17 septembre, il recevait une lettre datée du 15 lui annonçant la rupture de son contrat de travail. La cour d'appel se fondant sur l'article L. 122-45 a prononcé la nullité de la rupture après avoir constaté au regard des circonstances de l'espèce et de la précipitation de l'employeur que celui-ci avait manifestement souhaité écarter son salarié en raison de ses problèmes de santé. La Cour de cassation a confirmé la décision, s'en remettant aux appréciations des juges du fond.

3.1.3 La clause de non-concurrence

Le contrat de travail à durée indéterminée comporte souvent une clause de non-concurrence par laquelle l'employeur se prémunit contre une concurrence éventuelle du salarié après la cessation de son contrat de travail.

A – Les conditions jurisprudentielles de validité

En l'absence de réglementation légale, la Cour de cassation s'est trouvée face à un conflit d'intérêts qu'elle a cherché à résoudre dans le respect de l'équilibre : il est vrai que la clause de non-concurrence apporte incontestablement une limitation à la liberté de travailler du salarié ; mais il est tout aussi vrai qu'il est légitime que l'employeur cherche à éviter l'évasion de son savoir-faire vers la concurrence à l'occasion du départ de certains de ses salariés.

Au dernier état de la jurisprudence de la chambre sociale de la Cour de cassation, la validité de la clause de non-concurrence n'est licite « *que si elle est indispensable à la protection des intérêts légitimes de l'entreprise, limitée dans le temps et dans l'espace, qu'elle tient compte des spécificités de l'emploi du salarié et comporte l'obligation pour l'employeur de verser au salarié une contrepartie financière* » (Cass. soc., 10 juillet 2002).

1) L'appréciation des intérêts légitimes de l'entreprise

Les juges retiennent le plus fréquemment l'appartenance à un secteur concurrentiel comme un indice susceptible d'attester la légitimité de la protection recherchée avec la clause de non-concurrence. On trouve des formules du type :

– « *est conforme à l'intérêt de l'entreprise, compte tenu du secteur très concurrentiel auquel elle appartient* » ;

– « *l'employeur a un intérêt légitime à protéger son activité qui subit une forte concurrence* ».

Les juges vérifient également si le salarié présente un risque concurrentiel effectif par l'existence d'un certain nombre d'indices comme le contact **direct** *et* **actif** du salarié avec la clientèle de l'entreprise, ou encore son accès à des informations sensibles et confidentielles sur l'entreprise ou son accès à un savoir faire spécifique[31] ou encore la formation dont il a pu profiter.

Au final, il revient aux juges d'apprécier le caractère **indispensable** de la clause de non-concurrence.

2) L'appréciation de la possibilité pour le salarié de retrouver un emploi

La jurisprudence fait de la possibilité laissée au salarié d'exercer normalement l'activité qui lui est propre une des conditions essentielles de la validité de la clause de non-concurrence. Pour ce

---

31. Il serait opportun de distinguer entre l'acquisition d'un savoir faire propre à l'entreprise et l'acquisition d'une expérience professionnelle, le premier critère étant à nos yeux celui qui justifie vraiment la protection des intérêts légitimes de l'entreprise.

faire, l'expérience et la formation professionnelle, c'est-à-dire l'acquis du salarié, sont les éléments d'appréciation principaux, mais dans certain cas, ils doivent être complétés par d'autres indices, tels en particulier les limitations temps-espace. Prenons par exemple le cas d'un coiffeur soumis à une clause de non-concurrence aux termes de laquelle il se voit interdire de travailler dans la coiffure : compte tenu de sa formation et de son expérience professionnelle, il est dans l'impossibilité de travailler. Par conséquent, si seules devaient compter dans l'appréciation des juges la formation et l'expérience professionnelle, aucune clause de non-concurrence ne pourrait valablement être introduite dans le contrat d'un salarié destiné à un domaine d'activité exclusif.

Exemple (Cass. soc., 13 janvier 1998) :

M. D... a été engagé le 17 juin 1998 par la Société American Dental Laser Europe (ADLE) en qualité de directeur des ventes pour l'Europe. Son contrat de travail contenait une clause lui interdisant, notamment en cas de démission, toutes activités concurrentielles pendant les douze mois suivants, dans le domaine de l'industrie du laser dentaire. Peut de temps après sa démission, la société ADLE, a appris qu'il démarchait ses clients et distributeurs pour le compte d'une autre société : elle a alors saisi la formation de référé de la juridiction prud'homale.

Saisie de cette affaire, la Cour de cassation a jugé en ces termes :

« ... *attendu que, pour être valable, une clause de non-concurrence doit permettre au salarié d'exercer une activité conforme à sa formation et à son expérience professionnelle ; qu'ayant constaté que l'engagement souscrit par M. D..., limité à un an, ne le privait pas, de façon anormale, du droit de retrouver un emploi de commercial dans des branches d'activité autres que le laser dentaire, la cour d'appel, devant laquelle l'intéressé n'avait pas invoqué l'impossibilité de retrouver un emploi conforme à son expérience, a pu décider que l'activité exercée par l'intéressé en violation de cette clause était manifestement illicite.* »

D'autres critères complémentaires peuvent être pris en considération, tels l'âge du salarié (le marché de l'emploi n'y est-il pas aujourd'hui très sensible), la situation familiale (la situation d'un célibataire n'est pas la même que celle d'un salarié marié avec 3 enfants), son salaire (peut-on retenir un emploi qui entraînerait une baisse sensible du salaire ?).

L'obligation de non-concurrence doit être bien distinguée de l'obligation de **loyauté** : la première n'entre en application qu'à compter de la rupture du contrat de travail ; la seconde qui ne vaut que pendant l'exécution du contrat de travail, découle de l'article 1134 du Code civil aux termes duquel tout contrat doit être exécuté de bonne foi. À ce titre, l'obligation de loyauté se traduit surtout pour le salarié par une obligation de **discrétion** et une obligation de **fidélité** : le salarié ne peut pas, notamment, exercer une activité concurrente de celle de son employeur, pour son propre compte ou pour le compte d'autrui.

3) La contrepartie pécuniaire

Avec l'arrêt susvisé du 10 juillet 2002, la Cour de cassation a opéré un important revirement de jurisprudence, dès l'instant où elle fait désormais de l'existence d'une contrepartie financière une condition de la validité de la clause de non-concurrence, ce qui a entraîné la renégociation de telles clauses stipulées sans contrepartie...

De la jurisprudence qui s'étoffe autour de cette nouvelle vision des choses, on peut noter que lorsque le contrat de travail évoque une clause de non-concurrence en faisant référence à un accord collectif de travail, comme une convention collective de branche par exemple, la contrepartie financière évoquée par cet accord s'applique de plein droit. En d'autres termes, les modalités d'application de l'obligation de non-concurrence peuvent être déterminées par renvoi aux stipulations conventionnelles, ce qui implique que celles-ci se montrent très précises, faute de quoi elles ne sauraient convenablement suppléer au silence du contrat.

En cette matière, la meilleure protection des intérêts de l'entreprise commande qu'elle se montre le plus explicite possible dans le contrat de travail en évitant tout renvoi trop lapidaire à l'accord collectif applicable.

B – Les dispositions des conventions collectives

Les conventions collectives réglementent fréquemment ce type de clause. Elles en limitent la durée **et** en circonscrivent l'espace, imposent une contrepartie pécuniaire pour le salarié et prévoient des délais de notification de dispense de l'exécution de la clause.

1) La contrepartie pécuniaire

La rédaction de la clause de non-concurrence dans un contrat de travail impose à l'employeur de prendre soin de respecter les stipulations de la convention collective dont il relève.

> *Exemple :*
>
> Convention collective nationale des ingénieurs et cadres des industries des métaux :
>
> Art. 26 : « *L'interdiction de concurrence fixée dans le contrat de travail ne peut excéder un an, renouvelable une fois. En contrepartie, le cadre perçoit, pendant la durée de non-concurrence, une indemnité mensuelle spéciale égale à 5/10e de la moyenne mensuelle des appointements ainsi que des avantages et des gratifications contractuels dont il a bénéficié au cours de ses 12 derniers mois de présence dans l'établissement. Toutefois, dans le cas de licenciement non provoqué par une faute grave, cette indemnité mensuelle est portée à 6/10e de cette moyenne tant que le cadre n'a pas retrouvé un nouvel emploi et dans la limite de la durée de non-concurrence* ».

Une clause de non-concurrence insérée au contrat de travail non conforme aux dispositions de la convention collective applicable est-elle nulle pour autant ? Selon une jurisprudence **récente** de la Cour de cassation, la clause doit simplement être rapportée aux conditions prévues par la convention collective. Dans le cadre de cette nouvelle tendance, la Cour suprême a admis que l'absence d'indemnité compensatrice dans le contrat individuel ne déliait pas pour autant le salarié de ses obligations de non-concurrence, mais l'autorisait à réclamer l'indemnisation fixée par la convention collective.

2) La dispense de l'exécution de la clause

En général, les conventions collectives prévoient la possibilité pour l'employeur, dans un **court** délai **après la notification** de la rupture (8 à 15 jours, voire 3 semaines), de libérer le salarié de son obligation de non-concurrence, ce qui dispense le premier du versement de la contrepartie pécuniaire éventuellement prévue et confère au second la liberté de se faire embaucher là où il le souhaite[32].

La jurisprudence se montre sévère quant à la décision de la dispense : s'il souhaite dispenser un salarié de son obligation de non-concurrence, l'employeur **doit** le faire **impérativement dans le délai** imparti prévu à la convention, sauf à courir le risque de devoir lui verser la **totalité** de l'indemnité compensatrice de non-concurrence. La plus grande vigilance s'impose donc en la matière.

> *Exemple (Cass. soc., 16 novembre 1983) :*
>
> Il résulte de l'article 17 de la convention collective nationale interprofessionnelle des VRP du 3 octobre 1975 que l'employeur peut dispenser un représentant de l'exécution d'une clause de non-concurrence ou en réduire la durée, à condition de le prévenir dans les quinze premiers jours suivant **la notification**, par l'une ou l'autre des parties, **de la rupture du contrat de travail**. En l'espèce, alors que le salarié avait démissionné le 4 octobre 1977, avec un préavis de deux mois, l'employeur avait attendu le 5 décembre, le jour de son départ, pour lui dire qu'il le dispensait de l'application de ladite clause. Dispense tardive a estimé la Cour de cassation : c'est dans les quinze premiers jours de la notification de la rupture, et non dans les quinze jours suivant la fin effective du contrat que l'employeur doit renoncer à l'application de la clause. À défaut, il est tenu de verser « l'indemnité compensatrice » conventionnellement prévue, contrepartie pécuniaire de l'interdiction de concurrence.

---

32. Les conditions de la dispense peuvent avoir été expressément prévues dans le contrat de travail. Il a été jugé par la Cour de cassation que lorsqu'une clause de non-concurrence comporte une contrepartie financière, l'employeur ne peut pas, si la faculté n'a pas été expressément prévue dans le contrat, renoncer unilatéralement à l'application de la clause.

C – La violation des engagements contractuels

1) La violation par le salarié d'une interdiction concurrentielle licite

La violation aussitôt la rupture de son contrat de travail fait perdre au salarié le bénéfice de la contrepartie financière en sa totalité.

La solution est différente dans le cas où le salarié respecte la clause dans un premier temps puis l'enfreint ensuite. La contrepartie financière s'acquérant au mois le mois pendant toute la durée de prise d'effet de la clause, on conçoit difficilement que ce qui a été acquis régulièrement en application de la clause puisse donner lieu à répétition au motif que le salarié l'a enfreinte ultérieurement.

Par ailleurs, la Cour de cassation a considéré que la violation par le salarié de son obligation de non-concurrence constitue un trouble manifestement illicite permettant au juge des référés saisi de se déclarer compétent pour ordonner immédiatement la cessation de l'activité litigieuse[33].

2) Le non-paiement par l'employeur de la contrepartie pécuniaire

Si l'employeur ne verse pas la contrepartie pécuniaire à laquelle il se trouve obligé en vertu des dispositions du contrat ou de la convention collective applicable, le salarié peut soit saisir le conseil de prud'hommes pour l'y contraindre, soit entrer au service d'une entreprise concurrente.

Dans ce cas, le salarié ne peut toutefois prétendre au paiement de l'indemnité de non-concurrence que pour **la seule période pendant laquelle il a respecté son obligation**, à supposer donc qu'il se soit prévalu de la défaillance de l'employeur pour se dispenser lui-même de la bonne exécution de la clause. Mais l'entreprise ne saurait toutefois se dispenser de verser la contrepartie pécuniaire en toute impunité. En effet, non seulement elle risque une condamnation au paiement de la contrepartie correspondant à la période pendant laquelle le salarié a respecté son obligation, mais aussi de devoir verser des dommages-intérêts pour son manquement, qui est constitutif d'une faute. Une réparation que le juge doit accorder en fonction du préjudice subi par le salarié.

D – Le respect par le salarié d'une interdiction concurrentielle dépourvue de contrepartie financière

La Cour de cassation à eu l'occasion de juger que le salarié qui a respecté une clause de non-concurrence illicite en l'absence de contrepartie financière peut prétendre à des dommages et intérêts. Ceux-ci peuvent être évalués au montant de la somme prévue au profit de l'employeur si le salarié avait violé la clause, en réparation du préjudice subi du fait que l'employeur lui a imposé une clause nulle portant atteinte à sa liberté d'exercer une activité professionnelle.

E – L'incidence de la rupture du contrat de travail en cours de période d'essai

La clause de non-concurrence incluse dans le contrat de travail est-elle applicable en cas de rupture des relations contractuelles en cours de période d'essai ? La question ne vient à se poser qu'en cas de mutisme du contrat, sinon il convient de s'en tenir à l'intention expresse des parties, soit en faire application si les contractants ont souhaité voir jouer la clause quel que soit le moment de la rupture des relations de travail, soit l'écarter dans l'hypothèse inverse. Le silence des parties oblige à rechercher leur « commune intention », tâche qui n'est pas des plus simples. La protection des intérêts du salarié devrait conduire de principe à ne pas faire jouer la clause, sauf « commune intention » contraire rapportée au regard des circonstances de l'espèce.

---

33. Une action en concurrence déloyale peut, le cas échéant, être intentée devant le tribunal de commerce par l'ancien employeur à l'encontre du nouvel employeur complice.

F – L'incidence de la dispense du préavis

La Cour de cassation admet que la clause de non-concurrence entre en vigueur dès le départ effectif du salarié. Il en résulte qu'un salarié lié par une clause de non-concurrence et dispensé du préavis cumule l'indemnité de non-concurrence et l'indemnité de préavis.

Première conséquence, les actes de concurrence commis pendant le préavis non exécuté constituent une violation, non de l'obligation de loyauté découlant du contrat mais de la clause de non-concurrence, justifiant, entre autres, la suppression de la contrepartie pécuniaire. La Cour de cassation a ainsi jugé que la violation de la clause de non-concurrence pendant le préavis que le salarié avait été dispensé d'exécuter justifie sa condamnation au paiement de dommages-intérêts en application de la clause pénale[34] prévue au contrat.

Seconde conséquence, l'employeur ne peut prétendre différer le premier versement de la contrepartie pécuniaire et fixer sa date d'exigibilité à l'expiration du préavis.

G – La situation du salarié en période de chômage

En ce qui concerne l'indemnisation du chômage, un demandeur d'emploi dont le dernier contrat comporte une clause de non-concurrence est fondé à refuser un emploi offert par l'ANPE, si l'occupation de ce poste est en contradiction avec l'interdiction concurrentielle. Dans l'éventualité d'un tel refus d'emploi, le bénéfice des allocations de chômage reste maintenu à l'intéressé.

H – Le régime social de l'indemnité de non-concurrence

L'indemnité de non concurrence n'a pas le caractère de dommages et intérêts mais de **salaire**, en conséquence de quoi elle supporte le prélèvement des cotisations sociales.

I – Les conséquences de la nullité de la clause

La jurisprudence estime depuis longtemps que, si une clause de non-concurrence peut éventuellement être entachée de nullité totale ou partielle lorsqu'elle est excessive – et notamment lorsqu'elle méconnaît les dispositions de la convention collective applicable – il ne s'agit que d'une **nullité de protection**. Elle en déduit en conséquence que **seul le salarié** peut se prévaloir, le cas échéant, de la nullité totale ou partielle de la clause de non-concurrence.

3.2 Renvoi aux données de l'environnement social de l'entreprise

L'environnement social de l'entreprise est double : externe et interne. Externe par l'application des dispositions législatives et réglementaires, des dispositions d'accords nationaux interprofessionnels, des conventions collectives de branche et des usages professionnels nationaux ou locaux ; interne par l'application du règlement intérieur, des accords d'entreprise, des usages propres à l'entreprise ainsi que des engagements unilatéraux de l'employeur. D'une manière générale, le contrat de travail comporte fréquemment in fine la clause suivante : « *Le présent contrat est régi par les dispositions législatives, réglementaires et conventionnelles en vigueur, ainsi que par le règlement intérieur de l'entreprise.* »

3.2.1 Les dispositions législatives et réglementaires

Il s'agit de l'application du Code du travail.

3.2.2 Les dispositions conventionnelles

Nous rappelons que les dispositions des conventions collectives s'appliquent aux relations contractuelles de travail et que toute clause du contrat individuel moins favorable pour le salarié que les dispositions de la convention est considérée comme non écrite.

34. La clause pénale fixe le montant forfaitaire des dommages et intérêts en cas d'inexécution de son obligation par la partie contractante.

3.2.3 Le règlement intérieur

Il constitue l'émanation du pouvoir d'organisation et de direction de l'employeur dans son entreprise. Ce pouvoir qui, bien que réglementé, s'est toujours exercé en définitive assez librement, se trouve confiné dans des limites plus étroites depuis la loi du 4 août 1982 « *relative aux libertés des travailleurs dans l'entreprise* ».

A – Les entreprises assujetties

L'élaboration d'un règlement intérieur est obligatoire, notamment dans les entreprises ou établissements industriels, commerciaux ou agricoles, associations ou tout organisme de droit privé, quels que soient leur forme et leur objet, où sont employés habituellement **au moins 20 salariés**. Des dispositions spéciales **peuvent** être établies pour une catégorie de personnel ou une division de l'entreprise ou de l'établissement[35].

La notion « d'emploi habituel » qui existait déjà sous la législation antérieure à la loi du 4 août 1982 fut précisée par la jurisprudence. Il en résulte, d'une part, que la notion d'occupation habituelle est une question de fait qui doit être appréciée compte tenu de l'activité normale de l'entreprise, d'autre part, que la période sur laquelle l'observation de cette occupation peut se faire est de 6 mois au moins.

Quant au mode de calcul des effectifs, il y a lieu d'appliquer les règles **de droit commun**. Aux salariés liés par un contrat de travail à durée déterminée ou indéterminée qui comptent pour **une unité**, s'ajoutent :

- le nombre moyen par jour ouvrable des travailleurs temporaires mis à la disposition de l'entreprise utilisatrice au cours de l'exercice (on divisera donc le nombre des journées de travailleurs temporaires utilisés au cours de l'année par le nombre de jours ouvrables de l'année) (L. 124-14) ;
- les travailleurs à temps partiel calculés au prorata du rapport entre les horaires inscrits dans les contrats de travail et la durée légale du travail ou la durée normale du travail dans l'établissement.

B – La procédure d'élaboration

Le règlement intérieur est rédigé par l'employeur, soumis à l'avis du comité d'hygiène, de sécurité et des conditions de travail (CHSCT) pour les domaines relevant de sa compétence (hygiène et sécurité), enfin soumis à l'avis du comité d'entreprise ou, à défaut, des délégués du personnel. Bien que le rôle des représentants du personnel soit purement **consultatif**, c'est-à-dire que l'employeur n'est pas lié par l'avis donné, il n'en demeure pas moins que l'obligation de recueillir cet avis préalable a été considérée jusqu'à présent par les juges comme une **formalité substantielle** dont l'inobservation vicie le règlement intérieur et enlève toute portée obligatoire à ses dispositions.

Le règlement intérieur doit être ensuite **déposé** au secrétariat-greffe du conseil de prud'hommes de la situation de l'entreprise ou de l'établissement, et **affiché** à une place convenable et aisément accessible dans les locaux de travail ainsi que dans les locaux et à la porte des locaux où se fait l'embauche. Il ne peut entrer en vigueur **qu'un mois** au moins après l'accomplissement de la dernière en date des formalités de dépôt et de publicité, la date d'entrée en vigueur devant d'ailleurs être expressément mentionnée.

En même temps qu'il fait l'objet des mesures de publicité, le règlement intérieur, accompagné de l'avis des représentants du personnel concernés, doit être communiqué en 2 exemplaires à l'inspecteur du travail qui vérifie le contenu du règlement et peut à tout moment exiger le retrait ou la modification des clauses contraires à la réglementation en vigueur et aux dispositions des

35. Il a été jugé par le Conseil d'État que les dispositions du Code du travail n'interdisent pas à une entreprise comportant plusieurs établissements où sont employés habituellement au moins 20 salariés d'établir un règlement intérieur unique pour l'ensemble de ses établissements, dès lors que ceux-ci ne présentent pas de particularités exigeant, au regard des dispositions légales régissant le contenu du règlement intérieur, l'édiction de dispositions propres à l'un ou plusieurs d'entre eux. Dans le cas où un règlement intérieur unique est ainsi établi, il appartient au seul inspecteur du travail, dans le ressort duquel se trouve le siège social de l'entreprise, d'en assurer le contrôle (Conseil d'État, 5 juin 1987).

accords collectifs de travail applicables dans l'entreprise. La décision de l'inspecteur, qui doit être motivée, est notifiée à l'employeur et communiquée pour information aux instances représentatives du personnel concernées (comité d'entreprise ou, à défaut, délégués du personnel, CHSCT pour les matières relevant de sa compétence). Cette décision peut faire l'objet, dans les 2 mois qui suivent la notification de la décision de l'inspecteur, d'un recours auprès du directeur régional du travail et de l'emploi.

La procédure d'élaboration, telle qu'elle vient d'être décrite, est également applicable aux avenants au règlement intérieur.

C – Le contenu

Le contenu du règlement intérieur, qui doit être rédigé en français, se trouve réglementé par la loi modifiée du 4 août 1982. Certaines dispositions sont obligatoires, d'autres sont interdites.

1) Les dispositions obligatoires

– Le règlement intérieur fixe les mesures d'application de la réglementation en matière d'**hygiène** et de **sécurité** dans l'entreprise ou l'établissement, et il consigne notamment les instructions données par l'employeur pour que chaque travailleur prenne soin non seulement de sa propre santé et sécurité, mais aussi de celles des collègues de travail qui se trouvent concernés par ses agissements ou omissions[36]. Ces instructions précisent, en particulier, lorsque la nature des risques le justifie et eu égard à la nature des tâches à accomplir, les conditions d'utilisation des équipements de travail, des équipements de protection individuelle et des substances et préparations dangereuses.

– Il fixe les règles générales et permanentes relatives à la discipline. La notion de discipline a été définie et illustrée comme suit par une circulaire ministérielle du 28 mars 1983 : « *L'entreprise constitue une communauté à vocation limitée. Elle ne rassemble des personnes que pendant une durée limitée, le temps de travail, et pour atteindre une finalité limitée, la production de biens ou de services. Si son fonctionnement, comme celui de tout autre collectivité organisée, dépend du respect d'un certain nombre de règles, ces règles ne sont justifiées que dans la mesure où elles sont nécessaires à la fois à assurer la coexistence entre les membres de la communauté de travail et à atteindre l'objectif économique pour lequel cette communauté a été créée. Cette double finalité marque également leur limite...*

Compte tenu de ce qui précède, le règlement intérieur peut comporter, à titre d'exemples, des clauses relatives à :

- *l'obligation de respecter les horaires et, par voie de conséquence, de pointer ;*
- *l'obligation de prévenir en cas d'absence ou de retard ;*
- *l'obligation de demander des autorisations d'absence ;*
- *l'interdiction de se déplacer sans avertir ou sans être remplacé à son poste lorsqu'il s'agit soit des personnes dont la présence permanente est nécessaire pour surveiller le fonctionnement d'une machine, soit de personnes qui ont des contacts permanents avec la clientèle (exemple : standardiste, hôtesse d'accueil...) ;*
- *l'obéissance aux ordres hiérarchiques dans l'exécution des tâches confiées ;*
- *l'interdiction de lacérer ou détruire les affiches ou notes de service régulièrement apposées sur les panneaux appropriés ;*
- *l'interdiction d'emporter des objets appartenant à l'entreprise sans autorisation ;*
- *l'interdiction d'utiliser pour son propre compte, sans autorisation, les machines, outils ou matériaux appartenant à l'entreprise.* »

---

36. Voir introduction du chapitre 3 de la partie 3 relative aux principes généraux de prévention.

– Il fixe les conditions dans lesquelles les salariés peuvent être appelés à participer, à la demande de l'employeur, au rétablissement des conditions de travail protectrices de la sécurité et de la santé des salariés dès lors qu'elles apparaîtraient compromises.
– Il précise la nature et l'échelle des sanctions. En d'autres termes, il doit définir les différentes sanctions qui peuvent être infligées aux salariés et les classer selon leur importance.
– Il énonce les règles relatives à la procédure disciplinaire telles qu'elles figurent à l'article L. 122-41 ou, le cas échéant, dans la convention collective applicable.
– Il rappelle les dispositions relatives à l'interdiction de toute pratique de harcèlement sexuel (L. 122-46 et L. 122-47) et de harcèlement moral (L. 122-49 ; L. 122-50)[37].
– Il fixe les modalités d'application de certaines dispositions réglementaires, comme par exemple :
• les heures pendant lesquelles l'accès du réfectoire est interdit (R. 232, 10-1) ;
• les conditions d'introduction, de distribution et de consommation des boissons alcoolisées (L. 232-2) ;
• les conditions dans lesquelles sont nettoyées les armoires et vestiaires (R. 232-2-1) ;
• les conditions d'utilisation des douches dans les établissements où sont effectués certains travaux insalubres ou salissants (R. 232-2-4).
• les conditions d'utilisation des sièges lorsque ceux-ci doivent être mis à la disposition des salariés (R. 232-29).

Les matières désormais soustraites de la compétence du règlement intérieur doivent être réintégrées, soit dans les contrats individuels de travail (période d'essai, rémunération, durée du préavis, clause de non-concurrence...), soit dans des notes de service (date de fermeture annuelle de l'entreprise, ordre des départs en congés payés...), soit, le cas échéant, dans des accords collectifs.

2) Les dispositions interdites

– Le règlement intérieur ne doit pas comporter de clauses contraires aux lois et règlements, qu'il s'agisse des règles de droit du travail ou de l'ensemble des autres branches du droit (droit pénal, droit civil, droit commercial...).

> *Exemple :*
> Interdiction de prévoir l'ouverture du courrier adressé aux salariés, puisque cela constitue une violation du secret de la correspondance réprimée pénalement.

– Il ne doit pas non plus contenir de clauses contraires aux dispositions des conventions et accords collectifs de travail applicables dans l'entreprise ou l'établissement.

---

37. « *Aucun salarié, aucun candidat à un recrutement, à un stage ou à une période de formation en entreprise ne peut être sanctionné, licencié ou faire l'objet d'une mesure discriminatoire, directe ou indirecte, notamment en matière de rémunération, de formation, de reclassement, d'affectation, de qualification, de classification, de promotion professionnelle, de mutation ou de renouvellement de contrat pour avoir subi ou refusé de subir les agissements de harcèlement de toute personne dont le but est d'obtenir des faveurs de nature sexuelle à son profit ou au profit d'un tiers.*
Aucun salarié ne peut être sanctionné, licencié ou faire l'objet d'une mesure discriminatoire pour avoir témoigné des agissements définis à l'alinéa précédent ou pour les avoir relatés » (L. 122-46).
« *Aucun salarié ne doit subir les agissements répétés de harcèlement moral qui ont pour objet ou pour effet une dégradation des conditions de travail susceptible de porter atteinte à ses droits et à sa dignité, d'altérer sa santé physique ou mentale ou de compromettre son avenir professionnel.*
Aucun salarié ne peut être sanctionné, licencié ou faire l'objet d'une mesure discriminatoire directe ou indirecte, notamment en matière de rémunération, de formation, de reclassement, d'affectation, de qualification, de classification, de promotion professionnelle, de mutation ou de renouvellement de contrat pour avoir subi ou refusé de subir des agissements constitutifs de harcèlement moral ou pour avoir témoigné de tels agissements ou les avoir relatés.
Toute rupture du contrat de travail qui en résulterait, toute disposition ou tout acte contraire est nul de plein droit » (L. 122-49).

– Il ne doit pas apporter aux droits des personnes et aux libertés individuelles et collectives des restrictions qui ne seraient pas justifiées par la nature de la tâche à accomplir ou proportionnées au but recherché (ex. : une interdiction générale de fumer ou de parler ; la fouille systématique ; le recours à l'alcootest en toute circonstance ; l'obligation de porter un uniforme sans aucune restriction ; l'interdiction de porter des badges ou des insignes, etc.). Comme l'indique le texte, les seules restrictions aux libertés envisageables ne peuvent être justifiées que par la nature de la tâche à accomplir et proportionnées au but recherche (ex. : vérification admise du taux d'alcoolémie d'un salarié qui manipule des produits dangereux ou transporte des personnes ; port justifié d'un vêtement isolant pour des manipulations de produits dangereux, etc.).
– Enfin, il ne doit pas comporter de dispositions lésant les salariés dans leur emploi ou leur travail, en raison de leur sexe, de leurs mœurs, de leur orientation sexuelles, de leur âge, de leur situation de famille, de leurs origines, de leurs opinions ou confessions, de leur apparence physique, de leur patronyme, ou de leur handicap, à capacité professionnelle égale.

D – Le contentieux

Nous avons vu que l'inspecteur du travail assure le contrôle de la légalité du règlement intérieur et peut en conséquence exiger le retrait ou la modification de clauses qui, soit n'auraient pas à figurer dans le règlement intérieur, soit seraient contraires aux lois, règlements et conventions collectives applicables.

La décision de l'inspecteur du travail peut faire l'objet d'un recours devant le directeur régional du travail et de l'emploi – recours non suspensif – lequel dispose du délai de droit commun de 4 mois pour faire connaître sa propre décision. L'expiration de ce délai vaut rejet.

À l'occasion d'un litige individuel, le conseil de prud'hommes peut écarter l'application d'une clause de règlement intérieur contraire à la loi : dans ce cas, une copie du jugement doit être adressée par le secrétariat-greffe à l'inspecteur du travail et aux représentants du personnel concernés.

E – Les sanctions

S'exposent à une peine d'amende de 750 € les employeurs qui :
– n'ont pas établi de règlement intérieur alors qu'ils s'y trouvent assujettis ;
– ont adopté leur règlement intérieur sans respecter la procédure d'élaboration fixée par la loi ;
– ont laissé subsister dans le règlement intérieur une clause qui a été considérée comme illégale par l'inspecteur du travail ;
– n'ont pas procédé à l'affichage ou aux mesures de publicité.

F – Les notes de service

Il arrive souvent qu'un chef d'entreprise soit amené à préciser certains points du règlement intérieur au moyen de notes de service. Désormais, de telles notes de service sont considérées comme des adjonctions au règlement intérieur et, comme telles, devant être soumises à la procédure décrite au B qui précède pour recevoir application, dès lors qu'elles portent « **prescriptions générales et permanentes** » en matière disciplinaire ou en matière d'hygiène et de sécurité[38].

Une exception est prévue pour les prescriptions générales et permanentes relatives à l'hygiène et à la sécurité : c'est le cas de **l'urgence**. Ces prescriptions peuvent recevoir une application immédiate mais elles doivent être aussitôt communiquées au secrétaire du CHSCT, au secrétaire du comité d'entreprise ou d'établissement et à l'inspecteur du travail.

38. En précisant que les notes de service doivent, pour s'identifier au règlement intérieur, porter sur des « *prescriptions générales et permanentes* », la loi exclut les notes répondant à des circonstances particulières ou visant des situations individuelles, ainsi que celles qui ont un autre objet que la discipline générale, l'hygiène et la sécurité.

3.3 Dispositions communautaires

Le Conseil des Communautés européennes a adopté, le 14 octobre 1991, une directive « *relative à l'obligation de l'employeur d'informer le travailleur des conditions applicables au contrat ou à la relation de travail* ». Applicable à compter du 30 juin 1993, cette directive tend à rendre obligatoire dans les législations nationales des États membres l'existence d'un écrit établissant la relation de travail et ce, qu'il s'agisse d'un contrat à durée déterminée ou indéterminée, ce qui constitue dans ce dernier cas une nouveauté pour la France[39].

Les éléments obligatoires du contrat sont les suivants :

a) l'identité des parties ;

b) le lieu de travail ; à défaut de lieu de travail fixe ou prédominant, le principe que le travailleur est occupé à divers endroits ainsi que le siège ou, le cas échéant, le domicile de l'employeur ;

c) le titre, le grade, la qualité ou la catégorie d'emploi en lesquels le travailleur est occupé ou la caractérisation ou la description sommaires du travail ;

d) la date de début du contrat ou de la relation de travail ;

e) s'il s'agit d'un contrat ou d'une relation de travail temporaire, la durée prévisible du contrat ou de la relation de travail ;

f) la durée du congé payé auquel le travailleur a droit ou, si cette indication est impossible au moment de la délivrance de l'information, les modalités d'attribution et de détermination de ce congé ;

g) la durée des délais de préavis à observer par l'employeur et le travailleur en cas de cessation du contrat ou de la relation de travail, ou, si cette indication est impossible au moment de la délivrance de l'information, les modalités de détermination de ces délais de préavis ;

h) le montant de base initial, les autres éléments constitutifs ainsi que la périodicité de versement de la rémunération à laquelle le travailleur a droit ;

i) la durée de travail journalière ou hebdomadaire normale du travailleur ;

j) le cas échéant :

- *la mention des conventions collectives et/ou accords collectifs régissant les conditions de travail du travailleur ;*

ou

- *s'il s'agit de conventions collectives conclues en dehors de l'entreprise par des organes ou institutions paritaires particuliers, la mention de l'organe compétent ou de l'institution paritaire compétente au sein duquel/de laquelle elles ont été conclues.* »

Le contrat de travail d'un travailleur expatrié doit comprendre les informations complémentaires suivantes :

a) la durée du travail exercé ;

b) la devise servant au paiement de la rémunération ;

c) le cas échéant, les avantages en espèces et en nature liés à l'exportation ;

d) le cas échéant, les conditions de rapatriement du travailleur.

4. La situation des mandataires sociaux

Puisque la caractéristique du contrat de travail est l'état de subordination vis-à-vis de l'employeur, la question se pose de savoir s'il est possible de cumuler un mandat social (ex. : gérant de SARL)

39. La directive a prévu :
– la remise au salarié d'un contrat de travail écrit ou d'une lettre d'engagement au plus tard dans les 2 mois suivant sa date d'embauche ;
– la remise au salarié d'un avenant écrit dans les plus brefs délais et au plus tard un mois après la date de la prise d'effet de la modification concernée, dès lors qu'il y a modification d'un des éléments obligatoires du contrat.

avec un contrat de travail. Cette question mérite d'autant plus d'être posée que de nombreux contentieux naissent en pratique à son sujet. Cet état des choses se comprend aisément du fait que le statut de salarié bénéficie d'avantages qui ne peuvent laisser insensible le mandataire social. De plus, les mandataires ne bénéficient en particulier ni des dispositions des conventions et accords collectifs de travail, ni de la législation relative aux congés, au SMIC, à l'intéressement et à la participation et au chômage. La tentation est donc grande pour le mandataire social de chercher à cumuler ses fonctions avec un contrat de travail ; à l'inverse, le salarié qui accède à des fonctions de mandataire social au cours de son contrat de travail aura la volonté de préserver les avantages qu'il lui procure.

4.1 Conditions du cumul « contrat de travail/mandat social »

Pour la Cour de cassation, le cumul d'un contrat de travail et d'un mandat social suppose que les fonctions salariées correspondent à un emploi **effectif** exercé dans un état de subordination à l'égard de la société et ce, en contrepartie d'une rémunération distincte de celle allouée au titre du mandat social.

– L'existence de fonctions techniques distinctes (commerciale, financière, export, administrative) suppose qu'elles soient **très nettement différenciées** des fonctions de direction ou d'administration propres au mandat social. Il est certainement plus aisé d'apprécier cette distinction dans les grandes entreprises que dans les petites structures. Les décisions judiciaires rendues en la matière permettent de conclure que font généralement l'objet d'un débout les actions judiciaires intentées par des gérants (minoritaires) de SARL de petite dimension ayant fait l'objet d'une révocation et qui cherchent alors à se placer sur le terrain du droit du travail pour tenter d'obtenir les indemnités consécutives à un licenciement (préavis, congés payés, indemnités de licenciement) : leur insuccès s'explique par le fait que l'exercice du mandat social englobe ou absorbe les fonctions techniques.
– La persistance du contrat de travail implique l'existence d'une rémunération distincte qui soit la contrepartie de la fonction salariale. Il convient de garder à l'esprit que l'exercice du mandat social pouvant être gratuit, le versement d'une rémunération ne conduit pas nécessairement à la reconnaissance du cumul dans la mesure où le prétendu contrat de travail peut n'être en fin de compte qu'une apparence trompeuse destinée à faire échec à la révocabilité des mandataires sociaux.
– La reconnaissance du lien de subordination est laissée à l'appréciation du juge qui formera son intime conviction au vu des circonstances de l'espèce (ex. : indépendance de l'exercice, totale liberté dans l'aménagement des horaires et des congés, etc.).

4.2 Applications pratiques

Si les conditions exposées précédemment sont remplies, la jurisprudence reconnaît alors la qualité de salarié aux gérants minoritaires de SARL, associés ou non. Elle a toujours en revanche refusé jusqu'à présent cette qualité aux gérants majoritaires sur la base de la disparition automatique du lien de subordination.

Un salarié peut être nommé administrateur d'une SA de type classique (avec conseil d'administration) sous la condition que son contrat de travail corresponde à un emploi effectif ; à défaut, la nomination est nulle (C. com., art. L. 225-22). En revanche, un administrateur en fonction ne peut pas obtenir un contrat de travail : plus d'un s'est trouvé amèrement surpris en entendant le juge en prononcer la nullité. Sous réserve à nouveau de répondre aux exigences légales et jurisprudentielles, le PDG (obligatoirement administrateur) et le directeur général (s'il est choisi parmi les administrateurs) peuvent cumuler leur mandat avec un contrat de travail.

Dans une SA avec directoire, rien ne s'oppose à ce qu'un membre du directoire puisse conclure un contrat de travail avec la société.

L'article 14 de la loi du 11 février 1994 « *relative à l'initiative et à l'entreprise individuelle* » a ouvert aux salariés ayant un **emploi effectif** la possibilité d'être **nommés** au sein du conseil de surveillance d'une société anonyme à directoire tout en conservant leur contrat de travail.

4.3 Exclusion du cumul

Lorsque le cumul ne peut être retenu faute de répondre aux conditions jurisprudentielles, le contrat de travail se trouve, *en l'absence de convention contraire*, **suspendu** pendant le temps de l'exercice du mandat, en conséquence de quoi le mandataire social ne percevra plus le salaire correspondant mais uniquement la rémunération de ses fonctions de direction. Au terme du mandat, le contrat de travail suspendu reprend alors automatiquement effet : l'intéressé retrouve ses anciennes fonctions salariées avec tous les avantages attachés à son contrat de travail ou à la convention collective applicable à l'entreprise, et en principe l'ancienneté qu'il avait précédemment acquise en tant que salarié.

5. Les formalités administratives

5.1 Tenue d'un registre unique du personnel

La chambre criminelle de la Cour de cassation a eu l'occasion de préciser que le cadre légal de l'obligation d'avoir un registre du personnel est l'établissement et non l'entreprise. Bonne note doit en être prise par les entreprises à établissements multiples.

5.1.1 Le contenu

Il y a lieu de faire figurer, dans l'ordre d'embauche, et pour chaque salarié occupé dans l'établissement à quelque titre que ce soit, un certain nombre de mentions obligatoires[40] dont la liste figure aux articles L. 620-3 et R. 620-3. Elles sont les suivantes : nom, prénoms, nationalité ; date de naissance ; sexe ; emploi ; qualification ; dates d'entrée et de sortie de l'établissement ; lorsqu'une autorisation d'embauche ou de licenciement est demandée, la date de cette autorisation ou, à défaut, la date de la demande d'autorisation.

En sus des indications ci-dessus énumérées, les mentions suivantes doivent être portées :

1) Pour les travailleurs étrangers assujettis à la possession d'un titre autorisant l'exercice d'une activité salariée : le type et le numéro d'ordre du titre valant autorisation de travail.
2) Pour les jeunes travailleurs sous contrat d'apprentissage, de qualification ou d'adaptation : la mention « *apprenti* », « *contrat de qualification* » ou « *contrat d'adaptation* ».
3) Pour les travailleurs sous contrat à durée déterminée : la mention : « *contrat à durée déterminée* ».
4) Pour les travailleurs à « *temps partiel* » : la mention « *travailleur à temps partiel* ».
5) Pour les travailleurs temporaires : la mention « *travailleur temporaire* » ainsi que le nom et l'adresse de l'entreprise de travail temporaire.
6) Pour les travailleurs mis à disposition par un groupement d'employeurs : la mention : « *mis à disposition par un groupement d'employeurs* », ainsi que la dénomination et l'adresse de ce dernier.

5.1.2 Le support de substitution

Compte tenu en particulier de l'informatisation des services administratifs de nombreuses entreprises, le législateur autorise le chef d'entreprise à **substituer** au registre du personnel un autre support « *lorsque des garanties de contrôle équivalentes sont maintenues* »[41].

40. Les mentions doivent être conservées pendant 5 ans à compter de la date à laquelle le salarié a quitté l'établissement.
41. C. trav., art. L. 620-7 (loi du 13 janvier 1989 « *portant diverses mesures d'ordre social* »).

Les délégués du personnel doivent être consultés préalablement à la mise en place du support de substitution.

5.1.3 La mise à disposition

Ont accès à ce registre, outre l'inspecteur du travail et les délégués du personnel, les agents de la sécurité sociale qui disposent ainsi d'un moyen supplémentaire pour vérifier que l'entreprise déclare bien tous ses salariés.

5.1.4 Les sanctions

L'absence du registre du personnel ou, à défaut, d'un support de substitution, ou sa tenue irrégulière constitue une infraction pénale punie d'une amende de 750 € (R. 632-1).

5.2 Information de l'Administration

5.2.1 Le relevé des embauches

Dans les entreprises employant plus de 50 salariés, l'employeur doit adresser dans les **8 premiers jours du mois** à la Direction départementale du travail et de l'emploi un relevé des contrats de travail éventuellement conclus au cours du mois précédent.

Ce relevé doit contenir les mentions suivantes :

- nom et adresse de l'employeur ;
- nature de l'activité de l'entreprise ;
- nom, prénoms, nationalité, date de naissance, sexe, emploi et qualification du ou des salariés dont le contrat a été conclu ;
- date d'effet du ou des contrats (R. 321-1).

5.2.2 Les formalités particulières pour les mutilés de guerre et handicapés

Les employeurs concernés doivent adresser au plus tard le 15 février de chaque année au préfet du département où l'entreprise a son siège une déclaration indiquant l'effectif de leur entreprise ainsi que le nombre de handicapés, mutilés ou assimilés qui y sont employés ou justifiant de la mise en œuvre éventuelle des substituts légalement autorisés.

5.2.3 L'information de l'ANPE

Le service de l'agence de l'ANPE dont relève l'entreprise n'a à être informé de l'embauche que si le candidat retenu y était inscrit comme demandeur d'emploi. Il appartiendra à l'employeur de remplir le document spécifique que lui remettra le salarié et de l'adresser à l'ANPE dans les 48 heures qui suivent l'embauche (R. 241-48).

L'inobservation de cette formalité est sanctionnée par une amende de 750 € (R. 362-1).

5.3 Examens médicaux

Tout salarié fait l'objet d'un examen médical avant l'embauchage ou au plus tard avant l'expiration de la période d'essai qui suit l'embauchage (R. 241-48).

L'examen médical a pour but :

- de rechercher si le salarié n'est pas atteint d'une affection dangereuse pour les autres travailleurs ;
- de s'assurer qu'il est immédiatement apte au poste de travail auquel le chef d'établissement envisage de l'affecter ;
- de proposer éventuellement des adaptations au poste ou l'affectation à d'autres postes.

Il appartient à l'employeur de vérifier que la visite médicale d'embauche a bien été passée par le salarié : la négligence du salarié n'est donc pas une excuse et le seul fait de « convoquer » ne suffit pas. Dans un arrêt du 4 mars 1976, la chambre criminelle de la Cour de cassation a condamné un employeur pour avoir embauché un salarié sans avoir exigé le certificat médical d'embauche. Position assez rigoureuse de la Cour ! Jusqu'alors, il paraissait admis que l'employeur puisse se retrancher derrière le refus du salarié.

Chapitre 2

Le travail temporaire

1. Les généralités
2. Le recours au travail temporaire
3. La nature des relations contractuelles entre les différents partenaires

Aux termes des dispositions de l'article L. 124-1 du Code du travail « *est entrepreneur de travail temporaire, toute personne physique ou morale dont l'activité exclusive est de mettre à la disposition provisoire d'utilisateurs, des salariés qu'en fonction d'une qualification convenue elle embauche et rémunère à cet effet* ». La loi réserve ainsi aux seules entreprises de travail temporaire le prêt de main-d'œuvre à but lucratif soumis à une interdiction de principe par l'article L. 125-3 qui punit le prêt de main-d'œuvre illicite, au titre du délit de **marchandage**, d'un emprisonnement de 2 ans et/ou d'une amende de 30 000 €, sans préjudice de la mise en jeu de la responsabilité pénale de la personne morale concernée[1].

Mis à part l'entrepreneur de travail temporaire, un entrepreneur n'est autorisé par le droit français à mettre ses salariés à la disposition d'une autre entreprise que dans les deux cas suivants :

- dans le cadre d'une convention de prêt de main d'œuvre à but non lucratif ;
- dans le cadre d'un contrat d'entreprise ou de prestation de services, communément appelé contrat de sous-traitance.

Sur la base des arrêts rendus dans ce domaine par la Cour de cassation, il est possible de faire ressortir trois critères différenciateurs de la sous-traitance licite et du prêt du main d'œuvre interdit.

1) La prestation à réaliser

La sous-traitance se distingue du prêt de main-d'œuvre interdit lorsqu'elle a pour objet l'exécution d'une tâche bien définie et spécifique de telle sorte que la fourniture de la main-d'œuvre ne représente qu'un élément **accessoire** d'une prestation de services plus vaste. L'entreprise prêteuse doit avoir la capacité de fournir à ses clients « *un encadrement, une organisation ainsi que des modalités d'exécution originales traduisant un savoir-faire* » (Cass. crim., 22 novembre 1988). « *Le prêt de main-d'œuvre n'est pas prohibé lorsqu'il n'est que la conséquence nécessaire de la transmission d'un savoir-faire ou de la mise en œuvre d'une technicité qui relève de la spécificité propre de l'entreprise prêteuse* » (Cass. soc., 9 juin 1993).

---

1. La loi du 2 août 2005 « *en faveur des petites et moyennes entreprises* » autorise une seconde dérogation à l'article L.125-3 au profit de l'entreprise de travail à temps partagé.

2) L'encadrement des salariés

La jurisprudence vérifie notamment que l'entreprise prestataire de services assume la responsabilité effective des travaux ; qu'elle fournit, le cas échéant, l'outillage et les matières premières nécessaires, qu'elle exécute les travaux avec son propre personnel dont elle assure la direction avec son propre encadrement. La Cour de cassation a considéré qu'il y avait prêt de main-d'œuvre illicite dès lors que les salariés de l'entreprise sous-traitante sont intégrés dans les équipes de travail des clients et qu'ils se trouvent ainsi placés sous les ordres et la maîtrise de ces derniers.

3) Le mode de rémunération

La rémunération d'un sous-traitant doit être fixée en fonction de la tâche globale à accomplir et des prestations à réaliser. Si donc la rémunération est fixée d'après le nombre d'heures accomplies par les salariés mis à disposition, c'est démontrer implicitement que l'accord entre le client et le sous-traitant n'a pas pour objet un travail spécifique mais de la location de main-d'œuvre.

1. Les généralités

Le travail temporaire constitue l'un des moyens de faire face à des **besoins momentanés** de main-d'œuvre lorsque le personnel permanent ne permet pas d'y répondre. Le législateur s'est montré relativement méfiant à l'égard de cette forme particulière de louage de services, considérant qu'elle n'offrait que très peu de garanties à l'égard des travailleurs temporaires, voire était un facteur d'exclusion sociale, qu'elle pouvait facilement engendrer des abus, qu'elle était un moyen pour l'entreprise utilisatrice de transformer des emplois permanents en emplois temporaires, qu'elle permettait d'éluder des questions législatives, réglementaires, conventionnelles ou statutaires. Cette méfiance s'est traduite par le vote de différents textes ayant pour objectif de réglementer de plus en plus étroitement cette forme de travail précaire. Le texte le plus sévère fut sans aucun doute l'ordonnance du 5 février 1982, celle-ci limitant à tel point les cas de recours au travail temporaire qu'elle engendra une inquiétude fort légitime de la part des entreprises de travail temporaire.

Sur le plan social, les effets de l'ordonnance ont été bénéfiques : en premier lieu, les salariés intérimaires ont vu leur niveau de garantie sensiblement amélioré sur un certain nombre de points par les dispositions même de l'ordonnance ; en second lieu et surtout, l'ordonnance, de par l'inquiétude qu'elle a fait naître, a entraîné une réaction des partenaires sociaux : dès septembre 1982, était mise en œuvre **une politique conventionnelle** qui a marqué le point de départ d'une négociation ininterrompue des conditions de travail et d'emploi des salariés intérimaires entre les organisations patronales Promatt et Unett et les organisations syndicales CFDT, CFTC, CFE-CGC, CGT et FO. (Accord du 9 juin 1983 sur la formation professionnelle continue ; accord du 28 février 1984 sur la médecine du travail ; accord du 8 novembre 1984 sur le droit syndical modifié par avenant du 14 juin 1995 ; accord du 16 juin 1986 relatif à l'insertion professionnelle des jeunes ; accord du 2 décembre 1986 relatif aux conditions de détachement à l'étranger des salariés temporaires ; accord du 27 octobre 1988 relatif à l'adaptation des institutions représentatives du personnel aux intérimaires ; protocole d'accord du 19 avril 1991 sur la formation ; accord du 15 octobre 1991 relatif à la formation professionnelle des salariés des entreprises de travail temporaire – accord remplaçant les accords de branche du 9 juin 1983 (à l'exception des règles relatives à la création du FAF-TT) et du 16 juin 1986 ; accord-cadre du 24 juin 1992 sur les préoccupations sociales des salariés temporaires ; accord sur la protection sociale du 2 décembre 1992 remplaçant et améliorant trois accords antérieurs : celui du 27 mars 1986 sur l'indemnisation maladie-accident du travail, celui du 24 septembre 1986 sur l'indemnisation en cas de maternité ou d'adoption et celui du 26 février 1987 sur le régime de prévoyance ; accords sur la formation professionnelle, le droit individuel à formation, le fonds pour l'emploi du 20 octobre 2000).

De ce fait, une part non négligeable de la proportion des salariés, jusqu'alors non couverts par la négociation collective, bénéficie désormais d'une couverture conventionnelle. Dans un accord national du 13 mai 1985, les partenaires sociaux sont convenus d'aboutir en particulier à la conclusion d'une convention collective nationale du travail temporaire. Dans ce même accord, les partenaires sociaux avaient fait état d'un certain nombre de propositions permettant de remédier aux dysfonctionnements et aux omissions de l'ordonnance du 5 février 1982 en émettant le vœu qu'elles puissent être accueillies favorablement par le législateur dans le cadre d'un texte de loi portant réforme de l'ordonnance, accueil qui devait, selon eux, poser moins de problèmes du fait de l'existence de garanties sociales conventionnelles. Par la loi du 25 juillet 1985 « *portant diverses dispositions d'ordre social* », le législateur fit droit à leur requête puisqu'il reprenait pour l'essentiel les propositions de réformes contenues dans l'accord du 13 mai. Par rapport au dispositif législatif antérieur, les principales innovations répondaient au double souci d'élargir les cas de recours au travail temporaire et d'assouplir les dispositions limitant la durée des missions. Par l'ordonnance du 11 août 1986, le législateur est allé encore plus loin dans ses ambitions d'assouplissement et de simplification en levant certains obstacles au recours au travail temporaire.

Avec la loi du 12 juillet 1990, le législateur a repris une position plus sévère pour tenter d'endiguer les abus constatés dans le recours au travail temporaire. Il convient d'observer qu'aujourd'hui l'harmonisation se resserre entre la législation relative au contrat de travail à durée déterminée et celle relative au régime du travail temporaire et la loi de modernisation sociale a apporté une nouvelle contribution en ce sens. Il en résulte qu'aujourd'hui tout chef d'entreprise se trouvant face à un besoin momentané de main-d'œuvre peut choisir indistinctement, soit de recourir à l'intérim, soit de recourir au contrat à durée déterminée. Ce qui le décidera de recourir à l'une ou à l'autre de ces formules sera soit une comparaison des coûts, soit surtout la volonté de se libérer sur **une entreprise spécialisée** de la charge du travail de recrutement et de gestion des contrats.

2. Le recours au travail temporaire

2.1 Conditions de recours

2.1.1 Les recours autorisés

Il convient de se reporter au § 2.2.1 A du chapitre précédent[2].

2.1.2 Les recours interdits

Il convient de se reporter au § 2.2.1 B du chapitre précédent.

2.1.3 Les sanctions

L'utilisateur, qui a recours à un salarié d'une entreprise de travail temporaire pour pourvoir des emplois durables ou enfreint les cas de recours interdits, s'expose à des sanctions d'ordre civil et pénal.

– *Sur le plan civil*, le salarié peut se prévaloir auprès de lui des droits afférents à un contrat à durée indéterminée prenant effet au premier jour de sa mission (L. 124-7 al. 2). Le salarié temporaire se trouve ainsi rattaché à l'utilisateur. Il a été jugé que, dans la mesure où la requalification des relations contractuelles est exclusivement destinée à protéger le salarié,

2. Le législateur a repris la faculté pour l'employeur de recourir au travail temporaire lorsqu'il s'agit de faciliter l'embauche de personnes sans emploi ou d'assurer un complément de formation professionnelle au salarié (art. L. 124-2-1-1), deux cas de recours déjà prévus par l'article L.122-2 pour les contrats de travail à durée déterminée (voir *supra* chapitre 1, § 2.2.1 A 4). Deux différences doivent cependant être relevées :
– la première fait intervenir nécessairement un accord de branche étendu pour les conditions de mise en œuvre de ces deux cas de recours, ce qui n'est pas le cas pour le recours au CDD ;
– la seconde requiert la conclusion de contrats de travail temporaire avec des personnes sans emploi à la condition qu'elles « *rencontrent des difficultés sociales et professionnelles particulières* », ce qui n'est pas exigé du recours à un CDD.

celui-ci a toujours la faculté de choisir entre le régime initial et le régime découlant de cette requalification, selon ce qui lui est plus favorable. Il ne peut cependant prétendre cumuler les avantages spécifiques de l'un ou de l'autre contrat, à savoir l'indemnité de précarité propre au contrat de mission temporaire et l'indemnité compensatrice de préavis propre au contrat de travail à durée indéterminée (Cass. soc., 31 octobre 1989). (Il est à noter que la solution ainsi dégagée par la Cour de cassation en matière de travail temporaire trouve également application dans le domaine du contrat à durée déterminée).

– *Sur le plan pénal,* l'utilisateur est passible d'une amende de 3 750 € (portée à 7 500 € en cas du récidive et/ou d'un emprisonnement de 6 mois). De plus, le tribunal peut ordonner aux frais de l'utilisateur condamné l'affichage du jugement aux portes de l'entreprise et sa publicité dans les journaux qu'il désigne (L. 152-2 et L. 152-2-1).

2.2 Caractéristiques des missions

2.2.1 La fixation d'un terme

Le régime juridique des missions suit celui des contrats à durée déterminée. Le principe veut donc que le contrat de mise à disposition liant l'entreprise de travail temporaire à l'utilisateur comporte « *un terme fixé avec précision* » dès sa conclusion dans des conditions identiques à celles exposées au § 2.2.1 B 1) du chapitre précédent. Les hypothèses de conclusion d'un contrat de mise à disposition sans terme précis sont également identiques à celles exposées au § 2.2.1 B 2) du même chapitre.

2.2.2 L'aménagement du terme

À l'intérieur du cadre maximal fixé, le législateur octroie une certaine **souplesse**[3] de fonctionnement en permettant le déplacement du terme initialement fixé.

A – Les conditions

L'aménagement du terme n'étant qu'une faculté, les parties doivent en prévoir expressément la **possibilité**, soit dans le contrat initial, soit dans l'avenant prévoyant son renouvellement ; à défaut, cette faculté ne pourrait être utilisée, la mission se terminant à la date indiquée au contrat ou dans l'avenant (L. 124-2-5).

B – La technique

Le terme de la mission peut être **avancé** ou **reporté**, à raison d'un jour pour 5 jours de travail. Cet aménagement ne peut toutefois avoir pour effet ni de réduire la durée de la mission initialement prévue de plus de 10 jours de travail, ni de conduire au dépassement de la durée maximale. Il est expressément prévu que pour les missions inférieures à 10 jours de travail, le terme de la mission peut être avancé ou reporté de 2 jours (L. 124-2-4).

Durée de la mission	Possibilité d'allongement	Possibilité de réduction
1 à 9 jours	*+ 2 jours travaillés*	*– 2 jours travaillés*
10 à 14 jours	*+ 2 jours travaillés*	*– 2 jours travaillés*
15 à 19 jours	*+ 3 jours travaillés*	*– 3 jours travaillés*
....		

→

3. Cette souplesse n'existe pas dans l'utilisation des contrats à durée déterminée.

(suite)

50 à 54 jours	*+ 10 jours travaillés*	*– 10 jours travaillés* ***maximum de réduction*** *quelle que soit la durée de la mission.*
....		
80 à 84 jours	*+ 16 jours travaillés* *1 jour par période de 5 jours supplémentaires à condition de ne pas dépasser la durée maximale.*	

C – Les sanctions

La violation des dispositions concernant le terme, la durée et le renouvellement des contrats de mise à disposition est punie d'une amende de 3 750 € (portée à 7 500 € en cas de récidive) et/ou d'un emprisonnement de 6 mois sans préjudice pour le salarié de faire valoir auprès de l'utilisateur des droits afférents à un contrat à durée indéterminée prenant effet au premier jour de sa mission.

2.3 La succession de missions

2.3.1 Le principe de l'interdiction

En vertu des dispositions de l'article L. 124-7, à l'expiration du contrat de mission d'un salarié intérimaire, il ne peut être recouru pour **pourvoir le même poste** (c'est-à-dire le poste du salarié dont le contrat a pris fin), à un salarié sous contrat à durée déterminée ou sous contrat de travail temporaire,

- avant l'expiration d'une période égale au **tiers** de la durée du contrat de mission, renouvellement inclus, si la durée de ce contrat **est au moins égale à quatorze jours**,
- et avant l'expiration d'une période égale à la **moitié** de la durée de ce contrat, renouvellement inclus, si la durée de ce contrat **est inférieure à quatorze jours**.

Pour l'appréciation du délai de carence devant séparer deux contrats précaires successifs, il est fait référence aux **jours d'ouverture de l'entreprise** ou de l'établissement concerné, et non aux jours calendaires.

2.3.2 Les exceptions

Le législateur a prévu les exceptions suivantes à cette obligation de respecter un délai d'attente d'1/3 temps de carence entre deux missions (L. 124-7 al. 5 et 6) :

- nouvelle absence d'un salarié précédemment remplacé ;
- exécution de travaux urgents nécessités par des mesures de sécurité ;
- emplois saisonniers ;
- emplois pour lesquels il est d'usage de ne pas recourir au contrat à durée indéterminée (emplois périodiques) ;
- rupture anticipée du contrat de mission du fait du salarié intérimaire, **pour mener à sa fin la réalisation de l'objet du contrat initial** ;
- refus, par l'intérimaire, du renouvellement de son contrat, **pour la durée du contrat non renouvelé**.

3. La nature des relations contractuelles entre les différents partenaires

Le recours au travail temporaire met en présence 3 partenaires : l'entreprise de travail temporaire (ETT), l'entreprise utilisatrice, le salarié intérimaire.

3.1 Relations ETT – entreprise utilisatrice

3.1.1 Les caractéristiques du contrat de mise à disposition

A – La forme

Le contrat liant l'utilisateur à l'entrepreneur de travail temporaire **doit être écrit**. La Cour de cassation considére l'écrit comme « *une formalité substantielle dont l'omission entraîne la nullité absolue du contrat* » (Cass. soc., 17 avril 1980). Il doit être rédigé autant de contrats que nécessaire : on ne saurait admettre un contrat global prévoyant des mises à disposition échelonnées et successives de travailleurs temporaires.

Selon l'article L. 124-3, le contrat comportant la définition précise de son motif doit être conclu entre l'entreprise de travail temporaire et l'utilisateur dans **les deux jours ouvrables** suivant la mise à disposition.La violation de cet article expose les deux partenaires à des sanctions pénales (amende de 3 750 € portée en cas de récidive à 7 500 € et/ou 6 mois d'emprisonnement), sans préjudice du prononcé de l'interdiction d'exercer l'activité d'entrepreneur de travail temporaire pour une durée de 2 à 10 ans. La sévérité de cette dernière sanction permet de supposer que le tribunal saisi ne la prononcera qu'en cas d'irrégularités répétées. De plus, le personnel permanent serait alors victime d'un licenciement obligé. Si cette dernière hypothése rarissime devait néanmoins se présenter, le législateur a prévu que celui-ci aurait droit, en dehors de l'indemnité de préavis et de licenciement, à l'indemnité de licenciement abusif.

B – Le contenu

Le contrat doit :

- mentionner le motif pour lequel il est fait appel au salarié temporaire, mention qui doit être assortie de justifications précises (en particulier, si la mission a été conclue pour remplacer un salarié absent ou dont le contrat a été suspendu, il convient de préciser le nom et la qualification du salarié remplacé ou à remplacer) ;
- fixer le terme de la mission ;
- comporter le cas échéant, la clause prévoyant la possibilité de modifier le terme de la mission ;
- préciser les caractéristiques particulières du poste de travail, la qualification professionnelle exigée, le lieu de la mission et l'horaire ;
- mentionner la nature des équipements de protection individuelle que le salarié doit utiliser, et, le cas échéant, préciser si ceux-ci sont fournis par l'entreprise de travail temporaire ;
- indiquer le montant de la rémunération avec ses différentes composantes, y compris s'il en existe, les primes et accessoires de salaire que percevrait dans l'entreprise utilisatrice après période d'essai un salarié de qualification équivalente occupant le même poste de travail[4] ;
- déterminer, le cas échéant, les modalités de remboursement, par l'entreprise de travail temporaire au comité d'entreprise de l'entreprise utilisatrice, des dépenses supplémentaires occasionnées par la mise à disposition aux salariés intérimaires de certains avantages collectifs.

Pourrait être frappé de sanctions pénales l'utilisateur qui aurait fourni dans le contrat de mise à disposition des indications volontairement inexactes.

3.1.2 La responsabilité de l'entreprise de travail temporaire

Dans quelle mesure la responsabilité de l'entreprise de travail temporaire se trouve-t-elle engagée lorsqu'un salarié intérimaire commet une faute, causant un dommage à l'entreprise qui utilise ses services ?

---

4. Est passible d'une amende de 3750 € et/ou de 6 mois d'emprisonnement l'entrepreneur de travail temporaire qui a violé le principe d'égalité de rémunération ainsi que l'utilisateur qui a omis de communiquer dans le contrat de mise à disposition l'ensemble des éléments de rémunération exigés par la loi.

A – La responsabilité contractuelle

L'entreprise de travail temporaire peut voir sa responsabilité contractuelle être mise en jeu dans deux hypothèses :

– lorsque le contrat de mise à disposition a prévu expressément la prise en charge de la réparation des dommages qui pourraient être causés à l'utilisateur ;
– en l'absence de clause expresse, lorsqu'il peut être rapporté la preuve d'une « négligence grossière » dans la sélection du salarié demandé[5].

> *Exemple (Cass. soc., 18 mars 1986) :*
>
> Mis à la disposition d'une société, un chauffeur de poids lourd fait une fausse manœuvre et cause un accident mécanique à son camion. Enquête, expertise judiciaire, et il apparaît que l'avarie du moteur a été causée « par une faute grave de conduite que n'aurait pas commise un professionnel ». Il apparaît encore que, dans le passé, l'intéressé a fait l'objet de plusieurs condamnations pour vol ou délit de fuite, et que son permis de conduire lui a été, à différentes reprises, retiré. De plus, son penchant pour la boisson semble évident.
>
> Dès lors, l'entreprise utilisatrice demande à l'ETT réparation des dégâts. Elle lui reproche de ne pas l'avoir avisé du « comportement anormal » du salarié recruté.
>
> L'ETT rétorque qu'elle a satisfait à son obligation en mettant à la disposition de la société un chauffeur possédant la qualification exigée ; qu'elle n'était nullement tenue de vérifier les antécédents judiciaires de l'intéressé.
>
> En vain. La Cour de cassation approuve en effet les juges d'appel d'avoir conclu à la responsabilité de l'entreprise de travail temporaire, coupable d'un « manquement dans le choix du chauffeur » : pourtant consciente des responsabilités de l'emploi envisagé, l'ETT ne s'était pas ici « suffisamment renseignée sur la personnalité de l'intéressé ».

Il ne suffit donc pas à l'entreprise de travail temporaire de s'assurer de la qualification professionnelle des employés qu'elle recrute, de leur « bonne qualification » et de leur aptitude au travail qui fait l'objet de leur mission. Ses investigations, **quand l'emploi l'impose**, doivent aller plus loin : à elle de faire les bons choix !

B – La responsabilité délictuelle

Selon les dispositions de l'article 1384 alinéa 5 du Code civil, les commettants sont responsables du dommage causé par leurs préposés dans les fonctions auxquelles ils les ont employées. Bien que l'entreprise de travail temporaire garde juridiquement le rôle de commettant (ou d'employeur), c'est malgré tout l'utilisateur qui donne des ordres et contrôle le travail : aussi les tribunaux considèrent-ils dans leur ensemble que la qualité de commettant et la responsabilité de plein droit qui en découle sont nécessairement transférés à l'entreprise utilisatrice.

3.2 Relations ETT – salarié intérimaire

L'employeur des travailleurs intérimaires est l'entreprise de travail temporaire. C'est elle qui les rémunère ; c'est elle qui paie les charges sociales découlant de cette rémunération ; c'est elle qui met fin au contrat de travail, etc.

Ce contrat de travail est étroitement réglementé.

3.2.1 La forme du contrat

Sous peine de sanctions pénales, le contrat de travail liant l'entrepreneur de travail temporaire au salarié mis à la disposition provisoire d'un utilisateur **doit être écrit** et adressé au salarié au plus tard **dans les deux jours ouvrables** suivant sa mise à disposition.

5. Une clause **exonératoire** de responsabilité incluse dans le contrat ne dégage pas l'entreprise de travail temporaire de toute poursuite lorsqu'elle s'est rendue coupable de « dol » ou de « faute lourde ».

3.2.2 Le contenu du contrat

A – Les clauses obligatoires

Le contrat doit comporter :

- la reproduction des clauses et mentions du contrat liant l'utilisateur à l'entrepreneur de travail temporaire[6] ;
- la qualification du salarié ;
- les modalités de la rémunération (salaire de base, avantages et accessoires inclus) qui ne peuvent être inférieures au montant de la rémunération indiquée au contrat liant l'utilisateur à l'entrepreneur de travail temporaire ;
- les modalités de détermination de l'indemnité de précarité ;
- la période d'essai *éventuelle* ; la durée de cette période est fixée par voie de convention ou accord professionnel de branche étendu ; à défaut, la période d'essai ne peut excéder 2 jours si le contrat est conclu pour une durée ≤ 1 mois, 3 jours si le contrat est conclu pour une durée > 1 mois ≤ 2 mois, 5 jours si la durée est > 2 mois (les jours d'essai se décomptent par **jours travaillés** puisque l'essai ne présente d'utilité que si un travail est effectué) ; la rémunération afférente à la période d'essai ne peut être *différente* de celle qui est prévue par le contrat ;
- une clause de rapatriement du salarié à la charge de l'entrepreneur de travail temporaire si la mission s'effectue hors du territoire métropolitain (la clause devient caduque en cas de rupture du contrat à l'initiative du salarié) ;
- le nom et l'adresse de la caisse de retraite complémentaire et de l'organisme de prévoyance dont relève l'entreprise de travail temporaire.

B – Les sanctions

S'expose à des sanctions pénales contraventionnelles l'entrepreneur de travail temporaire qui conclut un contrat de travail ne comportant pas les mentions suivantes : qualification du salarié, période d'essai éventuelle, clause de rapatriement pour le salarié travaillant hors métropole (amende de 450 €).

Le défaut d'indication des autres mentions obligatoires constitue un délit pénal (L. 152-2) :

- amende de 3 750 € (portée à 7 500 € en cas de récidive et/ou emprisonnement de 6 mois) ;
- affichage à ses frais du jugement aux portes de l'entreprise et publication dans les journaux désignés par les tribunaux ;
- interdiction d'exercer l'activité d'entrepreneur de travail temporaire pour une durée de 2 ans à 10 ans. Seraient passibles d'une amende de 7 500 € et/ou d'un emprisonnement de 6 mois ceux qui, directement ou par personne interposée, contreviendraient à cette interdiction.

Les salariés liés par un contrat de travail temporaire bénéficient dans l'entreprise de travail temporaire des dispositions législatives ou réglementaires qui se réfèrent à une condition d'ancienneté. Cette ancienneté s'apprécie en **totalisant** les périodes pendant lesquelles lesdits salariés se sont trouvés liés par de tels contrats à l'entreprise de travail temporaire.

3.2.3 Les indemnités de fin de contrat

A – L'indemnité compensatrice de congé payé

Le salarié lié par un contrat de travail temporaire a droit à une indemnité compensatrice de congé payé pour chaque mission, quelle qu'en ait été la durée. Le montant de l'indemnité, calculé en fonction de cette durée, ne peut être inférieur au dixième de la rémunération totale due au salarié (l'indemnité de précarité est prise en compte pour le calcul de l'indemnité compensatrice de congé payé). Cette indemnité est versée à la fin de la mission.

---

6. Voir *supra*, § 3.1.1.

B – L'indemnité de précarité

Lorsqu'à l'issue d'une mission, le travailleur temporaire ne bénéficie pas immédiatement d'un contrat de travail à durée indéterminée avec l'utilisateur, il a droit, à titre de complément de salaire à une indemnité destinée à compenser la précarité de sa situation et dont le taux minimum est égal à **10 %** de la rémunération totale brute qui lui est due au titre de sa mission.

L'indemnité n'est pas due en cas d'emplois saisonniers et d'emplois où l'usage exclut le recours à un contrat à durée indéterminée ; elle n'est pas due également si le contrat est rompu à l'initiative du salarié, pour faute grave de celui-ci ou en cas de force majeure.

3.2.4 La rupture anticipée du contrat

A – La rupture du fait de l'entreprise de travail temporaire

En cas de rupture du contrat de mission avant le terme prévu du fait de l'entreprise de travail temporaire, cette dernière est tenue (sauf faute grave du salarié ou cas de force majeure) de proposer dans un délai maximum de 3 jours ouvrables un nouveau contrat ne comportant pas, par rapport à celui qui a été rompu de façon anticipée, de modifications substantielles en ce qui concerne la qualification, la rémunération, l'horaire de travail et le temps de transport.

À défaut, ou si le nouveau contrat est d'une durée inférieure à celle restant à courir du contrat précédent, le salarié a droit à une rémunération équivalente à celle qu'il aurait perçue jusqu'au terme du contrat (y compris l'indemnité de précarité).

La loi du 25 juillet 1985 est venue alléger quelque peu les obligations de l'entreprise de travail temporaire dans cette hypothèse. Aux termes de l'article L. 124-5 alinéa 4, si la durée du contrat restant à courir est supérieure à 4 semaines, les obligations ci-dessus exposées seront considérées comme satisfaites par la proposition à l'intérimaire de 3 contrats successifs au plus.

B – La rupture du fait du salarié

Le principe veut que la résiliation anticipée du contrat de travail à l'initiative du salarié ouvre droit au profit de l'entreprise de travail temporaire à des dommages et intérêts correspondant au préjudice subi. La loi de modernisation sociale autorise toutefois la possibilité de rupture sans sanction dès lors que le travailleur temporaire justifie d'une embauche **pour une durée indéterminée**, sous réserve du respect d'un préavis[7].

3.3 Relations entreprise utilisatrice – travailleur temporaire

3.3.1 Les conditions d'exécution du travail

Sans pour autant remettre en cause la qualité d'employeur de l'entreprise de travail temporaire, l'entreprise utilisatrice se trouve néanmoins responsable, pendant la durée de la mission, des conditions d'exécution du travail, telles qu'elles sont déterminées par les mesures législatives, réglementaires et conventionnelles applicables **au lieu de travail**. Sous l'expression « *conditions de travail* », le législateur vise **limitativement** ce qui a trait à la durée du travail, au travail de nuit, au repos hebdomadaire et des jours fériés, à l'hygiène et à la sécurité, au travail des femmes, des enfants et des jeunes travailleurs (L. 124-4-6 al. 1 et 2).

Concernant en particulier **les jours fériés**, le législateur a repris expressément la jurisprudence de la Cour de cassation selon laquelle le paiement des jours fériés est dû au salarié temporaire, indépendamment de l'ancienneté de celui-ci dès lors que les salariés de l'utilisateur en bénéficient.

---

7. Ce cas de rupture anticipée est identique pour le salarié titulaire d'un contrat de travail à durée déterminée. Voir *infra*, chapitre 4, § 1.1.2 B.

Exemple (Cass. soc., 15 mars 1978) :

En l'espèce, un accord d'établissement prévoyait le chômage et le paiement des « ponts » de Noël et du jour de l'An, ainsi que du jour férié du lundi de Pâques. Envoyé en mission dans cet établissement, le salarié d'une entreprise de travail temporaire avait, lui aussi, réclamé paiement de ces jours fériés et de « ponts ».

Demande tout à fait justifiée. Il a été jugé qu'effectivement « ces interruptions de travail imposées au salarié qui était resté à la disposition de l'entreprise ne pouvaient avoir eu pour effet de diminuer sa rémunération telle qu'elle avait été convenue lors de son engagement et que les jours de chômage qu'il avait dû subir devaient être indemnisés en étant payés comme un temps de travail effectif – avec les indemnités de déplacement auxquelles celui-ci lui donnait droit – de la même manière qu'ils l'étaient à l'ensemble du personnel de l'entreprise utilisatrice ».

C'est à l'entreprise de travail temporaire qu'incombe le paiement de ces jours fériés ; à elle de s'informer des pratiques de l'entreprise utilisatrice en ce domaine quand elle conclut le contrat de prestation de service.

Le législateur a prévu expressément que les salariés temporaires peuvent faire présenter, par les délégués du personnel de l'entreprise utilisatrice, les réclamations individuelles et collectives concernant leurs conditions d'exécution du travail auxquelles s'ajoutent celles relatives à la rémunération et au bénéfice de certains avantages collectifs. Les délégués du personnel peuvent prendre connaissance des contrats de mise à disposition conclus par leur entreprise ou leur établissement avec une entreprise de travail temporaire.

Les travailleurs temporaires doivent, selon nous, respecter les dispositions du règlement intérieur de l'entreprise utilisatrice.

3.3.2 La fourniture des équipements de protection

Il résulte des dispositions de l'article L. 124-4-6 alinéas 5 et 6 que la fourniture des équipements de protection individuelle incombe à l'entreprise utilisatrice. Certains équipements de protection individuelle personnalisés, définis par voie de convention ou d'accord collectif peuvent toutefois être fournis par l'entrepreneur de travail temporaire. (L'accord du 24 mars 1990 retient les casques et les chaussures de sécurité au titre des équipements de protection fournis par l'entrepreneur de travail temporaire)[8]. Les salariés temporaires ne doivent pas supporter la charge financière des équipements de protection individuelle.

3.3.3 Le bénéfice de certains avantages collectifs

« *Les salariés liés par un contrat de travail temporaire ont accès, dans l'entreprise utilisatrice, dans les mêmes conditions que les salariés de cette entreprise, **aux moyens de transport collectifs et aux installations collectives**, notamment de restauration dont peuvent bénéficier ces salariés* » (L. 124-4-7). La personne responsable de la gestion de ces avantages collectifs qui empêcherait les salariés temporaires de jouir de ce bénéfice s'exposerait à une amende de 1 500 € (R. 152-5).

La notion d'avantages collectifs a été précisée par les services ministériels dans les termes suivants (réponse ministérielle n° 35797 *JOAN* du 10 octobre 1983 p. 4341) : « *L'insertion du terme "notamment" montre que le législateur a voulu donner un exemple et non une énumération limitative des équipements collectifs dont doivent bénéficier les travailleurs temporaires dans les mêmes conditions que les salariés de l'utilisateur. En ce sens, la circulaire d'application de l'ordonnance précitée, en date du 24 février 1982 publiée au* Journal officiel *du 19 mars 1982, a ainsi précisé que les salariés temporaires bénéficient dans les mêmes conditions que les salariés de l'utilisateur, des services de transport et de restauration, des douches, des vestiaires, de la bibliothèque et des salles de repos s'il en existe, ainsi que des tickets de cantine au même tarif que celui des permanents. Il paraît donc conforme à l'esprit de l'ordonnance que les*

8. Cette disposition s'insère dans le cadre d'un plan de prévention des risques professionnels mis en place par le législateur pour lutter contre la trop grande vulnérabilité aux accidents du travail des travailleurs temporaires. Au titre de ce plan, nous signalons la prise en compte du coût des accidents du travail et maladies professionnelles survenus aux travailleurs temporaires dans la cotisation des entreprises utilisatrices.

travailleurs temporaires puissent également bénéficier, dans les mêmes conditions que les autres salariés, des facilités d'utilisation d'un parking réservé au personnel (qui constitue une installation collective) et des facilités de paiement des tickets-restaurants. Si, par exemple, certaines conditions sont imposées aux salariés de l'entreprise pour l'utilisation des parkings du fait de la limitation du nombre des places disponibles, les mêmes conditions peuvent être imposées aux travailleurs temporaires. Mais le refus d'accès au parking qui leur serait opposé au seul motif qu'ils ont le statut de travailleurs temporaires exposerait la personne responsable de ce refus aux sanctions prévues par l'article R. 152-5 du Code du travail ».

3.3.4 La formation à la sécurité

C'est à l'entreprise utilisatrice qu'il revient d'organiser à l'intention des salariés intérimaires mis à sa disposition une formation pratique et appropriée en matière de sécurité[9]. La seule dispense concerne l'utilisation d'intérimaires pour assurer des travaux urgents de sécurité et de sauvetage.

3.3.5 La surveillance médicale

Ne pèse sur l'entreprise utilisatrice que l'obligation de surveillance médicale spéciale rendue éventuellement nécessaire par la nature de l'activité exercée par le salarié. Restent à la charge de l'entreprise de travail temporaire, les obligations afférentes à la surveillance médicale générale et permanente (L. 124-5 al. 4).

3.3.6 L'embauche du salarié temporaire par l'entreprise utilisatrice

Toute clause tendant à interdire l'embauchage par l'utilisateur du salarié temporaire à l'issue de sa mission est stipulée non écrite. Il doit même être prévu expressément dans le contrat liant le salarié temporaire à l'entreprise de travail temporaire que l'embauche par l'utilisateur à l'issue de la mission n'est pas interdite.

L'embauche peut résulter d'une proposition expresse ou d'une attitude tacite de l'entreprise utilisatrice.

– Proposition expresse

Après une mission, l'entreprise utilisatrice peut être amenée à proposer au salarié temporaire une embauche définitive. Dans cette hypothèse, le législateur précise que la durée des missions effectuées chez l'utilisateur au cours des 3 mois précédant **l'embauche** est prise en compte pour le calcul de l'ancienneté du salarié. Cette durée est déduite de la période d'essai éventuellement prévue.

– Attitude tacite

Si l'utilisateur continue à faire travailler un salarié temporaire après la fin de sa mission sans avoir conclu avec lui expressément un contrat de travail (à durée déterminée ou indéterminée) ou sans nouveau contrat de mise à disposition, ce salarié est réputé lié à l'utilisateur par un contrat de travail à durée indéterminée. Dans ce cas, l'ancienneté du salarié est appréciée **à compter du premier jour de sa mission** chez l'utilisateur. Elle est déduite de la période d'essai éventuellement prévue.

3.4 Sujétions de l'entreprise de travail temporaire

3.4.1 Les obligations préalables à l'exercice de l'activité

L'activité d'entrepreneur de travail temporaire ne peut être exercée qu'après déclaration faite à l'inspecteur du travail et obtention d'une garantie financière.

A – La déclaration préalable

Le contenu de la déclaration est précisé à l'article R. 124-1 auquel nous invitons à se reporter.

9. Voir Partie 3, chapitre 1.

B – La garantie financière

Depuis le 1er janvier 1980, les entreprises de travail temporaire sont tenues de justifier d'une garantie financière assurant, en cas de défaillance de leur part, le paiement des salaires des intérimaires et de leurs accessoires (indemnité de précarité, congés payés, indemnités diverses) ainsi que le paiement des charges sociales. En l'absence de garantie, l'activité d'entreprise de travail temporaire ne peut plus être exercée.

Auparavant, c'étaient les entreprises utilisatrices de main-d'œuvre qui devaient verser les salaires et les cotisations sociales aux lieu et place de l'entreprise de travail temporaire défaillante. Désormais, la substitution de l'entreprise utilisatrice n'interviendra plus que de façon subsidiaire en cas d'insuffisance de la garantie. Dans cette hypothèse, l'entreprise utilisatrice se trouverait alors subrogée à due concurrence dans les droits des créanciers contre l'entreprise de travail temporaire. Les entreprises de travail temporaire sont *tenues* de fournir aux entreprises utilisatrices, sur leur demande, une attestation des organismes de sécurité sociale précisant leur situation au regard du recouvrement des cotisations dues à ces organismes.

Sous réserve qu'un *seul* garant soit responsable du montant total de la garantie financière, l'entreprise de travail temporaire peut se garantir soit auprès d'une société de caution mutuelle, soit auprès d'une compagnie d'assurance, soit auprès d'une banque ou d'un établissement financier habilité à donner caution. Le montant de la garantie ne doit pas être inférieur :

– à 8 % du chiffre d'affaires du dernier exercice social, certifié par expert comptable ;

– ni, dans tous les cas, à un minimum fixé annuellement par décret.

C – Les sanctions

Si l'une ou l'autre de ces deux obligations préalables n'a pas été respectée, et s'il en résulte un risque sérieux de préjudice pour le salarié temporaire (ce sera souvent le cas en cas d'absence de garantie financière), le président du tribunal de grande instance, saisi par l'inspecteur du travail après que celui-ci a adressé à l'entrepreneur de travail temporaire une mise en demeure restée infructueuse, peut ordonner la fermeture de l'entreprise pour une durée qui ne peut excéder 2 mois (L. 124-13-1).

Comme nous l'avions déjà exposé précédemment, le personnel permanent licencié à la suite de cette mesure judiciaire se verra octroyer, outre l'indemnité de préavis et de licenciement, l'indemnité de licenciement abusif.

3.4.2 Les particularités liées à la présence d'institutions représentatives

A – La mise en place des institutions représentatives

Nous verrons ultérieurement[10] que le législateur a prévu la mise en place d'institutions représentatives du personnel dans les entreprises atteignant un certain seuil d'effectifs sous réserve que les salariés présentés répondent aux conditions d'ancienneté requises. Comment se calculent les effectifs et comment déterminer l'ancienneté des salariés intérimaires dans les entreprises de travail temporaire ?

- Pour le calcul des effectifs, il est tenu compte, d'une part, des salariés permanents de ces entreprises ; d'autre part, des travailleurs qui ont été liés à elles par des contrats de travail temporaire pendant une durée totale d'au moins 3 mois au cours de la dernière année civile.
- Pour la détermination des conditions d'ancienneté requise pour être électeur (ou éligible) lors des élections des délégués du personnel ou du comité d'entreprise, l'ancienneté nécessaire est de 3 mois pour les salariés temporaires en ce qui concerne l'électorat (et 6 mois en ce qui concerne l'éligibilité). Ces conditions sont appréciées en totalisant les périodes pendant lesquelles ces salariés ont été liés à l'entreprise de travail temporaire au cours des 12 mois (ou des 18 mois) précédant l'élection, selon qu'il s'agit d'électorat (ou d'éligibilité).

10. Voir Partie 4.

B – L'exercice du mandat électif ou syndical

Dans les entreprises de travail temporaire, les heures de délégation utilisées entre deux missions, conformément à des dispositions conventionnelles, par un délégué du personnel titulaire (ou par un membre titulaire du comité d'entreprise, ou par un délégué syndical) sont considérées comme des heures de travail. Elles sont réputées être rattachées, pour ce qui concerne leur rémunération et les charges sociales y afférentes, au dernier contrat de travail avec l'entreprise de travail temporaire au titre de laquelle il a été élu ou désigné.

3.4.3 La participation à la formation

L'article L. 951-1 prévoit un taux spécial pour la participation des entreprises de travail temporaire à la formation professionnelle continue : il est fixé a 2 % de leur masse salariale. (Le taux de droit commun est de 1,60 %.) S'imputent **obligatoirement** une contribution de 0,30 % pour le financement du congé de formation (le taux de droit commun est de 0,20 %) et une contribution de 0,50 % pour le financement des formations en alternance.

Tableau 5 – Les différentes sanctions du travail temporaire

Comportements répréhensibles	EU[1]	Textes	ETT[2]	Textes
1) Recours au travail temporaire				
a) Recours à un intérimaire pour un motif non autorisé par la loi	– faculté de rattachement du TT[3] à l'EU + délit pénal amende de 3 750 € ; si récidive : amende de 7 500 € et/ou 6 mois d'emprisonnement – faculté pour le tribunal d'ordonner l'affichage du jugement aux portes de l'entreprise et sa publicité dans les journaux qu'il désigne	L. 124-7 L. 152-2 L. 152-2-1		
b) Non-respect des dispositions sur le recours au travail temporaire après un licenciement économique	– peines de l'article L. 152-2 et L. 152-2-1			
2) Relations EU – ETT *a)* Absence de conclusion d'un contrat de mise à disposition conforme à la loi entre EU et ETT dans le délai de 2 jours.	– délit pénal (*cf.* 1 EU) + faculté pour le tribunal d'ordonner l'affichage... (*cf.* 1 EU)	L. 152-2 L. 152-2-1	– délit pénal (*cf.* 1 EU) + faculté pour le tribunal d'ordonner l'affichage... (*cf.* 1 EU) + faculté pour le tribunal de prononcer l'interdiction d'exercer pour une durée de 2 à 10 ans. (La violation de cette interdiction constitue elle-même un délit) (L. 152-2).	

1. Entreprise utilisatrice.
2. Entreprise du travail temporaire.
3. Travailleur temporaire.

→

(suite)

b) Mentions contractuelles volontairement inexactes dans le contrat de mise à disposition.	– délit pénal (*cf.* 1 EU) + faculté pour le tribunal d'ordonner l'affichage... (*cf.* 1 EU)	L. 152-2 L. 152-2-1		
3) Relations ETT – TT				
a) Absence de conclusion d'un contrat de travail temporaire entre l'ETT et le TT dans le délai de 2 jours.			– délit pénal (*cf.* 1 EU) + faculté pour le tribunal d'ordonner l'affichage... (*cf.* 1 EU)	L. 152-2 L. 152-2-1
b) Omission ou inexactitude volontaire des clauses ci-après dans le contrat de travail temporaire : • cas de recours (+ le cas échéant, nom et qualification du salarié remplacé) • terme de la mission • clause de report ou modification du terme si volonté de la faire jouer • caractéristiques particulières du poste de travail • qualification professionnelle exigée • lieu de la mission • horaire • modalités de la rémunération (y compris l'indemnité de précarité).			– délit pénal (*cf.* 1 EU) + faculté pour le tribunal d'ordonner l'affichage... (*cf.* 1 EU) + faculté pour le tribunal de prononcer l'interdiction d'exercer (*cf.* 2 ETT)	
c) Violation du principe de l'égalité de rémunération			– délit pénal (*cf.* 1 EU)	
d) Omission des clauses ci-après dans le contrat de travail temporaire : • qualification du salarié • période d'essai éventuelle • clause de rapatriement si la mission s'effectue en dehors du territoire métropolitain.			– amende de 450 €	R. 152-6
e) Non-respect des dispositions relatives à l'indemnité de précarité.			– amende 750 €	R. 153-2

Comportements répréhensibles	EU	Textes	ETT	Textes
4) Relations EU – TT *a)* Violation des règles relatives à la durée du contrat, à l'aménagement du terme de la mission et au renouvellement *b) R*ecours à des missions successives sur un même poste en violation du délai de carence *c)* Volonté d'empêcher le TT d'avoir accès aux équipements collectifs de l'EU	– faculté de rattachement à l'EU + – peines de l'article L. 152-2 et L. 152-2-1 (*cf.* 1 EU) – peines de l'article L. 152-2 et L. 152-2-1 – amende de 1 500 € si récidive : amende de 3 000 €	L. 124-7 R. 152-5		
5) Activité d'entrepreneur de travail temporaire *a)* • Absence de déclaration préalable d'exercice d'entrepreneur de travail temporaire à l'inspecteur du travail • Non-obtention de la garantie financière			– délit pénal (*cf.* 1 EU) + – faculté pour le tribunal de prononcer l'interdiction d'exercer pour une durée de 2 à 10 ans. + – si risque sérieux de préjudice en résultant pour le TT possibilité pour l'inspecteur du travail de saisir le Président du tribunal de grande instance en vue d'une décision de fermeture provisoire. (La durée de fermeture ne peut excéder 2 mois).	L. 152-2 L. 152-2 L. 124-13-1

→

(suite)

b) Non-respect de l'obligation de fournir dans les 8 premiers jours de chaque mois, à la Direction départementale du travail et de l'emploi ou à la section locale de l'ANPE, le relevé des contrats conclus au cours du mois précédent par l'ETT avec les TT			– amende de 450 €	R. 152-6
c) • Relève des contrats indiqués au point c qui précède non conforme aux prescriptions légales. • Défauts de communication à la direction départementale du travail et de l'emploi de l'attestation de garantie. • Défaut d'indication sur tous documents concernant l'ETT du nom et de l'adresse de son garant.			– amende de 150 €	R. 152-6-1
6) Obligations du garant Défaut d'information, par le garant, de la cessation de la garantie, aux directions départementales du travail et aux URSSAF situés dans le ressort du siège de l'ETT et de chacun de ses établissements.			Garant – amende de 150 €	R. 152-6-1

Chapitre 3

L'exécution du contrat de travail

1. Les données permanentes

Elles sont issues du rapport fondamental engendré par le contrat de travail, à savoir un rapport de **subordination juridique**. Le contrat de travail est une convention par laquelle le salarié s'engage à mettre son activité à la disposition d'un employeur, sous la subordination duquel il se place, moyennant une rémunération.

1.1 Situation juridique de l'employeur

1.1.1 Les droits de l'employeur

A – Les droits liés au pouvoir de gestion

L'employeur est d'abord seul juge de l'organisation et de la gestion de son entreprise : il s'agit là d'une prérogative essentielle. Juridiquement, il ne saurait donc être mis en cause par ses salariés pour sa mauvaise gestion.

Le pouvoir général de direction lui permet de déterminer le statut de son personnel, sous réserve du respect des dispositions législatives ou réglementaires, des usages professionnels ou locaux, des dispositions d'une convention collective qui peut s'imposer à lui soit parce qu'il adhère à une organisation patronale signataire, soit parce qu'un arrêté ministériel d'extension rend cette convention obligatoirement applicable dans la profession, sous réserve enfin des dispositions d'un accord d'entreprise ou d'établissement.

B – Les droits liés au pouvoir disciplinaire

L'employeur dispose du pouvoir disciplinaire, c'est-à-dire du droit d'infliger des sanctions à son personnel. Il va sans dire que cette prérogative a toujours été regardée par le législateur avec un œil attentif afin d'éviter l'arbitraire. La dernière réforme en la matière date de la loi modifiée du 4 août 1982 « *relative aux libertés des travailleurs dans l'entreprise* », loi qui renforce de façon substantielle la protection des salariés. Les dispositions de la loi relatives au pouvoir disciplinaire bénéficient à tout salarié, quelle que soit l'activité ou la taille de l'entreprise, son ancienneté ou son statut, même s'il est en période d'essai.

1) La définition de la sanction disciplinaire

Aux termes de l'article L. 122-40, « *Constitue une sanction toute mesure, autre que les observations verbales, prise par l'employeur à la suite d'un agissement du salarié considéré par lui comme fautif, que cette mesure soit de nature à affecter immédiatement ou non la présence du salarié dans l'entreprise, sa fonction, sa carrière ou sa rémunération* ».

2) Les types de sanction

Ils prennent généralement la forme d'un avertissement, d'une mise à pied, d'une rétrogradation. Le licenciement reste l'ultime sanction[1].

a) Avertissement

Le prononcé de l'avertissement a fait l'objet de discussions divergentes au sujet de la nécessité ou non d'un entretien préalable (*infra*, § 3). L'Administration avait donné son avis en distinguant le premier avertissement, considéré comme n'ayant qu'une portée morale et ne nécessitant pas l'entretien préalable, et le second et le troisième, considérés comme le prélude d'une sanction plus grave et requérant alors un entretien préalable à leur prononcé. Plusieurs conseils de prud'hommes et cours d'appel se sont ralliés à la position ainsi prise par les services ministériels. Mais la chambre sociale de la Cour de cassation a pris une position différente en se prononçant clairement contre l'obligation d'observer la procédure de l'article L. 122-41 alinéa 2 en matière d'avertissement disciplinaire. Elle n'a pas fait de distinction selon qu'il s'agit d'un premier ou d'un deuxième avertissement, ou selon les incidences que l'avertissement peut avoir sur l'aggravation des sanctions qui seraient prises contre le salarié en cas d'une nouvelle poursuite disciplinaire engagée moins de 3 ans après le premier avertissement (*infra*, § 5). Les choses sont désormais claires : quel que soit le nombre des avertissements infligés, qu'il s'agisse du premier, du second ou d'un troisième, quelles que soient les suites, possibles ou déjà envisagées, qu'il vienne ou non à l'appui d'une sanction ultérieure (difficile à deviner), **un avertissement n'est jamais, légalement, nécessairement soumis à un entretien préalable**[2]. Il suffit qu'il soit notifié par écrit, griefs précisés.

b) Mise à pied

Il s'agit d'une mesure de suspension temporaire du contrat de travail **sans rémunération** et dont la durée doit être fixée et connue du salarié au moment où elle lui est notifiée. Le prononcé de la mise à pied exige le respect de la procédure disciplinaire (*infra*, § 3 c).

Une mesure de **mise à pied conservatoire** à effet **immédiat** peut toutefois être décidée lorsque les agissements du salarié la rendent indispensable. En pratique, cette mesure est prononcée en cas de faute **grave** ou de faute **lourde** du salarié simultanément au déclenchement de la procédure de licenciement. La mise à pied prononcée dans le cadre d'une procédure de licenciement pour faute grave et pour permettre le respect de cette procédure n'a pas à être rémunérée (Cass. soc., 7 mars 1984 ; Cass. soc., 29 novembre 1984).

c) Rétrogradation

C'est une mesure qui consiste à affecter, à titre de sanction, un salarié à un emploi de classement hiérarchique inférieur.

- La rétrogradation accompagnée d'une modification des fonctions et des caractéristiques de l'emploi du salarié avec réduction correspondante de la rémunération constitue une sanction disciplinaire dont la licéité ne semble pas pouvoir être remise en cause en tant que telle. La réduction de la rémunération ne s'apparente pas ici à une amende ou à une sanction pécuniaire interdite mais s'analyse comme la conséquence du changement intervenu dans le classement et les fonctions du salarié.

---

1. Le droit du licenciement est étudié au § 3 du chapitre 5.
2. Libre au chef d'entreprise soucieux d'avoir une explication franche avec son salarié de procéder à une convocation préalable, sans que celle-ci n'ait alors à revêtir les formes procédurales exigées par l'article L. 122-41 alinéa 2.

Il a été jugé par la Cour de cassation que, dans la mesure où la rétrogradation implique une modification **durable** du socle contractuel, l'employeur est tenu, en cas de refus du salarié, de respecter les règles applicables à toute modification du contrat de travail[3].

- La rétrogradation, au sens du déclassement hiérarchique, accompagnée d'une diminution de rémunération, mais avec maintien des fonctions, n'est pas admise car elle se heurte à la règle selon laquelle le classement professionnel est déterminé par les fonctions réellement exercées par le salarié. « *En vertu de cette règle, l'employeur ne peut donc rétrograder un salarié dès lors que le classement hiérarchique de celui-ci coïncide bien, au regard de la convention collective applicable, avec l'emploi occupé, sous peine, du fait de cette rétrogradation, de confier à l'intéressé, à l'avenir, une tâche pour laquelle il n'a pas la qualification, et* ***donc la rémunération****, correspondantes* »[4].
- La rétrogradation, au sens du déclassement hiérarchique, accompagnée d'une diminution de rémunération, mais avec maintien des fonctions, paraît en revanche possible lorsque le salarié concerné avait bénéficié à titre de promotion, en raison soit de son ancienneté, soit de ses mérites, d'un classement hiérarchique supérieur aux fonctions réellement exercées. Dans cette hypothèse, il n'y a pas retenue interdite sur la rémunération d'un salarié qui a normalement fourni sa prestation de travail, mais versement d'une rémunération coïncidant avec un nouveau classement hiérarchique modifié à titre de sanction.

Le prononcé d'une mesure de rétrogradation licite exige le respect de la procédure disciplinaire (voir *infra*, § 3 c).

3) Les garanties procédurales

a) Garantie commune à toute sanction

Aucune sanction ne peut être infligée au salarié sans que celui-ci soit informé dans **le même temps et par écrit** des griefs retenus contre lui.

b) Prononcé de sanctions mineures

La seule notification écrite et motivée (notification par lettre recommandée ou par lettre remise en main propre contre décharge) suffit pour le prononcé d'une sanction mineure, comme l'avertissement ou le blâme.

c) Procédure disciplinaire

L'employeur doit convoquer le salarié **à un entretien préalable** par lettre recommandée ou lettre remise en main propre contre décharge : celle-ci indique l'objet de l'entretien, la date, l'heure et le lieu de cet entretien ; elle lui rappelle qu'il peut se faire **assister** par une personne de son choix **appartenant au personnel de l'entreprise**. Au cours de l'entretien, l'employeur indique le motif de la sanction envisagée et recueille les explications du salarié. La volonté du législateur est de permettre au salarié, à défaut de dissiper un éventuel malentendu, tout au moins de présenter sa défense. La sanction ne peut intervenir **moins d'un jour franc** (c'est-à-dire après expiration d'un délai de vingt-quatre heures de minuit à minuit), ni **plus d'un mois** après le jour fixé pour l'entretien préalable[5]. Elle doit être motivée et notifiée à l'intéressé par lettre recommandée ou lettre remise en main propre contre décharge.

Le délai maximum « *d'un mois après l'entretien préalable* » dans lequel une sanction disciplinaire doit être officiellement notifiée se justifie par le fait que le salarié ne peut être laissé trop

3. Voir *infra*, § 2.2.
4. A. Girault, « La rétrogradation à titre disciplinaire », *JCP Commerce et Industrie*, n° 1 du 5 janvier 1984.
5. La Cour de cassation autorise un dépassement du délai si c'est la mise en œuvre d'une procédure conventionnelle comportant la saisine d'une instance disciplinaire qui est la cause du retard. Encore faut-il, dans cette hypothèse :
- qu'avant l'expiration du délai d'un mois, le salarié ait été informé de la décision de l'employeur de le déférer à l'instance compétente,
- et que la sanction intervienne moins d'un mois après que l'instance disciplinaire saisie ait donné son avis.

longtemps dans l'incertitude de son sort. Cela étant, l'employeur ne peut méconnaître, quand elles existent, les procédures conventionnelles établies dans un souci de plus grande protection des salariés et dont la mise en œuvre nécessite beaucoup plus de temps.

Le décret d'application du 3 mars 1983 a précisé les règles du calcul du délai précité de 1 mois, règles que nous illustrons par les deux exemples ci-après :

> *Exemple 1 :*
>
> Entretien le mercredi 4 septembre 2002. Expiration du délai au vendredi 4 octobre 2002 à minuit.
>
> *Exemple 2 :*
>
> Entretien le jeudi 12 septembre 2002. Expiration du délai au lundi 14 octobre 2002 à minuit (lorsque le dernier jour du délai de 1 mois est un samedi, un dimanche ou un jour férié ou chômé, le délai est prorogé jusqu'au premier jour ouvrable suivant).

4) Le contrôle judiciaire[6]

La loi du 4 août 1982 a élargi le contrôle exercé par les tribunaux judiciaires sur le pouvoir disciplinaire de l'employeur, contrôle qui, il faut bien l'avouer, était jusqu'alors réduit à sa plus simple expression. La Cour de cassation considérait en effet que l'employeur était seul juge de l'opportunité de la sanction prononcée à l'encontre d'un salarié, le seul contrôle devant se limiter à l'examen de la réalité de la faute reprochée ou à la recherche d'un détournement éventuel par l'employeur de son pouvoir disciplinaire.

Désormais, en cas de litige, la loi donne au conseil de prud'hommes la possibilité d'apprécier :

- la régularité de la procédure suivie ;
- la réalité des faits incriminés ;
- leur qualification de faute susceptible de justifier une sanction ;
- la proportionnalité de la sanction à la faute commise.

C'est à l'employeur qu'incombe **principalement** la charge de la preuve, c'est-à-dire qu'il lui revient d'apporter tous éléments utiles pour se justifier et répondre ainsi aux attaques du salarié (L. 122-43).

À l'issue de ces vérifications, le conseil de prud'hommes **peut annuler** une sanction :

- *irrégulière en la forme* ; il appartient à l'employeur de recommencer la procédure ;
- *injustifiée* ; la cause même de la sanction disparaît et l'employeur doit rétablir la situation antérieure ;
- *disproportionnée* ; l'employeur garde alors la possibilité de proposer une sanction d'un degré inférieur[7].

Après une décision judiciaire annulant une sanction disciplinaire disproportionnée à la faute commise par le salarié, dans quelles conditions l'employeur peut-il notifier à l'intéressé une sanction inférieure ?

L'annulation pour disproportion ne sanctionne qu'une mauvaise appréciation par l'employeur du degré de la sanction appropriée à la faute commise. Elle n'affecte en rien la procédure régulière de l'entretien au cours duquel le salarié a pu s'expliquer. En conséquence, l'employeur n'a pas à reconvoquer le salarié à un entretien avant la notification de la nouvelle sanction. L'annulation de la sanction disproportionnée a pour effet de replacer les parties dans la

---

6. Les développements qui suivent ne s'appliquent pas au licenciement, mesure qui suit un régime spécifique. (Voir *infra*, chapitre 5).

7. La loi ne permet pas au juge de modifier une sanction infligée à un salarié, même s'il la trouve disproportionnée à la faute ; dans cette hypothèse, seule l'annulation de la sanction peut être prononcée. Le seul cas de figure admis serait celui où l'employeur aurait méconnu les limites du règlement intérieur de l'entreprise : ainsi le juge pourrait-il par exemple réduire la durée d'une mise à pied aux limites fixées par le règlement intérieur.

situation dans laquelle elles se trouvaient après l'entretien préalable. L'employeur peut alors décider de ne pas prononcer de sanction. Mais s'il décide d'en prononcer une, qui se substituera à celle annulée, il doit le faire alors impérativement dans un délai maximum **d'un mois suivant la notification de la décision judiciaire d'annulation**.

5) La prescription

L'article L. 122-44 institue un délai de prescription des faits fautifs et des sanctions.

– Aucun fait fautif ne peut donner lieu **à lui seul** à l'engagement de poursuites disciplinaires **au-delà d'un délai de 2 mois** à compter du jour où l'employeur en a eu connaissance, à moins que ce fait ait donné lieu dans le même délai à l'exercice de poursuites pénales, peu importe que l'action publique ait été déclenchée sur l'initiative du ministère public, à la suite d'une plainte avec constitution de partie civile ou sur citation directe de la victime. Il est précisé que c'est la convocation à l'entretien qui constitue l'engagement des poursuites disciplinaires[8].

En définitive, depuis le jour où il a eu connaissance du fait fautif, l'employeur dispose :

- d'un délai maximum de 2 mois pour sanctionner le salarié par une mesure d'avertissement ou de blâme ;
- d'un délai maximum de 3 mois pour sanctionner le salarié de toute autre mesure disciplinaire (mise à pied, rétrogradation, licenciement, etc.) puisqu'il doit convoquer le salarié au plus tard dans les 2 mois et que la sanction ne peut intervenir plus d'un mois après le jour fixé pour l'entretien.

Quel fait ou quel acte peut être considéré comme valant engagement des poursuites disciplinaires ? La réponse varie selon que l'employeur a ou n'a pas respecté la procédure : dans le premier cas, il s'agit de la convocation à l'entretien préalable ; dans le second, la notification ou encore l'exécution de la sanction.

– Aucune sanction antérieure de plus de 3 ans ne peut être invoquée à l'appui d'une nouvelle sanction. Ce délai de 3 ans court à compter de la date de la convocation du salarié à l'entretien préalable.

6) Le non-cumul des sanctions disciplinaires

Une même faute ne peut pas faire l'objet de deux sanctions successives.

> *Exemples :*
>
> Deux licenciements ont été déclarés « sans cause réelle et sérieuse » parce que prononcés tout de suite après une mise à pied (Cass. soc., 22 juillet 1986), après un avertissement (Cass. soc., 22 juillet 1986) sans que, dans l'un et l'autre cas, un fait nouveau ait pu justifier une nouvelle mesure.

En revanche, lorsque des faits de même nature se reproduisent, l'employeur peut faire état des précédents et des sanctions antérieures (sous réserve de la prescription triennale, voir *supra*, § 5) pour prononcer une sanction aggravée (généralement le licenciement) fondée sur l'appréciation globale du comportement du salarié.

7) L'interdiction des amendes

Les amendes ou autres sanctions pécuniaires sont interdites, sauf pour le contrevenant à encourir une amende pénale de 3 750 € portée à 7 500 € en cas de récidive. L'amende ou la sanction pécuniaire peut se définir comme une retenue sur salaire à l'encontre d'une personne qui a normalement fourni sa prestation de travail.

8) L'interdiction des discriminations

« … aucun salarié ne peut être sanctionné ou licencié… en raison de son origine, de son sexe, de ses mœurs, de son orientation sexuelle, de son âge, de sa situation de famille, de son appartenance ou de sa non-appartenance, vraie ou supposée, à une ethnie, une nation ou une race, de ses opinions

8. Dans un arrêt du 13 juillet 1993, la Cour de cassation a jugé que la maladie du salarié n'entraîne ni interruption ni suspension du délai de 2 mois prévu à l'article L. 122-44.

politiques, de ses activités syndicales ou mutualistes, de ses convictions religieuses, de son apparence physique, de son patronyme ou, sauf inaptitude constatée par le médecin du travail dans le cadre du titre IV du livre II du présent code, en raison de son état de santé ou de son handicap.

Aucun salarié ne peut être sanctionné ou licencié en raison de l'exercice normal du droit de grève.

Toute disposition ou tout acte contraire à l'égard d'un salarié est nul de plein droit » (L. 122-45)[9].

L'article 225-2 du Code pénal punit d'une peine de 2 ans d'emprisonnement et de 30 000 € d'amende le fait pour un employeur de sanctionner ou de licencier une personne pour raison discriminatoire. Les personnes morales peuvent être déclarées responsables pénalement de cette infraction.

9) Le refus d'exécution de la sanction

La ligne directrice de la jurisprudence de la Cour de cassation est de faire du contrat de travail le « bouclier protecteur » des intérêts du salarié[10], interdisant ainsi à l'employeur d'en modifier unilatéralement son contenu fondamental en cherchant à le lui imposer sans son accord.

Il en résulte que le salarié peut refuser d'exécuter une sanction **justifiée** dès lors que celle-ci entraîne une modification du socle contractuel (ex. : rétrogradation ; mutation à titre disciplinaire). Dans ce cas, l'employeur ne verra certainement pas d'autre solution que de procéder à son licenciement, mais ce licenciement reposant **nécessairement** sur une cause réelle et sérieuse, ouvre droit au bénéfice des indemnités correspondantes[11].

La rupture du contrat de travail consécutive au refus par le salarié de se soumettre à une sanction disciplinaire **injustifiée** qui entraîne une modification du contrat de travail s'analyse en un **licenciement sans cause réelle ni sérieuse.**

10) La mise à pied disciplinaire d'un salarié protégé[12]

Dans son arrêt « *Debout* » du 23 juin 1999, la chambre sociale de la Cour de cassation opère un revirement de jurisprudence en décidant que la mise à pied disciplinaire « *n'a pas pour effet de suspendre l'exécution du mandat de représentant du personnel* ». Il en résulte que le salarié protégé qui subit une telle sanction peut désormais prétendre à des heures de délégation, se rendre aux réunions et exercer pleinement son mandat. On peut penser que si l'employeur lui refuse ce droit, la chambre criminelle pourrait constater l'existence d'un délit d'entrave, du moins la présence de l'élément matériel du délit.

L'arrêt est circonscrit à la mise à pied disciplinaire : la solution pourrait-elle être étendue à la mise à pied conservatoire[13] ? En l'absence de jurisprudence pour l'instant, on peut envisager une réponse positive.

1.1.2 Les obligations de l'employeur

En concluant le contrat de travail avec le salarié, l'employeur s'engage notamment à son égard :

- à l'affecter à l'emploi convenu et à lui fournir les moyens nécessaires à l'exercice de son activité ;
- à respecter la réglementation intérieure de l'entreprise (à l'origine de laquelle il se trouve le plus souvent) ;
- à lui verser le salaire prévu et à s'acquitter de toutes les charges sociales et fiscales afférentes aux rémunérations.

---

9. Nous avons vu au § 4) qui précède que la sanction de l'inobservation par l'employeur de la procédure disciplinaire est en principe l'annulation de la sanction irrégulière, sanction qui demeure facultative. Il est rare par exemple qu'une sanction disciplinaire irrégulière en la forme soit annulée alors qu'elle était justifiée au fond. L'article L. 122-45 oblige en revanche le juge à prononcer l'annulation de la sanction disciplinaire dès lors qu'il a forgé son intime conviction sur la réelle existence d'une discrimination.
10. Voir *infra* § 2.2.
11. Une jurisprudence ancienne autorisait l'employeur à licencier pour faute grave (et donc sans indemnité) le salarié qui refusait d'exécuter une sanction justifiée.
12. Sur les salariés protégés, voir Partie 4, chapitre 9.
13. Sur la mise à pied conservatoire des salariés protégés, voir ce même chapitre 9, § 2.3.2.

Si l'employeur n'exécute pas ses obligations, sa responsabilité peut être mise en jeu.

Par ailleurs, en vertu de l'article 1384 du Code civil, l'employeur est civilement responsable des dommages causés par ses salariés dans l'exercice des fonctions auxquelles il les a employés. Nous attirons particulièrement l'attention des employeurs lorsque leurs salariés utilisent, dans l'exercice de leurs fonctions, leur voiture personnelle. En cas d'accident causé par la faute du salarié, la victime peut se retourner contre l'employeur pour la partie du dommage qui ne serait pas couverte faute d'une assurance suffisante. Il est prudent d'insérer dans les contrats de travail des salariés qui utilisent leur voiture personnelle, une clause ainsi libellée :

« Monsieur X. s'engage à contracter auprès d'une compagnie notoirement solvable une assurance illimitée couvrant toutes responsabilités résultant des accidents causés par sa voiture dans l'exercice de son activité, assurance qu'il s'engage à contracter pour toute la durée du présent contrat. Il sera tenu de verser régulièrement la prime. La société pourra, à tout moment, lui demander toutes justifications en ce qui concerne le respect de la présente obligation.

Tout manquement aux stipulations de la présente clause pourra être considéré comme faute grave entraînant, de la seule volonté de la société, rupture du contrat. »

1.2 Situation juridique du salarié

1.2.1 Les droits du salarié

Ils résultent naturellement des engagements que l'employeur a pris à son égard en contractant.

En particulier le salarié doit :
- être affecté à l'emploi convenu ;
- recevoir le salaire prévu ;
- bénéficier de l'application des dispositions légales et conventionnelles en vigueur.

1.2.2 Les obligations du salarié

Lors de la conclusion du contrat de travail, le salarié s'est de son côté engagé à :
- occuper l'emploi prévu à la date convenue ;
- exécuter les tâches qui lui ont été contractuellement confiées ;
- respecter les dispositions légales et conventionnelles en vigueur ;
- observer les clauses de son contrat ;
- se soumettre au règlement intérieur de l'entreprise et se conformer aux notes de service ;
- ne pas enfreindre **l'obligation de loyauté** qui le lie à son employeur. Il faut entendre par là que le salarié, même en l'absence de clause expresse de fidélité dans son contrat, doit s'interdire pendant toute la durée de son contrat de travail, préavis inclus, de tout **agissement positif** de concurrence à l'égard de son employeur. La jurisprudence entend bien circonscrire l'étendue de cette obligation aux seuls agissements positifs. Ainsi, résulte-t-il d'une jurisprudence déjà bien assise que la création d'une société par un salarié, alors que ce dernier est lié à son employeur par un contrat de travail, ne constitue pas en soi une faute ; qu'en effet, il n'est pas interdit à un salarié de **préparer** les conditions de ses futures activités, même si celles-ci doivent se révéler concurrentes de celles de son employeur, dès lors que ces préparatifs se réalisent en dehors des heures de travail et ne sont point accompagnés de manœuvres fautives.

Si le salarié ne satisfait point à ses engagements, un certain nombre de sanctions disciplinaires peuvent être prononcées contre lui, la sanction ultime consistant en la rupture du contrat de travail.

2. Les données incidentes

En cours d'exécution du contrat de travail, un certain nombre d'événements peuvent se produire qui modifieront la situation contractuelle initiale.

2.1 Modification juridique de l'employeur

2.1.1 La transmission légale des contrats de travail

A – Les conditions de la transmission

1) La position du législateur

Aux termes de l'article L. 122-12 alinéa 2, il résulte que « *s'il survient une modification dans la situation juridique de l'employeur, notamment par succession, vente, fusion, transformation du fonds, mise en société, tous les contrats de travail* ***en cours au jour de la modification*** *subsistent entre le nouvel employeur et le personnel de l'entreprise* ».

Le législateur a introduit cette disposition pour éviter l'application de l'article 1165 du Code civil qui consacre le principe de **l'effet relatif des contrats**, garantissant ainsi la stabilité de l'emploi. En application de ce principe, en effet, les contrats de travail conclus par un employeur n'auraient pas été opposables de plein droit à son successeur.

2) L'application jurisprudentielle

Les conflits qui se sont élevés à l'occasion de l'application pratique de l'article L. 122-12 alinéa 2 ont donné lieu à une jurisprudence pour le moins mouvante, allant jusqu'à des revirements importants. Après la tourmente, la jurisprudence a tendance aujourd'hui à se stabiliser.

a) Turbulences de la Cour de cassation

La cause des turbulences trouve son origine dans la double interprétation qu'il est possible de donner à la notion de « *modification juridique* » dont fait état l'article susvisé.

1re interprétation : la poursuite des contrats de travail implique l'existence d'un **lien de droit** entre les employeurs successifs. Bien que le lien de droit n'ai pas été défini, il convient d'admettre qu'il requiert l'existence d'un acte juridique formalisé entre les employeurs successifs.

> *Exemple 1 :*
>
> Une société X acquiert le fonds de commerce d'une société Y.
>
> *Exemple 2 :*
>
> Une société A reprend en location gérance l'exploitation du fonds de commerce d'une société B mise en redressement judiciaire.

Cette première interprétation *restrictive* conduit à limiter le champ d'application de l'article L.122-12 alinéa 2.

2e interprétation : l'article L. 122-12 alinéa 2 a vocation à jouer dès lors que la **même entreprise** (au sens économique du terme) continue à fonctionner sous une direction nouvelle, peu importe l'existence d'un lien de droit entre les employeurs successifs. Interprétation qui élargit cette fois ci considérablement le champ d'application de cet article. La seule exigence est l'observation du **transfert d'une entité économique autonome conservant son identité et dont l'activité est poursuivie ou reprise**.

> *Exemple :*
>
> Un prestataire de services succède à un autre dans l'exploitation d'une activité.

Rompant avec une tradition jurisprudentielle qui remontait au très ancien arrêt « *Goupy* » (27 février 1934) selon lequel il y a lieu de faire application de l'article en question en l'absence de lien de droit entre les employeurs successifs, la chambre sociale, reprenant la ligne dégagée par l'assemblée plénière de la Cour de cassation (Cass. ass. plén., 15 novembre 1985) a posé dans son arrêt « *Desquenne et Giral* » du 12 juin 1986 que... « *la modification dans la situation juridique de l'employeur, qui a pour effet de laisser subsister entre le nouvel employeur et le personnel de l'entreprise les contrats de travail en cours au jour de la modification, implique l'existence d'* ***un lien de droit entre les employeurs successifs*** ».

b) Retour à la stabilité de la Cour suprême

La position ainsi prise par la Cour de cassation s'est trouvée en contradiction avec la jurisprudence de la Cour de justice des Communautés européennes qui s'est ultérieurement développée à propos de l'interprétation de la directive du 14 février 1977 « *relative au maintien des droits des travailleurs en cas de transfert d'entreprise* ». Dans une décision du 10 février 1988, « *Fédération danoise des contremaîtres et similaires c/ Daddy's Dance Hall* », la Cour de justice a décidé que la qualité de **tiers** du nouveau concessionnaire par rapport à l'ancien ne faisait pas obstacle au maintien des contrats de travail dans la mesure où **l'entité économique transférée gardait son identité**.

« ... *Il s'ensuit que, lorsque le concessionnaire ayant qualité de chef d'entreprise, au terme du contrat de concession, perd cette qualité et qu'un tiers l'acquiert en vertu d'un nouveau contrat de concession conclu avec le propriétaire, l'opération qui en résulte est susceptible de rentrer dans le champ d'application de la directive, tel que défini à son article 1er, paragraphe 1er. Le fait que, dans un tel cas, le transfert s'effectue en deux phases en ce sens que l'entreprise est, dans un premier temps, retransférée du concessionnaire au propriétaire, n'exclut pas l'applicabilité de la directive, pour autant que l'entité économique en question garde son identité, ce qui est notamment le cas lorsque, comme en l'espèce, l'exploitation de l'entreprise est poursuivie sans interruption par le nouveau concessionnaire avec le même personnel que celui qui était employé dans l'entreprise avant le transfert...* »

La Cour de Luxembourg considère ainsi qu'il y a transfert d'entreprise, donc qu'il faut assurer la continuité des contrats de travail, dans tous les cas où se réalise une succession d'entrepreneurs relativement à une même activité, et ce même s'il n'y a pas entre eux de lien juridique direct. En d'autres termes, il ne s'agit pas de s'attacher uniquement à la « nature » juridique du transfert de l'entreprise, mais aussi à « l'objet » même de l'entreprise transférée.

Dans ses arrêts du 16 mars 1990, l'assemblée plénière de la Cour de cassation a alors aligné sa jurisprudence sur celle de la Cour de justice en approuvant les juges du fond d'avoir retenu l'application de l'article L.122-12 alinéa 2 dès lors « *qu'avait été transférée une entité économique conservant son identité et que l'activité avait été reprise* » (1er arrêt) ou « *qu'une entité économique autonome avait été transférée, permettant au nouveau concessionnaire d'en poursuivre l'activité* » (2e arrêt).

Exemple 1 (Cass. ass. plén., 16 mars 1990) (1er arrêt) :

Le contrat de concession relatif aux arènes de Nîmes consenti par la ville à S... ayant pris fin le 30 novembre 1982, la concession a été confiée le 21 décembre 1982 à la société N... Mme B, salariée de S... qui s'est trouvée privée d'emploi à compter du ler décembre 1982 et n'a pas été reprise par la société N..., a demandé la condamnation de cette dernière au paiement de diverses indemnités.

La Cour de cassation approuve les juges du fond d'avoir déclaré applicable l'article L. 122-12 alinéa 2 au motif qu'avait été transférée **une entité économique conservant son identité et que l'activité en avait été reprise**.

Exemple 2 (Cass. ass. plén., 16 mars 1990) (2e arrêt) :

Le contrat de concession relatif au terrain de camping du Bois de Boulogne consenti par la ville de Paris à la société E... a pris fin le 31 décembre 1986 et, à compter du ler janvier 1987, la concession a été confiée à la société L... Deux salariés du 1er concessionnaire n'ayant pas été repris demandèrent la condamnation de la société L... au paiement de diverses indemnités. La Cour de cassation approuve les juges du fond d'avoir fait droit à leur demande après avoir retenu qu'**une entité économique autonome** comprenant, comme éléments d'exploitation, des terrains et des installations, **avait été transférée permettant au nouveau concessionnaire d'en poursuivre l'activité**.

On retiendra de ces arrêts l'exigence de deux conditions pour l'application de l'article L. 122-12 alinéa 2 : transfert d'une **entité économique autonome conservant son identité et dont l'activité est poursuivie ou reprise**. Les arrêts du 16 mars 1990 renouent avec la jurisprudence dégagée dans l'arrêt « *Goupy* ». Il appartiendra aux juges du fond, sous le contrôle de la Cour de cassation, de rechercher au regard des circonstances d'espèce si ces conditions sont réunies. Ils s'inspireront des analyses menées par la Cour de justice pour lui permettre de reconnaître si une « *entité économique autonome a été transférée tout en conservant son identité* » :

« *Il convient de prendre en considération l'ensemble des circonstances de fait caractérisant l'opération en cause, au nombre desquelles figurent notamment le type d'entreprise ou d'établissement, le transfert ou non d'éléments corporels tels que bâtiments et biens mobiliers, la valeur des éléments incorporels au moment du transfert, la reprise ou non de l'essentiel des effectifs, le transfert ou non de la clientèle, le degré de similarité des activités exercées avant et après le transfert et la durée de suspension des activités. Tous ces éléments ne sont que des aspects partiels de l'évaluation d'ensemble qui s'impose et ne sauraient de ce fait être appréciés isolément.* »[14]

La lecture des arrêts les plus récents de la chambre sociale de la Cour de cassation permet d'observer une application relativement rigoureuse du concept de « *conservation de l'identité* ».

Exemple 1 (Cass. soc., 12 décembre 1990) :

La société BP avait confié à la société Locabus le transport du personnel travaillant sur le site de la raffinerie de Lavera. Puis, après résiliation amiable de ce contrat, une convention ayant le même objet avait été passée avec la société des Autocars Bonnot, mais celle-ci refusa de reprendre les chauffeurs que le précédent exploitant avait affectés à ces transports.

La cour d'appel admit que l'activité envisagée avait un caractère de spécificité permettant de lui reconnaître une existence propre, le nouvel exploitant assurant les mêmes services avec les mêmes emplois. Oui... mais cet exploitant utilisait pour ce transport **ses propres cars**. Les juges du fond sont censurés, pour avoir, en dépit de cette circonstance, décidé l'application de l'article L. 122-12.

Exemple 2 (Cass. soc., 8 février 1994) :

Le changement d'exploitation d'une ligne d'autobus n'emporte pas application de l'article L. 122-12 alinéa 2, dès lors que le nouvel exploitant a seulement repris la concession administrative de la ligne d'autobus, à l'exclusion des locaux et du matériel. Il résulte en effet de ces circonstances qu'il n'y a pas eu transfert d'une entité économique dont l'activité avait été poursuivie ou reprise.

L'appréciation de l'autonomie de l'entité économique est également l'affaire du juge. Une appréciation négative conduit alors à déclarer la substitution d'employeurs inopposable aux salariés qui sont donc fondés à rester au service de l'employeur initial. Mais ce dernier ne sera-t-il pas alors contraint à procéder à des licenciements pour cause économique ?

La tâche est délicate et les conséquences sur le sort des salariés importantes, puisque décider la non application de l'article L. 122-12 conduit inéluctablement à fragiliser leur situation. L'alternative saute aux yeux : application de l'article L. 122-12 ou plan social à l'égard des salariés qui devaient être initialement transférés et dont les emplois seront supprimés en raison du transfert des éléments économiques au cessionnaire...

Enfin, la jurisprudence ne subordonne pas l'application de l'article L. 122-12 alinéa 2 au fait que le salarié soit *exclusivement* affecté à l'activité cédée.

Exemple (Cass. soc., 22 juin 1993) :

Un comptable avait été engagé par une société en 1979 pour assurer la gestion comptable de deux de ses établissements. Le 1er octobre 1988, l'activité de l'un des établissements était concédée en gérance libre à une autre société. Celle-ci s'engageait à poursuivre tous les contrats de travail à l'exception de quatre d'entre eux, dont celui du comptable, lequel s'est en conséquence vu proposer par son employeur d'origine un travail à mi-temps. L'intéressé ayant refusé cette proposition, il fut licencié pour motif économique le 25 octobre 1988 et assigna les deux sociétés devant la juridiction prud'homale.

Considérant que l'article L. 122-12 alinéa 2 du Code du travail n'était pas applicable, la cour d'appel a débouté le salarié de sa demande d'indemnité pour licenciement sans cause réelle et sérieuse.

L'arrêt est cassé : l'un des secteurs de l'entreprise au sein duquel l'intéressé exerçait une partie de son activité ayant été cédé, et ce transfert entrant dans les prévisions de l'article L. 122-12 alinéa 2, ce texte devait recevoir application sans qu'une convention entre les deux sociétés pût y faire échec. Le salarié devait donc passer au service de la seconde société pour la partie de son activité qui concernait le secteur cédé.

---

14. Voir en particulier l'arrêt « *Spijkers* » du 18 mars 1986, Recueil de jurisprudence, 1986, p. 1119.

B – Les effets de la transmission

1) Le respect des obligations de l'employeur initial

Selon une jurisprudence bien assise, le contrat subsiste avec le nouvel employeur « *dans les conditions mêmes où il était exécuté au moment du changement d'exploitation* ». Ainsi le salarié peut-il se prévaloir de son ancienneté acquise au service de l'employeur précédent ; ainsi doit-il être tenu compte de son ancienneté globale, lorsqu'il s'agira de calculer les indemnités de licenciement ; ainsi lorsqu'un préavis est en cours d'exécution, le contrat n'est-il repris que pour la durée du préavis restant à courir, etc.

Le transfert s'impose également au salarié qui sera alors considéré comme démissionnaire s'il refuse de travailler pour le nouvel employeur, dans la mesure toutefois où ses conditions de travail n'auront pas été substantiellement modifiées.

2) La substitution aux droits de l'employeur initial

L'application de l'article L. 122-12 entraîne le transfert des droits du précédent employeur au nouvel exploitant.

> *Exemple (Cass. soc., 29 mai 1990) :*
>
> En l'espèce, à la suite d'un plan social établi sous l'égide du directeur départemental du travail, un salarié employé par la société avait été muté dans une autre société appartenant au même groupe.
>
> Or, le nouvel employeur procéda au licenciement de ce salarié, en invoquant d'importantes négligences commises par lui à l'époque où il se trouvait sous l'autorité du précédent employeur.
>
> La cour d'appel estima que le licenciement était sans cause réelle et sérieuse, en retenant que la mutation n'avait pas pour effet de permettre rétroactivement au nouvel employeur d'exercer un droit de regard de l'employeur initial. À tort, dit la Cour de cassation : le même contrat de travail s'était poursuivi sous une direction différente.
>
> En l'espèce, c'est **l'activité** du salarié en elle-même qui se trouvait concernée, activité continuée au service du nouvel employeur. On peut se demander en revanche si la solution serait la même en cas de griefs liés personnellement à l'ancien employeur (ex. : altercation avec celui-ci).

3) L'obligation financière spéciale

« *À moins que la modification visée au 2*e *alinéa de l'article L. 122-12 n'intervienne dans le cadre d'une procédure de redressement judiciaire ou d'une substitution d'employeurs intervenue sans qu'il y ait eu convention entre ceux-ci, le nouvel employeur est en outre tenu, à l'égard des salariés dont les contrats de travail subsistent, des obligations qui incombaient à l'ancien employeur à la date de cette modification* » (L. 122-12-1).

Compte tenu de l'exception qui vient d'être exposée en matière de « faillite », on peut penser que ce nouvel article ne devrait que rarement jouer **au moment du transfert** : le cédant est en principe solvable et ne devrait pas avoir de dettes à l'égard de ses salariés. Il pourra en aller autrement **après le transfert** si des arriérés salariaux, non connus au moment du transfert, venaient à se révéler ultérieurement. Il ne faut pas oublier qu'en matière de salaire les salariés ont 5 ans pour agir (L. 143-14).

L'employeur qui a payé ainsi les dettes de son prédécesseur peut se faire rembourser par le cédant (hypothèse qui dans certains cas se révélera vaine du fait de sa disparition ou de son insolvabilité), sauf si le paiement des dettes était une condition fondamentale du transfert.

4) Le sort du statut collectif

Il convient de distinguer les règles qui résultent d'accords collectifs au sens du Code du travail (conventions collectives et accords d'entreprise) de celles qui résultent d'usages d'entreprise.

a) Accords collectifs

Le transfert de l'entreprise ne met pas nécessairement en cause le statut de ses salariés tel qu'il résulte de la convention collective applicable. Aucune menace, en effet, ne pèse sur les avantages qu'elle prévoit lorsque les deux employeurs qui se succèdent à la tête de l'affaire sont soumis à la même convention collective. Le respect du statut collectif s'impose alors au nouvel employeur comme il s'imposait à l'ancien, sans contestation possible. L'application de la convention collective peut aussi résulter de la volonté du nouvel employeur , alors qu'il ne serait pas légalement tenu de le faire[15]. Mais le transfert d'activité entraîne fréquemment une remise en cause du statut collectif. Deux hypothèses doivent être distinguées :

– Première hypothèse : le changement d'employeur débouche sur un vide conventionnel

C'est le cas par exemple lorsque le nouvel employeur, à la différence de l'ancien, n'est assujetti à aucune convention collective.

Dans cette hypothèse, l'article L. 132-8 assure la survie du statut collectif ancien :

- soit jusqu'à ce que les négociations (qui doivent être engagées dans les trois mois) aient abouti à un nouvel accord ;
- soit à défaut d'aboutissement de ces négociations, pendant un an.

Une fois ce délai écoulé, les dispositions conventionnelles initiales cesseront de s'appliquer, les salariés conservant toutefois, s'il n'y a pas eu d'accord de substitution, les avantages individuels qu'ils ont acquis.

– Seconde hypothèse : le changement d'employeur met en concurrence deux dispositifs conventionnels

C'est le cas lorsque le nouvel employeur relève d'une convention collective différente de celle qui s'appliquait au premier. Le statut collectif en vigueur dans l'entreprise d'accueil devrait alors avoir vocation à s'appliquer à l'ensemble des salariés, y compris donc à ceux qui viennent de l'entreprise cédée.

En fait, les choses ne sont pas aussi simples en raison de l'interprétation qu'a donné la Cour de cassation des dispositions de l'article L. 132-8 alinéa 3 applicable à cette hypothèse : « *La convention ou l'accord* (initial) *continue de produire effet jusqu'à l'entrée en vigueur de la convention ou de l'accord qui lui est* ***substitué****, ou à défaut, pendant une durée d'un an* ». Pour la Cour suprême, l'accord substitué n'est pas la convention collective du nouvel employeur mais celui résultant de la négociation qui doit s'engager dans l'entreprise soit pour l'adaptation des dispositions conventionnelles antérieures, soit pour l'élaboration de nouvelles dispositions. Il en résulte que la convention collective de l'entreprise d'accueil ne peut pas être immédiatement imposée aux salariés transférés.

Le transfert d'entreprise ouvre donc une période transitoire au cours de laquelle les salariés transférés restent soumis à leur statut d'origine. Cette période doit être mis à profit pour négocier d'éventuelles adaptations de ce statut. Si les négociations aboutissent, l'accord qui en résulte entre immédiatement en vigueur et vient se substituer à l'ancien statut. Si les négociations n'aboutissent pas, c'est la convention collective du deuxième employeur qui régira les contrats transférés, mais seulement au terme du délai **d'un an** prévu par les textes.

b) Usages d'entreprise

La Cour de cassation a récemment considéré qu'en cas de modification dans la situation juridique de l'employeur, le nouvel exploitant est lié par les usages qui s'imposaient au premier. Le nouvel employeur peut certes, comme le pouvait l'ancien, révoquer l'usage ou l'accord dans les conditions normales de dénonciation de ce type d'engagement : information donnée aux intéressés et aux institutions représentatives du personnel dans un délai permettant d'éventuelles négociations[16].

---

15. Dans ce cas, l'employeur n'est lié que par les dispositions conventionnelles en vigueur lors de son engagement et non par les avenants qui pourraient être ultérieurement conclus.
16. Voir Partie 1, chapitre 4, § 2.2.

C – Les licenciements préalables au transfert

1) La remise en cause de la possibilité de licenciements préventifs

En application d'une jurisprudence classique de la chambre sociale de la Cour de cassation, « *les dispositions de l'article L. 122-12 ne font pas obstacle à des licenciements pouvant intervenir antérieurement à la cession pour des raisons économiques ou techniques impliquant une suppression d'emploi* ».

> *Exemple 1 (Cass. soc., 18 mars 1982) :*
>
> A été cassée une décision qui avait condamné l'exploitant précédent à verser à une serveuse des dommages-intérêts pour licenciement sans cause réelle, alors que ce licenciement avait été prononcé en raison de la suppression de l'emploi de la serveuse décidée par les acquéreurs qui désiraient exploiter ce fonds eux-mêmes.
>
> *Exemple 2 (Cass. soc., 21 février 1990) :*
>
> Une société X a repris l'une des fabrications de la société Y en liquidation de biens, reprise qui était intervenue quatre mois après le licenciement de l'ensemble des salariés et deux mois après l'expiration de leur préavis. De surcroît, il n'était pas établi que les pourparlers entre les deux entreprises concernant la reprise aient débuté antérieurement aux licenciements. Au vu de ces éléments de fait, la Cour a débouté les salariés non réembauchés par le repreneur de leur demande de réintégration, aucune collusion frauduleuse n'étant établie.

Il n'en aurait été autrement qu'en cas de **fraude** aux droits des salariés. En d'autres termes, il y aurait licenciement abusif si la décision de licenciement avait pour seul objectif de mettre en échec la règle légale du maintien automatique des contrats de travail en cours.

À titre d'exemples, les attitudes suivantes ont été considérées comme abusives :

- *le licenciement par le cédant d'un ou plusieurs de ses salariés préalablement au transfert de son entreprise dans le but de permettre au cessionnaire le choix d'un nouveau personnel ou le choix de quelques-uns des salariés qui composaient le personnel du cédant ;*
- *la légèreté blâmable du cédant ou le prétexte fallacieux ;*
- *la collusion dolosive entre l'ancien et le nouvel employeur : ainsi en est-il du licenciement préalable exigé par l'acquéreur et ayant pour conséquence de faire endosser le paiement d'indemnités de licenciement par un débiteur insolvable.*

Il faut toutefois ne pas se laisser trop conforter par cette jurisprudence classique, car on a pu observer la chambre sociale considérer que c'est au cessionnaire seul qu'il appartiendrait, une fois la cession réalisée, de procéder aux éventuelles restructurations commandées par l'intérêt de l'entreprise.

> *Exemple (Cass. soc., 17 juillet 1990) :*
>
> Lors de la cession d'un fonds de commerce de « pressing », le cédant avait licencié une salariée qui était employée en qualité de « presseur », licenciement opéré à la demande de l'acquéreur, qui envisageait d'exercer lui-même ces fonctions. La cour d'appel avait débouté la salariée de sa demande en dommages-intérêts pour rupture abusive de son contrat. Les juges du fond s'étaient appuyés sur la motivation habituelle des arrêts de la Cour de cassation, c'est-à-dire sur l'existence d'un licenciement prononcé en fonction de la réorganisation à laquelle le cessionnaire avait d'ores et déjà décidé de procéder. Pourtant la position de la cour d'appel n'a pas échappé à la censure de la Cour régulatrice, dont l'arrêt contient une formule très nette, qui est à l'opposé de la position qu'elle adoptait antérieurement : « L'intention manifestée par le cessionnaire de poursuivre seul l'exploitation ne saurait constituer pour le cédant une cause légitime de rupture du contrat de travail d'un salarié employé dans l'entreprise transférée. »

Voilà une jurisprudence qui risque de mettre dans l'embarras le cédant d'une entreprise chaque fois que l'acquéreur exigera, pour conclure la cession, le licenciement d'un ou plusieurs salariés ; en effet, soit le cédant refusera de procéder au licenciement demandé et l'acquéreur très vraisemblablement se dérobera, soit le licenciement sera effectué, mais le cédant risquera d'être condamné à des dommages-intérêts pour licenciement sans cause réelle et sérieuse. À suivre…

2) Le réembauchage par le nouvel employeur

En application des dispositions de l'article L. 122-12, seuls les contrats de travail « *en cours au jour de la modification* » subsistent entre le nouvel employeur et le personnel de l'entreprise. Cela signifie que, sauf collusion frauduleuse démontrée, le transfert des contrats de travail ne peut concerner des contrats déjà rompus. L'article susvisé ne reçoit pas alors application et, de ce fait, les salariés réembauchés par le nouvel employeur ne voient pas en particulier leur ancienneté antérieure prise en compte.

Les faits de l'espèce relatés dans l'exemple ci-après ont conduit la Cour de cassation à donner une solution différente en raison du constat d'un réembauchage des salariés par le nouvel employeur, pour poursuivre la même activité, moins d'un mois après leur licenciement par le cédant qui ne leur avait pas payé les indemnités de rupture. La Cour de cassation a estimé pouvoir déduire de ces circonstances que ces licenciements étaient « *privés d'effet* » et n'ouvraient donc pas droit pour les salariés à des indemnités de rupture. En revanche, cette situation les autorisait à prétendre à la poursuite chez le nouvel employeur de leurs contrats de travail aux mêmes conditions et avec la même ancienneté.

> *Exemple (Cass. soc., 27 juin 1990) :*
>
> Une société, qui exploitait le rayon de boucherie d'un grand magasin en vertu d'un contrat de concession, avait été mise en règlement judiciaire et cette société, assistée de son syndic, avait procédé au licenciement d'un certain nombre de ses salariés pour motif économique. Par la suite, ces salariés furent embauchés par une autre société qui avait obtenu la concession de l'activité. Mais le nouvel exploitant ne reprit pas en compte leur ancienneté et, d'autre part, les salariés n'obtenaient pas de leur précédent employeur le paiement de leurs indemnités de rupture : ils s'adressèrent alors à la juridiction prud'homale, pour avoir satisfaction sur l'un ou l'autre de ces points :
>
> Le conseil de prud'hommes leur accorda ces indemnités, s'appuyant sur le fait que les licenciements avaient été opérés avant la reprise d'exploitation par le nouveau concessionnaire, de sorte que celui-ci avait été amené à conclure de nouveaux contrats de travail avec les intéressés sans être tenu par les dispositions de l'article L. 122-12.
>
> Cette décision, dans la lignée de la jurisprudence classique, fut pourtant cassée par la chambre sociale : la constatation par les juges du fond qu'une entité économique autonome avait été transférée au nouveau concessionnaire, qui avait repris les salariés pour en poursuivre l'activité, devait avoir pour conséquence de priver d'effet les licenciements antérieurement prononcés. Ainsi les salariés ne pouvaient pas obtenir les indemnités de rupture mais, en revanche, étaient en droit de prétendre à la continuation de leur contrat antérieur par le nouveau concessionnaire, ce qui imposait le maintien de l'ancienneté.

2.1.2 La transmission conventionnelle des contrats de travail

Dès lors que l'on se situe en dehors du champ d'application de l'article L. 122-12, le changement d'employeur ne peut se réaliser qu'à partir de dispositions conventionnelles, étant entendu dans cette hypothèse que le transfert du contrat de travail **nécessite** l'**accord du salarié**, alors que le transfert légal s'impose à lui comme à l'employeur.

2.2 Modification des conditions contractuelles

Selon l'article 1134 du Code civil, « *Les conventions légalement formées tiennent lieu de loi à ceux qui les ont faites* » ; entendons par cette disposition que le contrat devient la loi des parties et que celles-ci doivent la respecter. Cela ne veut pas dire pour autant que la loi contractuelle est intangible et qu'elle ne peut pas faire l'objet de modifications ultérieures. Bien au contraire, et surtout en droit du travail, les conditions contractuelles initiales sont appelées à évoluer en raison de divers impératifs liés au fonctionnement de l'entreprise. Mais qu'arrive-t-il si l'une des parties refuse la modification envisagée par l'autre ?

2.2.1 La modification à l'initiative de l'employeur

Pendant longtemps, la jurisprudence française a opéré une distinction entre les modifications substantielles et les modifications non substantielles du contrat de travail, interdisant les premières sans l'accord du salarié, autorisant les secondes. Mais l'application pratique de cette distinction a conduit à des zones d'incertitude liées à l'appréciation du « *substantiel* ». Parler de modification substantielle du contrat signifie que l'on porte atteinte à l'économie du contrat, à son équilibre interne. Seules les clauses essentielles, sans lesquelles le contrat n'aurait pas été souscrit, sont donc protégées contre une modification unilatérale de la part de l'employeur. Mais le mot « *substantiel* » vise aussi l'importance de la modification ce qui conduit à ne retenir que les seules atteintes graves au contrat, les autres étant du domaine « *non substantiel* » et donc sujettes à une modification unilatérale possible. Or, sur le plan des purs principes juridiques, aucune modification du contrat, si minime soit-elle, n'est possible sans l'accord des parties. En application de cette jurisprudence, les juges du fond recherchaient l'effet dommageable de telle mesure prise par l'employeur : si cet effet entraînait des inconvénients majeurs, il s'agissait alors d'une modification substantielle ; si au contraire le préjudice ou la sujétion était faible, on parlait de modification non substantielle. Principes juridiques fragilisés et appréciations subjectives dangereuses, telles étaient les deux principaux effets fâcheux de cette jurisprudence.

Une nouvelle jurisprudence distingue désormais entre les modifications du **socle contractuel** qui implique l'acceptation du salarié et le changement des **conditions de travail** qui peut être décidé par l'employeur dans l'exercice de son pouvoir de direction.

La tâche la plus délicate est de déterminer ce qui rentre dans la sphère contractuelle et ce qui n'y rentre pas. Quel est ce « socle contractuel » ? L'existence d'un écrit facilite le travail au point qu'il est tentant d'affirmer que tous les éléments de l'écrit sont contractuels. Ce serait aller vite en besogne, car même dans l'hypothèse de l'existence d'un écrit, il convient de distinguer entre ce qui relève du « contractuel » et ce qui relève de « l'information ». La directive européenne du 14 octobre 1991 que nous avons présentée dans le cadre de développements précédents[17] invite elle même à cette distinction car l'objet de ce texte n'est pas de définir les éléments essentiels du contrat de travail mais d'informer le travailleur des conditions applicables à son contrat. Ainsi, en va t-il par exemple, de la mention de la convention collective applicable qui, à nos yeux n'a qu'une fonction informative, sauf à ce qu'elle soit indiquée dans une formulation contractuelle beaucoup plus précise. Ou encore le rappel dans le contrat de règles légales (ex. : congés payés) ou encore de règles conventionnelles ou encore de règles relevant du pouvoir de direction du chef d'entreprise.

La démarche à suivre pour déterminer le socle contractuel est double : apprécier d'une part les éléments *contractuels par nature* ou consubstantiels au contrat de travail, s'interroger d'autre part sur les éléments « contractualisés ».

Le premier volet ouvre sur la fonction[18], la rémunération contractuelle, la durée du travail. Le second laisse place à la recherche de la commune intention des parties au titre de laquelle rentrent en particulier les clauses relatives au lieu de travail[19] et à l'aménagement des horaires de travail.

---

17. Voir chapitre 1, § 3.3.
18. La frontière entre socle contractuel et conditions de travail n'est pas toujours facile. Dans un arrêt du 10 mai 1999, la chambre sociale de la Cour de cassation a jugé que « *l'employeur dans le cadre de son pouvoir de direction, peut changer les conditions de travail d'un salarié ; la circonstance que la tâche donnée à celui-ci soit différente de celle effectuée antérieurement, dès l'instant où elle correspond à sa qualification, ne caractérise pas une modification du contrat* ».
19. Concernant le lieu de travail, la Cour de cassation a jugé récemment que « *la mention du lieu de travail dans le contrat de travail a valeur d' information à moins qu'il ne soit stipulé par une clause claire et précise que le salarié exécutera son travail exclusivement dans ce lieu* ». Cette jurisprudence autorise à conclure que tout ce qui est dans le contrat n'est pas nécessairement contractualisé.
Conjuguée avec des jurisprudences antérieures, cette position de la Cour suprême conduit à formuler les règles suivantes :
– si le lieu est contractualisé par une clause claire et précise, la modification du lieu de travail requiert en toute hypothèse l'accord du salarié et l'employeur ne peut la lui imposer unilatéralement ;
– s'il ressort que le lieu n'a que simple valeur d'information, alors l'employeur peut imposer une modification de lieu si la nouvelle affectation reste dans le même secteur géographique. À défaut, il convient de se placer sur le terrain de la modification du contrat de travail. Une jurisprudence récente a toutefois décidé qu'eu égard à l'intérêt de l'entreprise ou à la spécificité des fonctions du salarié, un déplacement en dehors du secteur géographique peut, s'il est occasionnel, constituer un simple changement des conditions de travail que le salarié ne peut refuser, sauf à faire état d'un comportement fautif de sa part que l'employeur peut alors sanctionner ;
– dans le cas où le contrat de travail contient une clause de mobilité, il est alors loisible à l'employeur d'affecter l'intéressé dans tout autre lieu dès lors que l'intérêt de l'entreprise le justifie et que sa mise en œuvre est opérée de façon loyale, sachant que, selon la jurisprudence, la bonne foi de l'employeur est présumée. La nouvelle affectation donnée au salarié, loin de modifier le contrat, ne fait que l'exécuter : c'est pourquoi, ici, le refus du salarié reste de principe fautif.
Doit être distinguée d'une simple clause de mobilité la clause qui oblige le salarié, en cas de changement d'affectation, à fixer son domicile familial au nouveau lieu de travail : une telle clause qui porte atteinte à la vie privée du salarié, n'est pas nulle en soi mais ne peut, cependant, recevoir effet que si elle est indispensable à la protection des intérêts légitimes de l'entreprise et si elle est proportionnée, compte tenu de l'emploi occupé et du travail demandé, au but recherché.

D'autres éléments peuvent bien entendu être « contractualisés ». Reconnaissons que la difficulté est alors de vérifier l'existence de cette « contractualisation », tant la recherche de la volonté des parties est souvent un exercice périlleux !

A – Les modifications du socle contractuel

L'employeur ne peut imposer au salarié une modification de son contrat de travail : il peut seulement lui proposer une modification et, si le salarié refuse, il a le choix soit de renoncer à la modification envisagée, soit d'engager une procédure de licenciement.

Il convient de déterminer les causes de la modification proposée, car s'y attachent des différences sensibles de régime juridique.

1) Les modifications pour raison économique

Constitue un licenciement pour motif économique le licenciement effectué par un employeur pour un ou plusieurs motifs non inhérents à la personne du salarié résultant d'une suppression ou transformation d'emploi ou d'une modification, **refusée** par le salarié, d'un élément essentiel du contrat de travail, consécutives notamment à des difficultés économiques ou à des mutations technologiques (L. 321-1)[20].

Selon les dispositions de l'article L. 321-1-2, tout projet de modification d'un élément essentiel du contrat de travail pour motif économique doit être notifié au salarié par lettre recommandée avec AR. **Cette lettre informe l'intéressé qu'il dispose d'un délai d'un mois à compter de sa réception pour faire connaître son refus** : à défaut de réponse dans ce délai, il est réputé avoir accepté la modification proposée. La Cour de cassation, dans sa jurisprudence la plus récente, a considéré que ce délai d'un mois, n'est pas applicable au *reclassement/modification* du contrat. Au titre de l'obligation de reclassement, l'employeur doit proposer des emplois disponibles de même catégorie, ou à défaut, de catégorie inférieure, fût-ce par voie de modification substantielle des contrats de travail. Le reclassement n'est pas visé par l'article L. 321-1-2 qui ne concerne que la modification d'un élément essentiel du contrat de travail pour motif économique.

La Cour de cassation a eu l'occasion de dire :

- que l'inobservation par l'employeur du délai institué par l'article L. 321-1-2[21] prive de cause réelle et sérieuse le licenciement consécutif au refus par le salarié de la proposition de modification de son contrat de travail ;
- que si la proposition de l'employeur porte sur une modification de **plusieurs éléments** du contrat, le délai d'un mois est applicable à l'ensemble de ces modifications ; qu'il en résulte que le refus clair et non équivoque de l'une d'entre elles avant l'expiration du délai n'autorise pas l'employeur à entamer par avance la procédure de licenciement.

2) Les modifications pour raison individuelle

a) Modification de nature personnelle

Elle peut correspondre par exemple au souci de l'employeur de ne pas licencier un salarié qui fait preuve d'insuffisance professionnelle dans son emploi en lui proposant un autre emploi mieux adapté à ses capacités.

L'observation de l'évolution de la jurisprudence de la chambre sociale de la Cour de cassation invite l'employeur prudent, lorsqu'il décide une modification du socle contractuel pour raison personnelle, à obtenir un accord non équivoque du salarié concerné, c'est-à-dire en fait, un **accord écrit**. En effet, la Cour a de plus en plus tendance à admettre que « *même en présence d'une absence de protestation*

20. Voir *infra*, chapitre 5, § 3.2.3.
21. Voir *infra*, chapitre 5, § 3.2.3.

du salarié, l'employeur ne peut considérer que la poursuite de l'exécution de son contrat de travail aux nouvelles conditions vaut acceptation tacite ». En application de cette jurisprudence, l'exécution de la nouvelle relation contractuelle de travail se trouve dotée d'une incertitude qu'il convient de faire cesser en faisant signer un avenant au salarié.

Ceci étant, il est vivement conseillé de consulter la convention collective applicable, car il existe fréquemment des dispositions réglementant l'offre de modification du contrat de travail.

b) Modification de nature disciplinaire

S'agissant de la modification disciplinaire, la chambre sociale admettait que le refus du salarié d'accepter une rétrogradation, prononcée pour motif disciplinaire, constituait une faute grave justifiant un licenciement immédiat dès lors que la sanction initiale n'était ni injustifiée ni disproportionnée à la faute commise. Soucieuse d'unifier sa jurisprudence, la chambre sociale a modifié la solution avec son arrêt « *Hôtel Le Berry* » du 16 juin 1998 : « *une modification du contrat de travail, prononcée à titre de sanction disciplinaire contre un salarié, ne peut lui être imposée ; cependant, en cas de refus du salarié, l'employeur peut, dans le cadre de son pouvoir disciplinaire, prononcer une autre sanction, au lieu et place de la sanction refusée* ».

> *Exemple (Cass. soc., 16 juin 1998) :*
>
> Une salariée est embauchée en qualité de directrice d'hôtel. Quatre ans plus tard, après un entretien préalable, l'intéressée est rétrogradée dans un emploi de chef de réception. À la suite de son refus, elle est licenciée.
>
> La cour d'appel considère le licenciement sans cause réelle et sérieuse. Son argumentation s'articule autour d'une règle essentielle en droit disciplinaire : une même faute ne peut être sanctionnée deux fois, principe dénommé également « *non bis in idem* ». Dans le cas présent, la faute a d'abord été sanctionnée par la rétrogradation, puis par le licenciement, de sorte que « *l'employeur avait épuisé son pouvoir disciplinaire* », les mêmes griefs ayant été sanctionnés deux fois. Le licenciement est donc dénué de cause réelle et sérieuse.
>
> La Cour de cassation **censure** ce raisonnement. Une modification du contrat prononcé à titre de sanction disciplinaire, ce qui est le cas de la rétrogradation, ne peut être imposée à un salarié. Lorsque le salarié refuse, l'employeur peut prononcer une autre sanction, qui se substitue à la modification.
>
> Cette autre sanction devrait être le licenciement pour cause réelle et sérieuse, l'employeur n'ayant pas considéré, en sanctionnant par la rétrogradation, que la faute commise était suffisamment grave. D'où de deux choses l'une : soit la sanction est justifiée et le licenciement est fondé sur une cause réelle et sérieuse, soit la sanction n'est pas justifiée et le licenciement apparaît comme dénué de cause réelle et sérieuse.
>
> Cette position de la chambre sociale est l'aboutissement d'un mouvement jurisprudentiel qui tend à faire du contrat de travail un « bouclier » particulièrement protecteur des intérêts du salarié.

3) Les modifications contractuelles et le licenciement abusif

La modification du contrat de travail imposée par l'employeur à un salarié qui la refuse débouche sur un licenciement pour cause « *réelle et sérieuse* » dès lors qu'elle se justifie par « *l'intérêt de l'entreprise* ». En revanche, si cette modification unilatérale imposée ne trouvait sa raison d'être que dans une volonté de nuire au salarié – et donc non justifiée par des raisons inhérentes au fonctionnement de l'entreprise – (mais encore faut-il en rapporter la preuve !) le licenciement serait alors considéré comme abusif.

4) La cause du licenciement consécutive au refus de la modification du contrat de travail

Le refus de la modification du contrat de travail étant **un droit** pour le salarié, il ne peut pas constituer une cause de licenciement. Le licenciement né du refus, trouvera sa cause juridique dans la modification elle même : il sera donc prononcé pour motif économique, disciplinaire ou personnel selon la nature de la cause qui s'est trouvée à l'origine de la modification du contrat de travail.

5) La preuve de la modification du contrat de travail

La Cour de cassation a estimé que l'employeur qui, envisageant de changer les conditions d'emploi d'un salarié, se place sur le terrain de la modification contractuelle, ne peut plus par la suite faire prévaloir une autre analyse et prétendre qu'il s'agissait en réalité d'une mesure entrant dans le cadre de son pouvoir de direction et s'imposant à l'intéressé.

La solution est sévère : aussi, avant d'engager la moindre réorganisation dans leurs services, les entreprises devront s'attacher à qualifier exactement la mesure envisagée, toute erreur dans la démarche suivie pouvant être lourde de conséquences.

6) Les modifications du contrat de travail et la réduction du temps de travail (RTT)

La conclusion des accords sur la réduction du temps de travail pris en application du dispositif législatif « sur les 35 heures » conduisent par nature à une modification de la relation de travail initiale. Le législateur a alors pris trois dispositions spécifiques (L. 212-3) :

- la seule diminution du nombre d'heures stipulé au contrat de travail, **en application d'un accord de réduction de la durée du travail**, ne constitue pas une modification du contrat de travail. Elle est alors considérée comme une simple modification des conditions de travail (voir § B) ;
- lorsqu'un ou plusieurs salariés refusent une modification de leur contrat de travail **en application d'un accord de réduction de la durée du travail** (ex. : niveau de rémunération), le régime et la procédure applicable sont ceux du **licenciement individuel pour un motif non économique** ;
- le licenciement d'un salarié âgé de 50 ans et plus, en cas de refus de ce dernier d'une modification de son contrat de travail consécutive à **un accord de la réduction de la durée du travail**, rentre dans les cas d'exonération de la contribution « Delalande »[22].

L'ensemble de ces dispositions ne sont pas applicables si la modification du contrat de travail est consécutive à une RTT résultant d'une décision unilatérale de l'employeur : le refus du salarié débouche alors sur le régime du licenciement pour motif économique.

B – Les modifications des conditions de travail

En vertu de son pouvoir de direction, l'employeur peut modifier les conditions de travail de ses salariés et ceux-ci ne peuvent que les accepter en application du **lien de subordination** qui caractérise le contrat de travail.

Exemples :
- Réaménagement des lieux internes de travail.
- Modification de l'organisation du travail.
- Choix des instruments de travail.
- Modification du mode de remboursement des frais professionnels.
- Limitation de la pause de midi.
- Changement des lieux de travail dans le cadre de la même agglomération.
- Changement de planning de travail.

Le refus du salarié d'accepter la modification de ses conditions de travail constitue un manquement à ses obligations et prend donc une coloration fautive susceptible de déboucher sur une rupture du contrat de travail à l'initiative de l'employeur.

La Cour de cassation avait considéré au cours de ces dernières années que « *le refus par le salarié de continuer le travail ou de le reprendre après un changement de ses conditions de travail décidé par l'employeur dans l'exercice de son pouvoir de direction constitue en principe une faute grave qu'il appartient à l'employeur de sanctionner par un licenciement* ». S'il en est ainsi, le licenciement pour faute grave signifie une rupture du contrat immédiate et sans indemnité. Cette référence à

---

22. Voir *infra*, chapitre 5, § 3.7.

une qualification de principe de la faute commise était contestable, car il n'est pas heureux que la Cour de cassation enferme les juges du fond dans des formules qui les privent de leur pouvoir d'appréciation au cas par cas. Avec son arrêt *La Voix du Nord* du 4 juin 1998, la Cour corrige sa trajectoire en décidant « *que le refus d'un salarié d'accepter un changement de ses conditions de travail ne constitue pas nécessairement une faute grave* ».

C – Portée des clauses prévoyant la modification du contrat de travail

Quelques turbulences viennent accompagner la validité des clauses d'un contrat de travail qui en prévoient sa modification et qui ont été acceptées par avance par le salarié, en général au moment de la conclusion du contrat.

> *Exemple :*
>
> Une salariée est embauchée le 1er juillet 1991 en qualité de secrétaire, sous contrat de travail à durée déterminée à temps complet. Une clause prévoyait par avance que le contrat initial pourrait être transformé en contrat de travail à durée indéterminée à temps partiel, à compter d'une date déterminée (1er mars 1992). Par lettre du 2 novembre 1993, la salariée a été informée de ce qu'elle exercerait ses fonctions à temps partiel à compter du 1er novembre, avec réduction correspondante de la rémunération. La salariée a saisi la juridiction prud'homale afin de faire juger que son contrat de travail était resté à temps plein et obtenir le paiement des salaires correspondants. Elle a été déboutée en première instance puis en appel, les juges du fond estimant qu'elle avait librement consenti à l'application de la clause litigieuse.

La Cour de cassation se montre beaucoup plus sévère et entend donner force au contrat. Dans cet esprit, elle n'accepte pas de reconnaître la validité de clauses prévoyant *par avance* et sans conditions précises l'accord du salarié aux modifications du socle contractuel décidées par l'employeur (ex. : rémunération, fonction). Donner une valeur à de telles clauses serait admettre qu'un salarié puisse renoncer, par avance, à son droit de refuser la modification de son contrat de travail, mettant ainsi à néant la jurisprudence sur la modification du contrat de travail. On notera que la clause de mobilité qui autorise l'employeur à changer le lieu de travail du salarié n'est pas pour l'instant remise en question, mais il se peut que la jurisprudence évolue sur ce point. Sans être en effet hostile à toute variabilité contractuelle, la Cour suprême se manifeste-t-elle tout du moins dans le sens d'une hostilité au privilège conféré à l'employeur de faire varier à son gré les clauses du contrat de travail. À suivre…

2.2.2. La modification à l'initiative du salarié

Cette situation se présente beaucoup moins souvent. Il n'empêche que si un salarié exige une modification de ses conditions contractuelles de travail qui n'est pas acceptée par l'employeur, le refus du salarié de poursuivre alors les relations contractuelles s'analyse comme une démission volontaire.

> *Exemple (Cass. soc., 15 novembre 1989) :*
>
> En l'espèce, un représentant multicartes avait tenté d'imposer à un de ses employeurs le statut de VRP exclusif, en cessant toute prospection au profit de ses autres employeurs. L'employeur en question avait refusé cette modification, en invoquant une augmentation importante de ses charges salariales, et avait constaté en conséquence la rupture du contrat de travail à la charge du salarié.
>
> Les juges du fond, puis la Cour de cassation lui donnèrent raison, considérant que la modification imposée par le représentant présentait un caractère substantiel, ce qui devait conduire à une rupture du contrat de travail à sa charge en cas de refus par l'employeur.

Chapitre 4

La suspension du contrat de travail

Accomplir sa prestation de travail est l'obligation essentielle du salarié. En cours de contrat, l'exécution de cette prestation peut toutefois se trouver provisoirement interrompue du fait de certains événements ou circonstances que nous classerons en 5 rubriques principales liées à leur raison d'être : santé, famille, convenance personnelle, vie civique, vie professionnelle.

Il y a **suspension** du contrat de travail en cas d'interruption temporaire de la prestation de travail.

1. La suspension pour raisons de santé

1.1 Maladie

1.1.1 La courte maladie

Il a toujours été admis en jurisprudence que la courte maladie est une cause de suspension du contrat de travail. Encore faut-il prouver la réalité de cette maladie, sinon l'employeur peut y voir des absences injustifiées susceptibles d'entraîner le prononcé d'un licenciement. C'est pourquoi il est conseillé au salarié malade d'adresser au plus tôt à son employeur un certificat médical. Il est pour le moins souhaitable de prendre connaissance à ce sujet des dispositions des accords applicables à l'entreprise ou du règlement intérieur.

1.1.2 La longue maladie

A – L'absence de dispositions conventionnelles

L'article L. 122-45 fait interdiction de licencier un salarié notamment en raison de son état de santé ou de son handicap, sauf inaptitude constatée par le médecin du travail. Ceci étant, et en application de la jurisprudence de la Cour de cassation, l'absence prolongée du salarié pour maladie constitue une cause réelle et sérieuse de licenciement lorsqu'il est démontré qu'elle apporte un trouble suffisamment grave dans le fonctionnement de l'entreprise pour qu'il apparaisse

indispensable de pourvoir à son remplacement. En d'autres termes, ce sont les conséquences objectives de la maladie sur le fonctionnement de l'entreprise, et non la maladie elle même, qui motivent le licenciement. En cas de litige, c'est aux juges qu'il appartient de rechercher au vu des circonstances de l'espèce (taille de l'entreprise, durée de la maladie, fonctions occupées, etc.) si l'absence du salarié a constitué pour l'employeur une contrainte telle, que le licenciement était la seule issue.

Selon le dernier état de la jurisprudence, l'employeur qui décide de rompre le contrat de travail du salarié absent en raison d'une maladie prolongée prend l'initiative de la rupture et doit à ce titre respecter la procédure de licenciement et verser l'indemnité légale de licenciement.

B – L'existence de dispositions conventionnelles

De nombreuses conventions collectives prévoient que les absences du salarié ne constituent pas une rupture du contrat de travail si elles ne se prolongent pas au-delà d'une certaine durée. En d'autres termes, lesdites conventions stipulent une **durée minimale** de suspension du contrat de travail, durée diversement appréciée selon les branches (6 à 12 mois, selon l'ancienneté du salarié, dans l'industrie textile ; 3 à 12 mois dans le commerce de gros ; 8 mois dans l'imprimerie de labeur ; 7 mois dans l'habillement pour les cadres...).

L'existence de ce délai conventionnel de protection s'oppose à ce que, avant l'expiration de ce délai, l'employeur puisse rompre le contrat de travail suspendu de façon prolongée pour maladie. Cette rupture serait **abusive** quand bien même l'employeur pourrait démontrer la nécessité de remplacer le salarié avant la fin de ce délai.

L'expiration de la période de protection ne permet toutefois pas, à elle seule, de rompre le contrat de travail ; encore faut-il en effet que le remplacement effectif du salarié absent soit démontré par **la nécessité** de procéder à son **remplacement définitif**, excluant le remplacement au moyen de contrats temporaires qui seraient de nature à contredire la nécessité de remplacement invoquée.

Outre l'exigence du respect de la procédure de licenciement requise par la jurisprudence, les employeurs sont tenus, en application des dispositions conventionnelles, au versement de l'indemnité de licenciement, mesure protectrice qui empêche de se retrancher, le cas échéant, derrière la force majeure pour se libérer d'un tel versement.

> *Exemple (Cass. soc., 21 février 1979) :*
>
> L'employeur avait, sans autre procédure, écrit au salarié malade qu'en raison de la durée de sa maladie, il « prenait acte » de la rupture de leurs relations de travail. Les juges d'appel le condamnèrent à verser :
>
> – un mois de salaire pour inobservation de la procédure de rupture,
>
> – ainsi que les indemnités de congédiement.
>
> Décision tout à fait fondée, estime la Cour de cassation qui énonce : quelles que soient les dispositions de la convention collective (en l'espèce, elle prévoyait pour le cas de maladie un délai de suspension du contrat de travail limité à huit mois), l'employeur ne pouvait, au-delà de cette durée, « prendre l'initiative de rompre ou de constater la rupture du contrat, sans s'être entretenu avec le salarié conformément aux règles légales ». la Cour de cassation confirme donc l'obligation en pareil cas de convoquer le salarié à l'entretien préalable, et approuve la cour d'appel d'avoir imposé en l'espèce le versement des indemnités de licenciement.

1.1.3 La répétition des absences maladie

La Cour de cassation considére comme une cause réelle et sérieuse de licenciement les absences trop fréquentes pour maladie, qui aboutissent à créer une grave perturbation dans le bon fonctionnement de l'entreprise ou de l'unité de production, justifiant le remplacement définitif du salarié. Selon la Cour, la cause de licenciement n'est plus alors la maladie en elle-même, mais la **désorganisation** du service entraînée par les absences répétées, ce qui lui permet de reconnaître le bien-fondé d'un tel licenciement.

Exemple (Cass. soc., 16 juillet 1998) :

Attendu, cependant, que si l'article L. 122-45 du Code du travail fait interdiction de licencier un salarié notamment en raison de son état de santé ou de son handicap, sauf inaptitude constatée par le médecin du travail dans le cadre du titre IV du livre II de ce même code, ce texte ne s'oppose pas au licenciement motivé, non pas par l'état de santé du salarié, mais par la situation objective de l'entreprise qui se trouve dans la nécessité de pourvoir au remplacement définitif d'un salarié dont l'absence prolongée ou les absences répétées perturbent son fonctionnement ;

Qu'en statuant comme elle l'a fait, alors qu'elle avait constaté que la lettre de licenciement n'était pas motivée par l'état de santé du salarié mais par la nécessité de pourvoir à son remplacement définitif en raison des perturbations que son absence prolongée apportait au bon fonctionnement de l'entreprise, la cour d'appel, qui n'a pas constaté qu'une discrimination à raison de l'état de santé avait été commise et qui devait dès lors vérifier la réalité et le sérieux du motif invoqué par l'employeur, expressément envisagé comme motif de licenciement par l'article 60 de la convention collective, n'a pas tiré les conséquences légales de ses constatations et violé les textes susvisés.

La jurisprudence ainsi rapportée de la Cour de cassation doit être également mesurée à sa juste valeur : il faut que la gêne apportée par les absences fréquentes du salarié entraîne **la nécessité** de son remplacement définitif, sinon il y a de fortes chances que le licenciement soit déclaré abusif : tout est question d'espèce. Il appartient aux juges de former leur intime conviction au regard de plusieurs critères : importance et fréquence des absences, nature du poste occupé, qualifications requises par le poste, taille de l'entreprise, etc. On observe que les juges se montrent en général plus sévères avec les grandes entreprises, ceux-ci s'attachant à vérifier si toutes les solutions moyennes (remplacement momentané par un collègue, recours à de la main-d'œuvre temporaire, recours éventuel à des contrats à durée déterminée) ont bien été envisagées et épuisées avant que ne soient décidés le remplacement définitif et le licenciement.

1.1.4 Les obligations du salarié malade

Elles sont essentiellement de quatre ordres.

– Le salarié malade doit **avertir** l'employeur et **justifier** son absence ou la prolongation de celle-ci en adressant en temps utile un certificat médical. À défaut, il y aurait comportement fautif susceptible d'être sanctionné, le cas échéant, par une mesure de licenciement. Selon une jurisprudence désormais bien assise, ce comportement ne peut jamais, à lui seul, être interprété comme une démission[1].

– Le salarié doit **s'abstenir de travailler** pendant sa maladie au profit d'un autre employeur, ou même pour son propre compte. Comportement là encore fautif qui peut être sanctionné par un licenciement et, selon les circonstances d'espèce, par un licenciement pour faute grave.

– Si le salarié n'est pas tenu de poursuivre une collaboration avec l'employeur durant la suspension de l'exécution du contrat de travail provoqué par la maladie ou l'accident, l'**obligation de loyauté** subsiste durant cette période, et le salarié n'est pas dispensé de communiquer à l'employeur, qui en fait la demande, les informations qui sont détenues par lui et qui sont nécessaires à la poursuite de l'activité de l'entreprise (ex. communication du mot de passe informatique dont il est le seul détenteur ; restitution du fichier clients indispensable au bon fonctionnement de l'entreprise).

– Le salarié doit se soumettre à une **contre-visite médicale**, si l'employeur le décide. Le refus du salarié l'expose à la suppression du versement par l'employeur des indemnités complémentaires à celles de la sécurité sociale auquel il peut être tenu en vertu d'un accord collectif applicable à son entreprise.

– Le salarié doit subir une visite médicale de reprise (obligatoire de par la loi après une absence pour maladie d'au moins 21 jours) dont il appartient à l'employeur de prendre l'initiative. Le refus du salarié de s'y soumettre est un motif réel et sérieux de licenciement.

1. Sur les conditions de la démission, voir *infra*, chapitre 5, § 2.

1.1.5 L'inaptitude consécutive à une maladie ou un accident

A – Le principe d'une obligation de reclassement

« *À l'issue des périodes de suspension du contrat de travail consécutives à une maladie ou un accident, si le salarié est déclaré par le médecin du travail inapte à reprendre l'emploi qu'il occupait précédemment, l'employeur est tenu de lui proposer un autre emploi approprié à ses capacités, compte tenu des conclusions écrites du médecin du travail et des indications qu'il formule sur l'aptitude du salarié à exercer l'une des tâches existantes dans l'entreprise et aussi comparable que possible à l'emploi précédemment occupé, au besoin par la mise en œuvre de mesures telles que mutations ou transformations de postes de travail* » (L. 122-24-4). Ce texte s'applique à toutes les inaptitudes, qu'elles soient totales ou partielles, définitives ou temporaires. Un salarié est considéré comme inapte dès lors que le médecin du travail apporte une restriction quelconque, fondée sur l'état de santé de l'intéressé, à la possibilité pour lui de tenir pleinement la fonction découlant de son contrat de travail.

Concernant l'avis d'inaptitude à tout emploi dans l'entreprise délivré par le médecin du travail, la Cour de cassation s'est clairement exprimée dans un arrêt du 10 mars 2004 en considérant qu'il « *ne dispense pas l'employeur, quelle que soit la position prise alors par le salarié, de rechercher les possibilités de reclassement par la mise en œuvre de mesures telles que mutations ou transformations de postes de travail au sein de l'entreprise et le cas échéant du* **groupe** *auquel elle appartient* ».

B – Le point de départ de l'obligation de reclassement

L'article L. 122-24-4 fait de la date de l'examen médical de reprise du travail le point de départ du délai **d'un mois** à l'issue duquel le salarié doit être reclassé ou licencié. La visite de reprise met donc fin à la période de suspension du contrat de travail. Le médecin du travail ne pouvant toutefois se prononcer légalement sur l'inaptitude du salarié qu'après **deux examens** (sauf danger immédiat pour la santé ou la sécurité de l'intéressé) espacés de **deux semaines** (R. 241-51-1), il en résulte que la visite de reprise, qui déclenche l'obligation de l'employeur, soit de reclasser, soit de licencier, se matérialise par le deuxième examen médical.

C – Le reclassement et la modification du contrat de travail

Lorsqu'un salarié refuse un poste de reclassement comportant modification de son contrat de travail, la situation est réglée conformément au droit commun de la modification des contrats[2].

D – La violation de l'obligation de reclassement

L'employeur peut être en particulier considéré comme ayant violé l'obligation de reclassement s'il n'établit pas l'existence de diligences sérieuses dans sa recherche d'un poste de reclassement ou si ses démarches sont très imprécises. Dans ces hypothèses, l'impossibilité de reclassement sera difficile pour lui à prouver et il est fort à parier que le juge en tirera toutes conséquences utiles et formera sa conviction sur l'existence d'un licenciement dénué de cause réelle et sérieuse, débouchant sur l'octroi de **dommages et intérêts**.

En outre, et opérant un revirement de jurisprudence, la chambre sociale de la Cour de cassation, dans un arrêt du 26 novembre 2002, a jugé que si le salarié ne peut en principe prétendre au paiement d'une **indemnité compensatrice de préavis** qu'il est dans l'impossibilité physique d'effectuer en raison d'une inaptitude physique à son emploi, **cette indemnité lui est due** lorsque le licenciement est dépourvu de cause réelle et sérieuse en raison du manquement de l'employeur à son obligation de reclassement consécutive à l'inaptitude. Ainsi, dans l'hypothèse où l'employeur a manqué à son obligation de reclassement, soit pout insuffisance de diligences, soit parce qu'il ne peut les prouver, la Cour suprême le rend désormais responsable de l'inexécution du préavis.

---

2. Voir *supra*, chapitre 3, § 2.2.

E – La situation du salarié non reclassé ni licencié

Si le salarié n'est pas reclassé dans l'entreprise à l'issue du délai d'un mois à compter de la date de l'examen médical de reprise du travail tout en n'étant pas licencié, l'employeur est légalement tenu de lui verser, dés l'expiration de ce délai, le salaire correspondant à l'emploi que celui-ci occupait avant la suspension de son contrat de travail.
Les dispositions de l'article L. 122-24-4 sont d'**ordre public**.

1.2 Maladies professionnelles et accidents du travail

La loi du 7 janvier 1981 « *relative à la protection de l'emploi des salariés victimes d'un accident du travail ou d'une maladie professionnelle* » prévoit diverses mesures protectrices, étant entendu que celles-ci ne sont pas applicables aux rapports entre un employeur et son salarié victime d'un accident du travail ou d'une maladie professionnelle, survenue ou contractée au service d'un autre employeur. En d'autres termes, un salarié victime d'une rechute, dès lors que celle-ci résulterait d'un accident du travail ou d'une maladie professionnelle survenu ou contracté chez un précédent employeur, ne peut prétendre au bénéfice des dispositions protectrices de la loi de 1981, et notamment de la protection contre le licenciement, à l'égard de son actuel employeur.
Sur un autre plan, la Cour de cassation a élargi la notion d'accident du travail en ne retenant plus nécessairement la soudaineté de sa survenance d'une part, et en n'exigeant plus une certaine concordance de temps entre le fait accidentel et l'apparition de la lésion.

> *Exemple (Cass. soc., 2 avril 2003) :*
> Monsieur X. a subi en 1993 et 1994 pour les besoins de son activité professionnelle la vaccination contre l'hépatite B. Souffrant d'une sclérose en plaques, dont il allègue que les premiers symptômes se sont manifestés peu après les injections vaccinales, il a sollicité la prise en charge de cette affectation au titre de la législation professionnelle, ce qui lui a été refusé.
> La cour d'appel lui avait donné tort, considérant qu'il n'établissait pas « *qu'un événement soudain susceptible d'être qualifié d'accidentel se serait produit au cours de cette vaccination et serait à l'origine de la lésion invoquée* ».
> La Cour de cassation casse l'arrêt d'appel au visa de l'article L. 411-1 du Code de la sécurité sociale, considérant qu'il résulte du texte susvisé que « *constitue un accident du travail un événement ou une série d'évènements survenus à des dates certaines par le fait ou à l'occasion du travail, dont il est résulté une lésion corporelle,* ***quelle que soit la date d'apparition de celle-ci*** ».

1.2.1 Les relations contractuelles à durée indéterminée

A – La période de suspension

Le contrat de travail du salarié victime d'un accident du travail ou d'une maladie professionnelle est suspendu pendant la durée de l'arrêt de travail provoqué par l'accident ou la maladie ainsi que, le cas échéant, pendant le délai d'attente et la durée du stage de réadaptation, de rééducation ou de formation professionnelle que, conformément a l'avis de la commission technique d'orientation et de reclassement professionnel (Cotorep), l'intéressé doit suivre[3]. Aucun licenciement ne peut être prononcé pendant la période de suspension[4], sauf dans deux cas :

- faute grave de l'intéressé (commise par hypothèse avant la maladie ou l'accident ; il peut même s'agir de la faute grave commise par le salarié qui s'est trouvée être la cause de son accident) ;
- impossibilité ou l'employeur se trouve, pour un motif non lié à l'accident ou à la maladie, de maintenir le contrat (ex. : hypothèse d'un licenciement prononcé pour cause économique) (L. 122-32-2).

---

3. La durée des périodes de suspension est prise en compte pour la détermination de tous les avantages légaux ou conventionnels liés à l'ancienneté dans l'entreprise.
4. Les règles protectrices de l'article L. 122-32-2 qui interdisent à l'employeur de résilier le contrat (sauf exceptions) s'appliquent, y compris pendant la période d'essai.

Exemple (Cass. soc., 25 mai 1993) :

Un salarié, qui exerçait dans une coopérative agricole les fonctions de conducteur de véhicule, a été victime d'un accident du travail qui l'a éloigné de l'entreprise pendant une longue période. L'arrêt de travail se poursuivait depuis plus de deux ans lorsque l'entreprise, confrontée à des difficultés économiques et à des mutations technologiques, a procédé à un licenciement collectif. La mise en œuvre des critères relatifs à l'ordre des licenciements désignait l'intéressé parmi les personnes à licencier, le service transports auquel il était affecté faisant l'objet de sept suppressions d'emplois. Ce salarié fut donc licencié.

L'employeur se trouvait-il confronté à une impossibilité de maintenir le contrat, seule circonstance, en l'absence de faute grave, susceptible de justifier la résiliation du contrat suspendu pour accident du travail ?

La cour d'appel ne l'avait pas pensé.

La Cour de cassation prend une position différente. Pour elle, « la suppression d'emplois, consécutive notamment à des difficultés économiques ou à des mutations technologiques, et la nécessité pour l'employeur de respecter les critères retenus pour fixer l'ordre des licenciements, peuvent constituer l'impossibilité de maintenir le contrat de travail » visé à l'article L. 122-32-2. En d'autres termes, lorsqu'un certain nombre d'emplois doivent être supprimés et que le jeu des critères relatifs à l'ordre des licenciements désigne tel salarié, il y a lieu d'en faire application, peu important que le salarié ainsi désigné se trouve en arrêt de travail pour accident du travail.

La Cour de cassation se montre assez sévère dans l'appréciation de ce second cas : elle a ainsi considéré que ne constitue pas nécessairement à elle seule une telle impossibilité l'existence d'une cause économique si l'employeur n'apporte pas par ailleurs tous les éléments de preuve permettant d'accréditer l'impossibilité du maintien du contrat.

Tout licenciement prononcé pour des raisons autres que celles qui viennent d'être exposées est considéré comme **nul**. Si le salarié opte pour la réintégration, il a droit au paiement d'une somme correspondant à la réparation de la totalité du préjudice subi au cours de la période qui s'est écoulée entre son licenciement et sa réintégration, **dans la limite** du montant des salaires dont il a été privé, c'est à dire déduction faite des sommes qu'il aurait pu tirer, le cas échéant, d'un revenu de remplacement. Dans le cas contraire, il a droit aux indemnités de rupture et à une indemnité réparant l'intégralité du préjudice résultant du caractère illicite du licenciement.

B – Le retour du salarié

1) L'aptitude du salarié

S'il est déclaré **apte** par le médecin du travail, le salarié doit retrouver son emploi ou un emploi similaire[5] assorti d'une rémunération équivalente.

Un licenciement décidé par l'employeur ouvrirait alors en faveur du salarié concerné le bénéfice des indemnités de rupture de droit commun et de l'indemnité de l'article L. 122-32-7 (voir § D).

2) L'inaptitude du salarié

a) Constat de l'inaptitude

Sauf dans le cas où le maintien du salarié à son poste de travail entraîne un danger immédiat pour la santé ou la sécurité de l'intéressé ou celle des tiers, le médecin du travail ne peut constater l'inaptitude du salarié à son poste de travail qu'après une étude de ce poste et des conditions de travail dans l'entreprise faisant et **deux** examens médicaux espacés de **deux semaines** : il s'agit là d'une exigence de fond et non de pure forme, ce qui veut dire que le licenciement prononcé pour inaptitude est **nul** si le **second** examen n'a pas eu lieu.

---

5. N'est pas un emploi similaire l'emploi qui comporte une modification du contrat de travail initial. Seul un motif d'ordre économique peut justifier une telle modification et permet d'asseoir une cause réelle et sérieuse au licenciement né du refus éventuel du salarié d'accepter les conditions nouvelles d'emploi.

b) Obligations de l'employeur

Si le salarié est déclaré par le médecin du travail **inapte** à reprendre l'emploi qu'il occupait précédemment, l'employeur est alors tenu « *de lui proposer, compte tenu des conclusions écrites du médecin du travail et des indications qu'il formule sur l'aptitude du salarié à exercer l'une des tâches existant dans l'entreprise* ***et après avis des délégués du personnel****, un autre emploi approprié à ses capacités et aussi comparable que possible à l'emploi précédemment occupé, au besoin par la mise en œuvre de mesures telles que mutations, transformations de postes ou aménagement du temps de travail* » (L. 122-32-5)[6].

La Cour de cassation a donné à ce texte la quadruple portée suivante.

En premier lieu, la recherche des possibilités de reclassement s'impose à l'employeur quand bien même le salarié serait déclaré inapte à **tout** emploi dans l'entreprise.

En second lieu, la recherche des possibilités de reclassement doit s'apprécier à l'intérieur du groupe auquel appartient l'employeur concerné, parmi les entreprises dont les activités, l'organisation ou le lieu d'exploitation lui permettent d'effectuer la permutation de tout ou partie du personnel (solution identique à celle retenue en matière de licenciement pour motif économique).

En troisième lieu, l'avis des délégués du personnel constitue une exigence **essentielle** du dispositif procédural dont l'omission est très lourdement sanctionnée : non seulement le licenciement est illicite, mais le salarié a droit à une indemnité qui ne peut être inférieure à **12 mois de salaire** en application de l'article L. 122-32-7 (voir § D). C'est dire l'importance de l'enjeu si les modalités de cette consultations étaient elle-même irrégulières et affectaient le principe même de celle-ci. Se pose en effet la question de savoir ici si cette consultation peut être *individuelle* ou *collective*. Il nous apparaît que les délégués du personnel étant avant tout une institution collégiale, cette consultation devrait être collective. Or, dans un arrêt contestable du 29 avril 2003 (arrêt « *Soli* »), la Cour admet la consultation individuelle. N'est-il pas contradictoire en effet de faire de la consultation des délégués du personne une formalité substantielle et de n'imposer par ailleurs aucun formalisme ? En outre, l'employeur peut-il choisir discrétionnairement les délégués du personnel dont il entend solliciter l'avis ?

Une **seule** consultation suffit cependant : dans le cas où le salarié, après avoir refusé une première proposition de reclassement formulée par son employeur après consultation des délégués du personnel, en refuse une autre sur laquelle les délégués du personnel n'ont pas exprimé un nouvel avis, cette seule consultation suffit à répondre aux exigences de l'article L. 122-32-5 précité dès lors que l'avis a été recueilli avant l'engagement de la procédure de licenciement suivant le second refus du poste de reclassement.

Pour ce qui concerne le moment de la consultation, elle doit intervenir **après** les deux examens médicaux constatant l'inaptitude et donc **avant** proposition au salarié de l'emploi de reclassement ou engagement de la procédure de licenciement. Une consultation prématurée des délégués du personnel serait sanctionnée de la même façon qu'une absence de consultation.

Enfin et en quatrième lieu, la Cour a considéré dans son arrêt « *Le Floch* » du 7 décembre 1999 que l'employeur ne saurait se soustraire à cette obligation au motif de l'absence de délégués du personnel dans l'entreprise dès lors que leur mise en place était obligatoire et qu'aucun procès-verbal de carence n'a été établi[7].

---

6. Il convient de rappeler les dispositions de l'article L. 241-10-1 du Code du travail selon lequel « *le médecin du travail est habilité à proposer des mesures individuelles telles que mutations ou transformations de postes, justifiées par des considérations relatives notamment à l'âge, à la résistance physique ou à l'état de santé des travailleurs.*
Le chef d'entreprise est tenu de prendre en considération ces propositions et, en cas de refus, de faire connaître les motifs qui s'opposent à ce qu'il y soit donné suite. En cas de difficulté ou de désaccord la décision est prise par l'inspecteur du travail après avis du médecin inspecteur du travail ».
Si l'obligation de l'employeur consiste en un effort de reclassement, elle ne s'étend pas à un maintien ne serait-ce que partiel, de la rémunération antérieure, versée au titre d'un autre emploi.

7. Voir *infra*, Partie 4, chapitre 4, § 2.1.3.

c) Licenciement du salarié

L'employeur ne peut décider le licenciement du salarié que s'il justifie soit d'une impossibilité de reclassement, soit du refus par le salarié de l'emploi proposé. **Le respect des procédures de licenciement s'impose**[8].

S'il ne peut proposer un nouvel emploi, l'employeur est tenu, après avis des délégués du personnel, de lui faire connaître **par écrit** les motifs qui s'opposent au reclassement. Le Conseil d'État a eu l'occasion de rappeler que l'obligation de motiver par écrit l'impossibilité de reclassement, préalablement à toute procédure de licenciement, ne vaut que lorsque la société a été dans l'impossibilité de faire une quelconque proposition de reclassement. En revanche, dès lors que cette impossibilité de reclassement résulte des refus successifs du salarié opposés aux propositions faites par l'entreprise en fonction de ses disponibilités et des capacités réduites du salarié, l'obligation de notification écrite des motifs empêchant le reclassement ne saurait se justifier et procéderait d'une interprétation extensive du texte que sa rédaction ne permet pas (Conseil d'État, 22 avril 1992). Une décision de non-reclassement doit donc être étayée par un dossier probant, sauf pour l'employeur à courir le risque d'être sanctionné pour licenciement abusif et de devoir payer de lourdes indemnités (voir § D).

Sans préjudice de dispositions conventionnelles plus favorables, le salarié a droit au versement :

- de l'indemnité compensatrice de préavis à laquelle son ancienneté lui donne droit ;
- d'une *indemnité spéciale de licenciement* égale au **double** de l'indemnité **légale** de licenciement, l'article L. 122-32-6 ne requérant pour son attribution **aucune** condition d'ancienneté, ou au double de l'indemnité de licenciement prévu par l'**accord de mensualisation** du 10 décembre 1977 annexé à la loi du 19 janvier 1978, sous réserve cette fois de remplir les conditions d'ancienneté requises par cet accord. Ainsi, pour bénéficier de la majoration du **1/15**^e^, le salarié victime d'un accident du travail et licencié devra justifier d'une ancienneté dans l'entreprise **de plus de 10 ans.**

Ces indemnités sont calculées sur la base du salaire moyen qui aurait été perçu par l'intéressé au cours des 3 derniers mois précédent le licenciement s'il avait continué à travailler au poste qu'il occupait avant l'arrêt de travail provoqué par l'accident ou la maladie professionnelle. Il s'agit donc d'un salaire réactualisé, ce qui est intéressant pour le salarié au cas où l'arrêt de travail a duré longtemps. Le salaire s'entend comme incluant la totalité des éléments entrant dans le revenu salarial.

d) Refus abusif de reclassement par le salarié

L'article L. 122-32-6 alinéa 2 dispose que les indemnités spécifiques (voir § D) ne sont pas dues par l'employeur « *qui établit que le refus par le salarié du reclassement qui lui est proposé est abusif* ».

> *Exemple 1 :*
>
> Refus par le salarié, sans motif légitime, d'un poste approprié à ses capacités et comparables à l'emploi précédemment occupé.
>
> *Exemple 2 :*
>
> Rejet systématique de toute proposition de reclassement.

Dans cette hypothèse, la Cour de cassation a toutefois reconnu le maintien du droit du salarié à l'indemnité **légale** (ou, le cas échéant, **conventionnelle**) de licenciement.

e) Bénéfice des conditions de rémunération antérieures

Afin de forcer l'employeur à prendre rapidement une décision, évitant ainsi une situation d'attentisme préjudiciable aux intérêts du salarié, l'article L. 122-32-5 alinéa 1 précise que « *si le*

8. La violation de la procédure est sanctionnée d'une indemnité au plus égale à un mois de salaire (L. 122-32-7 al. 2).

salarié n'est pas reclassé dans l'entreprise à l'issue d'un délai ***d'un mois*** *à compter de la date de l'examen de reprise du travail ou s'il n'est pas licencié, l'employeur est tenu de verser à l'intéressé, dès l'expiration de ce délai, le salaire correspondant à l'emploi que celui-ci occupait avant la suspension de son contrat de travail* ». Il est ajouté que ces dispositions s'appliquent également en cas d'inaptitude à tout emploi dans l'entreprise constatée par le médecin du travail.

3) L'annulation de l'avis d'inaptitude

Le salarié peut toujours saisir l'inspecteur du travail, sur le fondement des dispositions de l'article L. 241-10-1 alinéa 3 du Code du travail, lorsqu'il est en désaccord sur l'appréciation portée par le médecin du travail sur son état de santé.

Que se passe-t-il alors si, une fois le licenciement intervenu du salarié, l'avis d'inaptitude est infirmé par l'inspecteur du travail ou encore si la décision confirmative de l'inspecteur est ultérieurement annulée sur recours contentieux par un tribunal administratif ? Cette situation n'est pas une hypothèse d'école en raison de l'absence de caractère suspensif du recours devant l'inspecteur du travail, traduction ici du principe d'absence d'effet suspensif des recours en matière administrative. Il en résulte que l'employeur peut procéder à un licenciement sans attendre la décision de l'inspecteur.

La Cour de cassation a eu l'occasion de se prononcer en décidant que le licenciement n'est pas nul et n'autorise pas le salarié à prétendre à sa réintégration. En revanche, il peut se prévaloir d'une réparation sous forme de dommages et intérêts. Si le licenciement est ainsi privé de cause réelle et sérieuse mais par suite d'une erreur manifeste de l'administration, l'employeur qui a respecté la procédure et qui se voit supporter la charge financière d'un tel licenciement devrait logiquement pouvoir disposer d'un recours contre l'État.

C – Le constat ultérieur de l'inaptitude

La question s'est posée de savoir si les dispositions de la loi du 7 janvier 1981 étaient applicables, notamment lorsque l'inaptitude du salarié n'est pas déclarée à l'issue des périodes de suspension, mais plus tard : par exemple, à l'occasion d'une visite médicale périodique ou encore à l'issue d'une maladie ordinaire. Dans un arrêt du 20 juin 1990, la Cour de cassation a confirmé l'interprétation large qu'elle entend donner du texte susvisé en considérant que la loi de 1981 s'applique **dans tous les cas** où l'inaptitude résulte de l'accident du travail ou de la maladie professionnelle. Il est alors vivement conseillé aux employeurs de vérifier systématiquement auprès du médecin du travail, en cas d'inaptitude déclarée d'un salarié qui aurait été victime dans le passé d'un accident du travail ou d'une maladie professionnelle survenus dans l'entreprise, si cette inaptitude résulte ou non de cet accident ou de cette maladie.

D – La sanction financière

Toute décision de licenciement effectuée en violation des dispositions protectrices s'attachant à chacune des alternatives – aptitude ou non-aptitude du salarié – est sanctionnée par le versement d'une indemnité minimale égale à **12 mois** de salaire qui s'ajoutera à l'indemnité compensatrice de préavis, à l'indemnité spéciale de licenciement dans les conditions exposées au point B qui précède ainsi qu'à l'indemnité compensatrice de congés payés (L. 122-32-7)[9]. La Cour de cassation considère qu'il convient de faire une lecture restrictive de ces dispositions et qu'en conséquence le prononcé de cette sanction ne peut être envisagée que pour les **seuls** cas de violation énumérés par le législateur. Le non-respect des autres obligations résultant de la loi du 7 janvier 1981 (ex. : licenciement irrégulier du salarié pendant les périodes de suspension du contrat ; justification par écrit des motifs qui s'opposent au reclassement) ne peut être sanctionné que par des dommages et intérêts évalués en fonction du préjudice subi, conformément aux règles de droit commun.

Les dispositions de l'article L. 122-32-5 sont d'**ordre public**.

---

9. Pour le calcul de cette indemnité, la période de suspension pour accident du travail et maladie professionnelle est assimilée à un temps de travail effectif dans la limite d'une durée ininterrompue d'un an (L. 223-4).

1.2.2 Les relations contractuelles à durée déterminée

A – Le contrat sans clause de renouvellement

Le contrat se trouve suspendu dans les mêmes conditions que celles étudiées dans le cadre du contrat de travail à durée indéterminée. Toutefois, si le terme du contrat survient au cours de la période de suspension, elle ne peut être reportée et l'employeur peut donc mettre fin au contrat.

Avant le terme et pendant la suspension, aucune résiliation du contrat ne peut intervenir, sauf faute grave de l'intéressé ou cas de force majeure. À défaut, la résiliation serait considérée comme nulle.

Au retour du salarié, l'une ou l'autre des deux possibilités envisagées par le législateur et examinées précédemment, peut recevoir application :

– même emploi ou emploi similaire ;

– ou emploi approprié à ses capacités.

Si l'employeur justifie se trouver dans l'impossibilité de proposer un emploi adéquat au salarié ou si ce dernier refuse un tel emploi, l'employeur peut demander à la juridiction prud'homale de prononcer la résiliation du contrat de travail. Le tribunal, après vérification des motifs invoqués, prononce la résiliation et fixe la compensation financière due au salarié.

Si l'employeur refuse de reclasser le salarié reconnu apte dans son emploi précédent ou dans un emploi similaire, ou dans un emploi approprié s'il est partiellement inapte, ou s'il ne peut justifier de l'impossibilité de proposer un tel emploi ou du refus du salarié d'accepter l'emploi proposé, il doit alors verser au salarié une indemnité correspondant au préjudice subi. Cette indemnité ne peut être inférieure au montant des salaires et avantages qu'il aurait reçus jusqu'au terme de la période en cours de validité de son contrat.

B – Le contrat avec clause de renouvellement

Nous retenons l'hypothèse où les conditions de renouvellement ont été précisées dans le contrat initial. (Nous rappelons qu'elles peuvent aussi faire l'objet d'un avenant ultérieur, situation la plus fréquente en pratique).

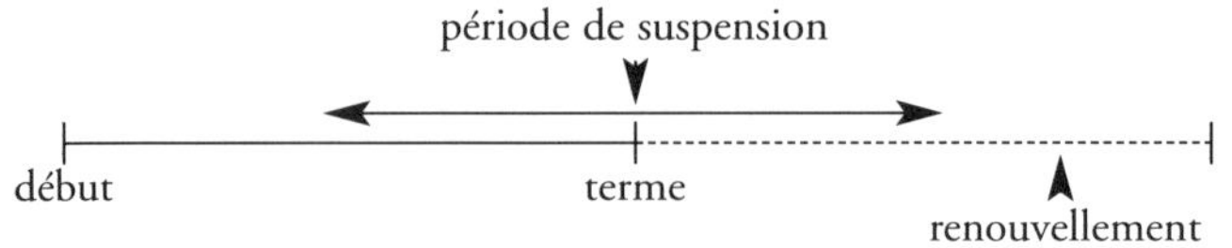

Que se passe-t-il si la période initiale arrive à son terme en cours de suspension ?

L'employeur ne peut refuser de faire jouer la clause de renouvellement qu'à la condition de justifier d'un motif réel et sérieux sans rapport avec l'accident ou la maladie. À défaut, il devra verser au salarié une indemnité minimale, égale au montant des salaires et avantages que le salarié aurait reçus jusqu'au terme de la période prévue par la clause de renouvellement (L. 122-32-3).

1.3 Accidents de trajet

1.3.1 La définition

En vertu des dispositions de l'article L. 411-2 du Code de la sécurité sociale, est accident de trajet l'accident survenu à un salarié pendant le trajet aller-retour entre sa résidence et son lieu de travail. Le critère déterminant est le « *caractère professionnel du parcours* », ce qu'étaye une jurisprudence abondante de la Cour de cassation selon laquelle est accident de trajet celui qui s'est produit lors du parcours « *effectué pour les besoins du travail qui **va** ou **vient** de s'accomplir* »[10].

Un contentieux important est né sur les applications pratiques du principe jurisprudentiel ainsi dégagé. Il convient de retenir les éléments suivants :

– le trajet lieu de travail/résidence (principale ou secondaire habituelle) ne comporte aucune distance minimale ou maximale ; peu importe donc que le salarié habite très près ou très loin de l'entreprise ;

– le trajet commence dès que le salarié quitte l'aire d'autorité de son employeur (l'entreprise et ses dépendances : réfectoire, parking, etc.) et il se termine dès que le salarié y pénètre ; à l'autre point de départ, le trajet ne commence que lorsque le salarié a quitté sa résidence, dépendances incluses (cour, jardin, etc.) et se termine dès qu'il y pénètre ;

> *Exemple (Cass. soc., 31 janvier 1991) :*
>
> Mme E… prise d'un malaise fait une chute dans son jardin au moment où elle allait prendre sa voiture pour se rendre à son travail. Les juges d'appel avaient admis l'accident de trajet, faisant valoir que, manifestement, l'accident s'était produit à un temps et dans des circonstances où la démarche de l'intéressée ne pouvait être attribuée à un autre mobile qu'à celui de se rapprocher de son lieu de travail.
>
> La Cour de cassation réfute leur décision : le malaise était intervenu « dans les dépendances de la résidence de la victime », en un lieu où celle-ci « était seule habilitée à prendre des mesures de prévention », en sorte qu'elle ne se trouvait pas encore sur le trajet reliant son domicile, qu'elle n'avait pas encore quitté, à son lieu de travail.

– si le trajet est interrompu, ne peut être qualifié accident de trajet celui qui survient au cours de l'interruption elle-même.

> *Exemple (Cass. soc., 28 juin 1989) :*
>
> Les juges n'ont pas qualifié accident de trajet la chute d'une salariée dans les escaliers menant à la porte de l'école où elle venait de conduire son enfant.

1.3.2 Les conséquences sur le contrat de travail

L'accident de trajet est une cause de suspension du contrat de travail ; toutefois, l'inaptitude physique qui peut en résulter peut être un élément constitutif de force majeure pour l'employeur sur le plan des relations contractuelles de travail. Quoi qu'il en soit, la rupture du contrat dans cette hypothèse a toujours été considérée (à la différence de la rupture pour maladie non professionnelle) comme une rupture à l'initiative de l'employeur entraînant le versement des indemnités de licenciement.

> *Exemple (Cass. soc., 15 juin 1977) :*
>
> Si l'inaptitude due à un accident de trajet peut justifier un licenciement, elle ne saurait cependant priver le salarié d'une indemnité de licenciement. L'indemnité compensatrice de préavis n'est pas due puisque le salarié inapte n'est pas en mesure d'exécuter son travail pendant le délai-congé.

La loi du 7 janvier 1981 précitée exclut expressément de son dispositif protecteur les salariés victimes d'un accident de trajet.

---

10. La prise en charge par la Sécurité sociale de l'accident de trajet au titre de la législation sur les accidents du travail est liée à la reconnaissance de son caractère professionnel. La chambre sociale de la Cour de cassation exerçait normalement un contrôle sur la qualification donnée par les juges du fond à l'accident de travail en vérifiant que « *le parcours n'ait pas été interrompu ou détourné pour un motif dicté par l'intérêt personnel et étranger aux nécessités essentielles de la vie courante ou indépendant de l'emploi* ». Dans un arrêt du 13 décembre 1985, l'assemblée plénière de la Cour de cassation a décidé que c'est aux seuls juges du fond qu'il revient d'apprécier souverainement le caractère professionnel de l'accident de trajet en fonction de l'analyse des circonstances de l'espèce et que la Cour de cassation n'a en la matière aucun contrôle à exercer. Mais la chambre sociale a refusé de s'incliner et tient à poursuivre son contrôle en se reconnaissant toujours le droit de dire si les circonstances de fait devaient bien amener les juges du fond à statuer comme ils l'ont fait.

Tableau 6 – Conditions comparées du licenciement pour inaptitude physique d'origine professionnelle et non professionnelle

Origine professionnelle	Origine non professionnelle
– Faire connaître les motifs qui s'opposent au reclassement → écrit obligatoire	– idem → écrit non obligatoire
– L'indemnité de préavis est due.	– L'indemnité compensatrice de préavis n'est pas due.
– L'indemnité de licenciement est égale au double de l'indemnité légale.	– L'indemnité de licenciement est légale ou conventionnelle.
– En cas de licenciement injustifié, l'indemnité pour licenciement sans cause réelle et sérieuse est égale au minimum à 12 mois de salaire.	– En cas de licenciement injustifié, l'indemnité pour licenciement sans cause réelle et sérieuse est égale au minimum à 6 mois de salaire.

2. La suspension pour raisons familiales

2.1 Congé de maternité

Il a fait l'objet de nombreuses modifications législatives qui ont toutes eu comme finalité d'en accroître sa durée (L. 122-26).

2.1.1 Le congé normal

La salariée a le droit de suspendre son contrat de travail pendant une période qui commence 6 semaines avant la date présumée de l'accouchement et se termine 10 semaines après la date de celui-ci. L'arrivée d'un troisième enfant ou plus au foyer lui ouvre le droit de suspendre son contrat de travail pendant une période de 8 semaines avant la date présumée de l'accouchement et de 18 semaines après.

Il se peut que la salariée ne souhaite pas bénéficier intégralement de son droit ; toutefois, en vertu de l'article L. 224-1, elle ne peut être employée pendant les 8 semaines qui entourent l'accouchement, 2 avant, 6 après.

2.1.2 Les circonstances particulières

A – Le repos sur prescription médicale

En cas de nécessité et sur prescription médicale, un repos de 2 semaines supplémentaires peut être attribué à la salariée enceinte qui fera l'objet d'une indemnisation à 50 % du gain journalier. Ce repos supplémentaire ne peut être pris au plus tôt qu'à partir du premier jour du sixième mois de grossesse.

B – L'état pathologique

La durée du congé peut être également prolongée en cas « *d'état pathologique résultant de la grossesse ou des couches* ». La durée totale du repos est alors au plus de 8 semaines (6 s. + 2 s.) ou de 10 semaines (8 s. + 2 s.) avant la date présumée de l'accouchement et de 14 semaines (10 s. + 4 s.) ou de 22 semaines (18 s. + 4 s.) après celui-ci. Mais dans ce cas, cette période supplémentaire est considérée comme la suite naturelle des couches et se trouve donc indemnisée à 90 %.

C – Les naissances multiples

– La naissance de jumeaux donne lieu à un congé prénatal de 12 semaines et un congé postnatal de 22 semaines, d'où une durée totale du congé de maternité de 34 semaines.

– La naissance de triplés et plus donne lieu à un congé prénatal de 24 semaines et un congé postnatal de 22 semaines, d'où une durée totale du congé de maternité de 46 semaines.

La mère peut choisir, dans la limite de 4 semaines, le point de départ du congé prénatal : le congé postnatal est alors réduit d'autant.

D – L'hospitalisation de l'enfant

Compte tenu des dispositions impératives selon lesquelles le travail d'une salariée est interdit pendant les 6 semaines qui suivent son accouchement (cette interdiction couvre également les 2 semaines précédant la date présumée de l'accouchement), le législateur a prévu que si l'enfant reste hospitalisé à l'issue de ces 6 semaines, la salariée peut reporter à la fin de l'hospitalisation tout ou partie du congé auquel elle peut encore prétendre.

Dans ces deux dernières hypothèses – prolongation pour naissances multiples et report d'une partie du congé – ces périodes sont indemnisées comme le reste du congé maternité, c'est-à-dire à 90 % du gain journalier de base.

E – L'accouchement prématuré

Quand l'accouchement a lieu avant la date présumée, l'article L. 122-26 prévoit que la suspension du contrat de travail pourra être prolongée jusqu'à l'accomplissement des 16 semaines (26, 34 ou 46 semaines, selon le cas) de suspension du contrat auxquelles la salariée a droit.

F – L'accouchement tardif

Quand l'accouchement a lieu après la date présumée, le congé postnatal n'est pas diminué puisqu'il est décompté à partir de la date même de l'accouchement.

2.1.3 Le retour de congé

À l'issue du congé de maternité, la salariée retrouve son précédent emploi ou un emploi similaire assorti d'une rémunération au moins équivalente (L. 122-26 al. 8).
Lors de la reprise du travail et au plus tard dans un délai de 8 jours, elle doit bénéficier d'un examen médical dont le seul objet est d'apprécier son aptitude à reprendre son ancien emploi, la nécessité d'une adaptation de ses conditions de travail ou de sa réadaptation ou, éventuellement, de l'une et de l'autre de ces deux mesures (R. 241-51 al. 1 à 3).

2.1.4 L'incidence du congé de maternité sur les droits de la salariée

Aux termes des dispositions de l'article L. 122-26-2, la durée du congé de maternité est **assimilée à une période de travail effectif** pour la détermination des droits que la salariée tient de son **ancienneté**. (*Ex. : incidence sur la durée du préavis ou sur la détermination du montant de l'indemnité de licenciement.*)

Tableau 7 – Récapitulatif du congé de maternité

s = semaine	A = accouchement		
CONGÉ NORMAL			
• de 0 à 1 enfant	: 6 s + 10 s = 16 s		
• de 1 à 2 enfants	: 6 s + 10 s = 16 s		
• à partir du 3e enfant	: 8 s + 18 s = 26 s		
	avec variante	: 9 s + 17 s	
		ou 10 s + 16 s	
NAISSANCES MULTIPLES			
• Jumeaux	: 12 s + 22 s	= 34 s	
• Triplés ou plus	: 24 s + 22 s	= 46 s	
	avec variante : anticipation du congé prénatal dans la limite de 4 s et réduction d'autant du congé postnatal.		

→

s = semaine A = accouchement

ÉTAT PATHOLOGIQUE (LIÉ À LA GROSSESSE OU AUX COUCHES)

- de 1 à 2 enfants : 6 s + 2 s (ou) 10 s + 4 s
  (maximum) (maximum)
- à partir du 3e enfant : 8 s + 2 s (ou) 18 s + 4 s
  (maximum) (maximum)

MALADIE DE LA MÈRE

Repos de 2 s au maximum (ne peuvent être prises qu'au cours de la période prénatale et au plus tôt à partir du 1er jour du 6e mois de grossesse).

Exemple :

Naissance de jumeaux : ce type de grossesse peut provoquer des maladies et engendrer un état pathologique.

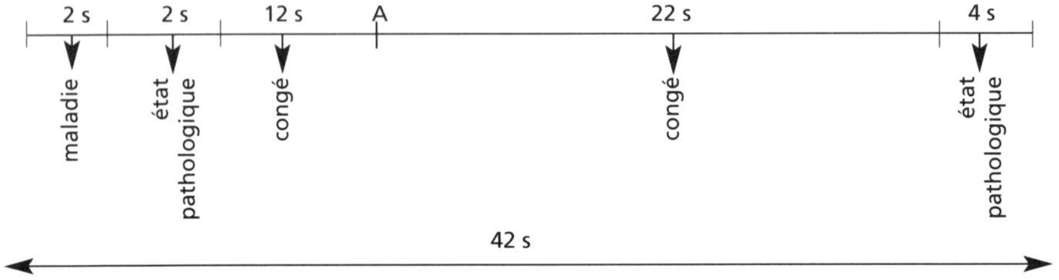

ENFANTS HOSPITALISÉS

Règle de base : Le travail d'une salariée est interdit pendant les 6 semaines qui suivent l'accouchement (ainsi que pendant les 2 semaines précédant la date présumée de l'accouchement)

Si l'enfant reste hospitalisé à l'issue de ces 6 semaines, la salariée *peut* reporter à la fin de l'hospitalisation tout ou partie du congé auquel elle peut encore prétendre.

ACCOUCHEMENT PRÉMATURÉ (exemples)

- de 1 à 2 enfants

- à partir du 3e enfant :

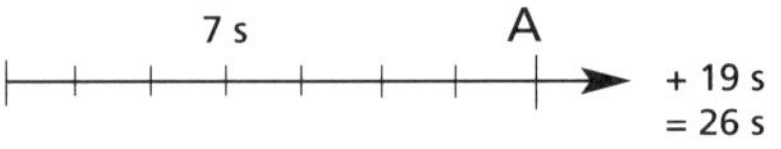

ACCOUCHEMENT TARDIF (exemples)

- de 1 à 2 enfants

- à partir du 3e enfant :

2.1.5 Les conséquences du décès de la mère du fait de l'accouchement

En cas de décès de la mère du fait de l'accouchement, le père salarié a le droit de suspendre son contrat de travail pendant une période dont le point de départ est le **jour de la naissance de l'enfant** et dont la durée varie selon le nombre de naissances et l'incidence des naissances sur la composition familiale (L. 122-26-1).

Le père doit avertir son employeur du motif de son absence et de la date à laquelle il entend mettre fin à la suspension de son contrat de travail. Pendant la période de suspension, le père bénéficie de la protection contre le licenciement dans les mêmes conditions que celles instituées pour la mère[11].

Le législateur ouvre au conjoint salarié le droit à la suspension de son contrat de travail dès lors que la femme y a renoncé. Le père salarié bénéficie alors de la protection contre le licenciement dans les mêmes conditions que celles instituées pour la mère.

2.1.6 Le cumul congé de maternité/congés payés

Dans son arrêt « *Gomez* » du 18 mars 2004, la Cour de justice des Communautés européennes a dit pour droit qu'« *une travailleuse doit pouvoir bénéficier de son congé annuel lors d'une période distincte de celle de son congé de maternité, également en cas de coïncidence entre la période de congé de maternité et celle fixée à titre général, par un accord collectif, pour les congés annuels de l'ensemble du personnel* ».

La Cour fait une claire distinction entre la finalité des deux congés ; le congé annuel payé a pour but le repos effectif du travailleur, dans un souci de protection de sa sécurité et de sa santé ; le congé de maternité a pour objectif la protection de la condition biologique de la femme pendant cette période et à la protection des rapports particuliers entre la femme et son enfant suite à l'accouchement. En d'autres termes, le congé de maternité n'est pas du repos !

2.2 Congé de paternité

2.2.1 La prise du congé

En vertu des dispositions de l'article L. 122-25-4 complété par l'article D. 122-25, le père salarié a la faculté de solliciter le bénéfice d'un congé de paternité dans les 4 mois qui suivent la naissance de son enfant. Le congé peut toutefois être reporté en cas d'hospitalisation de l'enfant ou de décès de la mère. Le premier cas autorise la prise du congé de paternité dans les **4 mois** qui suivent la fin de l'hospitalisation ; le second autorise la prise du congé dans les 4 mois suivant la fin du congé postnatal auquel le père a droit du fait de ce décès en vertu des dispositions de l'article L. 122-26-1. La durée de ce congé **non fractionnable** est fixée à **11 jours maximum** (durée portée à 18 jours en cas de naissances multiples). Le congé attribué à l'occasion de la naissance d'un enfant (3 jours) est **cumulable** avec le congé de paternité.

2.2.2 L'indemnisation du salarié

C'est la caisse d'assurance maladie qui va prendre en charge l'indemnisation du congé. L'indemnité accordée est équivalente à celle allouée à la mère en congé de maternité. Par ailleurs, des conventions collectives peuvent prévoir un maintien du salaire brut ou net, pendant une partie ou la totalité du congé de paternité.

2.2.3 Le retour de congé

À l'issue de son congé de paternité, le salarié retrouve son précédent emploi ou un emploi similaire assorti d'une rémunération équivalente.

2.3 Congé d'adoption

Tout salarié à qui un service départemental d'aide sociale à l'enfance ou un organisme autorisé pour l'adoption confie un enfant en vue de son adoption, a le droit de suspendre son contrat de travail dans les conditions rappelées dans le tableau ci-après :

11. Voir *infra*, chapitre 5, § 3.1.5 C.

Conditions de l'adoption	Durée maximum du congé d'adoption (art. L. 122-26 al.6)
• Adoption d'un enfant	10 semaines *à dater de l'arrivée de l'enfant au foyer*
• Adoption multiple	22 semaines
• Adoption d'un enfant portant à 3 ou plus le nombre d'enfants dont la salariée ou le ménage a la charge	18 semaines
• Adoptions multiples portant à 3 ou plus le nombre d'enfants à charge	22 semaines

La période de suspension du contrat de travail peut être répartie entre la mère et le père salariés, sous réserve qu'elle ne soit pas fractionnée en plus de deux parties dont la plus courte ne peut être inférieure à 4 semaines.

La durée du congé d'adoption est assimilée à une période de travail effectif pour la détermination des droits que le salarié ou la salariée tient de son ancienneté.

Afin de calquer le plus possible le régime juridique du congé d'adoption sur celui du congé de maternité, l'article L. 122-26-3 prévoit que « *toute disposition figurant dans une convention ou un accord collectif de travail et comportant en faveur des salariés en congé de maternité un avantage lié à la naissance est de plein droit applicable aux salariés en congé d'adoption* ».

À l'issue du congé d'adoption, le salarié retrouve son précédent emploi ou un emploi similaire assorti d'une rémunération au moins équivalente (L. 122-26 al. 8).

2.4 Congé postnatal

2.4.1 Les caractéristiques

Pour élever son enfant, la salariée peut, à l'issue de son congé de maternité, **résilier** son contrat de travail sans être tenue de respecter le délai de préavis, ni de payer de ce fait une indemnité de rupture (L. 122-28)[12]. Elle doit toutefois prévenir son employeur 15 jours à l'avance par lettre recommandée avec AR, sauf à devenir débitrice du préavis. Si la mère renonce au congé postnatal, le père se voit ouvrir la possibilité de résilier son contrat de travail dans les mêmes conditions, sous réserve que le bénéfice du congé lui est ouvert 2 mois après la naissance. La durée maximale du congé postnatal est d'un an.

2.4.2 La priorité de réembauchage

La salariée ou, le cas échéant, le salarié, peut, dans l'année suivant la rupture de son contrat de travail, solliciter son réembauchage en adressant sa demande par lettre recommandée avec AR. L'employeur est alors tenu, pendant un an, de l'embaucher par priorité dans les emplois auxquels sa qualification lui permet de prétendre et de lui accorder, en cas de réemploi, le bénéfice de tous les avantages qu'il avait acquis au moment de son départ. La violation de ces dispositions est sanctionnée pénalement.

Le salarié réembauché bénéficie d'un droit à une action de formation professionnelle, notamment en cas de changement de techniques ou de méthodes de travail (L. 122-28-7).

2.5 Congé parental d'éducation et travail à temps partiel[13]

Les dispositions que nous développons sous ce point sont issues de la loi du 4 janvier 1984, qui a modifié le mécanisme du congé parental d'éducation institué par la loi du 12 juillet 1977, elle-

12. Cette même possibilité est accordée à l'issue du congé d'adoption.
13. Pour la clarté des développements, nous lions le travail à temps partiel au congé parental d'éducation bien qu'il ne donne naturellement pas lieu à suspension du contrat de travail.

même modifiée par la loi 91-1 du 3 janvier 1991, à son tour modifiée par la loi Veil du 25 juillet 1994 *relative à la famille*.

Jusqu'à la loi de 1991, le salarié pouvait opter entre un congé parental d'éducation ou un travail à mi-temps. Le législateur de 1991 a assoupli la seconde branche de l'option en permettant au salarié concerné de réduire sa durée de travail sans que cette activité à temps partiel puisse être inférieure à 16 heures hebdomadaires (L. 122-28-1).

2.5.1 Les bénéficiaires

Peut demander le bénéfice d'un congé parental d'éducation ou d'un travail à temps partiel **tout salarié** qui justifie d'une ancienneté minimale **d'une année** à la date de la naissance de son enfant ou de l'arrivée au foyer d'un enfant qui n'a pas encore atteint l'âge de la fin de l'obligation scolaire (soit 16 ans) adopté ou confié en vue de son adoption. Cette faculté est ouverte au père **et** à la mère (qui n'ont pas à être nécessairement mariés, le lien parental pouvant donc être légitime ou naturel) ainsi qu'aux adoptants.

2.5.2 Le mécanisme

A – Les conditions d'ouverture

Dans l'hypothèse de la maternité, le bénéfice d'un congé parental d'éducation ou d'un travail à temps partiel est ouvert pendant la période qui suit l'expiration du congé de maternité ou d'adoption et **jusqu'au 3e anniversaire de l'enfant**. Si le salarié veut donc profiter de la pleine durée de ce bénéfice, il a tout intérêt à l'accoler immédiatement au congé de maternité[14].

Dans l'hypothèse de l'adoption, les conditions d'ouverture sont identiques à celles applicables en matière de maternité dès lors que l'enfant adopté a moins de 3 ans. En revanche si l'enfant se trouve dans une tranche d'âge comprise entre 3 et 16 ans, la durée de congé parental ou de la période d'activité à temps partiel est limitée à **un an maximum**.

B – Les options du salarié

Elles se déroulent en deux temps.

- En premier lieu, et pour une période **n'excédant pas un an**, le salarié opte entre un congé parental d'éducation et une activité à temps partiel.
- En second lieu, et à l'issue de la période initiale, le salarié peut prolonger **2 fois** son congé ou son travail à temps partiel pour une période qui prendra fin en tout état de cause à l'expiration de la période visée au point A qui précède. Lui est ouverte alors la possibilité de **transformer**, soit le congé parental initial en activité à temps partiel, soit l'activité à temps partiel en congé parental.

Pendant la période d'activité à temps partiel ou à l'occasion des prolongations de celle-ci, le salarié ne peut pas modifier la durée du travail initialement choisie sauf accord de l'employeur ou possibilité conventionnelle.

« *En cas de décès de l'enfant ou de diminution importante des ressources du ménage :*

1) Le salarié bénéficiaire du congé parental d'éducation a le droit soit de reprendre son activité initiale, soit d'exercer son activité à temps partiel dans la limite de la durée prévue par le contrat de travail initial ;

2) Le salarié exerçant à temps partiel pour élever un enfant a le droit de reprendre son activité initiale et peut avec l'accord de l'employeur, en modifier la durée.

14. La prolongation du congé d'un an est autorisée en cas de maladie, d'accident ou de handicap graves de l'enfant, après qu'il ait atteint l'âge de 3 ans (L. 122-28-1 al. 4). Indépendamment des cas susvisés, la jurisprudence ne s'oppose pas à la possibilité pour les parties de convenir de la prolongation de la durée du congé parental d'éducation au-delà de la troisième année de l'enfant.

Le salarié doit adresser une demande motivée à l'employeur, par lettre recommandée avec demande d'avis de réception, un mois au moins avant la date a laquelle il entend bénéficier des dispositions du présent article » (L. 122-28-2).

C – Les formalités

La prise du congé est entourée d'un formalisme qu'il y a lieu de respecter scrupuleusement. Ainsi a-t-il déjà été jugé par la chambre sociale de la Cour de cassation qu'un employeur est fondé à refuser un congé parental dont la demande a été formulée tardivement.

1) Les formalités liées à la période initiale

- Si le salarié entend bénéficier d'un congé parental ou d'une activité à temps partiel **immédiatement** après le terme du congé de maternité ou d'adoption, il doit en informer son employeur par lettre recommandée avec AR ou par lettre remise en main propre contre décharge, **un mois** au moins avant le terme dudit congé. Il lui précisera le type d'option choisie ainsi que la durée de la période initiale qui ne peut, rappelons-le, excéder un an.
- Dans les autres cas, l'information doit être donnée **2 mois** au moins avant la date choisie de début du congé parental ou de l'activité à temps partiel.

2) Les formalités liées à la période de prolongation

Si le salarié entend prolonger son congé parental ou sa période d'activité à temps partiel, il doit avertir son employeur de cette prolongation par lettre recommandée avec AR, au moins **un mois** avant le terme de la période initiale en l'informant le cas échéant de son intention de transformer le congé parental en activité à temps partiel ou l'activité à temps partiel en congé parental[15].

D – L'arrivée du terme

Au terme du congé parental ou de l'activité à temps partiel, le salarié retrouve son précédent emploi ou un emploi similaire assorti d'une rémunération au moins équivalente[16].

Le législateur fait bénéficier le salarié d'un droit à une action de formation professionnelle, notamment dans le cas où des changements techniques ou de méthodes de travail directement liés à l'exécution de ses fonctions auraient été mis en œuvre au sein de l'entreprise ou de l'établissement[17]. Le salarié en formation à ce titre n'est pas alors compté dans les 2 % de travailleurs qui peuvent bénéficier **simultanément** du congé individuel de formation[18].

2.5.3 L'incidence du congé parental sur les droits du salarié

- Le congé parental n'est pas assimilé à une période de travail effectif pour l'exercice des différents droits (par exemple, pour le calcul des congés payés).
- Le congé parental est pris en compte **pour moitié** dans la détermination des avantages liés à l'ancienneté. Des accords de branche peuvent toutefois prévoir les conditions dans lesquelles la période d'absence des salariés dont le contrat de travail est suspendu pendant un congé parental d'éducation à temps plein est **intégralement** prise en compte (L. 122-28-6 al. 2)[19].

---

15. Voir *supra*, § B.
16. Dans un arrêt du 27 octobre 1993, la Cour de cassation a considéré que ce n'est qu'à défaut de possibilité de réintégration dans l'emploi précédent qu'un emploi similaire peut être proposé au salarié à l'issue de son congé. Cette décision peut surprendre car le texte de l'article L. 122-28-3 qui précise « *ou* », et non « *ou, à défaut* » permet de soutenir aussi que l'employeur dispose d'une alternative entre les deux modalités de réemploi envisagées.
17. Le salarié peut également bénéficier de ce droit avant l'expiration de la période pendant laquelle le salarié entendait se prévaloir du dispositif institué par l'article L. 122-28-1. Dans cette hypothèse, il est alors mis fin au congé parental d'éducation ou à l'exercice d'une activité à temps partiel pour élever un enfant.
18. Voir *infra*, § 3.1.3.
19. Dans cette hypothèse, un salarié peut continuer à bénéficier en particulier d'un droit individuel à la formation (DIF) (voir *infra* § 3.2) dans son intégralité, soit 20 heures par an, et donc 60 heures dans l'hypothèse d'un congé d'une durée de 3 ans. Pour assurer sa meilleure réintégration possible, le salarié concerné peut être incité à solliciter une période de professionnalisation.
Ce texte de loi semble quelque peu inutile, car en vertu des principes qui régissent le droit du travail un accord collectif peut toujours prévoir des dispositions plus favorables aux salariés que celles résultant des lois et règlements en vigueur.

Pendant la durée du congé parental, les personnes concernées conservent leurs droits aux prestations en nature de l'assurance maladie-maternité.

2.5.4 Le refus du congé parental ou de l'activité à temps partiel par l'employeur

A – La procédure

S'il estime, après avis du comité d'entreprise ou, à défaut, des délégués du personnel, que le congé parental ou l'activité à temps partiel aura des conséquences préjudiciables à la production et à la bonne marche de l'entreprise, l'employeur peut refuser de donner une suite favorable à la demande du salarié. Il devra le lui faire savoir expressément par une lettre **motivée** remise en main propre contre décharge ou adressée en recommandé avec AR, le tout sous peine de **nullité**. L'accord de l'employeur est réputé acquis s'il n'a pas répondu au salarié dans les 3 semaines qui suivent la présentation de sa lettre l'informant de son intention de prendre un congé parental ou une activité à temps partiel.

B – Le contentieux

Le salarié peut contester les raisons avancées par l'employeur pour justifier son refus, dans les 15 jours qui suivent la réception de la lettre, devant le bureau de jugement du conseil de prud'hommes qui est saisi et statue en dernier ressort, selon les formes applicables au référé.

2.6 Congés pour maladie de l'enfant

En application des dispositions de l'article L. 122-2-8, tout salarié a le droit de bénéficier d'un congé **non rémunéré** en cas de maladie ou d'accident, constatés par certificat médical, d'un enfant de moins de 16 ans dont il assume la charge effective et permanente.

La durée de ce congé est au maximum de 3 jours par an, portée à 5 jours si l'enfant est âgé de moins d'un an ou si le salarié assume la charge de trois enfants ou plus âgés de moins de 16 ans, le tout sans préjudice de dispositions conventionnelles plus favorables.

2.7 Congés pour événements familiaux

2.7.1 Les congés divers

En vertu de l'article L. 226-1, tout salarié, en apportant la justification, bénéficie **sans condition d'ancienneté** d'une autorisation exceptionnelle d'absence de :

- 4 jours pour son mariage ;
- 3 jours pour chaque naissance survenue à son foyer ou pour l'arrivée d'un enfant placé en vue de son adoption[20] ;
- 2 jours pour le décès d'un conjoint ou d'un enfant ;
- 1 jour pour le mariage d'un enfant[21] ;
- 1 jour pour le décès du père, de la mère, du beau-père, de la belle-mère, d'un frère ou d'une sœur.

L'accord interprofessionnel du 10 décembre 1977 accorde un congé d'un jour pour le décès du frère ou de la sœur, ou de celui des beaux-parents, *sous réserve d'une ancienneté de 3 mois.*

---

20. Ces jours ne peuvent se cumuler avec les congés accordés pour ce même enfant tels que présentés aux § 2.1 et 2.2.

21. La Cour de cassation a eu l'occasion de juger que les dispositions qui prévoient l'attribution d'un jour de congé en cas de mariage d'un enfant du salarié ne distinguent pas selon qu'il s'agit d'un premier mariage ou d'un remariage (Cass. soc., 28 novembre 1985). La même extension devrait pouvoir être faite pour le salarié lui-même. La même interprétation devrait pouvoir être faite lorsque les conventions collectives envisagent elles-mêmes expressément les cas de « *mariage* » sans autre distinction ou nuance.

Ces jours d'absence n'entraînent pas de réduction de la rémunération et sont assimilés à des jours de travail effectif pour la détermination de la durée du congé annuel.

Il est vivement conseillé de consulter les conventions collectives qui contiennent fréquemment des dispositions plus favorables, soit par l'accroissement de la durée des congés, soit par un élargissement à d'autres événements familiaux.

2.7.2 La survenance des événements familiaux pendant les congés payés

L'objet des différents congés pour événements familiaux est de procurer au salarié une certaine disponibilité quand survient l'événement sans le pénaliser au plan de sa rémunération. Que se passe-t-il alors lorsque le salarié est déjà absent de l'entreprise, pour une raison quelconque (congés payés, maladie, etc.) au moment de l'événement ? Peut-il faire jouer son droit en prolongeant le temps de son absence de la durée du congé prévu pour l'événement familial ?

Il est difficile d'envisager une réponse positive à cette question sans procéder à un détournement de la finalité du congé pour événements familiaux. Si la Cour de cassation n'a pas encore eu l'occasion de se prononcer précisément sur ce point, elle a tranché en revanche un contentieux voisin qui permet de déduire qu'elle n'admettrait sans doute pas la prolongation si elle était expressément saisie de ce problème.

« *En l'espèce, un salarié s'était marié pendant son congé annuel et avait demandé quatre jours d'indemnisation. La Cour a répondu comme suit :*

Vu l'article L. 226-1 du Code du travail :

Attendu que si ce texte permet au salarié qui se marie, de s'absenter pendant quatre jours sans diminution de son salaire, il ne prévoit aucune indemnité dans le cas où le salarié se marie pendant une période de congé » (Cass. soc., 20 juin 1984).

Il est clair que l'objectif des congés pour événements familiaux est de permettre aux salariés retenus par leur travail d'assister à l'événement familial au moment de sa survenance. Il en résulte que si cet événement se produit à un moment où le salarié se trouve lui même absent (ex. : période de congé payés), celui-ci ne peut alors prétendre à la prise ultérieure de son congé familial (sauf dispositions conventionnelles expresses).

3. La suspension pour raisons de formation professionnelle

Les voies d'accès des salariés aux actions de formation professionnelle sont de trois ordres :

- les actions mises en œuvre par l'employeur dans le cadre du plan de formation de l'entreprise[22] ;
- les actions suivies par le salarié, à son initiative, dans le cadre du plan de formation de l'entreprise (§ 3.1) ;
- les actions mises en œuvre dans le cadre du droit individuel à la formation (DIF) (§ 3.2).

3.1 Congé de formation

La réglementation du congé de formation a fait l'objet de plusieurs étapes successives.

- Institution du congé par la loi du 17 juillet 1978 complétée par ses décrets d'application du 27 mars 1979.
- Conclusion le 21 septembre 1982 par les partenaires sociaux d'un avenant à l'accord national interprofessionnel du 9 juillet 1970 sur « *la formation et le perfectionnement professionnels* ».

22. Voir *infra*, Partie 4, chapitre 8, § 1.1.1 K.

– Loi du 24 février 1984, complétée par ses décrets d'application des 16 et 17 juillet 1984, qui légalise sur certains points l'avenant précité patronat-syndicats de septembre 1982. Désormais, chaque salarié peut bénéficier d'un congé de formation, que son entreprise relève ou non de l'avenant, puisque la loi s'applique à tous, que son entreprise soit grande ou petite, puisqu'il n'y a plus lieu de distinguer suivant que l'employeur est soumis (entreprise employant 10 salariés) ou non à l'obligation de participer au financement de la formation. Si le principe du droit au congé pour tout salarié était inscrit dans les textes antérieurs, ceux travaillant dans de petites entreprises de moins de 10 salariés ne pouvaient pas en bénéficier faute de pouvoir compter sur une rémunération.

– Loi du 4 janvier 1988 qui autorise les partenaires sociaux à déterminer par accord étendu :

• le montant de la rémunération due aux salariés pendant le congé ;

• les compétences du comité paritaire du congé individuel de formation (Copacif) dans la fixation des priorités et critères relatifs à l'ordre de satisfaction des demandes.

– Avenant du 8 juin 1988 conclu par les partenaires sociaux sur la base de l'autorisation reconnue par la loi du 4 janvier 1988.

– Avenant du 29 mai 1989 à l'accord national interprofessionnel du 9 juillet 1970 modifié.

– Avenant du 21 février 1990 à l'accord du 29 mai 1989.

– Accord national interprofessionnel du 3 juillet 1991 « *relatif à la formation et au perfectionnement professionnels* », dont la plupart des dispositions ont été reprises par la loi du 31 décembre 1991 « *relative à la formation professionnelle et à l'emploi* ».

3.1.1 L'objet

Selon les termes de l'article L. 931-1 alinéa 1, « *le congé de formation a pour objet de permettre à tout travailleur, au cours de sa vie professionnelle, de suivre* ***à son initiative*** *et à titre individuel, des actions de formation,* ***indépendamment*** *de sa participation aux stages compris dans le plan de formation de l'entreprise dans laquelle il exerce son activité* ».

Les dispositions de cet article confirment le caractère volontaire du congé de formation en indiquant que l'initiative vient du salarié. Aussi est-il nécessaire de faire une soigneuse distinction entre la formation suivie individuellement et à l'initiative du salarié, qui seule relève des dispositions relatives au congé, et le plan de formation à l'initiative de l'entreprise.

3.1.2 Les conditions d'octroi

A – Les conditions liées à l'ancienneté du salarié

Les conditions d'ancienneté requises pour bénéficier du congé de formation ont été aménagées de la manière suivante : pour bénéficier d'un congé formation, les travailleurs doivent justifier d'une ancienneté en qualité de salarié, d'au moins 24 mois consécutifs ou non (36 mois pour les travailleurs d'entreprises artisanales de moins de 10 salariés), quelle qu'ait été la nature des contrats de travail successifs, dont 12 mois dans l'entreprise[23].

La condition d'ancienneté n'est pas exigée des salariés qui ont changé d'emploi à la suite d'un licenciement pour motif économique et qui n'ont pas suivi un stage de formation entre le moment de leur licenciement et celui de leur réemploi.

B – Les conditions liées au stage

1) La nature

Les actions de formation visées à l'alinéa 1 de l'article L. 931-1 précité doivent permettre aux travailleurs d'accéder à un niveau supérieur de qualification (stage de formation et de

23. La condition d'ancienneté qui s'observait jusqu'alors dans la branche professionnelle a été remplacée par une condition d'ancienneté en qualité de salarié.

perfectionnement) et de s'ouvrir plus largement à la culture et à la vie sociale (stage de culture générale) (L. 931-1 al. 2). On constate à la lecture de cet alinéa que le stage choisi par le salarié peut ne pas être en rapport direct avec son activité ou l'activité de son entreprise. Ces actions de formation s'accomplissent en tout ou partie pendant le travail. Le congé peut être également accordé à un salarié pour préparer et pour passer un examen pour l'obtention d'un titre ou d'un diplôme homologué par l'État et figurant sur des listes publiées au *Journal Officiel* (congé-examen).

2) La durée

La durée maximale du stage **agréé** est d'un an pour un stage continu à temps plein, ou de 1 200 heures pour les stages constituant un cycle pédagogique avec des enseignements discontinus ou à temps partiel. Ces dispositions ne font pas obstacle à la conclusion d'accords stipulant des durées plus longues : dès lors que les conditions d'accès à ce type de congé sont déterminées par accord contractuel et ne bénéficient d'aucun financement par l'État, l'agrément préalable du stage n'a plus lieu d'être.

C – L'autorisation préalable

La demande d'autorisation d'absence doit être formulée au plus tard 120 jours à l'avance lorsqu'elle comporte une interruption continue de travail d'au moins 6 mois et, au plus tard 60 jours à l'avance lorsqu'elle concerne :

- la participation à un stage, une activité d'enseignement ou une activité de recherche et d'innovation d'une durée inférieure à 6 mois ;
- la participation à un stage, une activité d'enseignement ou une activité de recherche et d'innovation à temps partiel ;
- le passage ou la préparation d'un examen.

Elle doit indiquer avec précision, selon le cas, soit la date du début du stage, de l'activité de recherche et d'innovation ainsi que le nom de l'organisme qui en est responsable, soit l'intitulé et la date de l'examen concerné. Dans ce dernier cas, un certificat d'inscription doit être joint à la demande.

Dans les **30 jours** suivant la réception de la demande, l'entreprise fait connaître à l'intéressé son accord ou les raisons motivant le rejet ou le report de la demande (R. 931-1)[24]. Le bénéfice du congé de formation étant de droit en application des dispositions de l'article L. 931-6, la Cour de cassation considère que ce délai de 30 jours revêt un **caractère impératif**, en conséquence de quoi le défaut de réponse dans ce délai vaut autorisation.

D – L'existence d'un délai de franchise

Il a vocation à s'appliquer aux « *travailleurs des entreprises qui ne relèvent pas d'un accord conclu en ce domaine entre les organisations professionnelles et une ou plusieurs organisations syndicales les plus représentatives sur le plan national* » (L. 931-12).

La durée du délai de franchise (s'appliquant exclusivement aux salariés ayant obtenu leur précédent congé dans la **même** entreprise), exprimée en mois, est égale au 1/12e de la durée, exprimée en heures, du congé de formation précédemment suivi. Ce délai ne peut être inférieur à 6 mois ni supérieur à 6 ans.

3.1.3 Le report du congé

Les conditions remplies, le bénéfice du congé de formation est de droit, sauf possibilité pour l'employeur d'en décider le report dans les deux cas ci-après prévus par le législateur.

A – Le report pour raisons de service

Selon les dispositions de l'article L. 931-6, « *le bénéfice du congé demandé est* ***de droit****, sauf dans le cas où l'employeur estime, après avis du comité d'entreprise ou, s'il n'en existe pas, des délégués du*

24. Voir *infra*, § 3.1.3.

personnel, que cette absence pourrait avoir des conséquences préjudiciables à la production et à la marche de l'entreprise. En cas de différend, l'inspecteur du travail contrôlant l'entreprise peut être saisi par l'une des parties et peut être pris pour arbitre ».

Aux termes de l'article R. 931-3, « *la durée pendant laquelle le congé formation peut être différé, en raison des conséquences préjudiciables à la production et à la marche de l'entreprise, ne peut excéder 9 mois* »[25].

B – Le report pour absences simultanées

1) Le cas des établissements ≥ 200 salariés

La demande de congé de formation peut être différée lorsque le pourcentage des travailleurs simultanément absents au titre de ce congé dépasse 2 % du nombre total des travailleurs dudit établissement.

2) Le cas des établissements < 200 salariés[26]

Compte tenu des difficultés de calculer un pourcentage sur un effectif faible, voire très faible, le seuil est calculé non pas sur la base de l'effectif du personnel, mais sur celle des heures de travail effectuées dans l'année dans l'établissement. La possibilité de différer le congé intervient dès lors que le nombre d'heures d'absence demandées au titre de ce congé dépasse 2 % du nombre total des heures de travail effectuées dans l'année.

3.1.4 La rémunération

A – Les conditions

Le salarié bénéficiaire d'un congé de formation, qui a obtenu de l'organisme paritaire collecteur des fonds – il peut s'agir d'un Fonds d'assurance formation, FAF, ou d'un Fonds de gestion du congé individuel de formation, Fongecif –[27] la prise en charge de tout ou partie des dépenses afférentes à ce congé, a droit à une rémunération calculée à partir de la rémunération, appelée *rémunération de référence*, qu'il aurait perçue s'il avait continué à travailler[28].

La prise en charge de tout ou partie des dépenses afférentes à un congé individuel de formation ne peut être refusée que dans l'un ou l'autre des deux cas ci-après :

- lorsque la demande n'est pas susceptible de se rattacher à une des actions de formation admises et reconnues par le législateur, cas qui est relativement rare du fait que la « typologie » légale des actions de formation est particulièrement large[29] ;
- lorsque toutes les demandes reçues ne peuvent être simultanément satisfaites, l'organisme paritaire pouvant déclarer **prioritaires** certaines catégories d'actions ou de publics.

B – Le montant

1) Si la durée de la prise en charge est au plus égale à un an ou 1 200 heures, le montant de la rémunération prise en charge est égal :

- à 90 % de la rémunération de référence pour les catégories d'actions définies comme prioritaires par le Comité paritaire du congé individuel de formation (Copacif), sous réserve que la rémunération de référence ainsi obtenue ne soit pas inférieure à un montant équivalent à deux fois le montant du SMIC ;

25. Le report devant être décidé dans un délai de 30 jours suivant la réception de la demande, il conviendra de formuler, dans l'attente de l'avis du comité d'entreprise ou, à défaut, des délégués du personnel, une réponse provisoire si ces derniers ne peuvent être consultés dans le délai précité.

26. Dans les entreprises de moins de 10 salariés, la satisfaction accordée à la demande du congé peut être différée lorsqu'elle aboutirait à l'absence simultanée, au titre du congé de formation, d'au moins 2 salariés de l'entreprise.

27. Prendre contact auprès de sa délégation régionale de la formation professionnelle, ou encore au siège de sa préfecture, ou encore à Paris, auprès du « Comité paritaire du congé individuel de formation » (Copacif).

28. Lorsqu'un salarié perçoit des rémunérations variables, la rémunération de référence est calculée sur la base du salaire moyen mensuel des 12 derniers mois d'activité précédant le congé.

29. Voir *supra*, § 3.1.2 B.

– à 80 % de la rémunération de référence pour les autres catégories d'actions, sous réserve que la rémunération de référence ainsi obtenue ne soit pas inférieure à un montant équivalent à deux fois le montant du SMIC.

2) Si la durée de la prise en charge est supérieure à un an ou 1 200 heures, le montant de la rémunération de référence pris en charge est égal :

– au pourcentage de référence indiqué ci-dessus pour la première année ou les 1 200 premières heures ;

– à 60 % de la rémunération de référence au-delà de cette durée, sous réserve que la rémunération de référence ainsi obtenue ne soit pas inférieure à un montant équivalent à deux fois le montant du SMIC.

C – Les modalités de versement

La rémunération et les charges assises sur cette rémunération sont versées à titre d'avance par l'employeur dans les limites de la prise en charge.

L'organisme paritaire agréé compétent rembourse l'employeur dans le délai d'un mois à compter de la réception d'une copie du bulletin de paie et de l'attestation de fréquentation de l'action de formation par le salarié.

3.1.5 Le financement

Les employeurs doivent affecter obligatoirement 0,20 % des salaires au financement du congé de formation et en verser les sommes à des organismes paritaires collecteurs agréés par l'État[30]. Ce pourcentage peut être revalorisé par la loi de finances. Ce versement est utilisé exclusivement pour financer :

– les dépenses **d'information des salariés** sur le congé ;

– la **rémunération** des salariés en congé, les cotisations de sécurité sociale patronales afférentes, ainsi que les autres charges légales assises sur ces rémunérations, ainsi que les **frais de formation exposés** ;

– le remboursement aux employeurs occupant moins de 50 salariés de tout ou partie de l'indemnité versée au salarié recruté par contrat à durée déterminée pour remplacer un salarié parti en congé individuel de formation ;

– les frais de gestion, dans certaines limites, des organismes paritaires agréés.

---

30. Les entreprises de moins de 10 salariés sont assujetties au titre de la participation-formation continue à une contribution fixée à 0,55 % du montant des rémunérations en vertu de l'article L. 952-1 ainsi décomposée : 0,15 % au titre de la professionnalisation et du droit individuel à la formation ; 0,40 % au titre du plan de formation.
Sous le régime antérieur à l'ordonnance n° 2005-895 du 2 août 2005 les entreprises de **10 salariés et plus** devaient consacrer au minimum 1,60 % de la masse salariale au financement d'actions de formation professionnelle (2 % pour les entreprises de travail temporaire). Ce taux de participation se répartissait comme suit : une contribution de 0,20 % de la masse salariale de l'année de référence au titre du congé de formation versée à l'OPCA (0,30 % pour les entreprises de travail temporaire) ; 0,50 % au titre du financement de la professionnalisation et du droit individuel à la formation ; le quota restant de 0,9 % (1,20 % pour les entreprises de travail temporaire) géré par l'employeur et destiné à la réalisation d'actions de formation au bénéfice des salariés de l'entreprise (ex. : dépenses engagées au titre du droit individuel à la formation (DIF) ; dépenses engagées dans le cadre des congés de bilan de compétences et de validation des acquis de l'expérience ; allocations de formation versées aux salariés au titre d'actions réalisées *en dehors du temps de travail* dans le cadre du plan de formation).
Si ces dispositions restent en vigueur pour les entreprises de 20 salariés et plus, elles se trouvent en revanche modifiées pour les entreprises de 10 à moins de 20 salariés. Ainsi, l'obligation qui pesait jusqu'alors sur elles est diminuée de 0,5 % (0,65 % pour les entreprises de travail temporaire), ce qui fixe désormais leur contribution à 1,05 % (1,35 % pour les entreprises de travail temporaire). S'agissant du versement à effectuer au financement du congé de formation, le taux de versement est réduit de 0,20 % (0,30 % pour les entreprises de travail temporaire), ce qui revient donc à les exonérer totalement de ce versement. Le taux de contribution au titre de la professionnalisation et du droit individuel à la formation passe de 0,50 % à 0,15 %. Le quota restant reste donc fixé comme auparavant à 0,9 %.
L'ordonnance a prévu des mesures particulières applicables aux employeurs qui, en raison de l'accroissement de leur effectif, atteignent ou dépassent au titre d'une année, pour la première fois, soit l'effectif de 10 salariés, soit l'effectif de 20 salariés (L. 951-1 III).

3.1.6 Les liens entre le congé de formation et d'autres types de congés

- La prise d'un congé de formation d'une durée au moins égale à 6 mois ôte la faculté de demander un congé sabbatique pendant les 6 années qui suivent (L. 122-32-18).
- Si, à la suite d'un congé parental d'éducation[31] ou d'un congé pour la création d'entreprise[32] le salarié ressent la nécessité d'une réadaptation professionnelle à la suite des changements de technique ou des méthodes de travail instaurées dans son entreprise pendant son congé, il pourra prendre un congé de formation, sans qu'il soit compté dans les 2 % de travailleurs[33] qui peuvent bénéficier simultanément d'un tel congé (L. 122-28-7 al. 2 ; L. 122-32-16 al. 3).

3.1.7 Les dispositions particulières applicables aux salariés titulaires de contrat de travail à durée déterminée

Toute personne qui, au cours de sa vie professionnelle, a été titulaire d'un CDD peut bénéficier d'un congé de formation sous réserve de répondre aux conditions suivantes :

- 24 mois, consécutifs ou non, en qualité de salarié, qu'elle qu'ait été la nature des contrats successifs, au cours des 5 dernières années ;
- dont 4 mois, consécutifs ou non, sous contrat de travail à durée déterminée, au cours des 12 derniers mois.

Le congé de formation se déroule **en dehors de la période d'exécution du contrat de travail** à durée déterminée, sauf accord de l'employeur pour que la formation soit suivie, en tout ou en partie avant le terme du contrat de travail. Pendant la durée du congé de formation, le travailleur est considéré comme stagiaire de la formation professionnelle et bénéficie du maintien de la protection sociale qui lui était assurée lorsqu'il était salarié sous contrat à durée déterminée, en matière de sécurité sociale, d'assurance chômage et de retraite complémentaire.

Le financement de ce congé de formation est assurée par une cotisation calculée au taux de 1 % sur la base des salaires versés aux titulaires d'un contrat à durée déterminée pendant l'année en cours. La rémunération des salariés sous contrat à durée déterminée est assujettie à une double cotisation au titre de la formation : cotisation de droit commun de 1,60 % + cotisation spécifique de 1 %.

La cotisation de 1 % n'est pas due si le contrat de travail à durée déterminée **se poursuit par un contrat de travail à durée indéterminée**. Au cas où l'employeur aurait déjà acquitté cette cotisation, il peut alors formuler une demande de remboursement à l'organisation paritaire concernée dans les 6 mois de la date de conclusion du contrat à durée indéterminée en y joignant copie des deux contrats successifs. L'organisme paritaire procède au remboursement demandé dans un délai maximum de 3 mois à compter de la réception de la demande écrite de l'employeur.

3.2 Droit individuel à la formation (DIF)

Transposant l'accord national interprofessionnel du 20 septembre 2003, la loi du 4 mai 2004 « *relative à la formation professionnelle tout au long de la vie et au dialogue social* » a mis en place un nouveau dispositif de formation, à savoir le droit individuel à la formation (DIF), régi par les articles L. 931-20-2 et L. 933-1 à L. 933-6.

Le DIF a pour objet de permettre à tout salarié de se constituer un **capital temps de formation** qu'il pourra utiliser à son initiative, mais avec l'accord de son employeur.

31. Voir *supra*, § 2.4.
32. Voir *infra*, § 3.7.
33. Voir *supra*, § 3.1.3.

3.2.1 Les bénéficiaires

Le droit individuel à la formation est ouvert aux salariés employés sous contrat à durée indéterminée, à temps complet ou à temps partiel, disposant d'une ancienneté d'au moins un an dans l'entreprise (voir *infra*, § 3.2.6 pour les salariés sous contrat à durée déterminée).

3.2.2 La durée de la formation

Les salariés ont droit au titre du DIF **au minimum** à **20 heures** de formation **par an**, durée qui peut être allongée en application de dispositions conventionnelles. Pour les salariés à temps partiel, cette durée est calculée au prorata de la durée du travail.

Le salarié qui n'exerce pas ses droits à formation peut les **cumuler** d'une année sur l'autre, pendant **6 ans** maximum, ce qui conduit à ne pas pouvoir dépasser le plafond de 120 heures de droit à formation. En d'autres termes, une fois le plafond atteint, le salarié ne peut plus acquérir de droit supplémentaire mais la consommation de tout ou partie des heures acquises permettra de capitaliser de nouveaux droits dans la limite de 120 heures.

> *Exemple :*
> Le salarié ayant à son crédit un capital de 120 heures de formation et ayant suivi un stage d'une durée de 10 heures dans le cadre du DIF peut capitaliser 10 heures supplémentaires au titre de l'année suivante.

Concernant les salariés à temps partiel, le plafond de 120 heures s'acquiert sur la base des droits annuels acquis prorata temporis, quel que soit le nombre d'années.

> *Exemple :*
> Un salarié à mi-temps peut donc cumuler ses droits sur 12 ans.

L'employeur doit informer annuellement et par écrit chaque salarié du total de ses droits acquis au titre du DIF.

Le salarié n'est pas tenu d'utiliser ses droits. Mais à défaut de les utiliser, il ne peut en aucune façon demander une compensation salariale.

3.2.3 La mise en œuvre du DIF

Puisqu'il s'agit d'un droit reconnu au salarié, celui-ci en a l'initiative, mais sa mise en œuvre requiert l'accord de l'employeur, excepté le cas de rupture du contrat de travail (voir *infra*, § 3.2.5 B).

A – La demande du salarié

Le salarié qui entend user du DIF doit en faire la demande écrite à son employeur en lui fournissant toutes informations utiles et sur la durée et sur le choix de la formation. Les dispositions conventionnelles applicables à l'entreprise ont pu prévoir des actions de formation prioritaires. À défaut, les actions de formation permettant l'exercice du DIF sont les actions de promotion ou d'acquisition, d'entretien ou de perfectionnement des connaissances (L. 900-2) ou de qualification (L. 900-3).

B – La réponse de l'employeur

Elle doit parvenir à l'employeur dans le délai **d'un mois**, sachant que l'absence de réponse dans ce délai vaut acceptation du choix de l'action de formation. Le refus de l'employeur n'offre d'autres alternatives au salarié que de réitérer sa demande ultérieurement.

« *Lorsque, durant deux exercices civils consécutifs, le salarié et l'entreprise sont en désaccord sur le choix de l'action de formation au titre du droit individuel à la formation, l'organisme paritaire agréé au titre du congé individuel de formation* (Fongecif) *dont relève son entreprise assure par priorité la prise en charge financière de l'action dans le cadre d'un congé individuel de formation sous réserve que cette action corresponde aux priorités et aux critères définis par ledit organisme* » (L. 933-5).

C – La concrétisation de l'accord

L'accord entre le salarié et l'employeur sur le choix de la formation doit être arrêté par écrit.

3.2.4 Les modalités de la formation

Sauf dispositions conventionnelles qui peuvent prévoir que le DIF s'exerce en partie pendant le temps de travail, les actions de formation se déroulent **en dehors du temps de travail**. Dans cette dernière hypothèse, l'employeur doit verser au salarié une allocation de formation d'un montant égal à 50 % de la rémunération nette de référence du salarié concerné[34].

3.2.5 Le sort du DIF en cas de rupture du contrat de travail

A – La démission

En cas de démission, le salarié peut demander à bénéficier de son DIF aux fins d'une action de bilan de compétences, de validation des acquis de l'expérience ou de formation sous réserve que l'action de formation soit **engagée** avant la fin du préavis (L. 933-6).

B – Le licenciement

Sauf cas de faute grave ou lourde, il est précisé que le DIF est transférable en ce sens que le salarié peut bénéficier d'une action de bilan de compétences, de validation des acquis de l'expérience ou de formation sous réserve d'en faire **la demande** à son employeur **pendant** la période de préavis, **celui-ci ne pouvant alors la refuser**.

C – Le départ à la retraite

En application des dispositions de l'article L. 933-6, le salarié perd tous ses droits.

3.2.6 Les dispositions particulières applicables aux titulaires de contrat de travail à durée déterminée

Les salariés titulaires d'un CDD peuvent bénéficier d'un DIF dans les mêmes conditions que pour les salariés sous contrat à durée indéterminée sous réserve d'avoir travaillé en CDD pendant au moins 4 mois, consécutifs au non, durant les 12 derniers mois. La durée de leur droit est calculé *prorata temporis.*

À l'issue du CDD, on peut estimer dans le silence de la loi que le salarié ne perd pas ses droits sauf s'il ne remplit plus les conditions précitées.

Les frais de formation, les dépenses annexes (transport, hébergement) engagés au titre du « DIF-CDD » ainsi que l'allocation de formation sont pris en charge par l'organisme collecteur agréé auquel l'employeur verse sa contribution de 1 % destinée au financement du congé formation des salariés sous CDD[35].

4. La suspension pour convenance personnelle

4.1 Congé d'enseignement

Celui-ci a fait l'objet d'un réaménagement par la loi modifiée du 24 février 1984 et par l'accord national interprofessionnel du 3 juillet 1991 « *relatif à la formation et au perfectionnement professionnels* ».

4.1.1 La finalité

Le congé d'enseignement est demandé en vue de dispenser à temps plein ou à temps partiel un enseignement technologique ou professionnel en formation initiale ou continue (L. 931-28).

---

34. Cette allocation, qui ne revêt pas le caractère de rémunération, est exonérée des cotisations de sécurité sociale, et par extension de CSG et de CRDS. Toutefois, les garanties sociales liées à la protection en matière d'accidents du travail et de maladies professionnelles sont maintenues pendant la durée de la formation.
35. Voir *supra*, § 3.1.7.

4.1.2 Les conditions

A – Les conditions liées à l'ancienneté du salarié

Le salarié doit justifier d'une ancienneté d'un an dans son entreprise.

B – Les conditions liées à la nature de l'enseignement

L'enseignement doit être donné dans l'un des organismes mentionnés aux articles L. 920-2 et L. 920-3[36].

C – Les conditions liées au pourcentage d'absences simultanées

Les demandes peuvent être **différées de 9 mois au maximum** lorsque, se produisant simultanément, elles entraîneraient un taux d'absence ci-après déterminé selon la taille de l'entreprise.

1) Le cas des établissements ≥ 200 salariés

La demande du congé d'enseignement peut être différée lorsque le pourcentage des salariés simultanément absents au titre de ce congé dépasse 2 % du nombre total des travailleurs dudit établissement.

2) Le cas des établissements < 200 salariés

La possibilité de différer le congé intervient dès lors que le nombre d'heures d'absences demandées au titre de ce congé dépasse 2 % du nombre total d'heures de travail effectuées dans l'année. Toutefois, le nombre d'heures de congé auxquelles les salariés de ces établissements ont droit peut être reporté sur demande d'une année sur l'autre sans que ce cumul puisse dépasser 4 ans.

4.1.3 La durée

- Elle ne peut excéder 8 heures par semaine ou 40 heures par mois si l'enseignement est donné à temps partiel.
- Elle ne peut excéder un an (sauf accord de prolongation conclu entre l'entreprise et le centre de formation concerné) si l'enseignement est donné à temps plein.

4.2 Congé de recherche et d'innovation

Sous les mêmes conditions que le congé d'enseignement, un congé recherche peut être accordé au salarié qui souhaite se livrer à une activité de recherche et d'innovation dans un établissement public de recherche, une entreprise publique ou privée.

Dans le cas où l'employeur estime, après avis du comité d'entreprise, ou à défaut, des délégués du personnel, que l'absence du salarié qui demande un congé de recherche et d'innovation compromettrait directement la politique de recherche et développement technologique de l'entreprise, la durée pendant laquelle ce congé peut être différé ne peut excéder 9 mois.

4.3 Congé de formation de cadres et d'animateurs pour la jeunesse

Les salariés et apprentis, âgés de moins de 25 ans, désireux de participer aux activités des organisations de jeunesse et d'éducation populaire, des fédérations et des associations sportives et de plein

36. Les organismes mentionnés aux articles L. 920-2 et L. 920-3 sont les suivants :
- entreprises, groupes d'entreprises, associations, établissements et organismes privés, organisations professionnelles, syndicales ou familiales, collectivités locales, établissements publics, notamment chambres de commerce et d'industrie, chambres de métiers et chambres d'agriculture, et établissements qui en dépendent ;
- établissements d'enseignement publics, centres collectifs de formation professionnelle des adultes subventionnés par le ministère du Travail, de l'Emploi et de la Population ainsi que les établissements d'enseignement artistique mentionnés au chapitre 1er et à l'article 9 de la loi n° 88-20 du 6 janvier 1988 relative aux enseignements artistiques.

air légalement constituées, destinées à favoriser la préparation et la formation ou le perfectionnement des cadres et animateurs, ont droit, sur leur demande, a un congé non rémunéré de 6 jours ouvrables par an pouvant être pris en une ou deux fois à la demande du bénéficiaire (L. 225-1).

Ce congé ne peut se **cumuler** avec le congé de formation économique, sociale et syndicale[37] qu'à concurrence de 12 jours ouvrables pour une même année.

La durée du congé est assimilée à une période de travail effectif pour la détermination de la durée des congés payés ainsi que pour l'ensemble des autres droits résultant pour l'intéressé de son contrat.

4.4 Congé de formation économique, sociale et syndicale

Créé par la loi du 23 juillet 1957, ce congé est aujourd'hui soumis aux dispositions de la loi n° 85-1409 du 30 décembre 1985 (voir art. L. 451-1 à L. 451-5) sans préjudice de dispositions conventionnelles pouvant être prévues à son sujet.

4.4.1 La nature

Les salariés qui le souhaitent peuvent obtenir un congé pour participer à des stages ou sessions de formation économique et sociale ou de formation syndicale organisés par des centres rattachés aux organisations syndicales représentatives et des instituts spécialisés ayant reçu un agrément ministériel.

La durée du congé est assimilée à une durée de travail effectif pour la détermination des congés payés, du droit aux prestations d'assurances sociales et aux prestations familiales ainsi que pour l'ensemble des autres droits résultant pour l'intéressé de son contrat.

4.4.2 La durée

Elle est d'une durée **annuelle** maximale de 12 jours par salarié, portée à 18 jours pour les animateurs de stages et sessions et pour les salariés appelés à exercer des responsabilités syndicales.

Ce congé peut être fractionné, le législateur ayant pris soin de préciser que la durée de chaque congé ne peut être inférieure à 2 jours : il en résulte que le crédit annuel peut être fractionné en 6 ou 9 congés de 2 jours chacun.

S'imputent notamment sur la durée du congé de formation économique, sociale et syndicale et viennent donc le réduire d'autant :

- les absences pour formation dont bénéficie le conseiller du salarié[38] ;
- la formation de 5 jours dont bénéficient les représentants du personnel au CHSCT[39] ;
- la formation économique de 5 jours dont bénéficient les membres titulaires du comité d'entreprise[40]. La durée du congé ne peut être imputée sur la durée du congé payé annuel.

4.4.3 L'ouverture

A – La procédure

La demande de congé doit être présentée à l'employeur au moins 30 jours à l'avance par l'intéressé et préciser la date et la durée de l'absence sollicitée ainsi que le nom de l'organisme responsable du stage ou de la session (R. 451-2).

B – Le refus

Le congé est de droit, sauf dans le cas ou l'employeur estime, après **avis conforme** du comité d'entreprise, ou, à défaut, des délégués du personnel, que « *cette absence pourrait avoir des conséquences préjudiciables à la bonne marche de l'entreprise* » (L. 451-3).

37. Voir *infra*, § 3.5.
38. Voir *infra*, chapitre 5, § 3.1.2.
39. Voir Partie 3, chapitre 3, § 2.4.5.
40. Voir Partie 4, chapitre 7, § 2.6.

Le refus du congé, qui doit être **motivé**, est notifié à l'intéressé dans un délai de 8 jours à compter de la réception de la demande.

Le différend né du refus de l'employeur peut être directement porté devant le bureau de jugement du conseil de prud'hommes qui statue en la forme des référés et en dernier ressort.

Le refus non justifié ou refusé sans avis conforme de l'instance représentative élue du personnel concerné est passible d'une amende de 450 €.

C – Les limites

En application de l'article L. 451-1 alinéas 6 et 7, l'arrêté ministériel du 7 mars 1986 a fixé les deux limites suivantes.

1) Nombre total maximal de jours de congés susceptibles d'être pris chaque année par l'ensemble des salariés d'un établissement compte tenu de ses effectifs au titre des congés de formation économique, sociale et syndicale, de formation destinée aux représentants du personnel au CHSCT et de formation économique des membres du comité d'entreprise.

Effectif de l'établissement[1]	Nombre maximum de jours de congés
1 à 24	12 jours[2].
25 à 499	12 jours par tranche ou fraction de tranche supplémentaire de 25 salariés.
500 à 999	12 jours par tranche ou fraction de tranche supplémentaire de 50 salariés.
1 000 à 4 999	12 jours par tranche ou fraction de tranche supplémentaire de 100 salariés.
4 999	12 jours par tranche ou fraction de tranche supplémentaire de 200 salariés.

1. Pour calculer l'effectif de l'établissement, il y a lieu de se placer à la date du 1er janvier de l'année considérée. Les évolutions, dans un sens négatif comme dans un sens positif, seront prises en compte au 1er janvier de l'année suivante. Le décompte de l'effectif est réalisé conformément aux dispositions de l'article L. 412-5 du Code du travail.
2. 18 jours pour les animateurs et les salariés appelés à exercer des responsabilités syndicales.

Dans les établissements de plus de 49 salariés, le total des jours pris par les animateurs et par les salariés appelés à exercer des responsabilités syndicales ne peut excéder 50 % de l'ensemble des jours de congé de formation économique, sociale et syndicale.

2) Pourcentage maximal de salariés pouvant être simultanément absents au titre desdits congés[41].

Effectif de l'établissement	Report envisageable
salariés < 25	si **1** salarié est déjà absent
25 < salariés < 99	si le **nombre** de salariés simultanément absents atteint 2 %
salariés > 99	si le **pourcentage** de salariés simultanément absents atteint 2 %

4.4.4 L'indemnisation

Dans les entreprises occupant **10 salariés et plus**, les congés de formation économique, sociale et syndicale **doivent** donner lieu à une rémunération de **0,08 ‰** du montant des salaires payés pendant l'année en cours (L. 451-1), la dépense ainsi effectuée étant déductible du 1,50 % consacré à la formation professionnelle continue.

41. Le dépassement du pourcentage autorise un report de la demande (priorité étant donnée aux demandes déjà reportées).

Par ailleurs, l'indemnisation des salariés peut être prise en charge au titre des activités sociales du comité d'entreprise, sous réserve qu'elle soit accordée à tous les salariés qui en font la demande sans aucune discrimination[42].

4.5 Congé pour la création d'entreprise et congé sabbatique

Ces congés ont été institués par la loi n° 84-4 du 3 janvier 1984 et codifiés sous les articles L. 122-32-12 à L. 122-32-28.

4.5.1 Les dispositions spécifiques du congé pour la création d'entreprise

A – Les conditions d'octroi

Elles sont de deux ordres.

1) L'objectif du congé

Le salarié doit se proposer de **créer** ou de **reprendre**, à condition d'en **exercer effectivement le contrôle**, une entreprise industrielle, commerciale, artisanale ou agricole, soit à titre individuel, soit dans le cadre d'une société ou d'une société coopérative ouvrière de production.

Une clause de non-concurrence insérée dans le contrat de travail du salarié risque de paralyser toute prise de congé pour création ou reprise d'une entreprise susceptible de concurrencer celle de l'employeur.

2) L'ancienneté du salarié

Le salarié doit justifier, **à la date du départ en congé**, d'une ancienneté dans l'entreprise d'au moins 36 mois, consécutifs ou non.

B – La durée

Elle est fixée à un an, pouvant être portée à 2 ans à condition, pour le salarié, de prévenir son employeur, par lettre recommandée avec AR, au moins 3 mois avant le terme de la première année de congé.

Le salarié ne peut invoquer aucun droit à être réemployé avant l'expiration du congé.

C – La procédure

- Par lettre recommandée avec AR ou lettre remise en main propre contre décharge, le salarié **informe** son employeur, au moins 3 mois à l'avance, de la date du départ en congé qu'il a choisi et de la durée envisagée du congé et lui précise l'activité de l'entreprise qu'il se propose de créer ou de reprendre. Cette information a été considérée par la Cour de cassation comme une formalité substantielle dont le non-respect peut justifier de la part de l'employeur un refus du congé demandé par le salarié.
- L'employeur a la faculté de différer le départ en congé dans la limite de 6 mois, qui courent à compter de la présentation de la lettre recommandée du salarié, et à condition d'en informer **expressément** le salarié dans les 30 jours qui suivent cette présentation, à défaut de quoi, son accord sur la date retenue par le salarié pour son départ en congé serait réputé acquis.

D – L'arrivée du terme

1) Les choix du salarié

a) Choix de rupture du contrat

Si le salarié entend rompre son contrat de travail, il doit en informer son employeur par lettre recommandée avec AR au moins 3 mois avant la fin du congé, ce délai de 3 mois **prévalant** au respect d'un délai de préavis contractuel éventuellement plus long.

---

42. Sur la notion d'activités sociales, voir Partie 4, chapitre 8, § 1.3.1.

b) Choix de réintégration dans l'entreprise

Si le salarié entend réintégrer son entreprise, il doit en informer l'employeur selon les mêmes forme et délai. À l'issue du congé, il retrouve son précédent emploi ou un emploi similaire assorti d'une rémunération au moins **équivalente**.

c) Incidents

– Si le salarié ne s'est manifesté d'aucune façon sur le choix qu'il entendait opérer et n'a pas réintégré l'entreprise à l'issue du congé, deux alternatives sont envisageables :
  - licenciement (pour faute grave, le cas échéant) pour absence injustifiée ;
  - constat de sa démission si les faits révèlent clairement qu'il n'entend pas reprendre son emploi et consacre désormais toute son activité à l'entreprise qu'il a créée, circonstances qui peuvent donc traduire la manifestation non équivoque de sa démission.

– Si le salarié informe son employeur de son intention de reprendre son emploi sans respecter le délai légal de 3 mois, il appartiendra au juge d'apprécier si le licenciement, qui en est éventuellement résulté, a une cause réelle et sérieuse qui pourrait être, par exemple, l'impossibilité de procéder à la réintégration du salarié en raison de son retard à manifester son intention de retrouver un emploi dans l'entreprise.

2) Le bénéfice d'un congé de formation

Le salarié pourra demander le bénéfice d'un congé de formation en vue de sa réadaptation professionnelle, si le besoin s'en fait sentir, et notamment dans le cas où des changements de technique ou de méthodes de travail directement liés à l'exécution de ses fonctions auraient été mises en œuvre au cours de son congé. Il ne sera alors pas compté dans les 2 % de travailleurs qui peuvent bénéficier **simultanément** du congé de formation[43].

E – Les incitations financières à la prise du congé

Le législateur range la création d'entreprise parmis les cas de déblocage anticipé des droits acquis par les salariés au titre des régimes d'épargne salariale mis en place dans les entreprises[44].

4.5.2 Les dispositions spécifiques au congé sabbatique

A – Les conditions

Ce congé est ouvert au salarié qui justifie, **à la date du départ en congé**, d'une ancienneté dans l'entreprise d'au moins 36 mois, consécutifs ou non, ainsi que de 6 années d'activité professionnelle et qui n'a pas déjà bénéficié, au cours des 6 années précédentes dans l'entreprise, soit d'un congé sabbatique, soit d'un congé pour la création d'entreprise, soit d'un congé de formation d'une durée d'au moins 6 mois[45].

B – La durée

Elle peut aller d'une durée minimale de 6 mois à une durée maximale de 11 mois. Une fois la durée fixée, le salarié ne peut invoquer aucun droit à être réemployé avant l'expiration du congé.

C – La procédure

– Par lettre recommandée avec AR ou lettre remise en main propre contre décharge, le salarié informe son employeur, au moins 3 mois à l'avance, de la date de départ en congé qu'il a choisie et lui en précise la durée.

– L'employeur a la faculté de différer le départ en congé dans la limite de 6 mois, 9 dans les entreprises de moins de 200 salariés, qui courent à compter de la présentation de la lettre

43. Voir *supra*, § 3.1.3 B.
44. Voir Partie 3, chapitre 1 § 2.
45. On ne retrouve pas cette dernière condition pour la prise de congé au titre de la création d'entreprise.

recommandée du salarié et à condition d'en informer **expressément** le salarié dans les 30 jours qui suivent cette présentation, à défaut de quoi, son accord sur la date retenue par le salarié pour son départ en congé serait réputé acquis.

D – L'usage du congé sabbatique

Le salarié peut user à sa guise du temps libre procuré par le congé et rien ne lui interdit de travailler sous réserve du respect des obligations de loyauté et de non-concurrence à l'égard de son employeur. Selon la Cour de cassation, l'usage fait par un salarié de son congé sabbatique ne saurait constituer une faute de nature à justifier son licenciement que s'il a manqué à l'une ou l'autre de ses deux obligations : manquement à l'obligation de loyauté (par défaut d'information de l'employeur), manquement à l'obligation de non-concurrence, un tel manquement ne pouvant toutefois, en l'absence de clause de non-concurrence, résulter du seul fait d'avoir exercé des fonctions dans une activité analogue à celle de son employeur.

E – L'arrivée du terme

À l'issue de son congé, le salarié retrouve son précédent emploi ou un emploi similaire assorti d'une rémunération au moins **équivalente**. À défaut, le chef d'entreprise pourrait se voir condamner au versement en sus de l'indemnité de licenciement, de dommages-intérêts en réparation du préjudice causé.

4.5.3 Les dispositions communes aux deux types de congés

A – L'appréciation de l'ancienneté

L'ancienneté, telle que requise pour la prise des congés, s'apprécie non seulement au regard de l'entreprise où le salarié travaille lorsqu'il en demande le bénéfice, mais aussi au regard de toutes les entreprises du même **groupe** au sein desquelles il a pu avoir l'occasion de travailler[46].

B – Les droits de l'employeur

1) Le report des congés

Il y a lieu de distinguer selon que l'entreprise occupe ou non au moins 200 salariés, le calcul des effectifs s'effectuant selon les mêmes méthodes que celles utilisées pour déterminer les seuils pour la mise en place des institutions représentatives du personnel.

a) Entreprises ≥ 200 salariés

Le départ en congé peut être différé par l'employeur, de telle sorte que le pourcentage des salariés simultanément absents de l'entreprise au titre des congés pour la création d'entreprise et sabbatique ne dépasse pas 2 % de l'effectif de cette entreprise (1,5 % s'il s'agit du seul congé sabbatique) jusqu'à la date à laquelle cette condition de taux est remplie.

b) Entreprises < 200 salariés

Le départ en congé peut être différé par l'employeur de telle sorte que le nombre de jours d'absence au titre des congés ne dépasse pas 2 % (1,5 % s'il s'agit du seul congé sabbatique) du **nombre total des jours travaillés dans l'entreprise** dans les 12 mois précédant le départ en congé.

Afin de permettre l'absence en permanence d'au moins un salarié, le 3e alinéa de l'article L. 122-32-22 prévoit la possibilité d'évaluer le **pourcentage** d'absences autorisées au titre de ces deux congés sur **48** mois.

2) Le refus du congé par l'employeur

a) Entreprises concernées

Seules les entreprises de moins de 200 salariés se trouvent concernées par cette éventuelle faculté de refus de l'employeur.

---

46. Sur la définition du « groupe », voir Partie 4, chapitre 6, § 5.1.

b) Procédure

S'il estime, après avis du comité d'entreprise ou, à défaut, des délégués du personnel, que le congé pour la création d'entreprise ou le congé sabbatique aura des conséquences préjudiciables à la production et à la marche de l'entreprise, l'employeur peut refuser de donner une suite favorable à la demande du salarié. Il devra le lui faire savoir expressément par une lettre **motivée** remise en main propre contre décharge ou adressée en recommandée avec AR, le tout à peine de **nullité**.

c) Contentieux

Le salarié peut contester les raisons avancées par l'employeur pour justifier son refus, dans les 15 jours qui suivent la réception de la lettre, devant le bureau de jugement du conseil de prud'hommes qui est saisi et statue en dernier ressort selon les formes applicables au référé.

C – Le report des congés payés

1) Le mécanisme

Le salarié peut reporter les jours de congés payés qui lui sont dus en sus de 24 jours ouvrables jusqu'à son départ en congé pour création d'entreprise ou en congé sabbatique, le report ne pouvant se cumuler que sur 6 années au maximum. Il peut y ajouter les congés reportés dans le cadre d'un compte épargne temps[47] à raison de 10 jours par an, ce qui aboutit alors à capitaliser au maximum 96 jours de congés (6 j × 6 + 10 j × 6).

2) L'incidence de la renonciation au congé pour création d'entreprise ou congé sabbatique

Les congés payés reportés sont ajoutés aux congés payés annuels normalement acquis en vertu des règles de droit commun, mais seulement par fraction de 6 jours, et jusqu'à épuisement, chaque année à compter de la renonciation.

Jusqu'à épuisement des congés payés reportés, le salarié ne peut plus se prévaloir à nouveau du bénéfice du mécanisme présenté au point 1) qui précède.

3) L'incidence de la rupture du contrat de travail

Le salarié perçoit alors une indemnité compensatrice pour les droits à congés payés reportés.

D – L'information des institutions représentatives du personnel

Le chef d'entreprise communique **semestriellement** au comité d'entreprise ou, à défaut, aux délégués du personnel, la liste des demandes de congé pour création d'entreprise et de congé sabbatique avec l'indication de la suite qui y a été donnée.

4.6 Congé de bilan de compétences

Reprenant les dispositions de l'accord national interprofessionnel du 3 juillet 1991 « *relatif à la formation et au perfectionnement professionnels* », la loi du 31 décembre 1991 « *relative à la formation professionnelle et à l'emploi* », reconnaît aux salariés de **toutes** les entreprises, quel qu'en soit l'effectif, un droit au congé de bilan de compétences. Les modalités de mise en œuvre ont été définies par le décret du 2 octobre 1992.

4.6.1 L'objet

Indépendamment de toutes actions qui peuvent être réalisées à l'initiative de l'entreprise, le congé de bilan de compétences a pour objet de permettre au salarié d'analyser ses compétences professionnelles et individuelles ainsi que ses potentialités mobilisables dans le cadre d'un projet professionnel ou d'un projet de formation.

---

47. Voir Partie 3, chapitre 2, § 7.2.

4.6.2 Les conditions

Le salarié doit justifier de 5 ans d'expérience professionnelle en cette qualité dont 12 mois dans l'entreprise. Le salarié qui a bénéficié d'une autorisation d'absence pour suivre une action de bilan de compétences ne peut prétendre au bénéfice d'une autre autorisation d'absence dans le même but avant l'expiration d'un délai de franchise de 5 ans.

4.6.3 La procédure

A – L'autorisation préalable

- Le salarié doit formuler sa demande par écrit à l'employeur au plus tard 2 mois avant le début du bilan en indiquant avec précision les dates et la durée du bilan ainsi que la dénomination de l'organisme prestataire retenu par le salarié.
- Dans le mois qui suit la demande, l'employeur doit faire connaître par écrit à l'intéressé son accord ou les raisons motivant le report de l'autorisation d'absence, lequel ne peut excéder **6** mois.

B – La demande de prise en charge

Une fois l'accord de son employeur obtenu, le salarié doit présenter une demande de prise en charge des dépenses afférentes à ce congé par l'OPACIF (organisme paritaire agrée au titre du congé de formation) dont relève son entreprise.

4.6.4 L'action de bilan

A – La durée

La durée du congé est fixée à 24 heures (trois jours ouvrés).

B – La rémunération

Le salarié bénéficiaire d'un congé de bilan de compétences a droit, dès lors qu'il a obtenu la prise en charge des dépenses afférentes à ce congé, à une rémunération égale à celle qu'il aurait reçue s'il était resté à son poste de travail, dans la limite de 24 heures par bilan de compétences.

C – Les résultats

Ils sont consignés dans un document de synthèse réservé à **l'usage exclusif du salarié**.

4.7 Congé de solidarité internationale

4.7.1 L'objectif

Le congé de solidarité internationale a pour objectif de permettre à un salarié qui le désire de participer à une mission hors de France pour le compte d'une association à objet humanitaire, loi du 1er juillet 1901, – dont la liste est fixée par arrêté interministériel – ou d'une organisation internationale dont la France est membre.

4.7.2 Les conditions d'octroi

1) L'ancienneté du salarié

Le salarié doit justifier d'une ancienneté dans l'entreprise d'au moins douze mois, consécutifs ou non.

2) Le processus d'octroi

Le législateur a prévu une double procédure dont l'une peut être mise en œuvre en cas d'urgence.

a) Procédure de droit commun

Le salarié informe son employeur par lettre recommandée avec AR, au moins un mois à l'avance, de la date de départ en congé et de la durée de l'absence envisagée, en précisant le nom de l'association pour le compte de laquelle la mission sera effectuée.

Le congé peut être refusé par l'employeur s'il estime qu'il aura des conséquences préjudiciables à la production et à la marche de l'entreprise. Ce refus, qui doit être motivé, est notifié au salarié par lettre recommandée avec demande d'avis de réception, dans un délai de quinze jours après réception de la demande. Il peut être directement contesté devant le bureau de jugement du conseil de prud'hommes qui est saisi et statue en dernier ressort selon les formes applicables au référé.

À défaut de réponse de l'employeur dans un délai de quinze jours, son accord est réputé acquis.

b) Procédure d'urgence

En cas d'urgence, le salarié peut solliciter un congé d'une durée maximale de six semaines, sous préavis de quarante-huit heures. L'employeur lui fait connaître sa réponse dans un délai de vingt-quatre heures. Il n'est pas, dans ce cas, tenu de motiver son refus, et son silence ne vaut pas accord.

3) Les caractéristiques

- La durée du congé et la durée cumulée de plusieurs congés de solidarité internationale pris de façon continue ne peuvent excéder six mois.
- La durée du congé ne peut être, sauf d'un commun accord, imputée sur celle du congé annuel. Elle est assimilée à une période de travail effectif pour la détermination des avantages légaux et conventionnels liés à l'ancienneté.
- À l'issue du congé, ou à l'occasion de son interruption pour un motif de force majeure, le salarié retrouve son précédent emploi ou un emploi similaire assorti d'une rémunération au moins équivalente.

5. La suspension pour raisons civiques

5.1 Le service national actif

Depuis la réforme opérée par la loi du 28 octobre 1997, l'état de la législation est le suivant :

- le contrat de travail des jeunes encore susceptibles d'être « appelés » est désormais **suspendu** (et non plus résilié) pendant toute la durée du service national actif et sa réintégration dans l'entreprise devient donc « de droit » : à ce dernier titre, il retrouvera son emploi antérieur, au moins un emploi équivalent, et bénéficiera de tous les avantages qu'il avait acquis au moment de son départ (salaire, ancienneté...) ;
- sauf faute grave du jeune avant son départ ou licenciement pour motif économique, aucun employeur ne peut résilier son contrat de travail au motif qu'il se trouve astreint aux obligations du service national ;
- tout salarié ou apprenti, âgé de 16 à 25 ans, qui doit participer à l'appel de préparation à la défense, bénéficie d'une autorisation d'absence exceptionnelle de **un jour** : cette absence n'entraîne pas de réduction de rémunération et est assimilée à un jour de travail effectif pour la détermination de la durée du congé annuel.

Dans l'hypothèse où un jeune salarié viendrait à se déclarer « volontaire pour le service », son départ serait assimilé à une démission et son contrat de travail purement et simplement rompu.

5.2 Congés pour exercice de fonctions publiques

5.2.1 L'exercice des fonctions d'élu local

La loi du 3 février 1992 « *relative aux conditions d'exercice des mandats locaux* » a cherché à renforcer les garanties accordées aux élus locaux salariés.

A – Les autorisations d'absence

L'employeur est tenu de laisser à tout salarié de son entreprise membre d'un conseil municipal le temps nécessaire, qu'il n'est pas tenu de rémunérer, pour se rendre et participer :

- aux séances plénières de ce conseil ;
- aux réunions de commissions dont il est membre et instituées par une délibération du conseil municipal ;
- aux réunions des assemblées délibérantes et des bureaux des organismes où il a été désigné pour représenter la commune.

Dès qu'il en a connaissance, l'élu doit informer l'employeur de la date de la séance ou de la réunion.

Dans les mêmes conditions, l'employeur est tenu d'accorder des autorisations d'absence à un salarié de son entreprise membre d'un conseil général, d'un conseil régional ou d'un comité économique et social.

B – Le crédit d'heures

Indépendamment des autorisations d'absence, les maires, les adjoints et, dans les villes d'au moins 100 000 habitants, les conseillers municipaux, ont droit à un crédit d'heures leur permettant de disposer du temps nécessaire à l'administration de leur commune (ou de l'organisme auprès duquel ils la représentent) et à la préparation des réunions des instances où ils siègent. Les conseillers régionaux et les conseillers généraux salariés bénéficient du même avantage.

Ce crédit d'heures, que l'employeur est tenu d'accorder aux intéressés sur leur demande, sans pour autant le rémunérer, est calculé forfaitairement et par trimestre :

- 117 heures pour les maires des communes d'au moins 10 000 habitants et les adjoints au maire des communes d'au moins 30 000 habitants, ainsi que pour les présidents et les vice-présidents de conseils généraux ou régionaux ;
- 58 h 30 pour les maires des communes de moins de 10 000 habitants, les adjoints au maire des communes de 10 000 à 29 999 habitants, ainsi que pour les conseillers généraux ou régionaux ;
- 23 h 30 pour les adjoints au maire des communes de moins de 10 000 habitants et pour les conseillers municipaux des villes d'au moins 100 000 habitants.

Les heures non utilisées pendant un trimestre ne sont pas reportables.

En cas de travail à temps partiel, ce crédit d'heures est réduit proportionnellement à la réduction du temps de travail prévu pour l'emploi considéré.

Le temps d'absence utilisé tant au titre des autorisations d'absence que du crédit d'heures ne peut dépasser la moitié de la durée légale du travail pour une année civile.

C – Les garanties

1) La protection pendant l'exécution du contrat de travail

Les temps d'absence (autorisation d'absence ou crédit d'heures) :

- sont assimilés à une durée de travail effectif pour la détermination du droit aux congés payés, aux prestations sociales ainsi qu'au regard des droits découlant de l'ancienneté ;
- ne peuvent entraîner aucune modification de la durée et des horaires de travail prévus par le contrat de travail ;
- ne peuvent être la cause d'aucun licenciement ou déclassement professionnel, ni d'aucune sanction disciplinaire, sous peine de nullité et de dommages et intérêts. La réintégration ou le reclassement dans l'emploi est de droit.

2) Le droit à suspension du contrat de travail

Certains élus locaux[48] qui, pour l'exercice de leur mandat, cessent leur activité professionnelle, peuvent demander que leur contrat de travail soit simplement suspendu jusqu'à l'expiration de leur mandat, s'ils justifient d'une ancienneté minimale d'une année chez l'employeur à la date de leur entrée en fonction.

À la fin de leur mandat, ces élus bénéficient à leur demande d'un stage de remise à niveau organisé dans l'entreprise, compte tenu notamment de l'évolution de leur poste de travail ou de celle des techniques utilisées.

D – Le droit à la formation

Indépendamment des autorisations d'absence et du crédit d'heures, les élus locaux qui ont la qualité de salarié ont droit à un congé de formation de 6 jours par élu quel que soit le nombre de mandats détenus. Le congé est renouvelable en cas de réélection.

5.2.2 L'exercice des fonctions de parlementaire

La loi n° 78-3 du 2 janvier 1978 favorise une participation plus large des salariés à la vie politique en permettant au salarié candidat à un mandat de député ou de sénateur de s'absenter pendant une période de 20 jours ouvrables (maximum) pour préparer sa campagne électorale. En cas d'élection, le salarié peut demander la suspension de son contrat de travail à tout moment au cours de son mandat et jusqu'à l'expiration de celui-ci, à la condition d'avoir un an d'ancienneté au jour de son entrée en fonction et de respecter la procédure de demande de suspension puis de réintégration.

La suspension prend effet 15 jours après la notification qui en est faite à l'employeur, à la diligence du salarié, par lettre recommandée avec AR.

Le salarié doit manifester son intention de reprendre son emploi en adressant à son employeur une lettre recommandée avec AR, au plus tard dans les 2 mois qui suivent l'expiration de son mandat. Il retrouve son précédent emploi, ou un emploi analogue assorti d'une rémunération équivalente, dans les 2 mois suivant la date à laquelle il a avisé son employeur. Il bénéficie de tous les avantages acquis par les salariés de sa catégorie durant l'exercice de son mandat. Il bénéficie en outre, en tant que de besoin, d'une réadaptation professionnelle en cas de changement de techniques ou de méthodes de travail.

5.2.3 L'exercice des fonctions de conseiller prud'homme

Les employeurs sont tenus de laisser aux salariés de leur entreprise, membres d'un conseil de prud'hommes, le temps nécessaire pour assumer leur fonction judiciaire et participer aux différentes activités du conseil sans que cela ne soit pour autant une cause de rupture du contrat de travail. Par ailleurs, les employeurs sont tenus de laisser à leurs salariés conseillers 6 semaines de congé formation par mandat.

6. La suspension pour autres raisons

6.1 Mise à pied disciplinaire

Parmi les diverses sanctions que l'employeur peut infliger à un salarié en vertu de son pouvoir disciplinaire et en application du règlement intérieur, la mise à pied disciplinaire est, avant le licenciement, la plus grave puisqu'elle prive le salarié de son salaire. Cette sanction se caractérise par sa courte durée qui doit d'ailleurs être fixée par avance[49].

48. Il s'agit des maires des villes d'au moins 10 000 habitants ; des adjoints dans les villes d'au moins 30 000 habitants ; des présidents de conseils généraux ou de conseils régionaux ainsi que des vice-présidents ayant délégation de l'exécutif de ces conseils.
49. Voir *supra*, chapitre 3, § 1.1.1 B.

6.2 Mise en chômage technique

La mise en chômage technique de certains salariés, décidée par l'employeur après consultation du comité d'entreprise ou, à défaut des délégués du personnel, entraîne la suspension de leur contrat de travail. Les travailleurs concernés, dont la rémunération n'est pas maintenue pendant cette période, ont droit aux allocations de chômage partiel.

6.3 Conflits collectifs

Sous cette expression, il faut entendre la grève et le lock-out, sujets que nous développons aux chapitres 1 et 2 de la 5e partie.

Tableau 8 – Récapitulatif des principaux cas de suspension du contrat de travail

SANTÉ
▼
Maladie
Maladie professionnelle
Accident du travail
Accident de trajet

FAMILLE
▼
Maternité
Paternité
Adoption
Congé postnatal
Congé parental d'éducation
Congé pour maladie de l'enfant
Événements familiaux

FORMATION
▼
Congé de formation
Droit individuel à la formation

CONVENANCES PERSONNELLES
▼
Congé d'enseignement
Congé recherche et innovation
Formation de cadre et d'animation pour la jeunesse
Formation économique, sociale et syndicale
Création d'entreprise
Congé sabbatique
Congé de bilan de compétences
Congé de solidarité internationale

VIE CIVIQUE
▼
Service national actif
Exercice de fonctions publiques

AUTRES RAISONS
▼
Mise à pied disciplinaire
Mise au chômage technique
Grève
Lock-out

Chapitre 5

La cessation du contrat de travail

1. La cessation du contrat de travail à durée déterminée
2. La démission
3. Le licenciement
4. La prise d'acte de la rupture du contrat de travail
5. Les suites de la cessation des relations contractuelles
6. La prise en charge du demandeur d'emploi

Il ne sera traité dans ce chapitre que des procédures applicables aux salariés ne bénéficiant pas d'un statut protecteur lié à un mandat syndical ou électif[1].

1. La cessation du contrat de travail à durée déterminée[2]

1.1 Présentation des différentes hypothèses

1.1.1 La cessation au terme du contrat

- Le contrat dont le terme a été fixé avec précision cesse de plein droit, soit à l'expiration du terme initialement fixé, soit dans l'hypothèse d'un renouvellement, au dernier jour de la période de renouvellement[3].
- Le contrat, dont le terme n'a pas été fixé avec précision dès sa conclusion, cessera :
  - s'il s'agit d'un contrat conclu pour répondre à un cas d'absence d'un salarié ou de suspension de contrat de travail, **au retour du salarié remplacé** ;
  - s'il s'agit d'un contrat conclu pour occuper un emploi à caractère saisonnier ou un emploi pour lequel il est d'usage constant de ne pas recourir au contrat à durée indéterminée en raison de la nature de l'activité exercée et du caractère par nature temporaire de cet emploi, **lors de la réalisation de l'objet pour lequel il a été conclu**.

En cas de retour du salarié remplacé ou de réalisation de l'objet du contrat **avant** l'expiration de la durée minimale, le contrat a pour terme le dernier jour de la durée minimale.

En cas de remplacement d'un salarié absent ou dont le contrat de travail est suspendu, que le contrat ait été conclu de date à date ou sans terme précis, le terme du contrat **peut être reporté jusqu'au surlendemain du jour où le salarié remplacé reprend son emploi**.

---

1. Le licenciement des « salariés protégés » est étudié au chapitre 9 de la partie 4 de l'ouvrage.
2. Pour la présentation des contrats à durée déterminée, voir *supra*, chapitre 1, § 2-2.
3. Sous réserve des dispositions applicables aux salariés victimes d'un accident du travail ou d'une maladie professionnelle d'une part (voir *supra*, chapitre 4, § 1.2.2), et aux représentants du personnel d'autre part (voir Partie 4, chapitre 9, § 3).

La circulaire ministérielle du 30 octobre 1990 s'exprime sur ce point en ces termes :

« *Le report du terme ne peut être utilisé qu'à la condition que le salarié remplacé ait repris son emploi. Il permet dès lors de prolonger le contrat du salarié remplaçant au plus tard jusqu'au surlendemain du retour du salarié absent, afin de permettre au salarié remplaçant, conformément à l'objet même du report du terme, de transmettre au salarié qui retrouve son poste les instructions et consignes nécessaires à la bonne marche de l'activité de l'entreprise* ».

Exemple :

Soit un contrat conclu du lundi 2 octobre 2000 au mercredi 28 février 2001 pour le motif de remplacement d'un salarié en congé de maladie. Si le salarié remplacé a alors repris son emploi, le terme du contrat du salarié remplaçant pouvait être reporté jusqu'au vendredi 2 mars 2001.

Si la relation contractuelle de travail se poursuit après l'échéance du terme du contrat, celui-ci devient un contrat à durée indéterminée[4].

1.1.2 La rupture anticipée

Indépendamment de l'accord des parties – exprimé par écrit et de manière non équivoque – la rupture anticipée d'un contrat de travail à durée déterminée est très précisément réglementée par le législateur.

A – La rupture anticipée du fait de l'employeur

1) Les conditions

Elle ne peut avoir lieu que dans deux cas.

a) La faute grave

Elle peut se définir comme celle qui rend « intolérable, sinon impossible » le maintien des relations contractuelles jusqu'à l'échéance fixée.

Pour être sûr de ne pas se tromper sur la qualification qu'il donne à la faute, l'employeur a la possibilité d'intenter une action en résiliation devant le conseil de prud'hommes. En pratique, l'employeur mettra fin de sa propre initiative au contrat de travail, sans préjudice du recours ultérieur du salarié devant les tribunaux, ce qui aboutira en fin de compte au contrôle ***a posteriori*** de la qualification de la faute par les juges.

La rupture anticipée du contrat de travail à durée déterminée pour faute grave exige le respect de la procédure disciplinaire telle que prévue à l'article L. 122-41 et notamment la convocation du salarié à un entretien préalable et la notification de la rupture par lettre motivée remise en main propre ou recommandée (Cass. soc., 5 mars 1987 ; 24 mars 1988 ; 20 novembre 1991).

b) La force majeure

Elle peut se définir comme un événement susceptible d'entraîner une impossibilité absolue d'exécution du contrat. Cet événement doit être « *irrésistible, extérieur à celui qui l'invoque, imprévisible au moment de la conclusion du contrat* ». Cette notion fait l'objet d'une appréciation souveraine des tribunaux et ne peut être qu'analysée cas par cas. De façon générale, la jurisprudence se montre particulièrement restrictive dans son appréciation de la force majeure.

2) Les conséquences

La rupture anticipée injustifiée ouvre droit au profit du salarié :

– à des dommages et intérêts d'un montant **au moins égal** aux rémunérations brutes qu'il aurait perçues jusqu'au terme du contrat[5] ; en l'absence de contestation sérieuse, le salarié peut saisir

---

4. Il convient d'excepter les hypothèses où il est possible de conclure des contrats à durée déterminée successifs (voir *infra*, § 1.3).

5. Ce texte a fait l'objet de trois précisions jurisprudentielles :
– dans le cas des contrats conclus sans terme précis, il appartient aux juges du fond de se référer à la durée prévisible du contrat, dont la détermination relève alors de leur pouvoir souverain d'appréciation ;
– aucune disposition légale n'assimilant à une période de travail effectif la période de travail non effectuée en raison de la rupture anticipée du contrat, les dommages intérêts alloués au salarié en cas de brusque rupture du contrat par l'employeur n'ont pas à entrer dans la base de calcul de l'indemnité compensatrice de congés payés ;
– les dommages et intérêts ne peuvent se cumuler avec les indemnités de chômage servies par l'Assedic au titre de la période courant de la rupture anticipée (injustifiée) du contrat jusqu'à son terme.

le conseil de prud'hommes par la voie du référé afin d'en obtenir le paiement immédiat ou saisir son bureau de conciliation pour tenter d'obtenir une provision ;
- à l'indemnité de fin de contrat, dans les cas où elle est due[6], calculée sur la base de la rémunération déjà perçue par le salarié et de celle qu'il aurait perçue jusqu'au terme du contrat.

B – La rupture anticipée du fait du salarié

Le salarié est autorisé à rompre de façon anticipée son contrat de travail à durée déterminée s'il **justifie**[7] d'une embauche pour une durée **indéterminée.** Dans cette hypothèse, et sauf accord des parties, le salarié est alors tenu de respecter une période de préavis dont la durée est calculée à raison d'un jour par semaine compte tenu de la durée totale du contrat, renouvellement inclus, si celui-ci comporte un terme précis, ou de la durée **effectuée** lorsque le contrat ne comporte pas un terme précis, et, dans les deux cas, **dans une limité maximale de deux semaines**.

Excepté ce cas, la rupture anticipée de son contrat par le salarié ouvre droit au profit de l'employeur à des dommages et intérêts correspondant au préjudice subi. En cas de litige, il appartient alors au juge d'en apprécier souverainement le montant sur la base des éléments qui seront soumis à son examen.

1.1.3 La rupture du contrat de travail du salarié remplacé

Lorsque le salarié remplacé ne reprend pas son activité, qu'elle qu'en soit la raison – licenciement ou démission – le CDD prend alors fin au moment de la rupture effective du contrat de travail du salarié remplacé. C'est à l'employeur qu'il incombe, en cas de litige, de rapporter la preuve de l'événement.

> *Exemple (Cass. soc., 13 mai 2003) :*
>
> Dans cette affaire, l'employeur avait mis fin au contrat de travail à durée déterminée le 25 octobre 1994. Mais à cette date, soutenait la salariée sous CDD évincée, la personne qu'elle remplaçait avait déjà été licenciée et son contrat de travail devait donc être requalifié en contrat de travail à durée indéterminée.
>
> La cour d'appel lui a toutefois donné tort dans la mesure où elle ne rapportait pas la preuve de ses allégations. La Cour de cassation n'a pas suivi la position des juges du second degré en décidant qu'il appartient à l'employeur de rapporter la preuve de l'événement constitutif et de sa date.
>
> Si au moment de la rupture de contrat de travail du salarié remplacé, la durée minimale du CDD n'est pas expirée, le salarié sous CDD est en droit de se prévaloir du paiement du salaire jusqu'à l'expiration de cette durée.

1.2 Nature des indemnités

À l'issue du contrat de travail à durée déterminée, le salarié a droit à une indemnité de fin de contrat et à une indemnité compensatrice de congés payés.

1.2.1 L'indemnité de précarité d'emploi

A – Les conditions d'octroi

Lorsqu'à l'issue d'un contrat de travail à durée déterminée, les relations contractuelles de travail ne se poursuivent pas par un contrat de travail à durée indéterminée, le salarié a droit à une indemnité de précarité d'emploi[8].

Cette indemnité n'est toutefois pas due dans les cas suivants :

- lorsque le contrat a été conclu pour des emplois à caractère saisonnier[9] ;

---

6. Voir *infra*, § 1.2.
7. Une lettre d'engagement comportant une date d'embauche ou un contrat de travail peuvent constituer ces justificatifs, si le caractère indéterminé du contrat y figure.
8. En cas de succession de contrats à durée déterminée suivie d'une embauche définitive, seule l'indemnité de précarité se rapportant au dernier CDD n'est pas due.
9. Sauf dispositions conventionnelles plus favorables.

– lorsque le contrat a été conclu pour des emplois pour lesquels, dans certains secteurs d'activité, il est d'usage constant de ne pas recourir au contrat à durée indéterminée en raison de la nature de l'activité exercée et du caractère par nature temporaire de cet emploi ;
– lorsque le contrat a été conclu pour assurer un complément de formation professionnelle ou pour l'embauche de certaines catégories de personnes sans emploi ;
– dans le cas de contrats conclus avec des jeunes pour une période comprise dans leurs vacances scolaires ou universitaires[10] ;
– en cas de refus par le salarié d'accepter la conclusion d'un contrat de travail à durée indéterminée pour occuper le même emploi ou un emploi similaire, assorti d'une rémunération au moins équivalente ;
– en cas de rupture anticipée du contrat due à l'initiative du salarié, à sa faute grave ou à un cas de force majeure (L. 122-3-4).

B – Le montant

Le taux minimum de l'indemnité de précarité d'emploi est de **10 % de la rémunération totale brute** (« totale », c'est-à-dire majorations, primes et indemnités diverses comprises) due au salarié au titre de son contrat.

Cette indemnité doit être versée à l'issue du contrat en même temps que le dernier salaire et doit figurer sur le bulletin de salaire correspondant[11].

C – La nature

L'indemnité de précarité d'emploi est considérée comme un **complément de salaire** et, en tant que tel, est soumise aux charges sociales et supporte l'impôt sur le revenu.

En cas d'ouverture d'une procédure de redressement judiciaire, le recouvrement de l'indemnité est garanti par le superprivilège des salariés[12].

1.2.2 L'indemnité compensatrice de congés payés

A – Le calcul de l'indemnité au terme du contrat

Le salarié embauché par contrat de travail à durée déterminée a droit à une indemnité compensatrice de congés payés au titre du travail effectivement accompli durant ce contrat, **qu'elle qu'ait été sa durée**, dès lors que le régime des congés applicables dans l'entreprise qui l'emploie ne lui permet pas une prise effective de ceux-ci. (Il en résulte qu'une indemnité est due même si la durée du contrat a été inférieure à un mois ; elle est due légalement dès la première heure travaillée). Le montant de cette indemnité ne peut être inférieur au 1/10e de la rémunération totale brute due au salarié, **laquelle comprend l'indemnité de précarité**.

Elle est versée lors de la survenance du terme du contrat de travail à durée déterminée, sauf si les relations contractuelles se poursuivent par un contrat de travail à durée indéterminée.

B – Le calcul de l'indemnité en cas de rupture anticipée injustifiée

S'il est incontestable que les dommages et intérêts sont dus au salarié en pareille hypothèse, il n'existe en revanche aucune disposition légale qui assimile à une période de travail effectif la période de travail non effectuée en raison de la rupture anticipée du contrat, même si elle se révèle injustifiée (Cass. soc., 7 octobre 1992). Le calcul de l'indemnité doit donc s'arrêter au jour de la rupture anticipée du contrat.

---

10. Sont ainsi visés, notamment, les mineurs de plus de 14 ans qui, en application de l'article L. 211-1, peuvent effectuer un travail pendant leurs vacances scolaires, à condition qu'il leur soit assuré un repos effectif d'une durée au moins égale à la moitié de la durée desdites vacances.
11. Dans le cas où un nouveau contrat de travail à durée déterminée a pu être légalement conclu à l'issue du premier contrat, l'indemnité afférente au contrat initial doit, lorsqu'elle est due, être versée à l'issue de ce contrat.
12. Voir Partie 3, chapitre 1, § 1.5.

1.3 Succession de contrats à durée déterminée

1.3.1 Le principe de l'interdiction

En vertu des dispositions de l'article L. 122-3-11, à l'expiration du contrat à durée déterminée, l'employeur ne peut recourir pour **pourvoir le même poste** (c'est-à-dire le poste du salarié dont le contrat a pris fin), ni à un nouveau contrat à durée déterminée, ni à un contrat de travail temporaire :

- avant l'expiration d'une période égale au tiers de la durée de ce contrat, renouvellement inclus, si celle-ci **est au moins égale à quatorze jours** ;
- et avant l'expiration d'une période égale à la **moitié** de la durée de ce contrat, renouvellement inclus, si celle-ci **est inférieure à quatorze jours**.

Pour l'appréciation du délai de carence devant séparer deux contrats précaires successifs, il est fait référence **aux jours d'ouverture** de l'entreprise ou de l'établissement concerné, et non aux jours calendaires.

> *Exemple :*
>
> Si un CDD a été conclu pour une durée de 12 jours, il ne peut être recouru à l'issue de ce contrat, à un nouveau CDD ou à un contrat de travail temporaire qu'après expiration d'un délai de 6 jours ouvrables. Si l'entreprise a deux jours de fermeture hebdomadaire, ce délai de carence sera au total de 8 jours calendaires.
>
> S'il s'agit d'un contrat d'une durée plus importante, par exemple 21 jours, le délai de carence sera fixé au 1/3 de ce premier contrat, soit 7 jours d'ouverture de l'entreprise.

La violation du délai d'attente est un cas de requalification possible du nouveau contrat à durée déterminée en contrat de travail à durée indéterminée. Elle est en outre sanctionnée d'une amende de 3 750 € pour la première infraction et d'une amende de 7 500 € et/ou d'un emprisonnement de 6 mois en cas de récidive.

1.3.2 Les exceptions

Il est possible de conclure avec **le même salarié** des contrats de travail à durée déterminée successifs, c'est-à-dire sans respect d'un délai de carence, lorsque le contrat à été conclu :

- pour remplacer un salarié absent ou dont le contrat de travail est suspendu, en cas de nouvelle absence du salarié remplacé[13] ;
- pour l'exécution de travaux urgents nécessités par des mesures de sécurité ;
- pour des emplois à caractère saisonnier[14] ;
- pour des emplois pour lesquels, dans certains secteurs d'activité, il est d'usage constant de ne pas recourir au contrat à durée déterminée en raison de la nature de l'activité exercée et du caractère par nature temporaire de cet emploi.

Les services ministériels se sont expliqués comme suit quant à la portée qu'il y avait lieu de donner à l'expression « *par nouvelle absence du salarié remplacé* » :

« *Par nouvelle absence du salarié remplacé, il convient d'entendre soit toute absence régulièrement justifiée par la production à l'occasion de cette nouvelle absence d'un nouveau document (par exemple : envoi d'un nouveau certificat d'arrêt de travail dans le cadre d'un congé maladie d'une durée initiale de 15 jours, prolongé pour une même période de 15 jours), soit toute absence dont la nature est distincte de la précédente (par exemple : congé parental d'éducation faisant suite à un congé de maternité).*

---

13. Un même salarié peut assurer successivement le remplacement de plusieurs salariés absents, en étant lié par autant de contrats successifs qu'il y a de salariés à remplacer.

14. « *Les contrats de travail à caractère saisonnier peuvent comporter une clause de reconduction pour la saison suivante.*
Une convention ou un accord collectif peut prévoir que tout employeur ayant occupé un salarié dans un emploi à caractère saisonnier doit lui proposer, sauf motif réel et sérieux, un emploi de même nature, pour la même saison de l'année suivante. La convention ou l'accord doit en définir les conditions, notamment en ce qui concerne la période d'essai et prévoir en particulier dans quel délai cette proposition est faite au salarié avant le début de la saison et le montant minimum de l'indemnité perçue par le salarié s'il n'a pas reçu de proposition de réemploi » (L. 122-3-15).

Dans ces conditions, un contrat à durée déterminée conclu par exemple pour faire face à un arrêt maladie d'une durée de 15 jours pourra être suivi sans délai d'un nouveau contrat à durée déterminée en cas de prolongation de cet arrêt maladie pour 15 autres jours.

De même, un contrat à durée déterminée conclu pour faire face à un congé parental pourra faire suite sans délai à un même contrat conclu pour faire face à un congé de maternité. »

Il est possible de conclure avec **un autre salarié** un contrat de travail à durée déterminée sans respect du délai d'1/3 temps dans les cas suivants :

– nouvelle absence d'un salarié précédemment remplacé ;
– exécution de travaux urgents nécessités par des mesures de sécurité ;
– emplois saisonniers ;
– emplois d'usage.

La même possibilité est reconnue en cas de rupture anticipée du contrat de travail à durée déterminée due au fait du salarié et ce, pour mener à sa fin la réalisation de l'objet du contrat initial.

Enfin, le refus du renouvellement de son contrat par le salarié autorise également à conclure immédiatement un nouveau contrat à durée déterminée **pour la durée du contrat non renouvelé**.

Tableau 9 – Récapitulatif des possibilités de recours à des CDD[1] successifs

Cas de recours au CDD	Possibilités de contrats successifs					
	Avec le même salarié			Avec un autre salarié		
	sans interruption	interruption	1/3 temps	sans interruption	interruption	1/3 temps
– Tâche précise						
• Même poste de travail			x			x
• Autre poste de travail		x				
– Remplacement de salariés absents						
• Prolongation d'absence du salarié remplacé	x					
• Remplacement successif de salariés absents	x					
• Nouvelle absence du salarié remplacé				x		
– Emplois saisonniers	x			x		
– Emplois d'usage	x			x		
– Travaux urgents de sauvegarde				x		
– Rupture anticipée d'un CDD par son titulaire				x		
– Refus du renouvellement du CDD par son titulaire				x		

1. CDD : contrat de travail à durée déterminée.

Tableau 10 – Relevé des infractions pénales liées au recours à un CDD

Nature des infractions	1re infraction	Récidive	Code du travail
– Embauche d'un salarié par CDD pour un motif autre que celui autorisé par la loi ou en violation des recours interdits. – Défaut de remise d'un contrat écrit comportant la définition précise de son motif.			

→

(suite)

– Violation du délai de transmission du contrat dans les 2 jours ouvrables suivant l'embauche. – Violation des règles sur : • les durées maximales, • le renouvellement, • le respect d'un délai de carence entre deux CDD successifs. – Violation du principe d'égalité de rémunération	**Amende** 3 750 €	**Amende** 7 500 € et/ou **Emprisonnement** de 6 mois	L. 152-1-4

2. La démission

2.1. Manifestation de la démission

Selon une jurisprudence bien assise, la volonté du salarié de reprendre sa liberté :

– doit être exprimée « **sans équivoque** » : « *La démission ne peut résulter que d'une manifestation non équivoque de volonté de la part du salarié de mettre fin à son contrat de travail* » ; tout dépend en fait des circonstances d'espèce et de l'appréciation qui en sera faite par les juges en cas de conflit[15] ;

– et donnée de façon **libre et éclairée**, ce qui exclut l'existence de toute contrainte ou pression extérieure et les mouvements d'humeur irraisonnés.

Exemple 1 (Cass. soc., 30 novembre 1983) :

« Je vous donne ma démission » avait dit le salarié lors d'un entretien avec son employeur qui venait de lui faire de vives observations sur la qualité de son travail. Deux jours plus tard, l'employeur lui signifiait qu'il avait bien « pris acte de sa démission ». Un peu vite ont estimé les juges, car la déclaration de l'intéressé, « faite dans un moment d'irritation », n'avait pu constituer « une manifestation sérieuse et non équivoque de sa démission ».

Exemple 2 (Cass. soc., 25 avril 1984) :

À la suite d'observations que venait de lui faire son employeur, un ouvrier outilleur avait quitté l'atelier où il était occupé. Il avait « demandé son compte », emporté ses affaires, n'avait pas repris son poste l'après-midi. Jugé cette fois que l'intéressé avait bien manifesté « une volonté non équivoque de mettre fin à son contrat de travail ».

La chambre sociale de la Cour de cassation a de plus en plus tendance à voir « *une manifestation suffisante de la volonté du salarié de ne plus vouloir travailler pour son employeur* », équivalente à une démission, dans les hypothèses d'abandon de poste d'une certaine durée.

Exemple (Cass. soc., 17 octobre 1983) :

Un ouvrier aide-maçon s'était absenté pour se rendre au Portugal le 1er décembre et ne s'était représenté au travail que le 30 janvier suivant. L'employeur l'a considéré alors comme démissionnaire. Le salarié lui a demandé des indemnités de rupture.

La Cour lui a donné tort : en abandonnant son poste pendant deux mois sans autorisation, l'intéressé avait rompu lui même son contrat de travail, autrement dit démissionné.

2.2 Procédure de démission

A – L'absence de formalisme

Rien ne pouvant empêcher un salarié de quitter l'entreprise de son plein gré, la démission du salarié n'est soumise à aucune formalité : en pratique, la lettre de démission – qui n'est soumise à aucune règle de forme ou de style – est fréquemment utilisée.

15. Sur la prise d'acte de la rupture de son contrat de travail par le salarié, voir *infra*, § 4.

B – Le respect d'un préavis

Sauf à courir le risque d'être condamné à payer une indemnité forfaitaire égale au salarié du temps de préavis[16], le salarié est tenu de respecter un préavis dont la durée peut résulter soit de la loi (c'est le cas notamment pour les VRP), soit de dispositions conventionnelles ou contractuelles (hypothèses les plus fréquentes), soit encore des usages pratiqués dans la localité et la profession (L. 122-5)[17].

Le contrat de travail peut prévoir un préavis de démission **plus court** que le délai conventionnel ou d'usage, mais jamais un délai plus long. Stipuler un délai plus long serait en effet préjudiciable aux intérêts d'un salarié démissionnaire et donc contraire à l'article L. 135-2 qui pose le principe que le contrat de travail ne peut comporter de clauses moins favorables pour le salarié que celles de la convention collective. La Cour de cassation considère par ailleurs que la fixation dans le contrat de travail d'un préavis lorsque la convention collective n'en prévoit pas est également moins favorable au salarié.

Comme le salarié licencié, il est admis que le salarié démissionnaire puisse bénéficier de 2 heures par jour pour rechercher un emploi mais, dans cette hypothèse, le maintien du salaire ne paraît pas uniformément acquis selon les professions et les régions.

2.3 Démission abusive

Est considéré comme abusant de son droit de démission, le salarié qui démissionne sans respecter le préavis légal, conventionnel ou contractuel, ou rompt son contrat avec l'intention de nuire.

> *Exemples :*
>
> Le départ soudain d'un salarié en pleine activité saisonnière, dénotant une volonté de nuire, a été retenu comme une rupture abusive à la charge du salarié.
>
> Il en a été de même du brusque abandon d'une représentation par un représentant entreprenant immédiatement la prospection de la même clientèle pour une autre entreprise.

La sanction de la brusque rupture réside dans l'octroi à l'employeur d'une indemnité forfaitaire égale au salaire du temps de préavis. L'employeur peut par ailleurs prétendre à des dommages-intérêts s'il justifie d'un préjudice particulier né de ce comportement fautif du salarié.

3. Le licenciement

En matière de licenciement, il convient de distinguer :

- le licenciement pour **cause personnelle** dont les motifs sont **inhérents à la personne du salarié** lesquels peuvent naître soit d'un comportement fautif de sa part – le licenciement est alors l'ultime sanction prise par l'employeur dans le cadre de l'exercice de son pouvoir disciplinaire – soit de toute autre considération liée à sa personne – longue maladie ; incompétence ; perte de confiance ; etc.
- le licenciement pour **cause économique**, défini pour la première fois par le législateur dans la loi du 2 août 1989 comme « *le licenciement effectué par un employeur pour un ou plusieurs motifs **non inhérents à la personne du salarié** résultant d'une **suppression** ou **transformation d'emploi** ou d'une **modification substantielle du contrat de travail**, consécutives notamment à des difficultés économiques ou à des mutations technologiques* » (L. 321-1).

La loi du 13 juillet 1973 modifiée à plusieurs reprises et la section 2 de la loi modifiée du 4 août 1982 « *relative aux libertés des travailleurs* », constituent les pièces maîtresses du dispositif législatif relatif au licenciement pour cause personnelle.

---

16. Par exception, les salariées en état de grossesse apparente peuvent quitter le travail sans délai de congé et sans avoir, de ce fait, à payer une indemnité de rupture (L. 122-32).

17. Bien que la loi vise l'usage local et professionnel, la Cour de cassation a admis l'existence d'un usage général fixant la durée du préavis à 8 jours pour les ouvriers, un mois pour les employés et 3 mois pour les cadres.

Le licenciement pour cause économique quant à lui, a fait l'objet de réformes successives récentes :

– loi du 3 juillet 1986 fixant le principe de **la suppression** de l'autorisation administrative de licenciement à compter du **1er janvier 1987** ;

– invitation gouvernementale des partenaires sociaux à engager une négociation afin de définir de nouvelles dispositions procédurales, processus qui a abouti à la conclusion de l'accord national interprofessionnel du 20 octobre 1986 ;

– loi du 30 décembre 1986 tirant les conséquences législatives des résultats de la négociation nationale interprofessionnelle ;

– loi du 2 août 1989 – entrée en vigueur le 10 août – modifiant la loi du 30 décembre 1986.

Bien que les textes susvisés s'attachent à réglementer chacun un type particulier de licenciement, ils se recoupent néanmoins sur certains points. Ainsi un licenciement individuel pour cause économique relève-t-il tout à la fois de la loi modifiée du 13 juillet 1973, de l'accord du 20 octobre 1986 et de la loi modifiée du 30 décembre 1986.

3.1 Licenciement pour cause personnelle

3.1.1 La condition de fond : l'existence d'une cause réelle et sérieuse

Selon les dispositions de l'article L. 122-14-3, il appartient au juge d'apprécier « ... *le caractère réel et sérieux des motifs invoqués par l'employeur...* ». Cette double exigence est l'un des apports essentiels de toute la législation sur le licenciement[18].

A – La cause réelle

Elle n'a pas été définie par le législateur. Au cours des débats parlementaires précédant le vote de la loi du 13 juillet 1973, la cause « *réelle* » du licenciement avait été définie comme « *une cause objective indépendante de la bonne ou mauvaise humeur de l'employeur* ». La cause n'est pas « *réelle* » si l'employeur « *ne donne aucun motif, énonce un motif inexact ou change de motif* ».

B – La cause sérieuse

Elle peut trouver sa source dans un comportement fautif du salarié ou dans un comportement non fautif.

1) Le comportement fautif

Il convient de distinguer plusieurs degrés de faute, chacun ayant une incidence sur le versement des indemnités[19].

a) Absence de faute grave

Sans rendre absolument et immédiatement impossible le maintien du contrat de travail, le comportement du salarié peut néanmoins porter atteinte de façon permanente et dommageable au bon fonctionnement de l'entreprise[20].

> *Exemples :*
> – absences répétées non justifiées ;
> – retour tardif de congés payés sans justification ;
> – refus du salarié d'accomplir un travail auquel il se trouve contractuellement tenu ;

18. Elle s'applique d'ailleurs à tous les licenciements, individuels ou collectifs, pour motif économique ou non économique.
19. Voir *infra*, § 3.1.3.
20. Certaines fautes peuvent être qualifiées seulement de « légères » et ne peuvent justifier un licenciement. L'appréciation doit s'en faire cas par cas au regard des circonstances de l'espèce. La qualification en revient au juge du contrat de travail en cas de contentieux.

– injures verbales adressées à l'encontre de son employeur ;
– refus, sans motif valable, de participer au stage organisé par l'employeur dans l'intérêt de l'entreprise ;
– absences fréquentes désorganisant l'entreprise.

b) Faute grave

Selon la jurisprudence, la faute grave résulte d'un fait ou d'un ensemble de faits imputables au salarié, constituant une violation des obligations découlant du contrat de travail en rendant impossible le maintien de l'intéressé dans l'entreprise, même pendant la durée limitée du préavis. C'est au juge qu'il appartient, au vu des circonstances de l'espèce, d'apprécier et de qualifier la faute. La faute grave prive le salarié du bénéfice du préavis et de l'indemnité de licenciement.

Exemples :
– nombreuses absences non justifiées ;
– malversations ;
– actes d'insubordination ;
– vol perpétré dans l'entreprise au préjudice de l'employeur, aussi minime soit-il ;
– exercice d'une activité concurrentielle interdite ;
– altercations et rixes ;
– non-respect des règles de sécurité ;
– majoration d'une note de frais d'hôtellerie de la part d'un salarié occupant un poste de confiance ;
– violation du devoir de discrétion ;
– dénigrement de la politique suivie par la direction ;
– détournement de clientèle ;
– utilisation par le salarié d'une voiture louée aux frais de la société pour ses besoins personnels, à l'insu de celle-ci ;
– départ en congé à une date autre que celle fixée par son employeur ou retour de congé avec retard sans justification ;
– état d'ébriété dès lors qu'il est susceptible, en raison de la nature de la fonction du salarié, de créer un danger pour lui-même ou pour les tiers.

c) Faute lourde

C'est une faute d'une particulière gravité dans la mesure où elle prive le salarié de l'ensemble des indemnités de rupture (indemnité compensatrice de préavis, indemnité de licenciement, indemnité compensatrice de congés payés), sans préjudice d'éventuelles poursuites, le cas échéant pénales, à l'encontre du salarié concerné.

La Cour de cassation a évolué dans son appréciation de la faute lourde. Dans un premier temps, elle avait considéré qu'étaient des fautes lourdes des fautes professionnelles d'une gravité exceptionnelle ou des négligences caractérisées : en d'autres termes, la Cour retenait comme critère de la faute lourde la gravité des faits plaçant son acte au sommet de la hiérarchie des fautes. La Cour de cassation a opéré ensuite un revirement de sa jurisprudence en exigeant aujourd'hui **l'intention de nuire du salarié** vis-à-vis de l'employeur ou de l'entreprise.

Exemple 1 (Cass. soc., 16 mai 1990) :

Un salarié avait intentionnellement falsifié ses fiches de contrôle et de production : son employeur l'avait alors licencié pour faute lourde. La cour d'appel qui avait suivi la position de l'employeur s'est trouvée sanctionnée par la Cour de cassation parce qu'elle n'avait pas relevé l'intention du salarié de nuire à l'employeur.

Exemple 2 (Cass. soc., 29 novembre 1990) :

Un salarié avait été licencié pour faute lourde parce qu'il avait remis en vente après réemballage et redatage de la viande périmée. La cour d'appel avait estimé que la faute lourde devait effectivement être retenue en raison des conséquences sérieuses qu'elle était susceptible d'entraîner. À tort, dit la Cour de cassation car, en statuant ainsi, sans avoir relevé l'intention de nuire du salarié vis-à-vis de l'employeur ou de l'entreprise, la cour d'appel n'a pas caractérisé l'existence d'une faute lourde.

Exemple 3 (Cass. soc., 19 novembre 1988) :

Ont été retenues comme fautes lourdes, l'intention de nuire étant aisément démontrée, la communication de fichiers de l'employeur et le détournement de clientèle au profit d'une autre société présidée par le salarié.

Exemple 4 (Cass. soc., 25 janvier 1995) :

Constitue une faute lourde le fait pour un salarié d'obtenir par subterfuge un arrêt de travail, médicalement injustifié.

En conclusion à nos développements sur le comportement fautif du salarié, nous présenterons les deux observations suivantes.

- En premier lieu, les chefs d'entreprise doivent bien se convaincre que la qualification des fautes commises par leurs salariés n'est pas laissée à leur seul pouvoir discrétionnaire puisqu'ils ne sont jamais à l'abri d'une action judiciaire qui donnera alors lieu à **un contrôle de qualification *a posteriori* de la part des juges**.
- En second lieu, il convient de rappeler que la Cour de cassation a déclaré à plusieurs reprises que l'employeur peut prononcer directement le licenciement en l'absence de sanction disciplinaire antérieure et ce, quelle que soit l'ancienneté du salarié. Nous apporterons toutefois une nuance en faisant observer que l'avertissement reste un facteur important **d'appréciation** pour les juges qui seront davantage enclins à reconnaître l'existence d'un motif réel et sérieux lorsqu'il y a eu avertissement préalable que lorsque le salarié n'a jamais été sanctionné auparavant pour des faits semblables. En fin de compte, il y va de la preuve et de l'intime conviction du juge sur la réalité des griefs avancés par l'employeur.

2) Le comportement non fautif

Il doit, pour être retenu comme cause de licenciement, se révéler suffisamment dommageable aux intérêts de l'entreprise.

Exemples :

- absence prolongée d'un salarié malade[21] ;
- inaptitude physique d'un salarié ;
- incompétence ;
- insuffisance de résultat en raison du manque de travail démontré du salarié ;
- perte de confiance[22] ;
- mésentente entre l'employeur et le salarié créant un climat nuisible à la bonne marche de l'entreprise ;
- divergences de vue.

La décision de licenciement pour cause personnelle ne peut être prise qu'avec la plus grande prudence et sur la base d'un dossier **bien argumenté**, sauf à encourir le risque du prononcé d'un licenciement abusif.

3.1.2 Les conditions de forme

Nous distinguerons selon que le licenciement est prononcé ou non pour raison disciplinaire.

A – Le cas du licenciement prononcé pour raison disciplinaire

Il n'y a pas lieu de distinguer selon la taille de l'entreprise et l'ancienneté du salariés[23].

---

21. Sous réserve de dispositions conventionnelles (voir chapitre 4, § 1-1).
22. La Cour de cassation a eu l'occasion récemment de « rappeler à l'ordre » certains juges du fond trop laxistes dans leur appréciation de la perte de confiance. Si la perte de confiance est un motif sérieux, encore faut-il qu'elle ait son origine dans des faits réels, c'est-à-dire objectifs, susceptibles d'être vérifiés. Les faits doivent donc exister, c'est-à-dire résulter d'éléments matériels précis et ne pouvant être seulement hypothétiques. Il est vrai que le motif « perte de confiance », est très souvent invoqué par l'employeur qui cherche à mettre fin au contrat de ses collaborateurs, cadres notamment : il avait même tendance à devenir un motif « passe-partout » d'où ce rappel de la Cour suprême. Les employeurs doivent donc présenter un dossier probant à l'appui de la perte de confiance invoquée.
23. La distinction réapparaît toutefois lorsqu'il s'agit de s'attacher aux sanctions liées à la violation de la procédure (voir *infra*, § 3.1.4).

1) Le descriptif procédural

Il varie selon qu'il existe ou non dans l'entreprise des institutions représentatives du personnel (comité d'entreprise, délégués du personnel, délégués syndicaux).

a) Présence d'institutions représentatives dans l'entreprise

La procédure comprend 3 phases.

1re phase : convocation du salarié par l'employeur, ou son représentant, à **un entretien préalable** par lettre recommandée ou par lettre remise en main propre contre décharge. Cette lettre indique l'objet de l'entretien entre l'employeur et le salarié[24], en précise la date, l'heure et le lieu et rappelle que le salarié **peut** se faire **assister** par une personne de son choix[25] appartenant **obligatoirement** au personnel de l'entreprise[26]. Cette convocation ne peut être adressée **plus de 2 mois** après que l'employeur a eu connaissance du fait fautif (L. 122-44 al. 1). Un délai minimum de **5 jours ouvrables** doit être laissé entre la date de convocation et l'entretien afin de laisser au salarié le temps utile pour réunir les éléments nécessaires à sa défense et trouver, s'il le souhaite, une personne pour l'assister[27]. La possibilité de se faire assister est un droit pour le salarié, non une obligation ; en d'autres termes, le salarié peut ne pas user de la faculté que lui offre la loi et se rendre seul à l'entretien. Il peut même encore plus simplement ne pas déférer à la convocation qui lui est ainsi faite. « L'employeur ne saurait reprocher à des salariés de ne pas s'être présentés à l'entretien préalable à leur licenciement, formalité prévue dans leur seul intérêt » (Cass. soc., 15 mai 1981). À lire la jurisprudence de la Cour de cassation, il est possible pour un employeur de convoquer le salarié à l'entretien préalable en dehors du temps de travail, sans qu'il y ait lieu de relever une irrégularité de procédure. Ceci étant, le salarié peut néanmoins prétendre à la réparation du préjudice subi.

2e phase : déroulement de l'entretien au cours duquel l'employeur explique au salarié les raisons qui motivent la mesure de licenciement envisagée et reçoit les explications du salarié[28].

- L'employeur peut se faire *représenter* lors de cet entretien : selon la Cour de cassation, il n'y a pas nécessairement identité entre la personne qui procède à cet entretien et celle qui notifie le licenciement. En d'autres termes, la procédure de licenciement peut valablement être menée par deux personnes distinctes, toutes deux représentant l'employeur : l'une procédera à l'entretien préalable, tandis que l'autre notifiera la mesure de licenciement éventuellement décidée à l'issue de l'entretien (Cass. soc., 14 mai 1987 ; 19 juillet 1994). Afin de ne pas détourner l'entretien préalable de sa finalité, il convient dans ce cas de figure que le « représentant » qui a conduit l'entretien donne à la personne qui prend la décision finale tous les éléments d'information nécessaires.
- Selon la Cour suprême, rien ne s'oppose à ce que l'employeur se fasse assister par une personne de **l'entreprise** dès l'instant où sa présence « *ne fait nullement grief aux intérêts du salarié* », c'est-à-dire ne nuit pas au dialogue (Cass. soc., 12 mars 1986 ; 5 mars 1987 ; 20 juin 1990).

---

24. Selon la Cour de cassation, la lettre doit obligatoirement contenir l'indication non équivoque qu'un licenciement est envisagé par l'employeur.
25. « *Le droit, reconnu au salarié par l'article L. 122-14, de se faire assister lors de l'entretien préalable au licenciement par un autre salarié de l'entreprise, implique que ce dernier ne doit, du fait de l'assistance qu'il prête, subir aucune perte de rémunération* » (Cass. soc., 12 février 1991). Position jurisprudentielle qui prend le contre-pied de la position du ministre du Travail (*JO* débats AN, 10 août 1974).
26. Il s'agit de l'entreprise et non pas du seul établissement au sein duquel travaille le salarié dont le licenciement est envisagé, dans l'hypothèse d'une entreprise composée de plusieurs établissements.
27. C'est aux juges du fond qu'il revient d'estimer souverainement, et au vu des éléments de fait soumis à leur appréciation, si le salarié a disposé d'un délai suffisant.
28. Au stade de l'entretien, le licenciement ne peut être qu'envisagé : l'employeur doit donc se montrer très prudent pendant l'entretien (surtout en cas d'assistance du salarié).

3e phase : notification du licenciement par lettre recommandée avec AR. Dans la mesure où la loi institue une véritable procédure dont elle sanctionne les irrégularités, il est conforme à l'esprit de la loi de reconnaître à la notification par lettre recommandée un caractère **nécessaire**.

La lettre de licenciement ne peut être adressée au salarié moins de **2 jours ouvrables** après la date pour laquelle le salarié a été convoqué.

> *Exemple 1 :*
>
> Si l'entretien est fixé un mercredi, la notification du licenciement ne peut intervenir au plus tôt que le vendredi qui suit. L'article R. 122-3-1 dispose que lorsque les délais prévus expirent un samedi, un dimanche ou un jour férié ou chômé, ils sont prorogés jusqu'au premier jour ouvrable suivant.
>
> *Exemple 2 :*
>
> Pour un entretien qui s'est déroulé le vendredi, le délai expirant le samedi est prorogé jusqu'au lundi et la lettre de licenciement ne pourra être expédiée au plus tôt que le mardi.
>
> En matière disciplinaire, la lettre de licenciement doit être adressée au salarié **au plus tard dans le mois** qui suit la date prévue pour l'entretien préalable. En pratique, il est rare d'attendre un tel délai, le licenciement décidé étant généralement notifié au plus vite.

La lettre de licenciement doit par ailleurs être **motivée** avec **précision**. Quelle est la sanction du défaut d'énonciation des motifs dans la lettre de licenciement ? La question est d'autant plus importante à poser que l'exigence de l'indication des motifs a été généralisée par le législateur à **tous** les licenciements, qu'ils soient économique, disciplinaire ou non.

La jurisprudence de la Cour de cassation prend une orientation sévère en considérant que **l'absence de motif ou un motif imprécis dans la lettre de notification du licenciement rend le licenciement abusif** (« ... *que l'employeur est tenu d'énoncer le (ou les) motif(s) du licenciements dans la lettre de licenciement mentionnée à l'article L. 122-14-1 ; qu'à défaut, le licenciement est dépourvu de cause réelle et sérieuse...* » Cass. soc., 29 novembre 1990).

Dans un arrêt du 27 novembre 1998, l'Assemblée plénière de la Cour de cassation est venue conforter la position de la chambre sociale. La seule référence dans la lettre de licenciement au courrier de convocation à l'entretien préalable, relatant les faits à l'origine du licenciement, n'équivaut pas à une énonciation valable des motifs. La formation la plus solennelle de la Cour suprême consacre ainsi la lettre de licenciement comme **le seul support** d'énonciation des motifs[29].

La procédure que nous venons de présenter doit être respectée même si le salarié a commis une faute **grave** ou une faute **lourde**. En pratique, un tel comportement entraîne le prononcé par l'employeur d'une **mise à pied conservatoire** parallèlement au déclenchement de la procédure de licenciement. Ne constituant pas une sanction, cette mise à pied n'est soumise à aucune condition de forme quoi qu'il est fort utile pour l'employeur de se ménager une preuve en la signifiant expressément dans la lettre de convocation à l'entretien préalable. Dans l'hypothèse d'une faute grave ou d'une faute lourde dûment justifiée et démontrée, la période courant entre la mise à pied conservatoire et la notification du licenciement n'a pas à être payée.

La lettre de licenciement **fixe les limites du litige**, c'est-à-dire qu'en cas d'action judiciaire, l'employeur et le salarié ne peuvent centrer le débat qu'autour des **seuls** motifs avancés dans la lettre de licenciement.

b) Absence d'institutions représentatives dans l'entreprise

Cherchant à parer au risque d'isolement du salarié du fait de ses difficultés pratiques à trouver un collègue de travail prêt à l'assister à l'entretien préalable, dans l'hypothèse où l'entreprise est

---

29. La chambre sociale a eu toutefois l'occasion d'admettre que la copie de la convocation à l'entretien préalable, énonçant les motifs de la mesure envisagée, document annexé à la lettre de licenciement, en faisait partie intégrante. Il reste que dans la pratique l'utilisation d'un tel procédé n'est pas à conseiller. En cas de dénégation du salarié, l'employeur peut en effet avoir des difficultés à prouver que l'annexe était effectivement jointe à la notification du licenciement.

dépourvue d'institutions représentatives, le législateur autorise le salarié à se faire **assister** par un **conseiller extérieur** de son choix, inscrit sur la liste dressée par le préfet de département[30]. Cette liste, révisable tous les 3 ans, comporte notamment le nom, l'adresse, la profession ainsi que l'appartenance syndicale éventuelle des conseillers (L. 122-14 al. 1 et 3). La Cour de cassation a précisé que l'absence de représentants du personnel s'apprécie dans le cadre de **l'entreprise** et non de l'établissement. Il en résulte que l'entreprise est **pourvue** d'institutions représentatives du personnel dès lors qu'une de ces institutions est présente dans un ou plusieurs établissements, même si tel n'est pas le cas de l'établissement dans lequel le salarié concerné travaille.

La circulaire ministérielle du 4 octobre 1989 a apporté les précisions suivantes quant à l'assistance du salarié par une personne extérieure :

« ... *Dès lors que le salarié souhaite se faire assister lors de l'entretien préalable à son licenciement par une personne extérieure à l'entreprise, il devra informer cette personne de la date, de l'heure, et du lieu de l'entretien et son employeur de la démarche ainsi entreprise. La personne ainsi choisie doit confirmer au salarié sa venue ou le prévenir immédiatement, le cas échéant, par tous moyens, de son empêchement. Dans cette dernière situation, le salarié aura la faculté de choisir une autre personne sur la liste établie pour le département ; en tout état de cause, l'empêchement ou l'indisponibilité de la personne qui assiste le salarié ne pourrait avoir comme effet de différer la date de l'entretien préalable.*

Si le salarié fait appel à une personne extérieure à l'entreprise, celle-ci a pour mission d'assister et de conseiller le salarié lors de l'entretien préalable au licenciement. Cette personne est d'autant plus compétente pour assurer cette mission qu'elle aura été choisie en fonction de son expérience et des relations professionnelles et de sa connaissance du droit social.

Elle exerce ses fonctions à titre gratuit. Il est à noter enfin que cette personne est tenue au secret professionnel et pourrait se voir appliquer les pénalités prévues [par l'article 226-13 du nouveau Code pénal] dès lors qu'elle révélerait des faits confidentiels dont elle aurait eu connaissance dans le cadre de sa mission ».

La lettre de convocation à l'entretien préalable doit mentionner l'adresse des services (section d'inspection compétente, mairie)[31] où la liste des conseillers est tenue à la disposition des salariés.

---

30. La loi du 18 janvier 1991 a précisé le statut du conseiller du salarié lorsqu'il est lui-même en activité.

Bénéfice d'un crédit d'heures

Dans les établissements où sont occupés au moins 11 salariés, l'employeur est tenu de laisser à son salarié investi d'une mission de conseiller le temps nécessaire à l'exercice de sa mission dans la limite de *15 heures par mois*. Le temps ainsi passé hors de l'entreprise pendant les heures de travail, assimilé à une durée *de travail effectif, est rémunéré* par l'employeur qui sera remboursé par l'État (L. 122-14-14 et L. 122-14-15).

Dans les établissements occupant moins de 11 salariés, le conseiller ne sera rémunéré que si l'employeur l'a autorisé à s'absenter pour exercer sa mission.

Protection contre le licenciement

L'exercice de la mission de conseiller ne saurait être une cause de rupture du contrat de travail. Le licenciement du conseiller est en outre soumis à la protection spéciale de licenciement des délégués syndicaux (voir Partie 4, chapitre 9, § 2.3).

Absences pour formation

Sur sa demande, le conseiller du salarié peut bénéficier de droit d'autorisations d'absence dans la limite de 2 semaines par période de 3 ans suivant la publication de la liste préfectorale. Ces absences suivent les règles applicables au congé de formations économique, sociale et syndicale pour ce qui concerne leur durée et leur indemnisation.

Obligation de discrétion

Sous peine de radiation, le conseiller du salarié est tenu au secret professionnel pour toutes les questions relatives aux procédés de fabrication et à une obligation de discrétion à l'égard des informations présentant un caractère confidentiel et données comme telles par le chef d'entreprise ou son représentant.

Entrave à l'exercice des fonctions de conseiller

Quiconque aura porté ou tenté de porter atteinte à l'exercice régulier des fonctions du conseiller sera puni des peines prévues pour le délit d'entrave (amende de 3 750 € et/ou 2 mois à 1 an d'emprisonnement ; en cas de récidive, l'amende pourra être portée à 7 500 € et l'emprisonnement à 2 ans).

31. En raison du caractère départemental de la liste des conseillers, l'employeur doit indiquer la référence de la mairie du lieu du domicile du salarié s'il demeure dans le département où est situé l'établissement, ou l'adresse de la mairie de son lieu de travail s'il demeure en dehors de ce département.

Selon la jurisprudence la plus récente de la Cour de cassation, l'absence d'indication dans la lettre de convocation à l'entretien préalable de la possibilité d'assistance d'un conseiller extérieur d'un part, ainsi que l'omission dans cette même lettre des **deux endroits** – *inspection du travail ; mairie* – où la liste des conseillers peut être consultée par le salarié, d'autre part, ouvrent droit au profit du salarié concerné à une **double** indemnité :

– une indemnité au plus égale à un mois de salaire pour procédure **irrégulière**, et ce quelle que soit son ancienneté (même inférieure à 2 ans) ou l'effectif de l'entreprise (même inférieur à 11 salariés) ;
– à l'indemnité forfaitaire minimale de six mois de salaire en cas d'absence de cause réelle et sérieuse si le salarié travaille dans une entreprise de plus de 10 salariés ou qui a au moins 2 ans d'ancienneté dans l'entreprise (L. 122-14-4) ou à défaut de remplir ces conditions, à une indemnité calculée en fonction du préjudice subi conformément aux dispositions de l'article L. 122-14-5.

2) La prescription

Aucun fait fautif ne peut donner lieu **à lui seul** au déclenchement de la procédure de licenciement au-delà d'un délai de 2 mois à compter du jour où l'employeur en a eu connaissance, à moins que ce fait ait donné lieu dans le même délai à l'exercice de poursuites pénales.

Tableau 11 – Récapitulatif de la procédure de licenciement pour cause personnelle des salariés non protégés

Comportement fautif	Comportement non fautif
• Convention à un entretien préalable • Entretien avec le salarié (éventuellement assisté) • Délai d'attente (1 jour franc minimum, 1 mois maximum) • Notification du licenciement (lettre **motivée** recommandée avec AR)	• Convocation à un entretien préalable • Entretien avec le salarié (éventuellement assisté) • Délai d'attente (1 jour franc minimum) • Notification du licenciement (lettre **motivée**, recommandée avec AR)

B – Le cas du licenciement prononcé pour raison autre que disciplinaire

La procédure ne se différencie de celle exposée au point A qui précède que sur un seul point dont la portée pratique est pour le moins réduite : si la lettre de licenciement ne peut être expédiée moins d'un jour franc après la date pour laquelle le salarié a été convoqué à l'entretien préalable, aucune durée maximale en revanche n'est imposée. L'écoulement d'un trop long délai permettrait toutefois de penser que l'employeur a renoncé à sa décision de licenciement, sauf à ce qu'il décide de reprendre la procédure dans son entier. Mais rarissime est ce type de comportement patronal !

3.1.3 Les conséquences du licenciement pour cause réelle et sérieuse

L'employeur doit respecter plusieurs obligations.

A – Le préavis ou délai-congé

1) La durée

– Quelle que soit la taille de l'entreprise, l'employeur doit respecter le préavis légal ou conventionnel auquel a droit le salarié. Les dispositions légales concernant la durée du préavis sont les suivantes (L. 122-5) :
  • référence aux usages ou aux conventions collectives ou aux dispositions contractuelles pour les salariés ayant moins de 6 mois d'ancienneté ;
  • un mois pour les salariés ayant entre 6 mois et 2 ans d'ancienneté ;
  • 2 mois pour les salariés ayant plus de 2 ans d'ancienneté.

Les conventions collectives prévoient fréquemment des durées de préavis plus favorables aux salariés, c'est-à-dire des durées plus longues[32].

– La durée du préavis légal ou conventionnel n'étant jamais qu'un **minimum**, rien ne s'oppose à ce qu'employeur et salarié conviennent de la prolonger. Le salarié peut notamment y trouver avantage lorsque ses recherches d'un nouvel emploi n'ont pas abouti. L'important est que cette prolongation du préavis soit indiscutable, bien établie et ne prête à aucune ambiguïté. Quand l'exécution du contrat de travail se prolonge, il convient, en effet, de savoir si les parties ont effectivement voulu prolonger temporairement le contrat de travail en cours, ou bien conclure un autre contrat de travail, ce nouveau contrat ne pouvant, lui, être rompu que par la notification et l'observation d'un nouveau préavis. Les parties doivent se montrer particulièrement précises sur les modalités de prorogation du préavis.
– La durée du préavis varie en fonction du seul critère de **l'ancienneté** de services continus du salarié (ou assimilés) quel que soit par ailleurs son horaire de travail, à temps plein, à mi-temps ou seulement quelques heures par jour.

2) La dispense de l'exécution du préavis

L'employeur peut dispenser le salarié d'effectuer son travail pendant le temps de préavis, mais en lui maintenant **l'intégralité** de la rémunération à laquelle il aurait pu prétendre s'il avait travaillé : c'est l'objet de **l'indemnité de préavis**. Cette indemnité doit être versée même si le salarié retrouve un emploi : il est bien clair en jurisprudence qu'un salarié dispensé d'exécuter son préavis par l'employeur peut occuper un nouvel emploi durant la période de préavis bien que son contrat de travail ne soit pas encore rompu. Cette solution peut se comprendre car elle offre au salarié la possibilité de retrouver plus aisément du travail.

La question s'est posée de savoir si un salarié peut s'engager au service d'une entreprise concurrente pendant le délai de congé non travaillé. Aux termes des dispositions de l'article L. 122-8 « *l'inobservation du délai congé n'a pas pour conséquence d'avancer la date à laquelle le contrat prend fin* ». Faut-il comprendre que le salarié continue à être tenu d'une obligation de loyauté à l'égard de son employeur, conduisant alors à donner une réponse négative à la question posée ? Ce n'est pas la position retenue par la Cour de cassation qui, dans un arrêt du 27 novembre 1991, énonce, en termes non équivoques, qu'un salarié, dispensé par son employeur d'exécuter son préavis, a la faculté d'entrer, pendant la durée de ce préavis, au service d'une autre entreprise, fût-elle concurrente (sous réserve naturellement de ne pas être tenu par une clause de non-concurrence). Délier ainsi le salarié de son obligation de fidélité ne signifie pas pour autant qu'il soit dégagé de toute obligation de non-concurrence. Ainsi, tout acte de concurrence déloyale serait considéré comme fautif, conduisant à l'interruption anticipée du préavis. En cas de litige, il reviendra aux juges du fond de le trancher en fonction des circonstances d'espèce.

3) Le point de départ

Le préavis commence à courir à partir du jour de la présentation au salarié de la lettre recommandée notifiant son licenciement[33].

> *Exemple (Cass. soc., 16 février 1978) :*
>
> Se trouvant en tournée au moment où la lettre recommandée, lui notifiant son licenciement, était arrivée à son domicile, le salarié estimait que son préavis ne pouvait commencer que du jour de son retour, c'est-à-

---

32. De nombreuses conventions collectives ont consacré un usage bien établi dans la plupart des professions et localités, en accordant un préavis de 3 mois aux cadres. Les conventions collectives pouvant déroger aux usages en la matière, certaines d'entre elles subordonnent toutefois le droit à un préavis de 3 mois à une certaine ancienneté.

33. Selon une jurisprudence bien établie, le licenciement qui intervient en cours de maladie n'a nullement pour effet de reporter le point de départ du délai-congé.

dire du jour « de la réception effective » de cette lettre (le 8 avril) et non pas du jour de sa présentation à domicile (le 1er avril). La Cour de cassation a considéré que seule la date de présentation de la lettre recommandée (1er avril) était le point de départ du délai-congé et cela, quelle que soit la date à laquelle l'intéressé l'a effectivement reçue. Sauf fraude bien entendu.

4) Le préavis et la prise de congés payés

En matière de congés payés, la jurisprudence a affirmé très tôt la règle suivant laquelle **congés payés et préavis ne peuvent être confondus** : le congé annuel ne saurait s'imputer sur le préavis. Des lors, il y aura prolongation du préavis :

- soit par report du point de départ du préavis à la fin des congés payés lorsque la rupture du contrat est notifiée pendant ce repos ;
- soit par l'allongement du préavis d'une durée équivalente à celle des congés payés lorsque ceux-ci se trouvent inclus dans le temps de préavis.

Pour la Cour de cassation, la prise du congé payé pendant la période de préavis n'est pas contraire à l'ordre public (Cass. ass. plén., 5 mars 1993).

5) Le préavis et la maladie

Sauf dispositions conventionnelles plus favorables, ni la maladie ni l'accident, dont est victime le salarié pendant l'exécution de son préavis, ne sont de nature à en interrompre le cours. De façon générale et selon une jurisprudence bien établie, la période de préavis est un délai préfix qui ne peut être interrompu, ni suspendu.

Dans un arrêt du 18 juillet 1996, la Cour de cassation sans revenir sur sa jurisprudence, y déroge néanmoins en faveur du salarié victime d'un accident du travail ou atteint d'une maladie professionnelle en cours de préavis. Ayant décidé que le préavis était alors suspendu, le salarié concerné pourra revenir dans l'entreprise à l'issue de son arrêt de travail afin de le terminer, sauf à l'employeur à lui verser une indemnité compensatrice de préavis s'il le dispense de l'exécution de la période qui restait à courir (ce qui est la solution la plus fréquemment retenue en pratique).

6) Le préavis et le temps libre pour recherche d'emploi

L'usage, consacré par de nombreuses conventions collectives, s'est établi de reconnaître au salarié le droit de disposer, pendant les heures de travail, d'un temps libre destiné à la recherche d'un nouvel emploi. Ce temps est généralement d'une durée de **2 heures** par jour ou égal à un contingent global d'heures pour la durée du préavis.

- Dans l'hypothèse du licenciement, le principe du maintien du salaire doit être tenu pour acquis.
- La non-utilisation du temps libre pour recherche d'emploi n'ouvre pas droit à une indemnité compensatrice, sous réserve des dispositions expresses d'un accord collectif de travail sur ce sujet.

Exemple (Cass. soc., 23 juin 1983) :

Une société en règlement judiciaire avait versé, à un des salariés licenciés, le salaire correspondant à la période où il effectuait son préavis. Ce salarié réclamait un complément de salaire pour cette même période du fait qu'il n'avait pas utilisé son droit de s'absenter pendant deux heures par jour pour la recherche d'emploi.

En cassant et annulant l'arrêt rendu par la cour d'appel qui avait retenu l'argumentation du salarié, la Cour de cassation a précisé que :

- le salarié ne pouvait cumuler pour la même période le salaire correspondant au travail effectué et l'indemnité compensatrice de préavis, qui ont le même objet ;
- il ne pouvait non plus prétendre à un avantage supplémentaire du fait qu'il avait volontairement omis, pendant cette période, d'user de son droit de s'absenter pour la recherche d'un emploi.

- Sauf disposition conventionnelle expresse, le droit au temps libre pour une recherche d'emploi disparaît lorsque le salarié n'en a plus besoin, c'est-à-dire lorsqu'il est manifeste que son reclassement est assuré : c'est à l'employeur qu'il revient d'en rapporter la preuve.
- La plupart des conventions collectives prévoient que la répartition des heures pour recherche d'emploi doit se faire par accord entre les deux parties, à défaut, être fixé un jour à la convenance

du salarié, un jour à la convenance de l'employeur. Les usages vont dans le même sens, admettant même, si les parties sont d'accord, que lesdites heures puissent être regroupées par semaine, voire en fin de préavis.

7) La commission d'une faute grave en cours de préavis

La faute grave commise par le salarié pendant l'exécution du préavis justifie son interruption immédiate par l'employeur, sans qu'il y ait lieu de renouveler les formalités du licenciement : la rupture du contrat de travail intervenant en cours de préavis n'est pas un nouveau licenciement.

Un arrêt de la Cour de cassation du 23 mai 1984 avait pu surprendre dans la mesure où il avait admis que la faute grave commise en cours de préavis ne faisait pas perdre l'indemnité de licenciement antérieurement acquise : « ... *le comportement en cause ne pourrait entraîner la perte du droit à l'indemnité de licenciement laquelle* **prend naissance** *à la date de la notification du congé même si son exigibilité est reportée à la fin du préavis* ». Décision effectivement surprenante car d'une part, elle allait à l'encontre d'une jurisprudence contraire antérieure apparemment bien établie, d'autre part elle aboutissait à admettre une situation pratique pour le moins malencontreuse puisqu'en cours de préavis, le salarié aurait pu se livrer à n'importe quelle fantaisie sans risquer autre chose que d'être privé de terminer son préavis !

Un arrêt de la chambre sociale de la Cour de cassation du 5 mars 1987 confirmait néanmoins sans ambiguïté la règle jurisprudentielle ainsi dégagée : la faute grave commise par le salarié en cours de préavis justifie l'interruption immédiate du préavis mais est « *sans effet sur l'indemnité (légale ou conventionnelle) de licenciement déjà acquise* »[34]. Des arrêts ultérieurs sont venus consolider cette position. La même solution vaut en cas de faute lourde commise par le salarié en cours de préavis[35].

Qu'il s'agisse d'un simple salarié ou d'un représentant du personnel, l'employeur n'a pas à réitérer la procédure de licenciement, ce qui évitera de nombreuses complications procédurales ou administratives, Cela étant, l'interruption du préavis constituant en elle-même une sanction disciplinaire, l'employeur est tout de même tenu de suivre la procédure disciplinaire légale.

8) La suppression du préavis

En vertu de l'article L. 122-6, l'employeur est dispensé du respect du préavis, lorsque le licenciement est provoqué par une **faute grave** du salarié. Il peut donc prononcer un licenciement immédiat sous réserve du **respect de la procédure** de licenciement.

9) Le préavis et les élections professionnelles

Un salarié en préavis, que celui-ci soit ou non exécuté, peut non seulement voter mais se porter candidat tant que dure son préavis et exercer ses fonctions représentatives jusqu'au terme de son contrat de travail.

10) La survenance d'un cas de force majeure

Une circonstance de force majeure, entraînant l'impossibilité absolue de continuer immédiatement l'exécution du contrat de travail dispense l'employeur de son obligation du respect d'un préavis.

> *Exemple (Cass. soc., 26 juin 1985) :*
>
> Lorsqu'une entreprise n'exerce plus d'activité pour des raisons d'ordre économique, ce qui rend impossible l'exécution du préavis, l'employeur n'est plus tenu de payer une indemnité compensatrice sans contrepartie possible du travail accompli.

---

34. La Cour de cassation maintient cette même position dans le cas où la faute grave est commise non pas pendant le préavis, mais antérieurement à la notification du licenciement, alors qu'elle est découverte postérieurement par l'employeur. Ainsi a-t-elle jugé que le salarié licencié pour motif économique conserve son droit à l'indemnité de licenciement, alors même que l'employeur a découvert, au cours du préavis, des actes de concurrence commis avant la notification (Cass. soc., 7 mars 1990).

35. Poursuivant dans cette logique, et considérant que le droit au préavis et à l'indemnité de licenciement naît à la date où le congédiement est notifié, la Cour de cassation a décidé que, sauf clause expresse, des dispositions légales ou conventionnelles intervenues au cours de la période de préavis ne peuvent diminuer ou augmenter la quantité de ces droits (Cass. soc., 19 janvier 1994).

11) Le préavis et la suspension du contrat de travail

Un licenciement peut toujours intervenir pendant une période où le contrat de travail se trouve suspendu : ainsi en va-t-il du licenciement pour cause économique. L'indemnité de préavis est-elle due dans cette hypothèse ? Dans la mesure où le contrat de travail est suspendu pour une période assez longue qui va jusqu'à dépasser la durée du préavis, il est difficile de répondre autrement que par la négative, car le salarié se trouve, en droit, dans l'impossibilité d'effectuer un préavis.

B – Les indemnités

1) L'indemnité de licenciement

L'employeur est légalement tenu de verser au salarié licencié, ayant au moins 2 ans d'ancienneté, une indemnité de licenciement.

Si, pour déterminer le montant de l'indemnité de licenciement, l'ancienneté du salarié s'apprécie à la date d'expiration normale du préavis, qu'il soit ou non exécuté, l'appréciation du droit au bénéfice de cette indemnité a lieu à la date de notification du licenciement.

a) Appréciation de l'ancienneté requise pour l'ouverture des droits

– On ne retient que l'ancienneté **ininterrompue**, c'est-à-dire celle acquise au cours du même contrat de travail.

> *Exemple :*
> Si un premier contrat de travail a pris fin par démission, licenciement ou expiration du terme et que, plus tard, le salarié est réembauché dans la même entreprise, seule comptera, lors d'une rupture ultérieure, l'ancienneté acquise au cours de cette seconde période, sauf dispositions différentes d'un accord collectif de travail ou du nouveau contrat de travail.

– Dans le cadre de l'exécution du même contrat, les périodes de suspension ne sont pas prises en compte pour le calcul de l'ancienneté requise, sous réserve de dispositions légales expresses ou de dispositions conventionnelles plus favorables.

– Sauf dispositions contraires, l'indemnité conventionnelle de licenciement due au salarié est celle prévue pour la catégorie à laquelle il appartient au moment de la rupture, en prenant en compte la totalité de son ancienneté dans l'entreprise.

b) Montant

L'indemnité de licenciement se calcule par année de service dans l'entreprise en tenant compte des mois de service accomplis au-delà des années pleines. Son montant ne peut être inférieur à **1/10**ᵉ de mois de salaire par année plus **1/15**ᵉ de mois par année d'ancienneté au-delà de dix ans[36].

Le salaire à prendre en considération pour le calcul de l'indemnité est le douzième de la rémunération brute des douze derniers mois précédant le licenciement ou, selon la formule la plus avantageuse pour le salarié, le tiers des trois derniers mois, étant entendu que dans ce cas, toute prime ou gratification de caractère annuel ou exceptionnel, qui aurait été versée au salarié pendant cette période, ne serait prise en compte que prorata temporis (R. 122-2). La jurisprudence a précisé qu'il convenait pour déterminer la période de référence de retenir la période précédant **la date de licenciement** et non celle précédant la date de la fin du préavis.

En pratique, nombreuses sont les conventions collectives qui octroient au salarié le bénéfice d'une indemnité de licenciement plus favorable. Les deux indemnités, légales et conventionnelles, ne sont bien entendu pas cumulables ; seule **la plus avantageuse** est due.

c) Régime juridique

L'indemnité légale ou conventionnelle de licenciement est normalement versée en même temps que la dernière paie. En cas de dispense de préavis, l'employeur peut payer cette indemnité au moment où l'intéressé quitte effectivement le travail.

---

36. En cas de licenciement pour cause économique, le montant de l'indemnité légale de licenciement est doublé (voir *infra*, § 3.2.4 B).

N'ayant pas le caractère de salaire, l'indemnité légale ou conventionnelle de licenciement est en conséquence exonérée de l'impôt sur le revenu, de CSG et de CRDS et échappe également aux cotisations de sécurité sociale.

d) Incidence de la faute grave

Elle ôte le droit pour le salarié à se prévaloir du bénéfice de l'indemnité légale ou conventionnelle de licenciement.

2) L'indemnité compensatrice de congés payés

a) Calcul

Le salarié licencié a droit à une indemnité compensatrice de congés payés pour les jours de congé auxquels il peut prétendre, mais dont il n'a pu bénéficier. En pratique, cette indemnité compensatrice se calcule en retenant le **dixième** des rémunérations qu'il a touchées pendant la période de référence, c'est-à-dire de l'ouverture de la période normale de référence (**1er juin de chaque année** pour ce qui concerne la période légale) jusqu'à la date de la rupture de son contrat de travail.

b) Charges sociales et fiscales

L'indemnité compensatrice de congés payés a le caractère de salaire et à ce titre, elle doit donc supporter toutes les charges sociales et fiscales.

c) Incidence du préavis non exécuté

L'article L. 122-8 alinéa 3 prévoit expressément que l'indemnité de congés payés est comprise dans les avantages dont le salarié doit bénéficier pendant le délai congé, même s'il en est dispensé : « … *La dispense par l'employeur de l'exécution du contrat de travail pendant le délai-congé ne doit entraîner jusqu'à l'expiration de ce délai, aucune diminution des salaires et avantages,* y compris l'indemnité de congés payés, *que le salarié aurait reçues s'il avait accompli son travail* ».

d) Incidence de la faute lourde

La faute lourde dispense l'employeur du paiement de l'indemnité compensatrice de congés payés. Sur la base des décisions rendues par la Cour de cassation, nous apporterons deux précisions :

- la faute lourde ne peut priver le salarié du bénéfice de l'indemnité compensatrice de congés payés que pour la période de référence[37] au cours de laquelle a été commise la faute ; l'employeur reste alors tenu de lui verser, s'il y a lieu, l'indemnité compensatrice de congés payés correspondant à des congés non encore pris et acquis au cours de la période de référence antérieure ;
- lorsque la faute lourde a été commise pendant l'exécution du préavis, le salarié peut prétendre au paiement de l'indemnité compensatrice de congés payés correspondant à la période de référence en cours, car le droit à cette indemnité lui est acquis à la date de notification de la rupture, même si elle n'est exigible qu'à la fin du préavis.

La faute grave qui justifie un licenciement immédiat sans préavis ni indemnité de licenciement laisse subsister en revanche le droit à l'indemnité compensatrice de congés payés.

3) L'indemnité compensatrice de préavis

a) Exigibilité

Elle n'est due que lorsque l'employeur dispense le salarié licencié d'effectuer son préavis.

b) Montant

Il est égal au montant des salaires et avantages que le salarié aurait reçus s'il avait accompli son travail. Ainsi, y aura-t-il lieu, le cas échéant, de faire bénéficier le salarié des augmentations de

---

37. Sur la notion de « période de référence », voir Partie 3, chapitre 2, § 6.2.1.

salaire qui seraient intervenues en cours de préavis s'il avait été exécuté ; de tenir compte des heures supplémentaires que le salarié aurait accomplies s'il avait travaillé ; de retenir les primes et gratifications que le salarié aurait acquises s'il était resté en fonctions jusqu'à la date normale d'achèvement de son préavis. Seuls sont exclus, et cela se comprend aisément, les remboursements de frais qui ne sont pas exposés par le salarié par suite de l'inexécution de son préavis.

Dès lors que la rémunération du salarié est composée d'une partie fixe et d'une partie variable, l'indemnité compensatrice de préavis est calculée sur la base moyenne annuelle des salaires perçus.

L'indemnité de préavis présente le caractère d'un salaire et doit tout naturellement supporter les cotisations de sécurité sociale. Il en résulte en toute logique qu'elle doit être calculée à partir du salaire **brut**.

Si le salarié tombe malade au cours de la période de préavis dont il a été dispensé, l'employeur peut déduire du montant de l'indemnité compensatrice de préavis les indemnités journalières qui sont versées par la sécurité sociale.

3.1.4 Les sanctions en cas de licenciement irrégulier

Il convient de distinguer les irrégularités de forme (non-respect de la procédure) des irrégularités de fond (absence de cause réelle et sérieuse).

A – Les irrégularités formelles

En cas de non-respect de la procédure de licenciement fondé sur une cause réelle et sérieuse, le législateur a prévu 2 sanctions spécifiques à l'encontre de l'employeur :

– obligation d'accomplir la procédure suivie ;

– condamnation à une indemnité équivalente au plus à un mois de salaire.

Nous notons que la nullité du licenciement ne fait pas partie des sanctions qui frappent le licenciement d'un salarié entaché d'une irrégularité formelle.

- La première sanction n'est d'aucune utilité pratique. À quoi peut-il servir en effet de reprendre une procédure alors que le salarié a quitté l'entreprise depuis plusieurs mois ?
- En pratique, l'inobservation de la procédure se traduit dans la plupart des cas par le prononcé de la condamnation de l'employeur au paiement d'une indemnité qui ne peut excéder un mois de salaire. Pour la Cour de cassation, l'indemnité est due dans tous les cas, le non respect de la procédure causant **nécessairement un préjudice** au salarié. Ceci étant, son montant est souverainement apprécié par les juges du fond, dans la limite du montant maximum susvisé.

Les sanctions propres au non-respect de la procédure ne sont pas applicables aux salariés qui ont une ancienneté inférieure à 2 ans ou qui travaillent dans une entreprise de moins de 11 salariés[38].

B – Les irrégularités de fond

Est considéré comme « abusif » tout licenciement ne reposant pas sur une cause réelle et sérieuse[39].

---

38. Les conditions d'ancienneté ou d'effectifs sont indifférentes pour l'application de la sanction financière consécutive à la violation des dispositions légales relatives à la faculté d'assistance du salarié par un conseiller extérieur dans l'hypothèse d'une entreprise dépourvue de représentants du personnel. Sont ainsi sanctionnés le fait de ne pas avoir mentionné dans la lettre de convocation à l'entretien préalable que le salarié a la faculté de se faire assister par un conseiller de son choix, ainsi que le fait de ne pas avoir précisé dans cette même lettre l'adresse des services (Inspection du travail, mairie) où la liste des conseillers est tenue à sa disposition.

39. À titre d'illustration, a été condamné pour rupture abusive un employeur qui avait licencié une salariée en raison de son inadaptation professionnelle, alors qu'aucune observation ne lui avait été faite jusqu'alors et, surtout, qu'elle avait bénéficié d'une augmentation de salaire trois mois avant son licenciement, « *laissant présumer la satisfaction de l'employeur* ». En effet, l'employeur ne pouvait valablement alléguer une insuffisance professionnelle, alors que son comportement passé récent à l'égard de la salariée tendait, au contraire, à montrer sa satisfaction (Cass. soc., 21 février 1991). S'il est vrai que « *le comportement d'un salarié ne doit pas nécessairement avoir donné lieu à des avertissements ou à des observations préalables pour constituer une cause réelle et sérieuse de licenciement* » (Cass. soc., 30 novembre 1986 ; 17 avril 1986 ; 21 décembre 1986), il n'en demeure pas moins vrai qu'en pratique l'avertissement ou l'observation dont le salarié a été l'objet avant son licenciement est un facteur important pour les juges qui seront davantage enclins à reconnaître l'existence d'un motif réel et sérieux lorsqu'il y a eu avertissement préalable que lorsqu'il n'y a jamais eu de réaction de l'employeur.

1) Le contrôle judiciaire

En cas de litige, c'est au juge du contrat de travail qu'il revient d'apprécier le caractère réel et sérieux du ou des motifs invoqués par l'employeur. Il forme sa conviction au vu des éléments fournis par l'une ou l'autre des parties et, au besoin après toutes mesures d'instruction qu'il estime utiles. Toutefois, en dépit de ces éléments et des mesures d'instruction qui auraient pu être ordonnées, il peut arriver que le juge ne puisse forger sa conviction quant au caractère réel et sérieux des motifs invoqués par l'employeur. Pour répondre à cette situation et à l'instar des dispositions régissant la preuve en matière disciplinaire, l'article L. 122-14-3 a été complété afin de préciser que le doute, qui pourrait subsister en matière de preuve du motif du licenciement, doit **profiter** au salarié. Cette disposition qui concerne tous les licenciements, ne constitue pas un renversement de la charge de la preuve à l'encontre de l'employeur, mais se borne à régler le cas où après épuisement des mesures d'instruction, un doute subsiste encore. Dans ce cas, le juge pourra faire droit à la demande **en accordant le bénéfice de ce doute au salarié**.

En toute hypothèse, une jurisprudence constante considère que **la lettre de licenciement fixe le cadre du litige et que l'employeur ne peut devant le juge invoquer à l'encontre du salarié des faits ou des griefs autres que ceux contenus dans cette lettre**.

On retiendra que motiver précisément la lettre de licenciement et établir la preuve des motifs avancés dans cette lettre sont deux réflexes fondamentaux que doit acquérir l'employeur pour parer au mieux le risque judiciaire.

2) La nature des sanctions

Le juge peut, en application des dispositions de l'article L. 122-14-4, proposer *la réintégration* dans l'entreprise du salarié irrégulièrement licencié. Mais si la réintégration est pour le juge une simple faculté, elle l'est aussi pour les parties, la loi prévoyant expressément que l'une ou l'autre des parties peut refuser la réintégration. Cette sanction reste donc du domaine du « théorique » et tombe en fait en désuétude car rares sont les juges qui la prononcent et plus rares encore les employeurs qui acceptent de s'y soumettre !...

À défaut de réintégration, le licenciement prononcé sans cause réelle ni sérieuse est sanctionné par l'attribution de dommages et intérêts dont le montant « ***ne peut être inférieur aux salaires des 6 derniers mois*** », étant entendu que le calcul s'effectue sur la rémunération brute de l'intéressé (L. 122-14-4 al. 1)[40]. Le législateur a donc fixé dans cette hypothèse un minimum forfaitaire (le montant du préjudice pouvant être inférieur), mais le juge reste libre d'octroyer une indemnité plus forte si le préjudice réel subi par le salarié est supérieur au minimum.

En cas de licenciement abusif démontré, « *le tribunal* ***ordonne*** *également le remboursement par l'employeur fautif aux organismes concernés de tout ou partie des indemnités de chômage payées au salarié licencié du jour de son licenciement au jour du jugement prononcé par le tribunal* », dans la limite de 6 mois d'indemnités de chômage par salarié concerné (L. 122-14-4 al. 2).

Les sanctions susvisées énoncées à l'article L. 122-14-4 ne sont pas applicables aux licenciements des salariés qui ont moins de 2 ans d'ancienneté dans l'entreprise et aux licenciements opérés par les employeurs qui occupent habituellement moins de 11 salariés (L. 122-14-5). Pour ces salariés, le licenciement abusif est sanctionné par une indemnité calculée **en fonction du préjudice subi**[41].

40. Les dommages et intérêts pour rupture abusive du contrat de travail peuvent se cumuler avec l'indemnisation éventuelle d'un préjudice particulier dont il appartient au salarié de justifier (ex. : accompagnement d'un licenciement d'attitudes ou de propos vexatoires à l'encontre du salarié concerné).

41. « *Dès lors que la règle relative à l'assistance du salarié par un conseiller de son choix n'a pas été respectée par l'employeur, le licenciement d'un salarié appartenant à une entreprise occupant habituellement moins de onze salariés ou ayant moins de deux ans d'ancienneté est soumis aux dispositions de l'article L. 122-14-4 du Code du travail, qu'il s'agisse de la sanction de l'irrégularité de la procédure ou de celle résultant de l'absence de cause réelle et sérieuse* » (Cass. soc., 13 novembre 1996).

La Cour de cassation a eu l'occasion à plusieurs reprises de préciser que c'est à la date de présentation de la lettre de licenciement qu'il faut se placer pour apprécier l'ancienneté du salarié au regard de l'indemnité de licenciement abusif.

> *Exemple (Cass. soc., 13 mai 1982) :*
>
> Dans cette affaire, les juges d'appel avaient condamné l'employeur à payer à l'un de ses salariés une indemnité pour licenciement sans cause réelle et sérieuse égale à six mois de salaire au motif qu'à la fin du préavis de trois mois, le 15 décembre 1977, l'intéressé, qui avait été recruté le 1er octobre 1975, avait une ancienneté de deux ans dans l'entreprise. À tort, dit la Cour de cassation : l'employeur ayant pris l'initiative de rompre le contrat de travail du salarié par lettre du 12 septembre 1977, c'est à la date de présentation de cette lettre qu'il convenait de se placer pour déterminer les conséquences de la rupture en ce qui concerne les dommages et intérêts pour licenciement sans cause réelle et sérieuse. À cette date, l'intéressé n'avait pas deux ans d'ancienneté. (Appréciation différente de l'ancienneté quand il s'agit de déterminer le droit à l'indemnité de licenciement.)

Comme il semblait logique de le supposer, la Cour a jugé que c'est également à la date de la notification du licenciement qu'il faut se placer pour apprécier l'effectif de l'entreprise.

C – L'hypothèse du licenciement abusif prononcé en violation de la procédure légale

L'article L. 122-14-4 pose un principe **de non-cumul** entre les dommages et intérêts éventuellement dus au salarié lorsque son licenciement ne repose pas sur une cause réelle et sérieuse et ceux résultant du non-respect de la procédure légale de licenciement : dans une telle hypothèse, seule l'indemnité pour licenciement abusif doit être retenue.

Les dispositions de cet article n'étant pas applicables aux licenciements opérés par les employeurs qui occupent habituellement moins de 11 salariés, il en résulte qu'un salarié licencié dans une telle entreprise et justifiant d'au moins 2 ans d'ancienneté (voir *supra,* § A) pourrait prétendre au bénéfice des deux indemnités cumulées en cas de licenciement abusif doublé d'irrégularités procédurales sur le plan de la forme.

3.1.5 Étude de quelques cas particuliers de licenciement

A – Le cas de force majeure

Nous rappellerons que la force majeure est une cause de cessation du contrat de travail. Elle suppose une « *cause étrangère* » qui rend l'exécution des obligations d'un des contractants impossible, sans que pour autant sa responsabilité se trouve engagée.

Ainsi, ont été considérés comme des cas de force majeure :

- un incendie rendant inexploitable l'entreprise et donc impossible la continuation des contrats de travail, l'insuffisance des mesures de protection reprochée à l'employeur n'étant pas établie (Cass. soc., 20 octobre 1983 ; 20 décembre 1989) ;
- le non-renouvellement d'une carte de travail d'un travailleur étranger (Cass. soc., 4 juillet 1978) ;
- le non-renouvellement d'une autorisation administrative d'exploitation dans la mesure où l'absence d'autorisation rendait absolument impossible l'exécution des contrats de travail et où l'employeur n'avait aucune responsabilité quant au refus de l'autorisation administrative.

B – Le départ ou la mise à la retraite

1) La nullité des clauses « *couperet* » ou « *guillotine* » de départ à la retraite

Aux termes des dispositions de l'alinéa 2 de l'article L. 122-14-12 « *sont nulles et de nul effet toute disposition d'une convention ou d'un accord collectif de travail et toute clause d'un contrat de travail prévoyant une rupture de plein droit du contrat de travail d'un salarié en raison de son âge ou du fait qu'il serait en droit de bénéficier d'une pension de vieillesse* ». En d'autres termes, ce texte prononce la nullité des clauses instituant l'âge de la retraite comme le terme ultime du contrat de travail, terme dont l'employeur se borne à prendre acte.

2) Les caractéristiques de la cessation du contrat de travail du fait du départ à la retraite (L. 122-14-13)

Il y a lieu de distinguer selon qu'il s'agit du départ en retraite volontaire du salarié ou de la mise à la retraite sur décision de l'employeur.

a) Départ volontaire du salarié

– Tout salarié quittant volontairement l'entreprise pour prendre sa retraite – à taux plein ou à taux réduit – doit respecter le préavis, légal ou conventionnel, qui s'appliquerait en cas de licenciement.

– Le salarié bénéficie, sous réserve de dispositions conventionnelles ou contractuelles plus favorables, de l'indemnité de départ à la retraite prévue par la loi de mensualisation du 19 janvier 1978 (art. 6 de l'accord du 10 décembre 1977 annexé à la loi), soit :

  - 1/2 mois de salaire après 10 ans d'ancienneté ;
  - 1 mois de salaire après 15 ans d'ancienneté ;
  - 1 mois 1/2 de salaire après 20 ans d'ancienneté ;
  - 2 mois de salaire après 30 ans d'ancienneté.

  Le salaire à prendre en considération est, selon la formule la plus avantageuse, le salaire moyen des 12 derniers mois ou celui des 3 derniers mois, étant entendu que, dans ce dernier cas, toute prime ou gratification de caractère annuel ou exceptionnel, qui aurait été versée au salarié pendant cette période, ne serait prise en compte que *prorata temporis*.

b) Mise à la retraite

– Si au moment de sa mise à la retraite, le salarié **remplit** les conditions requises pour pouvoir bénéficier d'une pension de vieillesse à taux plein, il a droit à une indemnité de départ en retraite dont le montant, sauf dispositions conventionnelles ou contractuelles plus favorables, est égal, sous réserve d'une ancienneté de 2 ans, à :

  - moins de 10 ans d'ancienneté : 1/10 de mois par année d'ancienneté ;
  - plus de 10 ans d'ancienneté : 1/10 de mois par année d'ancienneté + 1/15 de mois par année au-delà de 10 ans.

  Cette indemnité de départ à la retraite est en principe exonérée des cotisations de sécurité sociale. Sur le plan fiscal, elle est exonérée d'impôt sur le revenu.

  Un problème peut survenir à l'occasion du versement par l'employeur d'une somme excédentaire à celle dont le salarié est en droit de se prévaloir soit en vertu de la loi, soit en vertu de la convention collective : quel est le régime d'imposition de cette fraction excédentaire ? Si elle ne vient pas compenser l'existence d'un préjudice, elle sera alors considérée comme un complément de salaire susceptible, selon la position de l'URSSAF, d'être soumise aux cotisations de sécurité sociale, et sur la base de la jurisprudence du Conseil d'État, d'être soumise à l'impôt sur le revenu au-delà d'un certain seuil.

– La mise à la retraite d'un salarié, **qui ne remplit pas** les conditions requises pour pouvoir bénéficier d'une pension de vieillesse à taux plein, s'analyse en un **licenciement**[42] et comme tel, donne lieu au respect de la procédure de licenciement et ouvre droit au versement de l'indemnité légale ou conventionnelle de licenciement.

– En tout état de cause, la mise à la retraite ouvre droit au bénéfice du préavis, légal ou conventionnel, qui s'appliquerait en cas de licenciement.

---

42. Selon la jurisprudence de la chambre sociale de la Cour de cassation, l'âge n'est un motif légitime de licenciement que dans la mesure où il diminie la capacité à remplir ses fonctions. Pour cette même Cour, le motif économique ne constitue pas en soi une impossibilité de maintenir le contrat de travail d'une salariée en état de grossesse.

C – Le cas des salariées enceintes et des mères adoptives

1) La nature des mesures protectrices

La salariée enceinte bénéficie de deux types de protection contre le licenciement : une protection absolue et une protection relative.

a) Protection absolue

Pendant le congé de maternité, la protection est absolue, c'est-à-dire que durant cette période, aucun licenciement **ne peut prendre effet ou même être signifié** (L. 122-27). Selon la jurisprudence de la Cour de cassation, cette disposition n'interdit cependant pas à l'employeur **d'engager** la procédure de licenciement pour les causes développées au point b) ci-après.

Exemple (Cass. soc., 5 juillet 1978) :

En congé de maternité du 15 août au 20 novembre 1975, la salariée avait été licenciée le 22 décembre suivant.

Au motif que l'employeur l'avait convoquée dès le 4 novembre pour un « entretien préalable » et que cet entretien avait eu lieu le 7 novembre, donc à une date où l'intéressée se trouvait encore en période de protection, la cour d'appel avait décidé qu'il y avait lieu d'annuler le licenciement et de réintégrer la salariée dans son emploi.

À tort, selon la Cour de cassation, qui estime au contraire le licenciement régulier puisque signifié plus d'un mois après la fin de la période légale de protection ; peu importait, dit-elle, la procédure suivie antérieurement.

b) Protection relative

La protection est relative pendant une période qui commence du début de la grossesse et qui s'achève 4 semaines après la fin du congé légal (période au sein de laquelle il faut évidemment exclure le congé maternité à proprement parler qui fait l'objet d'une protection absolue). Le licenciement n'est alors autorisé que pour deux causes prévues à l'article L. 122-25-2 alinéa 1 : une faute grave, non liée à l'état de grossesse ou l'impossibilité dans laquelle se trouve l'employeur de maintenir le contrat, pour un motif étranger à la grossesse, à l'accouchement ou à l'adoption, tel un licenciement pour cause économique.

Exemple (Cass. soc., 29 mai 1979) :

Employée depuis le 19 avril 1971, la salariée avait à compter de 1973, fait l'objet de sept lettres d'avertissement et, depuis le début de l'année 1975, elle avait été absente, sans justification à quatre reprises. Le 22 décembre, l'employeur la convoquait pour un « entretien préalable » à son licenciement et la licenciait quelques temps plus tard. L'intéressée produisait alors un certificat de grossesse. L'employeur n'en confirmait pas moins sa décision de licencier. Décision fondée, ont estimé les juges, les faits reprochés constituant des fautes non liées à l'état de grossesse et suffisamment graves, au moins par leur répétition, pour justifier un licenciement.

Mais encore faut-il que l'employeur soit au courant de l'état de grossesse de la salariée licenciée ! Aussi une procédure spécifique a-t-elle été mise en place par l'article L. 122-25-2 alinéa 2 : sauf s'il est prononcé pour les causes ci-dessus exposées énumérées à l'article L. 122-25-2 alinéa 1, le licenciement d'une salariée est **annulé**, si dans un délai de **quinze jours** à compter de la notification, l'intéressée envoie à son employeur par lettre recommandée avec AR, un certificat médical justifiant qu'elle est en état de grossesse. Ce délai de 15 jours est un délai **préfix** et ne peut être prolongé : si donc la salariée laisse passer ce délai, elle ne peut plus se prévaloir de son état auprès de son employeur pour être en mesure de bénéficier des dispositions protectrices.

Un arrêt de la chambre sociale de la Cour de cassation du 8 mars 1984 a considéré que dans l'hypothèse où l'employeur, avisé par la salariée, annule le licenciement de l'intéressée, celle-ci doit aussitôt reprendre son travail ; qu'en conséquence, si elle ne se présente pas à son poste dès qu'elle a été avisée de sa réintégration dans l'entreprise, c'est elle qui prend alors l'initiative de la rupture des relations de travail.

Il est bien clair que la procédure spécifique prévue par l'article L. 122-25-2 n'a lieu de s'appliquer que lorsque l'employeur **n'est pas au courant** de la grossesse de l'intéressée. La Cour de cassation a jugé en effet que « *le délai de quinze jours prévu par l'article L. 122-25-2 alinéa 2* *s'applique uniquement à la salariée enceinte, licenciée par un employeur ignorant son état de grossesse, afin de lui permettre d'en informer cet employeur et d'en justifier par un certificat médical en vue de l'annulation de la décision de licenciement ; il est sans application lorsque l'employeur connaissait l'état de grossesse dès avant la décision de licencier.* » S'il est donc prouvé que l'employeur avait connaissance de son état, il est alors inutile pour la salariée de faire application de l'article susvisé pour bénéficier de la protection spéciale.

Le texte de l'article L. 122-25-2 ne s'applique pas pendant la période d'essai de telle sorte qu'un employeur a le droit de mettre fin **librement** au contrat pendant cette période sans que la salariée puisse se prévaloir, pour s'y opposer, de son état de grossesse. La seule limite à cette liberté de rupture est, en dehors de l'abus, qu'elle ne soit pas dictée par la seule connaissance de l'état de grossesse. L'article L. 122-25 dispose en effet que l'employeur ne doit pas prendre en considération l'état de grossesse d'une salariée pour résilier son contrat de travail au cours d'une période d'essai.

2) Les sanctions du licenciement irrégulier

- **Sur le plan pénal**, l'infraction aux dispositions protectrices ainsi édictées constitue une contravention punie d'une amende de 1 500 € (R. 152-3). Les dispositions légales et réglementaires étant, en matière pénale, **d'interprétation stricte**, la chambre criminelle de la Cour de cassation a considéré qu'il ne pouvait être question de condamner un employeur qui a licencié une salariée en état de grossesse à payer une amende et, au plan civil, à réparer par le paiement de dommages et intérêts, si celle-ci ne s'est pas elle-même conformée aux exigences formelles requises par la loi en adressant le certificat médical par lettre recommandée avec AR dans les délais requis. La position de la chambre criminelle s'écarte sensiblement sur ce sujet de celle de la chambre sociale[43].
- **Sur le plan civil**, le licenciement irrégulier est nul et si la salariée ne demande pas sa réintégration, il ouvre droit aux réparations et indemnités suivantes.
  - Il ouvre droit, en premier lieu, au paiement des salaires courant sur une période allant de la date du licenciement irrégulier jusqu'à la fin de la période protégée, soit 4 semaines après la fin du congé, **sans déduction des indemnités de sécurité sociale ou de chômage** éventuellement perçues par la salariée.

Exemple 1 (Cass. soc., 10 avril 1991) :

L'employeur reprochait aux juges d'appel d'avoir accordé à Mme K..., licenciée en début de grossesse, un rappel de salaires pour toute la période couverte par la nullité de son licenciement, sans qu'il ait été tenu compte des prestations de sécurité sociale qu'elle avait, pendant son congé de maternité, nécessairement perçues en sa qualité d'assuré social.

Reproche non fondé, estime la Cour de cassation : la société ne pouvait déduire des salaires versés à **titre de sanction** de la nullité du licenciement les indemnités éventuellement payées par la sécurité sociale.

La Cour suprême distingue entre salaire « sanction » et le salaire éventuellement maintenu par l'employeur pendant un congé de maternité régulier, dont sont normalement déduites les indemnités en espèces de sécurité sociale.

Exemple 2 (Cass. soc., 10 novembre 1993) :

Une salariée est licenciée le 31 juillet 1986. Le 11 août, elle adresse à son employeur un certificat médical pour l'informer de son état de grossesse. Le licenciement de cette salariée est donc nul en application de l'article L. 122-25-2.

Dans cet arrêt, la Cour de cassation confirme la condamnation de l'employeur au paiement du salaire qui aurait été perçu pendant la période couverte par la nullité et de l'indemnité de préavis. Elle apporte une précision sur l'assiette de l'indemnité compensatrice de congés payés : est assimilée à une période de travail effectif pour le calcul de ladite indemnité la période couverte par la nullité.

  - Il ouvre droit, en second lieu, à l'indemnité compensatrice de préavis. Ce droit a été contesté dans la mesure où une telle indemnité ne peut être due pour une période où la salariée se

43. Voir *supra*, § 1.

trouve dans l'impossibilité de travailler. La Cour de cassation est d'un avis contraire dans la mesure où le licenciement déclaré nul ne **prend effet qu'à la date à laquelle prend fin la période de protection** : c'est donc cette date qui fixe le point de départ du délai-congé (Cass. soc., 4 avril 1991).

- Il ouvre droit en troisième lieu à l'indemnité légale ou conventionnelle de licenciement.
- Il ouvre enfin droit au bénéfice d'une indemnité réparant intégralement le préjudice résultant du caractère illicite du licenciement. Il appartient cependant au juge d'apprécier au préalable si le licenciement n'a pas en soi une cause légitime. Ce n'est que dans l'hypothèse où l'existence d'une cause réelle et sérieuse n'est pas établie que des dommages et intérêts peuvent alors être alloués.

Il convient d'attirer l'attention sur une jurisprudence récente de la Cour de cassation qui , bien qu'ayant été formulée à l'occasion du licenciement d'une salariée enceinte, entend donner une cohérence jurisprudentielle aux conséquences de la nullité du licenciement prévue expressément par le législateur dans un certain nombre d'hypothèses. Pour la Cour désormais, un licenciement nul doit suivre la règle fondamentale de la théorie générale des nullités selon laquelle « ce qui est nul ne produit aucun effet » et la victime de la nullité doit être en conséquence remise dans l'état antérieur. Et la sanction indemnitaire n'aurait donc vocation à s'appliquer qu'à défaut de remise en état de la situation. Dans le cas de l'annulation d'un licenciement, la conséquence de la nullité ne peut être que la poursuite du contrat de travail que l'acte nul n'a pu rompre.

C'est ainsi que dans son arrêt « *Velmont* » du 30 avril 2003, la Cour de cassation a eu cette formule générale : « *attendu que lorsque le licenciement est nul, le salarié a **droit à réintégration** dans son emploi ou dans un emploi équivalent* ».

Il en résulte qu'en cas de licenciement d'une salariée en état de grossesse, nul en application de l'article L. 122-25-2, sa réintégration doit être ordonnée par le juge si elle le demande. Dans cette hypothèse alors, la salariée aurait droit au paiement d'une somme correspondant à la réparation de la totalité du préjudice subi au cours de la période qui s'est écoulée entre son licenciement et sa réintégration, **dans la limite** du montant des salaires dont elle s'est trouvée privée. Entendons par là que le montant des salaires perdus constitue la mesure **maximum** du préjudice subi et qu'il y a lieu d'en déduire, le cas échéant, les revenus que la salariée aurait pu tirer d'une autre activité professionnelle pendant la période correspondante et (ou) le revenu de remplacement qui aurait pu lui être servi pendant la même période.

La demande de réintégration ne constitue donc toutefois qu'une **faculté** pour le salarié, celui-ci pouvant opter pour une indemnisation en vertu des sanctions civiles présentées sous les développements qui précèdent.

D – Le licenciement consécutif à une action judiciaire fondée sur la violation de l'égalité professionnelle

Le législateur a cherché à ce que soient respectés par l'employeur les principes et règles dégagés par la loi du 13 juillet 1983 « *relative à l'égalité professionnelle entre les femmes et les hommes* ». Si donc un(e) salarié(e) intente une action en justice pour violation de cette égalité et qu'à la suite de sa décision de mise en œuvre de cette procédure, l'employeur décide de le (la) licencier pour cette seule raison (c'est-à-dire sans pouvoir justifier d'une cause réelle et sérieuse), le licenciement est **nul et de nul effet** et la réintégration est de droit, le (la) salarié(e) étant regardé(e) comme n'ayant jamais cessé d'occuper son emploi.

Si le (la) salarié(e) décide toutefois de ne plus poursuivre les relations contractuelles, il lui sera alloué une indemnité qui ne peut être inférieure aux salaires des 6 derniers mois, sans préjudice de l'octroi de l'indemnité légale ou conventionnelle de licenciement (L. 123-5).

E – Le décès de l'employeur

Le problème du décès de l'employeur se pose essentiellement s'il entraîne la fermeture de l'entreprise, ce qui peut être le cas notamment pour des entreprises artisanales. Pour les salariés, la fermeture s'apparente à un licenciement et les héritiers sont alors tenus de leur verser les indemnités correspondantes.

Si l'entreprise survit au décès de l'employeur et fait l'objet d'une transmission, c'est alors l'article L. 122-12 qui trouve application[44].

F – Le cas de l'administrateur (ou du membre d'un conseil de surveillance) d'une SA, élu par les salariés

En vertu des dispositions des articles L. 225-27 et L. 225-79 du Code de commerce, il est possible de prévoir dans les statuts que le conseil d'administration (ou le conseil de surveillance) comprend outre les administrateurs (ou membres) nommés par l'assemblée générale, des administrateurs (ou des membres), **élus par le personnel salarié**[45].

Le licenciement de ces administrateurs (ou membres) ne peut être prononcé que par le bureau de jugement du conseil de prud'hommes statuant en la forme des référés. La décision est exécutoire par provision.

Un problème de procédure risque de surgir du fait qu'il est prévu que le mandat d'administrateur (ou de membre du conseil de surveillance) élu est incompatible avec tout mandat de délégué syndical, de membre du comité d'entreprise, de délégué du personnel ou de membre du CHSCT et qu'il y a lieu de s'en démettre, le cas échéant, dans les 8 jours de l'élection, sauf à être réputé démissionnaire du mandat d'administrateur (ou de membre). Or, les anciens représentants du personnel bénéficient pendant une certaine durée[46] d'une protection spéciale contre le licenciement qui se traduit par une demande d'autorisation préalable à l'inspecteur du travail. Quelle procédure y aura-t-il lieu d'appliquer pour un licenciement d'un administrateur (ou d'un membre du conseil de surveillance) élu mais se trouvant encore dans la période de protection spéciale du fait de l'exercice d'un mandat de représentant du personnel juste avant son élection ? Sur la base d'une jurisprudence qui s'est prononcée dans d'autres cas de figure intéressant des « salariés protégés » où un « conflit » de procédure était apparu, nous pencherons pour « le cumul » des procédures.

G – Le licenciement du salarié fondé sur son inaptitude physique d'origine non professionnelle

La loi du 31 décembre 1992 a introduit dans le Code du travail un article L. 122-24-4 dont l'objet est de préciser les conséquences de l'inaptitude physique du salarié consécutive à la maladie ou à un accident d'origine non professionnelle.

1) L'obligation de reclassement

À l'issue des périodes de suspension du contrat de travail consécutives à une maladie ou un accident, si le salarié est déclaré par le médecin du travail inapte à reprendre l'emploi qu'il occupait précédemment, l'employeur est tenu de lui proposer un autre emploi approprié à ses capacités, compte tenu des conclusions écrites du médecin du travail et des indications qu'il formule sur l'inaptitude du salarié à exercer l'une des tâches existantes dans l'entreprise et aussi comparable que possible à l'emploi précédemment occupé, au besoin par la mise en œuvre de mesures telles que mutations ou transformations de postes de travail.

En application de l'article L. 241-10-1, le médecin du travail est habilité à proposer des mesures individuelles tels que mutation ou transformation de postes, justifiées par des considérations relatives notamment à l'âge, à la résistance physique ou à l'état de santé des travailleurs. Le chef d'entreprise est tenu de prendre en considération ces propositions, et en cas de refus, de faire connaître les motifs qui s'opposent à ce qu'il y soit donné suite.

---

44. Voir *supra*, chapitre 3, § 2.1.

45. Les administrateurs ou les membres du conseil de surveillance élus par les salariés doivent être titulaires d'un contrat de travail antérieur de 2 ans au moins à leur nomination et correspondant à un emploi effectif.

46. Voir Partie 4, chapitre 9, § 2.1.

2) Le licenciement du salarié

L'employeur pourra procéder au licenciement du salarié s'il justifie soit d'une impossibilité de reclassement, soit du refus par le salarié de l'emploi proposé. **Le respect des procédures de licenciement s'impose**[47]. L'insuffisance – et *a fortiori*, l'absence – de recherche et de reclassement par l'employeur sont susceptibles de rendre abusive la rupture, par l'employeur, du contrat de travail du salarié inapte. Selon la Cour de cassation, l'obligation de recherche ne doit pas se limiter à l'établissement où le salarié était employé jusqu'alors, mais s'étend à l'entreprise. Sauf refus annoncé du salarié de toute mutation géographique, l'employeur doit, lorsque l'entreprise possède plusieurs établissements, s'assurer, avant de rompre le contrat de travail que les propositions du médecin du travail ne peuvent être mises en œuvre dans l'un des établissements de l'entreprise.

3) Bénéfice des conditions de rémunération antérieures

Le législateur est intervenu pour forcer l'employeur à prendre rapidement une décision, évitant ainsi une situation d'attentisme préjudiciable aux intérêts du salarié. Aux termes de l'article L. 122-24-4 « *si le salarié n'est pas reclassé dans une entreprise à l'issue d'un délai d'un mois à compter de la date de l'examen médical de reprise du travail ou s'il n'est pas licencié, l'employeur est tenu de verser à l'intéressé, dès l'expiration de ce délai, le salaire correspondant à l'emploi que celui-ci occupait avant la suspension de son contrat de travail* ». Il est ajouté que ces dispositions s'appliquent également en cas d'inaptitude à tout emploi dans l'entreprise constatée par le médecin du travail[48]. Ce texte appelle quelques observations :

- en application de l'article R. 241-51-1 la procédure à mettre en œuvre compte deux examens médicaux espacés de deux semaines. Selon la circulaire ministérielle d'application du 17 mars 1993, le médecin du travail ne se prononçant définitivement sur l'aptitude ou l'inaptitude de l'intéressé que lors du second examen, ce n'est qu'**à compter de ce second examen** que commence à courir le délai d'un mois ;
- le texte prévoit que l'employeur est tenu de verser, dès l'expiration du délai d'un mois, le salaire correspondant à l'emploi que le salarié occupait avant la suspension de son contrat de travail.

  Dans l'hypothèse ou un régime de prévoyance en vigueur dans l'entreprise assure une indemnisation compensant en tout ou partie la perte de rémunération, l'employeur n'est alors tenu que de compléter la rémunération pour la porter au niveau du salaire de l'intéressé ;
- l'avis du médecin du travail pouvant être contesté devant l'inspecteur du travail – voie de recours ouverte au salarié comme à l'employeur (L. 241-10-1 al. 3) – le recours n'a pas pour effet de suspendre le délai de 15 jours prévu à l'article R. 241-51-1 qui sépare les deux examens médicaux de reprise, ni le délai d'un mois au terme duquel l'employeur est désormais tenu de verser le salaire.

H – Le licenciement du salarié fondé sur son incarcération

L'incarcération du salarié, dès lors que l'intéressé en a régulièrement adressé la justification à l'employeur, constitue un motif légitime d'absence emportant suspension du contrat de travail. Ceci étant, si l'incarcération en elle même et à elle seule ne peut provoquer la rupture du contrat de travail, cela ne signifie pas, pour autant, que le contrat de travail ne puisse être rompu de ce chef.

Deux situations doivent être envisagées.

---

47. Voir le tableau 5 sur les conditions comparées du licenciement pour inaptitude physique d'origine professionnelle et non professionnelle.
48. Ne se trouvent pas concernés par l'article L. 122-24-4 :
- le cas où le médecin du travail constate une inaptitude hors du cadre d'une reprise après arrêt de travail, par exemple lors d'une visite médicale de routine, situation où seul l'article L. 241-10-1 trouve à s'appliquer ;
- le cas de la longue maladie (voir *supra*, chapitre 4, § 1.1.2).

1) L'incarcération du salarié et la désorganisation de l'entreprise

Il est de jurisprudence constante que l'incarcération prolongée du salarié nécessitant son remplacement peut entraîner la rupture pour force majeure du contrat de travail. La Cour de cassation impose toutefois, dans cette hypothèse, à l'employeur qui prend l'initiative de cette rupture, de respecter la procédure de licenciement individuel.

2) L'incarcération du salarié et l'incompatibilité avec la poursuite des relations contractuelles

Il est également de jurisprudence constante que les faits ayant entraîné l'incarcération du salarié, indépendamment de la durée de celle-ci et quand bien même ils se seraient produits en dehors du temps et du lieu de travail peuvent rendre impossible la poursuite du contrat de travail et, par la même, être constitutifs d'un motif réel et sérieux de licenciement.

L'illustration ci-après montre que l'employeur doit agir avec prudence face à l'incarcération de son salarié.

> *Exemple (Cass. soc., 17 mars 1993) :*
>
> Dans l'espèce ayant abouti à cet arrêt de la Cour de cassation, l'employeur avait pris acte de la rupture du contrat de travail du fait du salarié, quelques jours après l'incarcération de celui-ci. Or, on sait qu'une démission ne se présume pas, mais qu'elle doit résulter d'une manifestation sérieuse et non équivoque de la volonté du salarié de rompre son contrat de travail. N'ayant pas fait valoir l'absence prolongée du salarié nécessitant son remplacement, l'employeur se privait ainsi de la possibilité d'invoquer la force majeure comme cause de la rupture. L'employeur n'avait pas non plus invoqué les faits ayant justifié l'incarcération. L'arrêt ne les révèle d'ailleurs pas. Ce faisant, l'employeur se privait également de la possibilité de justifier d'un éventuel motif réel et sérieux de licenciement reposant sur la nature de ces faits.
>
> C'est donc en conformité avec sa jurisprudence que la Cour de cassation approuve les juges du fond, d'une part, d'avoir requalifié la rupture en un licenciement, d'autre part, d'avoir considéré que celui-ci ne reposait pas sur une cause réelle et sérieuse.

I – Le régime légal du licenciement dans les groupes internationaux de sociétés

« *Lorsqu'un salarié, mis par la société au service de laquelle* ***il était engagé*** *à la disposition d'une filiale étrangère à laquelle il est lié par un contrat de travail, est licencié par cette filiale, la société mère doit assurer son rapatriement et lui procurer un nouvel emploi compatible avec l'importance de ses précédentes fonctions au sein de la société mère.*

Si la société mère entend néanmoins congédier ce salarié, les dispositions de la présente section sont applicables. Le temps passé par le salarié au service de la filiale est pris en compte pour le calcul du délai-congé et de l'indemnité de licenciement » (L. 122-14-8).

1) Les conditions d'application

Le texte de loi suppose l'existence d'une société mère **française** et d'une filiale de nationalité **étrangère**.

a) Existence d'un contrat de travail initial avec la société mère

Il convient que le salarié ait été à l'origine embauché par la société mère et ait travaillé pour elle, ne serait-ce qu'un court moment. Si donc le salarié n'a jamais eu la société française comme employeur, l'article L. 122-14-8 ne sera pas applicable, puisqu'aussi bien il suppose « *la mise à disposition d'une filiale* » : tel serait le cas d'un salarié embauché par une société mère française pour aller travailler auprès d'une filiale étrangère, la société française se comportant comme mandataire recrutant en France du personnel pour celle-ci. On ne peut mettre quelqu'un à la disposition d'autrui que si la personne concernée est au préalable à votre disposition.

b) Changement d'employeur

L'article L. 122-14-8 implique la succession de deux contrats de travail, c'est-à-dire la substitution d'un contrat de travail au service de la filiale au contrat primitif au service de la société mère. Le texte de loi dispose expressément que le salarié est lié par un contrat de travail avec la filiale, ce qui suppose que celle-ci a autorité sur lui puisque c'est d'elle que viendra l'initiative du licenciement.

c) Licenciement du salarié par la filiale

La filiale doit mettre fin au contrat de travail. Ainsi, une cessation de la mise à disposition par remise du salarié entre les mains de la société mère ne saurait suffire pour justifier l'application de l'article L. 122-14-8.

2) Les effets de la rupture du contrat de travail par la filiale

Les effets sont assez particuliers puisque la rupture du contrat de travail avec la filiale – dont, il est à prévoir qu'elle aura été régie par la loi applicable à ce contrat – fait revivre le contrat de travail avec la société mère, l'ex-employeur ! Est sous-entendue la notion de contrat avec le groupe.

a) Rapatriement

Il y a lieu d'entendre par-là que les frais de transport seront à la charge de la société mère. Aucune innovation législative en la matière puisque le rapatriement figure au titre des clauses de style dans les contrats de travail d'expatriés.

b) Réintégration

Elle se traduit par l'obligation pour la société mère de procurer au salarié un nouvel emploi, emploi qui doit être « *compatible avec l'importance de ses précédentes fonctions au sein de la société mère* » ; en d'autres termes, il s'agit d'une réintégration sinon dans le même emploi, du moins dans un emploi comportant le même traitement et des responsabilités équivalentes.

c) Conservation de l'ancienneté

On ne peut parler là encore d'innovation législative dans la mesure où de nombreuses conventions collectives admettent que le temps passé auprès d'une filiale du groupe est pris en compte dans le calcul de l'ancienneté.

3) La rupture du contrat de travail par la société mère

À suivre la lettre de l'article L. 122-14-8, la société mère doit réintégrer le salarié : si donc, elle est conduite ensuite à le licencier, c'est alors pour une cause **distincte** de celle qui a motivé le licenciement par la filiale : le salarié aura été licencié, réembauché, puis licencié une seconde fois[49].

---

49. Y a-t-il vraiment une sécurité pour le salarié ? Ce que la loi lui garantit en fin de compte c'est qu'il sera licencié la seconde fois par application du droit français et non du droit étranger, le présupposé du législateur étant que la loi étrangère protège insuffisamment le salarié et qu'il convient de lui reconnaître les droits inscrits dans la loi française.

Il est à noter que le contrat de travail conclu avec la filiale pourrait être régi par la loi française en application de la loi d'autonomie ! Eu égard à la position prise par la Cour de cassation, le salarié a tout intérêt à exiger que sa relation avec la filiale étrangère reste régie par la loi française : en effet la Cour suprême conditionne l'application de l'article L. 122-14-8 au fait que le second contrat soit régi par la loi française.

Exemple (Cass. soc., 30 juin 1993) : Un salarié se trouvait au service d'une société française depuis six ans lorsqu'il a, en octobre 1977, été embauché au Brésil pour exercer des fonctions de direction au sein d'une filiale de la société. Le 12 mai 1979, un contrat de travail écrit était conclu avec la filiale. Le 15 juillet 1985, une lettre conjointe mettait fin à tout engagement. Le salarié avait bien exercé ses fonctions au service de la société-mère avant de passer au service de la filiale. La première condition d'application de l'article L. 122-14-8 était donc remplie. La deuxième, en revanche, apparaissait plus discutable, la décision de licenciement ne semblant pas avoir été prise par la filiale seule, comme l'exige le texte.

Toutefois ce n'est pas sur ce terrain que s'est situé le débat, mais sur celui, beaucoup plus général, de la loi applicable à la relation contractuelle : si l'article L. 122-14-8 est écarté, c'est parce que la loi française est déclarée non applicable à la relation des parties, laquelle était régie par la loi étrangère du lieu d'exécution du contrat. La Cour note, en effet, que les parties n'étaient pas convenues de rester soumises à la loi française et que le salarié ne pouvait, en conséquence, se prévaloir d'une disposition du droit français.

3.1.6 La transaction

Elle se définit comme « *un contrat par lequel les parties terminent une contestation née ou préviennent une contestation à naître* » (C. civ., art. 2044). Elle ne rompt en aucune manière le contrat de travail mais se contente de régler les conséquences d'une rupture **déjà intervenue**, afin d'éviter une contestation actuelle ou future. Elle peut donc accompagner une démission, un licenciement ou une résiliation à l'amiable[50]. Elle présente l'intérêt pour les parties d'éviter les aléas et les longueurs d'un procès et d'éluder, en grande partie, le paiement de cotisations sociales et d'impôts.

Dans le cadre de la transaction, les parties sortent du droit du licenciement pour se placer sur le terrain d'un contrat particulier régi par l'article 2044 du Code civil.

A – Les conditions de validité

1) Les conditions de fond

Elles sont de deux ordres : l'une textuelle, l'autre jurisprudentielle.

a) Condition textuelle

L'existence (au moins potentielle) d'un litige est une condition résultant de l'article 2044 du Code civil : la transaction a pour objet de mettre fin à un litige ou de prévenir un litige à naître. Il faut donc qu'il y ait **désaccord**.

b) Condition jurisprudentielle

Bien que le législateur soit muet sur ce point, la Cour de cassation subordonne la validité de la transaction à **l'existence de concessions réciproques** : « *Constitue une transaction un accord qui a pour objet de mettre fin à un différend s'étant élevé entre les parties et qui comporte des concessions réciproques, quelle que soit leur importance relative* ». Cela étant, la validité de la transaction n'est pas subordonnée à une stricte proportionnalité des concessions réciproques.

> *Exemple :*
>
> Un employeur renonce à se prévaloir d'une faute qu'il considère comme grave, le salarié consentant corrélativement à l'abandon d'un droit éventuel à des dommages-intérêts pour rupture abusive.

2) Les conditions de forme

Aux termes de l'article 2044 du Code civil, la transaction doit être rédigée par écrit. La Cour de cassation a depuis longtemps considéré que l'écrit n'est exigé que pour la preuve et non pas pour la validité du contrat. En pratique, toute transaction s'établit par écrit !

3) La date de conclusion

Selon l'état de la dernière jurisprudence de la Cour de cassation, la transaction ayant pour objet de mettre fin à un litige résultant d'un licenciement ne peut donc être valablement conclue qu'une fois la rupture du contrat de travail intervenue et définitive. En d'autres termes, pour être valable, une transaction doit être signée **postérieurement** à la notification du licenciement, laquelle notification doit être assurée **impérativement** par lettre recommandée avec AR. Une transaction conclue en l'absence de notification du licenciement par lettre recommandée avec AR est donc **nulle**.

B – Les effets

En vertu des dispositions de l'article 2052 du Code civil : « *Les transactions ont, entre les parties, l'autorité de la chose jugée en dernier ressort* ». En conséquence, si la transaction répond aux conditions de validité requises tant par le législateur que par la Cour suprême, elle rend irrecevable toute

---

50. Il convient de distinguer rupture négociée et transaction. Dans le cadre de la rupture négociée, les parties organisent d'un commun accord les conditions de la cessation de leurs relations de travail et se placent sur le terrain de l'article 1134 du Code civil. La transaction, réglementée par l'article 2044 du même code, est consécutive à la rupture du contrat de travail et en règle les conséquences.

action judiciaire ultérieure qui serait fondée sur un droit ayant fait l'objet de la transaction. **Une renonciation à toutes réclamations ne peut s'entendre que dans la limite du différend réglé par la transaction.**

C – L'indemnité transactionnelle

L'indemnité globale, forfaitaire et transactionnelle versée au salarié ne supporte en principe ni la retenue des cotisations de sécurité sociale ni la déclaration fiscale au titre de l'impôt sur le revenu. Des redressements de la part de l'Urssaf et ou du Trésor ne sont toutefois pas à exclure dès lors que les sommes versées seraient considérées comme de loin supérieures à ce que le salarié était légitimement en droit d'attendre au titre de la compensation du préjudice né de la rupture de son contrat de travail.

D – Le contrôle du juge sur la réalité des concessions réciproques

Celui-ci trouve à s'accroître depuis que la Cour de cassation, dans un arrêt du 27 mars 1996, reconnaît aux juges du fond, appelés à statuer sur la validité d'une transaction réglant les conséquences d'un licenciement, la possibilité de vérifier et de modifier la qualification juridique donnée aux faits par les parties.

Les circonstances étaient les suivantes :

Un salarié, directeur technique, avait été licencié « pour faute grave consistant en un manque de compétence ». Le lendemain était signée par les parties une transaction aux termes de laquelle l'employeur, renonçant à se prévaloir de la faute grave, versait une indemnité de préavis et une indemnité compensatrice de congés payés, le salarié abandonnant en contrepartie toute autre prétention. À la suite d'une action en nullité de la transaction, la société fut condamnée au paiement d'une indemnité conventionnelle de licenciement au motif que le licenciement reposait sur une cause réelle et sérieuse et non sur une faute grave. La décision est confirmée par la chambre sociale de la Cour de cassation qui réaffirme tout d'abord, selon une jurisprudence constante, que « l'existence de concessions réciproques, qui conditionne la validité de la transaction, doit s'apprécier en fonction des prétentions des parties au moment de la signature de l'acte ; qu'il en résulte que le juge ne peut, pour se prononcer sur la validité de la transaction, rechercher, en se livrant à l'examen des preuves, si ces prétentions étaient justifiées » ; mais elle ajoute que le juge « peut néanmoins se fonder sur les ***faits invoqués lors de la signature de l'acte****, indépendamment de la* ***qualification juridique*** *qui leur a été donnée ». Elle approuve donc la cour d'appel qui avait estimé que « la qualification de faute grave » donnée aux faits invoqués à l'appui du licenciement ne s'appuyait que « sur l'existence d'un manque de compétence du salarié dans l'exercice de ses fonctions de directeur technique, fait qui ne pouvait être constitutif d'une faute grave privative de l'indemnité de licenciement ».*

3.2 Droit commun du licenciement pour cause économique

Le droit du licenciement pour cause économique a fait l'objet de nombreuses réformes successives de la part du législateur, ce qui à conduit à une complexification croissante de la matière et dont les entreprises se sont bien entendu trouvées les victimes directes.

Le dernier texte en la matière est la loi du 18 janvier 2005 « *de programmation pour la cohésion sociale* ».

3.2.1 La définition du licenciement pour cause économique

Aux termes des dispositions de l'article L. 321-1, « *constitue un licenciement pour motif économique le licenciement effectué par un employeur pour un ou plusieurs motifs* ***non inhérents à la personne du salarié*** *résultant d'une suppression ou transformation d'emploi ou d'une modification* ***refusée*** *par le salarié, d'un élément essentiel du contrat de travail, consécutives* ***notamment*** *à des difficultés économiques ou à des mutations technologiques* ».

A – Les causes du licenciement pour cause économique

Le législateur en retient expressément deux et la jurisprudence en a ajouté une troisième, se fondant sur l'emploi par le législateur de l'adverbe « notamment ».

1) Les difficultés économiques

Ni la loi ni la jurisprudence ne donnent une définition des difficultés économiques et c'est aux juges du fond qu'il appartient d'apprécier cas par cas la réalité et le sérieux des difficultés économiques invoquées par l'employeur.

De la jurisprudence dégagée au fil des ans, il est toutefois possible de dégager quelques principes directeurs sur la façon dont il convient de cerner cette notion de « difficultés économiques » et sur les critères de son appréciation.

N'a pas de motif économique le licenciement intervenu dans le seul souci de réaliser des économies ou de majorer le profit de l'entreprise sans faire état de difficultés financières. Aussi, l'entreprise se doit-elle de démontrer une détérioration de ses résultats et de son chiffre d'affaires, ou des pertes financières importantes ou un lourd endettement ou une baisse soutenue de sa rentabilité.

Les difficultés économiques s'apprécient au niveau de l'entreprise et non pas de l'établissement, lorsque celle-ci comporte plusieurs établissements distincts et enore moins au niveau d'un service.

> *Exemple 1 (Cass. soc., 17 juin 1992) :*
>
> Les mauvais résultats d'un magasin sont insuffisants pour justifier le licenciement économique d'une vendeuse, si aucune difficulté économique et financière sérieuse n'est relevée au niveau de l'ensemble des magasins exploités par l'employeur.
>
> *Exemple 2 (Cass. soc., 13 janvier 1993) :*
>
> Une entreprise avait licencié pour motif économique un salarié sur le fondement d'une dégradation du résultat net, se traduisant par une baisse de la marge commerciale et par une mauvaise rentabilité constatée sur trois années consécutives du service où l'intéressé travaillait.
>
> Pour débouter le salarié de sa demande d'indemnité pour licenciement sans cause réelle et sérieuse, la cour d'appel avait énoncé que l'absence de difficultés financières ou économiques caractérisée par une augmentation du chiffre d'affaires ne devait pas priver l'employeur qui avait constaté une dégradation pour la même période du résultat net se traduisant par une baisse de la marge commerciale, par l'augmentation de frais directement imputable au secteur du service après-vente et par une mauvaise rentabilité de la section atelier sur trois années consécutives, de procéder à un licenciement économique pour améliorer le fonctionnement du service. La Cour de cassation a cassé la décision.

Lorsque l'entreprise appartient à un groupe, la réalité des difficultés économiques doit être appréciée dans le cadre du groupe ou du secteur d'activité. Si l'entreprise appartient à un groupe international, l'appréciation intègre les résultats des entreprises du même secteur d'activités situées à l'étranger.

2) Les mutations technologiques

La loi du 2 août 1989 qui a apporté une contribution majeure dans la réforme du droit du licenciement pour cause économique a fait l'objet d'une circulaire ministérielle du 4 octobre 1989 dont on retiendra le passage suivant relatif aux mutations technologiques :

« … *S'agissant plus particulièrement des mutations technologiques qui sont à l'origine de formes nouvelles de licenciement, le caractère économique du licenciement doit être reconnu lorsque les salariés sont licenciés en raison de changements technologiques,* ***sans qu'il y ait compression des effectifs dans l'entreprise****.*

Ainsi, dans le cadre d'une mutation technologique, la disparition de certaines qualifications peut entraîner des licenciements même si elle se traduit par ailleurs par la création d'emplois nouveaux. Même si l'effectif global n'est pas affecté, les licenciements portant sur les emplois supprimés sont bien des licenciements économiques. »

3) La réorganisation nécessaire à la sauvegarde de la compétitivité

Pour sa part, la Cour de cassation est venue ajouter un autre motif, celui de la réorganisation en vue de sauvegarder la compétitivité de l'entreprise (Cass. soc., arrêt « *Videocolor* » du 5 avril 1995, n° 93-43.886). L'objectif de la Cour était de légitimer une réorganisation non liée à des difficultés économiques ou à des mutations technologiques, dès lors qu'elle est effectuée pour « *sauvegarder la compétitivité de l'entreprise, si celle-ci n'appartient pas à un groupe, sinon celle du groupe ou du secteur d'activité auquel elle appartient* ». Mais l'esprit veut que cette notion de compétitivité soit entendue de manière défensive, c'est-à-dire que l'entreprise doit démontrer qu'elle est menacée sur son marché et que sa compétitivité a décliné au point de menacer sa survie.

Dans son arrêt « *Pages jaunes* », la chambre sociale de la Cour change le curseur en ouvrant sur une position plus souple en acceptant la décision d'**anticipation** prise par la direction de l'entreprise : en d'autres termes, la sauvegarde de la compétitivité pourrait non seulement être défensive, mais aussi offensive (Cass. soc., 11 janvier 2006, n° 05-40.977).

Il ressort en résumé de cette décision que la réorganisation peut être mise en œuvre pour prévenir des difficultés économiques **prévisibles**. Il n'est donc plus question de menace immédiate sur la compétitivité, de survie de l'entreprise ou de difficultés économiques annoncées. Les difficultés sont beaucoup plus lointaines mais doivent donc cependant être prévisibles.

B – Les retombées sur la relation de travail

Elles sont de trois ordres : suppression d'emploi, transformation d'emploi, modification du contrat de travail.

1) Suppression d'emploi

Elle peut trouver sa cause dans des difficultés économiques mais aussi dans l'arrêt d'une activité. En cas de conflit, le juge saisi sera conduit à vérifier la réalité de la suppression du poste. Ainsi, le recrutement d'un salarié de qualification comparable au salarié qui a été licencié pour motif économique prive ce salarié de cause réelle et sérieuse.

La suppression d'emploi ne s'accompagne pas nécessairement de la suppression des tâches car celles-ci peuvent être transférées à un autre salarié ou ventilées entre plusieurs salariés.

2) Transformation d'emploi

Pour la jurisprudence, la transformation d'emploi suppose un changement de nature de l'emploi concerné aboutissant à un emploi de qualification différente. En termes plus imagés, il avait été dit que la transformation était une métamorphose et la modification (d'un élément essentiel du contrat de travail) une évolution. Mais derrière les belles phrases, se cachent souvent en réalité des distinctions difficiles à cerner.

> *Exemple 1 (Cass. soc., 15 octobre 1992) :*
>
> La cour d'appel qui a relevé que l'emploi du salarié avait été transformé, en raison de l'informatisation de l'entreprise, et que l'intéressé n'avait pu s'adapter aux nouvelles exigences technologiques afférentes à cet emploi, a pu décider à juste titre que le licenciement avait un motif économique.
>
> *Exemple 2 (Cass. soc., 9 juillet 1997) :*
>
> ... attendu que la cour d'appel ayant constaté que l'évolution de la société l'avait conduite à prendre en charge de nouveaux secteurs d'activité techniques en plus de ses activités classiques d'agent immobilier et que ces activités nouvelles exigeaient la transformation de l'emploi occupé par Mme B. en un emploi de secrétaire de direction chargée notamment de la rédaction de devis et du suivi financier des chantiers, a ainsi caractérisé la transformation de cet emploi consécutive à des mutations technologiques mentionnée à l'article L. 321-1du Code du travail ;
>
> Et attendu, ensuite, que la cour d'appel, qui a relevé que Mme B. n'avait pas la qualification requise pour occuper cet emploi malgré l'effort d'adaptation tenté par l'employeur au cours de l'année précédant le licenciement, a pu décider à juste titre que le licenciement avait un motif économique.

3) Modification du contrat de travail

C'est le refus de la proposition de modification d'un élément essentiel du contrat de travail, qui déclenche la procédure de licenciement pour cause économique, étant entendu que **la motivation de la rupture du contrat de travail se trouvera légalement justifiée non par le refus du salarié mais par les causes originaires qui ont entraîné la modification d'un élément essentiel du contrat de travail**.

Selon les dispositions de l'article L. 321-1-3 « *lorsqu'au moins* **dix** salariés ont **refusé** *la modification d'un élément essentiel de leur contrat de travail proposée par l'employeur pour l'un des motifs énoncés à l'article L. 321-1 et que leur licenciement est envisagé, celui-ci est soumis aux dispositions applicables en cas de licenciement pour cause économique* ».

Nous rappelons qu'en application des dispositions de l'article L. 321-1-2, tout projet de modification d'un élément essentiel du contrat de travail pour motif **économique** doit être notifié au salarié par lettre recommandée avec AR. Cette lettre informe l'intéressé qu'il dispose d'un délai d'un mois à compter de sa réception pour faire connaître son refus et qu'à défaut de réponse dans ce délai, il est réputé avoir accepté la modification proposée[51].

3.2.2. Les obligations de formation, d'adaptation et de reclassement comme éléments préventifs à tout licenciement pour motif économique

La jurisprudence avait très tôt ouvert la voie en mettant à la charge de l'employeur de telles obligations avant que le législateur ne vienne les inscrire officiellement dans le droit du travail.

A – La position jurisprudentielle

La première obligation conduit l'employeur à assurer **l'adaptation des salariés à l'évolution de leur emploi**, en les dotant en particulier de la formation complémentaire nécessaire. Il s'agit bien et seulement d'une formation complémentaire d'adaptation, ce qui signifie que l'employeur n'est tenu en aucune façon de pallier une formation initiale inexistante ou gravement insuffisante. Une chose est la formation complémentaire, généralement de courte durée, permettant à un salarié de s'adapter sans difficultés à un nouveau poste ou à l'évolution de son emploi ; autre chose est de compenser par une formation nécessairement longue une inaptitude à cette adaptation.

La seconde obligation conduit l'employeur à faire toutes diligences pour assurer **le reclassement** des salariés en examinant si d'autres emplois ne peuvent pas leur être proposés à la suite de la suppression ou de la transformation de leur emploi ou encore à la suite d'une proposition de modification d'un élément essentiel du contrat de travail refusée. Cette obligation conduit en conséquence l'employeur à examiner concrètement si d'autres emplois ne peuvent pas être proposés aux salariés au regard de leurs compétences et de leur qualification avant de décider de leur licenciement et en faisant toutes diligences à cet effet. En clair, il ne suffit pas que l'employeur allègue de l'impossibilité de reclassement pour considérer qu'il a satisfait à son obligation : il doit apporter au contraire tous **éléments de preuve** démontrant la réalité des efforts entrepris. Un arrêt du 25 février 1992 montre à quel point la Cour de cassation est exigeante à cet égard : « *dans le cadre de son obligation de reclassement dans l'entreprise, l'employeur doit proposer aux salariés concernés des emplois disponibles de même catégorie ou, à défaut, de catégorie inférieure* ». Et la Cour de considérer par ailleurs que les possibilités de reclassement doivent s'apprécier non seulement au sein de l'entreprise mais également, au sein des entreprises du groupe auquel elle appartient, sans négliger les implantations à l'étranger, **dont les activités, l'organisation ou le lieu d'exploitation leur permettent d'effectuer la permutation de tout ou partie du personnel**.

Il a été jugé par la Cour de cassation que le salarié peut refuser **toutes** les mesures de reclassement, sans commettre pour autant la moindre faute, solution qui prive l'employeur de la possibilité de sanctionner disciplinairement un tel refus. L'abus de droit ne peut pas davantage être invoqué (Cass. soc., 29 janvier 2003).

---

51. Voir chapitre 3, § 2.2.1 A.

B – L'état de la législation

– Selon les dispositions de l'article L. 930-1, l'employeur a l'obligation d'assurer **l'adaptation** des salariés à leur poste de travail. Il veille au maintien de leur capacité à occuper un emploi, au regard notamment de l'évolution des emplois, des technologies et des organisations. Il peut proposer des formations qui participent au développement des compétences.

L'accès des salariés à des actions de formation professionnelle continue est assurée :

- soit à l'initiative de l'employeur dans le cadre du plan de formation ;
- soit à l'initiative du salarié dans le cadre du congé individuel de formation (CIF) ou avec l'accord de son employeur dans le cadre du droit individuel à la formation (DIF).

Toute action de formation suivie par le salarié pour assurer son adaptation au poste de travail constitue un temps de travail **effectif** et donne lieu pendant sa réalisation au **maintien** par l'entreprise de la **rémunération**.

– Selon les dispositions de l'article L. 321-1, « *le licenciement pour motif économique d'un salarié ne peut intervenir que lorsque tous les efforts de formation et d'adaptation ont été réalisés et que le reclassement de l'intéressé sur un emploi relevant de la même catégorie que celui qu'il occupe ou sur un emploi équivalent ou, à défaut, et sous réserve de l'accord exprès du salarié, sur un emploi d'une catégorie inférieure ne peut être réalisé dans le cadre de l'entreprise ou, le cas échéant, dans les entreprises du groupe auxquelles l'entreprise appartient. Les offres de reclassement proposées au salarié doivent être écrites et précises* ».

Concernant l'obligation de reclassement au sein du groupe, le législateur n'a pas repris la formule jurisprudentielle selon laquelle il convient d'examiner le reclassement parmi les entreprises « *dont les activités, l'organisation ou le lieu d'exploitation leur permettent d'effectuer la permutation de tout ou partie du personnel* ». Cela signifie-t-il que l'obligation légale de reclassement est plus large et qu'elle doit être envisagée dans toutes les entreprises du groupe ?

3.2.3 Le licenciement individuel pour cause économique

A – La procédure

Dans le cadre de ses attributions économiques, telles que prévues à l'article L. 432-1, le comité d'entreprise (CE) est obligatoirement informé et consulté sur les mesures de nature à affecter le volume ou la structure des effectifs ; il se trouve également obligatoirement saisi en temps utile des projets de compression d'effectifs. Il résulte de ces textes qu'une consultation du CE, ou a défaut des délégués du personnel lorsqu'ils exercent les attributions économiques du CE, semble s'imposer même en cas de licenciement individuel pour motif économique.

La procédure de licenciement individuel pour cause économique est la même quelque soit la taille de l'entreprise et l'ancienneté du salarié concerné.

1) La convocation à un entretien préalable

Le salarié dont le projet de licenciement pour cause économiques est envisagé doit être convoqué par l'employeur ou par lettre recommandée ou par lettre remise en main propre contre décharge. Cette lettre indique l'objet de l'entretien entre l'employeur et le salarié, précise la date, l'heure et le lieu de cet entretien et rappelle que le salarié peut se faire assister par une personne de son choix appartenant au personnel **de l'entreprise**, ou en l'absence d'institutions représentatives du personnel dans l'entreprise, par une personne extérieure de son choix[52], sous réserve qu'elle soit inscrite sur une liste dressée par le préfet du département concerné.

2) L'entretien préalable

Au cours de cet entretien, l'employeur explique les raisons d'ordre économique qui justifient le projet de licenciement et recueille les observations du salarié concerné.

---

52. Voir *supra*, § 3.1.2 A 1) b).

3) L'envoi de la lettre de licenciement

Il ne peut intervenir moins de **7** jours ouvrables à compter de la date de l'entretien préalable et moins de **15** jours ouvrables après cette même date si le salarié concerné est un membre du personnel de l'encadrement[53]. La lettre de licenciement doit être **précisément motivée**. La Cour de cassation entend en effet que cette lettre soit motivée à deux niveaux : le premier rappelle le contexte qui justifie la rupture du contrat de travail ; le second précise les conséquences et retombées sur l'emploi ou sur le contrat de travail.

Par ailleurs, la lettre rappelle expressément au salarié qu'il peut bénéficier d'une **priorité de réembauchage** pendant **un an** en lui indiquant les conditions de sa mise en œuvre[54].

4) L'information de la Direction départementale du travail et de l'emploi

Elle doit avoir lieu dans les 8 jours de l'envoi de la lettre de licenciement au salarié concerné et comporter les indications suivantes :

– nom et adresse de l'employeur ;
– nature de l'activité et effectif de l'entreprise ou de l'établissement ;
– nom, prénom, nationalité, date de naissance, sexe, adresse, emploi et qualification du salarié licencié ;
– date de la notification du licenciement au salarié (R. 321-1).

La violation de cette disposition constitue une infraction pénale punie d'une amende de 750 €.

B – La nature des sanctions

1) La sanction des irrégularités formelles

La violation par l'employeur de la procédure de licenciement individuel pour cause économique expose l'employeur à verser une indemnité **au plus égale à 1 mois de salaire** dès lors que salarié travaille dans une entreprise > 10 salariés et justifie d'au moins 2 ans d'ancienneté.

2) L'absence de cause réelle et sérieuse

Comme tout licenciement, celui-ci doit pouvoir être justifié. À défaut, il expose l'employeur à verser au salarié :

– une indemnité **qui ne peut être inférieure à 6 mois de salaire**, si le salarié travaillant dans une entreprise de plus de 10 salariés justifie d'au moins 2 ans d'ancienneté ;
– une indemnité **calculée en fonction du préjudice subi** si le salarié travaille dans une entreprise de moins de 11 salariés ou s'il a moins de 2 ans d'ancienneté (L. 122-14-4).

Nous rappelons que lorsque le licenciement est irrégulier tout à la fois sur la forme et sur le fond, les sanctions financières prévues ne se cumulent pas : seule l'indemnité pour licenciement abusif doit être retenue.

3.2.4 Le licenciement collectif pour cause économique

Quels que soient le nombre de salariés concernés par le projet de licenciement et la taille de l'entreprise, le chef d'entreprise doit informer et consulter les représentants du personnel au titre du livre IV du Code du travail et respecter une procédure spécifique selon que le licenciement collectif porte sur 2 à 9 salariés ou sur 10 salariés et plus en vertu des dispositions du livre III du même code.

---

53. Le texte de loi définit le personnel d'encadrement de façon identique à celui qui se trouve être électeur à la section de l'encadrement du conseil de prud'hommes : ingénieurs ; salariés qui, même s'ils n'exercent pas de commandement, ont une formation équivalente constatée ou non par un diplôme ; salariés qui, ayant acquis une formation technique, administrative, juridique, commerciale ou financière, exercent un commandement par délégation de l'employeur ; agents de maîtrise qui ont une délégation écrite de commandement ; VRP (L. 513-1 al. 3).
54. Voir *infra*, § 3.2.5 C.

Dans les entreprises de 11 à 49 salariés, c'est donc les délégués du personnel qui seront obligatoirement réunis et consultés. Dans celles qui occupent 50 salariés et plus, ce sera le comité d'entreprise ou, **à défaut**, les délégués du personnel qui se trouveront concernés.

A – Le licenciement de 2 à 9 salariés sur une même période de 30 jours[55]

1) La procédure

Elle se déroule selon les étapes ci-après.

a) Consultation des instances élues du personnel

Selon les dispositions de l'article L. 321-2 1°, l'employeur est tenu, lorsque le nombre des licenciements pour motif économique envisagés est inférieur à dix dans une même période de 30 jours, de réunir et consulter le comité d'entreprise ou les délégués du personnel conformément aux dispositions des articles L. 422-1 ou L. 432-1 selon le cas.

En application des dispositions de l'article L. 422-1 alinéa 4, « *dans les entreprises comportant moins de cinquante salariés, les délégués du personnel doivent être réunis et consultés par l'employeur qui envisage de procéder à un licenciement collectif pour motif économique* »[56].

Aux termes des dispositions de l'article L. 432-1, alinéa 1, le comité d'entreprise est obligatoirement informé et consulté sur les mesures de nature à affecter le volume ou la structure des effectifs. L'alinéa 2 précise qu'il est obligatoirement saisi en temps utile des projets de compression d'effectifs[57].

La consultation porte également sur la convention de reclassement personnalisé (CRP) dans les entreprises qui s'y trouvent soumises (en principe, moins de 1 000 salariés) et sur le congé de reclassement dans les entreprises qui comptent au moins 1 000 salariés[58].

L'article L. 321-4 pose le principe selon lequel l'employeur doit adresser aux représentants du personnel avec la convocation à la réunion qui doit être tenue, « *tous renseignements utiles sur le projet de licenciement collectif* ». La loi énumère les informations obligatoires :

– la ou les raisons économiques, financières ou techniques du projet de licenciement,
– le nombre des travailleurs dont le licenciement est envisagé,
– les catégories professionnelles concernées et les critères proposés pour l'ordre des licenciements,
– le nombre de travailleurs, permanents ou non, employés dans l'établissement,
– le calendrier prévisionnel des licenciements.

b) Convocation à l'entretien préalable

Il convient de se reporter aux développements présentés sous le § A 1) du § 3.2.3 qui précède.

c) L'entretien préalable

Au cours de cet entretien, l'employeur explique les raisons d'ordre économique qui justifient le projet de licenciement et recueille les observations de chaque salarié concerné.

d) Envoi des lettres de licenciement

Il ne peut intervenir au plus tôt que **7 jours** après la date de l'entretien (**4 jours** dans le cas d'une entreprise dépourvue de représentants du personnel), que le salarié soit cadre ou non cadre.

---

55. Le début de chaque période est constituée par la date de la première réunion des représentants du personnel consultés pour un projet de licenciement sur un motif économique déterminé. En l'absence d'institutions représentatives du personnel ou lorsque la procédure de consultation n'est pas obligatoire, ce point de départ est constitué par le premier entretien préalable au licenciement de plusieurs salariés pour le même motif économique.
56. Le procès-verbal de cette réunion est transmise à l'inspecteur du travail.
57. L'avis est transmis à l'Inspection du travail.
58. Voir *infra*, § 3.5.

La lettre de licenciement doit obligatoirement être **motivée**[59] et indiquer expressément la possibilité pour le salarié de bénéficier d'une **priorité de réembauchage** pendant un an et les conditions de sa mise en œuvre[60].

e) Information de la Direction départementale du travail et de l'emploi

Il convient de se reporter aux développements présentés au point 3.2.3 A 4) qui précède.

2) La nature des sanctions

Le non-respect de la procédure de consultation des instances représentatives du personnel ouvre droit au profit du salarié concerné, sous réserve d'avoir au moins 2 ans d'ancienneté, au versement par l'employeur d'une indemnité spécifique calculée en fonction du préjudice subi (L. 122-14-4 al. 4)[61].

Les irrégularité formelles et de fond sont sanctionnées dans le cadre des dispositions communes des articles L. 122-14-4 et L. 122-14-5, selon l'effectif de l'entreprise et l'ancienneté du salarié[62].

B – La procédure relative à un licenciement de 10 salariés et plus sur une même période de 30 jours[63]

En l'absence de comité d'entreprise et de délégués du personnel dans l'entreprise, l'employeur doit, préalablement à la notification du projet de licenciement à la Direction départementale du travail et de l'emploi, convoquer les salariés à un **entretien préalable**. La notification du projet à l'autorité administrative fait courir le délai de 30 jours à respecter avant l'envoi des lettres de licenciement[64].

La présence d'instances représentatives élues du personnel dans l'entreprise **dispense** de la formalité de l'entretien préalable, sauf pour les salariés protégés **inclus** dans le licenciement[65].

1) Le cas de l'entreprise de 11 à 49 salariés

La procédure fait intervenir les délégués du personnel et la Direction départementale du travail et de l'emploi.

a) Consultation des délégués du personnel

Elle fait l'objet de 2 réunions **au plus espacées de 14 jours**.

L'employeur est tenu de réunir et de consulter une première fois les délégués du personnel, l'ordre du jour devant mentionner expressément l'étude du projet de licenciement. Afin de permettre une bonne information, la loi fait obligation à l'employeur d'adresser aux représentants du personnel avec la convocation à la réunion « *tous renseignements utiles sur le projet de licenciement* ». Il doit obligatoirement préciser :

---

59. La Cour de cassation considère que la simple référence dans le lettre de licenciement à un licenciement collectif ne constitue pas l'énoncé du motif économique exigé par la loi. En d'autres termes, l'absence d'énonciation du motif économique précis et de ses retombées sur l'emploi ou sur le contrat de travail équivaut à une absence de motif débouchant sur un licenciement sans cause réelle et sérieuse.
60. Voir *infra*, § 3.2.5 C.
61. Dans l'hypothèse où le licenciement serait reconnu comme abusif, le salarié serait alors fondé à réclamer, outre l'indemnité réparant le préjudice lié à l'absence de motif, l'indemnité liée au non-respect de la procédure de consultation des représentants du personnel.
62. Voir *supra*, § 3.1.4.
63. Dans un arrêt du 26 janvier 1994, la chambre sociale de la Cour de cassation a jugé que l'employeur qui a engagé une procédure de licenciement collectif concernant plus de 10 salariés, n'était pas tenu de convoquer les intéressés à un entretien préalable, même si, en définitive, la procédure n'avait abouti qu'à un licenciement de moins de 10. C'est, en effet, au moment où l'employeur envisage de procéder à des licenciements qu'il doit apprécier la procédure à suivre, et dès lors que la procédure de licenciement, qu'elle soit individuelle ou collective, a notamment pour but d'éviter les licenciements ou d'en limiter le nombre, on ne saurait lui reprocher de ne pas avoir engagé la procédure adéquate au seul motif qu'il a renoncé à certains des licenciements envisagés. Solution qui doit être approuvée puisqu'elle est de nature à encourager cette renonciation, l'employeur n'étant pas tenu d'entreprendre une double procédure.
64. Voir *infra*, § c.
65. Voir chapitre 9, § 2.3.

– la ou les raisons économiques, financières ou techniques du projet de licenciement ;
– le nombre de travailleurs dont le licenciement est envisagé[66] ;
– les catégories professionnelles concernées et les critères proposés pour l'ordre des licenciements[67] ;
– le nombre de travailleurs, permanents ou non, employés dans l'établissement ;
– le calendrier prévisionnel des licenciements ;
– les mesures envisagées pour éviter les licenciements, en limiter le nombre et faciliter le reclassement du personnel dont le licenciement ne pourrait être évité.

La consultation se poursuivra lors de la seconde réunion au cours de laquelle les délégués du personnel seront informés des conditions de mise en œuvre des conventions de reclassement personnalisé[68].

Simultanément à la convocation des délégués du personnel, l'employeur doit adresser les mêmes informations à la Direction départementale du travail et de l'emploi (L. 321-4 al. 6).

b) Contrôle de l'autorité administrative

Il s'agit d'assurer ici le **contrôle** de la bonne application des procédures (L. 321-7).

La mise en œuvre du contrôle administratif se déroule comme suit :

1 – Notification par l'employeur à la Direction départementale du travail et de l'emploi du projet de licenciement avec communication d'un certain nombre d'informations dont en particulier son nom et son adresse, la nature de l'activité et l'effectif de l'entreprise ou de l'établissement, le nombre des licenciements envisagés (R. 321-4).

Cette notification ne peut être faite au plus tôt que le lendemain de la date fixée pour la première réunion avec les délégués du personnel.

À l'issue de la seconde réunion, l'employeur doit communiquer les nom, prénoms, nationalité, date de naissance, sexe, adresse, emploi et qualification des salariés dont le licenciement est envisagé ainsi que, le cas échéant, les modifications qui ont pu être apportées au calendrier prévisionnel des licenciements, aux mesures de reclassement ainsi qu'au calendrier de leur mise en œuvre.

Par ailleurs, les procès-verbaux des réunions avec les délégués qui doivent notamment comporter leur avis, suggestions et propositions sont adressés dès qu'ils ont été établis.

L'employeur qui ne fournit pas les renseignements exigés est passible d'une amende de 750 €.

2 – Vérification par l'autorité administrative du respect des procédures dans un délai de **21 jours** qui court à compter de la **date d'envoi de la notification du projet de licenciement.** Elle s'assure que les délégués du personnel ont été informés, réunis et consultés conformément à la loi, que les règles relatives à l'élaboration des mesures sociales ont bien été respectées et qu'elles seront effectivement mises en œuvre.

– Ou bien aucune réponse n'a été adressée à l'employeur dans le délai imparti : l'administration est alors réputée ne pas avoir constaté d'irrégularité.
– Ou bien l'administration notifie à l'employeur (en pratique, par lettre recommandée), dans le délai imparti, la nature des irrégularités qu'elle a constatées (avec envoi simultané de la copie de ses observations aux délégués du personnel). L'employeur doit alors l'informer de la suite donnée à ses observations avec copie aux mêmes délégués. S'il ne veut pas retarder la notification

---

66. Il résulte de la solution adoptée tant par la Cour de cassation que par le Conseil d'État que, lors des consultations, un employeur n'est pas tenu de faire connaître au comité la liste nominative des salariés dont le licenciement est envisagé.
67. Voir *infra*, § c.
68. Voir *infra*, § 3.5.

des licenciements envisagés, l'employeur a intérêt à effectuer cette information avant l'expiration du délai qu'il est tenu de respecter préalablement à l'envoi des lettres de licenciement (*infra* § c) ; **à défaut, ce délai se trouverait prorogé d'autant**.

c) Envoi des lettres de licenciement

Il ne peut intervenir que **30 jours** au moins après la notification du projet de licenciement à l'autorité administrative (L. 321-6). La lettre de licenciement doit obligatoirement être **motivée** (indication des motifs économiques ou technologiques invoqués par l'employeur et retombées sur l'emploi ou le contrat de travail) et indiquer expressément la possibilité pour le salarié de bénéficier d'une **priorité de réembauchage** pendant un an et les conditions de sa mise en œuvre[69].

d) Sanctions

Elles sont de deux ordres : civil et pénal.

– Sur le plan **civil**, les sanctions sont identiques à celles présentées au § A 2) qui précède.

– Sur le plan **pénal**, sera puni d'une amende de 3 750 €, prononcée autant de fois qu'il y a de salariés concernés par l'infraction, l'employeur :
  - qui n'aura pas procédé aux consultations requises ;
  - qui n'aura pas effectué la notification du projet de licenciement à l'autorité administrative ;
  - qui aura procédé à l'envoi des lettres de licenciement avant l'expiration du délai d'attente (L. 321-11).

2) Le cas de l'entreprise de 50 salariés et plus

Le cheminement procédural se distingue de celui exposé au point B 1) qui précède par deux points essentiels : présentation et discussion avec les instances du personnel (comité d'entreprise, ou, à défaut, délégués du personnel) **d'un plan de sauvegarde de l'emploi** (ancien plan social) et aménagement des délais selon le nombre de salariés dont le licenciement est envisagé.

a) Consultation du comité d'entreprise

Au titre des ses attributions telles que définies au **livre IV** du Code du travail, le comité d'entreprise est consulté sur le projet de restructuration envisagée (L. 432-1) et au titre du **livre III** sur le projet de licenciement collectif (L. 321-2, L. 321-3).

Le livre IV ne requiert qu'une réunion et le livre III deux réunions espacées d'un délai maximal qui varie selon le nombre de salariés compris dans le projet de licenciement. Mais comme il est possible de tenir la réunion sur le projet de restructuration **en même temps** que la première réunion sur le projet de licenciement, deux réunions sont alors a minima légalement obligatoires[70].

Concernant la consultation au titre du livre IV, on rappelle que le comité d'entreprise doit être informé et consulté sur toutes les questions intéressant l'organisation, la gestion et la marche générale de l'entreprise et notamment sur les mesures de nature à affecter le volume ou la structure des effectifs et qu'il doit être saisi en temps utile des projets de compression des effectifs.

Concernant la consultation du livre III, elle se déroule comme suit :

1 – Convocation du comité d'entreprise pour une **première réunion**. À cette convocation doivent être joints une note d'information et le **projet de plan de sauvegarde de l'emploi**[71], tous documents qui sont soumis **simultanément** au directeur départemental du travail et de l'emploi, – autorité

69. Voir *infra*, § 3.2.5. C.
70. Sur l'incidence du recours par le CE à l'assistance d'un expert comptable (voir *infra*, g).
71. Le plan social a été baptisé plan de sauvegarde de l'emploi par la loi de modernisation sociale du 17 janvier 2002.

administrative à laquelle il convient d'adresser les procès-verbaux de réunions avec les représentants du personnel (voir *infra*, § c) – lesquels sont appelés à faire état de leurs avis, suggestions et propositions.

1) Le contenu de la note d'information est identique à celle adressée aux délégués du personnel dans les conditions exposées au § 1) a) qui précède.

2) **Le plan de sauvegarde de l'emploi** document central de la procédure, fait état des mesures envisagées pour « *éviter les licenciements ou en limiter le nombre et pour faciliter le reclassement du personnel dont le licenciement ne pourrait être évité, notamment des salariés âgés ou qui présentent des caractéristiques sociales ou de qualification rendant leur réinsertion professionnelle particulièrement difficile* ».

Doivent être au minimum recherchées, envisagées, analysées et discutées les mesures suivantes :

« – *des actions en vue du reclassement* ***interne*** *des salariés sur des emplois relevant de la même catégorie d'emplois ou équivalents à ceux qu'ils occupent ou, sous réserve de l'accord exprès des salariés concernés, sur des emplois de catégorie inférieure ;*

– *des créations d'activités nouvelles par l'entreprise ;*

– *des actions favorisant le reclassement* ***externe*** *à l'entreprise, notamment par le soutien à la réactivation du bassin d'emploi ;*

– *des actions de soutien à la création d'activités nouvelles ou à la reprise d'activités existantes par les salariés ;*

– *des actions de formation, de validation des acquis de l'expérience ou de reconversion de nature à faciliter le reclassement interne ou externe des salariés sur des emplois équivalents ;*

– *des mesures de réduction ou d'aménagement du temps de travail ainsi que des mesures de réduction du volume des heures supplémentaires effectuées de manière régulière lorsque ce volume montre que l'organisation du travail de l'entreprise est établie sur la base d'une durée collective manifestement supérieure à trente cinq heures hebdomadaires ou 1 600 heures par an et que sa réduction pourrait préserver tout ou partie des emplois dont la suppression est envisagée* » (L. 321-4-1).

2 – Tenue d'une **seconde réunion**[72]

Elle doit avoir lieu dans un délai maximal[73] qui varie selon l'importance des licenciements envisagés :

– 14 jours si le licenciement est < 100 salariés ;

– 21 jours si le licenciement est ≥ 100 < 250 salariés ;

– 28 jours si le licenciement est ≥ 250 salariés (L. 321-3 al. 4).

Au cours de cette réunion, il sera discuté de la concrétisation du plan de sauvegarde de l'emploi. C'est à l'issue de cette dernière réunion que les salariés sont informés des conditions de mise en œuvre du congé de reclassement ou de la convention de reclassement personnalisé[74].

3 – L'édifice jurisprudentiel en matière de plan social

La chambre sociale de la Cour de cassation a apporté des éléments de précision quant à la procédure à suivre. Elle a considéré en particulier que si le plan présenté au CE en application de l'article L. 321-4 peut être amélioré et modifié dans son contenu par l'employeur au cours des réunions qu'il a avec lui, la procédure de consultation doit être entièrement reprise si, le plan proposé étant déclaré nul, l'employeur est amené à établir un plan social entièrement nouveau. L'employeur ne saurait se contenter de compléter le plan en cours de procédure.

72. Deux réunions au minimum ont été légalement prévues. Libre à l'employeur d'en organiser d'autres s'il le juge utile.

73. Sans préjudice de dispositions conventionnelles plus favorables.

74. Voir *infra*, § 3.5.

La Cour a également fourni des précisions importantes quant au **contenu** du plan social. En toute hypothèse, il doit être **précis**. Le plan social que l'employeur est tenu d'adresser aux représentants du personnel doit comporter un plan de reclassement comprenant des mesures précises et concrètes de nature à éviter les licenciements et à en limiter le nombre.

La Cour sanctionne en particulier l'absence de mesures de **reclassement interne**, lequel s'entend dans l'entreprise elle-même et dans le groupe auquel elle appartient parmi les entreprises dont les activités, l'organisation ou le lieu d'exploitation lui permettent d'effectuer la **permutation** de tout ou partie du personnel.

Elle exige que le plan social comporte en outre, dès son établissement, et non après, des indications détaillées sur le nombre, la nature et la localisation des emplois offerts dans le cadre de ce reclassement interne. Le plan doit préciser les **catégories professionnelles** concernées par le projet de licenciement pour déterminer si les postes offerts permettent un reclassement efficace.

La Cour vérifie que l'obligation de **reclassement externe** a été respectée et que les autres mesures prévues par l'article L. 321-4-1, telles que des mesures de réduction ou d'aménagement de la durée du travail, ont été étudiées.

Enfin, la Cour ne reste pas insensible aux réalités et elle **proportionne** les efforts qui doivent être accomplis par l'employeur dans le plan social aux moyens dont il dispose. Elle rappelle « *que la pertinence d'un plan social doit être appréciée en fonction des moyens dont disposent l'entreprise et le groupe auquel elle est éventuellement intégrée* ». Cette jurisprudence a été reprise par la loi de modernisation sociale sous l'article L. 324-1 dernier alinéa.

La Cour a défini la portée des **sanctions** du plan social.

Il convient au préalable de reprendre les dispositions de l'article L. 321-4-1 alinéa 5 :

« La procédure de licenciement est **nulle** et de **nul effet** *tant qu'un plan visant au reclassement de salariés s'intégrant au plan social n'est pas présenté par l'employeur aux représentants du personnel, qui doivent être réunis, informés et consultés* ».

On a vu alors de nombreux comités d'entreprise exercer des actions en justice pour contester la validité du plan social présenté par l'employeur, et certains ont cru que seuls les comités d'entreprise avaient qualité pour exercer cette action. Mais, dans son arrêt « *Alefpa* » du 30 mars 1999, la Cour de cassation a décidé que les salariés licenciés pour motif économique ont un **droit propre** à faire valoir devant le conseil de prud'hommes statuant en référé que leur licenciement est nul au regard des dispositions de l'article L. 321-4-1 alinéa 5. En d'autres termes, est reconnue la faculté pour les salariés de contester le plan social devant le juge du contrat de travail et d'obtenir en conséquence leur réintégration dans l'entreprise. Il y aurait ainsi place, à côté d'une action du comité d'entreprise devant le tribunal de grande instance, à une action des salariés devant le conseil de prud'hommes, chaque protagoniste défendant des intérêts différents.

Par ailleurs, la Cour de cassation a jugé que « *la nullité qui affecte le plan social, affecte tous les actes subséquents et en particulier les licenciements prononcés par l'employeur qui constituent la suite et la conséquence de la procédure de licenciement collectif suivie* ». On imagine l'ampleur du problème lorsque le plan social annulé concerne plusieurs dizaines, voire plusieurs centaines de salariés.

Il convient de bien distinguer le vice affectant le plan social du vice touchant la procédure. « *Seule l'absence d'un plan social ou la nullité de celui-ci entraîne la nullité de la procédure de licenciement collectif pour motif économique ; l'irrégularité de la procédure consultative permet seulement d'obtenir la suspension de la procédure de licenciement, si celle-ci n'est pas terminée ou, à défaut, la réparation du préjudice subi dans les termes de l'article L. 122-14-4 dernier alinéa du Code du travail* ». Dès lors, si le vice invoqué ne concerne pas le plan social lui-même, mais par exemple le défaut de production des pièces suffisantes, le demandeur peut obtenir la reprise de la procédure consultative et, par voie de conséquence, la **suspension de la procédure de licenciement**. Par contre, si les licenciements sont déjà prononcés, la réparation serait alors nécessairement de nature **indemnitaire**.

b) Contrôle de l'autorité administrative (L. 321-7)

Parler de l'autorité administrative, c'est viser en fait l'inspecteur du travail.

La mise en œuvre du contrôle administratif se déroule comme suit :

– notification par l'employeur du projet de licenciement à la Direction départementale du travail et de l'emploi, **au plus tôt le lendemain de la date fixée pour la 1re réunion avec le comité d'entreprise**[75] ;

– vérification par l'autorité administrative du respect des procédures, l'élaboration et de la mise en œuvre de mésures sociales.

Le délai de réponse qui court à compter de la **date d'envoi** de la notification du projet de licenciement varie selon l'importance des licenciements envisagés :

– 21 jours si le licenciement est < 100 salariés ;

– 28 jours si le licenciement est ≥ 100 salariés < 250 salariés ;

– 35 jours si le licenciement est ≥ 250 salariés.

- Ou bien aucune réponse n'a été donnée à l'employeur dans le délai imparti, selon les cas : l'Administration est alors réputée ne pas avoir constaté d'irrégularités.
- Ou bien l'autorité administrative notifie à l'employeur dans le délai imparti, selon les cas, la nature des irrégularités qu'elle a constatées (avec envoi simultané de la copie de ses observations au comité d'entreprise). L'employeur doit alors lui répondre sur la suite qu'il entend donner à ses observations avec copie au comité d'entreprise, exigence légale dont la non-exécution suspend les délais d'envoi des lettres de licenciement (voir *infra*, § c). En d'autres termes, s'il ne veut pas retarder la notification des licenciements envisagés, l'employeur a intérêt à effectuer cette information avant l'expiration du délai qu'il est tenu de respecter préalablement à l'envoi des lettres de licenciement ; **à défaut, le délai se trouverait prorogé d'autant**.

Par ailleurs, l'autorité administrative peut présenter toute proposition pour compléter ou modifier le plan de sauvegarde de l'emploi, en tenant compte de la situation économique de l'entreprise. Ces propositions sont formulées avant la dernière réunion du comité d'entreprise. Elles sont communiquées à l'employeur et au comité d'entreprise (CE) ou aux délégués du personnel (DP). En l'absence de CE ou de DP, elles sont portées à la connaissance des salariés par voie d'affichage sur les lieux de travail ainsi que la réponse **motivée** de l'employeur à ces propositions (L. 321-7 al. 9 et 10).

c) Envoi des lettres de licenciement

Elle ne peut intervenir avant un certain délai qui court à compter de la notification du projet de licenciement et du plan social à l'autorité administrative lequel varie selon l'importance des licenciements :

– 30 jours si le licenciement est < 100 salariés ;

– 45 jours si le licenciement est ≥ 100 salariés < 250 salariés ;

– 60 jours si le licenciement est ≥ 250 salariés (L. 325-6).

La lettre de licenciement doit obligatoirement être **motivée** (indication des motifs économiques ou de changement technologique invoqués par l'employeur et retombées sur l'emploi ou sur le contrat de travail) et indiquer expressément la possibilité pour le salarié de bénéficier d'une **priorité de réembauchage** pendant un an et les conditions de sa mise en œuvre[76].

---

75. Les informations à communiquer à l'autorité administrative sont identiques à celles présentées aux représentants du personnel au cours de leur première réunion.
Il conviendra d'y ajouter, en cas de recours à un expert comptable par le comité d'entreprise, mention de cette décision ainsi que la date de la seconde réunion du comité.

76. Voir *infra*, § 3.2.5 C.

d) Sanctions

On se reportera au § 1) d) qui précède.

e) Droits du salarié et nullité du plan de sauvegarde de l'emploi

Selon les dispositions de l'article L. 122-14-4 alinéa 2, « *lorsque le tribunal constate que le licenciement est intervenu alors que la procédure de licenciement est nulle et de nul effet, conformément aux dispositions de l'article L. 321-4-1, il* ***peut*** *prononcer la nullité du licenciement et ordonner,* ***à la demande du salarié****, la poursuite de son contrat de travail, sauf si la réintégration est devenue impossible,* ***notamment*** *du fait de la fermeture de l'établissement ou du site ou de l'absence d'emploi disponible de nature à permettre la réintégration du salarié. Lorsque le salarié ne demande pas la poursuite de son contrat de travail ou lorsque la réintégration est impossible, le tribunal octroie au salarié une indemnité qui ne peut être inférieure aux salaires des douze derniers mois* ».

f) Incidence du recours du CE à l'assistance d'un expert-comptable[77]

En vertu des dispositions de l'article L. 434-6 alinéa 1, le comité d'entreprise peut décider de demander l'assistance d'un expert-comptable. Une circulaire ministérielle du 1er octobre 1989 définit comme suit le rôle et les conditions d'exercice de la mission :

« ***Rôle de l'expert-comptable***

Dans le cadre d'un projet de licenciement collectif pour motif économique, l'expert-comptable a pour rôle d'analyser pour le comité les raisons et la pertinence du projet de licenciement. Il doit en apprécier les conséquences financières. Il peut donner son avis sur les plans de restructuration.

Le comité d'entreprise peut désigner un expert technique pour assister l'expert-comptable. Cet expert peut intervenir pour apporter par exemple des informations sur une technologie particulière, sur l'organisation du travail... L'expert technique dispose des documents détenus par le comité d'entreprise. Il a accès au local du comité d'entreprise et, dans des conditions définies par accord entre l'employeur et la majorité des membres élus du comité d'entreprise, aux autres locaux de l'entreprise. Il est rémunéré par le comité. La désignation de l'expert technique est sans incidence sur les délais de la procédure de consultation du comité d'entreprise sur le projet de licenciement collectif.

Les experts intervenant ainsi dans la procédure de licenciement pour motif économique sont tenus aux obligations de secret et de discrétion telles que définies à l'article L. 432-7.

Conditions d'exercice de la mission

La mission de l'expert-comptable porte sur tous les éléments d'ordre économique, financier ou social nécessaires à l'appréciation de la situation de l'entreprise. L'expert peut ainsi accéder, en tant que de besoin, aux mêmes documents que le commissaire aux comptes. Dès sa désignation, compte tenu des brefs délais qui lui sont impartis, l'expert doit pouvoir détenir les documents qui lui sont nécessaires. L'employeur doit donc lui adresser copie des éléments d'information fournis au comité et répondre sans délai aux demandes complémentaires que l'expert pourra lui adresser ».

- La décision du CE de recourir à un expert-comptable doit être prise **lors de la 1re réunion de consultation.**
- Cette décision entraîne alors le report de la 1re réunion de consultation proprement dite à **20 jours minimum, 22 jours maximum**[78]. La 2e réunion de consultation devient en fait la 1re réunion de consultation effective du comité d'entreprise et a pour ordre du jour la présentation et la discussion du rapport de l'expert-comptable ainsi que l'examen des mesures du plan de sauvegarde de l'emploi (PSE).

---

77. Les développements présentés sous ce point s'appliquent aux délégués du personnel qui, dans les entreprises occupant au moins 50 salariés et en l'absence de CE, exercent collectivement les attributions économiques du CE conformément à l'article L. 422-3 (voir *infra*, Partie 4, chapitre 5, § 1.3.1 B).

78. La non-remise du rapport de l'expert-comptable dans le délai requis ne peut en aucun cas avoir pour effet de retarder la date programmée de la seconde réunion.

À l'issue de cette seconde réunion, l'employeur informe l'administration des modifications éventuelles apportées au calendrier prévisionnel des licenciements, aux mesures du PSE ainsi qu'au calendrier de leur mise en œuvre. Il l'informe s'il y a lieu de la décision du comité de recourir à un expert-comptable et de la date prévue pour la seconde réunion. Il y joint le procès-verbal de la réunion ainsi que les avis, suggestions et propositions du comité d'entreprise.

– La troisième réunion se tient dans le délai maximal visé au point a qui précède et dont la durée varie donc selon la taille du licenciement. À l'issue de cette réunion, l'employeur est informé des nom, prénoms, nationalité, sexe, adresse, emploi, qualification des salariés dont le licenciement est envisagé ainsi que des modifications éventuelles apportées au projet de licenciement. Sont joints le procès-verbal de la réunion ainsi que les avis, suggestions et propositions du comité d'entreprise.

Le délai de notification du licenciement aux salariés concernés (30, 45 ou 60 jours selon la taille du licenciement) **part à compter du 14e jour suivant la notification du projet de licenciement à l'administration** laquelle est effectuée au plus tôt le lendemain de la 1re réunion du comité d'entreprise.

– Le délai de vérification accordé à l'Administration (21, 28 ou 35 jours selon la taille du licenciement) part, lui, à compter du lendemain de la seconde réunion du CE mais doit expirer au plus tard 4 jours avant l'expiration du délai de notification du licenciement aux salariés concernés.

Exemple :

Calendrier procédural d'un licenciement de 120 salariés avec recours du CE à l'assistance d'un expert-comptable sans autre incident.

2 octobre	→ 1re réunion du CE désignation d'un expert-comptable 2e réunion reportée à 20 jours
3 octobre	→ Notification du projet de licenciement à l'Administration
17 octobre	→ Point de départ du délai de notification du licenciement (45 jours).
23 octobre	→ 2e réunion du CE
24 octobre	→ Point de départ du délai de vérification de l'Administration (28 jours).
6 novembre	→ Date de la 2e réunion du CE, au plus tard
20 novembre	→ Expiration du délai de vérification de l'Administration
1er décembre	→ Envoi des lettres de licenciement

– Dans les entreprises comportant des établissements distincts touchés par les mesures de licenciement collectif envisagées, la désignation d'un expert-comptable relève du seul comité central d'entreprise (CCE) appelé à donner son avis sur l'ensemble de l'opérations et le ou les comités d'établissement tiennent alors leurs 2 réunions respectivement après la 2e et 3e réunion du CCE.

g) Contentieux individuel[79]

Le salarié peut contester devant la juridiction du travail la régularité ou la validité de son licenciement, à compter de sa notification. Son action se prescrit par 12 mois **si ce délai lui est rappelé expressément dans la lettre de licenciement** (L. 321-16).

3.2.5 La conclusion d'un accord de méthode

Le législateur autorise la conclusion d'un accord de méthode entre l'employeur et les organisations syndicales représentatives implantées dans l'entreprise selon le droit commun de la négociation collective aux fins de déroger, le cas échéant, aux dispositions des livres III et IV du Code du travail relatives à l'information/consultation du comité d'entreprise aux fins de les adapter précisément au contexte de l'entreprise.

79. Sur la possibilité pour les syndicats représentatifs d'intervenir en justice (voir Partie 4, chapitre 1, § 3.1.3).

A – Les entreprises concernées

Il s'agit des entreprises dotées effectivement d'un comité d'entreprise, soit celles occupant au moins 50 salariés, dans lesquelles l'employeur projette un licenciement pour cause économique d'au moins 10 salariés sur une même période de 30 jours, conduisant en conséquence à l'élaboration obligatoire d'un plan de sauvegarde de l'emploi.

B – Le contenu de l'accord

L'accord, qui peut être de branche, de groupe ou d'entreprise, fixe les conditions dans lesquelles le comité d'entreprise est réuni et informé de la situation économique et financière de l'entreprise, et peut formuler des propositions alternatives au projet économique à l'origine d'une restructuration ayant des incidences sur l'emploi et obtenir une réponse motivée de l'employeur à ses propositions.

Il peut par ailleurs organiser la mise en œuvre d'actions de mobilité professionnelle et géographique au sein de l'entreprise et du groupe (actions de reclassement).

Il peut aussi déterminer les conditions dans lesquelles l'établissement du plan de sauvegarde de l'emploi fait l'objet d'un accord, et anticiper le contenu de celui-ci (L. 320-3).

Si le législateur offre ainsi une grande latitude pour négocier, il fixe cependant certaines limites en énumérant de façon limitative un certain nombre de dispositions législatives à l'égard desquelles il n'est pas possible de déroger.

Il s'agit de celles :

- posant le principe selon lequel un licenciement économique ne peut être intervenir que lorsque tous les efforts de formation et d'adaptation ont été réalisés et que le reclassement s'avère impossible (L. 321-1 al. 3) ;
- définissant les obligations de l'employeur envisageant un licenciement collectif en matière d'**information** des représentants du personnel et de réponse motivée à leurs suggestions (L. 321-4 al. 1 à 11) ;
- traitant des licenciements en cas de redressement ou de liquidation judiciaire (L. 321-9) ;
- posant les règles de principe qui président les modalités de consultation du comité d'entreprise telles que définies à l'article L. 431-5[80].

3.2.6 Les dispositions propres au licenciement pour cause économique

A – L'ordre des licenciements

1) Les critères retenus

Pour établir la liste des personnes licenciées, l'employeur doit faire application des critères retenus pour fixer l'ordre des licenciements tel qu'il figure dans la convention ou l'accord applicable à l'entreprise. En l'absence d'accord, ces critères sont définis par le chef d'entreprise après consultation du comité d'entreprise ou, à défaut, des délégués du personnel. « *Ces critères prennent* ***notamment*** *en compte les charges de famille et en particulier celles de parents isolés, l'ancienneté de service dans l'établissement ou l'entreprise, la situation des salariés qui présentent des caractéristiques sociales rendant leur réinsertion professionnelle particulièrement difficile, notamment des personnes handicapées et des salariés âgés, les qualités professionnelles appréciées par catégorie* » (L. 321-1-1).

Les critères énumérés par l'article L. 321-1-1 ne reposent pas sur un ordre hiérarchique. La Cour de cassation a eu l'occasion de préciser que l'employeur peut privilégier l'un des critères arrêtés pour fixer l'ordre des licenciements dès lors que l'ensemble de ceux-ci ont été pris en considération. Par ailleurs, les critères ne sont pas limitatifs puisque le législateur a employé l'adverbe « notamment ». Il en résulte que l'employeur peut compléter la liste par d'autres critères, à condition d'avoir pris en compte chacun des critères légaux.

---

80. Voir Partie 4, chapitre 7, § 2.2.1 C.

La violation de l'article L. 321-1-1 donne lieu sur le plan civil, selon la dernière jurisprudence rendue en la matière, à l'octroi de dommages et intérêts dont le montant est déterminé en fonction du préjudice subi et non pas à une indemnité pour licenciement sans cause réelle et sérieuse. Il en résulte que la réparation du préjudice réellement subi par le salarié, dont l'ampleur est appréciée par les juges du fond, peut être relativement coûteuse si les chances du salarié de retrouver un emploi sont très faibles ou au contraire très économique si le salarié a retrouvé très rapidement un nouvel emploi. Il y a ici proportionnalité entre la sanction qui frappe l'employeur et les conséquences de son erreur.

Sur le plan pénal, les infractions aux dispositions de l'article L. 321-1-1 sont sanctionnées d'une amende de 750 € (R. 362-1).

2) L'indication des critères retenus

L'employeur doit, à la demande écrite du salarié licencié pour motif économique, lui indiquer par écrit les critères pris en compte pour l'ordre des licenciements. Dans ce cas, le salarié peut faire sa demande par lettre recommandée avec AR au plus tard dans les 10 jours à compter de la date à laquelle il quitte effectivement son emploi, c'est-à-dire selon la Cour de cassation au plus tard dans les 10 jours qui suivent l'expiration du contrat de travail. L'employeur doit lui répondre dans les 10 jours à compter de **la présentation** de sa demande.

La question s'est posée de savoir quelle était la portée d'un défaut de réponse de l'employeur, et par suite, quelle sanction appliquer au contrevenant. Dans un premier temps, la Cour de cassation avait analysé la non-réponse de l'employeur en une simple irrégularité de forme ouvrant droit à des dommages et intérêts selon les règles applicables en la matière (un mois de salaire au plus pour les salariés justifiant d'au moins deux ans d'ancienneté dans une entreprise occupant habituellement au moins onze salariés ; selon le préjudice subi dans les autres cas) (Cass. soc., 18 octobre 1994). Dans une décision du 23 janvier 1996, la Cour suprême opérait un véritable revirement de jurisprudence en qualifiant désormais le licenciement *d'abusif*, entraînant en conséquence une sérieuse aggravation des sanctions. Quelques mois plus tard, la Cour opérait un nouveau revirement dans son arrêt « *Dupin* » du 20 janvier 1998 en énonçant très clairement que « ***l'inobservation des règles relatives à l'ordre des licenciements n'a pas pour effet de priver le licenciement de cause réelle et sérieuse*** ». Cette dernière position a le mérite d'être juridiquement fondée et économiquement équitable. Juridiquement fondée, parce que la sanction d'une non communication des critères retenus pour fixer l'ordre des licenciements correspondait mal à une absence de cause réelle et sérieuse. Économiquement équitable, car si la formule de l'arrêt n'indique pas expressément la sanction de ce défaut d'information, il semble évident qu'elle consistera en une indemnisation du préjudice réel.

3) La mise en œuvre

La Cour de cassation a jugé que l'employeur n'est tenu de mettre en œuvre les dispositions de l'article L. 321-1-1 que lorsqu'un licenciement pour motif économique est décidé ; que tel n'est pas le cas lorsque l'employeur se contente de prévoir le reclassement des salariés occupés dans le service qu'il entendait supprimer.

> *Exemple (Cass. soc., 3 décembre 1996) :*
>
> Une ligne de fabrication avait été fermée et 174 emplois avaient été supprimés. Pourtant, par un accord collectif signé avec les syndicats, la société s'était engagée à ne pratiquer aucun licenciement collectif et à procéder uniquement par voie de reclassement. Ce projet de reclassement avait donc donné lieu à une consultation du comité d'entreprise au titre de l'article L. 432-1 : la société souhaitait proposer aux salariés différentes mesures de reclassement interne avant de procéder à d'éventuels licenciements dans le cadre de l'article L. 321-1 (plan social). La question qui se posait était de savoir si, dans la première phase de l'opération (phase de reclassement), la société était tenue ou non de respecter l'ordre des licenciements tels que définis par l'article L. 321-1-1. Elle estimait que, dans le cadre de l'opération de reclassement, l'employeur avait la possibilité d'affecter les salariés aux postes de travail qu'il estimait les plus appropriés et que ce droit relevait d'un pouvoir plus général de choisir ses collaborateurs. Le comité d'établissement de l'usine

s'opposait pourtant à ces arguments, estimant que « proposant des mesures peu acceptables à certains salariés particulièrement vulnérables, les exposant délibérément à un licenciement indirect pour motif économique », la société sélectionnait en amont les salariés qu'elle souhaitait ou non conserver « par des appréciations discrétionnaires sur le profil des salariés » et qu'elle établissait ainsi son propre ordre des licenciements, au mépris de celui qui avait été établi par la voie de la négociation.

La Cour de cassation n'a pas suivi le demandeur au pourvoi.

4) Le contrôle

Pour la Cour de cassation, il n'appartient qu'au seul juge judiciaire d'apprécier la mise en œuvre des critères retenus pour fixer l'ordre des licenciements.

B – L'indemnité légale de licenciement

L'indemnité se calcule par année de service dans l'entreprise en tenant compte des mois de service accomplis au-delà des années pleines.

En matière de licenciement pour cause économique, son montant est doublé par rapport à celui retenu pour un licenciement fondé sur un autre motif[81]. Elle ne peut être inférieure à **2/10e** de mois de salaire par année d'ancienneté. À partir de dix ans d'ancienneté, cette indemnité minimum est de **2/10e** de mois de salaire plus **2/15e** de mois par année d'ancienneté au-delà de dix ans.

Le salaire à prendre en considération pour le calcul de l'indemnité est le douzième de la rémunération brute des douze derniers mois précédant le licenciement ou, selon la formule la plus avantageuse pour le salarié, le tiers des trois derniers mois, étant entendu que dans ce cas, toute prime ou gratification de caractère annuel ou exceptionnel, qui aurait été versé au salarié pendant cette période, ne serait prise en compte que prorata temporis. (R. 122.2). La jurisprudence a précisé qu'il convenait pour déterminer la période de référence de retenir la période précédant **la date de licenciement** et non celle précédant la date de la fin du préavis.

En pratique, nombreuses sont les conventions collectives qui octroient au salarié le bénéfice d'une indemnité de licenciement plus favorable. Les deux licenciements, légale et conventionnelle, ne sont bien entendu pas cumulables ; seule **la plus avantageuse** est due.

C – La priorité de réembauchage

L'article L. 321-14 dispose que le salarié licencié pour motif économique bénéficie d'une priorité de réembauchage durant un délai **d'un an** à compter de la date de la rupture de son contrat, s'il manifeste le désir d'user de cette priorité au cours de cette année.

- L'employeur doit faire état de la priorité de réembauchage et de ses conditions de mise en œuvre **dans la lettre de licenciement** pour motif économique adressée au salarié.
- La date de rupture du contrat qui fait courir le délai d'un an est celle de la cessation effective du contrat, peu importe que le préavis ait ou non été exécuté.
- Si le salarié manifeste le souhait d'user du bénéfice de cette priorité, l'employeur doit l'informer pendant le délai d'un an susvisé de tout emploi devenu disponible et compatible avec sa qualification ou avec la qualification que le salarié a acquise depuis (sous réserve qu'il en ait informé son ex-employeur). (Adoptant une interprétation excessive, la Cour de cassation considère qu'entrent dans le champ d'application de la disponibilité les emplois laissés temporairement vacants par leur titulaire en arrêt de travail pour maladie). La priorité s'applique même dans le cas où le salarié concerné a retrouvé un autre emploi dans la mesure où cet emploi n'est peut-être qu'une solution d'attente : en d'autres termes, le salarié ne doit pas être privé de la possibilité que lui garantit la loi d'être réintégré dans son emploi d'origine. Par ailleurs, la priorité de réembauchage n'est pas limitée aux seuls emplois pourvus par des contrats de travail à durée indéterminée.

81. Voir *supra*, § 3.1.3 B.

– L'employeur est tenu d'informer les représentants du personnel des postes disponibles, information qui est fournie, en pratique, en même temps que les autres informations relatives à la situation de l'emploi, c'est-à-dire chaque trimestre dans les entreprises occupant au moins 300 salariés et chaque semestre dans les autres[82]. La liste des postes disponibles doit être simultanément affichée dans l'entreprise.
– Lorsque l'employeur viole son obligation et n'informe pas le salarié des postes disponibles, il commet une irrégularité de fond qui est expressément sanctionnée par le dernier alinéa de l'article L. 122-14-4 prévoyant une indemnité minimale de **deux** mois de salaire. Lorsque l'employeur omet seulement d'informer le salarié de la priorité de réembauchage dans la lettre de licenciement, la Cour de cassation considère que cette omission « *cause nécessairement un préjudice que le juge doit réparer par une indemnité* » qu'il lui appartient d'apprécier souverainement en fonction des circonstances de l'espèce.

Ces sanctions doivent trouver application même si ultérieurement le juge considère que le licenciement prononcé pour motif économique ne repose pas sur une cause réelle et sérieuse. En d'autres termes, la qualification « économique » donnée par l'employeur au licenciement dans la lettre de notification le conduit à devoir assurer toutes les obligations légales qui s'y trouvent légalement rattachées.

D – La répétition des « petits » licenciements pour cause économique

Nous avons vu que la procédure à mettre en œuvre pour le licenciement de 2 à 9 salariés est moins formaliste et moins contraignante que celle à appliquer pour le licenciement de 10 salariés et plus **dans les entreprises employant au moins 50 salariés**. Aussi, certains employeurs peuvent être tentés de procéder à des licenciements par « paquets » de **9 au plus**. Afin de dissuader ce type de comportement, il a été prévu que si, dans de telles entreprises, des licenciements répétés de moins de 10 salariés sur 30 jours conduisent à licencier au total plus de 10 salariés dans une période de 3 mois consécutifs, les licenciements pour motif économique même individuels qui seront effectués **dans les 3 mois** suivant le franchissement du seuil des 10 licenciements devront être effectués selon la procédure applicable aux licenciements de 10 salariés et plus.

Exemple :

C'est ainsi qu'une entreprise ayant procédé respectivement au cours de chacun des mois de janvier, février et mars à 6, 3, 5 licenciements, sera dans l'obligation d'appliquer les dispositions relatives aux licenciements d'au moins 10 salariés pour tout nouveau licenciement, fut-il individuel, qui interviendrait au cours des mois de avril à juin.

Avec cette règle, il est toutefois possible pour une entreprise de licencier jusqu'à 54 personnes au total sur l'année (ex : 3 x 9 au cours du premier semestre + 3 x 9 au cours du second semestre), sans avoir à mettre en œuvre la procédure de licenciement d'au moins 10 salariés sur 30 jours, et notamment l'élaboration d'un plan de sauvegarde pour l'emploi. Aussi la loi de modernisation sociale du 17 janvier 2002 a-t-elle introduit une nouvelle limitation qui se cumule avec la précédente. Elle interdit tout nouveau licenciement sans préparation d'un plan de sauvegarde de l'emploi, dans les 3 mois suivants la fin de l'année civile comportant plus de 18 licenciements.

Exemple :

Dans l'exemple précédant, si l'entreprise ayant licencié 54 personnes une année veut effectuer d'autres licenciements de janvier à mars suivant, elle devra présenter un plan de sauvegarde de l'emploi.

E – La sanction du défaut de consultation lorsque l'entreprise est dépourvue de représentants du personnel

Tout licenciement économique intervenu dans une entreprise dépourvue de représentants du personnel, c'est-à-dire de comité d'entreprise ou de délégués du personnel, alors qu'aucun

82. Voir Partie 4, chapitre 8, § 1.1.2.

procès-verbal de carence n'a été établi[83], **est irrégulier et ouvre droit au profit du salarié licencié à une indemnité** (L. 321-2-1).

Cette sanction s'applique à toute procédure de licenciement économique qui nécessite une consultation soit des délégués du personnel (entreprises de moins de 50 salariés), soit du comité d'entreprise (entreprise de 50 salariés et plus)[84].

Pour que l'employeur puisse valablement faire valoir qu'il n'a pas été en mesure de procéder aux consultations légales, il est indispensable que l'absence de représentants du personnel dans l'entreprise ne lui soit pas imputable et ne résulte pas d'un manquement à son obligation d'organiser des élections professionnelles. Sinon, les licenciements économiques prononcés dans ces conditions, c'est-à-dire sans respect de la procédure de consultation, sont irréguliers. En revanche, l'employeur ne risque rien si des élections professionnelles ont été effectivement organisées et qu'un procès-verbal de carence a été établi. Ce document obligatoire lui permettra d'attester que le défaut de mise en place ou de renouvellement des délégués du personnel ou du CE ne lui est pas imputable.

L'indemnité à laquelle peut prétendre le salarié licencié pour motif économique dans la situation visée à l'article L. 321-1-2 **ne peut être inférieure à un mois de salaire brut**. Elle est cumulable avec l'indemnité légale ou conventionnelle de licenciement, et avec l'indemnité de préavis. À défaut de dispositions légales l'interdisant, elle devrait également pouvoir se cumuler avec les indemnités prévues aux articles L. 122-14-4 et L. 122-14-5 en cas :

– d'absence de cause réelle et sérieuse de licenciement,
– de non-respect de la procédure légale de licenciement,
– de nullité du licenciement en raison de la nullité du plan de sauvegarde de l'emploi.

3.2.7 L'intervention judiciaire des syndicats représentatifs

Les syndicats représentatifs peuvent exercer en justice toutes actions naissant des dispositions légales, réglementaires ou conventionnelles relatives au licenciement économique en faveur d'un salarié, sans avoir à justifier d'un mandat de l'intéressé dès lors que celui-ci, informé de l'intention du syndicat par lettre recommandée avec AR, ne s'y est pas opposé dans un délai de 15 jours (L. 321-15). Ce n'est que passé ce délai que l'acceptation tacite sera considérée comme acquise.

Aux termes des dispositions de l'article R. 321-9, la lettre recommandée avec AR susvisée indique :

« • *la nature et l'objet de l'action envisagée par l'organisation syndicale représentative ;*
• *que l'action sera conduite par l'organisation syndicale qui pourra exercer elle-même les voies de recours contre le jugement ;*
• *que le salarié pourra, à tout moment, intervenir dans l'instance engagée par l'organisation syndicale ou mettre un terme à cette action ;*
• *que le salarié peut faire connaître à l'organisation syndicale son opposition à l'action envisagée dans un délai de 15 jours à compter de la date de la réception.* »

À l'issue du délai de 15 jours, dans l'hypothèse où le salarié ne s'est pas opposé à l'action, l'organisation syndicale doit avertir l'employeur, également par lettre recommandée avec AR. Cette information précède l'action en justice.

---

83. Sur le procès-verbal de carence en cas de défaut de candidature des délégués du personnel, voir Partie 4, chapitre 4, § 2.1.3 ; sur le procès-verbal de carence en cas de défaut de candidature de membre du comité d'entreprise, voir Partie 4, chapitre 6, § 2.2.2.
84. C'est là une façon indirecte pour le législateur d'inciter les employeurs à mettre en place des instances élues du personnel s'ils n'en ont pas alors qu'ils ont dépassé les seuils d'effectifs requis, sauf à faire constater que leurs diligences n'ont pas été suivies d'effet dans le procès-verbal de carence.

Une circulaire ministérielle du 4 octobre 1989 apporte les précisions suivantes :

« ... *Cette action de l'organisation syndicale ne sera recevable que si elle indique avec précision le nom des personnes pour lesquelles elle agit et les éléments nécessaires à la détermination de leurs droits individuels. Cette obligation se justifie par la nécessité de vérifier que les salariés ont bien été avertis de l'exercice de l'action par le syndicat et de pouvoir prononcer, le cas échéant, une condamnation au profit de chacun d'entre eux.*

C'est l'organisation syndicale qui est partie à l'instance. Les actes de procédure sont établis à son nom ; c'est elle qui prend les décisions relatives à la conduite de l'instance et qui en supporte les frais. Mais le salarié peut, à tout moment, intervenir à l'instance qui a été ainsi engagée soit pour y mettre un terme, soit pour la poursuivre si l'organisation syndicale n'entend plus le faire. Quelles que soient les circonstances, le bénéfice de l'action appartient au salarié. »

3.3 Régime du licenciement pour cause économique au sein d'entreprises faisant l'objet d'une procédure de sauvegarde, de redressement ou de liquidation judiciaire

3.3.1 Le descriptif général de la procédure

Le droit des entreprises en difficulté a fait l'objet d'une nouvelle réforme opérée par la loi du 26 juillet 2005 « *de sauvegarde des entreprises* », laquelle a modifié de façon substantielle la loi du 25 janvier 1985.

Trois procédures sont instituées.

La première, dite « procédure de sauvegarde », est ouverte sur demande d'un débiteur qui justifie de difficultés, qu'il n'est pas en mesure de surmonter, de nature à conduire à la cessation des paiements. Cette procédure est destinée à faciliter la réorganisation de l'entreprise afin de permettre la poursuite de l'activité économique, le maintien de l'emploi et l'apurement du passif. Elle donne lieu à un plan arrêté par jugement à l'issue d'une période d'observation d'une durée maximale de 6 mois susceptible d'être renouvelée une fois (C. com., art. L. 620-1).

La seconde, dite de « redressement judiciaire », est ouverte à tout débiteur qui, dans l'impossibilité de faire face au passif exigible avec son actif disponible, est en état de cessation des paiements. Cette procédure est destinée à permettre la poursuite de l'activité de l'entreprise, le maintien de l'emploi et l'apurement du passif. Elle donne lieu à un plan de poursuite de l'activité s'il s'avère que le redressement est possible ou de cession totale ou partielle arrêté par jugement à l'issue d'une période d'observation, sans préjudice de la possibilité de prononcer la liquidation judiciaire si les conditions sont réunies (C. com., art. L. 631-1).

La troisième, dite de « liquidation judiciaire », est ouverte à tout débiteur en état de cessation des paiements et dont le redressement est manifestement impossible. Cette procédure est destinée à mettre fin à l'activité de l'entreprise ou à réaliser le patrimoine du débiteur par une cession globale ou séparée de ses droits et de ses biens (C. com., art. L. 640-1).

3.3.2 Le régime spécifique des licenciements applicable aux procédures de redressement ou de liquidation judiciaire

Comme sous la législation antérieure, le droit commun du licenciement continue à être aménagé et adapté aux différentes périodes de la procédure sous laquelle se trouve l'entreprise :

– période d'observation ;

– plan de redressement ;

– prononcé de la liquidation judiciaire.

A – Les règles générales de procédure

1) L'ordre des licenciements

L'administrateur, l'employeur ou le liquidateur, selon le cas, qui envisage de procéder à un licenciement collectif pour motif économique, doit, à défaut de convention ou d'accord collectif applicable, définir, après consultation du comité d'entreprise ou, à défaut, des délégués du personnel, les critères retenus pour fixer l'ordre des licenciements en application des dispositions de l'article L. 321-1-1[85].

2) L'information et la consultation des représentants du personnel[86]

Elles doivent être faites tout à la fois au titre des livres III et IV du Code du travail, sous réserve des aménagements ci-après compte tenu des circonstances toutes particulières dans lesquelles s'inscrivent les licenciements.

a) Licenciement de 2 à 9 salariés dans une entreprise < 50 salariés

Consultation des délégués du personnel dans les conditions prévues à l'article L.422-1[87].

b) Licenciement de 2 à 9 salariés dans une entreprise ≥ 50 salariés

Consultation du comité d'entreprise dans les conditions prévues à l'article L. 432-1.

c) Licenciement de 10 salariés et plus

Selon que l'entreprise a plus ou moins de 50 salariés, il conviendra de procéder à l'information et à la consultation du comité d'entreprise ou des délégués du personnel selon les dispositions du livre III du Code du travail, telles qu'exposées respectivement aux points 3.2.4 B 1) et 3.2.4 B 2) qui précèdent, sous réserve que le législateur n'a prévu **qu'une seule** réunion (au lieu de deux ou trois dans la procédure du droit commun)[88] avec l'instance représentative élue du personnel concernée. L'administrateur, l'employeur ou le liquidateur, selon le cas, qui envisage de procéder à un licenciement pour motif économique d'au moins 10 salariés doit donc, dans les entreprises < 50 salariés, respecter les dispositions de l'article L. 321-4 et dans les entreprises ≥ 50 salariés, établir un plan de sauvegarde de l'emploi conformément à l'article L. 321-4-1 pour éviter les licenciements ou en limiter le nombre et pour faciliter le reclassement du personnel dont le licenciement ne pourrait être évité. Ce plan est, bien entendu, établi en fonction des possibilités économiques et financières de l'entreprise.

Le procès-verbal de la réunion des représentants du personnel, comportant leurs avis, suggestions et propositions, est transmis à la Direction départementale du travail et de l'emploi dès qu'il a été procédé à la consultation.

3) L'information de l'autorité administrative

L'administrateur, l'employeur ou le liquidateur, selon le cas, doit informer le directeur départemental du travail et de l'emploi avant de procéder à l'envoi des lettres de licenciement. Il s'agit là d'une simple information, les règles relatives à la notification et aux délais et mesures y étant rattachées n'étant pas ici applicables.

Cette information doit comporter tous les renseignements prévus à l'article R. 321-6 :

« 1) nom et adresse de l'employeur ;

2) nature de l'activité de l'entreprise ou de l'établissement ;

3) nombre de salariés employés dans l'entreprise ou l'établissement ;

---

85. Voir *supra*, § 3.2.5 A.
86. Dans les entreprises soumises au régime simplifié et qui sont dépourvues de représentants du personnel, le représentant des salariés, élu par les salariés, exerce les fonctions dévolues au comité d'entreprise ou, à défaut, aux délégués du personnel.
87. Voir *supra*, § 3.2.3 A.
88. Le CE peut néanmoins recourir aux services d'un expert-comptable. Dans ce cas, une seconde réunion doit avoir lieu après un délai d'examen suffisant.

4) date à laquelle a été prononcé le jugement de redressement ou de liquidation judiciaire ;
5) nom, prénoms, nationalité, date de naissance, sexe, adresse, emploi et qualification du ou des salariés dont le licenciement est envisagé ;
6) mesures prises pour éviter les licenciements ou en limiter le nombre et pour faciliter le reclassement des salariés dont le licenciement ne peut être évité ;
7) calendrier prévisionnel des licenciements. »

4) La notification du licenciement

Lorsque le licenciement est soumis à l'entretien préalable (licenciement de 2 à 9 salariés), la lettre de licenciement ne peut être adressée au salarié avant l'expiration d'un délai de 7 jours à compter de la date de convocation à l'entretien préalable. Lorsque le licenciement porte sur 10 salariés et plus, les lettres de licenciement ne peuvent être adressées qu'après l'accomplissement des formalités procédurales exposées aux points 2) et 3) qui précèdent[89].

5) La priorité de réembauchage

Sauf, bien entendu, le cas de liquidation judiciaire entraînant la disparition de l'entreprise, l'administrateur, le liquidateur ou l'employeur, selon le cas, est tenu de respecter les obligations mises à sa charge par la loi en matière de priorité de réembauchage[90].

B – Les règles propres à chaque période

1) Les licenciements intervenant pendant la période d'observation

a) Conditions

Le prononcé des mesures de licenciement ne peut avoir lieu que si elles présentent un caractère **urgent, inévitable et indispensable** (C. com., art. L. 631-17).

b) Procédure

Elle est conduite en pratique par l'administrateur judiciaire :
– information et consultation des délégués du personnel dans les entreprises < 50 salariés ou du comité d'entreprise dans les entreprises ≥ 50 salariés, ou, en l'absence de comité dans ces dernières entreprises, des délégués du personnel ;
– demande **d'autorisation** au juge-commissaire : l'administrateur judiciaire doit joindre à l'appui de sa demande les avis recueillis et les justifications de ses diligences en vue de faciliter l'indemnisation et le reclassement des salariés ;
– information de la Direction départementale du travail et de l'emploi ;
– notification des licenciements.

2) Les licenciements prévus dans le plan de redressement

Lorsque l'administrateur prévoit des licenciements pour motif économique dans le plan de redressement, ce dernier ne peut être arrêté par le tribunal avant que les représentants du personnel aient été informés et consultés et le directeur départemental du travail et de l'emploi informé.

L'administrateur doit joindre à son rapport au tribunal les documents suivants :
– le procès-verbal des délibérations du comité d'entreprise ou des délégués du personnel consultés ;
– la copie de la lettre informant l'autorité administrative du projet de licenciement.

Le jugement qui arrête le plan précise notamment les licenciements qui doivent intervenir **dans le délai d'un mois après** le jugement. Dans ce délai, ces licenciements interviennent **sur simple notification** de l'administrateur, sous réserve bien entendu du respect des droits de préavis légaux ou conventionnels.

---

89. Le délai d'attente prévu à l'article L. 321-6 (30, 45 ou 60 jours selon le cas) n'est pas applicable pour les licenciements prononcés dans le cadre d'un redressement judiciaire.
90. Voir *supra*, § 3.2.5 C.

3) Les licenciements intervenant en application du jugement de liquidation

Les licenciements auxquels procède le liquidateur en application du jugement de liquidation donnent lieu à l'information et la consultation des représentants du personnel et à l'information du directeur départemental du travail et de l'emploi, que ces licenciements soient effectués directement après le jugement ou pendant le maintien provisoire de l'activité de l'entreprise.

Le liquidateur qui procède à ces licenciements n'a pas d'autorisation judiciaire à obtenir au préalable.

3.3.3 La garantie AGS

L'Association de garantie des salaires (AGS) assure la garantie des créances salariales aux salariés licenciés pendant la période d'observation, dans le mois du jugement arrêtant le plan de sauvegarde, de redressement ou de cession, dans les 15 jours suivant le jugement de liquidation ou pendant le maintien provisoire d'activité pour les besoins de la liquidation.

3.4 La réactivation des bassins d'emploi

Le législateur tend à imposer aux entreprises qui procèdent à des licenciements pour cause économique de contribuer à des mesures de revitalisation de leur bassin d'emploi. Il convient de distinguer selon la taille de l'entreprise.

3.4.1 Les modalités applicables aux entreprises de moins de 1 000 salariés

Lorsqu'un licenciement collectif décidé par une entreprise de moins de 1 000 salariés affecte, par son ampleur, l'équilibre du ou des bassins d'emploi dans lesquels celle-ci est implantée, il appartient au préfet, après avoir, le cas échéant, prescrit une étude d'impact social et territorial qui prend en compte les observations formulées par l'entreprise concernée, d'intervenir pour la mise en œuvre, en concertation avec l'Agence nationale pour l'emploi (ANPE), d'actions de nature à permettre le développement d'activités nouvelles et à atténuer les effets de la restructuration envisagée sur les autres entreprises dans le ou les bassins d'emploi[91].

L'entreprise et le préfet définissent d'un commun accord les modalités selon lesquelles l'entreprise prend part, le cas échéant, à ces actions, compte tenu notamment de sa situation financière et du nombre d'emplois supprimés (L. 321-17, II-al. 1 et 2).

3.4.2 Les modalités applicables aux entreprises de plus de 1 000 salariés

Les mesures sont plus contraignantes pour ces entreprises puisqu'elles sont tenues de contribuer à la création d'activités et au développement des emplois et d'atténuer les effets du licenciement envisagé sur les autres entreprises dans le ou les bassins d'emploi.

Le montant de la contribution ne peut être inférieur à deux fois la valeur mensuelle du SMIC par emploi supprimé, sauf au préfet à fixer un montant inférieur lorsque l'entreprise est dans l'incapacité d'assurer la charge financière de cette contribution.

Une convention entre l'entreprise et le préfet, conclue dans un délai de 6 mois, à compter de la notification des licenciements à l'Inspection du travail, détermine, le cas échéant, sur la base d'une étude d'impact social et territorial, la nature ainsi que les modalités de financement et de mise en œuvre des actions, en tenant compte de celles de même nature éventuellement prévues dans le cadre du plan de sauvegarde de l'emploi (L. 321-17, I-al. 1 et 2)[92].

---

91. Ces dispositions ne sont pas applicables aux entreprises faisant l'objet d'une procédure de sauvegarde, de redressement ou de liquidation judiciaire.

92. Si un accord collectif de groupe, d'entreprise ou d'établissement prévoit des actions de telle nature assorties d'engagements financiers de l'entreprise au moins égaux au montant de la contribution, alors la conclusion d'une telle convention avec l'État ne s'impose plus de principe.
En l'absence d'une convention conclue avec l'État ou d'un accord collectif de travail en tenant lieu, l'entreprise doit verser au Trésor public une contribution égale à 4 fois la valeur mensuelle du SMIC par emploi supprimé.

3.5 Mesures d'accompagnement du salarié licencié pour raison économique

3.5.1 La convention de reclassement personnalisé (CRP)

Cette convention trouve son origine dans le cadre du « volet économique » de la loi de cohésion sociale du 18 janvier 2005 et ses modalités concrètes dans les dispositions de l'accord national interprofessionnel du 5 avril 2005 (retranscrites et précisées dans la « convention sur la convention de reclassement personnalisé » du 27 avril 2005), le législateur ayant renvoyé aux partenaires sociaux le soin de mise en œuvre du nouveau dispositif d'accompagnement des salariés licenciés pour cause économique (L. 321-4-2)[93].

A – L'objet

La CRP a pour objet de permettre au salarié de bénéficier, après la rupture de son contrat de travail pour raison économique, pendant une durée maximale de **8 mois**, d'un ensemble de mesures favorisant son reclassement accéléré (au titre desquelles des actions de soutien psychologique, d'orientation, d'accompagnement, d'évaluation des compétences professionnelles et de formation) ainsi que d'une allocation spécifique.

B – Le champ d'application

Il concerne les entreprises non soumises aux dispositions du congé de reclassement[94], c'est à dire celles occupant moins de 1 000 salariés, ainsi que les entreprises en redressement judiciaire, quelque soit leur taille.

C – Les salariés concernés

Sont concernés les salariés justifiant :

- de 2 ans d'ancienneté de services continus chez le même employeur[95] ;
- des conditions d'attribution de l'allocation de retour à l'emploi (ARE) du régime d'assurance chômage[96] ;
- d'être apte physiquement à l'exercice d'un emploi ;
- et qui ne sont pas susceptibles de percevoir un revenu de remplacement servi jusqu'à l'âge de la retraite à taux plein.

D – La procédure

1) L'information du salarié

Lorsque le licenciement pour motif économique requiert le respect de la formalité de l'entretien préalable (cas du licenciement individuel ou de 2 à 9 salariés), le document écrit d'information que l'employeur aura pris soin de retirer auprès de l'Assedic est remis au salarié au cours de cet entretien, contre récépissé. Lorsque le licenciement pour motif économique requiert la procédure d'information et de consultation des représentants du personnel dans le cadre de l'article L. 321-2 2° (cas du licenciement de 10 salariés et plus sur une même période de 30 jours), ce document d'information est remis à chaque salarié concerné, contre récépissé, à l'issue de la **dernière réunion** de consultation des représentants élus du personnel.

---

93. La CRP s'est substituée au plan d'aide au retour à l'emploi anticipé, dit « pré-Pare », instauré par la loi de modernisation sociale du 17 janvier 2002.

94. Voir *infra*, § 3.5.2.

95. Les salariés dont l'ancienneté est inférieure à 2 ans qui répondent aux trois autres conditions requises peuvent bénéficier d'une CRP, mais appliquée dans des conditions particulières. Si les mesures d'accompagnement leur sont acquises, en revanche le montant de l'allocation perçue n'est pas supérieur à celui de l'allocation d'aide au retour à l'emploi (ARE).

96. Voir *infra*, § 6.

2) Le délai de réflexion

À partir de la remise du document proposant la CRP, le salarié dispose d'un délai de réflexion de **14 jours** pour accepter ou refuser la convention, sachant que, pendant ce délai, il bénéficiera d'un entretien d'information réalisé par l'Assedic destiné à l'éclairer dans son choix. Lorsqu'à la date prévue pour l'envoi de la lettre de licenciement en application des dispositions légales, le délai de réflexion de 14 jours n'est pas encore expiré, l'employeur notifie aux salarié(s) concerné(s) son (leur) licenciement par lettre recommandée avec AR en rappelant la date d'expiration dudit délai et en précisant qu'en cas de refus de la CRP, la présentation de cette lettre vaut point de départ du délai de préavis.

3) Les alternatives du salarié

a) Acceptation

Elle se traduit par la remise par le salarié à son employeur du bulletin d'acceptation dûment complété et signé, lequel sera ensuite transmis immédiatement à l'Assedic dans le ressort duquel le salarié est domicilié.

Dans cette hypothèse, le contrat de travail sera rompu du fait d'*un commun accord des parties* à la date d'expiration du délai de 14 jours. Cette rupture ouvre droit seulement au versement de l'indemnité compensatrice de congés payés et de l'indemnité légale (2/10e de mois par année d'ancienneté) ou conventionnelle de licenciement sur la base de l'ancienneté que l'intéressé aurait acquise s'il avait effectué son préavis.

En revanche, elle n'ouvre droit ni à préavis, ni à indemnité compensatrice de préavis, la seule exception concernant la fraction excédant 2 mois versée à l'intéressé dés la rupture de son contrat de travail. L'entreprise contribue ainsi au financement de l'allocation spécifique de reclassement en versant à l'Assedic une somme égale à 2 mois de salaire (charges patronales et salariales comprises) correspondant à l'indemnité de préavis que le salarié aurait perçue s'il n'avait pas accepté la CRP.

b) Refus

Il peut être soit exprès, soit tacite, l'absence de réponse au terme du délai de réflexion étant assimilé à un refus.

Dans cette hypothèse, la lettre de notification du licenciement qui aurait pu être déjà adressé au salarié en application des dispositions légales a fait courir le point de départ du délai de préavis.

E – La situation du salarié bénéficiaire de la CRP

1) Les mesures d'accompagnement et les aides au reclassement

Le salarié bénéficie dans les 8 jours qui suivent la rupture de son contrat de travail d'un entretien individuel de pré-bilan pour l'examen des capacités professionnelles.

Les prestations d'accompagnement s'inscrivent dans le cadre d'un plan de reclassement personnalisé comportant plusieurs actions possibles, dont en particulier le bilan de compétences, le suivi individuel du projet professionnel, des mesures d'appui social et psychologique, des mesures d'orientation, des mesures d'accompagnement proprement dites (préparation aux entretiens d'embauche, technique de recherche d'emploi…), des actions de validation des acquis de l'expérience (VAE), des mesures de formation.

2) L'allocation spécifique de reclassement

Pendant la durée de la CRP, le salarié perçoit de l'Assedic, au plus pendant 8 mois, une allocation spécifique de reclassement dont le montant est supérieur à l'allocation de retour à l'emploi (ARE).

Pendant les **91 premiers jours**, il perçoit une allocation de **80 %** du salaire journalier de référence, sans que l'allocation puisse être inférieur à 80 % du montant journalier brut de l'indemnité de préavis qu'il aurait perçu s'il n'avait pas accepté la CRP. Ensuite, et jusqu'à la fin de la

CRP, il perçoit une allocation de **70 %** du salaire journalier de référence, sans que celle-ci puisse cependant être inférieure à l'allocation de retour à l'emploi (ARE) s'il n'avait pas accepté la CRP.

F – Les sanctions

Tout employeur entrant dans le champ d'application du dispositif de la CRP qui procède au licenciement pour motif économique d'un salarié sans lui proposer le bénéfice d'une CRP doit verser à l'Assedic une contribution égale à 2 mois de salaire brut moyen des 12 derniers mois.

3.5.2 Le congé de reclassement

La loi de modernisation sociale a instauré un dispositif pour les entreprises ou établissements d'au moins 1 000 salariés[97], consistant à proposer à chaque salarié avant son licenciement économique un congé de reclassement, et ce, quel que soit le nombre de salariés touchés par le licenciement (L. 321-4-3)[98]. **En cas de refus de l'intéressé, l'employeur doit alors lui proposer le bénéfice d'une convention de reclassement personnalisé**.

A – L'objet

Le congé de reclassement a pour objet de permettre au salarié de bénéficier d'actions de formation et des prestations d'une cellule d'accompagnement des démarches de recherche d'emploi.

B – La procédure

1) L'information des représentants du personnel

L'employeur est tenu d'informer et de consulter le CE ou, à défaut, les délégués du personnel, sur les conditions de mise en œuvre du congé de reclassement.

Si le licenciement donne lieu à l'établissement d'un plan de sauvegarde de l'emploi (cas de licenciement de 10 salariés et plus), les conditions de mise en œuvre du congé de reclassement sont définies dans le plan.

Si le licenciement concerne moins de 10 salariés, l'employeur adresse aux représentants du personnel, avec les renseignements joints à la convocation *à la première réunion* consacrée au projet de licenciement (Livre III du Code du travail), un document précisant ces conditions.

2) L'information des salariés

Lorsque le licenciement donne lieu à entretien préalable (cas du licenciement individuel, du licenciement de 2 à 9 salariés, du licenciement de 10 salariés et plus en l'absence de représentation du personnel), le salarié est informé par l'employeur des conditions de mise en œuvre du congé au cours de cet entretien.

Lorsque le licenciement ne donne pas lieu à un entretien préalable (cas du licenciement collectif d'au moins 10 salariés sur une même période de 30 jours dans une entreprise où il existe des représentants du personnel), l'employeur informe les salariés des conditions de mise en œuvre du congé de reclassement à l'issue de la dernière réunion du CE ou des délégués du personnel, selon le cas, consacrée au projet de licenciement (Livre III du Code du travail).

3) La proposition du congé au(x) salarié(s)

L'employeur est tenu de proposer au salarié le bénéfice du congé de reclassement dans la lettre de licenciement, tout en lui précisant qu'en cas de refus de sa part, il pourra bénéficier de la convention de reclassement personnalisé[99].

---

97. Sont également concernés les groupes dont l'ensemble des entreprises comporte au moins 1 000 salariés et les entreprises et les groupes d'entreprises de dimension européenne employant au moins 1 000 salariés au sein de l'Union européenne.
98. Le congé de reclassement n'est pas applicable aux entreprises en redressement ou liquidation judiciaire.
99. Voir *supra*, § 3.5.1.

Le salarié dispose d'un délai de 8 jours à compter de la date de présentation du pli contenant la lettre de licenciement pour faire connaître sa décision, l'absence de réponse dans ce délai étant assimilée à **un refus des deux propositions** faites par l'employeur.

C – La mise en œuvre

En cas d'acceptation par le salarié du bénéfice du congé de reclassement, celui-ci débute à l'expiration du délai de 8 jours qui était imparti à l'intéressé pour répondre à la proposition.

L'employeur fixe la durée du congé de reclassement entre 4 et 9 mois. Elle peut être inférieure à 4 mois sous réserve de l'accord exprès du salarié. Lorsque le salarié effectue une action de formation ou de validation des acquis de l'expérience, la durée du congé de reclassement ne peut être inférieure à la durée de ces actions dans la limite de 9 mois.

Le congé est effectué pendant le préavis dont le salarié est dispensé de l'exécution. Lorsque la durée du congé de reclassement excède la durée du préavis, le terme de ce dernier est reporté d'une durée égale à la durée du congé de reclassement restant à courir. Pendant cette période, le préavis est suspendu.

Pendant la période de suspension du préavis, le salarié bénéficie d'une rémunération mensuelle à la charge de l'employeur dont le montant est égal à 65 % de la rémunération brute moyenne des douze derniers mois précédant l'entrée en congé. En tout état de cause, le montant ne saurait être inférieur à 85 % de la valeur mensuelle du SMIC.

Tableau 12 – Délais de procédure de licenciement pour cause économique

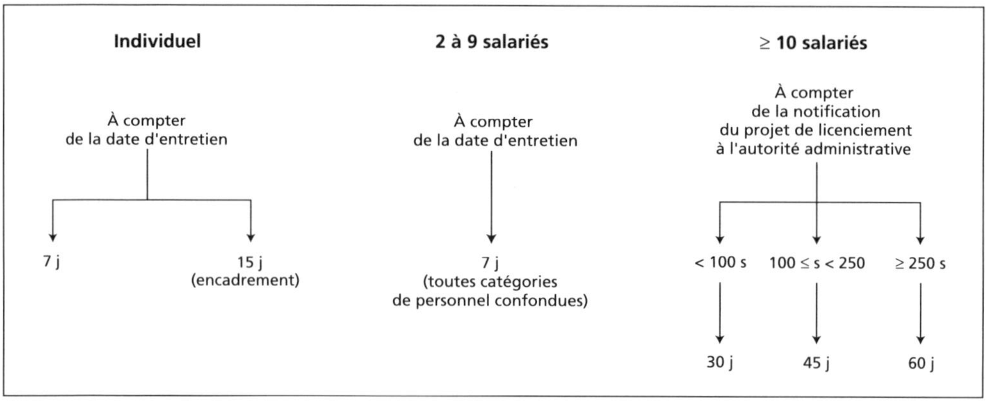

Tableau 13 – Schéma récapitulatif de la procédure de licenciement pour cause économique individuel dans une entreprise < 1 000 salariés

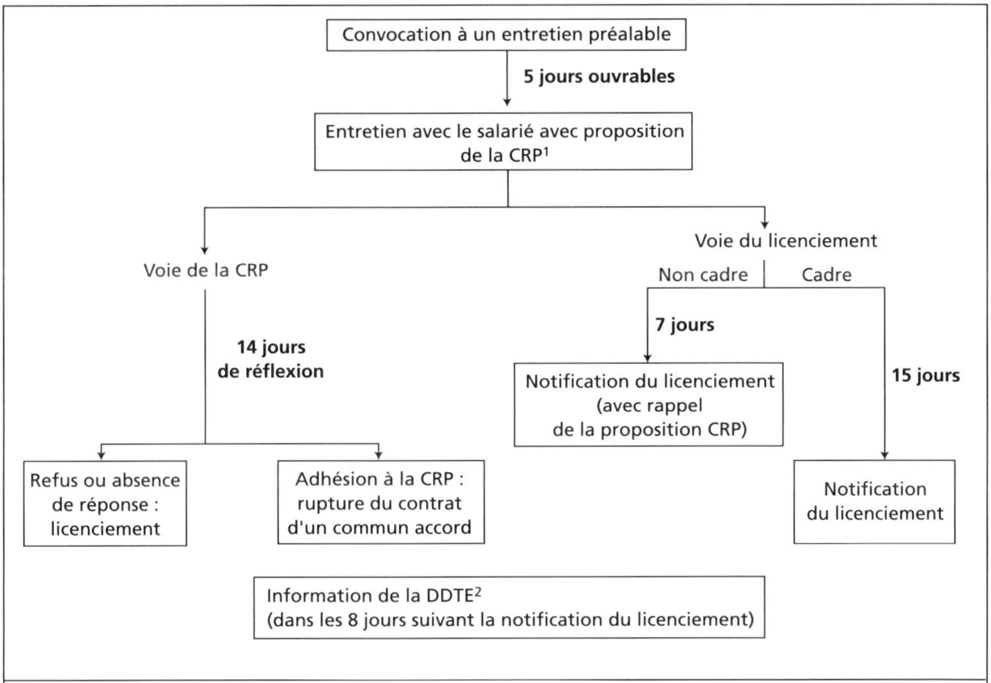

1. CRP : convention de reclassement personnalisé.
2. DDTE : Direction départementale du travail et de l'emploi.

Tableau 14 – Schéma récapitulatif de la procédure de licenciement pour cause économique de 2 à 9 salariés dans une entreprise < 1 000 salariés

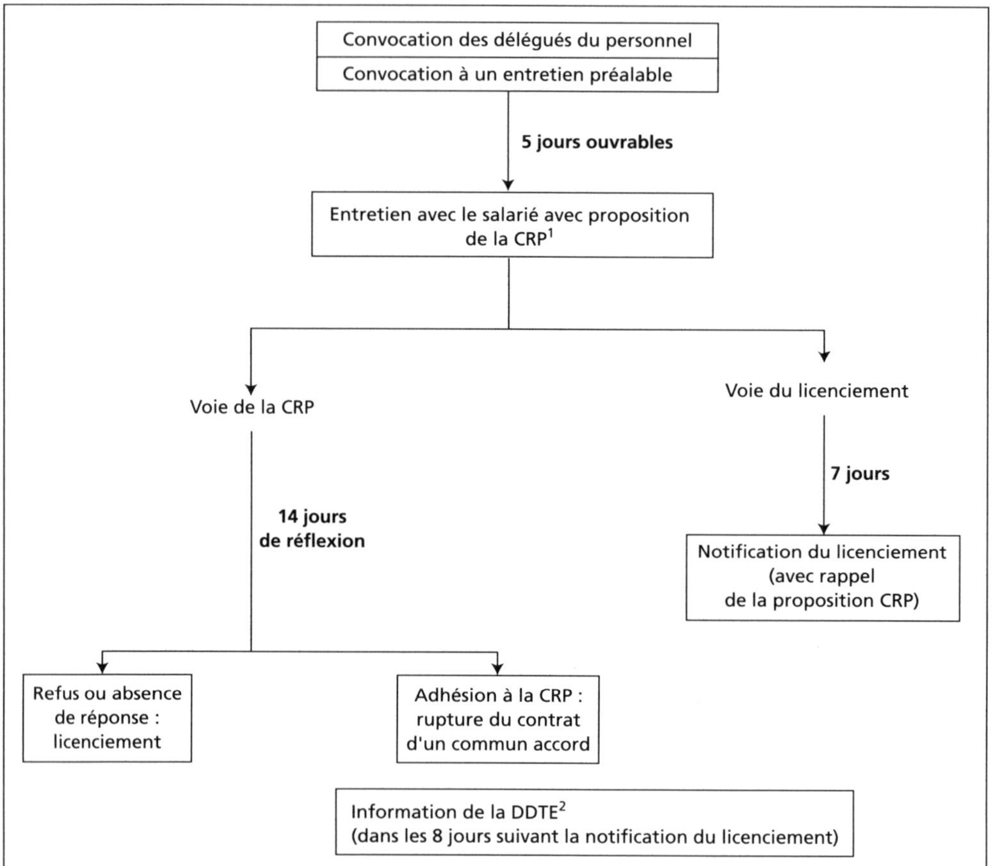

1. CRP : convention de reclassement personnalisé.
2. DDTE : Direction départementale du travail et de l'emploi.

Tableau 15 – Schéma récapitulatif de la procédure de licenciement pour cause économique de 10 salariés et plus dans une entreprise < 50 salariés

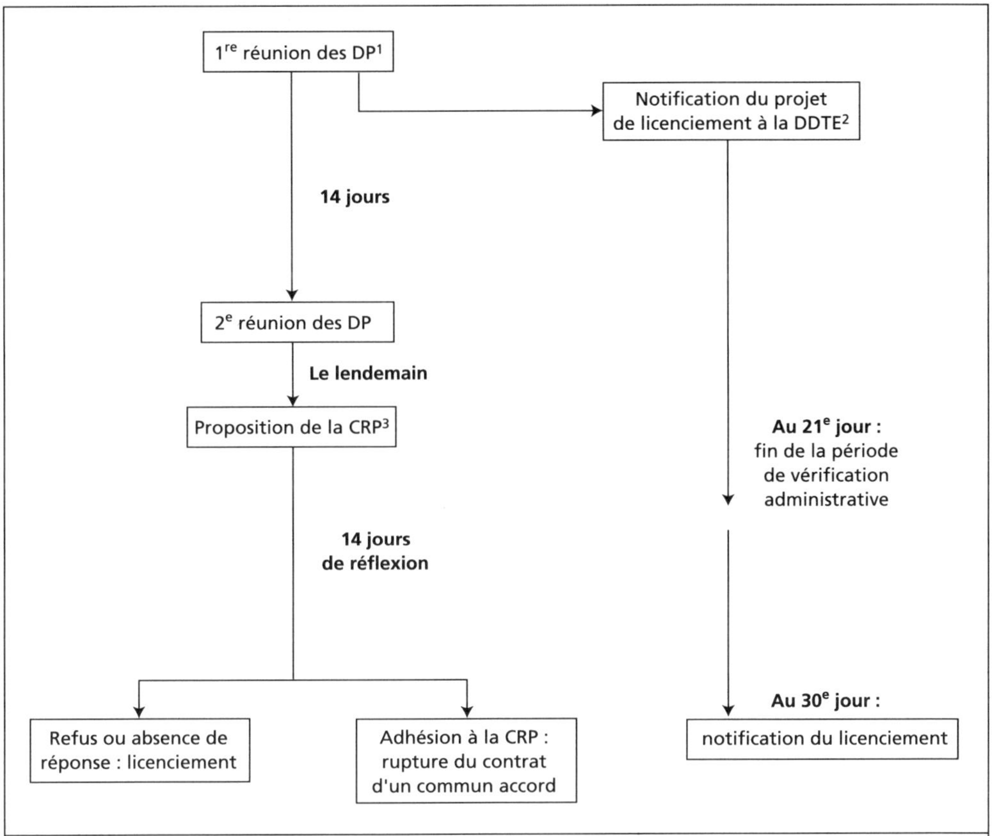

1. DP : délégués du personnel.
2. DDTE : Direction départementale du travail et de l'emploi.
3. CRP : convention de reclassement personnalisé.

Tableau 16 – Schéma récapitulatif de la procédure de licenciement pour cause économique de 10 salariés et plus dans une entreprise > 50 salariés et < 1 000 salariés, sans recours à l'assistance d'un expert-comptable

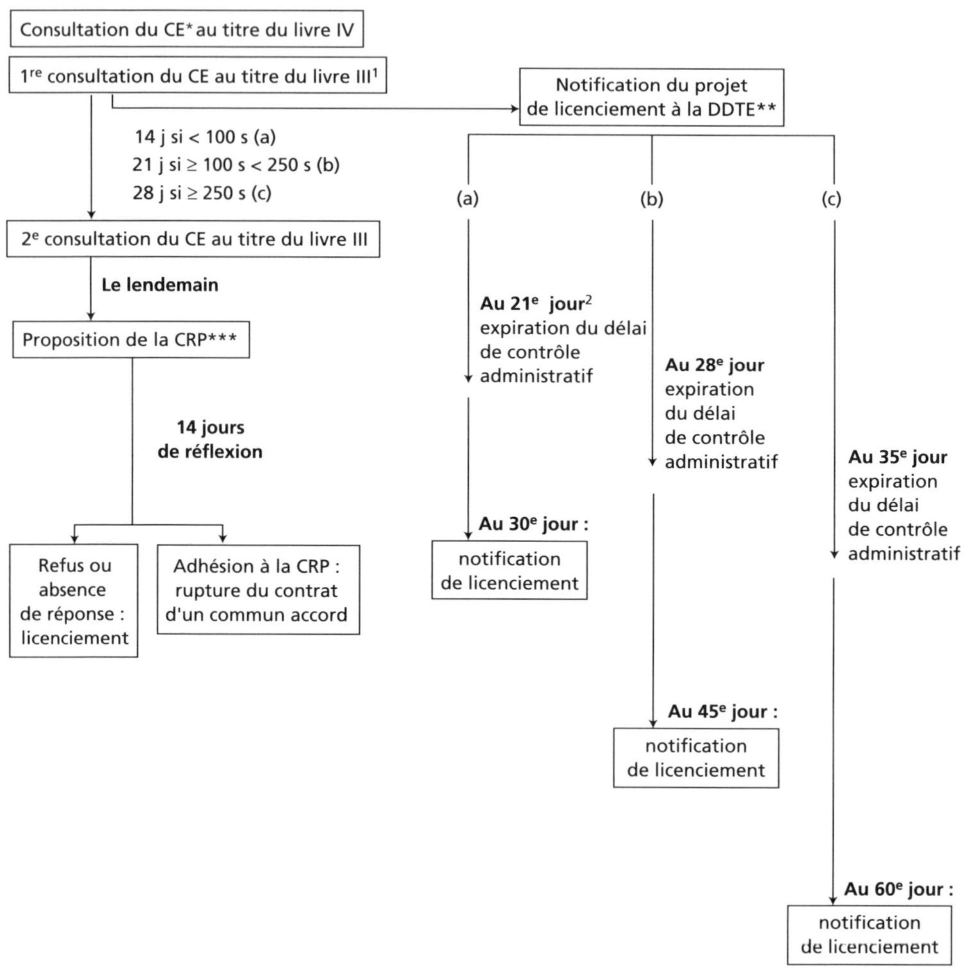

1. Le recours à l'assistance d'un expert-comptable au cours de la 1re réunion décale le processus de 20 à 22 jours et conduit de ce fait à la tenue de 3 réunions : les 2e et 3e réunions deviennent les 1re et 2e réunions présentées sous ce tableau. La première réunion du CE au titre des livres III et IV peut être concomitante.

2. En cas d'observations de la part de l'autorité administrative (L. 321-7 al. 7), l'employeur doit répondre avant l'expiration du délai concerné ; à défaut, le délai est prorogé jusqu'à sa réponse.

* CE : comité d'entreprise.
** DDTE : Direction départementale du travail et de l'emploi.
*** CRP : convention de reclassement personnalisé.

Tableau 17 – Congé de reclassement (entreprise ≥ 1 000 salariés)

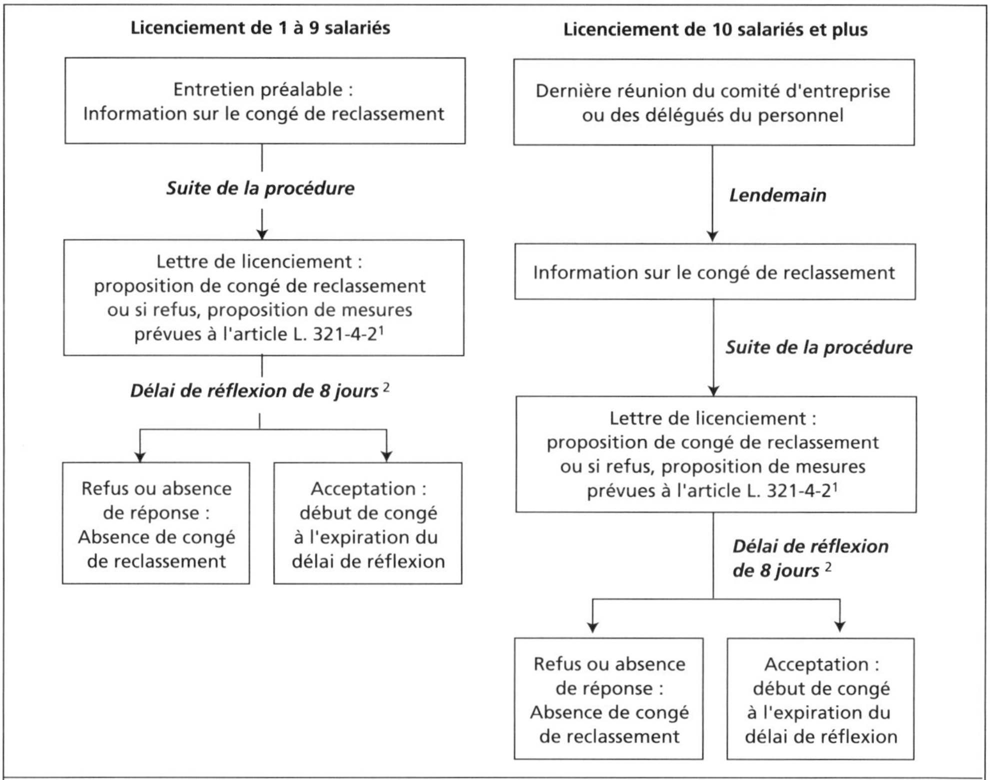

1. Il s'agit de mesures d'évaluation des compétences professionnelles et d'accompagnement en vue de reclassement dans le cadre de la convention de reclassement personnalisé.
2. À compter de la notification de la lettre de licenciement.

3.6 Licenciements de salariés âgés de 50 ans et plus

3.6.1 Le principe du versement d'une cotisation

Le barème de cette contribution dite « Delalande », tel qu'il résulte du décret du 28 décembre 1998, est applicable aux ruptures de contrat de travail des salariés concernés intervenant à compter du 31 décembre 1998[100].

Il se présente comme suit :

Montant de la contribution due (exprimée en mois de salaire brut)	Âge du salarié à la date de la fin du contrat de travail									
	50	51	52	53	54	55	56	57	58	59 ou +
Barème actuel[1]	1	1	2	2	4	5	6	6	6	6
Nouveau barème	2	3	5	6	8	10	12	12	10	8

1. Ce barème reste applicable aux entreprises de moins de 50 salariés.

100. Les conditions d'assujettissement à la contribution Delalande (notamment l'âge du salarié) s'apprécient à la date de notification du licenciement. En revanche, l'âge pris en compte pour le calcul du montant de la contribution est apprécié à la date d'expiration du contrat de travail, que le préavis ait été ou non exécuté.

3.6.2 L'exonération du versement de la cotisation

La cotisation n'est pas due dans les cas suivants (L. 321-13) :

- licenciement pour faute grave ou lourde ;
- licenciement en cas de refus par le salarié d'une modification de son contrat de travail consécutive à une réduction de la durée du travail organisée par une convention ou un accord collectif ;
- licenciement résultant d'une cessation d'activité de l'employeur, pour raison de santé ou de départ en retraite, qui entraîne la fermeture définitive de l'entreprise ;
- rupture du contrat de travail, par un particulier, d'un employé de maison ;
- licenciement pour fin de chantier ;
- démission trouvant son origine dans un déplacement de la résidence du conjoint, résultant d'un changement d'emploi de ce dernier ou le départ en retraite du conjoint ;
- rupture du contrat de travail due à la force majeure ;
- rupture du contrat de travail d'un salarié qui était, lors de son embauche, âgé de plus de 50 ans et inscrit depuis plus de 3 mois comme demandeur d'emploi, laquelle embauche est intervenue après le 9 juin 1992 ;
- première rupture d'un contrat de travail intervenant au cours d'une même période de 12 mois dans une entreprise employant habituellement moins de 20 salariés ;
- licenciement pour inaptitude lorsque l'employeur justifie, par écrit, de l'impossibilité où il se trouve de donner suite aux propositions de reclassement du médecin du travail ou lorsque l'inaptitude à tout poste dans l'entreprise a été constatée par le médecin du travail.

Sont également dispensés du versement de la cotisation les employeurs ayant proposé aux salariés concernés avant l'expiration de leur délai-congé, le bénéfice d'une convention d'allocations spéciales FNE (pré-retraite).

4. La prise d'acte de la rupture du contrat de travail

4.1 Rupture à l'initiative de l'employeur

Le cas le plus fréquemment rencontré et qui peut donc commander cette rupture est celui où le salarié n'exécute plus ou n'exécute plus normalement sa prestation de travail. L'employeur a tendance en pratique à prendre acte de cette situation et de la rupture ainsi intervenue, selon lui, par le fait du salarié sans engager de procédure de licenciement parce qu'il estime que c'est le salarié qui a pris l'initiative de la rupture, qu'il en est en quelque sorte démissionnaire.

Depuis les arrêts rendus par la Cour de cassation le 25 juin 2003, s'il est toujours jugé dans l'hypothèse envisagée que la rupture est un licenciement, ce licenciement en revanche est désormais un licenciement sans cause réelle et sérieuse, faute pour l'employeur d'avoir engagé la procédure de licenciement. En d'autres termes, selon la régle posée par ces arrêts, il appartient à l'employeur, qui considère que le salarié n'exécute plus normalement sa prestation de travail ou auquel il reproche tel comportement de nature à provoquer la rupture du contrat de travail, de mettre en œuvre la procédure de licenciement et par conséquent de formaliser un licenciement. S'il ne le fait pas, tout acte de sa part matérialisant la rupture du contrat de travail (ex. : lettre disant le contrat rompu ; prise d'acte de la rupture ; envoi d'une attestation Assedic) vaut licenciement sans cause réelle et sérieuse, quels que soient la nature et le bien-fondé des faits reprochés au salarié, et par suite sans que le juge ait à procéder à une quelconque appréciation à cet égard.

4.2 Rupture à l'initiative du salarié

4.2.1 Les effets

« *Lorsqu'un salarié prend acte de la rupture de son contrat de travail en raison des faits qu'il reproche à son employeur, cette rupture produit les effets, soit d'un licenciement sans cause réelle et sérieuse si les faits invoqués la justifiaient, soit, dans le cas contraire, d'une démission* », telle est la position prise par la chambre sociale de la Cour de cassation dans les arrêts susvisés du 25 juin 2003.

En conséquence de cette décision, le juge du contrat de travail sera amené à **contrôler** le motif qui a conduit le salarié à prendre acte de la rupture de son contrat, c'est à dire d'une part, à **vérifier la réalité des faits**, et d'autre part si ces faits **justifiaient la rupture**. La jurisprudence est sans doute appelée à évoluer afin de préciser quels manquements de l'employeur autorisent le salarié à prendre acte de la rupture de son contrat, car il serait, nous semble-t-il, peu réaliste d'admettre que n'importe quel manquement puisse être pris en considération. Si l'on considère que deux catégories de faits peuvent être reprochés à l'employeur – une attitude fautive ou l'inexécution de ses obligations contractuelles – il nous semble, que le manquement allégué doit cependant présenter une certaine *gravité* pour être de ceux qui justifient une rupture du contrat de travail, à l'instar de ce qui est jugé en droit commun de la résiliation judiciaire.

Les faits invoqués et vérifiés par le juge, s'ils justifient la rupture, rendent donc celle-ci imputable à l'employeur. À l'inverse, des faits non établis ou qui ne justifient pas la rupture entraînent les *effets* d'une démission. Il ne s'agit donc pas stricto sensu d'une démission laquelle exige, comme nous l'avons vu au point 2 qui précède, une volonté claire et non équivoque du salarié de mettre fin à son contrat de travail. Ceci étant les effets de la démission conduisent pour le salarié à la perte de son emploi, de ses indemnités de rupture ou de dommages – intérêts et de son droit aux allocations de chômage. Il doit donc désormais se montrer particulièrement vigilant avant de s'engager dans le constat de la rupture de son contrat de travail du fait de l'employeur et examiner si la voie de la résiliation judiciaire ne serait pas préférable.

4.2.2 La portée de la prise d'acte de la rupture vis-à-vis du juge

La question essentielle qui se pose est de savoir si la lettre du salarié prenant acte de la rupture fixe les limites du litige de sorte que le salarié ne saurait invoquer devant le juge d'autres griefs ou, au contraire, s'il est toujours possible de soumettre devant lui des manquements non mentionnés dans cette lettre.

Une première jurisprudence de la Cour de cassation avait considéré que « *seuls les faits invoqués par le salarié à l'appui de sa prise d'acte de la rupture permettent de requalifier la démission en licenciement* » (Cass. soc., 19 octobre 2004), ce qui avait fait dire à certains commentateurs que la lettre du salarié fixait les limites du litige et que le salarié ne pouvait donc invoquer devant le juge d'autres faits que ceux s'y trouvant mentionnés. Mais des hésitations restaient toutefois permises et une seconde jurisprudence concrétisée par un arrêt du 29 juin 2005 vient apporter la clarté attendue en venant préciser « *qu'en cas de prise d'acte de la rupture du contrat de travail par le salarié, le juge doit examiner l'ensemble des manquements de l'employeur invoqués par le salarié* ***devant lui*** *et non se limiter aux seuls griefs mentionnés dans la lettre prenant acte de la rupture* ».

Cette solution se démarque donc de celle adoptée en matière de licenciement puisque selon une jurisprudence bien assise, la lettre de licenciement **fixe le cadre du litige**, l'employeur ne pouvant invoquer devant le juge d'autres griefs à l'encontre du salarié que ceux contenus dans cette lettre.

5. Les suites de la cessation des relations contractuelles

5.1 Délivrance de documents

5.1.1 Le certificat de travail

Aux termes de l'article L. 122-16, l'employeur **est tenu** de délivrer au salarié un certificat de travail contenant **exclusivement** la date de son entrée et celle de sa sortie de l'entreprise et la nature du ou des emplois occupés, avec indication des périodes pendant lesquelles ces emplois ont été tenus.

La Cour de cassation autorise toutefois, outre la formule « *libre de tout engagement* » qui a pour seul effet de constater l'expiration du contrat, l'addition de mentions **favorables** au salarié, c'est-à-dire des mentions élogieuses touchant à ses capacités : toute autre mention est interdite, la violation de cette interdiction ouvrant la possibilité pour le salarié d'intenter une action judiciaire aux fins de voir condamner l'employeur à la délivrance d'un certificat de travail conforme.

À lire la lettre de l'article L. 122-16, l'employeur n'est tenu de délivrer le certificat de travail qu'à la rupture du contrat de travail, donc à l'expiration du préavis, même si celui-ci n'a pas été effectué par le salarié à la suite d'une dispense d'exécution. Dans cette dernière hypothèse, il est alors conseillé à l'employeur d'établir un certificat de travail provisoire – certaines conventions collectives en prévoient d'ailleurs expressément la possibilité – qui pourra être utilisé par le salarié dans ses recherches d'emploi. Cette façon de faire ne dispense pas pour autant l'employeur d'établir, au terme du préavis, un certificat de travail en bonne et due forme.

5.1.2 Le reçu pour solde de tout compte

Absolument **facultatif**, le reçu pour solde de tout compte peut être délivré à l'occasion de la rupture du contrat ou lors de son expiration à l'issue du préavis ou à l'échéance du terme dans le cas d'un contrat à durée déterminée.

Selon les dispositions de l'article L. 122-17, « *lorsqu'un reçu pour solde de tout compte est délivré et signé par le salarié à l'employeur à l'occasion de la résiliation ou de l'expiration de son contrat, il n'a que la valeur d'un simple reçu des sommes qui y figurent* ». En d'autres termes, le salarié reste libre de faire toutes réclamations ultérieures.

5.1.3 L'attestation Assedic

Elle doit être délivrée « *au moment de la résiliation, de l'expiration ou de la rupture du contrat de travail* » (R. 351-5).

L'attestation destinée à l'Assedic ne doit pas contenir les motifs d'ordre personnel qui sont à l'origine de la rupture du contrat de travail.

L'obligation de délivrer au salarié l'attestation lui permettant de percevoir les prestations de chômage est sanctionnée d'une peine d'amende de 1 500 €.

5.1.4. L'état récapitulatif de l'épargne salariale

Tout salarié quittant l'entreprise doit recevoir un état récapitulatif de l'ensemble des sommes et valeurs mobilières épargnées ou transférées au sein de l'entreprise, en application d'un accord de participation et/ou d'un accord d'entreprise et/ou d'un plan épargne d'entreprise (PEE), d'un plan d'épargne interentreprise (PEI) ou d'un plan partenarial d'épargne salariale volontaire (PPESV)[101] (L. 144-5).

---

101. Voir Partie 3, chapitre 1, § 2.

5.2 Restriction éventuelle à la liberté du travail

À l'issue du contrat de travail, le salarié peut en principe s'engager au service de tout employeur. Toutefois, cette liberté de principe se trouvera limitée au cas où une clause de non-concurrence aurait été insérée dans son contrat de travail. Lorsque la clause est valable, le salarié est lié par l'obligation de non-concurrence qu'elle définit.

Si le salarié ne respecte pas cette obligation, il peut être condamné à verser des dommages-intérêts à son ancien employeur et le tribunal peut, en outre, le contraindre à quitter son nouvel employeur. De plus, le nouvel employeur risque lui-même de voir sa responsabilité engagée dans le cas où il n'ignorait pas l'existence de cette clause.

L'ancien employeur peut toutefois dispenser l'intéressé de l'exécution de la clause de non-concurrence ou en réduire la durée. Certaines conventions collectives prévoient expressément la procédure à respecter pour la notification de cette dispense au salarié[102].

5.3 Formalités administratives consécutives

Dans les entreprises occupant plus de 50 salariés, l'employeur doit adresser dans les 8 premiers jours à la Direction départementale du travail et de l'emploi un relevé des contrats de travail éventuellement résiliés au cours du mois précédent.

Ce relevé doit contenir les mentions suivantes :

- nom et adresse de l'employeur ;
- nature de l'activité de l'entreprise ;
- nom, prénoms, nationalité, date de naissance, sexe, emploi et qualification du ou des salariés dont le contrat a été résilié ;
- date d'effet de la résiliation avec, dans le cas de résiliation pour motif économique, l'indication de la nature de ce motif (R. 321-1).

6. La prise en charge du demandeur d'emploi

Le demandeur d'emploi bénéficie d'une prise en charge par les Assedic sous forme du versement de l'allocation d'aide au retour à l'emploi (ARE) dont la durée de versement et le montant varient selon et la durée d'affiliation et l'âge du salarié concerné.

On en trouvera les éléments applicables selon les dernières conditions actuellement en vigueur sous le tableau récapitulatif ci-après :

Tableau 18 – L'allocation d'aide au retour à l'emploi

Allocation d'aide au retour à l'emploi (ARE)[1]		
Durée d'affiliation	**Durée de l'indemnisation**	**Montant de l'indemnisation**
6 mois au cours des 22 derniers mois	7 mois	Taux normal : • 10,25 € par jour, plus 40,4 % du salaire de référence[2] • Soit 57,4 % du salaire de référence si plus avantageux Allocation minimale : • 25,01 € par jour Pas de dégressivité

→

102. Sur la clause de non-concurrence, voir *supra*, chapitre 1, § 3.1.3.

Allocation d'aide au retour à l'emploi (ARE)		
Durée d'affiliation	**Durée de l'indemnisation**	**Montant de l'indemnisation**
12 mois au cours des 20 derniers mois	12 mois	Taux normal : • 10,25 € par jour, plus 40,4 % du salaire de référence[1] • Soit 57,4 % du salaire de référence si plus avantageux Allocation minimale : • 25,01 € par jour Pas de dégressivité
16 mois au cours des 26 derniers mois	23 mois	Taux normal : • 10,25 € par jour, plus 40,4 % du salaire de référence[1] • Soit 57,4 % du salaire de référence si plus avantageux Allocation minimale : • 25,01 € par jour Pas de dégressivité
27 mois au cours des 36 derniers mois : 57 ans et +	36 mois	Taux normal : • 10,25 € par jour, plus 40,4 % du salaire de référence[1] • Soit 57,4 % du salaire de référence si plus avantageux Allocation minimale : • 25,01 € par jour Pas de dégressivité
1. Nouvelles filières d'indemnisation. Fins de contrat postérieures au 31 décembre 2005.		

Chapitre 6

Les dispositions particulières du contrat de travail « nouvelles embauches » (CNE)

1. Le champ d'application
2. Le régime spécifique du contrat
3. Le statut du salarié

La lutte contre le chômage est devenue une des priorités gouvernementales avec un taux de chômage tournant autour de 10 %. Or, il y a lieu d'observer que les petites entreprises sont un gisement d'emploi précieux : au 1er janvier 2004, les entreprises comptant jusqu'à 20 salariés étaient au nombre de 2,5 millions, dont 1,5 million sans aucun salarié. À cette date, ces entreprises représentaient 30 % environ de l'emploi salarié.

C'est à leur intention que le Gouvernement a adopté l'ordonnance n° 2005-893 du 2 août 2005 relative au contrat de travail « nouvelles embauches » (CNE).

1. Le champ d'application

1.1 Entreprises concernées

Peuvent recourir au contrat « nouvelles embauches » les entreprises comptant **jusqu'à 20 salariés**. L'appréciation de cet effectif maximal calculé selon les règles établies par l'article L. 620-10[1] doit se faire au niveau de l'entreprise, ce qui exclut le recours à ce nouveau type de contrat par un établissement n'employant pas plus de 20 salariés mais appartenant à une entreprise d'un effectif supérieur.

1.2 Emplois concernés

La seule exclusion formelle vise les emplois mentionnés au 3° de l'article L. 122-1-1 soit les emplois saisonniers ou pour lesquels il est d'usage constant de ne pas recourir au contrat à durée indéterminée en raison de la nature de l'activité exercée ou du caractère par nature temporaire de ces emplois[2].

Le CNE est par ailleurs réservé aux « **nouvelles embauches** », ce qui interdit la transformation d'un contrat à durée indéterminée **en cours** en contrat « nouvelles embauches ».

---

1. Voir *infra*, Partie 4, chapitre 3, § 1.2.1.
2. Voir *supra*, chapitre 1, § 2.2.1.

2. Le régime spécifique du contrat

2.1 Nature du contrat

Le CNE est un contrat à durée indéterminée (art. 2 al. 1). En l'absence d'autres précisions figurant dans l'ordonnance, il doit pouvoir être conclu non seulement à temps partiel mais aussi à temps partiel.

2.2 Forme du contrat

Le CNE est établi par écrit (art. 2 al. 1). Aucune autre précision n'est fournie par l'ordonnance.

Dans le cas d'un CNE à temps complet, il conviendra de faire figurer toutes les clauses traditionnelles à tout contrat de travail à durée indéterminée (et notamment l'identité des parties, la date d'embauche, la qualification du salarié, la définition de ses fonctions, le montant de sa rémunération de base, les horaires et le lieu de travail, l'intitulé de la convention collective applicable[3]). En outre et pour éviter toute ambiguïté porteuse d'un risque de contestation de la part de salarié sur la nature précise de son contrat de travail, l'employeur sera bien inspiré de préciser dans une clause particulière que « l'engagement a lieu selon le contrat nouvelles embauches en application de l'ordonnance n° 2005-893 du 2 août 2005 ».

Dans le cas d'un CNE conclu à temps partiel, il conviendra de préciser en outre les mentions obligatoires prescrites par l'article L. 212-4-3 pour tout contrat de travail à temps partiel[4].

2.3 Rupture du contrat à l'initiative de l'employeur

Il convient d'opérer une distinction importante laquelle fait ressortir la singularité de ce contrat de travail.

2.3.1 La rupture au cours des deux premières années d'exécution du contrat

A – Les conditions de forme

La faculté est donnée aux parties, et notamment à l'employeur, de rompre le contrat de travail par lettre recommandée avec AR sans que celle-ci ait besoin d'être motivée[5]. En d'autres termes, toutes les prescriptions relatives à la procédure de licenciement pour motif personnel et aux procédures de licenciement économique, tant sur la forme que sur le fond sont écartées. Cette lettre doit toutefois préciser que toute contestation portant sur la rupture du contrat « nouvelles embauches » se prescrit par 12 mois à compter de la lettre de notification de la rupture ; à défaut, ce délai de prescription ne pourra être opposé par l'employeur au salarié.

L'ordonnance n'ayant toutefois pas expressément écarté les prescriptions de l'article L. 124-41 relatif à la procédure disciplinaire, il y a tout lieu de penser que l'employeur doit continuer à respecter les exigences formelles qui s'y attachent s'il estime que son salarié à commis une faute grave l'excluant du bénéfice du préavis et de l'indemnité de fin de contrat. En outre, s'impose le respect des dispositions interdisant les mesures discriminatoires, assurant la protection des femmes enceintes et des salariés dont l'inaptitude est constatée par le médecin du travail.

Enfin, les salariés titulaires d'un mandat syndical ou représentatif continuent à bénéficier de la protection particulière instaurée à leur profit et en particulier de la nécessaire autorisation administrative préalable[6].

---

3. Il s'agit là des clauses obligatoires imposées par la directive européenne du 14 octobre 1991 (voir *supra*, chapitre 1, § 3.3).
4. Voir *infra*, Partie 3, chapitre 2, § 4.4.2.
5. L'abus de rupture reste donc du domaine du contentieux possible. La réelle difficulté pour le salarié est d'en établir la preuve !
6. Voir *infra*, Partie 4, chapitre 9.

La notification de la rupture du contrat à l'initiative de l'employeur fait courir au bénéfice du salarié présent depuis au moins un mois dans l'entreprise, sauf faute grave ou force majeure, un délai de préavis de 2 semaines pour un contrat conclu depuis moins de 6 mois à la date de présentation de la lettre de rupture et de 1 mois au-delà (art. 2 al. 5).

B – La mise en place d'un délai de carence

En cas de rupture du contrat à l'initiative de l'employeur au cours des deux premières années, il ne peut être conclu de nouveau CNE entre le même employeur et le même salarié avant que ne se soit écoulé un délai de **3 mois** à compter du jour de la rupture du précédent contrat. En revanche, aucun délai n'est prévu entre deux CNE conclus avec des salariés **différents** sur un même poste.

C – L'octroi d'une indemnité de fin de contrat

Lorsqu'il est à l'initiative de la rupture, sauf faute grave, l'employeur doit verser au salarié, au plus tard à l'expiration du préavis, outre les sommes restant dues au titre des salaires et de l'indemnité de congés payés, une indemnité égale à **8 % du montant total de la rémunération brute due au salarié depuis la conclusion du contrat** (art. 2. al. 6). Par rémunération brute, il convient d'entendre les salaires bruts versés durant le contrat, les primes et accessoires dus en exécution du contrat de travail, de l'indemnité compensatrice de congé, du salaire versé durant le préavis ou de l'indemnité compensatrice de préavis.

Cette indemnité suit le régime fiscal et social de l'indemnité conventionnelle de licenciement et se trouve en conséquence exonérée d'impôt sur le revenu, de cotisations de sécurité sociale, de CSG et de CRDS.

D – La contribution de l'employeur aux Assedic

Lorsque le CNE est rompu à l'initiative de l'employeur, ce dernier doit verser aux Assedic, sauf faute grave du salarié, une contribution à hauteur de **2 %** du montant de l'ensemble des rémunérations brutes dues au salarié depuis le début du contrat. Cette contribution, non soumise à cotisations sociales, est destinée à financer les actions d'accompagnement renforcé du salarié par le service public de l'emploi en vue de son retour à l'emploi.

E – Les garanties du salarié à l'issue du contrat

En cas de rupture du CNE durant les deux premières années, le salarié peut prétendre à l'allocation d'aide au retour à l'emploi (ARE), selon les modalités du droit commun , dès lors qu'il remplit les conditions de durée minimale d'affiliation requises (182 jours d'affiliation ou 910 heures de travail au cours des 22 derniers mois précédant la fin de contrat). Dans le cas contraire, le salarié demandeur d'emploi régulièrement inscrit auprès de l'ANPE, qui justifie d'une période d'activité continue de quatre mois en CNE, sera indemnisé pour une durée égale à un mois, sur la base d'une allocation forfaitaire dont le montant journalier actuel est fixé à 16,40 €.

2.3.2 La rupture au-delà des deux premières années d'exécution du contrat

Au-delà des deux premières années d'exécution du contrat, le CNE est entièrement soumis au régime de droit commun du contrat à durée indéterminée, en conséquence de quoi, sa rupture obéit aux dispositions du droit du travail, selon les normes législatives ou conventionnelles plus favorables en vigueur, que cette rupture soit à l'initiative de l'employeur (licenciement) ou du salarié (démission).

3. Le statut du salarié

À l'exception des règles particulières de rupture du contrat au cours des deux premières années d'exécution du contrat, le salarié engagé selon le contrat « nouvelles embauches » est soumis à l'ensemble des prescriptions du Code du travail et des dispositions de la convention collective applicable.

Il bénéficie par ailleurs des avantages résultant du droit à congé formation dans les conditions fixées par les articles L. 913-13 à L. 931-20 du Code du travail. Il peut également bénéficier, lorsque son contrat de travail est rompu au cours de la première année suivant sa conclusion, du droit individuel à la formation (DIF) dans les conditions fixées par l'article L. 931-20-2[7].

7. Voir *supra*, chapitre 4, § 3.2.

PARTIE

3 La réglementation du travail

Chapitre 1

La rémunération

Elle se compose principalement du salaire, contrepartie des obligations de travail du salarié. S'y sont progressivement ajoutées des formules de participation, d'intéressement et d'épargne.

1. Le salaire
2. L'épargne salariale

1. Le salaire

« *Tout employeur est tenu d'assurer, pour un même travail ou pour un travail de valeur égale, l'égalité de rémunération entre les hommes et les femmes* » (L. 140-2 al. 1).

Le dernier alinéa de cet article fait une application de ce principe en disposant : « *Les disparités de rémunération entre les établissements d'une même entreprise ne peuvent pas, pour un même travail ou pour un travail de valeur égale, être fondées sur l'appartenance des salariés de ces établissements à l'un ou l'autre sexe* ».

Le législateur avait pris soin de définir ce qu'il fallait entendre sous le terme « *rémunération* » : « *Par rémunération, il faut entendre le salaire ou traitement ordinaire de base ou minimum et tous les autres avantages et accessoires payés, directement ou indirectement, en espèces ou en nature, par l'employeur au travailleur en raison de l'emploi de ce dernier* » (L. 140-2 al. 2).

Il ne disait mot en revanche sur le sens à donner à l'expression « *travail de valeur égale* ». La loi du 13 juillet 1983 « *sur l'égalité professionnelle entre les femmes et les hommes* » est venue combler cette lacune en précisant que « *sont considérés comme ayant une valeur égale les travaux qui exigent des salariés un ensemble comparable de connaissances professionnelles consacrées par un titre, un diplôme ou une pratique professionnelle, de capacités découlant de l'expérience acquise, de responsabilités et de charge physique ou nerveuse* ».

En cas de litige en matière d'égalité de rémunération, l'employeur doit fournir au juge tous les éléments de nature à justifier l'inégalité de rémunération invoquée. Au vu de ces éléments et de ceux qui seront fournis par le salarié à l'appui de sa demande, le juge formera sa conviction après avoir ordonné, en cas de besoin, toutes les mesures d'instruction qu'il estime utiles. Si un doute subsiste, il profite au salarié (L. 140-8).

1.1 Éléments du salaire

Il est classique de distinguer le salaire – contrepartie directe du travail – et les accessoires du salaire.

1.1.1 Le salaire : contrepartie directe du travail

L'idée que le salaire est la contrepartie du travail conduit logiquement à calculer le salaire en fonction du travail fourni ; encore faut-il pouvoir mesurer ce travail ! Deux principaux critères de mesure peuvent être retenus : le temps et le rendement.

A – Le salaire au temps

Il est déterminé en fonction du temps pendant lequel le salarié se tient à la disposition de l'employeur, sans que sa cadence de travail soit prise en considération.

L'unité de mesure est le mois depuis la loi du 19 janvier 1978, généralisant la mensualisation à compter du 1er janvier 1980. Le salaire mensuel, salaire forfaitaire qui ne tient pas compte du nombre de jours de travail effectif au cours du mois considéré, est généralement plus avantageux pour le travailleur, car il garantit la stabilité de sa rémunération lorsque le nombre d'heures travaillées au cours du mois est réduit indépendamment de sa volonté.

B – Le salaire au rendement (ou à la tâche)

Il peut prendre des formes variées selon la nature du travail. Lorsque le travailleur, par exemple, est chargé d'usiner des pièces auxquelles il fait subir une transformation, on peut le payer « aux pièces » ; lorsqu'il est chargé de la vente de produits, on peut le payer « à la commission », d'après le chiffre d'affaires résultant de son activité.

En vertu des règles relatives à la mensualisation, si la rémunération comporte une partie fixe et une partie variable, la mensualisation se limitera à la partie fixe ; si la rémunération ne comporte qu'une partie variable, la mensualisation se traduira par une garantie mensuelle minimale de rémunération.

1.1.2 Les accessoires du salaire

Ils peuvent être multiples et font l'objet, en pratique, de dénominations variées dont les plus courantes sont gratifications, primes et indemnités.

Le terme « *gratification* » est généralement employé lorsque les sommes versées au salarié en sus de son salaire *stricto sensu* procèdent d'une intention libérale de l'employeur sans relation directe avec la prestation de travail fourni (ex. : gratification à l'occasion d'une naissance, d'un mariage, d'une date marquante dans la vie de l'entreprise ; gratification de fin d'année ; treizième mois).

Le terme « *prime* » est davantage utilisé lorsque les sommes versées en complément du salaire, sans rémunérer directement les prestations de travail, tiennent compte néanmoins des conditions dans lesquelles ce travail est exécuté : certaines retiennent les qualités propres au salarié (prime d'ancienneté, prime d'assiduité), d'autres les sujétions particulières de sa tâche (prime d'insalubrité, prime de froid, prime de danger).

A – Le caractère obligatoire ou non des accessoires du salaire

Trouver une réponse générale à cette question est très difficile, car tout dépend des conditions dans lesquelles s'effectue le versement des primes ou gratifications.

Trois lignes directrices peuvent toutefois être retenues :

- le caractère obligatoire des indemnités, au sens général du terme, peut découler de la nature de leur source, légale, conventionnelle, contractuelle ou coutumière. Il ne s'agit ici que de l'application de principes classiques bien connus : le chef d'entreprise peut être tenu soit par des dispositions légales instituant le versement obligatoire d'une indemnité déterminée, soit par les dispositions d'une convention collective ou d'un accord d'entreprise auxquels il se trouve assujetti, soit en vertu du contrat de travail lui-même, soit en vertu des usages de la profession ;
- le maintien de certaines indemnités, alors que les conditions requises initialement à leur versement ont cessé, peut prendre valeur d'engagement de la part de l'employeur ;

– n'est pas obligatoire ce qui correspond à un geste purement bénévole, aléatoire, et discrétionnaire de la part de l'employeur. Encore faut-il que ces trois caractères soient réunis et c'est la raison pour laquelle il reste en pratique aux tribunaux à rechercher d'après les circonstances, si l'employeur a pris l'engagement de verser la gratification.

L'extrait suivant d'un arrêt de la Cour de cassation fournit les pistes principales de cette recherche : « ... *attendu qu'il résulte des énonciations mêmes de la décision attaquée que tous les employés ne percevaient pas cette prime dénuée de généralité, d'un montant variable, à la discrétion de l'employeur et versée à des dates irrégulières, et qu'ainsi ladite prime ne présentait pas le triple caractère de* ***fixité****, de* ***constance*** *et de* ***généralité*** *nécessaire pour la transformer en élément obligatoire de salaire...* ». Selon cette jurisprudence, la fixité, la constance et la généralité enlèveraient à la gratification son caractère aléatoire et discrétionnaire, ce qui la rendrait obligatoire[1].

- Par l'étude du critère de la **fixité**, il est possible de déterminer si le montant de la prime varie ou non au seul gré de la volonté de l'employeur. Etant donné que ce critère ne peut être entendu de façon rigide, il a été jugé que présente le caractère de fixité, une somme variable, sensiblement équivalente à un mois de salaire et distribuée au personnel à la fin de chaque année, ou encore une prime de fin d'année qui a suivi une évolution sensiblement parallèle à celle des salaires et du coût de la vie.
- Par l'étude du critère de la **constance**, il est possible de déterminer si la prime résulte d'une simple libéralité de l'employeur au caractère aléatoire, ou si elle est le produit d'un usage bien acquis. La répétition du versement tend à supprimer le caractère aléatoire.
- Par l'étude du critère de **généralité**, il est possible de déterminer si la prime s'étend à l'ensemble du personnel ou, à défaut, au moins à une catégorie bien déterminée du personnel, traduisant ainsi le fait qu'il n'y a pas un choix des bénéficiaires que se serait réservé l'employeur en considération de facteurs personnels dont il resterait seul juge.

La mesure des trois critères énoncés est laissé à l'appréciation souveraine des juges du fond.

Exemple (Cass. soc., 20 juillet 1978) :

Cadre au service de la société, la salariée avait depuis de nombreuses années perçu régulièrement un salaire majoré d'une prime de fin d'année en progression constante jusqu'en 1973. En 1974, soutenant que cette prime ne constituait pas un élément du salaire, mais une gratification bénévole et alléguant des difficultés de trésorerie, l'employeur en avait réduit le montant dans une importante proportion.

Jugé qu'il n'était pas fondé à le faire, la cour d'appel ayant relevé qu'indépendamment du caractère de généralité non discuté et de celui de permanence qui était établi, ladite prime :

– loin d'avoir un caractère discrétionnaire n'avait jamais cessé de progresser pendant quinze ans ;

– avait toujours été calculée, sinon suivant des règles arithmétiques précises, du moins « selon une évolution sensiblement parallèle à celle des salaires et du coût de la vie et non d'après les résultats de l'entreprise ou la situation de la trésorerie » ;

– présentait en définitive, compte tenu des documents comptables choisis, un mode de calcul excluant toute détermination arbitraire.

B – Le régime juridique des accessoires du salaire

Deux questions fort importantes se posent en pratique à leur égard :

– sont-ils de véritables compléments de salaire, ce qui nécessiterait de les prendre en considération pour le calcul de l'indemnité de congés payés, de l'indemnité de préavis, de l'indemnité de licenciement ?

– doivent-ils supporter les prélèvements dus au titre des cotisations de sécurité sociale ?

1. Sur les usages d'entreprise, voir Partie 1, chapitre 1, § 2. 2.

1) L'intégration des accessoires du salaire dans le calcul des indemnités

La tendance actuelle de la jurisprudence est d'intégrer au salaire toutes les sommes versées à titre complémentaire, qu'elles soient qualifiées primes ou gratifications, à l'exclusion de celles qui résulteraient de la seule intention libérale ou discrétionnaire de l'employeur. Sont donc exclus les accessoires du salaire qui ne présentent pas un caractère de généralité, de constance ou de périodicité et de fixité[2].

2) La détermination de l'assiette des cotisations de sécurité sociale

Selon l'article L. 242-1 du Code de la sécurité sociale, sont assimilées à des rémunérations au regard du calcul des cotisations des assurances sociales « *toutes les sommes versées aux travailleurs en contrepartie ou à l'occasion du travail, notamment les salaires ou gains,... les indemnités, primes, gratifications et tous autres avantages en argent...* ».

En application de cet article et des circulaires ministérielles, la jurisprudence considère que seules peuvent être déduites de l'assiette des cotisations, les sommes versées au salarié correspondant à des charges inhérentes à sa fonction ou à son emploi ; entendons par là le remboursement des frais réellement exposés par le travailleur pour l'accomplissement de son travail.

Exemple 1 (Cass. soc., 5 juin 1973) :

Doivent être déduites de l'assiette des cotisations, les primes ou indemnités de transport, dès lors qu'elles ont pour objet de rembourser des frais réellement subis par des salariés pour couvrir la distance séparant leur domicile de leur travail et que les convenances personnelles du salarié n'ont pas été déterminantes pour imposer le déplacement.

Exemple 2 (Cass. soc., 5 mai 1971) :

Les primes de panier ne peuvent prendre le caractère du remboursement de frais que pour autant qu'elles couvrent « les dépenses réelles, exorbitantes de leurs frais habituels de nourriture, imposées par les conditions particulières de travail ». Toute prime qui ne répondrait pas à une dépense supplémentaire réellement engagée constitue un élément de rémunération soumis à prélèvement.

Exemple 3 (Cass. soc., 9 mai 1972) :

Les primes de salissure ne seront exonérées que si elles correspondent effectivement à des frais particuliers exigés par les conditions de travail. S'il n'est pas établi qu'elles compensent de telles dépenses, elles doivent être intégrées dans l'assiette.

Exemple 4 (Cass. soc., 17 mars 1976) :

Mêmes modiques, mêmes versées par un intermédiaire, les gratifications allouées par l'employeur à certains salariés à l'occasion de la remise des médailles d'honneur de travail, doivent supporter les cotisations de sécurité sociale.

Exemple 5 (Cass. soc., 9 novembre 1978) :

Sans justification d'une nécessité absolue inhérente à un emploi déterminé, les primes de crèche et de garde ne sauraient être considérées comme frais professionnels, même si elles ne sont versées que sur justification du gardiennage effectif de l'enfant. Elles doivent supporter les cotisations sociales.

1.1.3 Le salaire : élément essentiel du contrat de travail

La rémunération constitue en principe un élément essentiel du contrat de travail et à ce titre elle ne peut être modifiée unilatéralement par l'employeur sans l'accord du salarié, même de manière minime et même si la modification s'avère plus avantageuse pour lui. En d'autres termes, la rémunération fait partie du socle contractuel et obéit à la règle de la force obligatoire instituée par l'article 1134 du Code civil.

Cela étant, toute rémunération n'est pas nécessairement contractuelle. On retrouve, ici, l'autonomie des sources du droit du travail[3]. La rémunération peut être uniquement légale : tel est le

2. Pour l'appréciation de ces critères, voir *supra*, § A.

3. Voir Partie 1, chapitre 3, § 9.

cas pour les salariés embauchés au SMIC[4]. Elle peut être exclusivement conventionnelle : tel est le cas des salariés embauchés au minimum prévu par la convention collective pour le poste qu'ils occupent. Souvent, la convention collective ou l'accord collectif prévoit une ou plusieurs primes : prime de panier, prime de salissure, prime d'assiduité... L'usage et l'engagement unilatéral ajoutent également tel ou tel avantage : 13e mois, congés payés supplémentaires...

Pour les éléments de rémunération n'appartenant pas à la sphère contractuelle, leur remise en cause est possible selon les règles régissant la révision, la dénonciation ou la mise en cause du statut collectif, et **n'affecte pas le contrat**.

1.2 Modalités de fixation du salaire

La loi du 11 février 1950, mettant fin à la période de fixation autoritaire des salaires, a marqué le retour à la libre discussion des salaires. En même temps qu'il rétablissait la liberté des salaires, le législateur marquait sa volonté de fixer, par des dispositions d'ordre public, les limites au-dessous desquelles aucun salaire ne pourrait descendre.

De plus, l'activité des partenaires sociaux en matière de fixation des salaires est très importante et de nombreuses conventions collectives ou accords collectifs de salaire établissent des salaires minima professionnels. Ces accords ne constituant en tout état de cause qu'un minimum, il est toujours loisible de les dépasser dans les contrats de travail individuels, qui déterminent le salaire réellement perçu.

1.2.1 Les dispositions légales en matière de salaire minimum

A – Le salaire minimum interprofessionnel de croissance (SMIC)

1) L'évolution

- **1re étape**. La loi de 1950, en rétablissant la liberté des salaires, a été toutefois soucieuse de garantir un minimum vital aux travailleurs les moins rémunérés. Pour ce faire, la Commission supérieure des conventions collectives avait été chargée d'étudier la composition d'un budget-type permettant à un travailleur de mener une existence décente. Compte tenu de l'avis de la commission et des conditions économiques générales, le gouvernement fixait ensuite le SMIC par décret pris en Conseil des ministres, et se réservait ainsi un large pouvoir d'appréciation. Le taux du SMIC fut établi sur une base horaire de telle sorte que le travailleur, payé sur cette base, ne pouvait obtenir un revenu correspondant au budget type mensuel que s'il accomplissait un nombre d'heures de travail suffisant.
- **2e étape**. La logique de l'institution devait conduire à garantir aux salariés les plus défavorisés non seulement un salaire minimum mais un pouvoir d'achat stable, et donc à indexer le SMIC sur le coût de la vie. Si l'indexation diminuait la liberté d'action des pouvoirs publics, elle tendait toutefois à figer le pouvoir d'achat du SMIC : l'évolution du coût de la vie était suivie, mais non celle du niveau général des salaires. Le SMIC prit ainsi un retard considérable par rapport aux autres salaires dont le pouvoir d'achat s'améliorait avec la croissance économique.

  Les évènements de mai 1968 devaient provoquer une mutation du SMIC. Un des avantages obtenus par les travailleurs à la suite des grèves de mai s'est traduit par une majoration massive du SMIC de plus de 35 % (de 2,22 F le 1er janvier 1968, il passait à 3 F/heure). Néanmoins, à défaut de réforme, le SMIC aurait naturellement recommencé à croître moins vite que le salaire horaire moyen. Des paramètres nouveaux de variation du SMIC devaient être mis en œuvre.
- **3e étape**. La loi du 2 janvier 1970 portant réforme du salaire minimum a prévu que l'évolution de celui-ci se ferait dorénavant :

---

4. Voir *infra*, § 1.2.1.

- non seulement en fonction des prix pour garantir un minimum vital aux travailleurs les moins rémunérés ;
- mais encore en fonction de l'évolution des conditions économiques générales et des revenus afin de faire participer les plus défavorisés aux fruits de l'expansion. On parlera désormais de salaire minimum de croissance ou SMIC.

2) Les règles actuelles d'évolution du SMIC

a) Relèvement en fonction des prix

Les relèvements du niveau du SMIC en fonction des prix ont lieu dès que l'indice mensuel des prix à la consommation des ménages urbains (série nationale – hors tabac) enregistre une hausse au moins égale à 2 % par rapport au niveau où il se trouvait lors de la précédente fixation du salaire minimum (procédure de relèvement automatique) : le SMIC est alors relevé dans la même proportion, par arrêté ministériel, sur simple information de la Commission nationale de la négociation collective.

Le nouveau taux prend effet le premier jour du mois qui suit la publication de l'indice entraînant ce relèvement.

b) Relèvement en fonction de la croissance économique

Le relèvement en fonction de la croissance économique doit intervenir le **1er juillet de chaque année**.

Toutefois, en cours d'année, le Gouvernement peut porter le SMIC à un niveau supérieur à celui qui résulterait du seul jeu de l'indexation sur les prix.

Ces relèvements annuels, ou décidés en cours d'année, sont fixés par décret pris en Conseil des ministres, sur avis motivé de la Commission nationale de la négociation collective.

Ce second critère de relèvement permet aux pouvoirs publics de conserver une certaine liberté d'appréciation dans la fixation du salaire minimum.

3) La portée de l'obligation des employeurs

a) Salariés bénéficiaires

Relèvent de la réglementation du SMIC les personnes âgées de 18 ans au moins et d'aptitude physique normale, salariées de l'industrie et du commerce, des professions libérales, des sociétés civiles, des syndicats et des associations, et de l'agriculture.

b) Calcul du salaire horaire minimum

Le salaire horaire minimum « *est celui qui correspond à une heure de travail effectif compte tenu des avantages en nature et des majorations diverses* ***ayant le caractère de fait d'un complément de salaire****, à l'exclusion des sommes versées à titre de remboursement de frais, des majorations pour heures supplémentaires prévues par la loi et, pour la région parisienne, de la prime de transport* » (D. 141-3). En cas de salaire aux pièces, le salarié a droit au minimum horaire garanti chaque fois que la rémunération calculée d'après le rendement est inférieure.

L'expression « *ayant le caractère de fait d'un complément de salaire* » prête à discussion. Selon les dispositions de la circulaire du 29 juillet 1981 du ministère du Travail relative à l'intégration de certaines primes dans le calcul du SMIC, ne doivent être retenues, parmi les éléments de rémunération susceptibles d'être pris en compte dans le calcul du SMIC, que les primes ayant la nature d'un complément de salaire dont la périodicité de versement n'est pas supérieure à la périodicité de la paie. Plus précisément, « *les primes liées à la situation individuelle du salarié et qui n'ont pas pour objectif premier de rémunérer le travail sont à exclure du calcul du SMIC* ». Il en résulte notamment que la prime de vacances, la prime de 13e mois, dont l'échéance est souvent annuelle ou semestrielle, la prime d'assiduité en raison du caractère aléatoire de son attribution, la prime d'ancienneté qui récompense la fidélité et non un travail, ne peuvent entrer en ligne de compte dans le calcul du salaire minimum.

La chambre sociale de la Cour de cassation a fait état, à plusieurs reprises, d'une position différente. Pour elle, « ***toutes** les sommes perçues par le salarié en **contrepartie ou à l'occasion de son travail**, qu'elles résultent ou non de conventions collectives et quel que soit leur mode de calcul, doivent, sauf les exceptions prévues à l'article D. 141-3 du Code du travail, être prises en considération pour apprécier si le salarié a perçu le salaire minimum de croissance* » (Cass. soc., 28 février 1985). Il convient de souligner que la Cour ne retenait que les seules sommes perçues « *en contrepartie ou à l'occasion du travail* ».

Ainsi a-t-il été jugé que « *la prime d'ancienneté liée à la présence du salarié dans l'entreprise et non à son travail n'a pas à être prise en compte pour apprécier si l'intéressé a perçu le salaire minimum de croissance* » (Cass. soc., 7 janvier 1985).

Dans trois arrêts rendus par cette même chambre le 17 mars 1988, d'importantes précisions ont été apportées et un revirement de jurisprudence semble même s'être opéré pour ce qui concerne les primes de 13e mois et de vacances. Sur la base de cette évolution jurisprudentielle, il est possible de résumer comme suit les principes dégagés :

– les SMIC de 13e mois et de vacances ne peuvent être prises en compte dans le calcul du SMIC que pour les mois où elles sont effectivement versées. Si elles font dépasser le SMIC pour les mois en cause, ces excédents ne se compensent pas avec les insuffisances constatées pour les autres mois, qui ouvrent donc droit **à rappel** de salaire ;
– il n'y a pas lieu de tenir compte des primes d'ancienneté et d'assiduité dans le calcul du SMIC sauf si elles sont versées de façon uniforme et systématique à tous les salariés au lieu d'être fixées en fonction de la situation individuelle de chacun d'eux[5] ;
– les majorations pour travail de nuit, le dimanche ou les jours fériés, ne correspondent pas à un travail qui différerait de celui des périodes diurnes ou des jours ouvrables, mais **comprennent** la privation d'un repos nocturne, dominical ou légal ; elles ne peuvent donc pas être prises en compte pour l'application du SMIC.

c) Sanctions

Les employeurs qui paient des salaires inférieurs au SMIC sont passibles d'une amende de 1 500 € portée, en cas de récidive, à 3 000 €. Les peines d'amende sont applicables autant de fois qu'il y aura de travailleurs rémunérés illégalement.

4) L'incidence de la réduction du temps de travail (RTT)

Dans le cas où l'entreprise n'a pas revalorisé son taux horaire pour assurer le maintien de la rémunération (ou ne l'a revalorisé que partiellement), le dispositif mis en place par la loi garantit au salarié payé au SMIC qu'il percevra au moins une rémunération identique à celle qu'il recevait à la date de la réduction du temps de travail, c'est-à-dire un salaire calculé sur la base de 169 heures par mois.

– Réduction de la durée collective du travail à 35 heures ou plus

La garantie est assurée par le versement d'un complément différentiel de salaire qui s'ajoute au nouveau salaire de base reconstitué sur la base du nouvel horaire réduit. Ce complément différentiel de salaire correspond à la différence entre le montant du salaire antérieur (plafonné à 169 heures) et le produit du SMIC horaire en vigueur à la date de la RTT par le nombre d'heures correspondant à l'horaire collectif qui sera alors applicable. À la date de la réduction de la durée du travail dans l'entreprise, l'employeur doit porter sur une ligne du bulletin de paie le montant de ce complément différentiel de salaire.

– Réduction de la durée collective du travail en deçà de 35 heures

Si la durée collective est réduite en deçà de 35 heures, la garantie mensuelle de salaire est réduite « à due proportion » de la réduction du temps de travail en deçà de 35 heures.

5. Confirmation de la jurisprudence antérieure.

B – La notion de « minimum garanti »

1) Les règles actuelles de fixation

Avant la réforme de janvier 1970, le SMIC servait de base de calcul à diverses aides, avantages, primes, plafonds de ressources ou exemptions fiscales. Le SMIC qui lui a succédé pouvait-il toujours continuer à servir de base de calcul alors que son évolution était accélérée en fonction de la croissance ? Cela semblait particulièrement difficile sauf à déséquilibrer le système de l'indexation. C'est pourquoi la loi du 2 janvier 1970 a créé un « minimum garanti » servant de base de calcul à certains avantages sociaux, et dont l'évolution est moins rapide que le SMIC grâce aux règles qui le régissent :

– relèvement obligatoire dès que l'indice des prix augmente de 2 % (même procédure que celle qui conduit au relèvement du SMIC) ;
– relèvement facultatif par décret, pour porter le taux du minimum garanti à un niveau supérieur à celui atteint par la procédure précédente, si le gouvernement le juge utile.

Le second mécanisme qui n'entraîne pas un relèvement obligatoire annuel aboutit en conséquence à une évolution moins rapide du « minimum garanti » par rapport au SMIC.

2) Les garanties sociales indexées sur le « minimum garanti »

À titre d'exemples, nous citerons :

– les avantages en nature (nourriture, logement) ;

Exemple 1 :

Pour les travailleurs dont la rémunération ne dépasse pas le plafond de la sécurité sociale, et en l'absence de convention collective ou d'accord fixant des taux supérieurs, les avantages en nature sont évalués forfaitairement comme suit au regard des cotisations de sécurité sociale[6] :

– Nourriture : journée : MG x 2 ; 1 repas : MG x 1.
– Logement : par semaine : MG x 5 ; par mois : MG x 20.

Exemple 2 :

Pour les travailleurs dont la rémunération dépasse le plafond de la sécurité sociale, l'estimation des avantages en nature est faite d'après leur valeur réelle. En l'absence d'éléments suffisants de calcul, on retiendra en ce qui concerne la nourriture et le logement, une évaluation forfaitaire déterminée sur la base du minimum garanti :

– Nourriture : journée : MG x 3 ; 1 repas : MG x 1,5.
– Logement : par semaine et par pièce principale : MG x 5 ; par mois et par pièce principale : MG x 20.

– l'emploi irrégulier d'un étranger :

La contribution spéciale due à l'Office des migrations internationales (OMI) pour chaque étranger qu'un employeur engage ou conserve à son service alors que cet étranger n'est pas muni du titre l'autorisant à exercer une activité salariée en France est égale à 1 000 fois le minimum garanti (2 000 fois en cas de récidive)[7].

1.2.2 La fixation conventionnelle des salaires

De nombreuses conventions collectives ou accords d'entreprise réglementent les salaires minima dans la branche d'activité ou dans l'entreprise qu'ils régissent, et nous ne pouvons qu'inciter employeurs et salariés à en prendre connaissance.

Les conventions collectives susceptibles d'extension[8] doivent obligatoirement comporter des dispositions sur les salaires et en particulier la fixation d'un salaire minimum professionnel. Celui-ci détermine, par le jeu des coefficients hiérarchiques appliqués à une grille de classification des

6. « MG » : minimum garanti.
7. Voir Partie 2, chapitre 1, § 1.3.2 C.
8. Voir Partie 1, chapitre 3, § 4.3.2.

emplois, les salaires minima afférents aux diverses qualifications professionnelles ou aux divers postes d'emploi. On trouve également des textes conventionnels qui, abandonnant le système des coefficients hiérarchiques, fixent les minima de salaire en valeur absolue. Quoiqu'il en soit les salaires minima conventionnels sont librement fixés par les organisations syndicales contractantes et ne sont pas liés aux variations du SMIC.

Nous insistons sur le fait que ces conventions ou accords collectifs ne fixent que des minima. La libre discussion d'employeur à salarié peut toujours se traduire par un régime plus favorable pour le salarié. Là où il n'y a pas de convention collective, cette libre discussion n'a d'autre limite inférieure que le SMIC, salaire au-dessous duquel aucune rémunération ne peut en principe descendre. La libre discussion reste très souvent une vue théorique dans la mesure où le contrat de travail est généralement imposé au salarié par l'employeur.

Est passible d'une amende de 750 € tout employeur qui paie des salaires inférieurs à ceux fixés par un texte conventionnel **étendu** auquel il se trouve assujetti ou qui contrevient à celles de ses dispositions concernant les accessoires du salaire. L'amende est prononcée autant de fois qu'il y a de salariés lésés par l'infraction (R. 153-2).

1.3 Paiement du salaire

1.3.1 La périodicité du paiement

Le fonctionnement normal d'une entreprise implique le paiement des salariés qui y travaillent selon une périodicité régulière. L'article L. 143-2 précise à ce sujet : « *Les salaires des employés et ceux des ouvriers bénéficiaires d'une convention ou d'un accord de mensualisation doivent être payés au moins une fois par mois ; en l'absence de convention ou d'accord de la nature susmentionnée, les salaires des ouvriers doivent être payés au moins deux fois par mois, à seize jours au plus d'intervalle.*

Pour tout travail aux pièces dont l'exécution doit durer plus d'une quinzaine, les dates de paiement peuvent être fixées de gré à gré ; mais l'ouvrier doit recevoir des acomptes chaque quinzaine et être intégralement payé dans la quinzaine qui suit la livraison de l'ouvrage ; en cas de convention ou d'accord de mensualisation, l'ouvrier doit recevoir des acomptes chaque mois et être intégralement payé dans le mois qui suit la livraison de l'ouvrage ».

1.3.2 Le bulletin de paie

Selon les termes de l'article L. 143-3, l'employeur doit remettre à ses salariés, lors du paiement de leur rémunération, une pièce justificative dite bulletin de paie.

A – Les mentions obligatoires

Selon les dispositions de l'article R. 143-2, le bulletin de paie indique :

« *1) le nom et l'adresse de l'employeur ainsi que, le cas échéant, la désignation de l'établissement dont dépend le salarié ;*

2) la référence de l'organisme auquel l'employeur verse les cotisations de sécurité sociale, le numéro sous lequel ces cotisations sont versées et, pour les employeurs inscrits au répertoire national des entreprises et des établissements prévu à l'article 1er du décret n° 73-314 du 14 mars 1973, le numéro de la nomenclature des activités économiques (code de l'activité principale exercée) caractérisant l'activité de l'entreprise ou de l'établissement mentionné au second alinéa de l'article 5 dudit décret ;

3) s'il y a lieu, l'intitulé de la convention collective de branche applicable au salarié ou, à défaut, la référence au Code du travail pour les dispositions relatives à la durée des congés payés du salarié et à la durée des délais de préavis en cas de cessation de la relation de travail ;

4) le nom et l'emploi du salarié ainsi que sa position dans la classification conventionnelle qui lui est applicable ; la position du salarié est notamment définie par le niveau ou le coefficient hiérarchique qui lui est attribué ;

5) la période et le nombre d'heures de travail auxquels se rapporte le salaire en distinguant, s'il y a lieu, les heures qui sont payées au taux normal et celles qui comportent une majoration pour heures supplémentaires ou pour toute autre cause et en mentionnant le ou les taux appliqués aux heures correspondantes :

– la nature et le volume du forfait auquel se rapporte le salaire des salariés dont la rémunération est déterminée sur la base d'un forfait hebdomadaire ou mensuel en heures, d'un forfait annuel en heures ou en jours ;

– l'indication de la nature de la base de calcul du salaire lorsque, par exception, cette base de calcul n'est pas la durée du travail ;

6) le montant du complément différentiel de salaire mentionné par l'article 32 de la loi n° 2000-37 du 19 janvier 2000 relative à la réduction négociée du temps de travail, s'il y a lieu[9]*, ainsi que la nature et le montant des accessoires de salaire soumis aux cotisations mentionnées au 9*^e^ *et au deuxième alinéa du présent article ;*

7) le montant de la rémunération brute du salarié ;

8) le montant de la CSG et de la CRDS ;

9) la nature et le montant des cotisations ***salariales*** *retenues sur cette rémunération brute en application des dispositions législatives, réglementaires ou conventionnelles ;*

10) la nature et le montant des autres déductions éventuellement effectuées sur la rémunération ;

11) la nature et le montant des sommes s'ajoutant à la rémunération et non soumises aux cotisations mentionnées aux 9) et 2e *alinéa du présent article ;*

12) le montant de la somme effectivement reçue par le salarié ;

13) la date de paiement de ladite somme ;

14) les dates de congé et le montant de l'indemnité correspondante, lorsqu'une période de congé annuel est comprise dans la période de paie considérée ».

B – Les conséquences de l'absence de certaines mentions

Nous prendrons un exemple pratique. Un salarié a droit à une prime d'ancienneté mais elle ne figure pas distinctement sur le bulletin de paie. Quelle en est la conséquence ? Selon la chambre sociale de la Cour de cassation, l'absence de mention « *vaut présomption de non-paiement* », présomption que l'employeur peut faire tomber en rapportant la preuve contraire. Il appartiendra aux juges d'apprécier, en cas de litige, au regard des éléments de preuve fournis par l'employeur.

C – La preuve du paiement du salaire

Selon la dernière jurisprudence de la Cour de cassation (arrêt « *Verdier* » du 2 février 1999) la délivrance du bulletin de paie ne présume pas le paiement du salaire : en cas de contestation, il appartiendra à l'employeur d'en rapporter la preuve. Tâche somme toute relativement facile puisque les entreprises sont assujetties à l'obligation de tenir une comptabilité.

1.4 Méthodes de calcul des salaires

Elles sont appelées à être mises en œuvre dans le cas où un salarié fait état, au cours d'un mois, d'absences qui ne peuvent en aucune façon donner lieu à rémunération : hypothèse d'une embauche en cours de mois, hypothèse d'une démission ou d'un licenciement en cours de mois, hypothèse d'une absence dont ni la loi ni aucune disposition conventionnelle n'a prévu la rémunération.

Comment déterminer la rémunération qui devra alors être versée à un salarié mensualisé[10] ?

---

9. Voir *supra*, § 1.2.1.

10. Pour les salariés payés à l'heure, il suffit de comptabiliser et de rémunérer les heures effectivement travaillées.

Un arrêt de la Cour de cassation (Cass. soc., 14 mai 1987) a donné une réponse à cette question en présentant un mode de calcul différent de ceux proposés par l'Administration.

1.4.1 La méthode de calcul jurisprudentielle

Selon la Cour de cassation, la réduction se fait sur une base horaire. Elle a posé le principe selon lequel pour « les salariés payés au mois », la retenue devait se faire en appliquant le salaire horaire réel pour le mois considéré au nombre d'heures d'absence.

> *Exemple :*
>
> Mme A., embauchée avec un salaire mensuel de x euros, a été absente du 1er au 8 février d'une année donnée. Au cours de ce mois, l'horaire de travail dans l'entreprise a été de y heures. Du 9 au 28 février, les heures de travail réellement effectuées par l'intéressée se sont élevées à z heures. Le salaire à verser à la fin du mois de février doit se calculer comme suit :
>
> $$\frac{x \text{ euros} \times z}{y}$$

1.4.2 Les méthodes de calcul retenues par l'Administration

A – La méthode du 30e

Elle consiste à diviser le salaire mensuel par 30 et à retenir autant de trentièmes qu'il y a de jours (**ouvrables ou non ouvrables**) d'absence.

> *Exemple :*
>
> Un salarié percevant un salaire mensuel de 1 600 € et absent une semaine entière, soit 7 jours, touchera :
>
> $$\frac{1\,600 \text{ €} \times 23}{30} = 1\,226{,}66 \text{ €}$$

B – La méthode du 26e

Elle consiste à diviser le salaire mensuel par 26 – afin de ne pas faire subir au salarié une retenue afférente aux jours non ouvrables – et retenir autant de 26e que de jours ouvrables de non-travail.

> *Exemple :*
>
> Un salarié percevant un salaire mensuel de 1 600 € et absent une semaine entière, soit 6 jours ouvrables, touchera :
>
> $$\frac{1\,600 \text{ €} \times 20}{26} = 1\,230{,}76 \text{ €}$$

C – La méthode de l'horaire moyen

Elle consiste à rapporter le salaire mensuel sur une base horaire, celle-ci étant obtenue en divisant le salaire mensuel par le nombre d'heures de travail effectuées dans un mois, puis multiplier cette base par le nombre d'heures effectuées.

> *Exemple :*
>
> Un salarié percevant un salaire mensuel de 1 600 € (pour x h par mois) et absent une semaine entière, soit y h, touchera :
>
> $$\frac{10\,600 \text{ €} \times y}{x} = z \text{ euros}$$

La singularité de la méthode de calcul retenue par la Cour de cassation consiste à ne pas partir d'un salaire horaire moyen, mais du **salaire horaire réel pour le mois considéré**. Une méthode qui peut conduire à payer différemment d'un mois à l'autre, suivant le nombre de jours ouvrés qu'il comporte. Méthode toutefois qui a l'avantage de coller à la réalité du calendrier.

1.5 Protection des salariés dans le cadre de la procédure de sauvegarde, de redressement ou de liquidation judiciaire

Le salaire étant une créance d'abord et avant tout **alimentaire**, il a fallu mettre en place un dispositif protecteur permettant le paiement des salaires dans l'hypothèse où l'entreprise se trouve confrontée à de graves difficultés financières.

1.5.1 L'institution de garanties

Le législateur a institué au profit des salariés un privilège général ainsi qu'un superprivilège.

A – Le privilège général

1) Les créances garanties

Le privilège couvre notamment :

- les rémunérations (salaires et accessoires comme les primes, gratifications, etc.) des 6 derniers mois, le point de départ de ce délai devant s'apprécier, non par référence au jugement d'ouverture de la procédure de redressement judiciaire, mais par référence à la date de cessation du contrat de travail ;
- les indemnités de congé payé (indemnité de congé payé et indemnité compensatrice de congé payé) ;
- l'indemnité de préavis ;
- les indemnités légales et conventionnelles de licenciement ;
- les indemnités pour non-respect des procédures ;
- les indemnités pour licenciement sans cause réelle et sérieuse et pour licenciement abusif ;
- les indemnités de fin de contrat à durée déterminée ou dues au titre de la violation de certaines dispositions régissant ce type de contrat.

La loi garantit également certaines créances ne découlant pas directement du contrat de travail, telles :

- les sommes dues en application d'accord d'intéressement ou de participation dès lors qu'elles sont exigibles ;
- les arrérages échus ou à échoir de préretraite ou de complément de retraite.

2) Le rang du privilège

Le privilège des salariés se définit comme un privilège portant à la fois sur les meubles et les immeubles. Le rang qu'il occupe parmi les créances privilégiées ne garantit pas avec certitude le paiement des salaires : il vient après les frais de justice et les créances du Trésor ; il se trouve primé par les privilèges spéciaux (privilège spécial du bailleur pour le paiement du loyer, du créancier nanti, du vendeur de meubles, etc.) ; il prend rang concurremment avec le privilège de la sécurité sociale.

Les salariés risquant en fait de ne rien toucher, une nouvelle intervention législative était rendue nécessaire, ce qui eut lieu avec l'instauration d'un superprivilège.

B – Le superprivilège

1) Les créances garanties

- Selon l'article L. 143-10, elles sont constituées par les rémunérations de toute nature dues aux salariés et apprentis pour les 60 derniers jours de travail ou d'apprentissage, et en vertu de l'article L. 751-15 du même code, aux représentants de commerce, pour les 90 derniers jours de travail. Les rémunérations ainsi visées comprennent non seulement les salaires proprement dits mais encore tous les accessoires (primes, gratifications, etc.). L'article L. 143-10 précité étend le superprivilège à l'indemnité de fin de contrat à durée déterminée, à l'indemnité de préavis et à l'indemnité compensatrice de préavis spéciale instituée par la loi du 7 janvier 1981 en cas de licenciement d'un salarié victime d'un accident de travail ou d'une maladie professionnelle.

Les sommes ainsi versées ne rentrent toutefois dans l'assiette du superprivilège que jusqu'à concurrence d'un plafond mensuel fixé à **deux fois** le plafond des cotisations de sécurité sociale.

- L'article L. 143-11 étend le superprivilège aux indemnités légales de congés payés[11] dans la limite d'un plafond propre qui est identique à celui établi pour une période de 30 jours de rémunération par l'article L. 143-10 précité. Les indemnités conventionnelles de congés payés sont superprivilégiées dans la limite de l'indemnité légale qui, dans la même situation, serait due au salarié.
- Sont exclus notamment du superprivilège les indemnités de licenciement et les dommages et intérêts pour rupture abusive.

2) Le rang du superprivilège

La loi précise que la créance salariale superprivilégiée doit être payée avant toute autre créance privilégiée : elle arrive **au tout premier rang** des créances.

1.5.2 L'accélération du paiement des créances superprivilégiées

L'administrateur doit, s'il dispose des fonds nécessaires, payer les créances bénéficiant du superprivilège dans les 10 jours du jugement ouvrant la procédure de redressement judiciaire, sur simple ordonnance du juge-commissaire. Sans attendre toutefois l'établissement du montant des créances superprivilégiées, l'administrateur doit, avec l'autorisation du juge-commissaire, et dans la mesure des fonds disponibles, verser immédiatement aux salariés, à titre provisionnel, une somme égale à un mois de salaire impayé, sur la base du dernier bulletin de paie et dans la limite du plafond visé par l'article L. 143-10.

À défaut de disponibilité, les sommes sus-visées doivent être acquittées sur les premières rentrées de fonds.

1.5.3 La garantie des créances salariales

A – L'assurance-insolvabilité

Selon l'article L. 143-11-1, tout employeur ayant la qualité de commerçant ou d'artisan ou de personne morale de droit privé et occupant un ou plusieurs salariés doit assurer ses salariés, y compris les travailleurs salariés détachés à l'étranger ainsi que les travailleurs salariés (français) expatriés, contre le risque de non-paiement, en cas de procédure de redressement judiciaire, des sommes qui leur sont dues en exécution du contrat de travail. Cette assurance particulière est gérée par une association patronale, l'association pour la gestion du régime d'assurance des créances des salariés (AGS), laquelle a passé avec l'UNEDIC une convention de gestion.

B – La nature des créances salariales assurées[12]

L'AGS couvre :

- les sommes dues aux salariés à la date du jugement d'ouverture de la procédure de redressement judiciaire ;
- les créances résultant des licenciements prononcés :
  - pendant la période d'observation,
  - dans l'hypothèse d'un plan de sauvegarde, de redressement ou de cession de l'entreprise, **dans le mois** qui suit le jugement qui arrête le plan,

11. Voir *infra*, § 5.5.

12. La garantie, toutes créances du salarié confondues, est fixée à 13 fois le plafond mensuel des cotisations à l'assurance chômage lorsque les créances résultent d'un texte législatif ou réglementaire ou d'une convention collective et que la conclusion du contrat remonte à plus de 6 mois (dans les autres cas, la garantie est plafonnée à 4 fois ce plafond).

• dans l'hypothèse d'un jugement de liquidation judiciaire, **dans les 15 jours** qui suivent et pendant le maintien provisoire de l'activité autorisé par le jugement ;

– dans l'hypothèse du prononcé de la liquidation judiciaire (dans la limite d'un montant maximal correspondant à un mois et demi de salaire[13]) :

• les sommes dues au titre de la période d'observation qui a précédé le jugement de liquidation (en particulier les salaires et les congés payés),

• les sommes dues au titre des 15 jours (du mois pour le représentant des salariés exerçant les fonctions de vérificateur des créances salariales ; voir articles 10 et 139 de la loi du 25 janvier 1985) qui suivent (qui suit) le jugement de liquidation et pendant le maintien provisoire autorisé par le jugement de liquidation ;

– les sommes dues au titre de l'intéressement, au titre de la participation des salariés aux fruits de l'expansion ou en application d'un accord créant un fonds salarial ;

– les arrérages de pré-retraite dus à un salarié ou à un ancien salarié en application d'un accord collectif de travail (dans des conditions déterminées par décret) prévoyant le départ en pré-retraite à 55 ans au plus tôt, lorsque les créances :

• sont exigibles à la date du jugement d'ouverture de la procédure,

• deviennent exigibles dans le mois qui suit l'adoption du plan de redressement en raison de la rupture du contrat de travail,

• deviennent exigibles à la suite d'un jugement de liquidation judiciaire ou d'un jugement arrêtant le plan de cession totale de l'entreprise.

C – La mise en œuvre du système de garantie

1) L'établissement des relevés

Après vérification, les relevés sont établis par le représentant des créanciers au vu des éléments qu'il possède et de ceux qui pourront lui être fournis par les salariés.

Il existe un relevé commun quelle que soit l'issue de la période d'observation : c'est celui qui est établi à compter du jugement d'ouverture de la procédure de redressement judiciaire.

Il existe un relevé propre à la période d'observation et à l'une ou l'autre des décisions qui seront prises par le tribunal : plan de redressement ou prononcé de la liquidation judiciaire.

a) Relevé commun

Il est établi dans les délais suivants :

– dans les 10 jours qui suivent le prononcé du jugement d'ouverture pour les créances exigibles rentrant dans l'assiette du superprivilège des salariés et dans la limite du plafond ;

– dans les 3 mois qui suivent le prononcé du jugement pour les autres créances également exigibles à la date du prononcé.

b) Relevé lié à la période d'observation

Le relevé des créances résultant des licenciements prononcés pendant la période d'observation doit être établi dans les 3 mois qui suivent l'expiration de cette période.

c) Relevé lié au redressement de l'entreprise

Les créances visées sont celles qui peuvent résulter des licenciements prononcés **dans le mois** qui suit l'approbation du plan de redressement. Le relevé doit être établi dans le délai de 3 mois qui suit l'expiration du mois précité.

---

13. Cette garantie particulière est égale au plus à 3 fois le plafond mensuel des cotisations de sécurité sociale (décret du 6 mars 1986).

d) Relevé lié à un jugement de liquidation

– Concernant les créances résultant du prononcé du licenciement, le relevé doit être établi dans les 3 mois suivant l'expiration de la période de garantie, soit au plus tard dans les 3 mois de la cessation du maintien provisoire de l'activité.

– Concernant les créances de salaires et de congés payés – dans la limite de deux fois le plafond de la sécurité sociale – dues aux cours de la période d'observation qui a précédé le jugement de liquidation et pendant les 15 jours qui suivent ce jugement ainsi que pendant le maintien provisoire de l'activité, le relevé doit être établi dans les 10 jours suivant l'expiration de ces périodes.

2) L'avance des créances salariales

Lorsque faute de disponibilité, les salariés ne peuvent être payés, l'AGS, versera dans les délais ci-après, à la demande du représentant des créanciers et sur présentation des relevés, les sommes figurant sur ces relevés et restées impayées :

– dans les 5 jours suivant la réception des relevés :
  - les créances superprivilégiées dues au jour du prononcé du jugement d'ouverture,
  - les créances de salaires et de congés payés dus au titre de la période d'observation qui a précédé le jugement de liquidation et des 15 jours qui suivent ce jugement et pendant le maintien provisoire de l'activité autorisé par la décision judiciaire de liquidation ;

– dans les 8 jours suivant la réception des relevés :
  - les créances salariales non superprivilégiées dues au jour du prononcé du jugement d'ouverture,
  - les créances résultant des licenciements intervenus pendant la période d'observation,
  - les créances résultant des licenciements prononcés dans le mois qui arrête le plan de redressement,
  - les créances (autres que celles de salaires et de congés payés) nées au cours des 15 jours qui suivent le jugement de liquidation et pendant le maintien provisoire de l'activité autorisée par cette décision judiciaire.

1.5.4 L'obtention de la garantie AGS en cas de « faillites » ouvertes à l'étranger

Se pose la question de savoir si la garantie de l'AGS est due au profit d'un salarié travaillant en France, au service d'une entreprise dont le siège est à l'étranger et qui fait l'objet d'une procédure « collective » ouverte à l'étranger.

Si le siège social de l'entreprise se trouve dans un des États membres de l'Union européenne, il conviendra aujourd'hui de faire application de l'article 8 *bis* de la directive européenne du 23 septembre 2002 sur l'insolvabilité de l'employeur. Aux termes de cet article, lorsqu'une entreprise ayant des activités sur le territoire d'au moins deux États membres se trouve en état d'insolvabilité, l'institution compétente pour le paiement des créances impayées des travailleurs **est celle de l'État membre sur le territoire duquel ils exercent ou exerçaient habituellement leur travail**. Peu importe la loi applicable au contrat de travail lui-même.

Plus délicate est la question de savoir si l'assurance bénéficie également aux salariés dont l'employeur est mis en « faillite » dans un pays non membre de l'Union européenne, par une décision d'une juridiction étrangère.

– L'existence éventuelle d'une convention internationale requiert l'application de ses dispositions.

– À défaut, un jugement d'« exequatur » conférera en France autorité de chose jugée et force exécutoire au jugement étranger de « faillite » et les salariés seront alors en droit de revendiquer la garantie de l'AGS, attachée par la loi à l'ouverture d'une procédure collective d'apurement du passif de l'employeur. L'exequatur fait perdre à la situation son caractère d'extranéité.

– À défaut, la garantie de l'AGS ne pourra jouer que sur la base d'une procédure collective ouverte sur la base des dispositions françaises vis-à-vis d'un employeur établi en France.

1.6 Saisie-arrêt sur salaires

En vertu des dispositions du décret du 8 décembre 2005, les proportions dans lesquelles les rémunérations annuelles sont saisissables ou cessibles à compter du 1er janvier 2006 sont fixées comme suit :

– 1/20e sur la tranche de rémunération inférieure ou égale à 3 240 € ;

– 1/10e sur la tranche supérieure à 3 240 € et inférieure ou égale à 6 370 € ;

– 1/5e sur la tranche supérieure à 6 370 € et inférieure ou égale à 9 540 € ;

– 1/4 sur la tranche supérieure à 9 540 € et inférieure ou égale à 12 670 € ;

– 1/3 sur la tranche supérieure à 12 670 € et inférieure ou égale à 15 810 € ;

– 2/3 sur la tranche supérieure à 15 810 € et inférieure ou égale à 19 000 € ;

– totalité sur la tranche supérieure à 19 000 €.

Les seuils du barème ci-dessus sont majorés de 1 220 € par an et par personne à la charge du débiteur (conjoint ou concubin et ascendant dont les ressources personnelles sont inférieures au montant du revenu minimum d'insertion [RMI] ; enfant au sens de la législation sur les prestations familiales), sur justification présentée par l'intéressé.

Conformément à l'article L. 145-2, la rémunération à prendre en compte s'entend après déduction des cotisations obligatoires, c'est-à-dire sur le **net**.

Enfin, il doit être laissé dans tous les cas au salarié saisi une somme au moins égale au montant mensuel du RMI pour un allocataire seul, quelles que soient ses charges de famille.

2. L'épargne salariale

L'épargne salariale se décline sous trois volets : la participation, l'intéressement, les plans d'épargne. L'essentiel de la législation se trouve codifiée aux articles L. 441-1 à L. 441-8.

Le législateur incite les chefs d'entreprise à réfléchir périodiquement sur l'épargne salariale lorsqu'il ne s'y trouve pas tenu par une obligation légale. En effet, aux termes des dispositions de l'article L. 444-8, dans les entreprises dépourvues de délégué syndical ou sont présents un (ou des) délégué(s) du personnel et où aucun accord d'intéressement ou de participation n'est en vigueur, l'employeur est tenu de proposer *tous les trois ans*, une analyse et une réflexion sur les conditions dans lesquelles pourraient être mises en œuvre un (ou plusieurs) dispositif(s) d'épargne salariale.

Tous les salariés d'une entreprise compris dans le champ des accords de participation et d'intéressement ou des plans d'épargne doivent pouvoir bénéficier de leurs dispositions, sous réserve d'une condition d'ancienneté qui ne peut excéder **3 mois**[14]. La notion d'ancienneté correspond à l'appartenance juridique à l'entreprise et donc à la seule qualité du salarié de l'entreprise, sans que les périodes de suspension du contrat de travail, pour quelque motif que ce soit, puissent être déduites.

14. Pour la détermination de l'ancienneté, sont pris en compte tous les contrats exécutés au cours de la période de calcul et au cours des 12 mois qui la précèdent : cette règle a vocation à s'appliquer aussi bien pour les contrats à durée déterminée que pour les contrats à durée indéterminée. La règle est adaptée pour les salariés d'entreprises de travail temporaire : ceux-ci sont réputés compter 3 mois d'ancienneté dans l'entreprise de travail temporaire qui l'emploie s'ils ont été mis à la disposition d'entreprises utilisatrices pendant une durée totale d'au moins 60 jours au cours du dernier exercice.

2.1 Participation des salariés aux résultats de l'entreprise

2.1.1 Le champ d'application

Sont **obligatoirement** concernées par le régime de participation :

- l'entreprise employant habituellement au moins **50** salariés, quelles que soient la nature de son activité et sa forme juridique,
- ainsi que l'unité économique et sociale reconnue par voie conventionnelle ou judiciaire entre plusieurs entreprises juridiquement distinctes[15], employant habituellement au moins **50** salariés (L. 442-1).

Il est admis que le seuil d'effectif doit être apprécié en suivant les règles dégagées en matière de comité d'entreprise[16]. Quant à la condition d'emploi habituel, elle est considérée comme remplie dès lors que le seuil d'effectif a été atteint au cours de l'exercice considéré pendant une durée de 6 mois au moins, consécutifs ou non (R. 442-1).

Les entreprises qui n'atteignent par le seuil requis peuvent appliquer la participation **à titre volontaire**.

Le législateur prévoit également sa mise en place **facultative** au sein d'un **groupe** constitué par des entreprises juridiquement indépendantes, mais ayant établi entre elles des liens financiers et économiques.

2.1.2 Le régime de droit commun

Il prévoit, au titre de chaque exercice, la constitution d'une « *réserve spéciale de participation* » (RSP) calculée, répartie et gérée selon les règles ci-après.

A – Le calcul de la RSP

Il s'effectue conformément aux dispositions de l'article L. 442-2 et s'exprime par la formule suivante :

$$RSP = 1/2\ (B - \frac{5C}{100}) \times \frac{S}{VA}$$

B représente le bénéfice net (c'est-à-dire le bénéfice imposable dont on a déduit l'impôt de droit commun y afférent, impôt sur les sociétés (IS) ou impôt sur le revenu, selon le mode d'imposition de l'entreprise)[17] éventuellement augmenté du montant de la provision pour investissement.

C représente les capitaux propres de l'entreprise : il comprend la somme des éléments suivants : capital social ou personnel ; primes liées au capital social ; réserves ; report à nouveau ; provisions[18].

Une déduction représentant la rémunération au taux de 5 % des capitaux propres de l'entreprise est opérée sur le bénéfice net tel que défini précédemment.

S représente les salaires versés au cours de l'exercice et retenus en matière d'assiette des cotisations de sécurité sociale.

VA représente la valeur ajoutée par l'entreprise, soit le total des postes suivants du compte de résultat : charges de personnel ; impôts, taxes et versement assimilés à l'exclusion des taxes sur le chiffre d'affaires ; les charges financières ; les dotations de l'exercice aux amortissements ; les dotations de l'exercice aux provisions ; le résultat courant avant impôts[19].

---

15. Voir Partie 4, chapitre 6, § 1.1.2.
16. Voir Partie 4, chapitre 6, § 1.2.1.
17. Dans les entreprises soumises au régime fiscal des sociétés de personnes (ex. : société en nom collectif) dont les associés sont des personnes physiques, l'impôt à déduire est égal à la somme des impôts supportés par chaque associé sur sa part du bénéfice, cette somme étant elle-même plafonnée à l'IS au taux de droit commun dont serait redevable l'entreprise si elle y était assujettie. Pour celles dont les associés sont passibles de l'IS (ex. : SARL, SA) l'impôt à déduire est celui qu'elles auraient acquitté si elles étaient personnellement soumises à l'IS au taux de droit commun (décret de 1987, art. 10).
18. Sur demande de l'entreprise, l'attestation du montant du bénéfice net et des capitaux propres est établie soit par le commissaire aux comptes, soit par l'inspecteur des impôts.
19. Il remplace la notion de bénéfice d'exploitation et correspond à la somme algébrique du résultat d'exploitation et du résultat financier.

B – La répartition de la RSP

La répartition entre les salariés est calculée proportionnellement au salaire perçu dans la limite des plafonds suivants[20] :

– pour l'assiette des droits, **4** fois le plafond annuel de la sécurité sociale ;

– pour la somme attribuée à chaque salarié, les **3/4** de ce plafond annuel.

Si le principe reste une répartition proportionnelle au salaire perçu, les accords de participation peuvent toutefois décider que cette répartition entre les salariés est uniforme, proportionnelle à la durée de présence dans l'entreprise au cours de l'exercice, ou retenir plusieurs de ces précédents critères.

Les accords de participation peuvent en outre prévoir un salaire plancher servant de base de calcul à la part individuelle. Purement facultative, la fixation d'un salaire plancher (la loi ne fixe aucune limite particulière) a pour objet d'atténuer les effets de la hiérarchie des salaires en permettant une répartition de la réserve spéciale de participation plus favorable aux salariés les moins bien rémunérés.

Les sommes qui n'auraient pu être mises en répartition demeurent dans la RSP pour être réparties au cours des exercices ultérieurs.

Dans le cadre d'une unité économique et sociale, il est possible de négocier soit un accord unique de participation soit des accords distincts au niveau des différentes entreprises qui la constituent. Dans le premier cas, la répartition des sommes est effectuée entre **tous** les salariés sur la base du **total** des réserves de participation constituées dans chaque entreprise.

C – Les modes de gestion de la répartition

Ils sont énoncés à l'article L. 442-5.

1) La gestion dans l'entreprise

Elle peut se réaliser sous la forme :

– d'attribution d'actions ou de coupures d'actions de l'entreprise, provenant soit d'une incorporation de réserves au capital, soit d'un rachat préalable en bourse[21] ;

– de souscription d'actions émises par les sociétés créées par des salariés en vue de reprendre leur entreprise ;

– de l'affectation de la RSP à un fonds de l'entreprise consacrée à des investissements, fonds vis-à-vis duquel les salariés se trouveront créanciers, la créance pouvant notamment prendre la forme d'obligations, d'obligations participantes ou de comptes courants bloqués.

2) La gestion à l'extérieur de l'entreprise

Elle peut se réaliser sous la forme :

– de placement en titres émis par des SICAV[22] ;

– de placement en parts de fonds commun de placement (FCP) ;

– d'un plan d'épargne d'entreprise.

---

20. Lorsque le salarié n'a pas accompli une année entière dans l'entreprise, les plafonds sont calculés au prorata de la durée de présence.

21. « *En cas d'attribution d'actions de l'entreprise, les titres sont évalués sur la base de la moyenne de leur cours de bourse pendant les 20 jours de cotation précédant la date de leur attribution.*
La moyenne est obtenue par référence au premier cours coté.
Lorsque les titres ne sont pas cotés, le prix de cession est fixé en divisant par le nombre de titres existants le montant de l'actif net calculé d'après le bilan le plus récent ou, à défaut, à dire d'experts désignés en justice à la demande du président du conseil d'administration ou du directoire, selon le cas. Le prix de cession doit être ainsi déterminé à chaque exercice sous le contrôle du commissaire aux comptes » (décret de 1987, art. 13).

22. Société d'investissement à capital variable.

D – L'indisponibilité des droits

1) La durée

Elle est fixée à 5 ans. Généralement, les accords de participation fixent le point de départ du délai d'indisponibilité des droits au premier jour du quatrième mois qui suit la clôture de l'exercice au titre duquel les droits sont attribués. Ainsi, dans le cas où l'exercice de l'entreprise coïncide avec l'année civile, c'est au mois d'avril de l'année N + 5 que les salariés peuvent obtenir le déblocage de leurs droits.

2) Les cas de déblocage anticipé

Ils sont énoncés à l'article R. 442-17 (version du décret du 31 juillet 2001) :

- mariage de l'intéressé ou conclusion d'un Pacs ;
- naissance ou arrivée au foyer d'un enfant en vue de son adoption dès lors que le foyer compte déjà au moins *deux* enfants à sa charge ;
- divorce, séparation ou dissolution d'un Pacs lorsqu'ils sont assortis d'un jugement prévoyant la résidence habituelle unique ou partagée d'au moins un enfant au domicile de l'intéressé ;
- invalidité du salarié, de ses enfants, de son conjoint ou de la personne qui lui est liée par un Pacs (incapacité 2e ou 3e catégorie sécurité sociale) ;
- décès du salarié, de son conjoint ou de la personne qui lui est liée par un Pacs ;
- cessation du contrat de travail quelque soit le motif de rupture ;
- affectation des sommes épargnées à la création ou reprise, par le salarié, ses enfants, son conjoint ou la personne qui lui est liée par un Pacs, d'une entreprise industrielle, commerciale, artisanale ou agricole, soit à titre individuel, soit sous la forme d'une société ;
- affectation des sommes épargnées à l'acquisition ou agrandissement de la résidence principale ;
- situation de surendettement du salarié.

La demande du salarié doit être présentée dans un délai de six mois à compter de la survenance du fait générateur, sauf dans les cas de cessation du contrat de travail, décès du conjoint ou de la personne liée avec lui par un Pacs, invalidité et surendettement où elle peut intervenir à tout moment. La levée anticipée de l'indisponibilité intervient sous forme d'un versement unique qui porte, au choix du salarié, sur tout ou partie des droits susceptibles d'être débloqués.

Le jugement arrêtant le plan de cession totale de l'entreprise ou le jugement ouvrant ou prononçant la liquidation judiciaire de l'entreprise rendent immédiatement exigibles les droits à participation non échus en application des articles L. 621-94 et L. 622-22 du Code de commerce et de l'article L. 143-11-3 du Code du travail.

E – L'information des salariés

1) L'information collective

Chaque année, dans les 6 mois suivant la clôture de l'exercice, l'employeur doit présenter au comité d'entreprise un rapport comportant notamment les éléments servant de base de calcul de la réserve spéciale de participation et des indications précises sur la gestion et l'utilisation des sommes affectées à cette réserve.

En l'absence de comité d'entreprise, le rapport doit être présenté aux délégués du personnel et adressé à chaque salarié présent dans l'entreprise.

2) L'information individuelle

Tout salarié bénéficiaire reçoit lors de chaque répartition une fiche indiquant :

- le montant total de la réserve spéciale de participation pour l'exercice écoulé ;
- le montant des droits qui lui sont attribués et leur mode de gestion ;

– s'il y a lieu, l'organisme auquel est confiée la gestion de ces droits ;
– la date à laquelle ces droits seront négociables ou exigibles ;
– les cas dans lesquels ils peuvent être exceptionnellement liquidés ou transférés avant l'expiration de ce délai.

2.1.3 La mise en œuvre de la participation ou les accords de participation

La participation est mise en œuvre par voie d'accord.

A – La conclusion des accords

Elle peut avoir lieu, selon les dispositions de l'article L. 442-10 :
– soit dans le cadre d'une convention ou d'un accord collectif de travail ;
– soit entre le chef d'entreprise et les représentants des syndicats affiliés aux organisations **les plus représentatives dans l'entreprise**, ces représentants devant être membres du personnel de l'entreprise ;
– soit au sein du comité d'entreprise ;
– soit par ratification d'un projet d'accord à la majorité des 2/3 du personnel, sur la demande conjointe du chef d'entreprise et d'un ou plusieurs syndicats représentatifs dans l'entreprise ou du comité d'entreprise[23].

Par dérogation à l'article L. 442-10, la participation peut être instaurée en application d'un accord de groupe passé entre les sociétés d'un même groupe ou seulement certaines d'entre elles dans les conditions procédurales de conclusion définies à l'article L. 442-11.

Pour avoir droit aux exonérations prévues[24], les accords de participation et les documents annexes doivent être **impérativement** déposés à la direction départementale du Travail et de l'Emploi du lieu où ils ont été conclus.

B – Le contenu

Il existe deux types d'accords.

1) Les accords appliquant le régime de droit commun obligatoire

Ils devront déterminer, outre les conditions de l'information des salariés pour l'application du régime de la participation et les règles de répartition de la RSP, le mode de gestion retenu.

2) Les accords dérogatoires

Ils peuvent comporter une base et des modalités de calcul de la RSP différentes du régime de droit commun sous réserve :
– de respecter les principes généraux de la participation et d'offrir aux salariés des avantages au moins équivalents à ceux du droit commun ;
– que la RSP (qui est alors plus élevée que dans le droit commun) n'excède pas la 1/2 du bénéfice net comptable, ou, **au choix des parties**, l'un des 3 plafonds suivants : bénéfice net comptable moins 5 % des capitaux propres, bénéfice net fiscal moins 5 % des capitaux propres ; moitié du bénéfice net fiscal (L. 442-6).

---

23. Dans les entreprises < 50 salariés qui décident de se soumettre volontairement à la participation, un accord peut toutefois être proposé au personnel par le chef d'entreprise après avis des délégués du personnel, s'il en existe, et ratifié à la majorité des 2/3 de celui-ci.
24. Voir *infra*, § 2.1.4.

C – La sanction du défaut d'accord

Deux conséquences désavantageuses pour l'entreprise et les salariés s'attachent au constat par l'inspecteur du travail du défaut de conclusion d'un accord dans le délai d'un an à compter de la clôture de l'exercice au titre duquel sont nés les droits des salariés :

- les sommes attribuées au titre de la RSP sont versées à des comptes courants de l'entreprise bloqués pendant 8 ans (au lieu de 5 en droit commun)[25] ;
- l'entreprise ne peut pas constituer une provision pour investissement[26].

2.1.4 Les avantages liés à l'application du régime de la participation

A – Les avantages pour l'entreprise

1) Les avantages fiscaux

Les sommes affectées à la RSP :

- sont déductibles de l'assiette de l'impôt sur les sociétés ou de l'impôt sur le revenu, selon le mode d'imposition de l'entreprise ;
- ne sont pas soumises à la taxe sur les salaires.

Par ailleurs, les sommes versées **en plus** de la participation de droit commun, en application d'accords dérogatoires, permettent aux entreprises de constituer, en franchise d'impôt, une provision pour investissement égale à 50 % de ces sommes. Pour encourager la participation dans les entreprises où elle n'est pas obligatoire, il est prévu la possibilité de constituer, dans les mêmes conditions une provision pour investissements égale à 25 % du montant des sommes portées à la réserve de participation au cours du même exercice et qui correspond à la participation **de droit commun** (CGI, art. 237 *bis* A). Comme les entreprises de 50 salariés et plus, ces entreprises peuvent constituer une provision pour investissement égale à 50 % du montant dérogatoire.

2) Les avantages sociaux

Les sommes affectées à la RSP sont exonérées des charges sociales.

B – Les avantages pour les salariés bénéficiaires

- Les sommes (**en capital**) attribuées au salarié bénéficiaire sont totalement exonérées de l'impôt sur le revenu.

  L'exonération n'est définitive qu'à l'expiration du délai d'indisponibilité sauf cas de déblocage anticipé autorisé.
- **Les revenus** des sommes attribuées au titre de la participation sont soumis à l'impôt sur le revenu du bénéficiaire s'ils sont perçus pendant la période d'indisponibilité. Toutefois, s'ils sont réinvestis pendant cette période, et dans les mêmes conditions que le principal, ils sont bloqués comme celui-ci et bénéficient de la même exonération.

2.1.5 Les incidences de la modification juridique de l'employeur sur les accords de participation

Dans le cas où une modification survenue dans la situation juridique de l'entreprise, par fusion, cession ou scission, rend impossible l'application d'un accord de participation, ledit accord cesse de produire effet entre le nouvel employeur et le personnel de l'entreprise.

---

25. Ces sommes portent intérêt au taux de 10 % à compter du 1er jour du 4e mois suivant la clôture de l'exercice au titre duquel la participation est attribuée.
26. Voir *infra*, § 2.1.4.

En l'absence d'accord de participation applicable à la nouvelle entreprise, celle-ci doit engager, dans un délai de 6 mois à compter de la clôture de l'exercice au cours duquel est intervenue la modification, une négociation selon l'un des modes prévus à l'article L. 442-10, en vue de la conclusion éventuelle d'un nouvel accord (L. 442-17).

2.2 Intéressement des salariés

L'intéressement des salariés **peut** (système **facultatif**) être assuré dans toute entreprise qui satisfait aux obligations lui incombant en matière de représentation du personnel[27] quelle que soit la nature de son activité et sa forme juridique, par un accord dont la durée légale est de 3 ans.

L'intéressement peut également être mis en place au sein d'un groupe constitué par des entreprises juridiquement indépendantes, mais ayant établi entre elle des liens financiers et économiques.

Par ailleurs et pour inciter les entreprises de moins de 50 salariés à conclure un accord d'intéressement, le législateur n'envisage leur assujettissement obligatoire à la participation, une fois l'effectif de 50 salariés atteint, qu'à l'expiration de l'accord d'intéressement, ceci pour éviter de les soumettre à la double obligation d'avoir à verser aux salariés des primes d'intéressement et des primes de participation (L. 442-1 al. 2).

2.2.1 La mise en œuvre de l'intéressement ou les accords d'intéressement

A – La conclusion des accords

Elle a lieu selon les mêmes modalités procédurales que celles exposées précédemment pour les accords de participation (L. 441-1)[28].

B – Le contenu des accords

Ces accords doivent instituer un système d'information du personnel et de vérification des modalités d'exécution de l'accord. Ils comportent notamment un préambule indiquant les motifs de l'accord ainsi que les raisons du choix des modalités de calcul de l'intéressement et des critères de répartition de ses produits. Ils doivent définir les modalités de calcul de l'intéressement, lesquels peuvent varier selon les établissements et les unités de travail. Tout accord doit en outre préciser la période pour laquelle il est conclu, les dates de versement, les modalités d'information aux représentants du personnel ainsi que les procédures de règlement des différends.

C – Le dépôt des accords

Pour avoir droit aux exonérations prévues, les accords doivent avoir été conclu avant le 1er jour du 7e mois suivant la date de leur prise d'effet et déposés à DDTEFP[29] du lieu où ils on été conclus.
La DDTEFP dispose d'un délai de 4 mois à compter du dépôt de l'accord pour demander le retrait ou la modification des dispositions contraires aux lois et règlements.
Lorsqu'un accord a été conclu ou déposé hors délai, il produit ses effets mais n'ouvre droit aux exonérations que pour les périodes de calcul ouvertes postérieurement au dépôt (L. 441-2).

2.2.2 Le calcul de l'intéressement

L'intéressement collectif des salariés présente un caractère **aléatoire** et résulte d'une formule de calcul lié aux résultats ou aux performances de l'entreprise au cours d'une année ou d'une période d'une durée inférieure, exprimée en nombre entier de mois au moins égal à trois, ou aux résultats de l'une ou plusieurs de ses filiales, dès lors que, à la date de l'accord, au moins deux tiers

---

27. Si l'employeur produit un procès-verbal de carence lié à un défaut de candidature (voir Partie 4, chapitre 4, § 2.1.3 et chapitre 6, § 2.2.3), il est réputé avoir satisfait aux obligations légales.
28. Voir *supra*, § 2.1.3.
29. Direction départementale du travail, de l'emploi et de la formation professionnelle.

des salariés de ces filiales **situées en France** sont couverts par un accord d'intéressement, l'entreprise s'engageant à ouvrir des négociations dans les filiales non couvertes dans un délai de 4 mois après la conclusion de cet accord.

Une dérogation au principe de territorialité de l'intéressement a été ouverte par la loi du 4 mai 2004 « *relative à la formation professionnelle et au dialogue social* » sous l'article L. 441-2 alinéa 2. Les entreprises situées en France appartenant à un groupe **de dimension européenne** peuvent désormais bénéficier des exonérations fiscales et sociales liées au versement à leurs salariés de primes d'intéressement, lorsque celles-ci sont calculées dans le cadre d'un accord conclu au sein du groupe, en tenant compte des résultats de l'ensemble des entreprises du groupe, établies dans différents États membres de l'Union européenne.

2.2.3 Le montant de l'intéressement

Le montant global des primes distribuées aux salariés **ne doit pas dépasser 20 %** du total des salaires bruts versés aux personnes concernées.

2.2.4 La répartition

A – Les critères

La loi fixe limitativement les critères de répartition possible de l'intéressement entre les différents bénéficiaires :

- soit une répartition uniforme ;
- soit une répartition proportionnelle au salaire, dans l'entreprise au cours de l'exercice ou à la durée de présence (le législateur assimilant impérativement à une durée de présence les périodes de congé de maternité ainsi que les absences liées aux accidents du travail et aux maladies professionnelles) ;
- soit une répartition combinant ces différents critères (L. 441-2 al. 6).

B – Le plafond individuel

La loi du 7 novembre 1990 a introduit **un plafond individuel d'intéressement** : le montant des primes d'intéressement pouvant être distribuées à un même salarié ne peut, au titre d'un même exercice, excéder une somme égale à la moitié du montant du plafond annuel moyen de sécurité sociale.

La violation du plafond devrait conduire à considérer les sommes irrégulièrement distribuées comme des salaires et comme telles, ne pouvant ouvrir droit aux exonérations sociales et fiscales attachées à l'intéressement.

2.2.5 Les avantages liés à la conclusion d'accords d'intéressement

A – Les avantages pour l'entreprise

1) Les avantages fiscaux

Les sommes versées en espèce aux salariés au titre de l'intéressement :

- sont déductibles de l'assiette de l'impôt sur les sociétés ou de l'impôt sur le revenu, selon le mode d'imposition de l'entreprise ;
- sont exonérées de la taxe sur les salaires.

2) Les avantages sociaux

Les sommes attribuées au titre de l'intéressement sont exonérées des charges sociales.

B – Les avantages pour les salariés bénéficiaires

Les sommes reçues au titre de l'intéressement ne sont pas soumises aux charges sociales (parts salariales de cotisations de sécurité sociale, ASSEDIC et cotisations des régimes de retraite complémentaire). La CSG et la CRDS sont en revanche précomptées. Au plan fiscal, les sommes sont soumises à l'impôt sur le revenu. Les salariés ont toutefois la possibilité d'affecter leur intéressement à un plan d'épargne d'entreprise, s'il en existe un dans leur entreprise. En ce cas, l'intéressement est exonéré d'impôt sur le revenu dans la limite de la 1/2 du plafond annuel moyen de sécurité sociale (L. 441-6).

Les conditions et limites de l'exonération sont les suivantes :

– l'affectation au plan d'épargne des sommes attribuées au titre de l'intéressement doit avoir lieu dans un délai de 15 jours à compter de la date de perception de l'intéressement sauf à ne plus pouvoir bénéficier d'aucune exonération ;
– l'exonération accordée ne porte que sur les sommes réellement affectées à un plan d'épargne d'entreprise ;
– les actions ou parts acquises dans le cadre d'un plan d'épargne à l'aide des sommes perçues au titre de l'intéressement sont indisponibles pendant 5 ans.

> *Exemple (en francs, au regard de l'année intéressée) :*
>
> Supposons que pour 2000, un salarié ait perçu 100 000 F au titre de l'intéressement. Il a affecté 90 000 F à la réalisation d'un plan d'épargne d'entreprise et a disposé du surplus. Ce salarié est exonéré d'impôt sur le revenu au titre des sommes affectées au plan dans la limite de 176 400 F (plafond sécurité sociale 2000) : 2 = **88 200 F**. Il est soumis à l'impôt sur la différence, soit 100 000 F – 88 200 F = **11 800 F**.
>
> L'ensemble des actions ou parts qui seront acquises, dans le cadre du plan à hauteur des 90 000 F qui y sont affectés, sera indisponible pendant 5 ans.

2.2.6 Les incidences de la modification juridique de l'employeur sur les accords d'intéressement

Dans le cas où une modification survenue dans la situation juridique de l'entreprise, par fusion, cession ou scission, rend impossible l'application d'un accord d'intéressement, ledit accord cesse de produire effet entre le nouvel employeur et le personnel de l'entreprise.

En l'absence d'accord d'intéressement applicable à la nouvelle entreprise, celle-ci doit engager dans un délai de 6 mois une négociation, selon l'un des modes prévus à l'article L. 441-1, en vue de la conclusion éventuelle d'un nouvel accord (L. 441-7).

2.2.7 La nature juridique de l'intéressement

Les sommes attribuées aux salariés en application de l'accord d'intéressement **n'ont pas le caractère de rémunération** au sens de l'article L. 242-1 du Code de la sécurité sociale **et ne peuvent se substituer à aucun des éléments de rémunération**, au sens du même article, en vigueur dans l'entreprise ou qui deviennent obligatoires en vertu de règles légales ou contractuelles. Ces sommes n'ont pas non plus le caractère de salaire pour l'application de la législation du travail.

2.3 Plan d'épargne d'entreprise (PEE)

Le PEE est défini comme « *un système d'épargne collectif ouvrant aux salariés de l'entreprise la faculté de participer, avec l'aide de celle-ci, à la constitution d'un portefeuille de valeurs mobilières* » (L. 443-1).

2.3.1 Les bénéficiaires

On en relève trois catégories :

– les salariés de l'entreprise ;
– les anciens salariés ayant quitté l'entreprise à la suite d'un départ à la retraite ou en préretraite ;
– dans les entreprises dont l'effectif habituel comprend au moins un salarié et au plus 100, les chefs d'entreprises et, s'agissant des personnes morales, leurs présidents, directeurs généraux,

gérants ou membres du directoire, sans qu'il soit exigé l'existence et la réalité d'un contrat de travail pour des fonctions distinctes de celles du mandat.

2.3.2 La mise en place

- Une négociation avec le personnel est **obligatoire** lorsque l'entreprise comporte au moins un délégué syndical ou est dotée d'un comité d'entreprise. En pratique, cette négociation se déroule soit avec le ou les délégués syndicaux présents dans l'entreprise, soit au sein du comité d'entreprise.

  Cette obligation de négocier n'emporte pas l'obligation de conclure un accord. Si au terme de la négociation, aucun accord n'a été conclu, un procès-verbal de désaccord sera établi dans lequel seront consignées en leur dernier état les propositions respectives des parties et les mesures que l'employeur entend appliquer unilatéralement (L. 443-1 al. 4 et 5)[30].
- Dans les autres entreprises, la mise en place d'un PEE est **facultative** et peut résulter soit d'une décision unilatérale du chef d'entreprise, soit d'un accord conclu avec le personnel selon les mêmes modalités que celles applicables aux accords d'intéressement ou de participation. Bien souvent, la mise en œuvre d'un tel plan est prévue dans l'accord mettant en œuvre la participation ou l'intéressement. À l'avenir, cette dernière modalité devrait se développer, même si elle n'est pas exclusive de toutes autres, puisque la loi prévoit que, désormais, lors de la négociation d'un accord de participation ou d'un accord d'intéressement, la question de l'établissement d'un plan d'épargne entreprise devra être posée.

Les règlements du plan d'épargne d'entreprise, établis à compter du 20 février 2001, doivent être déposés auprès de la DDTEFP du lieu où ils ont été établis.

Le dépôt constitue une formalité **indispensable** à l'obtention des **exonérations** sociales et fiscales.

2.3.3 Le financement

Il provient de deux sources : les versements des bénéficiaires, les « abondements » de l'entreprise.

A – Les versements des bénéficiaires

Ce peut être des versements volontaires, étant étendu que les versements ne peuvent excéder **1/4** de sa rémunération annuelle, s'il s'agit du salarié, ou **1/4** de son revenu professionnel imposé à l'impôt sur le revenu au titre de l'année précédente pour les autres bénéficiaires.

Ce peut être le versement de sommes provenant de la participation.

Ce peut être le versement de sommes attribuées au titre de l'intéressement. Nous rappelons que ces sommes sont soumises à l'impôt sur le revenu sauf si elles sont affectées à un plan d'épargne d'entreprise : dans ce cas, elles bénéficient d'une exonération dans la limite de la 1/2 du plafond annuel moyen de sécurité sociale.

B – Les « abondements » de l'entreprise

Les sommes versées annuellement par l'entreprise pour chaque salarié sont limitées à 2 300 €, sans pouvoir excéder le triple de la contribution volontaire du bénéficiaire. Cet abondement peut être porté à 3 450 € en cas d'apport au plan d'épargne par les salariés, d'actions ou de certificats d'investissement émis par l'entreprise ou par une entreprise liée à celle-ci au sens de l'article L. 225-180 du Code de commerce.

2.3.4 L'affectation des sommes recueillies

Les sommes versées au plan d'épargne d'entreprise doivent être employées à l'acquisition d'actions de SICAV ou de parts de fonds commun de placement. Lorsque tout ou partie de l'épargne

---

30. Dans les entreprises dépourvues de délégué syndical où sont présents un ou des délégués du personnel et où aucun accord d'intéressement ou de participation n'est en vigueur, l'employeur se doit de leur proposer, a minima tous les trois ans, une analyse et une réflexion sur les conditions dans lesquelles pourraient être mises en œuvre un ou plusieurs dispositifs rentrant au titre de l'épargne salariale (voir *supra*, introduction au § 2).

recueillie par le plan est destiné à être consacrée à l'acquisition de valeurs mobilières émises par l'entreprise, l'institution d'un fonds commun de placement n'est pas obligatoire.

2.3.5 L'indisponibilité des droits

A – La durée

Pour bénéficier des exonérations[31], les actions ou parts acquises pour le compte des salariés ne peuvent leur être délivrées avant l'expiration d'un délai minimum de **5 ans** courant à compter de la date d'acquisition des titres.

B – Les cas de déblocage anticipé

Ils sont identiques à ceux développés au titre de la participation[32]. Il est à noter que le salarié, qui ne demande pas la délivrance des sommes détenues dans un PEE au moment de la rupture de son contrat de travail, peut demander qu'elles soient affectées dans le PEE de son nouvel employeur. Les périodes d'indisponibilité déjà courues chez le précédent employeur sont prises en compte pour l'appréciation du délai d'indisponibilité dans le plan d'épargne du nouvel employeur.

2.3.6 Les avantages fiscaux et sociaux

L'abondement de l'entreprise est déduit de son bénéfice pour l'assiette de l'impôt sur les sociétés ou de l'impôt sur le revenu, selon son mode d'imposition ; est exonéré de la taxe sur les salaires et des cotisations sociales ; est enfin exonéré de l'impôt sur le revenu entre les mains du salarié bénéficiaire. Les revenus des titres détenus dans un PEE sont également exonérés d'impôt sur le revenu s'ils sont réemployés dans ce plan et frappés de la même indisponibilité que les titres auxquels ils se rattachent. Ils sont définitivement exonérés à l'expiration de la période d'indisponibilité correspondante.

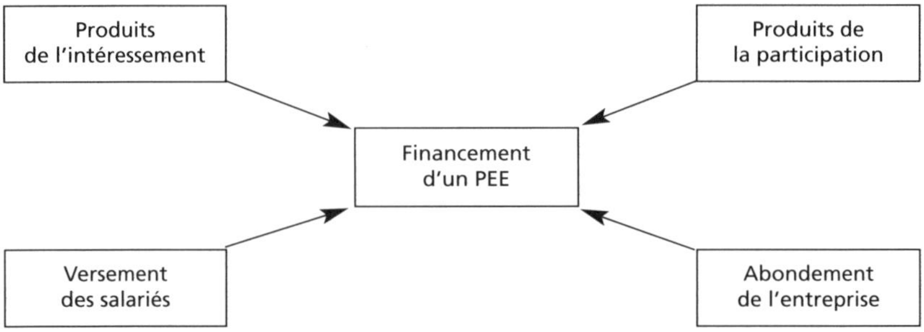

2.4 Dispositifs d'épargne salariale issus de la loi du 19 février 2001

Ils sont au nombre de deux :

– le plan d'épargne inter-entreprise (PEI) ;

– le plan partenarial d'épargne salariale volontaire (PPESV).

2.4.1 Le PEI

Afin de favoriser le développement de l'épargne salariale dans les PME, la loi a prévu la possibilité de permettre à plusieurs entreprises d'instituer des plans d'épargne inter-entreprises par voie d'accord avec les partenaires sociaux. Sous réserve de quelques dispositions particulières, les PEI sont régis par les dispositions applicables aux PEE.

31. Voir *infra*, § 2.3.5.
32. Voir *supra*, § 2.1.2 D.

2.4.2 Le PPESV

Créé nécessairement par voie d'accord collectif, le PPESV est un outil d'épargne salariale permettant au salarié de constituer une épargne à long terme (10 ans) aux fins d'en affecter le produit à l'acquisition de titres de SICAV ou de parts de fonds communs de placement ou d'actions émises par la société. Mais il ne peut être mis en place que si les participants ont la possibilité d'opter pour une durée plus courte. En d'autres termes, il ne peut être que complémentaire d'un PEE ou d'un PEI.

A – L'alimentation

Le PPESV peut être alimenté par toute somme versée volontairement par le salarié – sans pouvoir excéder le **1/4** de sa rémunération annuelle brute- ainsi que par les sommes issues de l'intéressement et de la participation, ou encore par transfert de fonds provenant de PEE et de PEI réalisé y compris pendant la période de blocage de 5 ans. Il peut l'être également par un abondement annuel de l'entreprise limitée à 4 600 € sans pouvoir toutefois **excéder le triple** de la contribution volontaire du bénéficiaire.

B – La gestion

Deux formules sont prévues par l'article L. 443-1-2.

Soit, il s'agit d'un PPESV *à terme fixe* : les sommes ou valeurs inscrites aux comptes des participants au plan doivent être détenues dans celui-ci jusqu'à l'expiration d'un délai minimum de 10 ans **à compter du premier versement**.

Soit, il s'agit d'un PPESV « glissant » : les sommes ou valeurs inscrites aux comptes des participants doivent être détenues jusqu'à l'expiration d'un délai minimum de 10 ans **après leur versement**.

Les cas de déblocage anticipé sont les suivants :

- décès du salarié, de son conjoint ou de la personne qui lui est liée par un Pacs ;
- départ à la retraite ou licenciement ;
- expiration des droits à l'assurance chômage du titulaire ;
- invalidité du salarié, de ses enfants, de son conjoint ou de la personne qui lui est liée par un Pacs (incapacité de 2e ou 3e catégorie sécurité sociale) ;
- affectation des sommes épargnées à la création ou reprise par le salarié, ses enfants, son conjoint ou la personne qui lui est liée par un Pacs, d'une entreprise industrielle, commerciale, artisanale ou agricole, soit à titre individuel, soit sous la forme d'une société ;
- affectation des sommes épargnées à l'acquisition ou agrandissement de la résidence principale ;
- situation de surendettement du salarié.

C – Les avantages fiscaux

Au titre de la fiscalité **individuelle**, les sommes librement affectées par le salarié au PPESV ne bénéficient d'un traitement de faveur que si elles résultent d'un accord de participation ou d'intéressement. En revanche, les sommes versées par l'entreprise, dans la limite annuelle de 4 600 €, sont exonérées d'impôt sur le revenu, de même que le sont les revenus générés par les fonds du PPESV s'ils sont réemployés dans le fonds.

Au titre de la fiscalité **d'entreprise**, les sommes consacrées au financement du PPESV sont déductibles de son résultat imposable.

Au niveau **social**, les sommes versées par le salarié ne bénéficient de l'exonération de cotisations sociales que si elles sont issues d'une origine créant de tels avantages (participation, intéressement). La contribution complémentaire de l'entreprise est assujettie à une taxe de 8,2 % à la charge de l'employeur au profit du Fonds de réserve des retraites.

Chapitre 2

Le temps de travail

La législation relative au temps de travail (*lato sensu*) a été **profondément** modifiée par les deux lois dites « Aubry I » et « Aubry II » : la première du 13 juin 1998 « *d'orientation et d'incitation relative à la réduction du temps de travail* », la seconde du 19 janvier 2000, « *relative à la réduction négociée du temps de travail* », accompagnée chacune d'une série de décrets d'application. La dernière réforme en la matière remonte à la loi du 31 mars 2005 « *portant réforme de l'organisation du temps de travail dans l'entreprise* ».

1. La durée du travail

1.1 Durée hebdomadaire du travail

1.1.1 La durée légale du travail

Selon les dispositions de l'article L. 212-1, la durée légale du travail **effectif** des salariés est de 35 heures (et non plus de 39 h) depuis le 1er janvier 2000 pour les entreprises dont l'effectif à cette date était de plus de 20 salariés ainsi que pour les unités économiques et sociales de plus de 20 salariés reconnues par convention ou par décision de justice[1]. Pour les autres entreprises et unités économiques et sociales, la durée légale du travail à 35 heures n'a eu lieu qu'à compter du 1er janvier 2002.

A – Le champ d'application

Il est très large puisqu'il couvre notamment les établissements industriels et commerciaux et leurs dépendances, de quelque nature qu'ils soient, publics ou privés, laïques ou religieux ; les

1. Sur l'approche judiciaire de la notion d'unité économique et sociale, voir Partie 4, chapitre 3, § 1.1.3.

offices publics et ministériels ; les professions libérales ; les sociétés civiles ; les syndicats professionnels et associations de quelque nature que ce soit ainsi que les établissements agricoles, artisanaux et coopératifs et leurs dépendances.

B – La notion de travail effectif

Le passage de la durée légale du travail effectif à 35 heures a placé au centre des débats la notion de « durée du travail **effectif** ».

Selon les dispositions de l'article L. 212-4, « *la durée du travail effectif est le temps pendant lequel le salarié est à la disposition de l'employeur et doit se conformer à ses directives sans pouvoir vaquer librement à des obligations personnelles* ».

1) L'habillage, le casse-croûte et les pauses

Le temps nécessaire à l'habillage et au déshabillage n'est pas considéré comme du temps de travail effectif sauf dans l'hypothèse où le port d'une tenue de travail est imposé par des dispositions législatives ou réglementaires ou par le règlement intérieur ou par le contrat de travail.

Les temps nécessaires à la restauration et les temps consacrés aux pauses ne sont pas ou plus considérés comme du temps de travail effectif dès lors que le salarié peut vaquer librement à des obligations personnelles et n'est pas à la disposition de son employeur. Appréciation qui pourra parfois se révéler incertaine compte tenu des circonstances de fait... Ce temps, bien que non effectif, peut toutefois faire l'objet d'une rémunération par voie conventionnelle ou contractuelle.

2) Les astreintes

La jurisprudence de la Cour de cassation conduisait à distinguer les temps de simple astreinte pendant lesquels le salarié est libre de disposer de son temps et le temps de travail effectif pendant lequel il reste en permanence à la disposition de l'employeur pour participer à l'activité de l'entreprise.

Exemple 1 :

Doivent être qualifiées de temps de travail effectif les heures de garde de nuit effectuées dans des établissements accueillant des malades ou des personnes âgées par des salariés ayant l'obligation de ne pas s'absenter afin de répondre aux appels des malades et d'être en mesure d'intervenir en cas de nécessité (Cass. soc., 4 novembre 1992).

Exemple 2 :

Ne sont pas assimilables à du temps de travail effectif les périodes pendant lesquelles, entre deux interventions chez un client, le salarié d'une société de surveillance, ne travaillant à aucun moment en entreprise et joignable par un système d'alarme et d'eurosignal, était libre de consacrer son temps à des activités de son choix (Cass. soc., 24 novembre 1993).

Exemple 3 :

Constituent des astreintes et non du travail effectif les périodes pendant lesquelles un salarié reste à son domicile ou en tout lieu de son choix dès lors qu'il peut être joint par son employeur, notamment à l'aide des moyens de téléphonie mobile mis à sa disposition en vue de répondre à un appel de son employeur pour effectuer un service urgent au sein de l'entreprise (Cass. soc., 10 juillet 2002).

Le législateur, s'inspirant de cette jurisprudence, a introduit dans le code du travail un article L. 212-4 bis ainsi libellé : « *une période d'astreinte s'entend comme une période pendant laquelle le salarié, sans être à la disposition permanente et immédiate de l'employeur, a l'obligation de demeurer à son domicile ou à proximité afin d'être en mesure d'intervenir pour effectuer un travail au service de l'entreprise, la durée de cette intervention étant considérée comme un temps de travail effectif* ».

Les astreintes peuvent être mises en place :

- par conventions ou accords collectifs de branche étendus ou par accords d'entreprise ou d'établissement ;
- à défaut d'accord collectif, par l'employeur après information-consultation du comité d'entreprise (ou, en l'absence de comité d'entreprise, des délégués du personnel s'il en existe) et après information de l'inspecteur du travail.

Dans tous les cas doivent être indiqués le mode d'organisation de ces astreintes ainsi que « *la compensation financière ou sous forme de repos* » à laquelle elles donnent lieu. De plus, la programmation individuelle des périodes d'astreintes doit être portée à la connaissance de chaque salarié concerné moyennant un délai de prévenance de 15 jours qui peut être ramené à un jour franc en cas de « *circonstances exceptionnelles* ». Enfin, l'accomplissement d'astreintes doit donner lieu, pour chaque salarié concerné, à la remise, en fin de mois, d'un document indiquant le nombre d'heures d'astreinte effectuées au cours du mois écoulé et la compensation correspondante. Ce document, tenu à la disposition de l'inspection du travail, doit être conservé pendant une durée d'un an.

Le législateur décide que la période d'astreinte est décomptée dans les durées minimales de repos quotidien et hebdomadaire, à l'exception de la durée d'intervention. Cette position est **contraire** à celle qu'avait adoptée la Cour de cassation dans un arrêt du 10 juillet 2002 en vertu duquel les périodes d'astreinte « ne peuvent être considérées comme un temps de repos ».

3) Les temps de déplacement professionnel

« *Le temps de déplacement professionnel pour se rendre sur le lieu d'exécution du contrat de travail n'est pas un temps de travail effectif. Toutefois, s'il dépasse le temps normal de trajet entre le domicile et le lieu habituel de travail, il doit faire l'objet d'une contrepartie soit sous forme de* ***repos****, soit* ***financière****, déterminée par convention ou accord collectif ou, à défaut, par décision unilatérale de l'employeur prise après consultation du comité d'entreprise ou des délégués du personnel, s'ils existent. La part de ce temps de déplacement professionnel coïncidant avec l'horaire de travail ne doit pas entraîner de perte de salaire* » (L. 212-4 al. 4).

Il convient de noter à titre liminaire que le temps habituel de trajet entre le **domicile** et le **lieu habituel** de travail ne constitue pas en soi un temps de travail effectif, car il n'est pas stricto sensu un déplacement professionnel.

Selon les dispositions de cet article, n'est pas non plus un temps de travail effectif celui pris pour se rendre de son **domicile** au lieu d'exécution du contrat de travail **qui n'est pas le lieu habituel de travail** : ainsi en est-il du salarié qui doit se rendre chez un client dans une autre ville ou à une réunion se tenant dans un autre établissement de l'entreprise. Puisque ce n'est pas du travail effectif, ce temps de déplacement, même s'il dépasse le temps normal de trajet entre le domicile et le lieu habituel de travail, n'a pas à être rémunéré, sauf dispositions plus favorables d'un accord collectif et n'entre pas dans le décompte de la durée du travail, en particulier pour l'application de la législation sur les heures supplémentaires. Il est prévu toutefois l'octroi d'une contrepartie, soit de repos, soit financière – à déterminer par accord collectif ou à défaut, par l'employeur – lorsque ce temps de déplacement professionnel pour se rendre sur le lieu d'exécution du contrat de travail dépasse le temps normal de trajet entre le domicile et le lieu habituel de travail.

En revanche est obligatoirement rémunérée la part du temps de déplacement professionnel coïncidant avec l'horaire de travail[2].

4) Les équivalences

Pour compenser les périodes d'inaction inhérentes à certaines activités, il a été institué un « **régime d'équivalence** » selon lequel les salariés exerçant ces activités peuvent être astreints à une durée de présence hebdomadaire supérieure à la durée légale tout en n'étant rémunérés que sur la base de la durée légale. Dans le cadre de ce régime, les heures supplémentaires ne sont alors décomptés qu'au-delà du temps d'équivalence.

Le régime des équivalences ne peut être institué que par décret en Conseil d'État ou par décret pris après conclusion d'une convention ou d'un accord de branche[3].

---

2. Une question sera inévitablement soulevée pour les salariés non soumis à un horaire fixe ou déterminé, comme par exemple les cadres relevant d'un forfait annuel en heures ou en jours. Comment déterminer la frontière entre ce qui doit être rémunéré et ce qui donne seulement lieu à une contrepartie ?

3. Cette précision législative vise à mettre un terme à la possibilité offerte par la chambre sociale de la Cour de cassation de mettre en place un régime d'équivalence par accord d'entreprise (voir arrêt « *Hecq* » du 9 mars 1999).

1.1.2 Les durées maximales hebdomadaires

La durée maximale hebdomadaire est de 48 heures. La durée maximale moyenne est de 44 heures sur une période quelconque de 12 semaines consécutives (46 h en cas d'accord de branche repris par décret).

En cas de circonstances exceptionnelles, « *certaines entreprises peuvent être autorisées à dépasser, pendant une période limitée, le plafond de 48 heures par semaine, sans toutefois que ce dépassement puisse avoir pour effet de porter la durée du travail à plus de 60 heures par semaine* » (L. 212-7 al. 4). La demande doit être assortie des justifications sur les circonstances exceptionnelles qui la motivent et préciser la durée pour laquelle la dérogation est sollicitée. Elle doit être accompagnée de l'avis du comité d'entreprise ou, à défaut, des délégués du personnel.

1.2 Durée quotidienne du travail

1.2.1 Le principe

Selon l'article L. 212-1, la durée quotidienne du **travail effectif** ne peut excéder **10 heures**. Les apprentis et les jeunes travailleurs âgés de moins de 18 ans ne peuvent, quant à eux, être employés à un travail effectif excédant 8 heures par jour (L. 212-13). La durée du travail de 10 heures dont il s'agit s'entend, non de l'amplitude de la journée de travail, mais de la durée de travail effectif.

1.2.2 Les dérogations

Elles sont de deux ordres.

A – Les dérogations conventionnelles

Une convention ou un accord collectif étendu ou un accord d'entreprise ou d'établissement peut prévoir le dépassement de la durée maximale quotidienne du travail sous réserve de ne pas la porter **à plus de 12 heures** (D. 212-17).

Nous rappelons que les accords d'entreprise ou d'établissement *dérogatoires* doivent, pour entrer en vigueur, ne pas avoir fait l'objet d'une opposition de la part d'une ou plusieurs organisations syndicales ayant recueilli au premier tour les voix de plus de la moitié des électeurs inscrits lors des dernières élections au comité d'entreprise ou, à défaut, des délégués du personnel[4].

B – Les dérogations administratives

1) Les cas d'ouverture

Selon l'article D. 212-13, il est nécessaire que soit apportée la preuve d'un surcroît temporaire d'activité, celui-ci pouvant être notamment justifié par les circonstances ci-après :

- travaux devant être exécutés dans un délai déterminé en raison de leur nature, des charges imposées à l'entreprise ou des engagements contractés par celle-ci ;
- travaux saisonniers ;
- travaux impliquant une activité accrue pendant certains jours de la semaine, du mois ou de l'année.

2) La demande de dérogation

- De principe, il s'agit d'une *demande préalable* à l'inspecteur du travail, demande accompagnée des justifications utiles et de l'avis du comité d'entreprise ou, à défaut, des délégués du personnel.

  L'inspecteur doit répondre au plus tard dans les 15 jours suivant la date de la réception de la demande.
- **En cas d'urgence**, l'employeur peut déroger de sa propre initiative à la durée maximale quotidienne du travail, mais doit alors adresser immédiatement à l'inspecteur du travail *une*

4. Voir Partie 1, chapitre 3, § 3.5.

demande de régularisation accompagnée des justifications utiles, de l'avis du comité d'entreprise ou, à défaut, des délégués du personnel, et de toutes explications nécessaires sur les causes ayant motivé une prolongation de la durée quotidienne du travail sans autorisation préalable.

Si, lorsque l'urgence se déclare, l'employeur se trouve dans l'attente d'une réponse à une demande de dérogation préalable, il doit informer immédiatement l'inspecteur du travail de l'obligation où il s'est trouvé d'anticiper la décision attendue et en donner les raisons.

Dans les deux cas, l'inspecteur du travail fait connaître sa décision dans un délai de 15 jours suivant la date de la réception de la demande.

3) Les recours hiérarchiques

Les recours hiérarchiques contre les décisions de l'inspecteur du travail doivent être formés devant le directeur régional du travail et de l'emploi dans le délai **d'un mois** suivant la date à laquelle les intéressés en ont reçu notification.

1.3 Horaire de travail

1.3.1 L'horaire collectif de travail

Lorsqu'il est appliqué, l'horaire collectif de travail doit faire l'objet d'une publicité assurée par **l'affichage obligatoire** du tableau des heures de travail dans chacun des lieux de travail, tableau daté et signé par le chef d'entreprise ou son représentant.

Toute modification d'horaire appelle la consultation du comité d'entreprise et sa notification à l'inspecteur du travail.

1.3.2 Les horaires individualisés

Depuis la loi du 27 décembre 1973 « *relative à l'amélioration des conditions de travail* », des dérogations au principe de l'horaire uniforme sont possibles pour favoriser l'aménagement du temps de travail.

Le dernier aménagement en la matière remonte à l'ordonnance du 16 janvier 1982 « *relative à la durée du travail et aux congés payés* ». Il n'existe pas vraiment une définition légale ou réglementaire des horaires individualisés. Pour l'essentiel, il s'agit d'un type d'organisation du temps de travail conçu de manière à répartir la journée de travail en plusieurs plages ou tronçons et à donner ainsi au personnel qui le demande la possibilité d'arriver et de quitter le lieu de travail à sa convenance tout en effectuant un certain nombre d'heures dans le cadre d'une période déterminée.

A – Les conditions de mise en œuvre des horaires variables

Dans les entreprises qui ne disposent pas d'une représentation du personnel, la pratique des horaires individualisés n'est possible qu'après constat de l'accord du personnel et autorisation de l'inspecteur du travail (L. 212-4-1 al. 2).

Dans les entreprises où il existe un comité d'entreprise (ou, à défaut, des délégués du personnel), la pratique des horaires individualisés n'est possible **qu'après accord** de l'une ou l'autre de ces institutions représentatives, l'inspecteur du travail ayant été préalablement informé. Cette information préalable à la mise en vigueur d'horaires individualisés permet à l'autorité administrative d'apprécier si les systèmes proposés sont compatibles avec la réglementation en vigueur. Ainsi, pourra-t-il inviter le chef d'entreprise à supprimer ou modifier certaines modalités adoptées qui seraient considérées comme inacceptables en raison de leur non-conformité aux textes légaux.

Les horaires individualisés peuvent entraîner des reports d'heures d'une semaine à une autre. Ces heures reportées, si elles résultent d'un libre choix du salarié concerné, ne peuvent être considérées comme heures supplémentaires de la semaine au cours de laquelle le report est intervenu. Ce report d'heures d'une semaine à une autre ne peut excéder **3** heures et le cumul des reports ne peut avoir pour effet de porter le total des heures reportées à plus de **10**, sauf dispositions différentes d'une convention collective ou d'un accord d'entreprise ou d'établissement.

B – Les modalités pratiques de la formule des horaires variables

La durée quotidienne du travail est scindée en deux : une partie dite « plage fixe » pendant laquelle l'ensemble du personnel est simultanément à son poste de travail, et une partie variable dite « plage mobile » à l'intérieur de laquelle le salarié choisit ses heures d'arrivée et de départ, compte tenu d'un horaire global à respecter.

> *Exemple :*
>
> Une entreprise est ouverte chaque jour de 7 heures à 18 heures. Les salariés peuvent choisir d'arriver entre 7 heures et 9 heures (plage mobile), et de quitter leur travail entre 16 heures et 18 heures (plage mobile). De plus, une pause minimum de 45 minutes est prévue pour le déjeuner, mais elle peut être prise à partir de 11 heures 30 jusqu'à 13 heures 15 (pour se terminer au plus tard à 14 heures).
>
> Dans cet exemple, un salarié qui préfère être libre en fin de journée, peut arriver à 7 heures, déjeuner entre 12 et 12 heures 45 et terminer ainsi sa journée à 15 heures 45. Autre possibilité : un salarié qui désire profiter du milieu de journée peut arriver à 8 heures, s'absenter de 12 heures à 14 heures, et terminer sa journée à 18 heures.

1.3.3 Le contrôle des horaires

Aux termes de l'article L. 611-9 alinéa 2, les chefs d'établissement doivent tenir à la disposition de l'inspecteur du travail le ou les documents existant dans l'établissement qui lui permettent de **comptabiliser** les heures de travail effectuées par chaque salarié. Cette obligation s'impose également dans le cas d'horaires individualisés.

Ces documents doivent être conservés pendant une durée d'un an.

1.4 Le régime des heures supplémentaires

Sont considérées comme heures supplémentaires les heures effectuées au-delà de la durée légale du travail (35 heures par semaine) – ou de la durée considérée comme équivalente –, quelle que soit la durée conventionnelle du travail, **à la demande de l'employeur**.

1.4.1 Le décompte

Les heures supplémentaires se décomptent par semaine civile, laquelle débute **le lundi à 0 heure** et se termine **le dimanche à 24 heures**.

Toutefois, il est possible de déroger à cette définition de la semaine civile par accord d'entreprise et en prévoir son début le dimanche à 0 heure et sa fin le samedi à 24 heures.

1.4.2 Le contingent annuel

A – L'information de l'inspecteur du travail

Un contingent annuel légal d'heures supplémentaires par salarié peut être effectué après une simple information de l'inspecteur du travail et, s'ils existent, du comité d'entreprise ou des délégués du personnel (L. 212-6).

La primauté est toutefois donnée au **contingent conventionnel**, c'est-à-dire celui fixé par convention ou accord de branche étendu, le contingent réglementaire fixé par décret – donc appelé « contingent légal » – n'ayant vocation à s'appliquer qu'en l'absence de dispositions conventionnelles. Le contingent conventionnel peut être fixé à un montant supérieur ou inférieur à celui déterminé par décret. Au-delà du contingent, l'autorisation administrative est requise.

Sauf exceptions, la règle veut que les heures supplémentaires effectuées au-delà de 35 heures s'imputent sur le contingent annuel. En cas d'annualisation de la durée du travail, sont prises en compte les heures supplémentaires effectuées au-delà de 1 607 heures.

Par dérogation, dans les entreprises de 20 salariés et moins, les heures effectuées au-delà de 36 heures par semaine (ou 1652 h par an en cas d'annualisation compte tenu de la journée de solidarité) s'imputent sur le contingent. Ce régime est transitoire et prendra fin normalement au 31 décembre 2008. Au-delà de cette date, le régime de droit commun à vocation à retrouver application.

Le niveau actuel du contingent annuel est fixé à **220 heures par salarié** (D. 212-25)[5] et il concerne les ouvriers, employés, agents de maîtrise et cadres occupés selon l'horaire collectif et intégrés dans une unité de travail. Ne se trouvent donc pas concernés les cadres « autonomes », en conséquence de quoi les conventions individuelles de forfait en heures sur une base hebdomadaire ou mensuelle peuvent fixer une durée de travail qui dépasse ce contingent de 220 heures, dans le respect toutefois des durées maximales journalière et hebdomadaire de travail.

B – L'autorisation administrative

Elle n'est requise que pour les heures supplémentaires effectuées au-delà du contingent légal ou conventionnel, demande d'autorisation accompagnée de l'avis du comité d'entreprise ou, à défaut, des délégués du personnel. L'inspecteur du travail ainsi sollicité peut éventuellement interdire le recours aux heures supplémentaires pour permettre l'embauche – ne serait-ce que par contrat de travail précaire – de travailleurs sans emploi. La décision de l'inspecteur doit être notifiée dans les 15 jours suivant le dépôt de la demande, son silence à l'issue de ce délai valant autorisation tacite (R. 212-11). La violation de la demande d'autorisation est punie d'une amende de 750 €, applicable autant de fois qu'il y a de salariés indûment employés.

1.4.3 Les conditions de paiement

La Cour de cassation considère que les heures de travail accomplies librement et individuellement en dehors de l'horaire normal du travail ne donnent pas lieu à majoration de rémunération. En d'autres termes, un salarié n'a droit qu'au paiement des heures supplémentaires accomplies avec l'accord au moins implicite de l'employeur. Un domaine à haut risque judiciaire !

1.4.4 La rémunération

Les heures supplémentaires donnent lieu à une majoration de salaire dont le taux est fixé **par un accord de branche étendu ou un accord d'entreprise ou d'établissement**, sachant que ce taux ne peut être inférieur à 10 %.

À défaut de dispositions conventionnelles, la majoration à retenir est la suivante :

- 25 % pour chacune des huit premières heures supplémentaires, soit de la 36e à la 43e heure incluse[6] ;
- 50 % à partir de la 44e heure.

Le paiement des heures supplémentaires peut être remplacé en tout ou partie par un repos compensateur de remplacement[7].

Ces majorations sont calculées sur la base du salaire horaire **effectif** payé au salarié, ce qui implique que soient incluses dans l'assiette de calcul les primes inhérentes à la nature du travail (primes de danger, de froid, d'insalubrité, etc.).

---

5. Ce contingent est réduit à 130 heures par an et par salarié lorsque la durée hebdomadaire de travail varie dans le cadre d'un horaire collectif de modulation (voir *infra*, § 1.6). Cette réduction n'est toutefois pas applicable lorsque l'accord prévoit une variation de la durée hebdomadaire de travail dans les limites de 31 et 39 heures ou lorsque le nombre d'heures effectuées au-delà de la durée légale hebdomadaire est inférieur ou égal à 70 heures par an.

6. Pour les entreprises de 20 salariés et moins, c'est un taux de 10 % qui s'applique pour les quatre premières heures supplémentaires (soit de la 36e heure à la 39e heure incluse), sauf accord collectif fixant un taux supérieur, et 25 % ensuite.

7. Voir *infra*, § 1.5.1.

1.4.5 Le cycle de travail

Le cycle est une période brève, multiple de la semaine au sein de laquelle la durée du travail est répartie de façon fixe et répétitive de telle sorte que les semaines comportant des horaires au-delà de la durée légale hebdomadaire soient strictement compensées au cours du cycle par des semaines comportant une durée hebdomadaire inférieure à cette norme.

Les heures supplémentaires sont alors décomptées à partir de celles dépassant la durée moyenne de 35 heures calculée sur la durée du cycle.

La mise en œuvre de cycles de travail n'est possible que dans 3 hypothèses :

– en cas de fonctionnement de l'entreprise en continu (soit : 24 heures et 7 jours sur 7) ;
– dans le cas où un décret l'autorise ;
– lorsque cette possibilité est prévue par une convention ou un accord collectif étendu ou un accord d'entreprise ou d'établissement qui doit alors fixer la durée maximale du cycle.

1.4.6 Les travaux urgents

Les heures supplémentaires effectuées dans le cadre de travaux urgents ne s'imputent pas sur le contingent annuel de 130 heures et sont considérées comme des heures ouvrant droit au repos compensateur de droit commun de 50 %[8].

1.5 Repos compensateurs

L'idée du repos compensateur a été consacrée par la loi, modifiée à plusieurs reprises, du 16 juillet 1976 qui a trouvé sa place dans le cadre de la politique de réduction de la durée du travail.

Elle répondait au souci du législateur d'alléger au bénéfice du salarié les contraintes de fatigue que fait peser sur lui le recours aux heures supplémentaires, même s'il lui offre l'opportunité d'améliorer sa rémunération.

1.5.1 Les différents types de repos compensateurs

Ils sont au nombre de quatre :

1) Le repos compensateur lié à l'accomplissement des 8 premières heures supplémentaires à partir de la 36e heure

La majoration de salaire (voir § 1.4.4) peut être remplacée par un repos compensateur équivalent en application d'un accord de branche étendu ou d'un accord d'entreprise ou d'établissement.

2) Le repos compensateur lié à l'accomplissement d'heures supplémentaires dans le cadre du contingent annuel légal

« *Les heures supplémentaires de travail ouvrent droit à un repos compensateur obligatoire dont la durée est égale à* ***50 %*** *du temps de travail accompli en heures supplémentaires* ***au-delà de 41 heures***[9]*, dans les entreprises* ***de plus de vingt salariés*** » (L. 212-5-1 al. 1).

> *Exemple :*
>
> Un salarié qui effectue 46 heures de travail par semaine acquiert un droit au repos compensateur pour les 5 dernières heures de travail. La durée du repos acquis au titre de chaque semaine sera de 300 mn : 2 = 150 mn soit 2 heures 30 mn.

3) Le repos compensateur lié au dépassement du contingent annuel légal

En vertu des dispositions de l'article L. 212-5-1 alinéa 2, les heures supplémentaires effectuées au-delà du contingent annuel légal (130 heures) ouvrent droit à un repos compensateur

---

8. Voir *infra*, § 1.5.
9. Le seuil a été ramené de 42 à 41 heures à compter du 1er janvier 1999 par la loi « Aubry I » du 13 juin 1998.

obligatoire égal à **50 %** de ces heures supplémentaires pour les entreprises ≤ 20 salariés et à **100 %** pour les entreprises > 20 salariés.

4) Le remplacement du paiement majoré des heures supplémentaires par un repos compensateur équivalent (L. 212-5 al. 4 à 6)

Une convention ou un accord collectif **étendu** ou une **convention** ou un **accord d'entreprise** ou **d'établissement** peut prévoir le remplacement de **tout** ou **partie** du paiement des heures supplémentaires et des majorations y afférentes par un repos compensateur équivalent[10]. Les heures supplémentaires dont le paiement est ainsi remplacé par un repos compensateur **ne s'imputent** pas sur le contingent annuel légal.

Ce repos compensateur remplaçant seulement le paiement des heures supplémentaires effectives, il vient donc **s'ajouter** aux repos déjà existants de 50 % (au-delà de la 41e heure dans les entreprises > 20 salariés – L. 212-5 al. 1) et de 50 % ou 100 % (au-delà du contingent annuel, selon que l'effectif de l'entreprise est < 20 salariés ou > 20 salariés).

1.5.2 Le régime légal du repos compensateur

A – L'ouverture du droit

Le droit à repos compensateur est réputé ouvert dès que la durée de ce repos atteint **7 heures** (D. 212-10).

B – La prise des repos

Les repos compensateurs peuvent être pris par journée entière ou demi-journée, le choix étant laissé à la discrétion du salarié, mais toujours en dehors de la période comprise entre le 1er juillet et le 31 août. Par ailleurs, il ne peut être accolé au congé annuel payé ni à une fraction de ce congé. La journée ou demi-journée au cours de laquelle le repos est pris correspond au nombre d'heures de travail que le salarié aurait effectué pendant cette journée ou cette demi-journée.

Pour remplir convenablement son rôle, le repos compensateur doit être pris le plus près possible de la période pendant laquelle de nombreuses heures supplémentaires ont été effectuées ; aussi est-il prévu qu'il doit obligatoirement être pris dans un délai de **2 mois** suivant l'ouverture du droit (délai pouvant être porté à **6 mois** par accord de branche étendu ou par accord d'entreprise) (L. 212-5-1 al. 3)[11].

C – L'indemnisation du repos

Le repos donne lieu à une indemnisation qui ne doit entraîner aucune diminution de la rémunération que le salarié aurait perçue s'il avait accompli son travail. Cette règle signifie que son salaire lui sera maintenu pendant sa journée ou demi-journée de repos. Il doit percevoir en conséquence toutes les sommes, ayant un caractère de salaire, qu'il aurait perçues s'il avait normalement travaillé pendant cette journée (y compris les majorations pour heures supplémentaires et toutes primes ou indemnités s'ajoutant au salaire de base).

Le repos compensateur est assimilé à une période de travail effectif pour le calcul des droits du salarié. Il doit être effectivement pris et son remplacement par une indemnité en espèces est en principe interdit.

D – L'information du salarié

Elle a lieu par la voie du bulletin de paie ou d'une fiche qui s'y trouve annexée. Il y est indiqué le nombre d'heures de repos porté au crédit de l'intéressé et rappelé **l'ouverture** du droit au repos et le **délai** maximum dans lequel il doit être pris (D. 212-11).

---

10. Dans les entreprises où la négociation annuelle ne peut avoir lieu faute d'organisation syndicale représentative implantée dans l'entreprise, l'employeur peut prévoir cette faculté sous la seule réserve de l'absence d'opposition du comité d'entreprise ou, à défaut, des délégués du personnel.

11. L'absence de demande de prise du repos par le salarié ne peut entraîner la perte de son droit au repos. Dans ce cas, l'employeur est tenu de lui demander de prendre effectivement ses repos dans un délai maximal d'un an.

L'absence d'information peut donner lieu à l'ouverture d'une action judiciaire en dommages et intérêts.

Exemple (Cass. soc., 24 avril 1985) :

Pour n'avoir pas, pendant plusieurs mois, fait figurer sur les bulletins de paie de huit de ses salariés les mentions prévues en matière de repos compensateur, l'employeur s'était vu condamné par le conseil de prud'hommes à payer aux intéressés une certaine somme, « destinée à réparer le préjudice subi ».

À juste titre, dit la Cour de cassation, car la société n'avait pas, comme elle aurait dû le faire, régulièrement informé les salariés du nombre d'heures de repos compensateur porté à leur crédit, ni de la date d'ouverture du droit à ce repos. Cette « abstention fautive » ayant empêché les intéressés d'obtenir « en temps utile » le repos compensateur auquel ils pouvaient prétendre, il a été jugé que l'employeur leur en devait bien réparation.

Tableau 19 – Récapitulatif des différents types de repos compensateurs

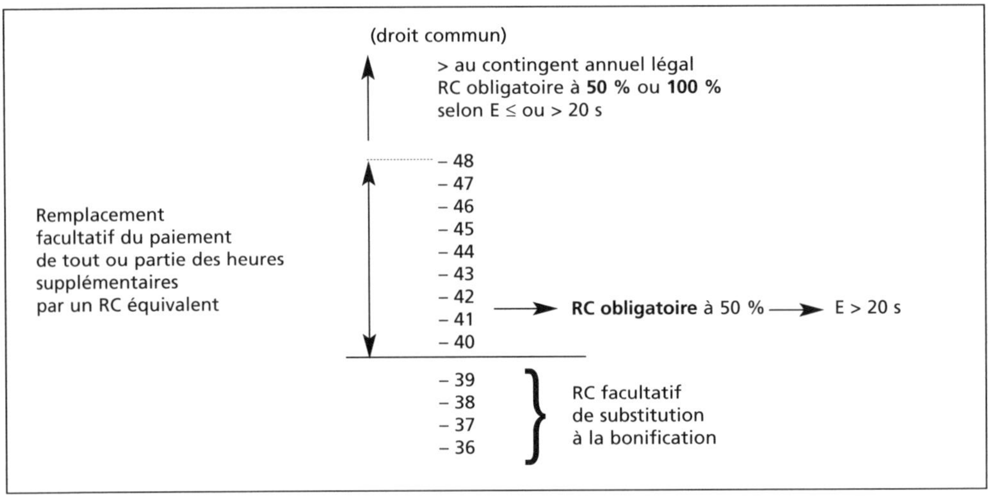

1.6 Modulation des horaires de travail

Depuis la seconde loi du 19 janvier 2000 sur les 35 heures, il n'existe plus qu'un **seul dispositif** de modulation, les anciennes modulations de type I, II et III étant abrogées.

La modulation des horaires de travail consiste à faire varier la durée hebdomadaire du travail **sur tout ou partie de l'année** à condition que sur un an cette durée n'excède pas en moyenne 35 heures par semaine travaillée. L'objectif recherché par le législateur est de permettre aux entreprises de faire face avec souplesse et sans surcroît aux fluctuations d'activité, qu'elles soient saisonnières ou conjonctuelles, auxquelles elles peuvent se trouver confrontées.

1.6.1 La mise en œuvre

La modulation des horaires de travail peut être mise en œuvre soit par une convention ou un accord collectif étendu, soit par **accord d'entreprise ou d'établissement** (L. 212-8).

Le programme de la modulation est soumis pour avis avant sa mise en œuvre au comité d'entreprise ou, à défaut, aux délégués du personnel. Le chef d'entreprise communique au moins une fois par an un bilan de l'application de la modulation aux instances du personnel concernées.

1.6.2 Les principes de fonctionnement

Ils sont au nombre de deux :

– la modulation ne peut excéder **un plafond de 1 607 heures au cours de l'année**, plafond qui équivaut à environ 45,7 semaines travaillées, selon le calcul suivant : 365 jours – 52 jours de repos hebdomadaire – 30 jours de congés payés – 8 à 9 jours fériés (incluant la journée de solidarité, le 1er mai et d'autres jours fériés chômés conventionnels quand ils ne coïncident pas avec un jour de repos hebdomadaire) ;

– l'accord de modulation ne peut prévoir un dépassement des durées maximales hebdomadaires (48 heures par semaine ou 44 heures sur 12 semaines consécutives) ni du maxima journalier (10 heures).

1.6.3 Le décompte des heures supplémentaires

Ne sont considérées comme heures supplémentaires que les heures effectuées au-delà des limites hebdomadaires fixées par l'accord ainsi que, à l'exclusion de ces dernières, celles dépassant la durée moyenne de 35 heures calculées sur une base annuelle, et en tout état de cause, toutes les heures de travail effectuées au-delà du plafond légal de 1 607 heures (ou du plafond conventionnel s'il lui est inférieur)[12].

En revanche, les heures effectuées au-delà de 35 heures dans les limites définies par l'accord de modulation **ne sont pas considérées comme des heures supplémentaires** : c'est là l'un des intérêts essentiels de la modulation.

1.6.4 Le « lissage » de la rémunération

La convention ou l'accord collectif étendu ou l'accord collectif d'entreprise ou d'établissement peut prévoir le versement aux salariés concernés par la modulation d'une rémunération mensuelle moyenne indépendante de l'horaire et calculée sur la base de la durée annuelle prévue pour cet accord. Les heures supplémentaires effectuées au-delà des limites prévues par l'accord de modulation sont en revanche payées avec le salaire du mois correspondant (L. 212-8-5).

1.7 Temps « choisi »

Afin de permettre aux salariés qui le **souhaitent** de travailler plus pour gagner plus, la loi du 31 mars 2005 « *portant réforme de l'organisation du temps de travail dans l'entreprise* » a mis en place un dispositif de « temps choisi ».

1.7.1 La mise en œuvre du dispositif

« *Lorsqu'une convention ou un accord collectif de branche, de groupe, d'entreprise ou d'établissement le prévoit, le salarié qui le souhaite peut, en accord avec son employeur, effectuer des heures choisies au delà d'un contingent annuel d'heures supplémentaires applicable dans l'entreprise ou l'établissement en vertu de l'article L. 212-6* » (L. 212-6-1).

Une double condition est donc requise par le législateur :

La première veut que la mise en œuvre du « temps choisi » soit subordonnée à l'existence d'un accord collectif conclu selon les règles du droit commun de la négociation collective issues de la loi du 4 mai 2004.

La seconde exige l'accord individuel du salarié et l'accord de l'employeur, aucune des partie ne pouvant l'imposer à l'autre et en particulier aucune sanction ne peut être prononcée à l'encontre d'un salarié qui refuserait d'accomplir des heures au-delà du contingent annuel d'heures supplémentaires.

1.7.2 Les salariés concernés

Il ressort du texte de loi que sont concernés les salariés relevant du champ de ce contingent, à savoir les ouvriers, les employés, les agents de maîtrise, les cadres intégrés à l'horaire collectif, les salariés

---

12. Un plafond conventionnel supérieur déclenche le mécanisme des heures supplémentaires à partir de 1 607 heures. Dans les entreprises de 20 salariés et moins, en cas d'annualisation de la durée du travail, les heures à imputer sur le contingent annuel d'heures supplémentaires (voir *supra* § 1.4.2) sont les heures effectuées au-delà de 1 645 heures par an, et ce jusqu'au 31 décembre 2005. Le régime de droit commun retrouve application à compter du 1er janvier 2006.

itinérants non cadres ainsi que les cadres n'ayant pas signé de convention individuelle de forfait ou régis individuellement par une convention de forfait établies en heures sur une base hebdomadaire ou mensuelle.

Sont en revanche exclus les itinérants non cadres et cadres intermédiaires liés par une convention de forfait annuel en heures ainsi que les cadres autonomes liés par une convention de forfait annuel en jours.

1.7.3 Les heures concernées

Il s'agit de celles qui dépassent le contingent annuel conventionnel, ou à défaut légal de 220 heures (ou 130 heures en cas d'accord de modulation).

Si aucun plafond légal d'« heures choisies »[13] n'est fixé, il convient cependant de respecter les durées maximales journalière (10 heures) et hebdomadaire de travail (48 heures sur une semaine et 44 ou 46 heures, selon le cas, sur une période de 12 semaines consécutives).

1.7.4 Le régime des « heures choisies »

Assise sur une logique totalement différente de celle qui régit les heures supplémentaires[14], les « heures choisies » sont soumises en conséquence à un régime particulier.

- Il n'y a pas lieu de solliciter l'autorisation de l'inspecteur du travail.
- Le taux de majoration doit être fixé par l'accord, sachant qu'a minima il doit se caler sur le taux applicable pour les heures supplémentaires[14].
- Aucun repos compensateur n'est légalement institué.

1.7.5 Les dispositions particulières

A – Le dispositif applicable aux salariés au forfait annuel en heures

L'article L. 212-5-3 II alinéa 3 permet de rendre applicable aux salariés au forfait annuel en heures un mécanisme similaire à celui des « heures choisies ».

Par voie d'accord collectif, il est possible en effet d'ouvrir la faculté aux salariés de cette catégorie qui le **souhaitent**, en **accord** avec l'employeur, d'effectuer des heures au delà de la durée annuelle de travail prévue par la convention de forfait.

Sont ainsi susceptibles d'être visés des cadres intermédiaires ne relevant pas de la catégorie des cadres intégrés ainsi que des salariés itinérants non cadres.

La loi laisse entière liberté aux parties à l'accord pour déterminer les modalités de mise en œuvre du dispositif y compris le taux de majoration des heures ainsi effectuées qui peut être fixée **sans aucune référence** au taux retenu pour la majoration de droit commun des heures supplémentaires, même si celles-ci s'appliquent aux heures effectuées dans le cadre du forfait[15].

B – Le dispositif applicable aux cadres au forfait annuel en jours

L'article L. 212-5-3 III alinéa 2 permet aux cadres qui le **souhaitent**, en **accord** avec leur employeur, de renoncer à une partie de leurs jours de repos en contrepartie d'une majoration de salaire. On rappelle que la convention de forfait jours établit un plafond, soit en référence au plafond légal de 218 jours travaillés (journée de solidarité incluse), soit en référence à un plafond conventionnel inférieur. La question se pose alors pour le dépassement du plafond dans la mesure où la pratique

13. Si l'employeur peut imposer l'accomplissement d'heures supplémentaires, les « heures choisies » requièrent en revanche l'accord du salarié, d'autant plus que c'est à sa demande qu'elles seront susceptibles d'être effectuées.

14. Voir *supra*, § 1.4.4.

15. En cas de convention de forfait, il y a lieu de rappeler que la rémunération afférente au forfait doit être au moins égale à la rémunération que le salarié recevrait compte tenu du salaire conventionnel applicable à l'entreprise et des taux de majoration des heures supplémentaires prévues à l'article L. 212-5.

montre que nombreux sont les cadres qui perdent des journées de repos non prises en raison des charges de travail qui sont les leurs, parce que les mécanismes de récupération en vigueur (report de congés, affectation à un compte épargne-temps) ne donnent pas toute leur efficience au regard de ce profil de salarié. Aussi le législateur leur offre t-il avec cet article un dispositif plus adapté.

Là encore, la loi laisse entière liberté au parties à l'accord pour fixer les modalités de mise en œuvre de ce système.

1.7.6 Le régime applicable aux entreprises de 20 salariés et moins[16]

Sans qu'il soit besoin de recourir à la nécessité préalable d'un accord, il est possible pour le salarié (femme enceintes exclue) qui le souhaite, **en accord** toutefois avec son employeur, de se faire racheter directement une partie de ses journées ou demi-journées de repos accordé au titre de la réduction du temps de travail (RTT) moyennant une majoration de salaire.

Le nombre de journées ou heures, selon les catégories de salariés, pouvant être « rachetées » est plafonné à 10 jours par an ou à son équivalent en heures, soit 70 heures, ce qui correspond à 10 journées de 7 h.

Ces heures, demi-journées ou journées donnent lieu à une majoration de salaire au moins égale à 10 %, laquelle vaut également pour les cadres au forfait annuel en jours, bien que la réglementation des heures supplémentaire ne leur soit pas applicable[17].

1.8 La durée du travail des jeunes travailleurs

La loi limite à 7 heures par jour et 35 heures par semaine la durée du travail des jeunes travailleurs de moins de 18 ans ainsi que des jeunes de moins de 18 ans qui accomplissent des stages d'initiation ou d'application en milieu professionnel dans le cadre d'un enseignement alterné ou d'un cursus scolaire (L. 212-13). L'employeur est tenu de laisser aux jeunes de moins de 18 ans qui sont soumis à l'obligation de suivre des cours professionnels pendant la journée de travail le temps et la liberté nécessaires au respect de cette obligation.

Toutefois, à titre exceptionnel, des dérogations peuvent être accordées à ces dispositions, dans la limite de 5 heures par semaine, par l'inspecteur du travail, après avis conforme du médecin du travail de l'établissement.

La durée du travail des intéressés ne peut toutefois en aucun cas être supérieure à la durée quotidienne ou hebdomadaire normale du travail des adultes employés dans l'établissement.

L'article L. 212-4 précise que les jeunes travailleurs (ou stagiaires) de moins de 18 ans doivent bénéficier d'un temps de pause de trente minutes consécutives au-delà de toute période de travail quotidien de quatre heures et demi. Aucune période de travail effectif ininterrompue ne peut excéder quatre heures et demi.

Enfin, le repos quotidien minimal des jeunes de moins de 16 ans est d'au moins 14 heures consécutives au lieu de 12 heures consécutives pour les jeunes de moins de 18 ans (L. 213-9).

1.9 L'administration de la preuve en matière d'horaires de travail

Selon les dispositions de l'article L. 212-1-1, « *en cas de litige relatif à l'existence ou au nombre d'heures de travail effectuées, l'employeur doit fournir au juge les éléments de nature à justifier les horaires effectivement réalisés par le salarié. Au vu de ces éléments et de ceux fournis par le salarié à l'appui de sa demande, le juge forme sa conviction, après avoir ordonné, en cas de besoin, toutes les mesures d'instruction qu'il estime utiles* ».

---

16. Ce dispositif est temporaire dans l'attente de la mise en place d'un compte épargne-temps applicable à l'entreprise et il est appelé à prendre fin le 31 décembre 2008.
17. Le temps ainsi effectué ne s'imputent pas sur le contingent légal ou conventionnel d'heure supplémentaires (voir *supra*, § 1.4.2).

C'est dans le cadre de conflits portant sur la réalité d'heures supplémentaires que l'article susvisé peut trouver le plus aisément à être invoqué et le salarié demandeur ne saurait assurément s'en priver, car le système ainsi prévu fait exception au principe selon lequel « *il incombe à chaque partie de prouver conformément à la loi les faits nécessaires au succès de sa prétention* ».

Convient-il alors de conclure que le salarié n'a finalement qu'à invoquer l'accomplissement d'un horaire supérieur pour mettre en difficulté son employeur ? Dans un arrêt du 25 février 2004, la Cour de cassation a eu l'occasion de mettre les choses au point :

« *Mais attendu que s'il résulte de l'article L. 212-1-1 du Code du travail que la preuve des heures de travail effectuées n'incombe spécialement à aucune des parties et que l'employeur doit fournir au juge les éléments de nature à justifier les horaires effectivement réalisés par le salarié, il appartient cependant à ce dernier de fournir* ***préalablement*** *au juge des éléments de nature à étayer sa demande ; que le conseil de prud'hommes ayant constaté que les éléments produits par les salariés n'étaient pas susceptibles d'étayer leurs demandes, a légalement justifié sa décision…* »

La Cour « remet les pendules à l'heure » en dissuadant le salarié de poursuivre son employeur en justice sur la base de vagues allégations ; celui-ci doit dès le départ disposer d'éléments laissant supposer qu'il a accompli plus d'heures que prévu.

2. Le travail de nuit

2.1 Réglementation propre aux travailleurs majeurs

Afin de se mettre en conformité avec les prescriptions de la directive communautaire du 9 février 1976 relative à la mise en œuvre du principe de l'égalité de traitement, le législateur français autorise, depuis l'entrée en vigueur le 11 mai 2001 de la loi du 9 mars 2001 « *relative à l'égalité professionnelle entre les femmes et les hommes* » le travail de nuit pour tous les travailleurs, qu'ils soient des femmes ou des hommes, et quelque soit le secteur d'activité, mais en l'entourant d'un certain nombre de mesures protectrices.

2.1.1 La définition du travail de nuit

– Constitue un **travail de nuit** tout travail entre **21 heures et 6 heures**. Toutefois, une autre période de neuf heures consécutives, comprise entre 21 heures et 7 heures mais comprenant, en tout état de cause, l'intervalle compris entre 24 heures et 5 heures, peut être substituée à la période de 21 heures à 6 heures, par une convention ou un accord collectif de branche étendu, ou un accord d'entreprise ou d'établissement. À défaut d'accord et lorsque les caractéristiques particulières de l'entreprise le justifient, cette substitution peut être autorisée par l'inspecteur du travail après consultation des délégués syndicaux et avis du comité d'entreprise ou des délégués du personnel s'ils existent (L. 213-1-1).

– Est **travailleur de nuit** tout travailleur :

- dont l'horaire de travail habituel le conduit au moins deux fois par semaine à travailler au moins trois heures de son temps de travail quotidien dans la plage « horaire de nuit » ;
- ou celui effectuant un nombre minimal d'heures dans cette plage au cours d'une période de référence, celle-ci, tout comme le nombre minimal d'heures, devant être fixée par convention ou accord collectif de branche étendu ou à défaut par décret en Conseil d'État (L. 213-2).

2.1.2 Les conditions de mise en place

A – Les conditions de fond

Selon les dispositions de l'article L. 213-1, le recours au travail de nuit doit être exceptionnel ; prendre en compte les impératifs de protection de la sécurité et de la santé des travailleurs et être justifié par la nécessité d'assurer la continuité de l'activité économique ou des services d'utilité sociale.

B – Les conditions de forme

La mise en place du travail de nuit dans une entreprise ou un établissement comme son extension à de nouvelles catégories de salariés sont subordonnées à la conclusion préalable d'une convention ou d'un accord collectif de branche étendu ou d'un accord d'entreprise ou d'établissement et comportant les justifications du recours au travail de nuit.

À défaut de convention ou d'accord collectif, les travailleurs peuvent être affectés à des postes de nuit sous une double condition.

- L'employeur doit avoir engagé des négociations sérieuses et loyales tendant à la conclusion d'un accord. Il doit ainsi notamment avoir convoqué à la négociation les organisations syndicales représentatives dans l'entreprise en ayant fixé le lieu et le calendrier des réunions, leur avoir communiqué les informations nécessaires pour leur permettre de négocier en toute connaissance de cause, et avoir répondu à leurs éventuelles propositions.
- L'employeur doit obtenir l'autorisation de l'inspecteur du travail (L. 213-4)[18].

2.1.3 Durée du travail de nuit

Sauf dérogation d'ordre conventionnel ou administratif, la durée **quotidienne** du travail effectué par un travailleur de nuit ne peut excéder **8** heures. La durée hebdomadaire, calculée sur une période quelconque de 12 semaines consécutives ne peut dépasser **40** heures, limite qui peut être portée à **44** heures par convention ou accord de branche étendu, ou à défaut, par décret qui pourra fixer la liste des secteurs pour lesquels cette durée sera fixée entre 40 heures et 44 heures.

2.1.4 Les contreparties au travail de nuit

L'accord collectif doit prévoir une contrepartie sous forme de repos compensateur, et, le cas échéant, sous forme de compensation salariale (L. 213-4). Le législateur a donc entendu privilégier le repos compensateur, la majoration de rémunération n'étant qu'optionnelle.

2.1.5 Conciliations de la vie familiale et de la vie professionnelle et des impératifs de santé

Plusieurs mesures ont été prises.

- Un travailleur de nuit peut demander son affectation sur un poste de jour s'il justifie d'obligations familiales impérieuses, telles que la garde d'un enfant ou la prise en charge d'une personne dépendante incompatible avec le travail de nuit (L. 213-4-2).
- De même, un salarié peut refuser le passage au travail de nuit sans s'exposer à une sanction ou à un licenciement s'il justifie d'obligations familiales impérieuses, telles que la garde d'un enfant ou la prise en charge d'une personne dépendante incompatibles avec le travail de nuit (art. L. 213-4-3).
- Les travailleurs de nuit souhaitant occuper ou reprendre un poste de jour, ou les salariés occupant un poste de jour qui souhaitent occuper ou reprendre un poste de nuit dans le même établissement ou, à défaut, dans la même entreprise bénéficient d'une priorité d'emploi. Ils ont ainsi priorité pour l'attribution d'un emploi ressortissant à leur catégorie professionnelle ou d'un emploi équivalent. L'employeur porte à la connaissance de ces salariés la liste des emplois disponibles correspondants (L. 213-4-1).
- Tout travailleur de nuit doit bénéficier, avant son affectation sur un poste de nuit, et au minimum une fois tous les six mois par la suite, d'une surveillance médicale particulière.
- Lorsque l'état de santé du travailleur de nuit, constaté par le médecin du travail, l'exige, il doit être transféré à titre définitif ou temporaire sur un poste de jour correspondant à sa qualification et aussi comparable que possible à l'emploi précédemment occupé.

---

18. La mise ne place du travail de nuit peut soulever le cas échéant la question de la modification du contrat de travail (voir Partie 2, chapitre 3, § 2.2).

– Le travailleur de nuit dispose en outre d'une protection contre son licenciement pour inaptitude : l'employeur ne peut prononcer la rupture de son contrat du fait de son inaptitude au poste comportant le travail de nuit, sauf s'il justifie par écrit soit de l'impossibilité pour lui de proposer un poste de reclassement au salarié, soit du refus de celui-ci d'accepter le poste proposé dans ces conditions.

2.1.6 Protection des salariées enceintes ou venant d'accoucher

Cette protection se traduit pour les intéressées qui occupent un travail de nuit par un droit au transfert sur un poste de jour et, en l'absence d'une telle possibilité de reclassement, par la **suspension** de leur contrat de travail assortie d'une **garantie de rémunération**.

A – Le droit au transfert sur un poste de jour

Toute salariée en état de grossesse médicalement constatée ou ayant accouchée doit, dès lors qu'elle en fait la demande, être affectée à un poste de jour pendant la durée de sa grossesse et pendant la période de congé légal postnatal lorsqu'elle renonce à celui-ci[19]. Cette période de mutation d'un poste de nuit à un poste de jour peut être prolongée, pour une durée n'excédant pas un mois, si le médecin du travail le juge nécessaire.

Même si elle ne fait aucune demande en ce sens, l'intéressée doit être transférée sur un poste de jour pendant la durée de sa grossesse lorsque le médecin du travail constate par écrit que le poste de nuit est incompatible avec son état. Sans aucune autre précision législative sur le poste de reclassement, on peut penser qu'il doit s'agir d'un emploi de même catégorie que celui occupé la nuit.

En tout état de cause, la mutation d'un poste de nuit à un poste de jour ne doit entraîner aucune diminution de la rémunération.

B – La suspension du contrat de travail assortie d'une garantie de rémunération

L'employeur qui se trouve dans l'impossibilité de proposer un emploi de jour doit faire connaître par écrit à la salariée ou au médecin du travail, selon le cas, les motifs s'opposant au reclassement. Le contrat de travail de l'intéressée est alors suspendu jusqu'à la date du début de son congé légal de maternité[20].

Pendant la suspension de son contrat, la salariée bénéficie d'une rémunération composée d'une allocation journalière versée par la sécurité sociale et d'un complément à la charge de l'employeur.

L'indemnisation complémentaire de l'employeur est due selon les mêmes modalités que celles prévues par l'accord de mensualisation du 10 décembre 1977, exception faite de la condition d'ancienneté de trois ans dans l'entreprise posée par cet accord.

L'allocation journalière de sécurité sociale créée par la loi du 9 mai 2001 est accordée selon les conditions de droit fixées pour l'indemnité journalière d'assurance maladie et elle est calculée, liquidée et versée selon les mêmes modalités.

2.2 Réglementation propre aux jeunes travailleurs

Le travail de nuit est interdit pour les jeunes travailleurs âgés de moins de 18 ans, étant entendu que pour ceux dont l'âge est compris entre 16 et 18 ans, le travail de nuit est compris entre 22 heures et 6 heures, et pour ceux de moins de 16 ans, compris entre 20 heures et 6 heures.

Des dérogations sont possibles, mais elles sont limitées, en cas d'extrême urgence, aux travaux passagers qui ne souffrent aucun retard (destinés à prévenir des accidents imminents ou à

19. Il est toutefois rappelé qu'en vertu de l'article L. 224-1, une femme ne peut, en aucun cas, exercer un emploi durant les 6 semaines suivant son accouchement (voir Partie 1, chapitre 4).
20. Cette suspension peut être prolongée à l'issue de ce congé, pour une durée n'excédant par un mois, si le médecin du travail le juge nécessaire.

réparer les conséquences des accidents survenus) pour lesquels des travailleurs adultes ne sont pas disponibles. Une période équivalente de repos compensateur doit alors être accordée aux jeunes concernés dans un délai de trois semaines.

3. Le temps de travail des cadres

Des dispositions légales spécifiques sur le temps de travail des cadres ont été introduites dans le Code du travail via les articles L. 212-15-1 à L. 212-15-4.

Les cadres sont répartis en trois catégories.

3.1 Les cadres dirigeants

Ils se trouvent définis par l'article L. 212-15-1 sur la base de quatre critères cumulatifs.

« *Sont considérés comme ayant la qualité de cadre dirigeant, les cadres auxquels sont confiées des* ***responsabilités*** *dont l'importance implique une grande* ***indépendance*** *dans l'organisation de leur emploi du temps, qui sont habilités à prendre des décisions de façon largement autonome et qui perçoivent une rémunération se situant dans les niveaux les plus élevés des systèmes de rémunération pratiqués dans l'entreprise ou leur établissement* »[21].

Les cadres dirigeants échappent pour l'essentiel à la réglementation du travail.

3.2 Les cadres occupés selon l'horaire collectif applicable

Les salariés ayant la qualité de cadres au sens des conventions collectives de branche et qui sont occupés selon l'horaire collectif applicable au sein de l'atelier, du service ou de l'équipe auquel ils sont intégrés et pour lesquels la durée de leur temps de travail peut être prédéterminée, bénéficient de la réglementation de la durée du travail (35 heures, heures supplémentaires, repos compensateurs, etc.) (L. 212-15-2)[22].

3.3 Les cadres « autonomes » ou « intermédiaires »

Il est vivement conseillé de se reporter aux accords les concernant, conclus soit dans les branches, soit dans les entreprises, car la mise en place des 35 heures entraîne pour eux une réduction effective de leur temps de travail.

Dans la pratique, et sur la base des dispositions de l'article L. 212-15-3, les entreprises ont mis en place des conventions de forfait sur l'année en heures (pour les cadres dont on peut décompter l'horaire de travail) ou en **jours** (pour certains cadres particulièrement autonomes dans l'organisation de leur emploi du temps)[23].

3.3.1 Le régime du forfait annuel horaire

L'accord doit préciser la durée annuelle de travail sur la base de laquelle le forfait est établi. Il est possible de déroger aux durées maximales journalière et hebdomadaire du travail pour les

---

21. Cette définition peut donner lieu en pratique à des divergences de vue qui trouveront leur dénouement naturel devant le juge du contrat de travail.

22. La durée de travail de ces cadres pourra continuer à être fixée par une convention individuelle de forfait en heures si elle dépasse 35 heures de façon répétitive. Conformément à la jurisprudence en la matière, leur rémunération devra alors au moins correspondre au salaire minimum conventionnel applicable dans l'entreprise, compte tenu des heures supplémentaires, ainsi que de majorations et bonifications y afférentes, englobées dans le forfait.

23. La loi du 2 août 2005 « *en faveur des petites et moyennes entreprises* » a complété l'article L. 212-15-3 en considérant que l'accord collectif prévoyant la conclusion de conventions individuelles de forfait en jours pour les cadres « autonomes » peut désormais également préciser que ces conventions de forfait en jours « *sont applicables, à condition qu'ils aient été individuellement donné leur accord par écrit, aux salariés non cadres dont la durée du temps de travail ne peut être prédéterminée et qui disposent d'une réelle autonomie dans l'organisation de leur emploi du temps pour l'exercice des responsabilités qui leur sont confiées* ».

cadres au forfait annuel horaire (10 h, 44 h, 48 h) sous réserve d'y substituer d'autres limites journalière et hebdomadaire[24].

3.3.2 Le régime du forfait annuel en jours

L'accord doit prévoir le nombre de jours travaillés dans la limite d'un plafond de 218 jours (journée de solidarité incluse).

Si le nombre de jours travaillés dépasse le plafond annuel fixé par l'accord, après déduction, le cas échéant, du nombre de jours affectés sur un compte épargne-temps[25] et des congés payés reportés dans les conditions prévues par l'article L. 223-9[26], le cadre doit bénéficier, au cours des trois premiers mois de l'année suivante, d'un nombre de jours égal à ce dépassement. **Ce nombre de jours réduit en conséquence le plafond annuel de l'année durant laquelle ils sont pris.**

Les cadres au forfait annuel en jours ne sont pas soumis à la durée légale de 35 heures ni aux durées maximales journalière et hebdomadaire de travail, ni au contrôle des horaires. Ils bénéficient toutefois du repos quotidien de 11 heures et du repos hebdomadaire de 35 heures (L. 220-1 ; L. 221-2 ; L. 221-4).

La durée du travail doit être décomptée chaque année par récapitulation du nombre de journées ou demi-journées travaillées par chaque cadre (D. 212-21-1). L'employeur doit tenir ce document à disposition de l'inspecteur du travail pendant une durée de trois ans.

4. Le travail à temps partiel

Depuis quelques années, le législateur s'est attaché à développer le travail à temps partiel tout en protégeant les salariés qui le pratiquent. Ce souci est également partagé au sein de l'Union européenne, une directive ayant été adoptée le 15 décembre 1998, texte transcrivant fidèlement l'accord-cadre signé le 6 juin 1997 par les trois principales organisations de syndicats et d'employeurs au niveau interprofessionnel européen (UNICE ; CEEP ; CES). Le droit français s'est aligné sur le droit européen.

4.1 Définition du travail à temps partiel

Le travail à temps partiel peut s'établir sur une base hebdomadaire, mensuelle ou annuelle.

« *Sont considérés comme salariés à temps partiel les salariés dont la durée du travail est inférieure :*

- *à la durée légale du travail ou, lorsque ces durées sont inférieures à la durée légale, à la durée du travail fixée conventionnellement pour la branche ou l'entreprise ou aux durées du travail applicables dans l'établissement ;*
- *à la durée mensuelle résultant de l'application, sur cette période, de la durée légale du travail ou, si elles sont inférieures, de la durée du travail fixée conventionnellement pour la branche ou l'entreprise ou des durées du travail applicables dans l'établissement ;*
- *à la durée de travail annuelle résultant de l'application sur cette période de la durée légale du travail ou, si elles sont inférieures, de la durée du travail fixée conventionnellement pour la branche ou l'entreprise ou des durées du travail applicables dans l'établissement, diminuée des heures correspondant aux jours de congés légaux et aux jours fériés mentionnés à l'article L. 222-1* » (L. 212-4-2).

4.2 Les salariés prioritaires

« *Les salariés à temps partiel qui souhaitent occuper ou reprendre un emploi à temps complet et les salariés à temps complet qui souhaitent occuper ou reprendre un emploi à temps partiel dans le même*

24. Le repos quotidien obligatoire de 11 heures consécutives (L. 220-1), l'interdiction d'occuper un salarié plus de six jours par semaine (L. 221-2) et le repos hebdomadaire d'une durée minimale de 35 heures (L. 221-4) restent applicables à ces cadres.
25. Voir *infra*, § 10.
26. Voir *infra*, § 9.3.3.

établissement ou, à défaut, dans la même entreprise, ont priorité pour l'attribution d'un emploi ressortissant à leur catégorie professionnelle ou d'un emploi équivalent » (L. 212-4-9 al. 1).

Il résulte de cette disposition que le temps partiel n'est pas nécessairement conçu comme une voie définitive.

Trois mesures ont été prises tendant à éviter que cette priorité ne reste lettre morte :

- d'une part, l'employeur doit porter la liste des emplois disponibles à la connaissance des salariés ayant manifesté l'intention d'obtenir une emploi à temps partiel ou de reprendre un emploi à temps complet ;
- d'autre part, il doit communiquer au moins une fois par an au comité d'entreprise ou, à défaut, aux délégués du personnel, un bilan du travail à temps partiel réalisé dans l'entreprise ;
- enfin, il doit s'expliquer lors de cette réunion annuelle sur les raisons qui l'ont conduit à refuser à certains salariés le passage du temps complet au temps partiel, ou vice versa.

4.3 Modalités de mise en place du travail à temps partiel

4.3.1 La mise en place par l'employeur

Des horaires de travail à temps partiel peuvent être pratiqués sur la base d'une convention collective ou d'un accord de branche étendu ou d'une convention ou d'un accord d'entreprise ou d'établissement.

En l'absence d'accord, ils peuvent être pratiqués après avis du comité d'entreprise ou, à défaut, des délégués du personnel. Cet avis est transmis dans un délai de 15 jours à l'inspecteur du travail.

En l'absence de représentation du personnel, les horaires de travail à temps partiel peuvent être pratiqués à l'initiative du chef d'entreprise ou à la demande des salariés après information de l'inspecteur du travail.

4.3.2 La mise en place à la demande des salariés

Les conditions de mise en place d'horaires à temps partiel à la demande des salariés sont fixées par une convention ou un accord collectif étendu ou une convention ou un accord d'entreprise ou d'établissement. Cette convention ou cet accord prévoit :

« *1) Les modalités selon lesquelles les salariés à temps complet peuvent occuper un emploi à temps partiel et les salariés à temps partiel occuper un emploi à temps complet dans le même établissement ou, à défaut, dans la même entreprise ;*

2) La procédure devant être suivie par les salariés pour faire part de leur demande à leur employeur ;

3) Le délai laissé au chef d'entreprise pour y apporter une réponse motivée. En particulier, en cas de refus, celui-ci doit expliquer les raisons objectives qui le conduisent à ne pas donner suite à la demande.

En l'absence de convention ou d'accord collectif, la demande du salarié doit être communiquée au chef d'entreprise par lettre recommandée avec accusé de réception. Elle doit préciser la durée du travail souhaitée ainsi que la date envisagée pour la mise en œuvre du nouvel horaire. La demande doit être adressée six mois au moins avant cette date. Le chef d'entreprise est tenu de répondre au salarié par lettre recommandée avec accusé de réception dans un délai de trois mois à compter de la réception de la demande. Celle-ci ne peut être refusée que si le chef d'entreprise justifie de l'absence d'emploi disponible ressortissant de la catégorie professionnelle du salarié ou de l'absence d'emploi équivalent ou s'il peut démontrer que le changement d'emploi demandé aurait des conséquences préjudiciables à la bonne marche de l'entreprise » (L. 212-4-9 al. 2 à 6).

4.3.3 La mise en place du temps partiel modulé

Une convention ou un accord collectif étendu ou un accord d'entreprise ou d'établissement peut faire varier sur tout ou partie de l'année la durée hebdomadaire ou mensuelle de travail à temps partiel, à condition que, sur un an, celle-ci n'excède pas en moyenne la durée stipulée au contrat de travail[27].

4.3.4 La mise en place du temps partiel pour des besoins de vie familiale

Les salariés qui en font la demande peuvent bénéficier d'une réduction du temps de travail sous forme d'une ou plusieurs périodes non travaillées d'au moins une semaine en raison des besoins de leur vie familiale. Cet aménagement du temps de travail ne nécessite pas le support d'un accord collectif et peut être organisé par avenant au contrat de travail. Mais l'employeur n'est pas tenu juridiquement d'accepter cette organisation individuelle du travail si elle s'avère incompatible avec les besoins ou les rythmes de production de l'entreprise.

La réglementation des heures supplémentaires s'appliquera en cas d'horaire supérieur à 35 heures par semaine (ou en cas de dépassement des limites conventionnelles maximales instituées par accord de modulation).

4.4 Contrat de travail des salariés à temps partiel

Le législateur a prévu un formalisme relativement rigoureux concrétisé dans les dispositions de l'article L. 212-4-3.

4.4.1 La forme

Du point de vue de sa forme, le contrat doit être conclu par écrit, qu'il soit à durée déterminée ou indéterminée. En l'absence d'un écrit constatant l'existence d'un contrat de travail à temps partiel, le contrat qui lie les parties est *présumé* conclu à temps complet : il incombe alors à l'employeur de rapporter la preuve de l'accord sur le temps partiel.

4.4.2 Le contenu

A – Les dispositions légales

Du point de vue de son contenu, le contrat doit comporter un certain nombre de mentions obligatoires (L. 212-4-3) :

– la qualification du salarié, les éléments de la rémunération ainsi que les modalités de calcul de la rémunération mensualisée lorsque le salarié est occupé à temps partiel sur une base annuelle[28] ;

– la durée hebdomadaire ou, le cas échéant, mensuelle prévue et la répartition de la durée du travail entre les jours de la semaine ou les semaines du mois.

  Le contrat définit en outre la condition de la modification éventuelle de cette répartition, qui doit être notifié au salarié **7 jours** au moins avant la date à laquelle cette modification doit intervenir. Par cette dernière mesure, le législateur veut éviter que les horaires partiels ne soient qu'un moyen pour l'employeur de moduler « à son gré », selon les jours ou les semaines l'emploi du temps des salariés concernés[29] ;

– les limites dans lesquelles peuvent être effectuées des **heures complémentaires** au-delà du temps de travail fixé par le contrat : d'une part, la durée **totale** du travail effectuée par le salarié doit être inférieure à la durée légale ou conventionnelle du travail (disposition qui se comprend facilement si l'on ne veut pas que le travail à temps partiel ne redevienne à temps complet) ; d'autre

27. Sur le contenu de l'accord, se reporter à l'article L. 212-4-6. On constatera que les principes directeurs qui régissent le droit commun de la modulation s'appliquent au temps partiel modulé.
28. Cette simple mention contractuelle permet d'envisager le lissage, sur l'année, du montant de la rémunération.
29. Une convention ou un accord collectif de branche étendu peut toutefois faire varier en deçà de 7 jours et jusqu'à un minimum de 3 jours ouvrés le délai susvisé de 7 jours dans lequel la modification de la répartition de la durée du travail doit être notifiée au salarié.

part, au cours d'une même semaine ou d'un même mois, le nombres d'heures complémentaires effectuées par le salarié ne peut dépasser le **dixième** de la durée hebdomadaire ou mensuelle de travail prévue dans le contrat.

B – Les aménagements conventionnels

Une convention ou un accord collectif de branche étendu peut faire varier en deçà de 7 jours, jusqu'à un minimum de 3 jours ouvrés, le délai dans lequel la modification de la répartition de la durée du travail doit être légalement notifiée au salarié[30].

Cet accord peut également porter jusqu'au **1/3** de la durée stipulée au contrat la limite dans laquelle peuvent être effectuées des heures complémentaires.

Lorsque la limite dans laquelle peuvent être effectuées des heures complémentaires est portée au-delà du dixième de la durée hebdomadaire ou mensuelle fixée au contrat de travail, chacune des heures complémentaires effectuées au-delà du dixième de la durée précitée donne lieu à une majoration de salaire de 25 % (L. 212-4-4).

4.4.3 Le réajustement de la durée contractuelle de travail

« *Lorsque, pendant une période de douze semaines consécutives, ou pendant douze semaines au cours d'une période de quinze semaines, l'horaire moyen réellement effectué par un salarié a dépassé de deux heures au moins par semaine, ou de l'équivalent mensuel ou annuel de cette durée, l'horaire prévu dans son contrat, celui-ci est modifié, sous réserve d'un préavis de sept jours et sauf opposition du salarié intéressé, en ajoutant à l'horaire antérieurement fixé la différence entre cet horaire et l'horaire moyen réellement effectué* » (L. 212-4-3 al. 10).

Le législateur renforce par cette disposition les garanties des salariés à temps partiel en prévenant les abus auxquels peut donner lieu le recours systématique à des heures complémentaires au-delà de l'horaire de base contractuel avec des délais de prévenance très courts.

4.4.4 La limitation des coupures quotidiennes

Afin de limiter les abus en matière d'amplitude et de fragmentation de la journée de travail de certains salariés à temps partiel, le législateur subordonne à l'existence d'une convention ou d'un accord collectif de branche étendu la possibilité de prévoir au cours d'une même journée :

– soit plus d'une interruption d'activité ;

– soit une interruption supérieure à deux heures.

L'accord susvisé peut prévoir soit des dérogations expresses sur le nombre ou la durée des coupures quotidiennes, soit des dérogations définissant les amplitudes horaires pendant lesquelles les salariés doivent exercer leur activité et leur répartition dans la journée de travail. Les négociations portant sur ces dérogations doivent prévoir des contreparties spécifiques en faveur des salariés concernés et tenir compte des exigences propres à l'activité concernée (L. 212-4-4 al. 3).

4.5 Droits des salariés à temps partiel

4.5.1 Le principe

Il est affirmé le principe de l'égalité des droits entre salariés à temps partiel et salariés à temps complet.

Selon l'article L. 212-4-5 alinéa 1, « *les salariés employés à temps partiel bénéficient des droits reconnus aux salariés à temps complet par la loi, les conventions et les accords collectifs d'entreprise ou d'établissement sous réserve, en ce qui concerne les droits conventionnels, des modalités spécifiques prévues par une convention ou un accord collectif* ».

30. L'accord doit alors prévoir des contreparties.

4.5.2 Les applications légales

A – La période d'essai

Elle ne peut avoir une durée calendaire supérieure à celle des salariés à temps complet.

B – Le calcul du salaire

Compte tenu de la durée de leur travail et de leur ancienneté dans l'entreprise, les salariés à temps partiel doivent recevoir une rémunération proportionnelle à celle du salarié qui, à qualification égale, occupe à temps complet un emploi équivalent dans l'établissement ou l'entreprise.

C – L'ancienneté

Pour la détermination des droits liés à l'ancienneté, la durée de celle-ci est décomptée pour les salariés employés à temps partiel comme s'ils avaient été occupés à temps complet, les périodes non travaillées étant prises en compte en totalité.

D – L'indemnité de licenciement et l'indemnité de départ à la retraite

Selon les dispositions de l'article L. 212-4-5 alinéa 5, « *l'indemnité de licenciement et l'indemnité de départ à la retraite des salariés ayant été occupés à temps complet et à temps partiel dans la même entreprise sont calculées proportionnellement aux périodes d'emploi effectuées selon l'une et l'autre de ces deux modalités depuis leur entrée dans l'entreprise* ». Pour ce qui concerne plus précisément l'indemnité de licenciement, la règle ne s'applique qu'aux salariés employés dans le cadre de la définition légale du temps partiel, c'est-à-dire qu'à ceux dont la durée de travail mensuelle est inférieure d'au moins 1/5e à celle de la durée légale ou conventionnelle du travail. Si les salariés se situent en dehors de cette définition, le calcul de leur indemnité de licenciement doit être effectué conformément aux règles de droit commun posées par l'article R. 122-1, c'est-à-dire par référence au salaire moyen des 3 derniers mois.

4.6 Protection des salariés à temps partiel

Le pouvoir de résistance du salarié à temps partiel est renforcé face aux modifications que peut apporter l'employeur aux conditions normales d'exécution de son contrat. Ainsi, ne constituent pas une faute ou un motif de licenciement :

- le refus du salarié à temps partiel d'effectuer des heures complémentaires au-delà des limites fixées par son contrat de travail (un dixième en principe) ;
- le refus du salarié d'effectuer des heures complémentaires à l'intérieur de ces limites si la demande lui est faite moins de trois jours avant la date prévue pour leur accomplissement ;
- le refus du salarié de changer la répartition de sa durée du travail, alors que le contrat **n'a pas prévu** les cas et la nature de telles modifications ;
- le refus du salarié de changer la répartition de sa durée de travail, même si le contrat en a prévu la possibilité, dès lors que ce changement n'est pas compatible avec des obligations familiales impérieuses, avec le suivi d'un enseignement scolaire ou supérieur, avec une période d'activité fixée chez un autre employeur ou avec une activité professionnelle non salariée. Il en va de même en cas de changement des horaires de travail au sein de chaque journée travaillée, tels qu'ils se trouvent indiqués dans le contrat de travail.

4.7 Salariés à temps partiel et représentation du personnel

4.7.1 La détermination des seuils

Les salariés à temps partiel, quelle que soit la nature de leur contrat de travail (à durée indéterminée ou déterminée), comptent pour un effectif calculé en divisant la somme totale des horaires inscrits dans les contrats de travail par la durée légale du travail ou la durée fixée conventionnellement pour la branche ou l'entreprise, durée conventionnelle qui peut être inférieure ou supérieure à la durée légale[31].

4.7.2 Les conditions d'élection

Les salariés à temps partiel continuent comme par le passé à bénéficier des mêmes droits que les salariés à temps complet du point de vue des conditions d'électorat et d'éligibilité. Il est toutefois repris le principe de l'interdiction du cumul *des mandats électifs* dans plusieurs entreprises. Il est prévu en effet que les salariés occupant un emploi à temps partiel simultanément dans plusieurs entreprises ne sont éligibles que dans l'une de ces entreprises : ils choisissent celle où ils font acte de candidature.

Nous observons :

- que la règle posée ne concernant que les fonctions électives, rien n'exclut qu'un travailleur élu à un poste de représentation dans une entreprise soit nommé délégué syndical dans une autre ;
- que le cumul des mandats, quelle que soit leur nature, demeure, en revanche, régulier lorsqu'il intervient au sein de la même entreprise.

4.7.3 Le crédit d'heures

Le temps de travail mensuel d'un salarié à temps partiel **ne peut être réduit de plus d'un tiers** par l'utilisation du crédit d'heures auquel il peut prétendre pour l'exercice des mandats détenus par lui au sein d'une entreprise. Il en résulte que le salarié à temps partiel ne trouvera guère d'intérêt à cumuler plusieurs mandats du fait de la limitation légale de son crédit d'heures. Toutefois, le solde éventuel des heures rémunérées demeurées inemployées dans le cadre des horaires de travail devra lui être payé par l'entreprise sous réserve qu'il soit effectivement utilisé pour l'exécution de l'un de ses mandats. C'est ce que l'on peut tirer de l'article L. 212-4-10 *in fine* : « *Le solde éventuel de ce crédit d'heures payées peut être utilisé en dehors des heures de travail de l'intéressé* ».

5. Le travail intermittent

Il se trouve réintroduit dans le Code du travail par la loi « Aubry II » du 19 janvier 2000 et se distingue du temps partiel dans la mesure où il permet de pourvoir des emplois **permanents**, qui **par nature comportent une alternance de périodes travaillées et de périodes non travaillées**[32].

5.1 Mise en place

La mise en place du travail intermittent est conditionnée à la conclusion d'un accord de branche étendu ou d'un accord d'entreprise. Cet accord doit définir les emplois qui, par nature, comportent une alternance de périodes travaillées et de périodes non travaillées.

5.2 Spécificité du contrat de travail intermittent

Le contrat de travail intermittent est un contrat écrit à durée indéterminée et ne peut être conclu qu'afin de pourvoir des emplois permanents.

---

31. Pour le calcul des seuils d'effectifs autre que ceux existant en matière de représentation du personnel, il y a lieu d'appliquer l'article R. 212-1 selon lequel les salariés à temps partiel sont pris en compte au prorata du rapport entre les horaires inscrits au contrat de travail et la durée légale du travail ou la durée normale de travail dans l'établissement ou la partie de l'établissement si celle-ci lui est inférieure.
32. Il en est ainsi par exemple dans l'activité du tourisme ou du secteur agroalimentaire ou encore dans les activités de sondage et d'enquêtes d'opinion.

« *Il mentionne notamment :*

1. la qualification du salarié ;

2. les éléments de la rémunération ;

3. la durée annuelle minimale de travail du salarié ;

4. les périodes de travail ;

5. la répartition des heures de travail à l'intérieur de ces périodes.

Les heures dépassant la durée annuelle minimale fixée au contrat ne peuvent excéder le tiers de cette durée sauf accord du salarié.

Dans les cas où la nature de l'activité ne permet pas de fixer avec précision les périodes de travail et la répartition des heures de travail au sein de ces périodes, la convention ou l'accord collectif détermine les adaptations nécessaires et notamment les conditions dans lesquelles le salarié peut refuser les dates et les horaires de travail qui lui sont proposés » (L. 212-4-13).

5.3 Droits des salariés intermittents

Les salariés intermittents se voient garantir des droits identiques à ceux des salariés à temps complet dans l'entreprise. Toutefois, certains droits conventionnels peuvent ne pas leur être applicables. Il est expressément prévu par ailleurs que les périodes non travaillées sont prises en compte pour la détermination des droits liés à l'ancienneté. Enfin, la mise en place d'un dispositif de lissage des rémunérations est possible, l'accord collectif pouvant prévoir que la rémunération versée mensuellement aux salariés est indépendante de l'horaire réel.

6. Les repos

6.1 Repos quotidiens et pauses

6.1.1 Le repos quotidien

A – Le principe

Selon les dispositions de l'article L. 220-1, « *tout salarié bénéficie d'un repos quotidien d'une durée minimale de **onze heures consécutives*** ».

B – Les dérogations

Elles sont de trois types :

- une convention ou un accord collectif étendu peut **déroger** à la disposition de principe, notamment pour des activités caractérisées par la nécessité d'assurer une continuité de service ou pour des activités qui s'exercent par périodes de travail fractionnées (voir D. 220-1) ;
- une convention ou un accord collectif étendu ou un accord collectif d'entreprise ou d'établissement peut prévoir la réduction de la durée du repos quotidien en cas de surcroît d'activité (voir D. 220-2)[33]. À défaut d'accord, l'employeur doit alors adresser une demande de dérogation à l'inspecteur du Travail, accompagnée des justifications utiles et de l'avis du comité d'entreprise ou, à défaut, des délégués du personnel (voir D. 212-13 à D. 212-15) ;
- en cas de travaux urgents dont l'exécution immédiate est nécessaire pour organiser des mesures de sauvetage, prévenir des accidents imminents, réparer des accidents survenus au matériel, aux installations ou aux bâtiments, l'employeur peut déroger à la disposition de principe, sous sa seule responsabilité. L'inspecteur du travail doit alors en être informé (D. 220-5).

---

33. Les accords mentionnés aux articles D. 220-1 et D. 220-2 ne peuvent avoir pour effet de reduire la durée du repos quotidien en deçà de 9 heures.

C – Les sanctions

Les infractions à la réglementation sur le repos quotidien constituent une contravention passible d'une amende de 750 € appliquée autant de fois qu'il y a de salariés indûment employés.

6.1.2 Le temps de pause

« *Aucun temps de travail quotidien ne peut atteindre* ***six heures*** *sans que le salarié bénéficie d'un temps de pause d'une durée minimale de* ***vingt minutes****, sauf dispositions conventionnelles plus favorables fixant un temps de pause supérieur* » (L. 220-2).

Conformément au principe posé par l'article L. 212-4, ce temps de pause ne constitue pas en principe du temps de travail effectif et n'a pas à être rémunéré sauf usage ou convention ou accord collectif contraire. Par exception, ce temps peut être comptabilisé comme du temps de travail effectif s'il est établi que, pendant la pause, le salarié reste à la disposition de l'employeur pour se conformer à ses directives sans pouvoir vaquer librement à ses occupations personnelles.

La Cour de cassation a considéré que lorsque le salarié ne peut s'éloigner de son poste de travail pendant la pause, il y a cependant « pause » dès lors que les interventions demandées au salarié ne sont qu'**éventuelles** et **exceptionnelles**, en cas de nécessité, notamment pour des raisons de sécurité.

6.2 Repos hebdomadaire

6.2.1 Le régime

Il est le suivant :

– « *Il est interdit d'occuper plus de six jours par semaine un même employé ou ouvrier* » (L. 221-2) ;

– « *Le repos hebdomadaire doit avoir une durée minimale de trente-cinq heures consécutives*[34] » (L. 221-4) ;

– « *Le repos hebdomadaire doit être donné le dimanche* » (L. 221-5).

Les conventions collectives et les accords collectifs peuvent prévoir des dispositions plus favorables.

En principe, la réglementation sur le repos hebdomadaire n'impose pas la fermeture de l'établissement le jour du repos. L'employeur peut donc ouvrir son établissement ce jour-là, notamment en y travaillant lui-même avec les membres de sa famille. Afin de préserver des conditions normales de concurrence, le législateur donne la possibilité au préfet d'ordonner par arrêté la fermeture complète des établissements pendant 24 heures. L'arrêté préfectoral ne peut intervenir qu'après accord des organisations patronales et ouvrières intéressées et sur leur demande.

6.2.2 Les dérogations

Elles concernent le repos du dimanche et le repos hebdomadaire.

A – Les dérogations au principe du repos du dimanche

1) Les dérogations de droit

En application des dispositions de l'article L. 221-9, « *sont admis de droit à donner le repos hebdomadaire par roulement les établissements appartenant aux catégories suivantes* :

– *fabrication de produits alimentaires destinés à la consommation immédiate ;*

– *hôtels, restaurants et débits de boissons ;*

– *débits de tabac ;*

34. 11 heures + 24 heures.

– *magasins de fleurs naturelles ;*
– *hôpitaux, hospices, asiles, hôpitaux psychiatriques, maisons de retraite, dispensaires, maisons de santé, pharmacies ;*
– *établissements de bains ;*
– *entreprises de journaux et d'information ;*
– *entreprises de spectacles ;*
– *musées et expositions ;*
– *entreprises de location de chaises, de moyens de locomotion ;*
– *entreprises d'éclairage et de distribution d'eau et de force motrice ;*
– *entreprises de transport par terre autres que les chemins de fer ; entreprises de transports et de travail aériens ;*
– *entreprises d'émissions et de réception de télégraphie sans fil ;*
– *espaces de représentation et d'exposition permanente, dont l'activité est exclusive de toute vente au public, réservés aux producteurs, revendeurs ou prestataires de services*[35] ».

En application des dispositions de l'article L. 221-10, « *sont également soumises de droit à donner le repos hebdomadaire par roulement :*
– *les industries où sont mises en œuvre les matières susceptibles d'altération très rapide ;*
– *les industries dans lesquelles toute interruption de travail entraînerait la perte ou la dépréciation du produit en cours de fabrication ;*
– *les industries ou les entreprises industrielles dans lesquelles une convention ou un accord collectif étendu ou une convention ou accord d'entreprise prévoit la possibilité d'organiser le travail pour des raisons économiques.* »

Sur invitation législative, le pouvoir réglementaire est habilité à énumérer les autres catégories d'établissements qui peuvent bénéficier du droit de donner le repos hebdomadaire par roulement. La liste en étant assez longue, il convient de se reporter aux articles R. 221-4 et R. 221-4-1[36].

2) Les dérogations sur demande

a) Les cas

– « *Lorsqu'il est établi que le repos simultané, le dimanche, de tout le personnel d'un établissement serait préjudiciable au public ou compromettrait le fonctionnement normal de cet établissement, le repos peut être donné, soit toute l'année, soit à certaines époques de l'année seulement, suivant l'une des modalités ci-après :*
  • *un autre jour que le dimanche à tout le personnel de l'établissement ;*
  • *du dimanche midi au lundi midi ;*
  • *le dimanche après-midi avec un repos compensateur d'une journée par roulement et par quinzaine ;*
  • *par roulement à tout ou partie du personnel* » (L. 221-6).
– Sans préjudice des dispositions de l'article L. 221-6, dans les communes touristiques ou thermales et dans les zones touristiques d'affluence exceptionnelle ou d'animation culturelle permanente, le repos hebdomadaire peut être donné par roulement pour tout ou partie du personnel, pendant la ou les périodes d'activité touristiques, dans les établissements de vente au détail qui

35. Sont ainsi visées les expositions permanentes destinées aux professionnels (« show-rooms ») leur permettant de découvrir les produits et les activités de leur secteur en dehors de leur temps habituel de travail.
36. « *Dans les établissements mentionnés aux articles R. 221-4 et R. 221-4-1 où sont exercées en même temps d'autres industries ou activités, la faculté de donner le repos hebdomadaire par roulement s'applique exclusivement aux fabrications, travaux et activités que déterminent les tableaux figurant à ces articles* » (R. 221-5).

mettent à disposition du public des biens et services destinés à faciliter son accueil ou ses activités de détente ou de loisirs d'ordre sportif, récréatif ou culturel (L. 221-8-1).

b) La procédure

Lorsqu'un établissement veut bénéficier de l'une des exceptions à l'attribution le dimanche du repos hebdomadaire, qui sont prévues aux articles L. 221-6 et L. 221-8-1 susvisés, il est tenu d'adresser une demande au préfet du département qui statue par un arrêté motivé notifié sous huitaine. Cette demande ne peut être adressée qu'après avis du conseil municipal, de la chambre de commerce et d'industrie et des syndicats d'employeurs et de travailleurs intéressés de la commune.

3) Le cas particulier des équipes de suppléance

a) Les dérogations conventionnelles

« *Une convention ou un accord collectif étendu peut prévoir que les entreprises industrielles fonctionnant à l'aide d'un personnel d'exécution composé de deux groupes dont l'un a pour seule fonction de remplacer l'autre pendant le ou les jours de repos accordés à celui-ci sont autorisées à donner le repos hebdomadaire un jour autre que le dimanche. Cette dérogation s'applique également au personnel nécessaire à l'encadrement de l'équipe de suppléance.*

L'utilisation de cette dérogation est subordonnée à la conclusion d'un accord d'entreprise ou d'établissement ou à l'autorisation de l'inspecteur du travail donnée après consultation des délégués syndicaux et avis du comité d'entreprise ou des délégués du personnel, s'ils existent.

La convention ou l'accord collectif étendu prévu au premier alinéa comporte obligatoirement des dispositions concernant :

1) Les conditions particulières de mise en œuvre de la formation du personnel travaillant en équipe de suppléance et la rémunération du temps de formation ;

2) Les modalités d'exercice du droit des salariés de l'équipe de suppléance d'occuper un emploi autre que de suppléance.

La rémunération de ces salariés est majorée d'au moins 50 % par rapport à celle qui serait due pour une durée équivalente effectuée suivant l'horaire normal de l'entreprise. Cette majoration ***ne s'applique pas*** *si les salariés de l'équipe de suppléance sont amenés à remplacer durant la semaine les salariés partis en congé* » (L. 221-5-1).

b) Les dérogations administratives

Le décret d'application du 10 juin 1983 a prévu, en l'absence de convention ou d'accord collectif étendu, la possibilité d'adresser une demande de dérogation à l'inspecteur du Travail, sous réserve de justificatifs. Le recours à une équipe de suppléance pendant le repos dominical ne peut être en effet légalement justifié que « *s'il tend à une meilleure utilisation des équipements de production et au maintien ou à l'accroissement du nombre des emplois existants* » (R. 221-14).

L'inspecteur du Travail doit faire connaître sa réponse dans le délai de 30 jours à compter de la date de la réception de la demande. Le recours hiérarchique contre la décision de l'inspecteur doit être formé, à peine de forclusion, dans un délai d'un mois suivant la date à laquelle les intéressés ont reçu notification de la décision contestée.

B – Les dérogations au principe du repos hebdomadaire

« *En cas de travaux urgents dont l'exécution immédiate est nécessaire pour organiser des mesures de sauvetage, pour prévenir des accidents imminents ou réparer des accidents survenus au matériel, aux installations ou aux bâtiments de l'établissement, le repos hebdomadaire peut être suspendu pour le personnel nécessaire à l'exécution des travaux urgents.*

Cette faculté de suspension s'applique non seulement aux salariés de l'entreprise où les travaux urgents sont nécessaires, mais aussi à ceux d'une autre entreprise faisant les réparations pour le compte de la première. Dans cette seconde entreprise, chaque salarié doit jouir d'un repos compensateur d'une durée égale au repos supprimé. Il en est de même pour les salariés de la première entreprise préposés habituellement au service d'entretien et de réparation » (L. 221-12).

6.2.3 Les sanctions

Les infractions à la réglementation sur le repos hebdomadaire constituent une contravention passible d'une amende de 1 500 €, appliquée autant de fois qu'il y a de salariés indûment employés.

7. Les jours fériés

Il convient de distinguer la Fête du travail (1er mai) des autres jours fériés.

7.1 Premier mai

7.1.1 Le repos obligatoire

La Fête du 1er mai se distingue des autres jours fériés car elle doit être, sauf exceptions prévues par la loi, obligatoirement chômée et payée, sous peine de sanctions pénales. Le chômage du 1er mai doit être observé par l'ensemble du personnel des entreprises industrielles et commerciales et des Administrations, sans distinction de catégories professionnelles.

Les exceptions concernent les établissements ou services qui, en raison de la nature de leur activité, ne peuvent interrompre le travail (cas de certains services publics de transport, des usines à feu continu, etc.).

7.1.2 La rémunération

Deux cas doivent être envisagés.

A – Le 1er mai est chômé[37]

« *Le chômage du 1er mai ne peut être une cause de réduction des traitements et salaires mensuels, bimensuels ou hebdomadaires.*

Les salariés rémunérés à l'heure, à la journée ou au rendement ont droit à une indemnité égale au salaire qu'ils ont perdu du fait de ce chômage. Cette indemnité est à la charge de l'employeur » (L. 222-6).

Il résulte de cet article que les salariés visés au premier alinéa ont droit au maintien intégral de leur rémunération ; que les salaires visés au second alinéa ne seront payés qu'en cas de perte effective de salaire. Ainsi, le 1er mai ne donne lieu à aucune rémunération particulière s'il tombe le jour de fermeture habituelle de l'établissement ou le jour du repos hebdomadaire du salarié.

B – Le 1er mai est exceptionnellement travaillé

Dans ce cas, en plus du salaire correspondant au travail normalement effectué, les travailleurs ont droit à une indemnité égale au montant de ce salaire.

C – La récupération

Les heures de travail perdues en raison du congé du 1er mai ne peuvent donner lieu à récupération.

7.2 Jours fériés autres que le 1er mai

Ceux-ci sont au nombre de 10 : le 1er janvier, le lundi de Pâques, le 8 mai, l'Ascension, le lundi de Pentecôte, le 14 juillet, le 15 août, le 1er novembre, le 11 novembre, le jour de Noël[38].

---

37. C'est la règle générale.
38. La loi du 30 juin 2004 relative à « *la solidarité pour l'autonomie des personnes âgées et des personnes handicapées* » a institué une journée de solidarité en vue d'assurer le financement des actions en faveur de cette autonomie. Pour les salariés, elle prend la forme d'une journée supplémentaire de travail non rémunérée.
Un accord collectif de travail détermine la date de la journée de solidarité, qui peut être soit le travail d'un jour férié précédemment chômé autre que le 1er mai, soit le travail d'un jour de RTT, soit toute autre modalité permettant le travail d'un jour précédemment non travaillé en application de dispositions conventionnelles ou des modalités d'organisation des entreprises (L. 212-16).

7.2.1 Le repos

Le repos des jours fériés autres que le 1er mai n'est légalement obligatoire que pour les jeunes travailleurs et apprentis âgés de moins de 18 ans employés dans l'industrie. Dans les usines à feu continu, les jeunes travailleurs de sexe masculin peuvent cependant être employés tous les jours de la semaine, à la condition qu'ils aient au moins un jour de repos par semaine (L. 222-3).

Rien n'interdit donc à un employeur, sauf référence à un usage ou à une convention collective, de faire travailler l'ensemble de son personnel un jour férié si son activité est purement commerciale, ou son personnel « majeur » si son activité est de nature industrielle.

7.2.2 La rémunération

Sauf dispositions plus favorables des conventions collectives, les règles suivantes sont applicables.

A – Le personnel payé à l'heure

Les heures chômées, durant un jour de fête légale, ne donnent lieu à aucune rémunération ou indemnisation. Ce principe doit toutefois être sérieusement tempéré puisque depuis la loi du 19 janvier 1978 relative à la mensualisation « *le chômage des jours fériés ne pourra être, pour les ouvriers totalisant au moins trois mois d'ancienneté dans l'entreprise ou l'établissement et ayant accompli au moins 20 heures de travail au cours des deux mois précédant le jour férié considéré, la cause d'une réduction de la rémunération, sous réserve pour chaque intéressé, qu'il ait été présent le dernier jour de travail précédant le jour férié et le premier jour de travail qui lui fait suite, sauf autorisation d'absence préalablement accordée* ».

Les heures de travail accomplies un jour férié sont payées au tarif normal.

B – Le personnel payé au mois

Le repos, durant un jour férié, n'entraîne aucune réduction du salaire habituel, exception faite, toutefois, de la réduction correspondant aux heures supplémentaires qui auraient dû normalement être effectuées ce jour-là.

Le travail accompli un jour férié ne donne lieu à aucun supplément de rémunération.

C – La récupération

Les heures de travail perdues par suite de chômage des jours fériés ne peuvent donner lieu à récupération.

8. La récupération

Elle se définit comme un dispositif qui permet de considérer comme heures déplacées, et non comme heures supplémentaires, les heures de travail effectuées au-delà de la durée légale du travail en compensation d'heures de travail collectivement perdues du fait de circonstances exceptionnelles.

8.1 Cas de récupération autorisés

L'article L. 212-2-2 donne une liste **limitative** de cas de récupération autorisés :

– causes accidentelles, d'intempéries ou de cas de force majeure[39] ;

– cause d'inventaire ;

39. À titre d'exemples, sont considérés comme cas de force majeure les pénuries de matière première, les difficultés collectives en matière de moyens de transports, les sinistres, etc.

– **pont**, celui-ci se définissant comme « *le chômage d'un jour ou de 2 jours ouvrables compris entre un jour férié et un jour de repos hebdomadaire ou d'un jour précédant les congés annuels* ».

Ainsi est interdite la récupération des heures perdues du fait du chômage, d'un jour férié, d'une grève ou d'un lock-out.

8.2 Procédure de récupération

Elle suit les règles de principe applicables en la matière (D. 212-1) :

– information **préalable** de l'inspecteur du travail ;

– récupération dans les **12 mois précédant ou suivant** leur perte.

Facultative pour l'employeur, la récupération revêt en revanche pour le salarié un caractère obligatoire : « *Dès lors que l'employeur a régulièrement décidé la récupération, celle-ci s'impose aux salariés et ceux qui la refusent ne peuvent prétendre à l'indemnisation* » (Cass. soc., 27 juillet 1981).

Par ailleurs, les heures de récupération s'analysant comme des heures ordinaires de travail dont l'exécution n'a été que déplacée, elles sont rémunérées « *au taux normal* » sans majoration pour heures supplémentaires.

9. Les congés payés

9.1 Ouverture du droit au congé

Le droit au congé est **ouvert** à tout travailleur salarié sans exception, quelles que soient sa profession, sa catégorie ou sa qualification ; quels que soient la nature de sa rémunération et son mode de paiement ; qu'il soit français ou étranger.

Ce droit ne s'**acquiert** toutefois qu'après une durée minimale de services chez le même employeur. Il suffit à l'heure actuelle que le salarié ait été occupé pendant un temps équivalent à un minimum **d'un mois de travail effectif** au cours de la période de référence qui débute le **1er juin de l'année précédente** et se termine **le 31 mai de l'année en cours**. Le temps de travail minimum s'apprécie indépendamment de l'horaire de travail effectué (les salariés à temps partiel ont les mêmes droits à congé que les salariés à temps plein).

Sont assimilées à un mois de travail effectif les périodes équivalentes à 4 semaines ou 24 jours de travail. Selon l'interprétation communément admise, l'équivalence de 24 jours prévue par la loi suppose une répartition hebdomadaire du travail sur 6 jours. Dans les entreprises où cette répartition est plus étroite, l'équivalence s'établira à 20 jours pour un salarié occupé 5 jours par semaine et à 22 jours pour un salarié occupé 5 jours 1/2 par semaine.

9.2 Durée du congé

9.2.1 Le congé normal

A – Le calcul

La durée du congé est déterminée à raison de **2 jours et demi ouvrables** par mois de travail[40] sans que la durée totale du congé exigible puisse excéder 30 jours ouvrables[41]. La période légale de référence court du 1er juin au 31 mai et c'est à **la date d'expiration** de cette période légale de référence (soit au 31 mai) qu'il faut se placer pour déterminer les droits du salarié.

---

40. Par « mois de travail », il faut entendre non le mois civil, mais le mois calculé de quantième à quantième.
Exemple : Un salarié ayant travaillé chez un même employeur du 15 octobre 2001 au 15 mai 2002 bénéficie de 17,5 jours ouvrables, arrondis à 18, de congés payés.

41. Lorsque le nombre de jours ouvrables ainsi calculé n'est pas un nombre entier, la durée du congé est portée au nombre entier immédiatement supérieur.

1) La notion de « jour ouvrable »

Par « jour ouvrable », on doit entendre les jours normalement consacrés au travail, à l'exception :

- du jour de repos hebdomadaire, c'est-à-dire du dimanche ou du jour de la semaine qui le remplace, lorsque le repos hebdomadaire est donné un autre jour que le dimanche ;
- des jours légalement fériés s'ils sont chômés dans l'entreprise, la doctrine administrative considérant qu'un jour férié conserve le caractère de jour ouvrable lorsque le personnel de l'établissement, qui n'est pas en congé, a effectivement travaillé ce même jour férié.

La pratique administrative et la Cour de cassation ont admis depuis longtemps que lorsque le jour ouvrable, mais non ouvré dans l'entreprise, est le premier jour de congé, il n'entre pas en ligne de compte dans le congé.

> *Exemple :*
>
> Lorsqu'un salarié part en congé un vendredi soir, alors que le samedi est chômé dans l'établissement, son congé ne commence à courir qu'à partir du lundi suivant. S'il chôme habituellement le lundi et part en congé un samedi soir, son congé ne sera décompté qu'à partir du mardi suivant. En revanche, tous les derniers samedis ou derniers lundis de congé comptent, ainsi bien sûr que tous les samedis et lundis qui tombent à l'intérieur d'une période de congé.

2) L'appréciation du temps de travail

Le législateur a prévu une règle d'« *assimilation* » et un système « *d'équivalence* ».

a) Règle d'assimilation

Le temps de travail effectif retenu pour la détermination de la durée du congé comprend non seulement les périodes où le salarié à réellement travaillé, mais aussi celles **non travaillées** et assimilées **expressément** par le législateur à un travail effectif[42].

- Il résulte de l'article L. 223-4 que sont considérées comme périodes de travail effectif :
  - la durée des congés payés de l'année précédente,
  - les périodes de repos compensateur pour heures supplémentaires,
  - le congé maternité,
  - la période de suspension du contrat de travail pour cause d'accident du travail ou maladie professionnelle (**période limitée à une durée ininterrompue d'un an**),
  - les jours de repos acquis au titre de la réduction du temps de travail (RTT).
- Il résulte des textes particuliers que sont également considérées comme période de travail effectif :
  - les absences d'une salariée pour examens médicaux obligatoires dans le cadre de la surveillance médicale de la grossesse et des suites de l'accouchement (L. 122-25-3)[43],
  - les absences autorisées pour les salariés candidats aux fonctions de député ou de sénateur (L. 122-24-1),
  - la durée du congé pour la formation d'animateurs pour la jeunesse (L. 225-2),
  - les congés exceptionnels pour événements familiaux (L. 426-1 et loi du 19 janvier 1978 relative à la mensualisation),

---

42. Ce n'est que pour la détermination de la durée du congé, une fois le droit ouvert, et non pour l'ouverture même du droit au congé, que certaines périodes de suspension du contrat de travail peuvent être considérées comme travail effectif.

43. « *La salariée bénéficie d'une autorisation d'absence pour se rendre aux examens médicaux obligatoires prévus par l'article L. 154 du Code de la santé publique dans le cadre de la surveillance médicale de la grossesse et des suites de l'accouchement.*
Ces absences n'entraînent aucune diminution de la rémunération et sont assimilées à une période de travail effectif pour la détermination de la durée des congés payés ainsi qu'au regard des droits légaux ou conventionnels que la salariée tient du fait de son ancienneté dans l'entreprise » (art. L. 122-25-3).

- la durée du congé d'éducation ouvrière (L. 451-2),
- les congés de formation des conseillers prud'hommes (L. 514-1),
- la durée du congé de formation et de promotion professionnelle (L. 931-7).

– Il résulte d'une circulaire ministérielle que le congé de naissance du père de famille doit être assimilé à un temps de travail effectif.

L'assimilation légale de certaines absences à des périodes de travail effectif doit être considérée comme **limitative**. Selon la Cour de cassation, sous réserve de dispositions plus favorables des conventions collectives, « *toutes les autres interruptions de travail se trouvent exclues, même si elles ont entraîné la suspension et non la rupture du contrat de travail, et si elles sont dues à un motif valable : il en est ainsi notamment des périodes de maladie* ».

b) Système d'équivalence

Aux termes des dispositions de l'article L. 223-4 : « *Sont assimilées à un mois de travail effectif pour la détermination de la durée du congé les périodes équivalentes à 4 semaines ou 24 jours de travail* ».

Interprétant l'article L. 223-4, la chambre sociale de la Cour de cassation avait considéré que lorsque le salarié n'avait pas travaillé pendant toute l'année de référence, il y avait lieu de retenir **d'abord** le nombre des mois complets de travail, **puis** celui des semaines supplémentaires groupées par 4 et, **enfin**, celui des jours restants, groupés par 24 ou 20 (selon que l'horaire hebdomadaire est réparti sur 6 ou 5 jours), chaque mois de travail continu, puis chaque groupe de 4 semaines, puis chaque période de 24 jours donnant droit chacun à 2 jours 1/2 ouvrables de congé.

Par un arrêt du 9 janvier 1987, l'assemblée plénière de la Cour de cassation a mis un terme à cette jurisprudence peu favorable au salarié comme les faits de l'espèce ci-après le démontrent.

> *Exemple (Cass. ass. plén., 9 janvier 1987) :*
> Au cours de la période légale de référence 1er juin 1985/31 mai 1986, un salarié avait travaillé seulement 51 semaines complètes, puisqu'absent 3 jours au cours du mois de février, L'employeur avait estimé qu'il n'avait droit qu'à 22 jours de congés payés (11 mois x 2 ; aucun autre droit puisque moins de 4 semaines et moins de 20 jours de travail en février). Cette méthode de calcul conforme à la jurisprudence de la chambre sociale de la Cour de cassation est battue en brèche par l'assemblée plénière. Observant que le salarié avait travaillé 12 fois 4 semaines, elle lui reconnaît son droit à un congé complet de 24 jours.

On retiendra de cette jurisprudence que les règles d'équivalence édictées par l'article L. 223-4 n'ont vocation à s'appliquer qu'à titre subsidiaire. Des différents modes de calcul du temps de travail (par mois, par période de 4 semaines, par période de 24 ou 20 jours), seul le mode de calcul **le plus favorable** au salarié doit être retenu.

B – Le déroulement du congé payé

– Le congé payé ne dépassant pas 12 jours ouvrables doit être continu.

– Le congé payé, compris entre 13 jours ouvrables et 24 jours ouvrables, peut être fractionné.

– Le congé payé supérieur à 24 jours ouvrables doit être fractionné. « *La durée des congés pouvant être pris en une seule fois ne peut excéder 24 jours ouvrables* » (L. 223-8 al. 1). Le législateur a toutefois assoupli cette règle pour les salariés qui justifient de contraintes géographiques c'est-à-dire, concrètement, les travailleurs immigrés et les ressortissants des départements et territoires d'outre-mer. « *Il peut être dérogé individuellement à cette disposition* (1re phrase de l'article L. 223-8 al. 1) *pour ceux des salariés qui justifient de contraintes géographiques particulières.* » Sous réserve de cette exception, l'employeur est tout à fait libre, dès l'instant où il ne l'accole pas au congé principal, d'accorder la 5e semaine quand et comme il le veut, par roulement ou en fermant l'entreprise. Cette 5e semaine peut également, à sa guise, être ou non fractionnée.

C – L'incidence d'un « pont » sur le calcul des congés payés

Sauf dispositions conventionnelles contraires, la journée de « pont » reste un jour ouvrable quand bien même elle serait chômée dans l'entreprise. En conséquence, le salarié qui se trouve en congé au moment d'un pont ne peut prétendre ni à journée de congé supplémentaire, ni à indemnité particulière. Il s'agit là d'une position bien établie bien qu'elle reste critiquable du fait qu'elle crée une discrimination entre les salariés.

9.2.2 Les congés supplémentaires

Nous donnerons quelques exemples :

– le congé supplémentaire légal des mères de famille.

Les femmes salariées ou apprenties âgées de moins de 21 ans au 30 avril de l'année précédente bénéficient de 2 jours de congé supplémentaires par enfant à charge ; ce congé supplémentaire est réduit à un jour si le congé légal n'excède pas 6 jours.

Est réputé enfant à charge l'enfant vivant au foyer et âgé de moins de 15 ans au 30 avril de l'année en cours ;

– le congé supplémentaire d'ancienneté.

Le législateur ne le réglemente pas mais renvoie expressément aux dispositions particulières des conventions collectives ou accords d'entreprise ;

– le congé supplémentaire des jeunes travailleurs.

« *Quelle que soit leur ancienneté dans l'entreprise, les jeunes travailleurs et apprentis âgés de moins de vingt et un ans au 30 avril de l'année précédente ont droit, s'ils le demandent, à un congé de trente jours ouvrables* » (L. 223-3). Toutefois, ils ne peuvent exiger aucune indemnité de congé payé pour les journées de vacances dont ils réclament le bénéfice en sus de celles qu'ils ont acquises en raison de leur travail accompli durant la période de référence ;

– le congé supplémentaire pour fractionnement.

En application des dispositions de l'article L. 223-8, le congé compris entre 13 et 24 jours ouvrables peut faire l'objet d'un fractionnement : dans ce cas, une fraction doit être au moins de 12 jours ouvrables continus entre 2 jours de repos hebdomadaire, ce qui assure en fait un congé continu de 15 jours. Cette fraction de congé doit être prise pendant la période **du 1er mai au 31 octobre** de chaque année.

Les jours restant dus peuvent être accordés en une ou plusieurs fois en dehors de la période précitée. Il est attribué 2 jours ouvrables de congé supplémentaire lorsque le nombre de jours de congé pris en dehors de cette période est au moins égal à 6 et un seul jour de congé lorsqu'il est compris entre 3 et 5 jours. Les jours du congé principal en sus de 24 jours ouvrables ne sont pas pris en compte pour l'ouverture du droit à ce supplément[44].

Il peut être dérogé – par accord exprès des deux parties – à la règle de l'allongement des congés en cas de fractionnement. Une réponse ministérielle (*JO* débats AN du 1er juin 1977 – p. 3255) est venue éclairer cette disposition : « *L'article L. 223-8 du Code du travail qui prévoit l'attribution du supplément de congés dans le cas où une partie des vacances annuelles est attribuée en dehors de la période mai-octobre, a expressément permis que des dérogations soient apportées à cette obligation soit par accord individuel du salarié, soit par convention collective ou accord collectif d'établissement. En vertu du même article, le congé payé ne peut être fractionné sans le consentement mutuel des parties. Compte tenu de la combinaison de ces dispositions, il n'apparaît pas que l'on puisse, a priori, considérer que l'employeur commet un abus de droit en*

44. La Cour de cassation admet que les jours supplémentaires dus au titre du fractionnement sont également dus lorsqu'une fraction du congé principal est prise par anticipation avant l'ouverture de la période de congés, c'est-à-dire pour les salariés qui prennent une partie de leur congé avant le 1er mai.
Par ailleurs et en application d'une jurisprudence bien assise de la Cour de cassation, les modalités de fractionnement de la cinquième semaine de congés payés n'entrent pas dans les prévisions de l'article L. 223-8 et l'employeur peut décider seul du moment d'attribution et des modalités d'un éventuel fractionnement de la cinquième semaine de congés payés.

subordonnant son assentiment au fractionnement du congé à un renoncement du salarié au supplément de vacances. *Il n'appartiendrait qu'aux tribunaux éventuellement saisis de se prononcer, dans chaque cas d'espèce, sur la légitimité de cette condition. »*

9.3 Date et prise de congé

9.3.1 Les dates de congé

La période de congés payés est fixée par la convention collective ou, à défaut, par l'employeur qui doit alors se référer aux usages de la profession, et consulter les délégués du personnel **et** le comité d'entreprise (L. 223-7 al. 2). En cas de contestation, l'inspecteur du travail joue un rôle d'arbitre. Le défaut de consultation par l'employeur des représentants élus du personnel est puni d'une amende de 1 500 € (R. 262-6). Cette peine est relativement lourde puisqu'elle a vocation à s'appliquer autant de fois que de salariés concernés par l'infraction.

La loi impose à l'employeur d'accorder la prise effective des congés payés au cours d'une période, dite période de congés, qui commence le 1er mai et dont le terme est fixé au plus tôt au 31 octobre (L. 223-7 al. 1), mais qui dans la réalité varie en fonction des entreprises.

Le salarié est lui aussi tenu de prendre effectivement son congé. Le salarié qui n'a pas pris son congé en cours de période de congés **sans que cette situation provienne du fait de l'employeur** ne peut plus ensuite en bénéficier. En d'autres termes, un salarié ne peut percevoir une indemnité compensatrice pour congés payés non effectivement pris s'il n'établit pas avoir été empêché par l'employeur de les prendre : la jurisprudence est bien assise en la matière.

9.3.2 La prise de congé

Il existe deux principaux systèmes de congé.

A – Le système du congé accordé par roulement

À défaut de stipulation expresse d'une convention collective, l'ordre des départs est fixé par l'employeur après avis des délégués du personnel, compte tenu de la situation de famille des bénéficiaires, notamment des possibilités de congé du conjoint dans le secteur privé ou public et de la durée de leurs services chez l'employeur, ainsi que, le cas échéant, de leur activité chez un ou plusieurs autres employeurs. Les conjoints travaillant dans une entreprise ont droit à un congé simultané. Sauf en cas de circonstances exceptionnelles, l'ordre et les dates de départ fixés par l'employeur ne peuvent être modifiés **au cours du mois**, précédant le départ (L. 223-7), sachant que c'est la **date de remise** au salarié du courrier qui constitue le point de départ de ce délai.

B – La fermeture de l'établissement

Si la fermeture pour congés payés n'excède pas la durée légale maximale du congé annuel, soit 30 jours, l'employeur ne doit aucune indemnité aux salariés privés de travail pour les jours de fermeture dépassant la durée de leur congé (cas de salariés ayant été malades, ayant été embauchés en cours d'année, etc.), sauf leur droit à prétendre aux indemnités de chômage partiel.

Si la fermeture pour congés d'un établissement dépasse la durée des congés légaux annuels, l'employeur est tenu pour chacun des jours ouvrables de fermeture excédant cette durée, de verser à son personnel une indemnité qui ne peut être inférieure à l'indemnité journalière de congés payés. (Cette disposition ne s'applique pas au personnel qui continuerait à bénéficier de journées supplémentaires de congés payés en vertu, par exemple, des dispositions d'une convention collective).

9.3.3 Le report de congés

Le report des congés payés au-delà du cadre annuel est désormais possible sous une double condition :

– un décompte à l'année de la durée du travail du salarié, en vertu d'une disposition légale ;

– un accord collectif de branche étendu ou accord d'entreprise ou d'établissement précisant notamment les « cas précis et exceptionnels de report ».

Dans cette hypothèse, l'accord collectif peut prévoir quels droits à congés (ouverts au titre de l'année de référence) peuvent être exercés, après accord de l'employeur, durant l'année civile suivant celle pendant laquelle a débuté l'année comprenant la période de prise de ces congés.

9.4 Retour de congé

Le retour de congé du salarié doit avoir lieu à la date qui a été fixée. À la lumière des décisions jurisprudentielles, nous ferons remarquer qu'une prolongation de congé sans autorisation constitue une faute, mais une faute susceptible de sanctions diverses suivant les circonstances de l'espèce, la sanction pouvant aller du simple avertissement au licenciement pour faute grave.

> *Exemple (Cass. soc., 1er mars 1994) :*
> Au lieu de rentrer de Turquie un 4 août, une salariée n'avait repris son travail que le 24, soit 20 jours plus tard, en présentant un certificat médical. Les juges ont considéré qu'en n'avisant pas en temps utile son employeur de l'impossibilité où elle se trouvait de regagner la France, en le laissant ainsi dans l'ignorance du motif de son absence pendant trois semaines, l'intéressée avait eu un comportement constitutif d'une faute grave justifiant et le licenciement et l'impossibilité de maintenir la salariée dans l'entreprise pendant la durée du préavis.

Un retour tardif de congé ne s'analyse pas en une rupture de contrat de la part du salarié ; en d'autres termes, l'employeur n'est jamais autorisé à considérer un retardataire comme démissionnaire ; à lui d'engager une procédure de licenciement s'il estime le licenciement justifié.

9.5 Indemnité de congés payés

Elle a pour but de remplacer le salaire pendant le congé. Il faut soigneusement distinguer l'indemnité de congés payés et l'indemnité compensatrice de congés payés qui prend naissance **lors de la résiliation du contrat de travail** à un moment où l'intéressé a acquis un droit à congé qui n'a pu encore s'exercer.

9.5.1 Le montant

L'indemnité est égale au 1/10e de la rémunération totale perçue par le salarié au cours de la période prise en considération pour l'appréciation du droit au congé (règle du 1/10e). Mais cette indemnité ne saurait être « *inférieure au montant de la rémunération qui aurait été perçue pendant la période de congé si le salarié avait continué à travailler, cette rémunération étant, sous réserve de l'observation des dispositions législatives et réglementaires en vigueur, calculée à raison tout à la fois du salaire gagné pendant* ***la période précédant le congé*** *et la durée du travail effectif de l'établissement* » (règle du maintien du salaire). En d'autres termes, le chiffre le plus élevé constitue l'indemnité due au salarié. Selon la jurisprudence de la chambre sociale de la Cour de cassation, le « *salaire gagné pendant la période précédant le congé* » s'entend du salaire gagné au cours de la période précédant **immédiatement** le congé.

> *Exemple (Cass. soc., 14 octobre 1982) :*
> Certains salariés partis en vacances au mois d'août avaient en juillet participé à différents arrêts de travail et perçu, de ce fait, des primes de rendement d'un montant réduit. Calculée sur le salaire de juillet, leur indemnité de congé avait été réduite d'autant. Les premiers juges condamnèrent l'employeur au motif que « la référence à la période précédant le congé devait s'entendre, non du mois de juillet pendant lequel la situation n'avait pas été **normale**, mais du mois de juin ». À tort, dit la Cour suprême, pour qui l'employeur avait fait un juste calcul.

9.5.2 L'assiette

Que soit appliquée la règle du 1/10e ou la règle du maintien du salaire, le calcul de l'indemnité doit s'effectuer sur la rémunération totale ; en conséquence devront être inclus tous les accessoires du salaire qui constituent un élément de rémunération. Ainsi en ira-t-il notamment de la rétribution majorée des heures supplémentaires, des primes d'ancienneté, des primes de rendement, des primes d'assiduité, des primes de productivité, des primes d'intéressement, des participations sur chiffre d'affaires ou sur les ventes.

Toutefois certaines primes peuvent ne pas être retenues dans l'assiette servant au calcul de l'indemnité de congés payés, compte tenu de leurs modalités de versement. Il en est ainsi des primes et gratifications qui ne sont pas affectées par la prise du congé annuel dans la mesure où une partie de leur montant ferait double emploi avec l'indemnité de congés payés si on les intégrait dans l'assiette de celle-ci.

> *Exemple (Cass. soc., 15 juin 1978) :*
>
> Une prime d'intéressement versée au salarié ne doit pas être incluse dans la rémunération à prendre en considération pour l'indemnité de congé annuel, dès lors qu'elle est calculée pour l'année entière, période de travail et période de congé confondues. L'inclure dans le calcul de l'indemnité de congés payés équivaudrait à la faire payer partiellement une seconde fois.

9.5.3 Le mode de paiement

La Cour de cassation a depuis longtemps admis, pour les VRP et d'autres catégories de salariés (vacataires par exemple), que l'indemnité de congé puisse être incluse dans les commissions ou le salaire, sous réserve que la formule ne lèse en rien le salarié et que la convention employeur-salarié prévoyant ce système est bien établie et suffisamment explicite. « *Il n'est pas interdit aux parties de convenir, dans le respect des dispositions conventionnelles et légales applicables, d'une rémunération mensuelle forfaitaire incluant les indemnités dues en sus du salaire de base. Toutefois, il appartient à l'employeur qui s'en prévaut de prouver l'existence d'une telle convention* » (Cass. soc., 16 décembre 1992).

9.5.4 L'indemnité de congés payés et la modification juridique de l'employeur

Les indemnités de congés payés ne sont dues au salarié qu'au moment où débute la période des congés annuels, à l'issue du temps de travail lui ouvrant ce droit. Le paiement de ces indemnités incombe donc à l'employeur en place à ce moment-là. Dès lors, si une modification juridique intervient dans la situation de l'employeur pendant l'année de référence, c'est le nouvel employeur qui doit assurer le versement total des sommes dues aux salariés. La règle est bien établie, que la cession (ou absorption, fusion, etc.) se soit produite à un moment quelconque de la période de référence, ou juste à l'expiration de celle-ci, avant que les salariés aient pu prendre les congés correspondant à cette période.

La Cour de cassation admet toutefois que le nouvel employeur puisse avoir un recours contre son prédécesseur et lui réclamer paiement de l'indemnité de congés payés due aux salariés, proportionnellement au temps pendant lequel ces salariés étaient encore à son service, et ce, que le remboursement ait été ou non prévu par convention au moment de la cession. En décider autrement aboutirait à alléger les charges du prédécesseur au détriment du successeur.

Cette jurisprudence ne change en rien la situation des salariés, qui n'ont toujours qu'un seul interlocuteur : le nouvel employeur. C'est à lui qu'ils doivent demander paiement de leur indemnité et c'est de lui seul qu'ils peuvent l'exiger. Ce n'est pas leur affaire de savoir qui en supporte la charge, totale ou partielle.

10. Le compte épargne-temps (CET)

Mis en œuvre par la loi du 25 juillet 1994 « *relative à l'amélioration de la participation des salariés dans l'entreprise* », le compte épargne-temps a fait l'objet de modifications législatives successives dont la dernière en date remonte à la loi du 31 mars 2005 « *portant réforme de l'organisation du temps de travail dans l'entreprise* ».

Selon les dispositions de l'article L. 227-1 alinéa 2, « *le compte épargne-temps permet au salarié d'accumuler des droits à **congé** rémunéré ou de bénéficier d'une **rémunération**, immédiate ou différée, en contrepartie des périodes de congé ou de repos non pris* ».

Vécu à l'origine dans la seule optique d'une épargne en **temps**, le compte permet aujourd'hui de bénéficier d'une **rémunération**.

L'esprit actuel de la législation est de laisser la plus grande latitude aux partenaires sociaux pour la mise en œuvre du CET, ce qui a conduit le législateur de 2005 **à supprimer** les limites ou plafonds fixés par les textes antérieurs.

L'usage du CET répond à un souhait du salarié et ne saurait en aucun cas être imposé par l'employeur.

10.1 Modalités conventionnelles d'ouverture

Une convention ou un accord collectif de branche, de groupe, d'entreprise ou d'établissement **peut** prévoir la création d'un compte épargne-temps au profit des salariés.

Il convient de rappeler que les règles de négociation collective issues de la loi du 4 mai 2004 relative au dialogue social s'appliquent à la conclusion comme à la révision de l'accord collectif relatif au CET[45].

10.2 Alimentation

L'article L. 227-1 fixe un liste limitative des éléments temporels pouvant être affectés au CET et ouvre à la négociation la liste des éléments monétaires susceptibles de venir contribuer à l'alimenter.

10.2.1 Les apports en temps

A – Les apports du salarié

Le salarié peut transférer sur son compte :

- tout ou partie du congé annuel excédant 24 jours ouvrables (soit en fait la 5e semaine de congés payés) ;
- les heures acquises au titre des différents repos compensateurs prévus par la loi liés à l'accomplissement d'heures supplémentaires ;
- les jours de repos et de congés accordés au titre d'un dispositif de réduction du temps de travail (RTT) ;
- les jours de repos accordés aux cadres « autonomes » bénéficiant d'un forfait annuel en jours ;
- les heures effectuées au-delà de la convention pour les cadres « autonomes » soumis à une convention individuelle de forfait en heures (sur une base hebdomadaire, mensuelle ou annuelle).

B – L'abondement de l'employeur

L'article L. 227-1 alinéa 3 donne à l'employeur la faculté d'abonder le CET au moyen des heures effectuées au-delà de la durée collective du travail, lorsque les caractéristiques des variations de l'activité le justifient, l'accord de mise en œuvre du CET devant alors préciser les conditions d'utilisation des droits acquis à ce titre.

10.2.2 Les apports en argent

Le salarié peut transférer sur son compte :

- les augmentations ou compléments de sa rémunération de base (treizième mois, primes de vacances, prime de bilan, etc.) ;

---

45. Voir *supra*, Partie 1, chapitre 3 .

– tout ou partie des sommes qui lui sont versées en application d'un accord d'intéressement ;
– à l'issue de leur période d'indisponibilité, tout ou partie des sommes issues de la répartition de la réserve de participation et les sommes qu'il a versées dans un plan d'épargne entreprise (PEE) ;
– à l'issue de leur période d'indisponibilité, les sommes versées par l'employeur à un plan d'épargne d'entreprise (PEE) ou à un plan d'épargne pour la retraite collectif (PERCO).

L'accord peut également prévoir un abondement monétaire de l'employeur.

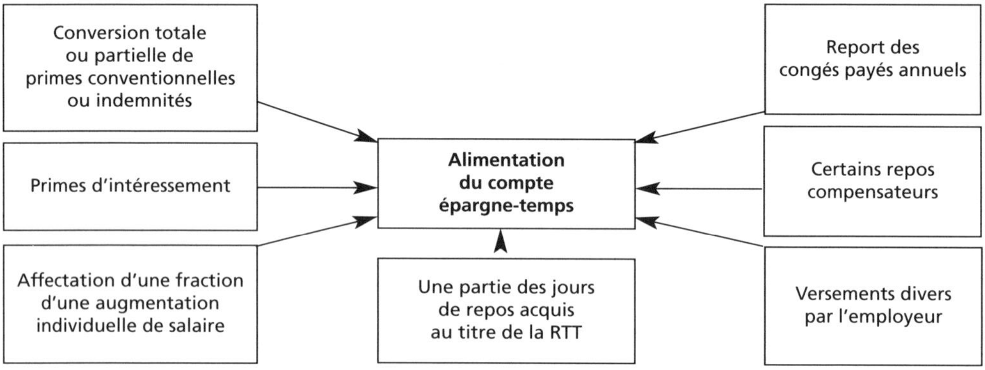

10.3 Utilisation

Il convient de se reporter aux dispositions de l'accord, sachant que deux alternatives sont ouvertes au salarié : droits à congé rémunéré, d'une part, rémunération immédiate ou différée, d'autre part[46].

10.3.1 Les droits à congé rémunéré

Le législateur vise **notamment** :
– le congé parental d'éducation ;
– le congé pour création d'entreprise ;
– le congé sabbatique ;
– le congé de solidarité internationale.

En outre, le CET permet également de financer :
– un passage à temps partiel ;
– une période de formation **en dehors du temps de travail** effectué notamment dans le cadre des actions de développement de compétences visées à l'article L. 932-1[47] ;
– une cessation progressive ou totale d'activité.

10.3.2 La rémunération

A – La rémunération immédiate

Le salarié peut utiliser le CET pour compléter sa rémunération dans la limite des droits qu'il a acquis sur l'année, dans les conditions et selon les modalités prévues par l'accord.

46. Voir *infra*, Partie 4, chapitre 8, § 1.1.1 F.
47. L'acquis social constitué par la 5e semaine de congés payés qui relève d'une logique de protection de la santé et de la sécurité au travail ne peut faire que l'objet d'une conversion en **repos**.

B – La rémunération différée

1) L'affectation à un plan d'épargne salariale

Le complément de rémunération différée peut prendre la forme d'un versement du salarié à un plan d'épargne salariale qui peut être un plan d'épargne d'entreprise, un plan d'épargne interentreprise (PEI) ou un plan d'épargne pour la retraite collectif (PERCO)[48].

2) Le financement de prestations de retraite supplémentaire

Il s'agit en pratique des versements faits au titre des plans d'épargne retraite entreprise (PERE)[49].

3) Le rachat de cotisations d'assurance vieillesse

Le salarié peut procéder au rachat de cotisations de retraite de base, soit au titre d'années d'études, soit au titre d'années ayant donné lieu à un versement de cotisations insuffisant pour valider quatre trimestres d'assurance.

10.4 Modalités de gestion

La loi laisse les partenaires à l'accord le soin de définir les modalités d'utilisation du CET, sachant qu'elle a toutefois prévu un montant plafond qui rend obligatoire sa liquidation, concrétisée par le versement d'une indemnité correspondant à la conversion monétaire de l'ensemble des droits acquis[50].

10.5 Dispositions particulières

Sauf dispositions conventionnelles prévoyant des conditions de transfert des droits d'un salarié d'une entreprise à une autre, le salarié perçoit, en cas de rupture de son contrat de travail, une indemnité compensatrice, soumise aux charges sociales, d'un montant correspondant aux droits acquis dans le cadre du CET à la date de la rupture.

En cas de défaillance de l'entreprise, les droits acquis par le salarié au titre du CE sont couverts par l'AGS[51].

Tableau 20 – Récapitulatif des dispositions pouvant donner lieu à accords dérogatoires

Thèmes de négociation	Cadre de négociation	Références textuelles
– Aménagement et répartition des horaires de travail à l'intérieur de la semaine	Convention ou accord étendu ou accord d'entreprise ou d'établissement	L. 212-2 al. 3
– Périodes de repos		L. 212-2 al. 3
– Conditions de recours aux astreintes		L. 212-2 al. 3
– Récupération des heures de travail perdues		L. 212-2 al. 3

→

48. Concernant l'utilisation des droits pour effectuer des versements sur le PERCO, il est précisé par le législateur que les versements effectués par l'employeur au titre de l'abondement sont limités à 4 600 € par an et par salarié et au triple de la contribution du bénéficiaire. Il est précisé également que ces sommes sont déductibles des bénéfices, sont exonérées de l'impôt sur le revenu et sont exonérées de toutes cotisations sociales.

49. Les droits acquis qui correspondent à un abondement en temps ou en argent de l'employeur bénéficient d'un certain nombre d'exonérations sociales et fiscales.

50. Pour 2005, ce montant plafond était de 60 384 €.

51. Sur l'association pour la gestion du régime d'assurance des créances des salariés ou AGS, voir *supra*, chapitre 1, § 1.5.3.

Thèmes de négociation	Cadre de négociation	Références textuelles
– Dépassement de la durée maximale quotidienne de travail	Convention ou accord étendu ou accord d'entreprise ou d'établissement	D. 212-16
– Modulation des horaires de travail		L. 212-8
– Remplacement du paiement des heures supplémentaires par la prise d'un repos compensateur		L. 212-5 II
– Fixation et modalités d'utilisation d'un contingent annuel d'heures supplémentaires > ou < au contingent légal		L. 212-6 al. 2
– Durée du travail de nuit		L. 213-3
– Dérogation à la règle du repos dominical (pour les entreprises industrielles fonctionnant en équipe)		L. 221-5-1 al. 1
– Dérogation aux règles applicables en matière de fractionnement des congés payés		L. 223-8 al. 4
– Dérogation à la durée du repos quotidien		L. 220-1 D. 220-1 et suivants

Chapitre 3

La santé et la sécurité dans l'entreprise

1. La prévention des accidents du travail
2. Les comités d'hygiène, de sécurité et des conditions de travail (CHSCT)
3. Les services de santé au travail
4. La mise en jeu de la responsabilité de l'employeur
5. Les incitations financières au développement de plans de prévention

Les principes généraux de prévention

Par la loi n° 91-1414 du 31 décembre 1991, la France a transposé dans sa législation nationale les dispositions de la directive CEE du 12 juin 1989 relative « *à la mise en œuvre de mesures visant à promouvoir l'amélioration de la sécurité et de la santé des travailleurs au travail* ». Ce texte communautaire comporte des principes généraux concernant la prévention des risques professionnels, principes repris dans la législation française.

A – Obligations des employeurs

« *I. Le chef d'établissement prend les mesures nécessaires pour assurer la sécurité et protéger la santé des travailleurs de l'établissement, y compris les travailleurs temporaires. Ces mesures comprennent des actions de prévention des risques professionnels, d'information et de formation ainsi que la mise en place d'une organisation et de moyens adaptés. Il veille à l'adaptation de ces mesures pour tenir compte du changement des circonstances et tendre à l'amélioration des situations existantes.*

II. Le chef d'établissement met en œuvre les mesures prévues au I ci-dessus sur la base des principes généraux de prévention suivants :

a) éviter les risques ;

b) évaluer les risques qui ne peuvent pas être évités ;

c) combattre les risques à la source ;

d) adapter le travail à l'homme, en particulier en ce qui concerne la conception des postes de travail ainsi que le choix des équipements de travail et des méthodes de travail et de production, en vue notamment de limiter le travail monotone et le travail cadencé et de réduire les effets de ceux-ci sur la santé ;

e) tenir compte de l'état d'évolution de la technique ;

f) remplacer ce qui est dangereux par ce qui n'est pas dangereux ou par ce qui est moins dangereux ;

g) planifier la prévention en y intégrant, dans un ensemble cohérent, la technique, l'organisation du travail, les conditions de travail, les relations sociales et l'influence des facteurs ambiants ;

h) prendre des mesures de protection collective en leur donnant la priorité sur les mesures de protection individuelle ;

i) Donner les instructions appropriées aux travailleurs.

III. Sans préjudice des autres dispositions du présent code, le chef d'établissement doit, compte tenu de la nature des activités de l'établissement :

a) évaluer les risques pour la sécurité et la santé des travailleurs, y compris dans le choix des procédés de fabrication, des équipements de travail, des substances ou préparations chimiques, dans l'aménagement ou le réaménagement des lieux de travail ou des installations et dans la définition des postes de travail ; à la suite de cette évaluation et en tant que de besoin, les actions de prévention ainsi que les méthodes de travail et de production mises en œuvre par l'employeur doivent garantir un meilleur niveau de protection de la sécurité et de la santé des travailleurs et être intégrées dans l'ensemble des activités de l'établissement et à tous les niveaux de l'encadrement ;

b) lorsqu'il confie des tâches à un travailleur, prendre en considération les capacités de l'intéressé à mettre en œuvre les précautions nécessaires pour la sécurité et la santé » (L. 230-2).

B – Obligations des travailleurs

« *Conformément aux instructions qui lui sont données par l'employeur ou le chef d'établissement, il incombe à chaque travailleur de prendre soin, en fonction de sa formation et selon ses possibilités, de sa sécurité et de sa santé ainsi que de celles des autres personnes concernées du fait de ses actes ou de ses omissions au travail* » (L. 230-3).

C – Responsabilité des employeurs

« *Les dispositions de l'article L. 230-3 n'affectent pas le principe de la responsabilité des employeurs ou chefs d'établissement* » (L. 230-4).

1. La prévention des accidents du travail

Celle-ci est assurée, d'une part, par une obligation de formation à la sécurité, d'autre part, par l'institution d'organismes de contrôle de l'application des dispositions légales en matière d'hygiène et de sécurité, enfin, par le recours à un dispositif spécifique en cas de danger grave et imminent.

1.1 Obligation de formation à la sécurité

Elle résulte de la loi du 6 décembre 1976 « *relative au développement de la prévention des accidents du travail* ». Selon l'article L. 231-3-1, **tout chef d'établissement** est **tenu d'organiser une formation pratique** et **appropriée** en matière de sécurité à l'intention d'un certain nombre de catégories particulières de salariés énumérées expressément. Le décret du 20 mars 1979 a pour objet principal de définir précisément le contenu de cette formation à la sécurité.

1.1.1 Le contenu

De façon générale, la formation à la sécurité a pour objet d'instruire les salariés des précautions à prendre pour assurer leur propre sécurité et, le cas échéant, celle des autres personnes occupées dans l'établissement.

Trois orientations ont été fixées.

1) Les conditions de circulation dans l'entreprise

La formation a pour objet :

- d'informer le salarié, à partir des risques auxquels il est exposé, des règles de circulation des véhicules et engins de toute nature sur les lieux de travail et dans l'établissement ;
- de lui montrer les chemins d'accès aux lieux dans lesquels il sera appelé à travailler et aux locaux sociaux ;

- de lui préciser les issues et dégagements de secours à utiliser en cas de sinistre et de lui donner, si la nature des activités le justifie, des instructions d'évacuation en cas notamment d'explosion, de dégagement accidentel de gaz ou liquides inflammables ou toxiques.

2) L'exécution du travail

La formation a pour objet :

- d'enseigner au salarié, à partir des risques auxquels il est exposé, les comportements et les gestes les plus sûrs en ayant recours, si possible, à des démonstrations ;
- de lui expliquer les modes opératoires retenus s'ils ont une incidence sur sa sécurité ou celle des autres salariés ;
- de lui montrer le fonctionnement des dispositifs de protection et de secours et de lui expliquer les motifs de leur emploi.

3) La survenance d'accidents

La formation a pour objet de préparer le salarié sur la conduite à tenir lorsqu'une personne est victime d'un accident ou d'une intoxication sur les lieux du travail.

1.1.2 Les catégories de salariés concernés

- Les nouveaux embauchés et les travailleurs temporaires (à l'exception de ceux auxquels il est fait appel en vue de l'exécution de travaux urgents nécessités par des mesures de sécurité et déjà dotés de la qualification nécessaire à cette intervention) doivent recevoir une formation concernant les règles de circulation.

  S'ils effectuent des travaux comportant un risque particulier (machines, produits chimiques, véhicules, etc.), ils doivent recevoir les deux autres types de formation (exécution du travail et conduite à tenir en cas d'accident).
- Les salariés qui changent de poste de travail ou de technique et qui sont exposés à des risques nouveaux, ou qui sont affectés, pour tout ou partie, à des tâches comportant un risque particulier (machines, produits chimiques, etc.) doivent recevoir tout à la fois une formation sur l'exécution du travail et la conduite à tenir en cas d'accident, complétée s'il y a modification du lieu de travail d'une formation relative aux conditions de circulation dans l'entreprise.
- Les salariés de retour d'un arrêt de travail de 21 jours ou plus doivent également bénéficier des trois types de formation décrits ci-dessus sur demande du médecin du travail.

Des actions particulières de formation à la sécurité peuvent être organisées, en cas de modification dans l'organisation du travail :

- modification des conditions habituelles de circulation sur les lieux de travail ou dans l'établissement ou modification des conditions d'exploitation présentant notamment des risques d'intoxication, d'incendie ou d'explosion (formation « *conditions de circulation* ») ;
- création ou modification d'un poste de travail ou de technique exposant à des risques nouveaux (formation « *exécution du travail* » + « *survenance d'accidents* ») ;
- survenance d'accidents graves – ou qui auraient pu l'être – ou d'une maladie professionnelle grave, ou d'accidents qui, sans être graves, sont répétés (formation « *conditions de circulation* » + « *exécution du travail* » + « *survenance d'accidents* »).

1.1.3 Les modalités d'organisation de la formation à la sécurité

La loi du 6 décembre 1976 a posé le principe que « *tout chef d'établissement est tenu d'organiser une formation pratique et appropriée en matière de sécurité...* » Mais si l'obligation repose clairement sur l'employeur – chef d'entreprise et d'établissement selon les cas – le même texte précise que le comité d'entreprise ou d'établissement (CE) et le comité d'hygiène, de sécurité et des conditions du travail (CHSCT) sont « *obligatoirement consultés sur les programmes de formation et veillent à leur mise en œuvre effective* ».

Le décret du 20 mars 1979 complète ces dispositions de principe de deux façons. Il précise, d'une part, que le médecin du travail (et l'agent de sécurité s'il existe) sont associés par l'employeur à l'élaboration de ces actions de formation. Il énumère, d'autre part, les domaines précis dans lesquels s'articulent les compétences du CE et du CHSCT :

– c'est le comité d'entreprise qui reçoit chaque année un rapport sur les actions de formation qui ont été menées. Il est également remis au CE un programme des actions projetées pour l'année à venir. D'une façon générale, ce comité est consulté sur l'organisation, les programmes et l'exécution de ces formations ;
– le CHSCT, quant à lui, exerce un rôle plus « quotidien » en quelque sorte. Le décret prévoit en effet « *qu'il coopère à la préparation des actions de formation et veille à leur mise en œuvre effective* ». De plus, quand l'employeur est tenu d'organiser des actions particulières de formation à la sécurité, il doit saisir le CHSCT pour avis.

1.1.4 La formation renforcée à la sécurité

A – Les bénéficiaires

La loi du 12 juillet 1990 institue une obligation de formation à la sécurité **renforcée** dans l'entreprise au profit des salariés sous contrat à durée déterminée et des salariés sous contrat de travail temporaire affectés à des postes de travail présentant des risques particuliers pour leur santé ou leur sécurité, eu égard à la spécificité de leur contrat de travail. Cette formation renforcée s'accompagne d'un accueil et d'une information adaptés dans l'entreprise dans laquelle ils sont occupés.

La liste de ces postes de travail est établi par le chef d'établissement, après avis du médecin du travail et du CHSCT ou, à défaut, des délégués du personnel, s'il en existe ; elle est tenue à la disposition de l'inspecteur du travail.

La circulaire ministérielle du 30 octobre 1990 apporte les précisions suivantes :

« *Deux catégories de postes de travail paraissent devoir figurer sur la liste établie par le chef d'établissement :*

– les travaux habituellement reconnus dangereux et qui nécessitent une certaine qualification (conduite d'engins, travaux de maintenance, travaux sur machines dangereuses) ou les travaux exposant à certains risques (travaux en hauteur ; produits chimiques tels que benzène, chlorure de vinyle ; substances telles que l'amiante ; nuisances ; bruit ; vibrations) ;
– les travaux pour lesquels une formation particulière est prévue par la réglementation : il en est ainsi des postes de caristes.

La liste de l'entreprise peut également être établie après analyse des bilans d'hygiène et de sécurité présentés chaque année au comité d'hygiène, de sécurité et des conditions de travail en application de l'article L. 236-4 du Code du travail.

Les postes de travail ayant été à l'origine d'un accident du travail ou d'une maladie professionnelle, ou d'incidents répétés, devraient figurer sur la liste.

B – La mise en œuvre

Les salariés titulaires d'un contrat de travail à durée déterminée et les intérimaires bénéficient du droit commun en matière de formation à la sécurité. Le chef d'établissement doit donc organiser pour chaque travailleur qu'il embauche une formation pratique et appropriée en matière de sécurité.

Les dispositions de la loi du 12 juillet 1990 prévoient cependant que pour les salariés précaires affectés à l'un des postes de travail figurant sur la liste définie au point précédent, la formation à la sécurité doit être renforcée.

La circulaire ministérielle susvisée explicite comme suit le contenu de la formation renforcée :

« *Cela doit s'entendre, d'une part, comme la nécessité absolue d'une réelle formation dont le programme et les modalités, notamment la durée, sont soumis pour avis au comité d'hygiène, de sécurité et des conditions de travail et au médecin du travail, d'autre part comme contenant des informations complètes sur les risques du poste de travail mais aussi éventuellement de l'environnement de travail pour la santé et la sécurité du travailleur.*

Il est donc important que cette formation comprenne des informations sur les risques liés à la circulation dans les zones où le salarié est appelé à circuler (zones dangereuses, circulations d'engins...), sur les risques à long terme des produits utilisés, etc.

D'une manière générale, l'accueil et l'information des salariés sous contrat de travail à durée déterminée et des intérimaires doivent être adaptés aux problèmes spécifiques en matière de sécurité à la fois du poste de travail auquel ils sont affectés mais aussi de la particularité de leur contrat de travail. À cet égard, il importe de veiller tout particulièrement à ce que l'encadrement de ce type de salariés soit suffisant au regard des risques liés aux tâches qui leur sont confiées. »

1.2 Surveillance de l'application des dispositions d'hygiène et de sécurité

Elle est le fait d'un certain nombre de personnes ou d'organismes.

1.2.1 Les services de la Direction départementale du travail

A – Les pouvoirs des inspecteurs et contrôleurs du travail

Le contrôle de l'application de la législation du travail peut être considéré comme une des attributions essentielles de l'Inspection du travail. Pour exercer efficacement cette fonction, 3 prérogatives lui sont reconnues : le droit de visite des établissements soumis à son contrôle[1] ; le droit de communication de tous les registres et livres dont la tenue est imposée par la loi aux chefs d'entreprise ; le droit de dresser procès-verbal.

C'est cette dernière prérogative que nous retiendrons dans le cadre du contrôle de l'application des dispositions d'hygiène et de sécurité.

1) L'établissement des procès-verbaux

a) Procédure

Les inspecteurs et les contrôleurs du travail constatent les infractions aux dispositions d'hygiène et de sécurité par des procès-verbaux qui font foi jusqu'à preuve du contraire. Ces procès-verbaux sont dressés en double exemplaire, dont l'un est envoyé au préfet du département et l'autre déposé au Parquet. Si le ministère public se décide à poursuivre, il saisira les tribunaux correctionnels, car les infractions aux dispositions d'hygiène et de sécurité ont été érigées en délits pénaux.

b) Principe : la mise en demeure préalable

Si la règle est que les infractions à l'hygiène et à la sécurité peuvent donner lieu à des poursuites immédiates par l'établissement et la transmission d'un procès-verbal, certains règlements généraux ou spéciaux instituent, en raison de la complexité des dispositions à mettre en œuvre, une procédure préalable de mise en demeure. En d'autres termes, l'inspecteur ou le contrôleur du travail doit, avant de dresser procès-verbal, inviter le chef d'entreprise à se conformer aux prescriptions légales dans un délai qui ne peut être inférieur à 4 jours.

La mise en demeure est notifiée par écrit à l'employeur ou à son représentant soit par remise en main propre contre décharge, soit par lettre recommandée avec AR. C'est à compter du jour de la remise ou du jour de la première présentation de la lettre recommandée que court le délai d'exécution indiqué dans la mise en demeure (L. 611-4).

---

1. Lors des visites effectuées par l'inspecteur ou le contrôleur du travail, les représentants du personnel au CHSCT (voir § 3.2) doivent être informés de sa présence par le chef d'établissement et doivent pouvoir présenter leurs observations.

Les chefs d'établissement doivent tenir un registre sur lequel sont portées ou auquel sont annexées les observations et mises en demeure formulées par l'inspecteur ou le contrôleur du travail et relatives à des questions d'hygiène, de sécurité, de médecine du travail et de prévention des risques. Le registre, qui doit être conservé pendant 5 ans, est tenu constamment à la disposition des inspecteurs du travail et des agents de service de prévention des caisses régionales d'assurance maladie. Par ailleurs, les membres du CHSCT et, à défaut de comité, les délégués du personnel, peuvent consulter ce registre.

c) Exception : l'établissement direct possible d'un procès-verbal

Afin d'inciter les chefs d'entreprise à un meilleur respect des dispositions d'hygiène et de sécurité, le législateur a, dans certains cas, prévu la possibilité de dresser directement procès-verbal pour des infractions qui nécessitaient jusqu'alors une mise en demeure préalable. C'est ainsi que la loi du 6 décembre 1976 donne aux inspecteurs et aux contrôleurs du travail le pouvoir de dresser immédiatement procès-verbal « *lorsque les faits qu'ils constatent présentent* ***un danger grave et imminent*** *pour l'intégrité physique des travailleurs* ».

2) Les voies de recours

Avant l'expiration du délai fixé par l'inspecteur du travail et, au plus tard, dans les 15 jours de la mise en demeure, le chef d'établissement peut saisir le directeur régional du Travail par lettre recommandée avec accusé de réception exposant le motif de sa réclamation.

Le délai de réponse imparti au directeur régional du travail est fixé à 21 jours, sauf prolongation d'une nouvelle période de 21 jours si les nécessités de l'instruction l'exigent. Le silence de l'Administration vaut ici acceptation de la réclamation.

Conformément aux principes généraux du droit administratif, la décision du directeur régional peut faire l'objet d'un recours hiérarchique auprès du ministre du Travail.

B – Le pouvoir du directeur départemental du travail

1) Les conditions de mise en demeure

La mise en demeure, telle que nous venons de l'étudier au point précédent, doit viser une obligation édictée par une disposition **précise**. Le législateur a toutefois étendu cette possibilité de mise en demeure pour l'inobservation de certaines prescriptions **générales** – au demeurant fort imprécises pour certaines d'entre elles – engendrant une situation dangereuse.

a) Non-respect des principes généraux de prévention

Il résulte des dispositions de l'article L. 230-5 que le directeur départemental du Travail et de l'Emploi, sur le rapport de l'inspecteur du Travail constatant une situation dangereuse résultant d'un non-respect des principes généraux de prévention tels qu'édictés à l'article L. 230-2, peut mettre en demeure les chefs d'établissement de prendre toutes mesures utiles pour y remédier[2].

b) Infraction aux règles d'hygiène et de sécurité des locaux

« *Les établissements et locaux doivent être tenus dans un état constant de propreté et présenter les conditions d'hygiène et de salubrité nécessaires à la santé du personnel* » (L. 232-1).

« *Les établissements et locaux doivent être aménagés de manière à garantir la sécurité des travailleurs.* » « *Les machines, mécanismes, appareils de transmission, outils et engins doivent être installés et tenus dans les meilleures conditions possibles de sécurité* » (L. 233-1).

Il résulte des dispositions de l'article L. 231-5 que le directeur départemental du Travail et de l'Emploi, sur le rapport de l'inspecteur du travail constatant une situation dangereuse résultant d'une infraction aux dispositions des articles L. 232-1 et L. 233-1, notamment dans le cas où le

2. Voir les principes généraux de prévention en introduction du présent chapitre.

risque professionnel trouve son origine dans les conditions d'organisation du travail ou d'aménagement du poste de travail, l'état des surfaces de circulation, l'état de propreté et d'ordre des lieux de travail, le stockage des matériaux et des produits de fabrication, peut mettre en demeure les chefs d'établissement de prendre toutes mesures utiles pour y remédier.

2) La procédure de mise en demeure

Ce n'est pas à l'inspecteur du travail que revient ici le pouvoir de mettre en demeure ; il ne fait que constater les situations dangereuses engendrant un risque et les décrire dans un rapport. La décision de mise en demeure appartient au directeur départemental du Travail ; elle est présentée par écrit, datée, signée et assortie d'un délai d'exécution tenant compte des difficultés de réalisation. Si, à l'expiration de ce délai, l'inspecteur du travail constate que la situation dangereuse n'a pas cessé, il peut dresser procès-verbal. La procédure de recours contre la mise en demeure du directeur départemental est la même que celle envisagée à l'encontre des mises en demeure de l'inspecteur du travail. (Les infractions ainsi constatées sont punies de peines de police, et non de peines correctionnelles.)

1.2.2 La juridiction des référés

Nous rappellerons que la juridiction des référés est attribuée de principe aux présidents des tribunaux de grande instance et que l'urgence est la condition essentielle de recevabilité de l'action en référé. Il y a notamment urgence lorsqu'on veut prévenir un danger imminent ou faire cesser un trouble manifestement illicite.

L'article L. 263-1 permet à l'inspecteur du travail de saisir le juge des référés pour faire ordonner toutes mesures propres à faire cesser les risques d'atteinte à l'intégrité physique des salariés découlant de l'inobservation des mesures d'hygiène et de sécurité. Le juge peut ordonner la mise hors service, l'immobilisation, la saisie des matériels, machines, dispositifs, produits ou autres ; il peut également décider la fermeture temporaire d'un atelier ou d'un chantier ; il peut enfin assortir sa décision d'une astreinte liquidée au profit du Trésor.

1.2.3 Les organismes de sécurité sociale

En matière de prévention des accidents du travail, la caisse régionale d'assurance maladie (CRAM) est appelée, par rapport aux autres organismes de sécurité sociale, à jouer le rôle le plus important.

A – Les pouvoirs de la CRAM

Les caisses régionales peuvent faire procéder à toutes enquêtes qu'elles jugent utiles sur les conditions d'hygiène et de sécurité et à cet effet :

- inviter tout employeur à prendre toutes mesures justifiées de prévention, sauf recours de l'employeur devant le directeur régional du travail ;
- demander l'intervention de l'Inspection du travail pour assurer l'application des mesures prévues par la législation et la réglementation du travail ;
- adopter des dispositions générales de prévention applicables à l'ensemble des employeurs qui, dans leur circonscription, exercent une même activité ou utilisent les mêmes types de machines ou de procédés.

Ces dispositions n'entrent en vigueur qu'après avoir été homologuées par le directeur régional du travail ou, en cas de refus de celui-ci, par le ministre du Travail.

La caisse **nationale** d'assurance maladie peut provoquer, par arrêté du ministère du Travail, **l'extension** à l'ensemble du territoire des mesures de prévention édictées par une caisse régionale, soit telles qu'elles ont été adoptées par cet organisme, soit après modifications apportées par les comités techniques nationaux compétents.

B – Les sanctions

La loi de 1976 confère aux inspecteurs du travail (dont les interventions s'ajoutent à celles des ingénieurs-conseils et contrôleurs de sécurité de caisse) le pouvoir de constater par procès-verbal l'inobservation des mesures de prévention ainsi étendues, inobservation sanctionnée par des peines de police.

1.3 Dispositif spécifique en cas de danger grave et imminent

La loi du 23 décembre 1982 « *relative aux comités d'hygiène, de sécurité et des conditions de travail* » a mis en place une procédure qui fait intervenir deux acteurs principaux : le salarié et le CHSCT[3].

1.3.1 Les prérogatives du salarié

Elles sont de deux ordres : l'alerte et le retrait.

A – L'alerte

Cette prérogative est reconnue à tout salarié quelle que soit sa fonction dans l'entreprise et quel que soit l'effectif de celle-ci.

Aux termes de l'article L. 231-8 alinéa 1 : « *Le salarié signale immédiatement à l'employeur ou à son représentant toute situation de travail dont il a un motif raisonnable*[4] *de penser qu'elle présente* ***un danger grave et imminent*** *pour sa vie ou sa santé ainsi que toute défectuosité qu'il constate dans les systèmes de protection* ». Cette information est-elle obligatoire ou facultative ? Si la loi n'apporte aucune précision, de nombreux règlements intérieurs d'entreprise ou d'établissement en font en revanche une obligation à la charge du salarié.

Si l'employeur, **dûment averti** du danger, ne prend aucune disposition et qu'un accident se produit, il sera de droit considéré comme ayant commis **une faute inexcusable**[5]. Il appartient au chef d'entreprise d'organiser une procédure d'information interne permettant de faire remonter, dans les meilleurs délais, jusqu'à la personne habilitée à décider des mesures à prendre, toutes informations concernant l'existence possible d'un danger grave et imminent.

Nombre d'employeurs ont inséré dans le règlement intérieur de leur entreprise une clause demandant aux salariés de consigner **par écrit** toutes les informations concernant le danger qu'il aura signalé. Dans sa circulaire n° 19 du 25 octobre 1983, le ministère des Affaires sociales avait admis la possibilité d'une telle clause. Dans un arrêt du 12 juin 1987, le Conseil d'État a fait état d'une position contraire, estimant « *qu'en obligeant le salarié à faire une déclaration écrite, [l'employeur] impose aux salariés de l'entreprise, dans l'exercice de leur droit de retrait d'une situation de travail qu'ils estiment dangereuse, une sujétion qui n'est pas justifiée par les nécessités de la sécurité dans l'entreprise* ». Cette jurisprudence est critiquable dans la mesure où il est de l'intérêt même de la prévention et du salarié concerné d'identifier avec précision le risque pour permettre à l'entreprise de déterminer plus facilement la nature des mesures à prendre. Dans un arrêt du 4 mai 1988, le Conseil d'État a confirmé sa jurisprudence antérieure.

B – Le retrait

En vertu des dispositions de l'article L. 231-8-1, un salarié ou un groupe de salariés peut se retirer d'une situation de travail dont il(s) a(ont) un motif **raisonnable** de penser qu'elle présente un

---

3. La loi du 31 décembre 1991 fait intervenir un 3e acteur, l'employeur, et introduit à cet effet un article L. 231-10 dans le Code du travail :
« Le chef d'établissement prend les mesures et donne les instructions nécessaires pour permettre aux travailleurs, en cas de danger grave, imminent et inévitable, d'arrêter leur activité et de se mettre en sécurité en quittant immédiatement le lieu de travail. »
4. L'expression « *motif raisonnable* » suppose de la part du salarié un minimum de réflexion et écarte en conséquence les mouvements précipités.
5. Voir *infra*, § 4.1.2.

danger grave et imminent pour sa(leur) vie ou sa(leur) santé. (La loi ne lie pas officiellement le droit d'alerte à l'exercice du droit de retrait).

La mise en œuvre de cette prérogative déclenche :

– une contrainte pour le salarié lui-même, puisqu'aux termes de l'article L. 231-8-2, la faculté de retrait « *doit être exercée de telle manière qu'elle ne puisse créer pour autrui une nouvelle situation de risque grave et imminent* » sauf pour le salarié concerné à voir engager éventuellement sa responsabilité civile et pénale en cas de survenance d'accident ;

– une double obligation pour l'employeur :

  • en premier lieu, aucune sanction ne peut être prise et aucune retenue de salaire ne peut être effectuée pendant toute la durée d'immobilisation du poste de travail, sauf exercice abusif de la faculté de retrait ;

  • en second lieu, l'interdiction d'exiger du salarié qui s'est retiré du poste dangereux de reprendre son travail. Selon l'article L. 231-8 alinéa 2, le chef d'entreprise « *ne peut demander au salarié de reprendre son activité dans une situation de travail où persiste un danger grave et imminent* ». Dans les entreprises où il n'y a pas de CHSCT[6], la loi laisse au chef d'entreprise le soin d'apprécier la situation : il en résulte que dès l'instant où l'employeur considère que le danger grave et imminent signalé n'est pas réel ou bien qu'il a perdu son caractère grave et imminent à la suite des mesures prises par lui, il peut imposer la reprise du travail au salarié quand bien même ce dernier continuerait à penser que le danger grave et imminent persiste. (En cas d'erreur d'appréciation de la part de l'employeur, le bénéfice de la faute inexcusable de droit à toutes les chances d'être accordé au salarié).

En la matière, la jurisprudence reste aujourd'hui encore très limitée. Des décisions qui ont été retenues, nous retiendrons les principes directeurs suivants :

– si le caractère « raisonnable » du motif justifie le retrait du salarié de son poste de travail, le salarié ne peut être sanctionné d'aucune manière puisqu'il a fait de son droit un usage légitime ;

– si le caractère « *raisonnable* » du motif n'est pas établi (établissement relevant de la seule appréciation souveraine des juges du fond, en cas de litige), l'employeur peut en tirer les conséquences en pratiquant une retenue sur salaire pour défaut d'exécution du travail, voire prendre une mesure disciplinaire (pouvant aller jusqu'au licenciement) en cas d'abus manifeste.

Exemple (Cass. soc., 17 octobre 1989) :

En l'espèce, les juges d'appel avaient fait ressortir que la salariée ne pouvait prétendre avoir un motif raisonnable de penser que les courants d'air, dont elle se plaignait, présentaient un danger grave et imminent pour sa vie et sa santé. Ils avaient relevé que le comportement consistant, sans autorisation préalable, à quitter son bureau pour aller s'installer dans un autre local, ainsi que le refus de réintégrer le bureau d'origine, constituaient des actes d'indiscipline caractérisés ; que la décision de licenciement qui s'en est suivie procédait d'une cause réelle et sérieuse. La Cour de cassation a approuvé les juges du fond.

1.3.2 Les prérogatives du CHSCT

Si un représentant du personnel au CHSCT constate qu'il existe une cause de **danger grave et imminent** (notamment lorsqu'un salarié s'est retiré d'une situation de travail dangereuse), il doit en aviser immédiatement l'employeur ou son représentant, avis consigné sur un registre spécial coté, ouvert au timbre du comité, et tenu sous la responsabilité du chef d'établissement, en son bureau ou au bureau de la personne qu'il désigne, à la disposition des membres constituant la délégation du personnel au CHSCT[7]. L'avis est daté et signé et comporte l'indication du ou des postes de travail concernés, de la nature du danger et de sa cause, ainsi que le nom du ou des salariés exposés (L. 231-9 ; R. 236-9).

6. Voir *infra*, § 1.3.2 pour l'hypothèse d'existence d'un CHSCT.
7. Selon l'Administration, le registre spécial du CHSCT peut être regroupé avec le registre des observations et mises en demeure.

Le chef d'établissement ou son représentant est alors tenu de procéder *sur-le-champ* à une enquête avec le membre du CHSCT qui lui a signalé le danger et de prendre les dispositions nécessaires pour y remédier.

En cas de divergence sur la réalité du danger ou sur la façon de le faire cesser (arrêt de travail, de la machine ou de l'installation), le CHSCT est réuni d'urgence dans les 24 heures au plus tard, l'inspecteur du Travail et l'agent du service de prévention de la CRAM étant immédiatement informés.

À défaut d'accord entre l'employeur et la majorité du CHSCT sur les mesures à prendre et leurs conditions d'exécution, l'inspecteur du travail (saisi immédiatement au cas où il n'assisterait pas à la réunion du comité) pourra :

- soit en recourir au directeur départemental du travail en vue d'une mise en demeure[8] ;
- soit saisir le juge des référés aux fins de voir ordonner toutes mesures utiles propres à faire cesser le risque[9].

2. Les comités d'hygiène, de sécurité et des conditions de travail (CHSCT)

Pour promouvoir une politique de sécurité du travail dans l'entreprise, le législateur compte non seulement sur une réglementation impérative sanctionnée pénalement, mais aussi sur l'action d'organismes internes à l'entreprise, spécialement investis d'une mission de prévention : ce fut la raison d'être des comités d'hygiène et de sécurité (CHS) institués en 1941 et dont les compétences se sont accrues régulièrement.

La loi précitée du 23 décembre 1982 réorganise les CHS en les fusionnant avec la commission d'amélioration des conditions de travail (CACT), commission interne du comité d'entreprise. Désormais, on parle des comités d'hygiène, de sécurité et des conditions de travail (CHSCT)[10].

2.1 Modalités de mise en place

C'est au niveau de l'**établissement distinct** que le comité d'hygiène est mis en place.

2.1.1 L'établissement ≥ 50 salariés

A – La solution de principe

Des comités d'hygiène, de sécurité et des conditions de travail sont constitués obligatoirement dans les établissements industriels, commerciaux et agricoles occupant au moins 50 salariés (L. 236-1).

1) Le calcul des effectifs

Sauf exception, les modalités de calcul des effectifs sont **identiques** pour toutes les dispositions du Code du travail faisant référence à un seuil d'effectifs requis.

Elles sont développées au paragraphe 1.2 du chapitre 3 de la partie 4 auquel nous invitons nos lecteurs à se reporter.

2) La période retenue

L'effectif d'au moins 50 salariés doit avoir été atteint pendant 12 mois consécutifs ou non, au cours des 3 années précédentes. Selon la Cour de cassation, ce calcul doit être effectué mois par mois au cours des 3 années précédentes et non pas en calculant la moyenne de chacune des 3 années.

---

8. Voir *supra*, § 1.2.1 B.
9. Voir *supra*, § 1.2.2.
10. Dans un arrêt du 17 avril 1991, la chambre sociale de la Cour de cassation reconnaît officiellement la personnalité morale du CHSCT.

3) L'incidence de la baisse des effectifs

Aucune disposition légale ne prévoit le sort du CHSCT en cas de baisse des effectifs en dessous de 50 salariés. Le ministère, dans sa circulaire du 25 octobre 1983, estime « *dans une optique purement juridique, que l'établissement n'est plus assujetti dès lors que son effectif cesse d'atteindre durablement le seuil fixé à l'article L. 236-1 (50 salariés), c'est-à-dire lorsque la baisse des effectifs a été constatée pendant au moins 24 mois sur les trois années de référence* ». Cependant, pour des raisons pratiques, le ministère a préconisé de « *laisser l'institution achever son mandat dans le cas où la diminution d'effectif interviendrait avant son terme* ».

B – La solution de remplacement

À défaut de constitution d'un CHSCT, les délégués du personnel sont appelés à le remplacer : ils sont investis des mêmes missions que les membres du comité et disposent des mêmes moyens[11] et sont soumis aux mêmes obligations.

Le décret du 8 juin 1983 a prévu un accroissement du nombre des délégués du personnel tant qu'un CHSCT n'a pas été institué dans une entreprise occupant > 50 salariés[12].

2.1.2 L'établissement < 50 salariés

Le législateur retient 3 hypothèses (R. 236.1) :

- les délégués du personnel élus dans un établissement < 50 salariés sont investis des missions dévolues aux membres du CHSCT. À la différence des établissements ≥ 50 salariés, ils les exercent dans le cadre de leurs 15 heures mensuelles de délégation ;
- l'inspecteur du travail peut imposer la création d'un CHSCT lorsque cette mesure lui paraît nécessaire, « *notamment en raison de la nature des travaux, de l'agencement ou de l'équipement des locaux* ».

Le chef d'entreprise peut recourir contre cette décision dans les 15 jours par lettre recommandée avec AR devant le directeur régional du travail et de l'emploi. Celui-ci doit statuer dans le délai de 21 jours sauf à prolonger ce délai d'une nouvelle période de 21 jours. Le silence de l'Administration vaut acceptation de la réclamation ;

- les entreprises de moins de 50 salariés peuvent se regrouper sur un plan professionnel ou interprofessionnel en vue de la création d'un CHSCT : le collège qui a pour mission de désigner les membres de ce comité interentreprises est composé, à moins d'accord contraire, de l'ensemble des représentants élus du personnel des entreprises concernées.

2.1.3 Le nombre de comités

Aux termes de l'article L. 236-6 : « *Dans les établissements occupant habituellement 500 salariés et plus, le comité d'entreprise ou d'établissement détermine, en accord avec l'employeur, le nombre des CHSCT qui doivent être constitués, eu égard à la nature, la fréquence et la gravité des risques, aux dimensions et à la répartition des locaux ou groupes de locaux, au nombre des travailleurs occupés dans ces locaux ou groupes de locaux ainsi qu'aux modes d'organisation du travail* ». En cas de désaccord entre le comité d'entreprise et l'employeur, c'est à l'inspecteur du travail qu'il revient de trancher : la décision qu'il prendra pourra faire l'objet d'une réclamation devant le directeur régional du travail et de l'emploi.

Dans l'hypothèse où plusieurs CHSCT sont institués, le nombre des représentants du personnel dans chacun des comités ainsi que le montant du crédit d'heures dont ils disposent est calculé en fonction de **l'effectif de salariés relevant de chaque comité**.

---

11. Voir *infra*, § 2.4.
12. Voir Partie 4, chapitre 4, § 2.5.

2.2 Composition du comité

Le CHSCT comprend :
- le chef d'établissement (ou d'entreprise) qui en assure la présidence ;
- une délégation du personnel ayant voix délibérative (laquelle délégation désigne un secrétaire parmi ses membres, dans les mêmes conditions que le secrétaire du comité d'entreprise) ;
- des personnes ayant voix consultative.

Aucune disposition législative ou réglementaire n'a prévu de mandat de représentant syndical au CHSCT. Le représentant syndical n'entre pas légalement dans la composition dudit comité. Dès lors si, comme cela se produit parfois malgré le silence de la loi, un salarié est, par application d'un accord professionnel ou interprofessionnel, désigné par une organisation syndicale comme représentant syndical auprès du CHSCT, ce salarié ne peut bénéficier d'aucune protection spéciale, « *la catégorie de représentant conventionnel dont il s'agit ne rentrant pas dans celles instituées par la loi* » (réponse ministérielle n° 36376 *JOAN* du 26 décembre 1983 p. 5495). Dans un arrêt du 20 février 1991, la Cour de cassation est venue confirmer la position de l'Administration[13].

2.2.1 La délégation du personnel

A – La composition

En vertu du décret du 23 septembre 1983, la délégation du personnel est composée comme suit (R. 236-1) :

Effectif de l'établissement	Composition de la délégation
50 à 199	3 salariés (dont 1 cadre ou agent de maîtrise)
200 à 499	4 salariés (dont 1 cadre ou agent de maîtrise)
500 à 1 499	6 salariés (dont 2 cadres ou agents de maîtrise)
1 500 et plus	9 salariés (dont 3 cadres ou agents de maîtrise)

L'inspecteur du travail est habilité à autoriser des dérogations aux règles déterminant la répartition des sièges entre les représentants du personnel appartenant à la catégorie des cadres ou agents de maîtrise et ceux appartenant aux autres catégories du personnel.

B – La désignation

1) La procédure

a) Mode de désignation

La désignation est faite exclusivement par un vote d'un collège unique réunissant les membres **titulaires** élus du comité d'entreprise ou d'établissement **et** les délégués du personnel **titulaires** (L. 236-5)[14].

La circulaire ministérielle du 25 octobre 1983 indique que l'initiative de réunir le collège incombe à l'employeur sous peine du délit d'entrave. L'absence de l'une des deux institutions précitées ne fait pas obstacle à la réunion du collège qui sera alors valablement constitué par les membres de la **seule** institution existante. Ainsi, dans une entreprise $\geq$ 50 salariés ne possédant pas de comité d'entreprise, les délégués du personnel doivent s'efforcer de désigner des représentants au CHSCT : en cas d'impossibilité, ils exerceront alors les missions du CHSCT (L. 236-1 al. 4).

13. Dans la même ligne de jurisprudence, on relèvera l'arrêt de la chambre sociale du 25 janvier 1994 relatif à la protection du secrétaire du CHSCT. La Cour de cassation a considéré que le secrétaire qui n'avait pas été choisi parmi les membres de la délégation du personnel, en violation des dispositions de l'article L. 236-5, ne pouvait se prévaloir du dispositif protecteur institué par l'article L. 236-11.

14. Cette règle légale de désignation des représentants au CHSCT relève de l'ordre public et ne saurait en conséquence être modifiée par la voie conventionnelle.

À lire l'article L. 236-5, le collège doit être unique, ce qui paraît exclure la possibilité d'une désignation catégorielle.

La circulaire précitée apporte par ailleurs les précisions suivantes : « *Dans l'hypothèse d'un cumul de mandats de représentant du personnel au comité d'entreprise et de délégué du personnel, le représentant du personnel en cause ne bénéficie pas pour autant de deux voix. Ainsi, les règles suivantes devront-elles être appliquées :*

- *le représentant du personnel titulaire indiquera quelle fonction il entend assumer : membre du comité d'entreprise ou délégué du personnel ;*
- *prendront part à la désignation des représentants du personnel au comité d'hygiène, de sécurité et des conditions de travail :*
  - *le délégué titulaire ;*
  - *le délégué suppléant de la fonction que n'aura pas choisi le titulaire ;*
- *en cas d'absence du délégué titulaire, prendront part à la désignation les deux suppléants du délégué titulaire. S'il n'existe qu'un seul suppléant pour les deux fonctions distinctes, il va de soi qu'il ne disposera que d'une voix* ».

La composition du « collège désignatif » peut poser difficulté si l'entreprise est structurée en établissements distincts dont l'identité n'est pas la même pour chaque institution concernée. L'entreprise peut se trouver en effet « **découpée** » en établissements distincts différents selon la nature des institutions représentatives à mettre en place.

> *Exemple (Cass. soc., 31 janvier 2001) :*
>
> Dans cette affaire, les deux secteurs d'activité de l'entreprise étaient dotés de délégués du personnel distincts mais ils étaient regroupés pour la constitution d'un unique comité d'établissement. La Cour de cassation a jugé que si chaque collège désignatif ne devait comprendre que les délégués du personnel de l'établissement correspondant au CHSCT, il comprenait en revanche tous les élus du comité d'établissement. En d'autres termes, dans une telle hypothèse, tous les membres élus de l'unique comité d'établissement doivent participer au collège désignant les membres des CHSCT alors que les délégués du personnel ne peuvent participer qu'au collège désignatif de l'établissement dans le cadre duquel ils sont élus.

b) Mode de scrutin

Le législateur s'est borné à prévoir la composition du collège électoral chargé de la désignation des membres du CHSCT, sans indiquer le mode de scrutin à utiliser pour cette désignation. Dans ses derniers arrêts (ex. : Cass. soc., 7 février 1989 ; 28 février 1989), la Cour de cassation a jugé que « *la désignation des membres de la délégation du personnel au CHSCT ne peut avoir lieu, à défaut d'accord entre les membres du collège désignatif, qu'au scrutin de liste avec représentation proportionnelle à la plus forte moyenne et à* ***un seul tour*** ». La Cour suprême a considéré en effet que l'instauration d'un second tour applicable aux élections professionnelles n'est justifiée que par le monopole dont jouissent les organisations syndicales représentatives de présenter des candidats au premier tour.

Aucun formalisme n'est exigé légalement pour la désignation des représentants du personnel au CHSCT. Dès lors toutefois qu'on se trouve devant une élection, un scrutin à bulletins secrets apparaît nécessaire[15].

c) Contentieux

Les contestations relatives à la désignation des représentants du personnel au CHSCT sont de la compétence du tribunal d'instance qui statue sous le seul contrôle de la Cour de cassation[16]. Le tribunal doit être saisi, par voie de simple déclaration au greffe, dans les 15 jours suivant la

---

15. Aucun quorum n'est requis sauf si le collège électoral en décide autrement.
16. La Cour de cassation considère que tout salarié a qualité pour contester la régularité des opérations électorales par le fait qu'il a vocation à être membre du CHSCT.

désignation. Il statue dans les 10 jours, sans frais ni forme de procédure, sur simple avertissement donné 3 jours à l'avance à toutes les parties intéressées. Le délai du pourvoi en cassation est de 10 jours à compter de la notification de la décision rendue par le tribunal d'instance.

2) Les conditions

Pas plus que la loi du 23 décembre 1982, le décret d'application du 23 septembre 1983 ne donne de précision sur les conditions à remplir pour pouvoir être désigné comme représentant du personnel au CHSCT. Il en résulte que n'importe quel salarié de l'établissement peut être désigné, quelles que soient son ancienneté ou les caractéristiques de son contrat de travail : en pratique, les représentants sont généralement choisis en fonction de leurs aptitudes et de leur intérêt porté aux questions d'hygiène et de sécurité du travail.

La liste nominative des membres de chaque comité doit être affichée dans les locaux de travail. Elle doit comporter, en outre, les indications relatives à l'emplacement de travail habituel des membres du comité.

3) La vacance de siège

L'article R. 236-7 dispose : « *Si pendant la durée normale de son mandat, un représentant du personnel cesse ses fonctions, il est remplacé dans le délai d'un mois, pour la période de mandat restant à courir, **sauf** si cette période **est inférieure à 3 mois*** ». L'article R. 236-5 prévoit quant à lui que lorsqu'un siège devient vacant et doit être pourvu dans les conditions de l'article R. 236-7, le collège électoral se réunit dans le délai de 15 jours à compter de l'ouverture de la vacance. De la combinaison des articles R. 236-5 et R. 236-7, il nous semble résulter que le successeur pourra être désigné au plus tôt le jour suivant la cessation des fonctions de son prédécesseur, au plus tard dans le délai d'un mois suivant cette cessation, le collège électoral devant en toute hypothèse se pencher sur le problème de la succession au plus tard dans les 15 jours suivant la vacance.

4) Les incompatibilités

Le mandat d'administrateur (ou de membre du conseil de surveillance) élu par les salariés est incompatible avec tout mandat de membre du CHSCT de la société. L'administrateur qui, lors de son élection, serait titulaire d'un tel mandat doit s'en démettre dans les 8 jours : à défaut, il est réputé démissionnaire de son mandat d'administrateur.

C – La durée du mandat

Les représentants du personnel au CHSCT sont désignés pour une durée de **2 ans**. À l'expiration du mandat, le collège se réunit afin de désigner les successeurs, étant entendu que :

– le mandat est renouvelable ;

– la désignation doit avoir lieu dans les 15 jours qui suivent la cessation du mandat ;

– le procès-verbal des travaux du collège est remis, dès la conclusion de ceux-ci, au chef d'établissement qui l'adresse, dans un délai de 8 jours à compter de la réception, à l'inspecteur du travail.

2.2.2 Les membres assistant au CHSCT avec voix consultative

Il s'agit :

– du ou des médecins du travail chargés de la surveillance médicale du personnel ;

– s'il existe, du chef du service de sécurité et des conditions de travail ou, à défaut, de l'agent chargé de la sécurité et des conditions de travail ;

– de l'inspecteur du travail ;

– des agents des services de prévention des organismes de sécurité sociale.

En vertu de l'article L. 236-5 alinéa 4 « *Le comité peut faire appel à titre consultatif et occasionnel au concours de toute personne de l'établissement qui lui paraîtrait qualifiée* ». La circulaire ministérielle précitée considère qu'à ce titre, le responsable de la formation, le conseiller du travail, l'assistant du service social, l'infirmière du travail ont, chacun dans leur domaine de compétence, un rôle utile et positif d'information et de conseil à jouer et que le comité peut avoir intérêt à s'entourer de leurs avis, en tant que de besoin, pour régler telle ou telle question particulière.

2.3 Attributions du comité

Celles-ci sont essentiellement de **nature préventive**.

– La mission générale du CHSCT est de « *contribuer à la protection de la santé physique et* ***mentale*** *et de la sécurité des salariés de l'établissement et de ceux mis à sa disposition par une entreprise extérieure, y compris les travailleurs temporaires, ainsi qu'à l'amélioration des conditions de travail, notamment en vue de faciliter l'accès des femmes à tous les emplois et de répondre aux problèmes liés à la maternité* » (L. 236-2).

– Plus particulièrement, le comité :
  - procède à l'analyse des risques professionnels auxquels peuvent être exposés les salariés de l'établissement et les femmes enceintes ainsi qu'à l'analyse des conditions de travail ;
  - procède au moins une fois par trimestre à des missions d'inspection ;
  - contribue à la promotion de la prévention des risques professionnels dans l'établissement et suscite toute initiative qu'il estime utile dans cette perspective ;
  - **effectue des enquêtes en matière d'accidents du travail et de maladies professionnelles** (enquêtes effectuées par le chef d'établissement ou son représentant désigné par lui et un représentant au moins de la délégation du personnel) ;
  - donne son avis sur le règlement intérieur, dans celles de ses dispositions qui touchent à l'hygiène et à la sécurité ;
  - est consulté avant toute décision d'aménagement important modifiant les conditions d'hygiène et de sécurité ou les conditions de travail et notamment, avant toute transformation importante des postes de travail découlant de la modification de l'outillage, d'un changement de produit ou de l'organisation du travail, avant toute modification des cadences et des normes de productivité liées ou non à la rémunération du travail ;
  - est consulté sur le plan d'adaptation consécutif à la mise en œuvre de mutations technologiques importantes et rapides dans l'entreprise ;
  - est consulté sur les mesures prises en vue de faciliter la mise, la remise ou le maintien au travail des accidentés du travail, des invalides et des travailleurs handicapés ;
  - se prononce sur toute question de sa compétence dont il est saisi par le chef d'entreprise (ou d'établissement), le comité d'entreprise (ou d'établissement) et les délégués du personnel ;
  - peut intervenir en cas de danger grave et imminent[17] ;
  - coopère à la préparation des actions de formation à la sécurité et veille à leur mise en œuvre effective[18].

Le comité fixe les missions qu'il confie à ses membres pour l'accomplissement de l'une ou l'autre des tâches rentrant dans la mission du CHSCT.

2.4 Modalités d'exercice des fonctions

2.4.1 L'octroi d'un crédit d'heures

Le montant du crédit d'heures attribue à chacun des représentants du personnel au CHSCT varie selon l'effectif de l'établissement[19].

17. Voir *supra*, § 1.3.
18. Voir *supra*, § 1.1.
19. La variation de l'effectif en deçà ou au-delà de l'un de ces seuils doit être prise en compte dès le mois suivant pour la fixation du nombre d'heures de délégation (Cass. soc., 6 novembre 1991 ; 7 octobre 1992).

Effectif de l'établissement	Montant mensuel du crédit d'heures
50 à 99	2 h
100 à 299	5 h
300 à 499	10 h
500 à 1 499	15 h
1 500 et plus	20 h

En cas de création de plusieurs comités dans un même établissement, le crédit d'heures attribué aux représentants des salariés est calculé en fonction de **l'effectif de salariés relevant de chaque comité**.

Un certain nombre d'observations sont à faire :

– le crédit d'heures alloué peut être dépassé s'il est justifié par des circonstances exceptionnelles ; en cas de conflit entre le chef d'établissement et les membres du comité sur l'existence ou non de circonstances exceptionnelles, c'est aux juges qu'il appartiendra de trancher ;

– ce temps est de plein droit considéré comme temps de travail et payé à l'échéance normale ; encore faut-il qu'il ait été utilisé pour une mission entrant précisément dans les attributions du comité. « *En cas de contestation par l'employeur de l'usage fait du temps ainsi alloué, il lui appartient de saisir la juridiction compétente* » (L. 236-7) ;

– à condition d'en informer le chef d'établissement, les membres du comité peuvent **répartir** entre eux le temps dont ils disposent ;

– le temps passé aux réunions, aux enquêtes menées après un accident du travail *grave* ou des incidents répétés ayant révélé un risque *grave* ou une maladie professionnelle ou à caractère professionnel grave, aux interventions en cas de constat d'un danger *grave et imminent*, est payé comme temps de travail effectif et n'est pas déduit du crédit d'heures.

2.4.2 La communication d'informations

Le comité bénéficie d'une double information[20].

– Une information permanente

Selon l'article L. 236-3 : « *le comité reçoit du chef d'établissement les informations qui lui seront nécessaires pour l'exercice de ses missions, ainsi que les moyens nécessaires à la préparation et à l'organisation des réunions et aux déplacements imposés par les enquêtes ou inspections* »[21]. Les membres du comité sont tenus à une obligation de discrétion à l'égard des informations présentant un caractère confidentiel et données comme telles par le chef d'établissement ou son représentant ; ils sont tenus, sous peine de poursuites pénales, au secret professionnel pour toutes les questions relatives aux procédés de fabrication.

Par ailleurs, chaque membre du CHSCT peut, à tout moment, demander communication du registre des mises en demeure signifiées à l'employeur par l'inspecteur du travail en cas d'infraction aux règles d'hygiène et de sécurité.

---

20. Nous ajouterons la possibilité pour chaque membre du comité de demander à tout moment communication des attestations, consignes, résultats et rapports relatifs aux vérifications et contrôles mis à la charge de l'employeur au titre de l'hygiène et de la sécurité du travail (R. 236-13 ; L. 620-6).

21. La prise en charge par l'employeur des frais de déplacement avancés par un membre du CHSCT ne se justifie que si le comité lui a confié l'une des missions définies par la loi ou s'il agit dans le cadre des missions d'urgence de l'article L. 231-9, c'est-à-dire dans l'hypothèse où une visite des lieux s'impose compte tenu de l'existence d'une cause de danger grave et imminent (voir *supra*, § 1.3).

– Une information annuelle

Au moins une fois par an, le chef d'établissement doit fournir au comité une double information, **rétrospective** et **prospective**. Il lui présente, d'une part, un rapport écrit concernant les actions qui ont été menées au cours de l'année écoulée pour contribuer à l'amélioration de l'hygiène, de la sécurité et des conditions de travail et s'explique, le cas échéant, sur les raisons pour lesquelles certaines mesures prévues n'ont pu être exécutées ; il lui soumet d'autre part le programme annuel de prévention des risques professionnels et d'amélioration des conditions de travail en présentant la liste détaillée des mesures devant être prises au cours de l'année à venir et précisant, pour chacune d'elles, les conditions d'exécution et l'estimation de son coût (L. 236-4). La question du travail de nuit est traitée spécifiquement dans le cadre de ce rapport (L. 213-5 al. 5).

Le comité émet un avis sur le rapport et sur le programme : il peut proposer un ordre de priorité et l'adoption de mesures supplémentaires[22].

Le chef d'établissement transmet pour information le rapport et le programme au comité d'entreprise (ou d'établissement) accompagnés de l'avis formulé par le CHSCT.

2.4.3 L'assistance d'un expert

Le CHSCT peut faire appel à un expert agréé dans les deux cas suivants :

1) lorsqu'un risque grave, révélé ou non par un accident du travail, une maladie professionnelle ou à caractère professionnel est constaté dans l'établissement ;

2) en cas de projet **important** modifiant les conditions d'hygiène et de sécurité ou les conditions de travail, tel que la transformation importante des postes de travail découlant de la modification de l'outillage, d'un changement de produit ou de l'organisation du travail ou encore la modification des cadences et des normes de productivité. L'expertise doit alors être faite dans le délai d'un mois, délai pouvant être prolongé de 15 jours au plus pour tenir compte des nécessités de l'expertise.

> *Exemple (Cass. soc., 26 juin 2001) :*
>
> Le projet de la direction, qui concerne le réaménagement de l'organigramme en redéfinissant des divisions, en prévoyant la restructuration de l'encadrement, la simplification de la gestion, mais qui ne prévoit nullement de transformation des postes de travail, aucun changement de métier, aucun nouvel outil, ni modification des cadences ou des normes de productivité, n'est pas un projet important.

En cas de désaccord avec l'employeur sur la nécessité de l'expertise, sur la désignation de l'expert, le coût, l'étendue ou le délai de l'expertise, c'est au président du tribunal de grande instance saisi et statuant en la forme des référés qu'il appartiendra de trancher le conflit[23].

L'employeur ne peut s'opposer à l'entrée de l'expert dans l'établissement ; il supporte les frais d'expertise et lui fournit les informations nécessaires à l'exercice de sa mission.

De son côté, l'expert est tenu à une obligation de discrétion et au secret professionnel dans les mêmes conditions que les membres du CHSCT.

2.4.4 La tenue des réunions

A – La nature

1) Les réunions ordinaires

Le CHSCT se réunit à l'invitation de son président, au moins une fois par trimestre.

---

22. Cet avis est transmis pour information à l'inspecteur du travail.

23. L'employeur doit supporter le coût de l'expertise et les frais de la procédure de contestation éventuelle de cette expertise dès lors qu'aucun abus du CHSCT n'est établi.

2) Les réunions extraordinaires

Le comité doit être réuni à la suite de tout accident ayant entraîné ou pu entraîner des conséquences graves ; il doit être également réuni à la demande **motivée** de **deux** de ses membres représentant du personnel. Nous rappelons qu'il doit être réuni d'urgence dans les 24 heures lorsqu'il existe une divergence avec l'employeur sur la réalité du danger grave et imminent constaté ou sur les moyens de le faire cesser[24].

B – Le fonctionnement

1) L'ordre du jour

Il est établi conjointement par le président et le secrétaire du CHSCT (secrétaire choisi parmi les représentants du personnel et désigné dans les mêmes conditions que le secrétaire du comité d'entreprise), puis communiqué aux membres du comité **15 jours** au moins avant la date fixée pour la réunion, sauf cas exceptionnel justifié par l'urgence. Les documents écrits doivent être joints à l'ordre du jour lorsque la réunion du comité doit comporter l'examen de tels documents.

2) Les lieu et date

Les réunions ont lieu dans l'établissement, dans un local approprié et, sauf exception justifiée par l'urgence, pendant les heures de travail (R. 236-8).

3) Les délibérations

Chaque fois que le comité est appelé à délibérer dans l'exercice de ses attributions, les résolutions sont prises à la majorité des membres présents. En cas de partage des voix, la proposition est rejetée.

4) Le procès-verbal

Il doit être conservé dans l'établissement et tenu à la disposition de l'inspecteur du travail, du médecin-inspecteur du travail et des agents de service de prévention des organismes de sécurité sociale (R. 236-11).

2.4.5 Le bénéfice d'une formation

A – Les caractéristiques de la formation

La formation dont bénéficient les représentants du personnel au CHSCT a pour objet de développer en eux l'aptitude à déceler et à mesurer les risques professionnels et la capacité d'analyser les conditions de travail. Cette formation revêt tout à la fois un caractère théorique et pratique. Elle est dispensée aux membres du CHSCT dès leur première désignation et peut être renouvelée dès lors qu'ils ont exercé leur mandat pendant 4 ans, consécutifs ou non.

B – La mise en œuvre

Il convient de distinguer selon la taille de l'établissement :

1) Le cas des entreprises > 300 salariés

Une circulaire ministérielle du 14 mai 1985 précise que « *lorsqu'au sein d'établissements d'au moins 300 salariés, des CHSCT distincts ont été constitués, qui ont chacun ou pour partie d'entre eux moins de 300 salariés dans leur champ d'intervention, il conviendra de faire référence à l'effectif total de l'établissement afin que l'ensemble des représentants du personnel au CHSCT du même établissement aient le même droit à la formation* ».

---

24. Voir *supra*, § 1.3.2.

a) Durée

Il est prévu la possibilité d'un stage de formation appropriée de 5 jours maximum, pris sur le temps de travail et rémunéré comme tel, et s'imputant sur la durée du congé de formation économique, sociale et syndicale prévu à l'article L. 451-1, lui-même d'une durée annuelle maxima de 12 jours.

b) Demande

– La demande de formation met le représentant du personnel dans une situation **prioritaire** par rapport aux personnes ayant demandé à bénéficier d'un congé de formation économique, sociale et syndicale (R. 236-17). Cela signifie que dans une entreprise où coexistent des demandes de congé de formation économique, sociale et syndicale et des demandes de formation pour les représentants du personnel au CHSCT :
  - il y a lieu d'additionner les deux catégories de demandes pour savoir si l'on a ou non atteint le nombre maximum dont il est fait état dans la réglementation prise en application de l'article L. 451-1 ;
  - mais qu'à la date de présentation de leur demande, les représentants du personnel du CHSCT deviennent prioritaires par rapport aux salariés ayant demandé à bénéficier d'un congé de formation économique, sociale et syndicale.

– Sur le plan procédural, le représentant du personnel au CHSCT qui veut se prévaloir de son droit à un congé de formation doit en faire la demande à son employeur au moins 30 jours avant le début du stage en précisant la date à laquelle il souhaite prendre son congé, la durée de celui-ci, le prix du stage et le nom de l'organisme qui serait chargé de l'assurer. Si l'employeur estime, pour écarter la demande, que cette absence peut avoir des conséquences préjudiciables à la production et à la marche de l'entreprise, il doit avertir l'intéressé dans un délai de 8 jours à compter de la réception de la demande. Le refus du congé par l'employeur doit être **motivé**. En cas de différend, l'inspecteur du Travail peut être saisi par l'une des parties et pris pour arbitre.

c) Prise de congé

Le congé de formation est pris en une seule fois sauf possibilité de fractionnement après **accord** entre le salarié et l'employeur dans un but d'efficacité pédagogique. La circulaire ministérielle précitée du 14 mai 1985 a précisé que « *dans la mesure où l'employeur a accepté le fractionnement du congé, il en découle logiquement que celui-ci accepte de prendre à sa charge les frais de déplacement correspondant aux deux parties de la formation* ».

d) Couverture sociale

La loi du 30 décembre 1985 « *relative au congé de formation économique, sociale et syndicale* » fait bénéficier les salariés accomplissant leur stage de formation de la couverture « *accidents du travail* » pour les accidents survenus par le fait ou à l'occasion de cette formation.

e) Financement

Ainsi que le congé pour la formation économique des membres du comité d'entreprise, le congé de formation pour les membres du CHSCT est distinct du congé de formation prévu par l'article L. 931-1 et son financement n'a pas à être imputé sur la participation des employeurs à la formation continue. La charge financière de la formation incombe à l'employeur. Outre le salaire du stagiaire, les dépenses comprennent :

– la rémunération des organismes de formation[25] à concurrence d'un montant qui ne peut excéder une fois et demie le montant de l'aide financière accordée par l'État pour la formation des conseillers prud'hommes ;

---

25. Comme en matière de formation économique des membres titulaires du comité d'entreprise, deux sortes d'organismes peuvent dispenser la formation spécifique des représentants du personnel au CHSCT :
– d'une part, les centres ou instituts habilités par arrêté ministériel à organiser des stages d'éducation ouvrière ou de formation syndicale ;
– d'autre part, des organismes figurant sur la liste arrêtée par le préfet de région, après avis du comité régional de la formation professionnelle, de la promotion sociale et de l'emploi.

– la prise en charge des frais de déplacement du stagiaire, à concurrence du tarif du billet seconde classe SNCF applicable au trajet le plus direct ;
– la prise en charge des frais de séjour du stagiaire, à concurrence du montant de l'indemnité de mission des fonctionnaires du groupe II.

2) Le cas des entreprises < 300 salariés

Pour ces établissements, les conditions dans lesquelles la formation est assurée sont fixées par les conventions collectives ou à défaut, par l'article R. 236-22-1 qui prévoit que la durée de la formation est de 3 jours (formation qui peut être renouvelée après l'exercice du mandat pendant au moins 4 ans, consécutifs ou non), prise sur le temps de travail et rémunérée comme tel. Les dépenses engagées à ce titre sont déductibles, dans la limite de 0,08 % du montant des salaires payés pendant l'année en cours, de la contribution des employeurs à la formation continue.

2.5 Protection légale

La protection en matière de licenciement est étendue aux représentants du personnel des comités d'hygiène, de sécurité et des conditions de travail, sans considération d'effectifs. Cette protection est calquée sur celle des membres du comité d'entreprise[26].

2.6 Obligations

Les membres du comité sont tenus à une **obligation de discrétion** à l'égard des informations présentant un caractère confidentiel et données comme telles par le chef d'établissement ou son représentant.

Ils sont, en outre, tenus **au secret professionnel** pour toutes les questions relatives aux procédés de fabrication.

2.7 Entrave

Quiconque aura porté ou tenté de porter atteinte, soit à la constitution, soit à la libre désignation des membres, soit au fonctionnement régulier des comités d'hygiène, de sécurité et des conditions de travail, sera puni d'un emprisonnement d'un an et/ou d'une amende de 3 750 €. En cas de récidive, l'emprisonnement peut être porté à 2 ans et l'amende à 7 500 € (L. 263-2-2).

3. Les services de santé au travail

La réglementation relative à la médecine du travail met l'accent sur la mission du médecin en milieu de travail. Elle a essentiellement pour but de rapprocher les services médicaux des usagers, d'assurer une association plus complète des partenaires sociaux à leur gestion, de faciliter leur contrôle, mais aussi de donner au médecin du travail les moyens lui permettant de mieux assurer sa mission.

3.1 Organisation des services médicaux du travail

Trois cas de figure sont prévus : le service autonome d'entreprise ou d'établissement, le service interentreprise, le service interétablissement d'entreprise.

3.1.1 L'entreprise à établissement unique

– Lorsque le temps que doit consacrer le médecin du travail est d'au moins 169 heures par mois (médecin à temps plein), l'entreprise doit disposer d'un service médical autonome comprenant un médecin à temps complet. Ce service est organisé par l'employeur sous la surveillance du comité d'entreprise, laquelle revêt quatre aspects :

26. Voir Partie 4, chapitre 9.

- avis sur les questions relatives à l'organisation et au fonctionnement du **service** ;
- **accord** concernant la nomination ou le licenciement du médecin du travail proposé par le chef d'entreprise[27] ;
- examen du rapport annuel établi par l'employeur sur l'organisation, le fonctionnement et la gestion financière du service médical, ainsi que du rapport technique du médecin du travail ;
- information concernant les observations formulées et les mises en demeure notifiées par l'Inspection du travail dans le domaine de la médecine du travail ainsi que des observations d'ordre technique faites par le service de l'Inspection du travail.

– Lorsque ce temps est inférieur à 20 heures par mois, l'entreprise doit adhérer obligatoirement à un service interentreprise.

– Lorsque ce temps est compris entre 20 heures par mois et moins de 169 heures par mois (médecin à mi-temps), l'entreprise a le choix entre la constitution d'un service autonome d'entreprise et l'adhésion à un service interentreprise.

3.1.2 Les entreprises comportant plusieurs établissements

– Si l'établissement de l'entreprise emploie globalement un médecin pour une durée inférieure à 20 h/mois : adhésion à un service interentreprise.

– Si l'établissement de l'entreprise emploie un médecin pour une durée égale ou supérieure à 169 h/mois : création d'un service autonome d'établissement.

– Si l'établissement emploie un médecin pour une durée inférieure à 20 heures par mois dans une entreprise qui, elle-même, occupe un médecin pour une durée égale ou supérieure à 20 heures : soit adhésion de l'établissement à un service interentreprise, soit intégration au service autonome interétablissement d'entreprise.

– Si l'établissement emploie un médecin pour une durée supérieure ou égale à 20 h/mois et inférieure à 169 h/mois : soit création d'un service autonome d'établissement, soit intégration au service autonome interétablissement d'entreprise, soit adhésion à un service interentreprise.

Le service médical du travail interétablissement d'entreprise est administré par l'employeur sous la surveillance du comité central d'entreprise (CCE) et des comités d'établissements concernés.

Chaque comité d'établissement a, en ce qui concerne l'organisation et le fonctionnement du service médical dans l'établissement, des attributions identiques au comité d'entreprise dans le cas d'un service autonome d'entreprise institué dans le cadre d'une entreprise à établissement unique.

En outre, le CCE présente ses observations sur le rapport annuel établi par l'employeur relatif à l'organisation, au fonctionnement et à la gestion financière du service interétablissement et sur les rapports d'activité des médecins du travail.

3.2 Rôle du médecin du travail

3.2.1 L'action sur le milieu du travail

« *Le chef d'entreprise ou le président du services interentreprises prend toutes mesures utiles pour permettre au médecin du travail de consacrer à ses missions en milieu de travail le* ***tiers*** *de son temps de travail ; ce temps comporte au moins 150 demi-journées de travail effectif chaque année, réparties mensuellement, pour un médecin à plein temps. Pour un médecin à temps partiel, cette obligation est calculée au prorata de son temps de travail* (R. 241-47).

Cette action du médecin sur le milieu du travail présente plusieurs facettes.

27. L'accord du comité d'entreprise n'est plus exigé pour rompre le contrat de travail d'un médecin du travail pendant ou à l'issue de sa période d'essai.

A – La mission de conseil

Le médecin du travail est le conseiller de l'entreprise (chef d'entreprise ou son représentant, salariés, représentants du personnel) pour ce qui concerne notamment l'amélioration des conditions de vie et de travail dans l'entreprise ; l'hygiène générale de l'établissement ; l'adaptation des postes, des techniques et des systèmes de travail à la physiologie humaine ; la protection des salariés contre l'ensemble des nuisances, et en particulier contre les risques d'accidents du travail ou d'utilisation des produits dangereux (R. 241-41).

1) Le plan d'activité

Le médecin du travail établit chaque année, en fonction de l'état et des besoins de santé des salariés, **un plan d'activité en milieu de travail**, qui porte sur les risques, les postes et les conditions de travail. Ce plan est transmis à l'employeur qui le soumet pour avis au CHSCT ou, à défaut, aux délégués du personnel (R. 241-41-1).

2) La fiche d'entreprise

Dans les entreprises et établissements de plus de 10 salariés, le médecin du travail établit et met à jour une fiche d'entreprise, sur laquelle sont consignés notamment les risques professionnels et les effectifs des salariés exposés à ces risques.

Cette fiche est transmise à l'employeur qui doit la présenter au CHSCT à l'occasion du bilan annuel[28]. La fiche peut être consultée par les agents des services de prévention des caisses régionales d'assurance maladie (R. 241-41-3).

B – La mission d'assistance technique

Le médecin du travail est obligatoirement associé à l'étude de toute nouvelle technique de production ; il doit être consulté par ailleurs sur les projets de construction ou d'aménagements nouveaux ou de modifications apportées aux équipements.

C – La mission d'instigation

Aux termes de l'article L. 241-10-1 : « *Le médecin du travail est habilité à proposer des mesures individuelles telles que mutation ou transformation de poste, justifiées par des considérations relatives notamment à l'âge, à la résistance physique ou à l'état de santé des travailleurs. Le chef d'entreprise est tenu de prendre en considération ces propositions et, en cas de refus, de faire connaître les motifs qui s'opposent à ce qu'il y soit donné suite. En cas de difficulté ou de désaccord, la décision est prise par l'inspecteur du travail après avis du médecin-inspecteur du travail* ».

3.2.2 Les examens médicaux

A – La nature

On relèvera ici 3 catégories essentielles d'examen.

1) Les examens consécutifs à une embauche

Le lecteur est invité à se reporter à la seconde partie du livre, chapitre 1, § 5.3.

2) Les examens réguliers

Tout salarié doit faire l'objet d'un examen médical annuel en vue de s'assurer du maintien de son aptitude au poste de travail occupé (R. 241-49).

3) Les examens consécutifs à certaines absences

« *Les salariés doivent bénéficier d'un examen par le médecin du travail après une absence pour cause de maladie professionnelle, après un congé de maternité, après une absence d'au moins 8 jours pour*

28. Voir *supra*, § 2.4.2.

cause d'accident du travail, après une absence d'au moins 21 jours pour cause de maladie ou d'accident non professionnel et en cas d'absences répétées pour raisons de santé.

Cet examen a pour seul objet d'apprécier l'aptitude de l'intéressé à reprendre son ancien emploi, la nécessité d'une adaptation des conditions de travail ou d'une réadaptation du salarié ou éventuellement de l'une et de l'autre de ces mesures.

Cet examen doit avoir lieu lors de la reprise du travail et au plus tard dans un délai de 8 jours » (R. 241-51).

B – Les suites

Le médecin du travail reçoit compétence exclusive pour proposer des mesures individuelles, telles que mutations ou transformations de poste, que l'employeur est tenu de prendre en considération, sauf, en cas de refus de sa part, de faire connaître les motifs qui s'opposent à ce qu'il y soit donné suite. « *En cas de difficulté ou de désaccord, la décision est prise par l'inspecteur du travail après avis du médecin-inspecteur du travail* » (L. 241-10-1 al. 3). Le recours est ouvert tant à l'employeur qu'au salarié. Mais de quelle décision s'agit-il ? Le texte est flou et ambigu. Pour notre part, il nous paraît souhaitable que la décision ne puisse porter sur l'état de santé du salarié, car ce serait substituer un fonctionnaire – si compétent et si consciencieux soit-il dans l'exercice de ses fonctions administratives – à un médecin, seul doté d'une compétence technique approfondie, sanctionnée par un diplôme de spécialité.

3.2.3 La participation au CHSCT

La participation du médecin du travail aux réunions trimestrielles du CHSCT dont il est membre de droit, doit être régulière et permettre une contribution utile à l'amélioration de la prévention et des conditions de travail. Il a un rôle important à jouer au sein du CHSCT dont il doit être le conseiller et l'animateur. Il doit faire connaître les risques qu'il a constatés, donner son avis sur les mesures de prévention, expliquer, faire admettre et respecter les règles édictées pour la prévention des maladies professionnelles et des accidents, tant du côté des employeurs que des salariés.

3.2.4 La participation au comité d'entreprise

Le médecin du travail doit être convoqué au comité d'entreprise avec voix consultative lorsque l'ordre du jour comprend des questions relatives à la médecine du travail, à l'hygiène ou à la sécurité.

3.2.5 L'établissement d'un rapport annuel d'activité

Dans les entreprises ou établissements employant plus de 300 salariés, le médecin du travail établit un rapport annuel propre à l'entreprise, transmis exclusivement au comité d'entreprise ou d'établissement ainsi qu'au CHSCT.

4. La mise en jeu de la responsabilité de l'employeur

La responsabilité de l'employeur s'envisage sous deux aspects : la responsabilité civile et la responsabilité pénale.

4.1 Responsabilité civile

4.1.1 L'exclusion de principe

En matière d'infractions aux dispositions d'hygiène et de sécurité, la responsabilité civile de l'employeur a rarement lieu d'être engagée. Fondée sur l'idée de **réparation forfaitaire**, le Code de la sécurité sociale exclut en principe la responsabilité de droit commun de l'employeur à l'égard de la victime (ou des ayants droit) d'un accident du travail ou d'une maladie professionnelle reconnue. L'article L. 451-1 du code précité interdit à la victime (ou à ses ayants droit) d'un accident du travail ou d'une maladie professionnelle d'exercer contre l'employeur une action de droit commun, les caisses de sécurité sociale étant substituées à l'employeur pour le versement des prestations en échange des cotisations d'accidents du travail qu'elles perçoivent.

4.1.2 L'action en responsabilité

Seule la faute inexcusable ou la faute intentionnelle de l'employeur permet de déroger au principe d'une réparation forfaitaire, des poursuites de droit commun pouvant être diligentées à l'encontre de son auteur.

A – La faute inexcusable de l'employeur

1) La qualification

a) Approche légale

Le législateur assimile expressément certains comportements de l'employeur à une faute inexcusable.

– Si l'employeur, dûment averti du danger grave et imminent par le salarié s'y trouvant exposé ou par un membre du CHSCT, n'a pris aucune disposition et qu'un accident vienne à se produire, il est **de droit** considéré comme ayant commis une faute inexcusable (L. 231-8-1)[29].

– L'existence de la faute inexcusable de l'employeur est également **présumée** établie pour les salariés sous contrat à durée déterminée et les travailleurs temporaires, victimes d'un accident du travail ou d'une maladie professionnelle alors qu'affectés à des postes de travail présentant des risques particuliers pour leur santé ou leur sécurité, ils n'auraient pas bénéficié de la formation à la sécurité **renforcée** (L. 231-8)[30].

b) Approche jurisprudentielle

Renforçant sa sévérité, la Cour de cassation a déplacé la faute inexcusable du terrain délictuel au terrain contractuel et a considéré qu'en matière de sécurité l'employeur était tenu d'une obligation de **résultat**, peu importe le rôle qu'a pu jouer le salarié dans la survenance de l'accident.

« *Attendu qu'en vertu du contrat de travail le liant à son salarié, l'employeur est tenu envers ce dernier d'une obligation de sécurité de résultat, notamment en ce qui concerne les accidents du travail ; que le manquement à cette obligation a le caractère d'une faute inexcusable, au sens de l'article L. 452-1 du Code de la sécurité sociale,* ***lorsque l'employeur avait ou aurait dû avoir conscience du danger auquel était exposé le salarié et qu'il n'a pas pris les mesures nécessaires pour l'en préserver*** » (Cass. soc., 11 avril 2002).

Sur la base de cette nouvelle jurisprudence, c'est en vain qu'un employeur tenterait d'établir que la faute qui lui est reprochée n'a pas été la cause déterminante de l'accident ou soutiendrait que la faute déterminante est celle de la victime en cas de pluralité de fautes. Dès lors qu'il avait ou devait avoir conscience du danger et qu'il n'a pas pris les mesures nécessaires – c'est à dire les moyens sans lesquels le risque ne se serait pas réalisé – sa faute sera qualifiée d'inexcusable. En d'autres termes, la faute inexcusable est établie dès lors que la violation des règles de sécurité est établie.

Si donc l'employeur, au regard des circonstances, ne pouvait avoir conscience du danger auquel était exposé la salarié, aucune faute inexcusable ne pourra alors être retenue à son encontre.

---

29. Voir *supra*, § 1.3.1.
30. Voir *supra*, § 1.1.

Exemple 1 (Cass. 2e civ., 10 juin 2003) :
La Cour de cassation a approuvé une cour d'appel qui avait « *constaté que les deux salariés étaient inexpérimentés et usaient d'une technique habituelle, qu'il ne résulte ni des témoignages, ni de la réglementation que l'utilisation d'une nacelle était nécessaire, et que la chute d'un morceau de la cheminée apparaissait non prévisible alors que deux autres cheminées avaient été démontées sans difficulté selon une technique identique ; qu'elle a pu estimer que l'employeur ne pouvait avoir conscience d'un danger encouru par ses salariés et qu'elle en a exactement déduit qu'il n'avait pas commis de faute inexcusable* ».

Exemple 2 (Cass. soc., 27 juin 2002) :
A été de même approuvée par une cour d'appel qui a « *relevé que la qualité du matériel utilisé n'était pas en cause, que seule l'utilisation irraisonnée du matériel mis à disposition l'a généré et que la victime avait la qualification nécessaire pour comprendre et exécuter l'instruction qui lui avait été donnée d'accrocher la pièce à l'aide d'une manille et d'une élingue métallique et de ne pas se trouver, au moment du levage, à proximité de l'endroit où elle était susceptible de tomber ; qu'elle a pu ainsi décider que l'employeur n'avait pas commis de faute inexcusable* ».

2) Les conséquences

a) Majoration de rente

Dès lors qu'une faute inexcusable de l'employeur est établie, le salarié a droit à une majoration complémentaire de rente, et la Cour de cassation a posé le principe qu'elle devait être versée à son **taux maximum**, tel que fixé par les textes spécifiques en vigueur.

L'ancienne jurisprudence qui faisait dépendre le montant de cette majoration de la gravité de la faute commise a vécu.

b) Réparation des préjudices complémentaires

La preuve d'une faute inexcusable permet au salarié d'exercer contre son employeur une action judiciaire aux fins d'obtenir réparation des préjudices non couverts par la sécurité sociale, telle la réparation du préjudice causé par les souffrances physiques et morales qu'il a endurées, ses préjudices esthétiques et d'agrément, ou encore celle du préjudice résultant de la perte ou de la diminution de ses possibilités de promotion professionnelle. La réparation de ces préjudices est versée **directement** au bénéficiaire par la caisse primaire d'assurance maladie qui en **récupère le montant auprès de l'employeur**.

3) Le constat d'une faute inexcusable de la victime

La faute inexcusable de la victime laisse entière l'obligation de résultat à la charge de l'employeur et conduit seulement à une minoration du taux maximum de la rente majorée.

La Cour de cassation a défini cette faute inexcusable comme « *la faute volontaire du salarié, d'une exceptionnelle gravité, exposant sans raison valable son auteur à un danger dont il aurait dû avoir conscience* » (Cass. soc., 27 janvier 2004). Le comportement du salarié est ainsi évalué au regard de ses fonctions, de sa formation, de ses connaissances techniques ou de son expérience. Les contours de cette définition laissent une large place à l'interprétation et donc à l'appréciation du juge.

Autant dire en toute hypothèse qu'une telle définition de la faute inexcusable de la victime ne peut en restreindre que son champ d'application et par voie de conséquence étend celui de la faute inexcusable de l'employeur, conduisant à penser que la réduction de la majoration de la rente demeurera exceptionnelle.

4) La dissociation de la faute inexcusable et de la faute pénale

Le législateur ayant abandonné la théorie jurisprudentielle de l'identité des fautes civile et pénale d'imprudence, un tribunal des affaires de sécurité sociale pourra donc estimer qu'une faute inexcusable est caractérisée là ou le juge répressif considère qu'aucune faute pénale n'a été commise.

5) La prise d'une assurance

a) Assurance contre les conséquences financières

Le législateur a cherché à rétablir l'équilibre entre les grandes et les petites entreprises. Il y a quelques années, l'employeur ne pouvait s'assurer contre les conséquences de sa faute inexcusable

mais pouvait le faire contre celles des fautes inexcusables commises par ceux auxquels il avait délégué son pouvoir ; or, dans une petite entreprise, le chef d'entreprise n'a souvent pas de responsable à ses côtés auquel il puisse donner délégation.
L'article L. 452-4 du Code de la sécurité sociale permet désormais à l'employeur, non seulement de s'assurer contre les conséquences financières de la faute de ceux qu'il s'est substitué dans la direction de l'entreprise ou de l'établissement, mais aussi **de sa propre faute inexcusable**.

b) Prise en charge de la cotisation complémentaire

La **majoration de rente** à laquelle peut prétendre la victime d'un accident dû à la faute inexcusable de l'employeur ou du cadre délégué est versée par la caisse primaire d'assurance maladie qui en récupère le montant par l'imposition d'une « *cotisation complémentaire* » dont le taux et la durée sont fixés par la caisse régionale d'assurance maladie sur la proposition de la caisse primaire, en accord avec l'employeur, sauf recours judiciaire (C. séc. soc., art. L. 452-2 al. 6).
Cette cotisation peut être garantie par une assurance.

c) Exclusion de la prise en charge de la cotisation supplémentaire

Afin de ne pas nuire à la sécurité des salariés en déresponsabilisant le chef d'entreprise, il est prévu que lorsqu'un accident est dû à la faute inexcusable de l'employeur **garanti** par une assurance, la caisse régionale d'assurance maladie peut imposer la « *cotisation supplémentaire* » mentionnée à l'article L. 242-7 du Code de la sécurité sociale, cotisation prévue seulement lorsque l'exploitation présente des « *risques exceptionnels* »[31]. Cette cotisation ne peut pas être couverte par l'assurance susvisée.

L'employeur non garanti par une assurance « *faute inexcusable* » ne peut se voir imposer que la « *cotisation complémentaire* », et ne pourra être frappé d'une « *cotisation supplémentaire* », que si **effectivement** sont relevés au sein de son entreprise des « *risques exceptionnels* ».

B – La faute intentionnelle de l'employeur

Elle entraîne, sans préjudice de poursuites pénales[32] :
- la possibilité pour la victime d'intenter une action judiciaire pour couvrir le préjudice non réparé par la caisse de sécurité sociale ;
- la possibilité pour la caisse d'intenter contre l'auteur de l'accident une **action en remboursement** des prestations et indemnités servies à la victime ;
- la possibilité pour la caisse régionale d'assurance maladie d'imposer à l'employeur la « *cotisation supplémentaire* » pour « *risques exceptionnels* ».

Elle exclut toute prise en charge par une assurance quelconque.

4.2 Responsabilité pénale des personnes physiques consécutive aux infractions au Code du travail

C'est dans le domaine des règles d'hygiène et de sécurité que les problèmes de responsabilité pénale des employeurs consécutive aux infractions au Code du travail ont donné lieu à une jurisprudence abondante et à une intervention du législateur, en l'occurrence la loi précitée du 6 décembre 1976 « *relative au développement de la prévention des accidents du travail* ».

4.2.1 Le dispositif antérieur à la loi du 6 décembre 1976

A – Le principe de la responsabilité pénale du chef d'entreprise

Sur la base de la version initiale de l'article L. 263-2 déclarant pénalement responsables « *les chefs d'établissement, les directeurs, gérants ou préposés qui ont enfreint les dispositions relatives à l'hygiène*

31. Voir *infra*, § 5.2.2. Le produit de la cotisation est affecté au Fonds national de prévention des accidents du travail et des maladies professionnelles.
32. Voir *infra*, § 4.2.

et à la sécurité... », la Cour de cassation avait considéré que **le chef d'entreprise** était responsable de principe des infractions commises aux dispositions relatives à l'hygiène et à la sécurité du travail. L'argumentation était la suivante : il est nécessaire de faire remonter la responsabilité pénale au chef d'entreprise, dans la mesure où les conditions et les modes d'exploitation de son entreprise lui incombent personnellement et qu'il est tenu de veiller à l'application de la réglementation relative à l'hygiène et à la sécurité. Cette jurisprudence particulièrement sévère était critiquable à plusieurs titres :

- elle dénaturait l'article L. 236-2 qui, par son énumération variée, invitait à une recherche concrète, et au cas par cas, de la personne ou des personnes responsables ;
- elle constituait une dérogation marquée au principe de la personnalité des peines qui soustrait à la répression toute personne n'ayant participé à la commission de l'infraction, ni directement, ni en qualité de complice ;
- elle enfreignait le principe de l'interprétation restrictive des textes en matière pénale ;
- elle était à la limite de la fiction dans la mesure ou elle aboutissait à condamner un chef d'entreprise employant des milliers de personnes disséminées.

B – L'exonération de la responsabilité pénale du chef d'entreprise

La Cour de cassation a considéré, et continue aujourd'hui à le faire, que la preuve **d'une délégation de pouvoirs** consentie à l'un de ses collaborateurs et satisfaisant aux conditions posées par elle permet d'exonérer le chef d'entreprise de sa responsabilité pénale.

1) Les conditions de la délégation de pouvoirs

a) Délégation directe

« *Les juges ne peuvent exonérer le chef d'entreprise de toute responsabilité pénale que s'il est expressément constaté au préalable que celui-ci avait délégué la direction du chantier à un préposé investi par lui et pourvu de la compétence et de l'autorité nécessaires pour veiller efficacement à l'observation des dispositions en vigueur* » (Cass. crim., 22 mai 1973).

- Le délégué doit avoir *compétence*, c'est-à-dire posséder les connaissances techniques sans lesquelles le délégataire serait hors d'état d'exercer utilement ses prérogatives.
- Le délégué doit avoir « *l'autorité nécessaire* » c'est-à-dire la stature hiérarchique lui permettant d'exiger du personnel le respect des consignes de sécurité et de prononcer des sanctions disciplinaires en cas d'inobservation de ces prescriptions.
- Le délégué doit disposer de « *moyens suffisants* », et notamment des moyens financiers pour veiller efficacement à l'observation des dispositions en vigueur.

Enfin, et selon une jurisprudence récente qui s'affirme, il convient d'ajouter la nécessaire **autonomie** du délégataire. Dans un arrêt du 21 novembre 2000, la chambre sociale de la Cour de cassation a jugé que l'immixtion d'un supérieur hiérarchique dans l'accomplissement de la mission conférée au délégataire fait disparaître la nécessaire autonomie dont ce dernier peut se prévaloir, et en conséquence, fait perdre toute efficacité à la délégation de pouvoirs. En d'autres termes, la Cour condamne toute interférence ou ingérence du délégant dans la mission confiée au délégataire.

L'autonomie du délégataire constitue désormais une condition déterminante de la délégation de pouvoirs au même titre que la compétence, l'autorité et les moyens.

b) Subdélégation

La pratique de la subdélégation entraînant transfert de responsabilité est admise formellement par la Cour de cassation sous réserve de répondre elle-même aux conditions exigées de la délégation directe.

Exemple (Cass. crim., 8 février 1983) :

Dans cette affaire, l'employeur avait été poursuivi pour avoir, d'une part, contrevenu aux prescriptions relatives à la salubrité des logements provisoires affectés aux travailleurs du bâtiment, d'autre part, omis de faire au préfet la déclaration d'hébergement collectif. Pour sa relaxe, il avait fait valoir qu'il avait donné délégation de pouvoir au directeur général de la société avec mission d'assurer l'application de la législation du travail en matière d'hygiène et de sécurité, délégation autorisant le directeur général à « subdéléguer », sous sa responsabilité, tout ou partie de ses pouvoirs. Le directeur général avait usé de cette faculté de subdélégation au profit d'un ingénieur qui avait à son tour délégué à un conducteur de travaux. Pour les juges d'appel, ce jeu de subdélégations avait créé une telle confusion sur le point de savoir qui devait être déclare responsable que l'on ne pouvait que retourner à la source et condamner l'employeur. À tort, dit la Cour de cassation ; l'employeur ne pouvait être déclaré responsable puisqu'il « avait effectivement délégué ses pouvoirs en ce qui concerne l'application de la législation du Travail au directeur général de la société et qu'il avait autorisé ce dernier et lui seul à investir de ces mêmes pouvoirs son préposé, pleinement pourvu de l'autorité, de la compétence et des moyens nécessaires pour remplir sa mission, ce que n'interdit aucune règle de droit... »

2) La preuve de la délégation de pouvoirs

Sur le plan de la forme, l'existence d'une délégation est une question de fait, et il importe, en cas de contentieux, d'apprécier la réalité de la délégation d'autorité accordée au vu des circonstances. Une délégation expresse formulée par écrit est particulièrement recommandée car elle retiendra plus facilement la conviction du juge, étant entendu toutefois que les faits peuvent emporter la conviction contraire.

4.2.2 Le dispositif issu de la loi du 6 décembre 1976

A – La détermination des personnes physiques responsables

L'émotion soulevée par la sévérité jurisprudentielle ne fut sans doute pas absente des débats préparatoires à la loi du 6 décembre 1976. La loi, à la prendre à la lettre, modifie profondément le texte initial de l'article L. 263-2 : « *Les chefs d'établissements, directeurs, gérants ou préposés qui, **par leur faute personnelle**, ont enfreint [les dispositions relatives à l'hygiène et à la sécurité du travail] ... sont punis...* ».

À la lecture de ce texte, il paraît évident que le législateur a voulu condamner la jurisprudence dénoncée, le nouveau système ainsi posé assurant le respect d'un principe fondamental de la responsabilité pénale, suivant lequel nul ne doit être condamné que pour sa faute personnelle et prouvée.

Malgré cette réforme législative, la Cour de cassation continue à poursuivre sa jurisprudence antérieure en faisant reporter, **sauf délégation de pouvoirs**, la faute personnelle sur le chef d'entreprise. En d'autres termes, la responsabilité pénale née des infractions au Code du travail est **alternative** : le chef d'entreprise **ou** le délégué de pouvoirs. Soit l'un, soit l'autre.

B – Les sanctions pénales applicables

1) La nature des sanctions sur première infraction

Selon l'article L. 263-2, les infractions aux dispositions d'hygiène et de sécurité sont punies d'une amende de 3 750 €. Il s'agit de délits punis de peines correctionnelles. L'amende est appliquée autant de fois qu'il y a de salariés concernés par la ou les infractions relevées dans le procès-verbal de l'inspecteur du travail. Ainsi, s'il est relevé 2 infractions dans le PV et que 4 salariés sont concernés – c'est-à-dire exposés au risque – 8 amendes seront infligées.

Nous rappelons que de simples peines de police sanctionnent le non-respect d'une mise en demeure prononcée par le directeur départemental du Travail pour infraction aux dispositions législatives *générales* d'hygiène et de sécurité[33].

33. Voir *supra*, § 1.2.

2) La nature des sanctions sur récidive

En cas de récidive, les peines prévues sont les suivantes :

- emprisonnement d'un an et (ou) amende de 9 000 € (L. 263-4) ;
- le tribunal peut ordonner la fermeture totale ou partielle, définitive ou temporaire de l'établissement dans lequel n'auraient pas été faits les travaux de sécurité ou de salubrité imposés par la loi ou les règlements ;
- le tribunal peut prononcer contre l'auteur de l'infraction l'interdiction d'exercer, pendant une durée maximale de 5 ans, certaines fonctions que le tribunal énumère, soit dans l'entreprise, soit dans une ou plusieurs catégories d'entreprises qu'il définit (innovation de la loi de 1976). L'interdiction d'exercer peut donc toucher le chef d'entreprise comme l'un de ses préposés, puisqu'elle vise l'auteur de l'infraction. La violation de cette interdiction est punie d'une amende de 9 000 € et (ou) d'un emprisonnement de 2 ans.

C – La mise en cause de la responsabilité de la personne morale

Selon les dispositions de l'article 121-2 alinéa 1er du nouveau Code pénal, « *les personnes morales, à l'exclusion de l'État, sont responsables pénalement, selon les distinctions des articles 121-4 à 121-7 et dans les cas prévus par la loi ou le règlement, des infractions commises, pour leur compte, par leurs organes ou représentants* ».

La Cour de cassation a eu l'occasion de juger que le titulaire d'une délégation de pouvoirs est un représentant de la personne morale au sens du 1er alinéa de l'article 121-2 du Code pénal. On conviendra alors de la nécessaire vigilance sur la qualité du délégataire.

Il convient de souligner par ailleurs que l'article 121-2 du Code pénal alinéa 3 précise que « *la responsabilité pénale des personnes morales n'exclut pas celle des personnes physiques auteurs ou complices des mêmes faits* ». La Cour de cassation a déjà considéré que la responsabilité de la personne morale peut être retenue sans que son représentant soit nommément identifié. En d'autres termes, la faute commise par le délégataire peut être de nature à justifier la responsabilité de la personne morale qu'il représente sans pour autant qu'il soit directement ou indirectement mis en cause, ce qui veut dire que le cumul de responsabilité n'est donc pas une condition impérative. Autre bonne raison pour la meilleure vigilance dans le choix et la qualité du délégataire retenu !

4.3 Responsabilité pénale des personnes physiques consécutive aux infractions au Code pénal

4.3.1 Les sanctions

Il convient de distinguer selon que l'infraction aux dispositions législatives en matière de sécurité a causé un accident du travail entraînant mort d'homme ou incapacité totale de travail.

A – L'homicide involontaire

Selon les dispositions de l'article 221-6 du Code pénal « *le fait de causer, dans les conditions et selon les distinctions prévues à l'article L. 121-3, par maladresse, imprudence, inattention, négligence ou manquement à une obligation de sécurité ou de prudence imposée par la loi ou le règlement, la mort d'autrui constitue un homicide involontaire puni de 3 ans d'emprisonnement et de 45 000 € d'amende.*

En cas de violation ***manifestement délibérée*** *d'une obligation particulière de sécurité ou de prudence imposée par la loi ou le règlement, les peines encourues sont portées à 5 ans d'emprisonnement et à 75 000 € d'amende.* »

B – L'incapacité totale de travail

1) L'incapacité > 3 mois

En vertu des dispositions de l'article 222-19 du Code pénal « *le fait de causer à autrui, dans les conditions et selon les distinctions prévues à l'article L. 121-3, par maladresse, imprudence ou inattention, négligence ou manquement à une obligation de sécurité ou de prudence imposée par la loi ou le règlement, une incapacité totale de travail pendant plus de 3 mois est puni de 2 ans d'emprisonnement et de 30 000 € d'amende.*

En cas de violation ***manifestement délibérée*** *d'une obligation de sécurité ou de prudence imposée par la loi ou le règlement, les peines encourues sont portées à 3 ans d'emprisonnement et à 45 000 € d'amende* ».

2) L'incapacité ≤ 3 mois

En vertu des dispositions de l'article 222-20 du Code pénal « *le fait de causer à autrui, par la violation* ***manifestement délibérée*** *d'une obligation particulière de sécurité ou de prudence imposée par la loi ou le règlement, une incapacité totale de travail d'une durée ≤ 3 mois est puni d'un an d'emprisonnement et de 15 000 € d'amende* ».

En vertu des dispositions de l'article R. 625-2 du Code pénal, « *le fait de causer à autrui, par maladresse, imprudence, inattention, négligence ou manquement à une obligation de sécurité ou de prudence imposée par la loi ou le règlement, une incapacité totale de travail d'une durée inférieure ou égale à 3 mois est punie d'une amende de 1 500 €* » (portée à *3 000 €* en cas de récidive dans les conditions de l'article 132-11 du Code pénal). L'article R. 625-3 ajoute que « *le fait, par un* ***manquement délibéré*** *à une obligation de sécurité ou de prudence imposée par la loi ou le règlement, de porter atteinte à l'intégrité d'autrui sans qu'il résulte d'incapacité totale de travail est puni d'une amende de 1 500 €* » (portée à 3 000 € en cas de récidive).

Le juge est appelé à apprécier *in concreto* la faute d'imprudence ou de négligence par une appréciation des faits, la mise en œuvre de la responsabilité pénale encourue en matière de délit d'imprudence ou de négligence ne pouvant plus être engagée de manière automatique. L'article L. 121-3 alinéa 3 du Code pénal est ainsi libellé : « *Il y a également délit, lorsque la loi le prévoit, en cas de faute, d'imprudence, de négligence ou de manquement à une obligation de prudence ou de sécurité prévue par la loi ou le règlement* ***si il est établi que l'auteur des faits n'a pas accompli les diligences normales compte tenu, le cas échéant, de la nature de ses missions ou de ses fonctions, de ses compétences ainsi que du pouvoir et des moyens dont il disposait*** ».

À la différence de la responsabilité pénale, née de l'application des dispositions du Code du travail, les poursuites peuvent concerner plusieurs personnes dont la maladresse, l'imprudence, etc. ont pu être relevées : la responsabilité pénale est, ici, **cumulative**.

4.3.2 La détermination des responsables

La loi du 10 juillet 2000 « *tendant à réprimer la définition des délits non intentionnels* » conduit à distinguer entre une faute qui a un lien **direct** avec le dommage et une faute qui est la cause **indirecte** du dommage.

Dans le premier cas, la personne physique peut être poursuivie en cas de faute d'imprudence, de négligence ou de manquement à une obligation de sécurité prévue par la loi ou le règlement, **à condition** toutefois qu'il soit établi que l'auteur des faits n'a pas accompli les diligences normales compte tenu, le cas échéant, de la nature de ses fonctions, de ses compétences ainsi que du pouvoir et des moyens dont il disposait.

En revanche, si les personnes physiques n'ont pas causé directement le dommage mais ont « *créé ou contribué à créer la situation qui a permis la réalisation du dommage* » ou « *n'ont pas pris les mesures permettant de l'éviter* », elles ne pourront être responsables pénalement que s'il est établi qu'elles ont « *soit violé de façon manifestement délibérée une obligation particulière de prudence ou de sécurité prévue par la loi ou le règlement, soit commis une faute caractérisée et qui exposait autrui à un risque d'une particulière gravité qu'elles ne pouvaient ignorer* ».

La loi du 10 juillet 2000 a eu comme objectif de restreindre les possibilités de poursuites pénales.

Il n'en demeure pas moins que l'absence de faute pénale non intentionnelle ne fait pas obstacle à l'exercice d'une action devant les juridictions civiles pour obtenir la réparation du dommage sur le fondement de l'article 1383 du Code civil si l'existence de la faute civile prévue par cet article est établi ou en application de l'article L. 452-1 du Code de la sécurité sociale si l'existence de la faute inexcusable prévue par cet article est établie.

Lorsqu'une des infractions à la réglementation concernant l'hygiène et la sécurité a été commise par un préposé et a provoqué la mort ou des blessures dans les conditions définies aux articles 221-6 et 222-19 du Code pénal, ou, involontairement, des blessures, coups ou maladies n'entraînant pas une incapacité totale de travail personnel supérieure à 3 mois, le tribunal peut, compte tenu des circonstances de fait et des conditions de travail de l'intéressé, décider que le **paiement des amendes** prononcées et des frais de justice sera mis, **en totalité ou en partie**, à la **charge de l'employeur**. Il est bien entendu que l'employeur devra avoir été régulièrement cité à l'audience pour faire valoir ses moyens de défense (L. 236-2-1).

4.4 Responsabilité des personnes morales

4.4.1 La responsabilité de l'entreprise issue des dispositions du Code du travail

Elle est mise en œuvre par l'article L. 263-3-1 qui prévoit trois conditions :

- survenance d'un accident du travail dans l'entreprise ;
- manquements graves ou répétés aux règles d'hygiène et de sécurité du travail (sanctionnés ou simplement relevés) ;
- relaxe des personnes physiques poursuivies sur le fondement des articles 221-6, 222-19, 222-20 et R. 625-2 du nouveau Code pénal.

Il s'agit donc là d'une responsabilité subsidiaire permettant alors à la juridiction saisie de faire obligation à l'entreprise de prendre toutes mesures pour rétablir des conditions normales d'hygiène et de sécurité du travail.

« *À cet effet, la juridiction enjoint à l'entreprise de présenter, dans un délai qu'elle fixe, un plan de réalisation de ces mesures accompagné de l'avis motivé du comité d'entreprise et du comité d'hygiène et de sécurité ou, à défaut, des délégués du personnel.*

Après avis du directeur départemental du travail et de la main-d'œuvre, la juridiction adopte le plan présenté. À défaut de présentation ou d'adoption d'un tel plan, elle condamne l'entreprise à exécuter pendant une période qui ne saurait excéder 5 ans un plan de nature à faire disparaître les manquements visés ci-dessus.

Dans ce dernier cas, les dépenses mises à la charge de l'entreprise ne peuvent annuellement dépasser le montant annuel des cotisations d'accidents du travail prélevé, au cours des 5 années antérieures à celle du jugement, dans le ou les établissements où ont été relevés les manquements aux règles d'hygiène et de sécurité visés au premier alinéa ci-dessus.

Le contrôle de l'exécution des mesures prescrites est exercé par l'inspecteur du travail. S'il y a lieu, celui-ci saisit le juge des référés, qui peut ordonner la fermeture totale ou partielle de l'établissement pendant le temps nécessaire pour assurer ladite exécution » (L. 263-3-1 al. 2 à 5).

Le chef d'entreprise qui n'a pas présenté le plan prescrit ou n'a pas pris les mesures nécessaires pour la réalisation du plan arrêté par le juge est passible d'une amende de 18 000 € et le tribunal ordonne l'affichage et la publication du jugement. En cas de récidive, le tribunal peut prononcer l'interdiction d'exercer certaines fonctions dans l'entreprise ou dans certaines catégories d'entreprises pendant une durée maximale de 5 ans. La violation de cette interdiction est punie d'une amende de 9 000 € et (ou) d'un emprisonnement de 2 ans.

4.4.2 La responsabilité pénale issue des dispositions du nouveau Code pénal

Une des principales innovations du Code pénal est de réintroduire le principe de la responsabilité pénale des personnes morales dans les cas **prévus par la loi ou les règlements** d'infractions commises, **pour leur compte**, par leurs organes ou leurs représentants. C'est sans doute en matière d'homicide et de blessures involontaires que la responsabilité pénale des personnes morales risque d'être le plus souvent engagée et tout particulièrement à la suite d'accidents du travail.

A – L'homicide involontaire

Les personnes morales peuvent être déclarées responsables pénalement de l'infraction d'homicide involontaire prévue à l'article L. 221-6[34].

Les peines encourues sont en particulier :

- une amende de 225 000 €[35] ;
- l'interdiction à titre définitif ou pour une durée de 5 ans au plus, d'exercer directement ou indirectement les activités professionnelles et sociales dans le cadre desquelles a été commise l'infraction ;
- le placement pour une durée de 5 ans au plus sous surveillance judiciaire ;
- l'affichage de la décision prononcée ou la diffusion de celle-ci soit par la presse écrite, soit par tout moyen de communication audiovisuelle.

En cas de **manquement délibéré** à une obligation de sécurité ou de prudence imposée par la loi ou les règlements, l'amende est portée à 150 000 € et la personne morale peut encourir en outre la fermeture définitive ou pour une durée de 5 ans au plus des établissements de l'entreprise ayant servi à commettre le (ou les) fait(s) incriminé(s).

B – L'incapacité totale de travail

1) L'incapacité > 3 mois

Les personnes morales peuvent être déclarées responsables pénalement d'un accident du travail ayant entraîné une incapacité totale de travail > 3 mois, infraction prévue par l'article L. 222-19 du Code pénal[36].

Les peines encourues sont en particulier :

- une amende de 150 000 € ;
- sans préjudice du prononcé des peines complémentaires exposées au § A qui précède.

En cas de **manquement délibéré** à une obligation de sécurité ou de prudence imposée par la loi ou les règlements, l'amende est portée à 225 000 € et la personne morale peut encourir la fermeture définitive ou temporaire dans les conditions exposées au point A qui précède.

---

34. Voir *supra*, § 4.3.1 A.
35. En vertu des dispositions de l'article L. 121-38 du Code pénal, « *le taux maximum de l'amende applicable aux personnes morales est égal au quintuple de celui prévu pour les personnes physiques par la loi qui réprime l'infraction* ».
36. Voir *supra*, § 4.3.1 B.

2) L'incapacité < 3 mois

Les personnes morales peuvent être déclarées responsables d'un accident du travail ayant entraîné une incapacité totale de travail < 3 mois, infraction punie par l'article R. 625-2 du Code pénal[37].

La peine encourue est en particulier une amende de 7 500 €[38] (portée à 15 000 € en cas de récidive dans les conditions de l'article 132-15 du Code pénal). Le fait, par un **manquement délibéré** à une obligation de sécurité ou de prudence imposée par la loi ou les règlements, de porter atteinte à l'intégrité d'autrui sans qu'il en résulte d'incapacité totale de travail est puni en particulier d'une amende du même taux.

5. Les incitations financières au développement de plans de prévention

Ces incitations émanent des caisses régionales d'assurance maladie.

5.1 Règles principales en matière de tarification des risques

Chaque établissement est classé en fonction de la nature de l'activité exercée dans une catégorie de risque à laquelle s'applique un taux de cotisation. Le classement est effectué par la caisse régionale d'assurance maladie correspondant à la localisation de l'établissement.

L'employeur qui conteste la classification des risques établie par la caisse peut former un recours (non suspensif) devant la commission nationale technique, commission compétente en matière de différends relevant du contentieux technique de la sécurité sociale, qui statue en premier et dernier ressort.

5.2 Incitations à la prévention

Il a été mis en place un système incitatif à la prévention dont l'esprit est de récompenser les efforts réalisés et de sanctionner les insuffisances.

5.2.1 La « récompense » des efforts de prévention

Elle peut prendre la forme soit de **ristournes**, soit **d'avances**.

A – Les ristournes

La caisse régionale peut accorder des ristournes aux établissements qui ont accompli un effort de prévention soutenu et pris dans ce sens des mesures susceptibles de diminuer la fréquence et la gravité des accidents du travail et des maladies professionnelles.

Ces ristournes sont accordées, soit à l'initiative de la caisse régionale, soit à la demande de l'employeur sur un rapport motivé du service prévention de la caisse, après avis du CHSCT ou, à défaut, des délégués du personnel, et après avis favorable du directeur régional du travail et de l'emploi.

B – Les avances

« *Dans une limite fixée par voie réglementaire, des avances peuvent être accordées par la caisse régionale aux entreprises qui souscrivent aux conditions de la convention d'objectifs, préalablement approuvée par la caisse nationale de l'assurance maladie des travailleurs salariés et fixant un programme d'actions de prévention spécifique à leur branche d'activité. Ces avances pourront être acquises aux entreprises dans les conditions prévues par la convention* » (C. séc. soc., art. L. 422-5).

---

37. Voir *supra*, § 4.3.1 B.
38. En matière contraventionnelle, le taux maximum de l'amende applicable aux personnes morales est égal au quintuple de celui prévu pour les personnes physiques par le règlement qui réprime l'infraction (C. pén., art. 131-41).

5.2.2 La sanction des insuffisances

Les caisses régionales peuvent imposer **une cotisation supplémentaire** aux employeurs dont les exploitations présentent des **risques exceptionnels** révélés notamment par une infraction constatée par les inspecteurs du travail (infraction aux dispositions d'hygiène et de sécurité édictées par voie législative ou réglementaire) ou résultant d'une inobservation des mesures de prévention prescrites par les caisses elles-mêmes (C. séc. soc., art. L. 242-7).

L'imposition de cotisations supplémentaires au titre de l'inobservation des mesures de prévention édictées par les caisses doit être précédée d'une injonction indiquant avec précision les mesures à prendre par l'employeur, les possibilités techniques de réalisation, fixant le délai d'exécution, et mentionnant qu'à l'expiration de ce délai l'employeur est passible d'une cotisation supplémentaire.

Dans certains cas, une imposition de cotisations supplémentaires peut être décidée sans injonction préalable :

- cas de la récidive ou de la persistance après l'expiration du délai imparti pour y remédier, de la situation qui a déjà donné lieu à l'imposition d'une cotisation supplémentaire ;
- cas de l'inobservation par l'employeur des dispositions étendues des caisses régionales d'assurance maladie sur proposition de la caisse nationale d'assurance maladie.

La date de prise d'effet de la cotisation supplémentaire est celle de la constatation par l'inspecteur du travail ou par les agents de service de prévention des caisses régionales d'assurance maladie, des risques exceptionnels, des infractions ou de l'inobservation des règles de prévention. Le montant de la cotisation supplémentaire ne peut dépasser 25 % de la cotisation normale. Le maximum peut toutefois être dépassé en cas de récidive.

PARTIE

4 Les relations collectives au sein de l'entreprise

Chapitre 1

L'environnement syndical

1. Les caractéristiques du régime syndical

Le préambule de la Constitution de 1946, auquel se réfère la Constitution du 4 octobre 1958, pose le principe que « *tout homme peut défendre ses droits et intérêts par l'action syndicale et adhérer au syndicat de son choix* ».

Ce principe implique deux données fondamentales :

– la liberté syndicale ;

– le pluralisme syndical.

1.1 Liberté syndicale

Elle se traduit par le fait :

– que nul n'est tenu d'adhérer à un syndicat ;

– que chacun peut librement adhérer au syndicat de son choix et retirer son adhésion quand il le désire.

Se pose alors la question essentielle de la protection de cette liberté syndicale, tant contre certaines manœuvres patronales que contre certaines pratiques syndicales.

1.1.1 La protection contre les manœuvres patronales

L'article L. 412-2 édicte un certain nombre de mesures protectrices.

« *Il est interdit à tout employeur de prendre en considération l'appartenance à un syndicat ou l'exercice d'une activité syndicale pour arrêter ses décisions en ce qui concerne notamment l'embauchage, la conduite et la répartition du travail, la formation professionnelle, l'avancement, la rémunération et l'octroi d'avantages sociaux, les mesures de discipline et de congédiement* ».

> *Exemple 1 (Cass. crim., 18 janvier 1983) :*
>
> Vendeuse dans un supermarché, la salariée avait été désignée le 25 juin 1980 en qualité de déléguée syndicale. Cinq jours plus tard, elle était mutée dans des fonctions de caissière.
>
> L'employeur justifiait cette mutation par les perturbations que causait au fonctionnement du service l'important absentéisme de la vendeuse. Mais il n'avait adressé à celle-ci aucune observation sur ce point avant de l'affecter à l'emploi de caissière.

Dans ces conditions :

– l'employeur n'étant pas en mesure d'apporter la pleine justification de la mesure prise ;

– et les nouvelles fonctions de la salariée rendant plus difficile l'exercice de son mandat syndical ;

jugé constitué le délit d'entrave à l'exercice du droit syndical.

Exemple 2 (Cass. crim., 4 janvier 1983) :

Dans cette autre affaire, les fautes professionnelles reprochées au salarié n'avaient pas davantage fait l'objet d'observations écrites ; l'employeur « n'en avait perçu la gravité que lorsqu'il avait appris que ce salarié allait être candidat à l'élection des délégués du personnel en cours d'organisation »... ; il avait alors « hâté » le licenciement afin que celui-ci soit effectif avant la signature du protocole d'accord avec la CFDT... Au vu de tous ces constats, et parce qu'il résultait encore de tous les témoignages recueillis que le chef d'entreprise connaissait bien l'activité syndicale du salarié, qu'il la « percevait mal », qu'il en avait été question lors de l'entretien préalable, ... les juges d'appel ont estimé qu'était suffisamment mis en évidence le lien de causalité existant entre l'appartenance et l'activité syndicale du salarié et son licenciement. Ils ont conclu dès lors que l'employeur s'était rendu coupable d'atteinte à la liberté syndicale et la Cour de cassation a approuvé.

« *Il est interdit à tout employeur de prélever les cotisations syndicales sur les salaires de son personnel et de les payer aux lieu et place de celui-ci.* »

« *Le chef d'entreprise ou ses représentants ne doivent employer aucun moyen de pression en faveur ou à l'encontre d'une organisation syndicale quelconque.* »

« *Toute mesure prise par l'employeur contrairement aux dispositions qui précèdent est considérée comme abusive et donne lieu à dommages-intérêts* ».

Sur le plan pénal, l'employeur est passible d'une amende de 3 750 € et, en cas de récidive, d'un emprisonnement d'un an et/ou d'une amende de 7 500 €.

1.1.2 La protection contre les discriminations syndicales

Tenant sa puissance du nombre de ses adhérents, chacun comprend qu'un syndicat a tout intérêt à l'accroître, quitte pour cela à faire pression tant sur les employeurs que sur les non-syndiqués :

– sur un employeur, pour le contraindre soit à n'embaucher que du personnel syndiqué ou affilié à un syndicat déterminé, soit à exiger le congédiement d'un travailleur non syndiqué ou n'appartenant pas ou plus au syndicat en cause ;

– sur un salarié, pour obtenir son adhésion au syndicat.

Ce type de mesure d'intimidation est considéré comme une faute susceptible d'engager la responsabilité du syndicat dès lors qu'est démontré le lien de causalité directe entre la mesure et l'objectif syndical recherché.

1.2 Pluralisme syndical

La liberté syndicale exige que les membres d'une profession puissent choisir entre plusieurs syndicats, voire en créer de nouveaux. En France, le principe du pluralisme syndical est toutefois atténué par la reconnaissance de pouvoirs importants aux seuls **syndicats représentatifs**. Cela conduit donc à une certaine diminution de la liberté de choix des salariés : en adhérant à des syndicats non représentatifs, ils savent en effet qu'ils ne pourront pas jouir des prérogatives les plus fondamentales dans l'action syndicale.

2. Le statut juridique des syndicats

« *Les syndicats ou associations professionnels de personnes exerçant la même profession, des métiers similaires ou des métiers connexes, concourant à l'établissement de produits déterminés ou la même profession libérale, peuvent se constituer librement* » (L. 411-2).

2.1 Constitution des syndicats

2.1.1 Les conditions de fond

Les dispositions de l'article L. 411-2 précité entraînent trois séries de conséquences.

- Le syndicat ne peut se constituer qu'entre personnes exerçant effectivement une profession. Condition à la fois nécessaire et suffisante, cette règle ne comporte qu'une exception de portée générale : « *Les personnes qui ont cessé l'exercice de leurs fonctions ou de leur profession, si elles l'ont exercée au moins un an, peuvent soit continuer à faire partie d'un syndicat professionnel de salariés, soit adhérer à un syndicat professionnel de leur choix* » (L. 411-7). La deuxième alternative envisagée par cet article permet aux retraités de pouvoir constituer leur propre syndicat.
- Un syndicat ne peut se constituer qu'entre personnes exerçant la même profession ; du moins doit-il exister, à défaut d'identité de profession, similitude et connexité.

  Un syndicat peut donc grouper : des personnes exerçant des fonctions identiques ; des personnes exerçant des professions distinctes mais jugées similaires parce qu'elles traitent les mêmes matières ou utilisent les mêmes procédés de fabrication (ex. : boulangers et pâtissiers, menuisiers et ébénistes) ; des personnes concourant aux mêmes fabrications ou relevant de la même industrie (ex. : Syndicat des travailleurs du livre).
- Un syndicat peut, en principe, se fonder dans n'importe quelle profession.

  Le problème le plus difficile à résoudre a été celui de l'extension du syndicalisme aux agents publics. Jusqu'en 1946, la jurisprudence administrative et judiciaire leur avait constamment dénié le droit syndical en raison de la nature de leur mission. Ce fut la loi du 19 octobre 1946 qui a tranché en consacrant le principe du droit syndical pour les fonctionnaires.

2.1.2 Les conditions de forme

Elles sont extrêmement simples : dépôt des statuts et des noms des dirigeants et administrateurs à la mairie de la localité où le syndicat est établi. Ce dépôt est la seule mesure de publicité prescrite par la loi. Les statuts et la liste des dirigeants doivent être certifiés conformes par 2 membres du bureau (président et secrétaire) ou par le fondateur si le bureau n'est pas constitué. Le syndicat n'acquiert la personnalité juridique qu'au jour de ce dépôt. Communication des statuts doit être donnée par le maire au Procureur de la République.

Toute modification des statuts, tout changement intervenu dans la composition du conseil d'administration d'un syndicat, est soumis à la formalité du dépôt.

2.2 Organisation des syndicats

Tout syndicat comprend, d'une part, des organes de direction, d'autre part, des adhérents.

2.2.1 Les organes de direction

A – La capacité juridique

Les dirigeants doivent être adhérents majeurs, jouir de leurs droits civils et civiques et ne pas avoir encouru certaines condamnations pénales. Sous les mêmes conditions, tout ressortissant étranger adhérent à un syndicat peut désormais accéder aux fonctions d'administration ou de direction de ce syndicat (L. 411-4). La loi du 28 octobre 1982 « *relative au développement des institutions représentatives du personnel* », **supprime** en effet les principales limitations qui frappaient jusqu'alors les travailleurs étrangers dans leur droit de diriger un syndicat : suppression de l'obligation de travailler en France depuis 5 ans au moins ; suppression de la clause suivant laquelle la proportion des étrangers parmi les membres du syndicat chargé des fonctions d'administration ou de direction ne peut excéder le tiers.

B – Les attributions

Le conseil d'administration est spécialement chargé d'exécuter les mesures décidées par l'assemblée générale et de pourvoir, dans les limites fixées par les statuts, à l'administration du syndicat.

2.2.2 Les membres adhérents

Aucune condition de capacité n'est requise. En vertu de l'article L. 411-5, « *tout salarié, quel que soit son sexe, son âge, sa nationalité, peut **librement** adhérer au syndicat professionnel de son choix* ». Les condamnations pénales, si elles peuvent interdire d'accéder à la direction du syndicat, ne mettent pas d'obstacle à l'adhésion.

L'adhésion entraîne un certain nombre d'obligations dont notamment le paiement de la cotisation et le respect de la discipline syndicale. En cas de non-respect de ces obligations, des sanctions peuvent être prononcées pouvant aller jusqu'à l'exclusion.

2.3 Groupements de syndicats

Si, par définition, les syndicats ne peuvent grouper que des personnes exerçant la même profession, des métiers similaires ou professions connexes, la loi autorise cependant les syndicats de toutes professions à « *librement se concerter pour l'étude et la défense de leurs intérêts matériels et moraux* ».

De cette disposition sont nées les unions, les fédérations et les confédérations syndicales.

2.3.1 Les groupements de syndicats de salariés

Traditionnellement, les organisations syndicales de salariés comprennent :

- des unions de syndicats, à caractère interprofessionnel : c'est le regroupement, dans un cadre géographique donné (celui de la commune, du département ou de la région) de syndicats représentant diverses professions ; on rencontre ainsi des « *unions locales* » (UL) à l'échelon de la commune, des « *unions départementales* » (UD), des « *unions régionales* » (UR) ;
- des fédérations professionnelles : ces fédérations groupent par branche d'activité tous les salariés travaillant dans la même industrie ou le même groupe d'industrie (ex. : Fédération du Bâtiment) ; elles sont constituées, selon le cas, sur un plan départemental, régional ou national ;
- des confédérations : ces centrales syndicales rassemblent sur le plan national les syndicats, unions et fédérations de même tendance (ex. : CGT, CFDT, FO, CFTC) ou de même catégorie (ex. : CFE-CGC).

2.3.2 Les groupements patronaux

Les organisations patronales comprennent des unions régionales ou nationales de chambres syndicales, des fédérations d'industrie ainsi que des associations régionales interprofessionnelles.

2.3.3 La formation des unions

Selon l'article L. 411-22 les règles de constitution des syndicats professionnels sont également applicables aux unions et fédérations :

- sur le plan des conditions de fond, les unions, fédérations et confédérations ne peuvent grouper que des syndicats professionnels à l'exclusion de toute adhésion individuelle. Les statuts d'une union doivent obligatoirement déterminer les règles selon lesquelles les syndicats adhérents sont représentés dans le conseil d'administration et dans les assemblées générales ;
- sur le plan des conditions de forme, une union syndicale en voie de formation doit déposer à la mairie dont dépend son siège, outre ses statuts et la liste de ses administrateurs, une liste des syndicats qui la composent avec l'indication de leur nom et de leur siège social.

3. L'activité syndicale

Le cadre général de l'activité syndicale est énoncé par l'article L. 411-1, dans la rédaction qui lui en a été donnée par la loi du 28 octobre 1982 « *relative au développement des institutions représentatives du personnel* ». Cet article élargit de façon substantielle le champ d'application de l'activité syndicale : jusqu'alors centré sur la seule défense des **intérêts collectifs professionnels**, il s'étend désormais jusqu'à la défense des **droits individuels**. L'article L. 411-1 dispose en effet : « *Les syndicats professionnels ont exclusivement pour objet l'étude et la défense des droits ainsi que des intérêts matériels et moraux, tant collectifs qu'individuels, des personnes visées par leurs statuts* ».

Cette défense étendue aux droits individuels a remis en cause la répartition des fonctions entre délégués du personnel et délégués syndicaux. Certes, les délégués du personnel conservent la possibilité de présenter les réclamations individuelles des salariés, mais les délégués syndicaux se voient reconnaître les mêmes droits. De façon très générale, et par application de l'article L. 411-1 précité, un délégué syndical peut accompagner un salarié (qui le souhaite) aux entretiens que celui-ci peut avoir avec l'employeur ou un représentant de la direction au sujet de sa situation professionnelle : avancement, mutation, demande de congés exceptionnels, etc.

L'activité syndicale ne peut être étudiée de façon uniforme pour l'ensemble des syndicats, l'état du droit français exigeant que l'on fasse une distinction fondamentale entre **syndicats représentatifs et syndicats non représentatifs**. Il est toutefois nécessaire d'examiner, au préalable, le support juridique de l'activité syndicale.

3.1 Support juridique de l'activité syndicale

Il se matérialise par l'octroi aux syndicats de la personnalité juridique, ce qui leur donne notamment une triple capacité :

- d'acquérir ;
- de contracter et d'administrer ;
- d'agir en justice.

3.1.1 La capacité d'acquérir

À l'origine, en 1884, elle était limitée au seul prélèvement des cotisations des membres du syndicat. Depuis 1920, les syndicats ont le droit d'acquérir et de posséder des biens meubles et immeubles à titre gratuit ou à titre onéreux sans aucune limitation et sans autorisation administrative ; ils ont capacité également de recevoir des dons et des legs sans formalités particulières.

3.1.2 La capacité de contracter et d'administrer

Elle permet aux syndicats d'effectuer tous actes d'administration nécessaires à leur fonctionnement et à leur mission comme, par exemple, de signer des baux, de prêter ou d'emprunter, sous la condition que de tels contrats ne soient pas la conséquence ou n'aboutissent pas à des opérations de caractère commercial qui leur sont interdites.

Le Code du travail précise que les syndicats peuvent effectuer diverses opérations d'administration :

- affecter une partie de leurs ressources à la création d'habitations à bon marché (à loyer modéré) et à l'acquisition de terrains pour jardins ouvriers, éducation physique ou hygiène (L. 411-13) ;
- créer ou administrer des offices de renseignements pour les offres et demandes de travail, créer, administrer ou subventionner des œuvres professionnelles telles que : institutions professionnelles de prévoyance, laboratoires, champs d'expérience, œuvres d'éducation physique, agricole et sociale, cours et publications intéressant la profession (L. 411-14) ;
- constituer entre leurs membres des caisses de secours mutuels et de retraites (L. 411-15) ;

- subventionner des sociétés coopératives de production ou de consommation (L. 411-16) ;
- passer des contrats ou conventions avec tous autres syndicats, sociétés ou entreprises (L. 411-17) ;
- enfin, sous la double condition d'y être autorisés par leurs statuts et de ne pas distribuer de bénéfices, même sous forme de ristournes, à leurs membres, les syndicats peuvent acheter pour les louer, prêter ou répartir entre leurs membres tous les objets nécessaires à l'exercice de leur profession : matières premières, outils, instruments, machines, engrais, semences, plantes, animaux et matières alimentaires pour le bétail ; ils peuvent aussi prêter leur entremise gratuite pour la vente de produits provenant exclusivement du travail personnel ou des exploitations des syndiqués ; faciliter cette vente par expositions, annonces, publications, groupements de commandes et d'expéditions, sans pouvoir l'opérer sous leur nom et sous leur responsabilité (L. 411-18).

Les syndicats engagent le personnel qui leur est nécessaire et l'emploient dans les conditions du droit commun applicable aux salariés.

3.1.3 La capacité d'agir en justice

Elle permet au syndicat de pouvoir intenter des actions judiciaires pour défendre tout naturellement ses propres droits et intérêts.

Mais il peut également défendre les intérêts professionnels de ses membres ainsi que défendre les intérêts collectifs de la profession au cas où un préjudice direct ou indirect lui aurait été porté.

A – La défense des intérêts professionnels de ses membres

Elle peut se matérialiser de deux façons : l'assistance ou la représentation lors d'une action judiciaire intentée par l'un de ses membres ; l'ouverture d'une action judiciaire au lieu et place du salarié lui-même.

1) L'assistance ou la représentation

Le syndicat peut, en premier lieu, assister ou représenter l'un de ses membres devant la juridiction prud'homale. Cette assistance ou représentation est assurée par un délégué permanent ou non permanent des organisations syndicales, à condition d'être dûment mandaté (R. 516-5).

2) Le déclenchement d'actions judiciaires

– Selon l'article L. 123-6, les organisations syndicales représentatives dans l'entreprise peuvent exercer en faveur d'un salarié de l'entreprise, sans avoir à justifier d'un mandat de l'intéressé, toutes les actions en justice qui naissent soit de pratiques de harcèlement sexuel ou de témoignages en ayant fait état (L. 122-46)[1], soit de discriminations sexuelles ou familiales (L. 123-1), soit de violations du principe de l'égalité de rémunération entre hommes et femmes (L. 140-2 à L. 140-4).

– Sous certaines conditions, les organisations représentatives peuvent exercer en justice en faveur d'un salarié toutes actions fondées sur l'exécution du contrat de travail à durée déterminée (L. 122-3-16) ou du contrat de travail temporaire (L. 124-20).

– Les organisations ou groupements ayant la capacité d'ester en justice, dont les membres sont liés par une convention ou un accord collectif de travail, peuvent exercer toutes les actions en justice qui naissent de ce chef en faveur de leurs membres, sans avoir à justifier d'un mandat de l'intéressé, pourvu que celui-ci ait été averti et n'ait pas déclaré s'y opposer.

– Les organisations syndicales représentatives peuvent également exercer toutes actions en faveur de travailleurs étrangers nées de leur embauche irrégulière (L. 341-6-2).

---

1. Sur ce point, un accord écrit de l'intéressé est requis.

– Elles peuvent également exercer toutes actions qui naissent des dispositions légales, réglementaires ou conventionnelles régissant le licenciement pour motif économique (L. 321-15).

– Les syndicats professionnels peuvent exercer les actions qui, en vertu des dispositions relatives aux travailleurs à domicile, naissent en faveur de chacun de leurs membres (L. 721-19).

L'exercice de ce droit d'action est subordonné à la condition que le salarié concerné ne s'y oppose pas, sachant que celui-ci peut toujours intervenir à l'instance engagée par le syndicat.

B – La défense des intérêts collectifs de la profession

La jurisprudence (Cass. ch. réunies, 5 avril 1913) a reconnu, la première, la possibilité pour les syndicats d'agir pour la défense des intérêts collectifs de la profession. Le législateur est intervenu après coup pour la confirmer et la préciser.

En vertu de l'article L. 411-1, « *les syndicats peuvent devant toutes les juridictions exercer tous les droits réservés à la partie civile relativement aux faits portant un préjudice direct ou indirect à l'intérêt collectif de la profession qu'ils représentent* ».

L'expression « *intérêt collectif* » signifie le préjudice dont pâtit tout un groupe. Les intérêts collectifs que le syndicat entend défendre doivent être distincts des intérêts individuels, encore qu'ils ne s'excluent pas nécessairement. La Cour de cassation a eu l'occasion de préciser que l'action des syndicats (bien qu'elle puisse procéder du même fait dommageable qu'une action individuelle) n'a ni le même but ni la même cause juridique. L'action syndicale vise l'atteinte (directe ou indirecte, matérielle ou morale) portée aux intérêts collectifs de la profession, tandis que l'action individuelle poursuit le fait illicite qui atteint des droits particuliers.

> *Exemple (Cass. crim., 3 avril 1984) :*
> Un accident mortel survenu sur un chantier, dont a été victime un travailleur en raison de l'inobservation des règles de sécurité, ne peut être considéré comme étranger aux intérêts collectifs de la profession représentée par le syndicat, alors que ses membres sont exposés aux mêmes risques.

3.2 Activité des syndicats représentatifs

Dans les pays où prévaut le pluralisme syndical, il apparaît difficile de reconnaître les mêmes prérogatives à tous les syndicats, indistinctement, au même titre et dans tous les cas. De là est née la nécessité de confier certaines missions ou de conférer certaines attributions dans le domaine économique et social aux seules organisations syndicales les plus représentatives. Il est très important pour un responsable d'entreprise d'apprécier la portée de la représentativité syndicale car elle a une incidence directe sur l'environnement social et la vie interne de son entreprise.

3.2.1 L'analyse de la représentativité d'un syndicat

A – Les critères de la représentativité

La représentativité s'apprécie en fonction du cadre d'intervention du syndicat : niveau national, branche professionnelle, entreprise. Les critères légaux de la représentativité sont (L. 133-2) :
- les effectifs ;
- l'indépendance ;
- les cotisations ;
- l'expérience et l'ancienneté,

auxquels il faut ajouter « *l'influence et l'activité* », critères récents dégagés par les tribunaux.

La Cour de cassation a considéré que les critères de représentativité **ne sont pas cumulatifs** : en d'autres termes, l'absence de l'un d'entre eux ne suffit pas à écarter toute représentativité[2].

2. Si les critères mentionnés par l'article L. 132-2 ne sont pas cumulatifs, le juge ne peut, pour déclarer un syndicat représentatif au seul vu de l'activité et de l'audience de ce syndicat, s'interdire d'examiner les autres critères de représentativité (Cass. soc., 8 novembre 1988 ; Cass. soc., 8 février 1994).

1) Les effectifs

L'importance des effectifs d'une organisation syndicale est un élément prépondérant dans l'appréciation de sa représentativité. Aucun texte n'imposant un minimum d'adhérents, c'est aux juges qu'il appartient en conséquence de trancher en fonction des données de l'espèce.

2) L'indépendance

Un syndicat, dont la création semblerait avoir été directement ou indirectement suscitée par un employeur ou un groupe d'employeurs, ne saurait être considéré comme représentatif, même s'il rassemble la majorité du personnel. Il faut donc s'assurer que le chiffre d'adhérents à un syndicat corresponde bien à des adhésions librement consenties et non pas données sous « *l'influence du patron* ». Contrairement aux autres critères susmentionnés, il appartient à celui qui conteste l'indépendance d'un syndicat d'en apporter la preuve.

3) Les cotisations

Le versement régulier de cotisations est un élément intéressant, car il constitue une marque d'indépendance et montre l'importance numérique des adhérents : ce sont là deux critères importants pour apprécier la représentativité.

4) L'expérience et l'ancienneté

« *L'ancienneté d'un syndicat, l'expérience qu'il a acquise, son action sociale effective et continue, les réalisations qu'il a mises sur pied, l'influence morale qu'il possède, même sur les non-syndiqués et ses possibilités de rayonnement, constituent toujours autant d'éléments d'appréciation dont il y a lieu de tenir compte* » (circulaire ministérielle du 26 janvier 1948).

En fait, au fil de sa jurisprudence, il ressort que la Cour de cassation vérifie que le juge d'instance ait, au regard des circonstances de l'espèce, bien fait ressortir d'une part **l'indépendance** à l'égard de l'employeur et d'autre part **l'influence** du syndicat, deux types de critères qui, pour elle, sont de nature à établir la représentativité d'un syndicat.

L'indépendance peut être démontrée par des effectifs suffisants, un taux de cotisation satisfaisant et une ancienneté certaine. L'influence peut transparaître au travers de critères tels que l'audience, les cotisations ou encore les effectifs.

B – L'appréciation de la représentativité

1) Le niveau national

Sont considérées **de droit** comme les plus représentatives sur le plan national, les organisations syndicales de salariés affiliées à l'une ou l'autre des confédérations suivantes : CGT, FO, CFDT, CFTC ; et la CFE-CGC pour ce qui concerne la catégorie professionnelle des cadres.

Les organisations syndicales non affiliées à l'une de ces 5 confédérations **doivent faire la preuve** de leur représentativité selon les critères énoncés précédemment, en cas de contestation.

2) Le niveau régional et local

Du fait de leur affiliation à l'une ou l'autre des confédérations reconnues comme représentatives sur le plan national, les syndicats et unions de syndicats sont généralement considérés comme présentant le même caractère de représentativité sur le plan régional ou local. Mais ce n'est pas là un corollaire automatique, aussi une éventuelle contestation de leur représentativité peut-elle être envisageable.

3) Le niveau de l'entreprise

La loi du 28 octobre 1982 précitée a modifié profondément l'état du droit antérieur dans certaines de ses dispositions. Pour bien comprendre la portée de la réforme opérée, nous distinguerons selon qu'il s'agit de constitution de sections syndicales et de désignation de délégués syndicaux, d'une part, ou d'élections professionnelles (délégués du personnel et comité d'entreprise), d'autre part.

a) Constitution de sections syndicales et désignation de délégués syndicaux

Sur ce point, l'état du droit antérieur n'est pas modifié.

Chaque syndicat d'entreprise affilié à l'une des 5 confédérations reconnues de droit représentatives sur le plan national est, **de plein droit**, reconnu comme représentatif dans l'entreprise pour ce qui concerne la constitution de sections syndicales et la désignation de délégués syndicaux. Sa représentativité n'a donc pas à être démontrée et ne saurait être contestée (L. 412.4).

La contestation reste possible pour un syndicat d'entreprise non affilié à l'une des 5 grandes centrales nationales. Le conflit doit alors être porté devant le tribunal d'instance, seul juge, sous le contrôle direct de la Cour de cassation, du caractère représentatif d'un syndicat.

b) Élection des représentants du personnel

La loi du 28 octobre 1982 a apporté à ce sujet une modification substantielle. Jusqu'alors, l'affiliation d'un syndicat à l'une des 5 confédérations reconnues comme représentatives sur le plan national ne conférait pas automatiquement à ce syndicat la représentativité nécessaire sur le plan de l'entreprise ou de l'établissement. Elle pouvait donc être contestée soit par le chef d'entreprise, soit par une organisation syndicale rivale. C'était là une différence sensible d'appréciation de la représentativité syndicale, par rapport à celle requise pour la constitution de sections syndicales et la désignation de délégués syndicaux.

La réforme adoptée en 1982 **aligne** la représentativité syndicale en matière d'élections professionnelles sur celle établie en matière d'activité syndicale dans l'entreprise (voir L. 423-2 et L. 431-3).

4) Le niveau catégoriel

La jurisprudence reconnaît aux différentes catégories professionnelles de salariés le droit à une représentation syndicale distincte. La loi elle-même a d'ailleurs prévu que les annexes ou les avenants à une convention collective concernant chacune des principales catégories professionnelles doivent être « *discutés par les représentants des organisations syndicales les plus représentatives des catégories intéressées* ».

Ce sont également les organisations syndicales les plus représentatives pour chaque catégorie de personnel qui sont chargées d'établir les listes électorales pour les élections des représentants du personnel.

C – Le contentieux de la représentativité

C'est en principe au syndicat dont la représentativité est contestée, soit pour la signature du protocole préélectoral, soit pour la présentation de candidats au premier tour des élections, soit pour la désignation d'un délégué syndical, d'apporter la preuve qu'il réunit les conditions de représentativité prévues par la loi. Cette particularité, qui consiste à mettre la preuve à la charge du syndicat, défendeur à l'instance, est aisée à comprendre. C'est lui seul, en effet, qui est en mesure d'établir l'existence des critères de représentativité : effectifs, cotisations… Par exception, toutefois, lorsque la contestation porte sur **l'indépendance** de l'organisation syndicale, c'est sur le demandeur que pèse la charge de la preuve.

3.2.2 Les attributions des syndicats représentatifs

Elles sont aujourd'hui très nombreuses et on en retrouvera le détail dans les chapitres consacrés aux matières à propos desquelles elles s'exercent. Nous nous bornerons ici à quelques indications générales.

Les attributions syndicales peuvent être regroupées sous 3 rubriques.

A – Les attributions d'ordre professionnel

Nous retiendrons principalement le rôle des organisations syndicales les plus représentatives dans l'élaboration et la conclusion des conventions collectives. Le terme « conventions collectives » doit être pris ici dans son sens le plus général, englobant tout à la fois les accords interprofessionnels, les conventions collectives professionnelles nationales, régionales ou locales.

B – Les attributions au sein des entreprises

Nous citerons notamment :

– la négociation des accords d'entreprise ou d'établissement ;

– le monopole de présentation des candidatures au 1er tour des élections professionnelles (élections des délégués du personnel et des membres du comité d'entreprise)[3] ;

– la désignation des représentants syndicaux au comité d'entreprise (ou aux comités d'établissement, ainsi qu'au comité central d'entreprise en cas de pluralité d'établissements) ;

– la constitution de sections syndicales et la désignation de délégués syndicaux ;

– la possibilité d'agir en justice aux lieu et place du salarié dans les conditions examinées au § 3.1.3 A qui précède.

C – Les diverses attributions d'ordre économique et social

Les syndicats représentatifs sont à titre consultatif les représentants officiels de la profession dans un nombre considérable d'organismes publics (Conseil économique et social, Commission de modernisation du Plan, Commission nationale de la négociation collective, etc.).

Dans d'autres cas, les syndicats représentatifs sont investis d'un pouvoir de décision (participation aux conseils d'administration des entreprises nationalisées ou d'économie mixte comme la SNCF, EDF, GDF, Charbonnages de France ; participation aux conseils d'administration des caisses de sécurité sociale et des caisses d'allocations familiales, etc.).

---

3. Les syndicats affiliés à la CFE-CGC ne bénéficient de la présomption de représentativité au niveau national qu'uniquement en ce qui concerne la catégorie professionnelle des cadres. Cela n'interdit pas à ces syndicats de présenter des candidats dans le premier collège au premier tour, à condition toutefois qu'ils y réunissent les critères de représentativité définis à l'article L. 133-2 (voir *supra*, § 3.2.1).

Chapitre 2

Les sections syndicales

Instituées par la loi du 27 décembre 1968 et réaménagées par la loi du 28 octobre 1982, les sections syndicales sont la première composante de l'activité syndicale dans l'entreprise.

1. Le champ d'application
2. Les conditions de constitution
3. Les prérogatives et moyens d'action

1. Le champ d'application

La loi du 27 décembre 1968 avait reconnu la section syndicale dans les entreprises occupant habituellement au moins 50 salariés. La loi du 28 octobre 1982 supprime le seuil d'effectif permettant ainsi la constitution de sections syndicales dans **toutes** les entreprises, quelles que soient la nature de leurs activités et leur forme juridique (L. 412-4).

Bien que seule *l'entreprise* fut visée par le législateur, la Cour de cassation a admis par le passé la constitution de sections syndicales *d'établissement* dans les entreprises possédant des établissements distincts. Excepté la disparition du seuil d'effectif requis dans les établissements, la loi de 1982 ne modifie en rien cette jurisprudence.

2. Les conditions de constitution

« *Chaque syndicat représentatif peut décider de constituer au sein de l'entreprise une section syndicale qui assure la représentation des intérêts matériels et moraux de ses membres* » (L. 412-6). La constitution d'une section syndicale n'est pas obligatoire ; faculté en est laissée à chaque syndicat représentatif.

2.1 Monopole de constitution des syndicats représentatifs

Nous rappelons que les textes relatifs à l'exercice du droit syndical dans l'entreprise consacrent la représentativité automatique du syndicat de l'entreprise affilié à l'une des cinq organisations syndicales représentatives sur le plan national (CGT, FO, CFDT, CFTC, CFE-CGC).

Un syndicat, non affilié à une organisation syndicale représentative de plein droit, peut constituer une section syndicale, mais en faisant la preuve de sa représentativité au sein de l'entreprise selon les critères présentés au chapitre 1 qui précède.

2.2 Formalités de constitution

La loi n'a prévu aucune formalité de constitution ni aucune condition de publicité particulière. Malgré tout, il existe à ce sujet une certaine prise de position jurisprudentielle, qui a, d'ailleurs, fait l'objet d'une évolution. Dans un premier temps, l'existence d'une section syndicale n'était admise qu'en présence d'un certain nombre d'adhérents au syndicat ayant manifesté leur intention de se grouper en vue d'exercer une activité syndicale commune. Il est aujourd'hui accepté que l'adhésion au syndicat d'un certain nombre de salariés suffit à établir qu'une section syndicale existe ou est au moins en voie de formation sans qu'il soit nécessaire de rechercher l'intention commune des salariés de se grouper en vue d'exercer une action syndicale.

La preuve de l'existence d'une section peut être apportée par tous moyens et notamment par la production des cartes d'adhésion des salariés au syndicat[1].

2.3 Liberté de constitution

Le chef d'entreprise doit veiller à ne pas porter atteinte, de quelque façon que ce soit, à la liberté de constitution des sections syndicales.

> *Exemple (Cass. crim., 5 mai 1976) :*
>
> La direction de l'entreprise concernée avait publié une note dans laquelle il était énoncé que le président-directeur général et les directeurs « prenaient acte de la création d'une section syndicale... » et que « tout en reconnaissant à chacun le droit absolu de pratiquer un syndicalisme libre et indépendant, ils regrettaient qu'une fraction du personnel se soit laissée entraîner par certains éléments irréfléchis vers un syndicalisme politique » ; que « l'orientation qui venait d'être prise n'était probablement pas le moyen le mieux choisi, ni le plus efficace, pour servir les intérêts du personnel... » ; que « c'était une maladresse regrettable que d'avoir fait entrer la politique dans l'entreprise... » et qu'il « était bien dommage que leurs conseils donnés auparavant n'aient pas été suivis... ».
>
> Il a été jugé que cette initiative prise par les employeurs d'adresser au personnel de leur entreprise une telle note, ayant pour seul objet de critiquer la constitution d'une section syndicale, était de nature à porter atteinte au droit légal que possède tout syndicat de s'organiser librement dans l'entreprise. Délit d'entrave caractérisé.

2.4 Nombre de sections syndicales

– **Le principe légal : une section par syndicat**

Un syndicat ne peut, s'il compte des adhérents dans plusieurs catégories (ouvriers, techniciens et cadres, par exemple) constituer plusieurs sections en invoquant le fait qu'il est représentatif dans toutes ces catégories. Ce syndicat ne pourra constituer qu'une section.

– **Les exceptions conventionnelles**

Des dispositions plus favorables à la représentation salariale peuvent toujours intervenir avec l'accord de l'employeur.

3. Les prérogatives et moyens d'action

Selon l'article L. 412-6, la section syndicale a pour mission d'assurer la représentation des intérêts matériels et moraux de ses membres, conformément aux dispositions de l'article L. 411-1. Ce dernier article précise que ces intérêts peuvent être tant collectifs (intérêts professionnels) qu'individuels (intérêts des personnes adhérentes).

Pour lui permettre d'exercer son rôle, la loi donne à la section syndicale certaines prérogatives et des moyens d'action.

3.1 Collecte des cotisations

Sous la législation antérieure, la collecte pouvait être effectuée à l'intérieur de l'entreprise, mais en dehors des temps et des locaux de travail. Cette dernière restriction a été *supprimée* par la loi du 28 octobre 1982 (L. 412-7). La collecte est assurée généralement par un délégué syndical,

1. Depuis le revirement de jurisprudence opéré dans l'arrêt « *Castorama* » du 27 mai 1997 (voir *infra*, chapitre 3, § 2.1.3), le problème de l'existence d'une section syndicale n'a plus à se poser dans les entreprises ou établissements ≥ 50 salariés.

mais elle peut l'être aussi par un adhérent du syndicat. Toutefois ce dernier ne disposant d'aucun crédit d'heures de délégation et n'étant pas habilité à prendre contact à cet effet auprès de ses camarades à leur poste de travail, il ne pourra procéder à la collecte qu'en dehors de son propre temps de travail et de celui de ses collègues salariés.

Il est interdit à l'employeur de prélever les cotisations syndicales sur les salaires de son personnel et de les payer aux lieu et place de celui-ci (L. 412-2 al. 2).

3.2 Affichage des communications syndicales

Des panneaux **distincts** de ceux affectés aux communications des délégués du personnel et du comité d'entreprise doivent être mis à la disposition de chaque section syndicale, suivant des modalités fixées par accord avec le chef d'entreprise.

3.2.1 La nature des documents affichés

Selon l'article L. 412-8 alinéa 5, le contenu des affiches reste « *librement déterminé par l'organisation syndicale* ».

Cette liberté comporte toutefois deux limites.

– **En premier lieu**, les communications doivent correspondre aux objectifs assignés par la loi aux syndicats, ce qui exclut en particulier l'affichage de textes à caractère politique ou de pure propagande politique.

Il est parfois difficile de délimiter la frontière entre le « *syndical* » et le « *politique* » comme en témoigne une jurisprudence abondante et souvent contradictoire.

Ont été considérés comme illicites :

- l'affichage d'un tract conseillant un choix politique lors d'une consultation électorale (Cass. soc., 6 novembre 1974) ;
- l'affichage d'une communication préconisant de voter « non » au référendum (Tribunal de grande instance de Paris, 21 avril 1972).

En revanche ont été considérés comme licites :

- l'affichage d'un tract prônant le « programme commun de la gauche » (Tribunal de grande instance de Bourges, 9 décembre 1976).

  Il est intéressant de souligner l'argumentation de ce dernier tribunal dans la mesure où il fait nettement ressortir les délicates frontières entre la politique et le social ou l'économie : « ... *qu'en inscrivant le mot "programme commun" sur une affiche, un syndicat demeure dans le cadre de l'objet qui lui est assigné par le Code du travail ; en effet, la conformité de l'affichage avec les objectifs syndicaux ne saurait exclure l'expression d'options politiques, dès lors qu'elles sont en relation avec les intérêts économiques et sociaux des travailleurs ; tel est le cas en l'espèce, le choix d'une politique économique et sociale ayant des répercussions sur les intérêts professionnels des travailleurs...* » ;
- l'affichage d'un texte prenant position contre le traité de Maastricht (Tribunal de grande instance de Montpellier, 23 juillet 1992).

  Il est également intéressant de relever la motivation de cette décision : « ... *qu'une telle prise de position n'apparaît pas de caractère purement politique au sens de politique politicienne ; qu'il ne s'agit pas d'un appel à voter pour ou contre tel parti ou tel homme politique mais d'une mise en garde contre les insuffisances sociales que peut revêtir le traité de Maastricht ; qu'à l'heure où le débat sur ce sujet important se veut le plus large possible et au-delà de tous les clivages politiques, les organisations syndicales dont l'objet est bien d'informer les salariés sur les intérêts ou les inconvénients sociaux que peut présenter ce texte n'outrepassent pas leur droit en donnant leur avis sur ce traité* ».

– **En second lieu**, il convient de respecter les « dispositions relatives à la presse ». Sont ainsi visés les délits de presse tels que l'injure (expression outrageante), la diffamation (imputation d'un fait déterminé portant atteinte à l'honneur ou à la considération), la fausse nouvelle ou la provocation.

Selon l'article L. 412-7 complété par l'ordonnance du 5 février 1982 relative au travail temporaire, « *les communications syndicales portées sur le panneau d'affichage doivent être remises aux salariés temporaires en mission ou adressées par voie postale aux frais de l'entrepreneur de travail temporaire, au moins une fois par mois* ».

3.2.2 Le contrôle de l'employeur

L'affichage s'effectue **librement**. Un exemplaire de la communication syndicale est transmis au chef d'entreprise **simultanément** à l'affichage (L. 412-8). En conséquence, aucun droit de contrôle ni de censure préalable n'est reconnu à l'employeur sur les communications syndicales faisant l'objet d'un affichage. L'employeur n'est donc informé du contenu de ces communications qu'au moment où celles-ci sont apposées sur les panneaux prévus à cet effet. Si l'employeur considère que le document affiché n'est pas conforme aux objectifs des organisations professionnelles, il peut :

- en cas d'urgence, saisir le juge des référés (président du tribunal de grande instance) qui seul peut ordonner le retrait immédiat du document litigieux « *pour prévenir un dommage imminent ou pour faire cesser un trouble manifestement illicite* » ;
- dans les autres cas, demander au tribunal de grande instance de se prononcer sur « le fond », c'est-à-dire sur le caractère licite ou illicite de l'affiche.

> *Exemple (Cass. crim., 19 février 1979) :*
>
> À la suite d'un incident opposant la déléguée du syndicat CGT et la surveillante d'un atelier, le représentant local de ce syndicat avait fait afficher sur le tableau réservé aux communications syndicales une copie de la lettre qu'il avait adressée à l'employeur et dans laquelle il relatait cet incident ainsi que les difficultés que la déléguée syndicale rencontrait dans l'exercice de ses fonctions.
>
> L'employeur avait aussitôt fait retirer ce document du tableau d'affichage au motif que la lettre contenait une expression injurieuse à l'adresse de la surveillante.
>
> Les juges lui ont rappelé que l'employeur ne dispose pas d'un droit de contrôle sur la teneur des communications affichées par les organismes syndicaux sur les panneaux réservés à cet usage et que, s'il est vrai que ces communications syndicales doivent répondre aux objectifs des organisations professionnelles, il appartient au chef d'entreprise qui en conteste la finalité de saisir la justice pour obtenir la suppression de l'affichage prétendument irrégulier.

3.3 Diffusion de publications et tracts

« *Les publications et tracts de nature syndicale peuvent être librement diffusés aux travailleurs de l'entreprise dans l'enceinte de celle-ci aux heures d'entrée et de sortie du travail* » (L. 421-8).

3.3.1 La nature des publications et tracts

Les développements sur la nature des documents affichés peuvent être transposés ici et nous invitons à s'y reporter[2].

3.3.2 Les modalités de diffusion

A – La fréquence

La fréquence des distributions est absolument libre et aucune décision unilatérale de l'employeur ne saurait restreindre cette liberté.

B – Le lieu

La distribution « *dans l'enceinte de l'entreprise* » ne se limite pas aux accès de celle-ci. La diffusion peut se faire en tout lieu de l'entreprise, sans restriction, au choix des sections syndicales. L'employeur ne peut donc fixer unilatéralement le lieu où la distribution doit s'effectuer. « *La*

2. Voir *supra*, § 3.2.1.

distribution ne saurait, quant à son lieu, revêtir un caractère illégal que dans le cas où elle serait abusivement faite dans des conditions de nature à apporter un trouble injustifié à l'exécution du travail ou à la marche de l'entreprise » (Cass. crim., 27 novembre 1973).

C – Le temps

1) Le principe légal

La diffusion ne peut avoir lieu qu'aux heures d'entrée et de sortie du travail. Il résulte de ce texte que la diffusion de tracts ne peut se faire pendant le travail.

> *Exemple (Cass. soc., 10 mai 1979) :*
>
> En l'espèce, le délégué syndical concerné avait distribué des tracts devant l'horloge pointeuse située près de la porte d'accès d'un bâtiment de l'usine, entre 12 h 06 et 12 h 12, c'est-à-dire au cours d'une période où il n'y avait pas de sortie ou d'entrée de travail, l'horaire de l'équipe, alors en poste, commençant à 5 heures pour se terminer à 13 heures ; en distribuant des tracts à cette heure-là, l'intéressé n'avait donc pu l'adresser qu'aux ouvriers en cours de travail, « en mettant à profit leurs allées et venues personnelles ».
>
> Jugé justifié dans ces conditions l'avertissement infligé au délégué.

2) Les applications particulières

a) Pause

Même si elles ne sont pas comptées dans la durée du travail effectif, les pauses accordées sur les lieux du travail, dans l'enceinte de l'entreprise, sous l'autorité et la surveillance de l'employeur, ne sauraient être assimilées à des heures d'entrée et de sortie du travail, durant lesquelles la libre diffusion des tracts de nature syndicale est autorisée.

b) Pratique des horaires variables

La diffusion des publications syndicales doit être possible durant les plages horaires dites mobiles. C'est en ce sens que se sont prononcés tout à la fois le ministre du Travail et certains tribunaux.

c) Temps de repas

Il a été jugé que le temps de repas pris dans une cantine, même située dans l'enceinte de l'entreprise, ne saurait, sauf accord collectif ou usage dérogatoire, être assimilé à des heures d'entrée et de sortie de l'entreprise.

d) Dispositions conventionnelles

De nombreux accords d'entreprise viennent souvent déroger aux dispositions restrictives légales et permettent notamment la libre diffusion des tracts et de la presse syndicales, même pendant le temps de travail. Une seule restriction est faite : cette liberté conventionnelle ne doit toutefois apporter ni trouble dans l'entreprise, ni perturbation excessive dans le travail.

D – Le procédé

La loi ne prévoit pas la diffusion des tracts par voie postale. La Cour de cassation, quant à elle, a toujours refusé de reconnaître la licéité de ce procédé de diffusion.

3.3.3 L'utilisation des nouvelles technologies de l'information

Le législateur subordonne à la conclusion d'un accord d'entreprise l'autorisation de mise à disposition des publications et tracts de nature syndicale soit sur un site syndical mis en place sur l'Intranet de l'entreprise, soit par diffusion sur la messagerie électronique de l'entreprise.

L'accord ne pouvant méconnaître le principe de non-discrimination syndicale, il en résulte que la mise en place d'un site syndical et/ou la diffusion d'informations syndicales sur la messagerie électronique de l'entreprise doivent être ouvertes à tous les syndicats représentatifs implantés dans l'entreprise, signataires et non signataires de l'accord.

3.4 Locaux syndicaux

3.4.1 La nature des locaux

Il y a lieu de distinguer selon la taille de l'entreprise ou de l'établissement.

A – L'entreprise (ou l'établissement) > 200 < 1 000 salariés

« *Le chef d'entreprise met à la disposition des sections syndicales un local commun convenant à l'exercice de la mission de leurs délégués* » (L. 412-9 al. 1).

D'après les termes de la loi, les sections syndicales ne peuvent donc exiger un local propre pour chacune d'entre elles sauf accord prévu en ce sens avec l'employeur. Le local peut-il être commun aux sections syndicales, aux délégués du personnel et au comité d'entreprise ? La réponse est négative, le local devant être **spécialement réservé** aux sections syndicales. Seul un accord avec la ou les organisations syndicales intéressées pourrait, en cas de difficultés pour affecter un local à l'usage exclusif de la ou des sections syndicales, autoriser le partage d'un local avec les autres représentants du personnel.

B – L'entreprise (ou l'établissement) ≥ 1 000 salariés

Selon l'article L. 412-9 alinéa 2, l'employeur ou son représentant met à la disposition **de chaque section syndicale** un local convenable, aménagé et doté du matériel nécessaire à son fonctionnement.

3.4.2 L'utilisation

Les dispositions légales conduisent à envisager une double utilisation des locaux syndicaux.

A – L'exercice de l'activité syndicale

C'est à cette fin que sont utilisés essentiellement les locaux : exercice de la mission des délégués, fonctionnement de la section syndicale. Il s'agit là d'une utilisation classique sur laquelle nous ne nous attardons pas.

B – L'invitation de personnalités extérieures

- Les sections syndicales peuvent librement inviter **des personnalités syndicales extérieures** à l'entreprise à participer à des réunions organisées par elles dans **les locaux syndicaux** ou, avec **l'accord** du chef d'entreprise, dans **les locaux mis à leur disposition** (L. 412-10 al. 2).

Doit-on interpréter le terme « personnalité » dans un sens large ou dans un sens restrictif en n'admettant que des personnes ayant quelque notoriété dans le monde syndical ? Selon une réponse ministérielle, c'est le sens large qui doit être retenu. « *L'article L. 412-10 du Code du travail prévoit que les sections syndicales ont la faculté d'organiser, dans le local mis à leur disposition et en dehors du temps de travail des participants, des réunions auxquelles elles peuvent inviter des personnalités syndicales extérieures.* » Le terme « personnalités syndicales » doit être entendu dans un sens large. **Il s'avère que le simple militant syndical ou même le délégué syndical d'une entreprise extérieure peut participer aux réunions** visées au 2e alinéa de l'article L. 412-10 susmentionné. « *Cependant, si l'entreprise compte moins de 200 salariés, l'employeur n'est pas tenu de mettre un local à la disposition des sections syndicales ; la possibilité d'utiliser un local pour y tenir une réunion est, dans ce cas, soumis à l'autorisation du chef d'entreprise, qui de ce fait sera amené à donner son accord pour la participation éventuelle à cette réunion de personnalités syndicales extérieures à l'entreprise* » (réponse ministérielle n° 14834 *JO Sénat* du 16.2.84, p. 221).

Cette réponse ministérielle n'est guère satisfaisante dans la mesure où elle ne s'attache pas à la lettre de la loi : le législateur parle de « personnalité ». Ce terme est défini comme « *une personne en vue, remarquable par sa situation sociale, son activité* » (Robert), comme « *une personne connue en raison de ses fonctions, de son influence* » (Larousse). Il y aurait donc lieu de faire une distinction entre « personnalités syndicales » et « personnes syndiquées ».

Ce débat d'interprétation aurait pu être évité si le législateur s'était attaché à rédiger avec plus de soin le texte en question. Pour notre part, une interprétation intermédiaire entre les deux thèses évoquées emporterait notre adhésion, c'est-à-dire sous-entendre par le terme « personnalité », une personne syndiquée dotée d'une certaine responsabilité au sein de l'organisation, quelle qu'en soit la nature et l'importance par ailleurs.

- « ***Des personnalités extérieures autres que syndicales*** *peuvent être invitées, sous réserve de l'accord du chef d'entreprise, par les sections syndicales à participer à une réunion* » (L. 412-10 al. 3).

Ces réunions ont lieu en dehors du temps de travail des participants, à l'exception des représentants du personnel qui peuvent se réunir sur leur temps de délégation.

3.4.3 L'accès

Il a été jugé par la Cour de cassation que l'employeur n'est pas tenu, sauf accord le prévoyant, de mettre le local syndical à la disposition de la section syndicale pendant les heures de fermeture de l'entreprise[3]. Cette position s'explique aisément : indépendamment des problèmes de sécurités, dès lors qu'aucun travail ne s'effectue dans l'entreprise et qu'aucun salarié n'est plus présent sur place, la mission des délégués telle qu'elle est définie par les textes ne peut plus trouver à s'exercer.

> *Exemple (Cass. soc., 16 mars 1993) :*
>
> La Caisse régionale d'une banque avait organisé, le 25 avril après-midi, en dehors de l'entreprise, une réunion d'information du personnel. Les locaux du siège et des agences de la caisse avaient donc été fermés, pour des raisons de sécurité, pendant la durée de la réunion, ce dont le comité d'entreprise avait été informé à l'avance. Or, un appel à la grève était lancé pour le même jour 25 avril après-midi et un délégué syndical demandait à la direction de la caisse le libre accès aux locaux syndicaux ainsi que la mise à disposition de la salle de conférence de l'entreprise pour y réunir le personnel en grève. La direction de l'entreprise n'avait pas accédé à la demande, d'où poursuite pour entrave à l'exercice du droit syndical. Refus justifié, estime la Cour de cassation : en l'absence d'accord en ce sens, l'employeur n'était pas tenu, qu'il y eût ou non grève, de permettre aux adhérents de la section syndicale de se réunir dans l'entreprise pendant la fermeture de celle-ci.

3.5 Réunions mensuelles des adhérents

« *Les adhérents de chaque section syndicale peuvent se réunir une fois par mois dans l'enceinte de l'entreprise en dehors des locaux de travail, suivant les modalités fixées par accord avec le chef d'entreprise* » (L. 412-10).

3.5.1 Les participants

Ne peuvent en principe se réunir que les seuls adhérents de la section ; autrement dit, ni les simples sympathisants, ni a fortiori l'ensemble du personnel ne peuvent se prévaloir du droit de participer à ces réunions. L'interdiction est purement théorique pour les sympathisants car l'employeur n'a pas le droit de vérifier ou de contrôler l'appartenance syndicale de ses salariés. En revanche, le droit de réunion ne s'étend pas à des réunions d'information générale s'adressant à tout le personnel. Ce type de réunion ne pourrait avoir lieu qu'en application d'un accord d'entreprise ou plus simplement à la suite d'un accord exprès de l'employeur.

3.5.2 Le lieu de réunion

La loi n'impose pas de local spécifique pour la tenue des réunions mensuelles. En cas d'impossibilité matérielle de se réunir dans l'enceinte de l'entreprise (locaux syndicaux, autres lieux, cours intérieures, etc.) en raison, le cas échéant, de l'exiguïté des lieux, il est toujours possible de prévoir cette réunion dans un local extérieur.

---

3. Il paraît logique de considérer que la règle ainsi dégagée vaut également pour le local des délégués du personnel (C. trav., art. L. 424-2) et pour celui du comité d'entreprise (C. trav., art. L. 434-8).

Les modalités de réunion doivent être fixées en accord avec le chef d'entreprise. Commettrait un délit d'entrave, l'employeur qui se soustrairait à cette négociation ou qui volontairement empêcherait le déroulement normal des réunions des sections.

3.5.3 L'heure de réunion

La réunion ne peut se tenir qu'en dehors des temps de travail. Dans les entreprises travaillant par équipes successives, seuls les adhérents **libres** à l'heure fixée pour la réunion peuvent y assister ; en d'autre termes, la loi n'exige pas que tous les adhérents puissent se réunir tous ensemble au moins une fois par mois.

3.6 Crédit d'heures

Chaque section syndicale dispose, au profit de son ou ses délégués syndicaux et des salariés de l'entreprise, appelés à négocier la convention ou l'accord d'entreprise, **d'un crédit global** supplémentaire qui ne peut excéder :

– 10 heures par an dans les entreprises de 500 à 999 salariés ;

– 15 heures par an dans les entreprises de 1 000 salariés et plus,

en vue de la préparation de la négociation de cette convention ou de cet accord (L. 412-20 al. 4).

Ce crédit d'heures est réparti, à l'initiative du (ou des délégués syndicaux), entre lui (ou eux) et les salariés appelés à participer à la négociation. Il est attaché à la préparation de la négociation et non aux réunions qui la concrétisent.

Le paiement des heures utilisées à cette occasion par les salariés qui ne détiennent pas de mandat, doit s'effectuer selon les mêmes modalités que pour le temps de délégation des délégués syndicaux, qui est considéré de plein droit comme temps de travail et doit être payé à l'échéance normale. En cas de contestation par l'employeur de l'usage fait du temps ainsi alloué, il lui appartient de saisir la juridiction prud'homale.

Chapitre 3

Les délégués syndicaux

Les délégués syndicaux constituent, à côté des sections syndicales, la seconde composante de l'activité syndicale dans l'entreprise, mise en place par la loi du 27 décembre 1968 modifiée par la loi du 28 octobre 1982 (L. 412-11 et suivants).

1. Le champ d'application
2. La désignation des délégués syndicaux
3. L'intervention des délégués syndicaux
4. Le cumul des mandats
5. Le délégué syndical central d'entreprise
6. L'entrave à l'exercice du droit syndical

1. Le champ d'application

1.1 Différents cadres de référence

Le champ d'application est très large puisqu'il est prévu la désignation de délégués syndicaux notamment « *dans tous les établissement industriels, commerciaux ou agricoles, les offices publics et ministériels, les professions libérales, les sociétés civiles, les syndicats professionnels..., les associations ou tout organisme de droit privé, quels que soient leur forme et leur objet,* ***où sont occupés au moins 50 salariés*** » (L. 412-11 al. 1). Nous retiendrons dans les développements qui suivent le cadre industriel et commercial.

1.1.1 L'entreprise

Il y a lieu de distinguer selon que l'entreprise occupe plus ou moins de 50 salariés.

A – L'entreprise < 50 salariés

Dans les entreprises de moins de 50 salariés, les syndicats représentatifs peuvent désigner – ce n'est là qu'une simple faculté – un délégué du personnel pour la durée de son mandat, comme délégué syndical (L. 412-11 al. 4)[1]. À ce dernier titre, il ne bénéficie pas d'un crédit d'heures particulier mais il lui est reconnu la possibilité de prendre sur son temps de délégation de délégué du personnel pour accomplir des fonctions de nature syndicale.

---

1. La Cour de cassation considère qu'un syndicat peut désigner comme délégué syndical un délégué du personnel élu en tant que candidat libre, soit au 2e tour des élections, sur des listes non syndicales.

La chambre sociale de la Cour de cassation a eu l'occasion de confirmer ce que le texte de l'article L. 412-11 alinéa 4 laissait logiquement sous-entendre : seul un délégué du personnel **titulaire** peut faire fonction de délégué syndical.

> *Exemple (Cass. soc., 4 juillet 1983) :*
>
> Un syndicat avait désigné un délégué du personnel suppléant pour faire fonction de délégué syndical dans l'un des établissements de la société. Désignation aussitôt contestée par l'employeur, puis annulée par le tribunal d'instance ; motif : seul un délégué du personnel titulaire peut être désigné comme délégué syndical.
>
> Pourquoi une telle exigence ? Elle ne ressort pas du texte légal, rétorqua le syndicat ; alors, pourquoi ajouter à la loi « une condition qu'elle ne comporte pas ?... »
>
> Si, précisément, répond la Cour de cassation, la loi interdit la désignation d'un suppléant : « Il résulte de l'article L. 412-11, dans sa rédaction de la loi du 28 octobre 1982, que le législateur a entendu que, dans les entreprises de moins de cinquante salariés, un délégué du personnel titulaire puisse cumuler ses fonctions avec celles de délégué syndical, dans le cadre du crédit d'heures dont il dispose comme délégué du personnel, ce qui n'est possible qu'au délégué titulaire ».

L'assemblée plénière de la Cour de cassation a eu l'occasion de son côté de se prononcer sur la notion d'entreprise de moins de 50 salariés. Elle a considéré que le texte de l'article L. 412-11 alinéa 4 ne concerne que les entreprises dont **l'effectif global** est inférieur à 50 personnes et qu'il ne peut s'appliquer aux établissements de moins de 50 personnes relevant d'une entreprise d'un effectif global atteignant ou dépassant ce chiffre.

> *Exemple (Cass. ass. plén., 14 juin 1985) :*
>
> Une société de supermarchés, employant plus de 3 000 personnes au total, comprenait de nombreux magasins considérés comme autant d'« établissements distincts ». Certains occupaient plus de 50 personnes, d'autres moins, 34 personnes exactement dans le supermarché en cause dans cette affaire. La CFDT y désigna un délégué du personnel pour faire fonction de délégué syndical.
>
> À tort, dit la Cour de cassation ; un délégué du personnel ne peut être désigné comme délégué syndical dans le supermarché en cause, puisque l'effectif de l'entreprise globalement considéré dépasse 50 salariés.

Les syndicats qui, dans une entreprise de moins de 50 salariés, désignent un délégué du personnel comme délégué syndical **n'ont pas à justifier de la constitution d'une section syndicale dans l'entreprise**.

Des délégués syndicaux peuvent être désignés dans les entreprises de moins de 50 salariés, **en application d'un accord collectif de travail** (accord d'établissement, d'entreprise, convention collective de branche). Cet accord peut prévoir que **chaque** syndicat représentatif pourra désigner un délégué syndical, choisi **ou non** parmi les délégués du personnel, qui **bénéficiera** d'un crédit d'heures particulier.

La question suivante s'était posée, avant la réforme de 1982, au sujet des délégués syndicaux conventionnels : bénéficiaient-ils de la protection particulière en matière de licenciement attachée à la qualité de délégué syndical désigné conformément à la loi ?

Un arrêt du Conseil d'État du 31 octobre 1980 avait tranché positivement cette question. « *Il résulte clairement des dispositions de la convention collective de l'espèce,* a relevé le Conseil d'État, *que la désignation des délégués syndicaux pouvait être faite dans toutes les entreprises entrant dans son champ d'application, sans qu'il soit fait mention d'un effectif minimum. Dès lors, l'ensemble des dispositions du Code du travail relatives à l'institution de délégués syndicaux, et notamment celles relatives à leur protection en matière de licenciement étaient devenues applicables dans l'ensemble des entreprises régies par la convention, y compris les entreprises de petit effectif* ».

Le législateur a repris très précisément cette jurisprudence en considérant que la procédure protectrice de licenciement applicable aux délégués syndicaux nommés en vertu de la loi est également applicable aux délégués syndicaux créés par des conventions ou accords collectifs (L. 412-18 al. 5).

B – L'entreprise ≥ 50 salariés

« ***Chaque*** *syndicat représentatif qui constitue une section syndicale dans une entreprise d'au moins 50 salariés désigne un ou plusieurs délégués syndicaux pour le représenter auprès du chef d'entreprise* » (L. 412 – 11 al. 1).

1.1.2 L'établissement distinct

Selon la jurisprudence la plus récente, « *caractérise un établissement distinct permettant la désignation de délégués syndicaux, le regroupement sous la direction d'un représentant de l'employeur, d'au moins cinquante salariés constituant une communauté de travail ayant des intérêts propres susceptibles de générer des revendications communes et spécifiques, peu important que le représentant de l'employeur ait le pouvoir de se prononcer sur ces revendications* » (Cass. soc., 24 avril 2003).

La Cour suprême a abandonné son exigence antérieure selon laquelle était nécessaire la présence sur place d'un représentant de l'employeur qualifié pour recevoir les revendications et transmettre celles auxquelles il ne pourrait pas donner suite. L'effet pouvait en être pervers dans la mesure où il suffisait à l'employeur d'organiser ou de réorganiser son entreprise dans le sens d'une limitation des pouvoirs de décision des représentants de son autorité, dans le dessein d'échapper à la désignation de délégués syndicaux au niveau de l'établissement.

Cette jurisprudence aboutit désormais à une identité des critères de l'établissement distinct pour les délégués syndicaux et pour les délégués du personnel[2].

Ceci étant, l'identité des critères de l'établissement distinct n'implique pas pour autant un découpage identique de l'entreprise pour la mise en place de ces deux institutions. Celles-ci ne sont, en effet, pas soumises aux mêmes exigences d'effectifs et n'ont pas non plus les mêmes missions. La présentation de réclamations, qui incombe aux délégués du personnel, requiert une plus grande proximité avec les salariés que la mission de présentation des revendications propre aux délégués syndicaux. Il convient donc de continuer à rechercher, selon l'institution concernée, le niveau de mise en place le plus approprié.

De façon plus générale, et sur le fond, ce changement récent d'approche suscite une certaine perplexité : la création d'une institution du personnel ne peut avoir de sens que s'il existe au même niveau un représentant de la direction habilité à dialoguer avec elle.

1.1.3 L'unité économique et sociale

A – Les critères

La Cour de cassation consacre la primauté de la réalité économique et sociale sur les structures juridiques dès lors qu'elle constate que chacune d'entre elles, bien que juridiquement distincte, dégage une même finalité économique et constitue une collectivité de travail liée par des intérêts professionnels communs. C'est alors cette unité qui doit être retenue pour la mise en place des institutions représentatives du personnel.

> *Exemple 1 (Cass. soc., 2 juillet 1975) :*
>
> Jugée valable la désignation d'un délégué syndical commun à trois sociétés au motif que, bien que juridiquement distinctes, ces trois sociétés avaient :
> - le même siège social,
> - des activités analogues dans des locaux situés dans le même immeuble,
> - des conseils d'administration composés à peu près des mêmes personnes,
> - un personnel interchangeable soumis aux mêmes règlements intérieurs.
>
> Ces sociétés répondaient donc aux « critères nécessaires » pour être considérées comme un ensemble économique et social unique dont l'effectif de salariés devait être envisagé globalement pour la désignation des délégués syndicaux communs.

---

2. Voir *infra*, chapitre 4, § 1.1.1.

Exemple 2 (Cass. soc., 31 mars 1977) :

Dans cette autre affaire, l'objet social et les activités des quatre entreprises apparaissaient au vu même de leurs immatriculations, similaires ou complémentaires ; leur personnel était dirigé par les mêmes hommes ; les sièges sociaux et les lieux d'activité étaient au même emplacement ; les réceptionnistes et les numéros de téléphone communs ; et le paiement des salaires pendant longtemps avait été fait sur un même compte bancaire. Jugé que, peu important que le personnel d'une entreprise fût soumis à une convention collective et celui des trois autres à une autre convention, « le découpage juridique disparaissant devant l'unité économique formée par les quatre », l'effectif des salariés de cet ensemble économique et social devait être envisagé au point de vue de la désignation de délégués syndicaux communs.

Exemple 3 (Cass. soc., 6 octobre 1983) :

Après la scission qui s'était produite dans la société, les deux établissements qui en étaient issus avaient continué à exercer leurs activités dans le même ensemble de bâtiments ; ils avaient les mêmes services administratifs et comptables, la même adresse postale, le même numéro de téléphone ; la même personne était président-directeur général de l'un, directeur général adjoint de l'autre ; en outre la cantine et le service social étaient communs.

Jugé dès lors qu'il existait entre les salariés de ces deux nouvelles sociétés une « communauté de travail » et, pour la désignation de délégués syndicaux, une unité économique et sociale : c'est dans ce cadre que ladite désignation devait intervenir.

En revanche, le seul fait que des entreprises aient des liens entre elles ne suffit pas à caractériser l'unité économique et sociale, dès lors qu'il n'existe pas une véritable collectivité de travail.

Exemple (Cass. soc., 5 juillet 1977) :

En l'espèce, les juges avaient bien relevé que l'activité du GIE était complémentaire de celle de la société en cause (comme de celle des quatre autres sociétés le composant), que ces activités concernaient un même objet et que par suite le GIE, groupement d'intérêt économique, pouvait constituer avec elle une unité économique, mais, précisent-ils, « il n'en résultait pas nécessairement que cette unité économique fût aussi une unité sociale avec les conséquences en découlant au point de vue de l'exercice du droit syndical » ; or à cet égard on pouvait constater que les locaux comme le personnel de la société et du GIE étaient distincts sans aucune interférence entre les deux personnes morales ; que la société n'avait aucune prépondérance dans la direction du GIE pour laquelle elle était à égalité avec chacune des quatre autres sociétés le composant ; les juges ont annulé en conséquence la désignation d'un délégué syndical commun.

On retiendra que la reconnaissance de l'existence d'une unité économique et sociale est subordonnée à la réunion de plusieurs critères. Pour pouvoir retenir l'unité économique, il faut que soient notamment constatées **une unité de direction** matérialisée par la concentration des pouvoirs de direction résultant en particulier de l'existence de dirigeants et de services généraux communs ; **une communauté d'intérêts** se traduisant par des imbrications de capitaux, une collaboration entre les sociétés, des associés uniques, une **identité** ou du moins une **complémentarité des activités**. L'unité sociale se révèle par la mise en évidence **d'une communauté de travailleurs** soumise à des conditions de travail identiques et à des méthodes de gestion similaires, bénéficiant d'un même statut et d'œuvres sociales communes et susceptibles de faire l'objet de prestations entre les sociétés.

« *Mais attendu que le tribunal d'instance, qui a constaté qu'il existait une unité de direction, une dépendance financière entre les sociétés ainsi qu'une communauté de travailleurs manifestée par des œuvres sociales communes, des avantages sociaux identiques ou similaires, les mêmes accords de participation, une permutabilité des salariés et une unité de lieu de travail, a ainsi caractérisé l'unité économique et sociale ; que le moyen n'est pas fondé* » (Cass. soc., 3 février 1993).

« *Mais attendu que, contrairement aux énonciations du moyen, le tribunal d'instance a relevé l'absence de permutabilité du personnel, d'identité des conditions de travail, de statut social et de locaux ; qu'il a pu, dès lors, décider qu'il n'existait pas de communauté de travailleurs, élément constitutif de l'unité économique et sociale* » (Cass. soc., 3 février 1993).

B – La procédure de reconnaissance

La reconnaissance d'une unité économique et sociale résulte :

– soit d'une décision de justice[3] ;

– soit d'un accord unanime entre tous les chefs d'entreprise et toutes les organisations syndicales concernées.

1.2 Calcul des effectifs

1.2.1 Les modalités de décompte des effectifs[4]

Aux termes des dispositions de l'article L. 620-10, le calcul des effectifs s'établit selon les règles ci-après.

– Sont à prendre en compte intégralement dans l'effectif de l'entreprise (ou de l'établissement) :
  - les salariés titulaires d'un contrat à durée indéterminée à temps plein ;
  - les travailleurs à domicile.

– Sont à prendre en compte **au prorata de leur temps de présence** dans l'entreprise (ou l'établissement) au cours des 12 mois **précédents** :
  - les salariés titulaires d'un contrat de travail à durée déterminée[5] ;
  - les salariés titulaires d'un contrat de travail intermittent ;
  - les travailleurs mis à la disposition de l'entreprise (ou de l'établissement) par une entreprise extérieure, y compris les travailleurs temporaires. Pour ce qui concerne les salariés des entreprises sous-traitantes, ils ne sont pas pris en compte, dès lors qu'ils demeurent bien sous la subordination de leur employeur ou de son représentant. Pour la Cour de cassation, il importe de rechercher, au-delà de la qualification du contrat, la nature des rapports établis entre le personnel de l'entreprise sous-traitante et l'entreprise utilisatrice. Dès lors que l'entreprise utilisatrice exerce une autorité de fait sur ce personnel, il doit être considéré comme mis à disposition (Cass. soc., 29 mars 1984).

  La circulaire ministérielle n° 13 du 25 octobre 1983 a apporté les éclaircissements suivants sur l'expression « *au cours des 12 mois précédents* » : « *par 12 mois précédents, il faut considérer la période d'un an qui* ***précède le mois*** *pour lequel on veut calculer l'effectif* »[6].

– **Sont exclus** toutefois du décompte des effectifs, les salariés sous contrat à durée déterminée, sous contrat de travail temporaire ou mis à disposition par une entreprise extérieure **lorsqu'ils remplacent un salarié absent** ou dont le contrat de travail est **suspendu**.

– Les salariés à temps partiel, **quelle que soit la nature de leur contrat de travail** (à durée indéterminée ou déterminée) comptent pour un effectif calculé en divisant la somme totale des horaires inscrits dans leurs contrats de travail par la durée légale ou la durée conventionnelle du travail.

---

3. Au premier degré, se trouve compétent le tribunal d'instance dans le ressort duquel se trouve le siège de la société qui a été la première mise en cause.

4. Le calcul des effectifs tel que présenté sous ce point est également valable pour l'ensemble des institutions représentatives élues du personnel.

Il convient de noter que les modalités de calcul ne sont pas identiques pour toutes les obligations ou situations liées à des seuils d'effectifs. Ainsi les salariés sous contrat à durée déterminée ne sont-ils pris en compte au prorata de leur temps de présence au cours des 12 derniers mois que pour les seuils d'emploi des handicapés (20 salariés) de représentation du personnel, et de participation aux résultats (50 salariés). Pour les autres seuils, ils sont pris en compte intégralement dans l'effectif.

5. La présence de salariés à contrat à durée déterminée à temps partiel entraîne l'application d'une double règle ; la règle de prise en compte en fonction du temps de présence au cours des 12 mois précédents et la règle de prise en compte au prorata du temps de travail.

6. Même partis de l'entreprise au jour de l'élection, les salariés visés sont à comptabiliser dans l'effectif au prorata de leur présence dans l'année qui précède.

Exemple :

Au 31 janvier 2004, une entreprise appliquant la durée légale du travail emploie :

– 48 salariés par contrat à durée indéterminée à temps plein,

– 6 salariés embauchés par contrat à durée déterminée au cours de ce mois de janvier,

– 8 salariés embauchés par contrat à durée indéterminée à temps partiel dont 4 à 110 heures par mois, 3 à 95 heures par mois et 1 à 120 heures par mois.

Au cours de l'année 2003, cette entreprise a eu recours à :

– 3 salariés sous contrat à durée déterminée à temps plein de 4 mois, de septembre à décembre pour surcroît d'activité,

– 1 intérimaire pour une durée de 9 mois pour remplacer un salarié permanent en congé maladie.

Le décompte des effectifs au 31 janvier 2004 s'établit comme suit :

$$48 + \frac{(110 \times 4 + 95 \times 3 + 120)}{(35 \times 52/12)} + \frac{(3 \times 4)}{12} = 54 \text{ salariés}$$

Un arrêt de la chambre sociale de la Cour de cassation du 18 février 1988 vient apporter le trouble dans les règles de calcul des effectifs en énonçant sans ambages que « *les salariés dont le contrat de travail est suspendu ne peuvent être pris en compte dans l'effectif de l'entreprise lorsqu'ils ne perçoivent aucune rémunération de l'employeur* ». Décision surprenante qu'il convient pour le moins de ne pas prendre pour une jurisprudence établie. Faudra-t-il à l'avenir distinguer entre les absents payés (accidents du travail, par exemple) et les autres (bénéficiaires d'un congé parental, par exemple) ?

Ne sont pas pris en compte dans le calcul de l'effectif du personnel les titulaires de contrats de professionnalisation tels que définis à l'article L. 981-1 (L. 981-8).

Ne sont également pas pris en compte les jeunes de moins de 26 ans embauchés à compter du 22 juin 2005, quelle que soit la nature du contrat les liant à l'entreprise, jusqu'à ce qu'ils aient atteint l'âge de 26 ans (L. 620-10 al.1). Il s'agit là d'une disposition introduite par l'ordonnance 2005-892 du 2 août 2005 afin d'inciter les employeurs à embaucher des jeunes et diminuer le taux de chômage élevé de cette catégorie de salariés, disposition toutefois provisoire puisqu'elle n'a vocation à s'appliquer en l'état actuel des textes que jusqu'au 31 décembre 2007[7].

1.2.2 La période retenue

L'effectif d'au moins 50 salariés doit avoir été atteint pendant 12 mois consécutifs ou non, au cours des 3 années précédentes. La Cour de cassation a eu l'occasion de préciser que ce calcul « *doit être effectué mois par mois au cours des trois années précédentes et non pas en calculant la moyenne de chacune de ces trois années* » (Cass. soc., 17 décembre 1984).

1.3 Incidence de la baisse de l'effectif

La baisse de l'effectif peut s'apprécier à deux niveaux : baisse en dessous de 50 salariés, c'est-à-dire en dessous du seuil légal de désignation des délégués ; baisse de l'effectif sans toutefois descendre en dessous de 50 salariés.

1.3.1 La baisse de l'effectif en dessous de 50 salariés

Elle peut entraîner la suppression du mandat de délégué syndical.

A – Les conditions de suppression du mandat

Seul le constat d'une réduction **importante et durable** de l'effectif en dessous de 50 salariés peut permettre d'envisager la suppression du mandat de délégué syndical (L. 412-15 dernier alinéa). La circulaire ministérielle précitée du 25 octobre 1983 a apporté un certain nombre de précisions à ce sujet.

7. Il est bien précisé que cette disposition ne peut avoir pour effet la suppression d'une institution représentative du personnel ou d'un mandat d'un représentant du personnel.

– « *En ce qui concerne l'importance de la baisse, on considère habituellement qu'une diminution de l'ordre de 10 % de l'effectif, soit en dessous de 45 salariés, constitue une baisse importante.*
– *La loi exige d'autre part que la baisse soit durable, sans préciser de délai.*

Le franchissement du seuil de 50 salariés s'apprécie sur une période mobile de 3 ans. Si une diminution des effectifs en dessous de 50 salariés n'intervenait que pendant quelques mois, le seuil de 50 ne resterait pas moins franchi pendant 12 mois au cours des 3 années précédentes, rendant ainsi le maintien de l'institution obligatoire. Il faut donc, pour éviter cette situation, que la baisse des effectifs soit constatée pendant au moins 24 mois sur les 3 ans de référence. »

Mais il ne s'agit là que d'une circulaire ministérielle qui ne lie pas le juge. Le Conseil d'État, saisi du problème, s'est montré plus souple quant à l'appréciation du caractère durable de la baisse de l'effectif. Dans l'affaire « *Société automatisme et mécanique* » il a admis la possibilité de suppression d'un comité d'entreprise après une baisse d'effectifs constatée seulement pendant 15 mois (CE 20 déc. 1985). En l'espèce, il s'agissait certes de la suppression d'un comité d'entreprise, mais les conditions légales de suppression d'un comité d'entreprise sont formulées dans les mêmes termes que celles de disparition du mandat de délégué syndical.

B – La procédure de suppression du mandat

« *La suppression du mandat de délégué syndical est subordonnée à un accord entre le chef d'entreprise et l'ensemble des organisations syndicales représentatives. À défaut d'accord, le directeur départemental du travail et de l'emploi* ***peut*** *décider que le mandat de délégué syndical prend fin* » (L. 412-15 dernier al.). Ce texte implique que, même si les conditions de suppression du mandat sont réunies, le directeur départemental dispose d'un **pouvoir d'appréciation** pour se prononcer sur la demande qui lui est présentée. Il s'assurera notamment que la baisse des effectifs ne présente pas de caractère frauduleux (ex. : constitution de plusieurs sociétés). Le contentieux qui peut naître de la décision rendue est donc de la compétence des tribunaux administratifs.

C – La solution de remplacement

En vertu de l'article L. 412-11 alinéa 4, un délégué du personnel peut être nommé pour faire fonction de délégué syndical dans les conditions étudiées au paragraphe 1.1.1 qui précède.

1.3.2 La baisse de l'effectif avec maintien au-dessus du seuil de 50 salariés

Il ne s'agit pas ici de la suppression de tout mandat mais seulement de la réduction du nombre de délégués syndicaux. Il nous semble que cette réduction puisse se faire de « manière automatique » en fonction du nouvel effectif, le tribunal d'instance retrouvant alors toute sa compétence en cas de contestation dans l'entreprise.

1.4 Incidence de la modification juridique de l'employeur

L'article L. 122-12 alinéa 2 précisait déjà qu'en cas de modification dans la situation juridique de l'employeur, « *notamment par succession, vente, fusion, transformation du fonds, mise en société* », tous les contrats de travail en cours au jour de la modification subsistent entre le nouvel employeur et le personnel de l'entreprise. Mais jusqu'alors, la loi ne réglait pas la question du sort du mandat des délégués syndicaux.

La loi du 28 octobre 1982 contient des dispositions expresses à ce sujet (L. 412-16 al. 4). En cas de modification dans la situation juridique de l'employeur telle que mentionnée au 2e alinéa de l'article L. 122-12, le mandat du délégué syndical (ou du délégué syndical central) subsiste lorsque la modification ne fait pas perdre à l'entreprise son autonomie juridique ou à l'établissement son caractère distinct. Dans le cas contraire, il y aurait lieu à suppression des mandats concernés.

2. La désignation des délégués syndicaux

Les développements qui suivent concernent les délégués syndicaux nommés en vertu de la loi par les syndicats représentatifs dans les entreprises d'au moins 50 salariés.

2.1 Intervention des syndicats représentatifs

2.1.1 La nomination par le syndicat

La désignation des délégués syndicaux appartient au syndicat et non pas à la section syndicale d'entreprise.

> *Exemple (Cass. soc., 16 mai 1979) :*
>
> En l'espèce, le secrétaire de la section syndicale de la CGT dans l'entreprise s'était désigné lui-même, par lettre, pour remplacer l'un des délégués syndicaux pendant la journée du 29 décembre.
>
> Désignation jugée non valable. En l'absence de toute mention – ou justification – d'un mandat que le syndicat aurait donné à la section syndicale pour notifier à sa place la désignation litigieuse, la désignation effectuée par lettre (portant l'en-tête manuscrit de la section syndicale et la signature du secrétaire de celle-ci) émanait donc d'un organisme qui n'avait pas le pouvoir de la prendre. Elle n'était pas acceptable.

Par syndicat habilité à désigner les délégués syndicaux, il faut entendre non seulement le syndicat lui-même, mais éventuellement l'union locale, départementale ou même une structure nationale, car la réglementation ne les exclut pas.

> *Exemple (Cass. soc., 23 juillet 1980) :*
>
> En l'espèce, l'union départementale syndicale avait « confirmé » par lettre auprès de la société la désignation d'un délégué syndical. L'employeur contestait la validité de cette confirmation.
>
> À tort : les unions de syndicats, auxquelles la loi a reconnu la même capacité civile qu'aux syndicats professionnels, peuvent, affirme la Cour de cassation « exercer les droits conférés à leurs membres dans tous les cas où ils ne sont pas expressément réservés à ceux-ci ». L'Union départementale des syndicats CFDT de Paris avait donc pu valablement dans cette affaire « confirmer » la désignation litigieuse d'un délégué syndical « à laquelle rien ne lui interdisait de procéder elle-même ».

2.1.2 Le monopole de désignation des syndicats représentatifs

Seuls les syndicats représentatifs dans l'entreprise peuvent désigner des délégués syndicaux. Tout syndicat affilié à une organisation représentative sur le plan national est, on le sait, légalement considéré comme représentatif dans l'entreprise pour l'exercice du droit syndical. Les autres syndicats, en cas de contestation, sont appelés à faire la preuve de leur représentativité devant le tribunal d'instance selon les critères énumérés à l'article L. 133-2[8].

2.1.3 L'existence d'une section syndicale

Jusqu'au revirement opéré dans l'arrêt « *Castorama* » du 27 mai 1997, la Cour de cassation exigeait qu'une section syndicale soit constituée, ou tout du moins soit en voie de formation au moment où le syndicat affilié à une organisation représentative sur le plan national procède à la désignation d'un délégué syndical. Elle considérait que l'adhésion d'au moins deux salariés permettait d'établir que la section syndicale était en voie de formation, l'adhésion du seul délégué syndical n'étant pas suffisante. C'est sur ce point que revient l'arrêt de la chambre sociale de la Cour de cassation : « *attendu que lorsqu'un syndicat représentatif désigne un délégué syndical dans une entreprise qui emploie au moins 50 salariés,* ***l'existence d'une section syndicale est établie***

8. La Cour de cassation considère que pour apprécier la représentativité d'un syndicat non représentatif au plan national, il convient de se placer au moment de la désignation du délégué syndical sans prendre en considération des éléments de fait postérieurs (Cass. soc., 24 janvier 1990).

par cette seule désignation ». Poursuivant dans cette nouvelle logique, la Cour a également admis que la désignation d'un représentant syndical au comité d'entreprise suffit à établir l'existence d'une section syndicale. Il ressort de ces arrêts que la Cour de cassation entend faciliter l'implantation des syndicats dans l'entreprise, dans la logique de la loi du 28 octobre 1982.

2.2 Conditions requises pour la désignation

2.2.1 Les personnes désignées

Le ou les délégués syndicaux doivent remplir simultanément plusieurs conditions :

- être âgé de **18 ans** accomplis, sachant que les clauses conventionnelles abaissant l'âge légal requis pour la désignation sont valables ;
- travailler dans l'entreprise depuis **un an au moins**[9]. L'ancienneté ininterrompue n'est pas exigée, ce qui permet la justification de cette condition par le biais de contrats successifs. En cas de création d'entreprise ou d'ouverture d'établissement, la durée d'ancienneté est ramenée à 4 mois. Si le délégué syndical doit être nécessairement salarié de l'entreprise, peu importe en revanche qu'il soit lié à elle par un contrat à durée indéterminée ou qu'il travaille à temps complet ou à temps partiel ;
- n'avoir encouru aucune condamnation privative du droit de vote.

2.2.2 La procédure de désignation

A – L'information de l'employeur

Les nom et prénoms du ou des délégués syndicaux sont portés à la connaissance du **chef d'entreprise**, soit par lettre recommandée avec demande d'AR, soit par lettre remise contre récépissé. Le problème de la personne à informer ne se pose pas dans l'hypothèse d'une entreprise à établissement unique : il s'agit bien du chef d'entreprise. Dans le cas d'une entreprise comportant plusieurs établissements distincts où la désignation de délégués syndicaux d'établissement est envisageable, l'information doit être communiquée naturellement aux chefs des établissements concernés, mais aussi au chef d'entreprise. Enfin, le syndicat qui désigne son délégué syndical auprès de plusieurs personnes morales constituant, selon lui, une unité économique et sociale, doit notifier cette désignation aux **représentants légaux** de chacune d'elles.

B – L'affichage

Les noms du ou des délégués syndicaux doivent être affichés sur les panneaux réservés aux communications syndicales. Copie de la communication doit être adressée simultanément à l'inspecteur du travail (L. 412-16).

La procédure décrite sous ces points A et B est applicable en cas de remplacement ou de cessation de fonctions du délégué.

2.2.3 Le contentieux de la désignation

La désignation d'un délégué syndical peut être contestée soit par l'employeur, soit par d'autres organisations syndicales, soit encore par des salariés non syndiqués.

---

9. Comment s'apprécie l'ancienneté lorsqu'un nouvel employeur reprend les contrats en cours de salariés d'une autre entreprise avec l'ensemble des avantages qui découlent de ces contrats ? La Cour de cassation considère qu'il y a lieu de distinguer l'ancienneté au regard de la désignation et l'ancienneté maintenue au titre du contrat de travail, la première devant être acquise dans l'entreprise dans laquelle la désignation est faite (sous réserve toutefois des dispositions des conventions collectives).

A – Les motifs de contestation

Ils peuvent être liés à des conditions d'effectif (seuil non atteint) ou à des conditions d'ancienneté ou d'âge du salarié, ou aux critères de représentativité d'un syndicat, ou encore à l'existence d'un établissement distinct.

L'exemple ci-après fait état d'un autre motif de contestation : **la fraude**.

Exemple (Cass. soc., 7 juillet 1983) :

Dans cette affaire, le salarié informé le 16 décembre 1982 d'un projet de licenciement dont il devait faire l'objet au cours des vacances 1993, avait été désigné, quelques jours plus tard, le 22 décembre 1982, comme délégué syndical. L'information relative à son prochain licenciement lui avait été donnée verbalement et sans témoins. Alors, le juge d'instance avait dit que la preuve n'était pas apportée que le syndicat, ignorant la menace de licenciement au moment de la désignation, « eût agi pour tenter de protéger le salarié, et que l'appréciation de la fraude devant être faite au niveau de la désignation par le syndicat » ; elle n'était pas démontrée en l'espèce. Le juge d'instance avait ainsi validé la désignation, ajoutant qu'il ne lui appartenait pas de statuer sur une éventuelle fraude du salarié envers son organisation syndicale.

La Cour de cassation a cassé et annulé ce jugement car, dit-elle, « **la fraude** pouvant entacher la désignation d'un délégué syndical n'implique pas nécessairement l'existence d'une collusion entre le salarié désigné et son syndicat. Doit être sanctionnée par la nullité de la désignation la fraude commise par le salarié qui, sous prétexte de défendre les intérêts des travailleurs de l'entreprise, parvient à se faire désigner par un syndicat de bonne foi dans le dessein de s'assurer une protection personnelle afin de faire échec à un éventuel congédiement ».

B – La recevabilité du recours

Le recours n'est recevable que s'il est introduit dans les **15 jours** qui suivent la désignation du délégué par le syndicat. Le point de départ de ce délai est la date de l'accusé de réception ou la date du récépissé de la notification adressée à l'employeur. Selon la jurisprudence de la Cour de cassation, ces formalités ne sont toutefois prévues que pour faciliter la preuve de la désignation et non pour assurer la validité de la désignation. Il en résulte que c'est à compter de la date où il a pu être démontré que l'employeur avait eu connaissance de la désignation du délégué syndical que court le délai de 15 jours imparti pour demander l'annulation et au-delà duquel la demande est irrecevable[10].

C – La procédure

Le contentieux dont il s'agit est de la compétence exclusive du tribunal d'instance du lieu où la désignation a été notifiée, qui statue sous le seul contrôle de la Cour de cassation. Le recours est déposé par voie de simple déclaration au secrétariat-greffe du tribunal d'instance qui statue dans les 10 jours sans frais ni forme de procédure et sur simple avertissement donné 3 jours à l'avance à toutes les parties intéressées. La décision du tribunal est notifiée par le secrétariat-greffe dans les 3 jours par lettre recommandée avec avis de réception.

Le délai du pourvoi en cassation est de 10 jours.

D – La qualité de l'auteur de la contestation

Il suffit pour agir d'avoir un **intérêt légitime** au succès de l'annulation de la désignation.

La légitimité de l'action de l'employeur ou des organisations syndicales ne pose pas de difficulté. En revanche, le droit des simples salariés d'introduire une telle contestation est quelquefois discuté. Dans un arrêt du 19 octobre 1993, la Cour de cassation a considéré que tout salarié de l'entreprise est recevable à contester la désignation d'un délégué syndical dans l'entreprise à laquelle il appartient.

2.2.4 Le nombre de délégués

Il est lié à deux variables :

- l'effectif de l'entreprise ou de l'établissement ;
- la représentativité catégorielle de l'organisation syndicale.

10. Lorsque la contestation a été formée par lettre, cette dernière doit parvenir au greffe avant l'expiration du délai de 15 jours : il ne suffit pas qu'elle ait été expédiée dans ce délai.

A – La variable de l'effectif

Les dispositions de 1982 reprennent la réglementation antérieure selon laquelle le nombre des délégués syndicaux dans chaque entreprise ou établissement est fixé par décret compte tenu de l'effectif des salariés. Le décret du 8 juin 1983 répartit comme suit le nombre des délégués syndicaux dont dispose chaque section syndicale d'entreprise[11] :

Effectif de l'entreprise ou de l'établissement	Nombre de délégués
50 à 999	1
1 000 à 1 999	2
2 000 à 3 999	3
4 000 à 9 999	4
Au-delà de 9 999	5

B – La variable de la représentativité catégorielle

La loi de 1982 ajoute que dans les entreprises d'au moins 500 salariés, tout syndicat représentatif qui a obtenu lors de l'élection du comité d'entreprise un ou plusieurs élus dans les collèges des ouvriers et employés et qui, au surplus, compte au moins un élu (titulaire ou suppléant) dans l'un quelconque des deux autres collèges (collège maîtrise ou collège cadre) peut désigner **un délégué syndical supplémentaire** parmi ses adhérents appartenant à **l'un ou l'autre de ces deux collèges** (L. 412-11 al. 3). Ce délégué syndical supplémentaire est donc nécessairement choisi parmi les techniciens ou cadres et c'est la raison pour laquelle on l'appelle communément : *le délégué syndical de l'encadrement*. Nécessairement distinct des autres délégués syndicaux d'entreprise ou d'établissement puisqu'il s'agit d'un délégué en plus, il peut très bien exercer d'autres mandats (être délégué du personnel, membre du CE ou représentant syndical au CE).

Ce texte a fait l'objet d'un certain nombre de précisions jurisprudentielles.

– Pour l'appréciation de l'effectif de 500 salariés, il y a lieu de rechercher si cet effectif a été atteint pendant 12 mois, consécutifs ou non, au cours des 3 années précédentes, conformément aux règles de calcul des effectifs pour la détermination des seuils requis en matière de délégation syndicale (Cass. soc., 26 janvier 1984). Le législateur a confirmé cette jurisprudence par la loi du 9 juillet 1984 (L. 412-13 al. 3).

– Si l'entreprise comporte des établissements distincts, c'est au niveau de l'**établissement** que doit se faire l'appréciation de l'effectif (Cass. soc., 10 juillet 1984).

  Deux hypothèses sont à envisager :

  • l'entreprise occupe un effectif global supérieur à 500 salariés et comporte différents établissements dont aucun n'atteint 500 salariés : il ne peut être prévu la désignation d'un délégué syndical supplémentaire ;

  • l'entreprise comporte un ou plusieurs établissements qui occupent un minimum de 500 salariés : il y a lieu à désignation d'un délégué syndical supplémentaire pour chacun d'eux à condition que dans l'établissement considéré fonctionne un comité d'établissement.

– La désignation ne peut intervenir que **dans le cadre de l'établissement défini pour les élections des membres du comité d'établissement et à raison d'un seul délégué syndical supplémentaire par syndicat représentatif**.

Il faut bien comprendre la portée de cette analyse jurisprudentielle : l'établissement dont il s'agit n'est pas nécessairement l'établissement dans le cadre duquel des délégués syndicaux ont été désignés. La notion « *d'établissement distinct* » est, dans les faits, relative et un établissement peut très bien être qualifié de « distinct » pour l'élection d'un comité, et ne pas l'être pour l'élection des délégués du personnel ou la désignation de délégués syndicaux – ou inversement –, la finalité

11. La règle de l'appréciation de l'effectif sur 12 mois au cours des 3 années précédentes ne s'applique pas au nombre de délégués syndicaux qu'un syndicat peut désigner en fonction de l'effectif de l'entreprise.

de chacune de ces institutions n'étant pas la même et les conditions d'exercice des fonctions, par voie de conséquence, différentes. Ainsi peut-on imaginer que deux ou plusieurs établissements d'une même société n'aient qu'un seul et même comité, alors que des délégués syndicaux ont pu être désignés dans chacun d'eux.

Exemple (Cass. soc., 9 février 1984) :

Deux usines avaient constitué un seul et même établissement pour l'élection d'un comité d'établissement, mais deux établissements bien distincts pour la désignation de délégués syndicaux. Répondant aux conditions prévues par la loi (représentativité, élu au CE, etc.), le syndicat CFDT avait cru pouvoir ainsi désigner un délégué supplémentaire dans chacun des centres concernés. Double désignation non justifiée, dit la Cour de cassation.

- Dans le cas où deux syndicats représentatifs ont présenté lors de l'élection du comité d'entreprise ou d'établissement une liste commune de candidats (hypothèse relativement rare en pratique) et ont eu un élu dans le deuxième et troisième collège, il ne peut être désigné qu'**un seul** délégué syndical supplémentaire, par l'un ou l'autre de ces deux syndicats (Cass. soc., 1er mars 1984).
- Si le délégué supplémentaire désigné doit nécessairement relever de « l'encadrement », maîtrise ou cadre, il n'est pas obligatoire en revanche qu'il appartienne au collège dans lequel le syndicat a un élu. Ainsi, le syndicat peut-il désigner un délégué supplémentaire cadre alors que c'est dans le collège des agents de maîtrise qu'il compte son élu.
- Les services ministériels ont eu l'occasion de préciser que la possibilité de désignation d'un délégué syndical supplémentaire disparaît lorsque les conditions légales précitées ne sont pas réunies. En d'autres termes, si lors du renouvellement du comité d'entreprise, une organisation syndicale ne compte plus aucun élu dans le deuxième ou le troisième collège, la désignation antérieure du délégué de « l'encadrement » devient caduque (réponse ministérielle n° 26126, *JOAN* du 6 mai 1983, p. 2180).

3. L'intervention des délégués syndicaux

Le ou les délégués syndicaux représente(nt) le syndicat auprès du chef d'entreprise ou d'établissement. Pour lui (leur) permettre d'exercer leurs fonctions, le législateur lui (leur) octroie le bénéfice d'un crédit d'heures.

3.1 Rôle

La loi n'apporte aucune autre précision sur les fonctions des délégués syndicaux que la mission de représenter le syndicat. Il incombe donc à la jurisprudence de définir les missions des délégués syndicaux. En tant que représentant du syndicat (et non de la section syndicale) auprès du chef d'entreprise, le délégué syndical :

- présente les revendications des adhérents du syndicat ;
- négocie les accords d'entreprise (ou d'établissement) ;
- négocie les accords préélectoraux pour les élections des délégués du personnel et des membres du comité d'entreprise (ou du comité d'établissement) ;
- assiste éventuellement les délégués du personnel lors de leurs réunions et entretiens avec le chef d'entreprise ;
- dirige l'action syndicale au sein de l'entreprise (ou de l'établissement).

La Cour de cassation estime qu'il doit être « *tenu compte du rôle du délégué syndical aussi bien vis-à-vis des membres de la section syndicale qu'avec la direction et que la partie de la mission du délégué syndical relative à ses rapports avec les salariés s'apparente à celle des délégués du personnel* » (Cass. soc., 15 janvier 1970).

Dès lors, comment vont se répartir les domaines respectifs des compétences des délégués du personnel et des délégués syndicaux ?

La Cour de cassation a apporté quelques précisions sur le partage de compétences en matière de salaires. S'ils ont pour mission de présenter à l'employeur toutes les réclamations individuelles et collectives relatives, notamment à l'application du taux des salaires, « *les délégués du personnel n'ont plus qualité pour lui présenter les demandes de modification de ces mêmes taux* ». Ainsi, peut-on tirer de cette jurisprudence que les délégués syndicaux ont compétence pour présenter « les ***revendications*** tendant à une modification des droits des salariés », tandis que les délégués du personnel sont « *cantonnés dans des réclamations relatives à l'**application** des lois et des accords collectifs existants, tâche que le législateur leur a explicitement attribuée* ».

3.2 Bénéfice d'un crédit d'heures

Le législateur octroie à chaque délégué syndical un crédit d'heures lui permettant d'exercer ses fonctions (L. 412-20).

3.2.1 Le montant du crédit d'heures

Il varie suivant l'effectif de l'entreprise ou de l'établissement.

Effectif de l'entreprise ou de l'établissement	Montant mensuel du crédit d'heures
50 à 150	10 h
151 à 500	15 h
501 et plus	20 h

3.2.2 La nature du crédit d'heures

Le crédit d'heures ainsi alloué présente les quatre caractéristiques suivantes.

1) Un crédit mensuel

La durée du temps libre alloué aux délégués syndicaux s'applique à chaque mois civil, indépendamment des périodes partielles d'inactivité (ex. : congés payés, maladie).

Le report du crédit d'heures non utilisé d'un mois sur l'autre n'est pas possible légalement.

2) Un crédit susceptible de répartition

Lorsqu'en raison de la taille de l'entreprise ou de l'établissement, une organisation syndicale a la faculté de nommer plusieurs délégués syndicaux, ceux-ci peuvent, pour les besoins de l'action syndicale, **se répartir** librement leurs crédits d'heures respectifs.

3) Un crédit minimal

Le législateur a précisé sans ambiguïté que le crédit d'heures ne constitue jamais qu'un « *plancher* » qui peut « *être dépassé en cas de circonstances exceptionnelles* ».

4) Un crédit non forfaitaire

Le contingent d'heures de délégation ne constitue pas un crédit forfaitaire, c'est-à-dire qu'il ne peut être utilisé que pour l'exercice du mandat. En conséquence, en cas de contestation sur la bonne utilisation, le paiement de ces heures peut être remis en cause si l'employeur est en mesure d'établir que l'utilisation qui a été faite n'est pas conforme au mandat[12].

3.2.3 L'imputation du crédit d'heures

Le temps utilisé pour participer à des réunions tenues à l'initiative de l'employeur n'est pas imputable sur le crédit d'heures. En revanche, le temps consacré par un délégué syndical à assister les délégués du personnel lors des réunions employeur-délégués du personnel, qu'elles aient été tenues à l'initiative ou non de l'employeur[13], nous paraît devoir être imputé sur son crédit d'heures.

12. Voir *infra*, § 3.2.7.
13. Voir *infra*, chapitre 5, § 2.2

3.2.4 L'utilisation des heures de délégation

A – Les conditions

Les délégués syndicaux ne doivent utiliser leurs heures de délégation que pour des activités se rapportant à leurs missions, celles-ci pouvant nécessiter tout à la fois des déplacements internes ou externes.

1) Les déplacements internes

En vertu des dispositions de l'article L. 412-17, les délégués syndicaux peuvent « *circuler librement dans l'entreprise et y prendre tous contacts nécessaires à l'accomplissement de leur mission, notamment auprès d'un salarié à son poste de travail, sous réserve de ne pas porter de gêne importante à l'accomplissement du travail des salariés* ».

> *Exemple (Cour d'appel de Bourges, 16 mars 1990) :*
>
> La Cour, en l'espèce, a considéré que le fait pour un délégué d'avoir, par ses discussions de poste en poste, provoqué un ralentissement général de la production des ateliers, entraînant une désorganisation de la production dans une période d'activité intense pour l'entreprise, présentait un caractère fautif de nature à justifier une sanction.

L'article précité précise en outre que les délégués syndicaux peuvent se déplacer dans l'entreprise « *tant durant les heures de travail qu'en dehors de leurs heures habituelles de travail* », disposition qui permet au délégué travaillant en équipe de revenir ou de rester sur place après son temps de travail pour contacter ses camarades.

2) Les déplacements externes

Les délégués syndicaux peuvent utiliser des heures de délégation pour se rendre à l'extérieur de l'entreprise, sous réserve que leurs déplacements soient en relation avec leur mission.

B – Le contrôle de l'employeur

Le contrôle **a priori** est interdit. La mise sur pied par l'employeur d'une procédure d'autorisation préalable risquerait d'être qualifiée de délit d'entrave à l'exercice des fonctions de délégué syndical. En revanche, une information préalable est tout à fait possible : il est normal que l'employeur puisse être prévenu, un temps raisonnable à l'avance, afin que puissent être prises toutes dispositions utiles pendant l'absence du délégué. Un refus exceptionnel circonstancié, qui aurait été opposé par l'employeur pour des raisons impérieuses de sécurité ou de nécessité de service, n'est pas constitutif d'un délit d'entrave. Le serait, bien entendu, un refus systématique.

Le contrôle **a posteriori** par l'employeur de la bonne utilisation des heures de délégation est en revanche possible d'autant qu'elle conditionne le maintien de la rémunération du temps de délégation. Le problème essentiel, en cas de contestation de la bonne utilisation, est de savoir sur qui revient la charge de la preuve, question que nous examinerons au paragraphe 3.2.7.

> *Exemple (Cass. crim., 9 avril 1976) :*
>
> « L'employeur n'est pas tenu de rémunérer comme temps de travail les absences d'un délégué syndical qui, fût-ce avec la permission du syndicat, n'auraient pas été effectivement utilisées pour l'exercice de son mandat.
>
> « Les modalités de l'action syndicale échappent toutefois à l'employeur : aussi, l'affirmation d'un délégué relative à ses heures de délégation peut-elle, si elle n'est pas infirmée par des constations contraires, être considérée comme constituant en la matière une cause suffisante de justification. En l'espèce, le délégué syndical avait passé plusieurs heures à son domicile pour, selon ses dires, "étudier des questions syndicales".
>
> « Le caractère "fallacieux" de cette affirmation n'étant pas établi, jugé que le temps ainsi passé hors de l'entreprise pouvait avoir été considéré comme bien utilisé pour les besoins de sa fonction représentative ».

L'article L. 412-20 dernier alinéa se situe dans le droit fil de cette jurisprudence en reconnaissant à l'employeur la seule possibilité de saisir la juridiction prud'homale s'il conteste l'usage fait des heures de délégation allouées. La Cour de cassation a eu l'occasion d'éclairer la portée de cette disposition en estimant que si le rapport de la preuve incombe principalement à l'employeur, rien n'interdit au juge du fond saisi de demander au représentant du personnel concerné toutes explications et justifications qu'il juge utiles pour former son intime conviction.

3.2.5 La comptabilisation des heures de délégation

De nombreuses entreprises ont institué **les bons de délégation** en vue de leur permettre une meilleure « comptabilisation » des heures de délégation[14]. L'institution et l'usage de bons de délégation sont parfaitement licites dès lors qu'ils constituent une simple information faite par le délégué à la hiérarchie et que leur délivrance n'est pas soumise à l'appréciation de l'employeur et ne constitue pas une autorisation de déplacement. Pour la jurisprudence, il en résulte que le refus systématique de la part des représentants du personnel d'utiliser les bons de délégation, licitement mis en place par l'employeur, est constitutif d'une faute susceptible de justifier une sanction disciplinaire.

3.2.6 Le paiement des heures de délégation

En vertu des dispositions de l'article L. 412-20 alinéa 5, les temps de délégation « *sont de plein droit considérés comme temps de travail et payés à l'échéance normale* ».

La rédaction de cet article autorise à conclure que le représentant du personnel ne doit subir aucune réduction de salaire du fait de son mandat et qu'il y a lieu de lui verser pour son temps d'absence tous les éléments de sa rémunération habituelle y compris les différentes primes et indemnités qui lui auraient été versées s'il n'y avait pas eu interruption de travail.

Exemple 1 :

Une prime de douche revêtant le caractère d'une rémunération doit être prise en compte dans le calcul des heures de délégation.

Exemple 2 :

Une prime de panier faisant l'objet d'un versement forfaitaire doit être prise en compte dans le calcul des sommes dues au titre des heures de délégation.

Exemple 3 :

Une prime de brossage versée à titre de compensation d'une sujétion particulière liée au travail et présentant le caractère d'un élément de rémunération doit être incluse dans l'indemnisation des heures de délégation.

Exemple 4 :

Une indemnité conventionnelle de nourriture versée aux salariés dont l'horaire de travail ne correspond pas aux heures de repas de l'entreprise, pour compenser les repas que les intéressés ne peuvent pas prendre dans l'entreprise, doit être payée aux représentants du personnel lorsqu'ils remplissent les conditions de versement de ladite prime du fait de l'utilisation d'heures de délégation.

La Cour de cassation a considéré que les heures de délégation prises hors de l'horaire de travail doivent être payées comme **heures supplémentaires** dans la mesure où les **nécessités du mandat l'imposent**[15]. En d'autres termes, la prise des heures de délégation sur le temps de travail reste la règle, comme leur paiement au taux normal. Les majorations pour heures supplémentaires ne doivent pouvoir rémunérer, dans cette optique, que des heures de fonctions exercées après l'horaire habituel parce qu'il ne pouvait en être autrement (représentants du personnel travaillant en équipes travaillant la nuit, réunions avec l'employeur exceptionnellement prolongées, etc.).

---

14. La chambre criminelle de la Cour de cassation considère que la pratique des bons de délégation ne peut résulter que d'une concertation préalable (Cass. crim., 12 avril 1988) sans toutefois aller jusqu'à exiger un accord formel. Cette même décision confirme la licéité d'un délai de prévenance éventuellement imposé aux délégués par l'employeur avant leur déplacement, à condition qu'il reste raisonnablement limité dans sa durée.

15. Outre que cette jurisprudence est juridiquement critiquable, elle risque d'entraîner sur le plan pratique un nouveau contentieux – déjà fort abondant en matière d'heures de délégation – dans la mesure où employeurs et salariés n'auront certainement pas la même appréciation des « nécessités du mandat ».

3.2.7 La contestation de la bonne utilisation des heures de délégation

Depuis la loi du 28 octobre 1982, les choses sont claires sur le plan du principe : il appartient à l'employeur de saisir la juridiction compétente (en l'occurrence, le conseil de prud'hommes) s'il conteste le bon usage des heures de délégation allouées (L. 420 al. 5). En d'autres termes, le législateur a institué **une présomption de bon usage des heures de délégation** en imposant à l'employeur leur paiement à l'échéance normale du versement du salaire et en précisant qu'il lui appartient de saisir le juge en remboursement des versements effectués s'il entend discuter l'utilisation de ces heures.

Des difficultés sont en revanche apparues au niveau de **la charge de la preuve**, difficultés réelles puisque la Cour de cassation elle-même s'est montrée hésitante et incertaine dans sa jurisprudence, donnant lieu d'ailleurs aujourd'hui à une contradiction entre la chambre sociale et la chambre criminelle.

A – La position de la chambre sociale

• Dans un premier temps, la chambre sociale a considéré que le texte de l'article L. 412-20 « *ne dispense pas les bénéficiaires de ces versements de* ***justifier*** *de l'utilisation faite du temps pour lequel ils ont été payés* » (Cass. soc., 13 novembre 1985 ; 17 décembre 1986). Dans l'arrêt du 17 décembre 1986, la Cour de cassation reconnaissait compétence à la juridiction des référés pour ordonner à des représentants du personnel, indemnisés du temps consacré à l'exercice de leur fonction, de fournir à leur employeur les explications que celui-ci sollicitait et qu'ils refusaient de lui donner. Se sont alors multipliées non seulement les demandes de justification après paiement adressées aux délégués eux-mêmes, mais, au cas de refus de ceux-ci d'obtempérer, les saisines du juge des référés aux mêmes fins.

• Dans un second temps, la chambre sociale nuança sa position en énonçant que si les bénéficiaires des versements ne sont pas dispensés « *de* ***préciser*** *les activités exercées pendant leur temps de délégation* », il appartient à l'employeur « ***d'établir*** *devant les juges du fond, à l'appui de sa contestation, la non-conformité de l'utilisation de ce temps avec l'objet du mandat représentatif* » (Cass. soc., 28 mars 1989 ; 18 avril 1989 ; 2 mai 1989). Rééquilibrage de la jurisprudence, assortie toutefois d'une « zone d'ombre » propice à des dérapages : il n'appartient plus au salarié, dit la Cour, de « *justifier* » mais de « *préciser* ». La frontière n'est pas très sûre et sous couvert de la « *précision* », il est possible d'exiger du délégué de fournir des détails et des informations sur ses déplacements, toutes démarches qui aboutiraient en fait à revenir au premier état de la jurisprudence.

• Dans un arrêt du 21 novembre 1990, la chambre sociale confirme sa position prise dans la décision du 2 mai 1989, mais apporte une nouvelle précision en énonçant que « *l'employeur, qui saisit les juges du fond d'une action en remboursement d'heures de délégation prétendument mal utilisées, doit avoir demandé à l'intéressé, fût-ce par voie judiciaire,* ***l'indication*** *de leur utilisation* ». Il résulte de cette décision que lorsque le délégué concerné refuse de fournir la moindre explication sur l'utilisation de son temps de délégation, l'employeur ne peut demander au conseil de prud'hommes de tirer les conséquences de cette attitude en condamnant l'intéressé à rembourser les sommes qui lui ont été payées : il lui faut préalablement à une contestation au fond saisir le juge des référés pour obtenir des **indications** sur l'utilisation des heures de délégation. **Indications et non justifications** : confirmation de l'arrêt du 2 mai 1989 et donc confirmation du risque de dérapage lié à une distinction délicate entre « précision » et « justification » : sollicité de s'expliquer ou repoussé dans ses retranchements, le délégué n'en viendra-t-il pas à apporter la « justification » de la conformité de l'usage des heures au mandat représentatif, assumant ainsi **en pratique** la charge de la preuve dont la chambre sociale entend désormais le dispenser ? À suivre.

B – La position de la chambre criminelle

Comme la chambre sociale, la chambre criminelle a rappelé dans deux arrêts rendus le 16 octobre 1990 que les délégués « *ne sont pas dispensés de préciser les activités exercées par eux pendant les temps de délégation* ». Cela étant, une contradiction entre les deux formations apparaît dans la mesure où la chambre criminelle ne retient pas comme délit d'entrave le fait pour un employeur de poursuivre un délégué en justice pour obtenir de lui **justification** de la conformité de l'utilisation du temps de délégation à l'objet de ses mandats. Le refus de retenir l'entrave est en contradiction directe avec l'exclusion de l'obligation du salarié de fournir cette justification par les arrêts rendus en 1989 par la chambre sociale.

En résumé, l'employeur a le choix entre l'action en contestation proprement dite aux fins de remboursement et la demande de justification, celle-ci n'étant pas susceptible de donner lieu à une incrimination pénale. Ne glisse-t-on pas, en fin de compte, malgré les apparences jurisprudentielles, vers un nouveau renversement pratique de la charge de la preuve… ?

3.2.8 Le dépassement du crédit d'heures

A – Le dépassement pour circonstances exceptionnelles

Un double contentieux peut surgir :

- le contentieux peut porter sur **l'existence** même des circonstances exceptionnelles invoquées par le délégué : à celui-ci alors d'en apporter la preuve pour obtenir le paiement des heures de délégation utilisées ;
- le contentieux peut porter sur la **bonne utilisation** des heures de délégation, la réalité des circonstances exceptionnelles n'étant pas contestée : la Cour de cassation fait alors jouer **la présomption légale** de bonne utilisation – évolution récente – conduisant l'employeur au paiement des heures de délégation à leur échéance normale, libre à lui d'introduire après coup une action judiciaire[16].

B – L'absence de circonstances exceptionnelles

Sauf la justification de circonstances exceptionnelles, il nous semble que le délégué syndical qui a épuisé son crédit d'heures ne peut plus prétendre au bénéfice d'heures supplémentaires de délégation, même non payées.

Il ne faut pas oublier en effet que le délégué syndical cumule cette qualité avec celle de salarié qui est sa condition première et qui l'oblige à fournir à l'employeur, en contrepartie du salaire qui lui est versé, une prestation de travail exécutée selon les règles de la bonne foi. À nos yeux, le délégué qui dépasserait sans raison légale son crédit d'heures commettrait une faute, puisqu'il priverait ainsi l'employeur d'une partie de l'horaire résiduel de travail qu'il lui doit de par la combinaison de son contrat et de ses prérogatives syndicales.

4. Le cumul des mandats

4.1 Liberté du cumul

Le principe est la **faculté** du cumul entre plusieurs fonctions représentatives. Dans l'hypothèse d'un cumul, le salarié doit préciser **à quel titre** il entend exercer une mission, laquelle sera alors contrôlée *a posteriori* en fonction de ce qui aura été annoncé.

4.2 Dérogations à la liberté du cumul

4.2.1 Cumuls interdits

Ils sont au nombre de deux.

La première interdiction concerne le cumul du mandat de membre élu au comité d'entreprise ou d'établissement ou au comité central d'entreprise avec celui de représentant syndical dans ces mêmes institutions, ce qui est parfaitement logique et se conçoit aisément.

---

16. Lorsque, dans une entreprise, il existe un accord fixant un nombre d'heures de délégation plus important que celui prévu par la loi, l'obligation pesant sur l'employeur de payer à l'échéance normale comme temps de travail le temps nécessaire aux représentants du personnel pour exercer leurs fonctions est limitée aux heures dont le nombre est fixé par ledit accord et ne s'étend pas à celles qui, excédant les heures de délégation conventionnelles, sont prises en fonction de circonstances exceptionnelles. Au salarié alors à justifier de la bonne utilisation des heures ainsi prises (Cass. soc., 10 janvier 1989 ; 26 février 1992).

La seconde concerne le mandat d'administrateur (ou de membre du conseil de surveillance) **élu** par les salariés avec celui de délégué syndical de la société. L'administrateur qui, lors de son élection, serait titulaire d'un tel mandat, doit s'en démettre dans les 8 jours, à défaut de quoi, il est réputé démissionnaire de son mandat d'administrateur.

4.2.2 Cumul obligé

A – Le cas des entreprises < 300 salariés

L'article L. 412-17 alinéa 1 prévoit une hypothèse de cumul de mandat obligé : « *Dans les entreprises de moins de 300 salariés, et dans les établissements appartenant à ces entreprises, le délégué syndical est,* ***de droit****, représentant syndical au comité d'entreprise ou d'établissement. Le délégué syndical est, à ce titre, destinataire des informations fournies au comité d'entreprise ou d'établissement* ».

1) Le champ d'application du cumul

Le législateur pose expressément le principe d'une appréciation du seuil d'effectifs au niveau de l'entreprise, envisagée **globalement**. Le cumul est donc de droit dans les entreprises de moins de 300 salariés et dans les établissements appartenant à ces entreprises.

2) La portée de l'expression « de droit »

Dans un arrêt du 14 février 1984, la Cour de cassation a eu l'occasion d'éclairer pour la première fois la portée de l'expression « *de droit* », position qu'elle a reprise ultérieurement : « *La représentation d'un syndicat au comité d'entreprise est* ***une faculté à l'exercice de laquelle le syndicat peut renoncer****, même dans le cas où s'agissant d'une entreprise de moins de 300 salariés, ce mandat ne peut être rempli que par le salarié qui a été désigné comme délégué syndical* ».

« *Déjà membre élu du comité d'entreprise, un salarié se voit désigné comme délégué syndical et sa désignation est notifiée à l'employeur. A priori, rien à dire puisque le cumul entre le mandat de membre du CE et celui de délégué syndical est autorisé. Mais l'entreprise comptant moins de 300 salariés, l'employeur conteste la désignation devant le tribunal d'instance au motif que, par application de l'article L. 412-17, s'il devient délégué syndical, il va devenir en même temps représentant syndical au CE, fonction incompatible avec celle de membre élu au CE. Le tribunal déclare fondée la contestation de l'employeur* ».

La Cour de cassation casse le jugement au motif que « *la représentation d'un syndicat au comité d'entreprise est une* ***faculté*** *à l'exercice de laquelle il peut* ***renoncer*** ».

En d'autres termes, la désignation d'un représentant syndical au CE n'a rien d'obligatoire, cela valant d'ailleurs quelle que soit la taille de l'entreprise. Ainsi, lorsque le législateur précise que le délégué syndical est de droit représentant syndical au CE dans les entreprises de moins de 300 salariés, cela ne signifie pas que ce délégué syndical se trouve nécessairement représentant syndical au CE. Au syndicat de décider, au moment du choix de ses délégués, la nature des mandats sous lesquels il entend être représenté.

B – Le cas des entreprises ≥ 300 salariés

À partir du seuil de 300 salariés, les organisations syndicales retrouvent la liberté de choix des personnes retenues pour occuper les différents mandats syndicaux dans l'entreprise ou l'établissement.

5. Le délégué syndical central d'entreprise

Cette fonction a été officialisée par la loi du 28 octobre 1982.

5.1 Champ d'application

– Dans les entreprises **de 2 000 salariés et plus** qui comportent au moins deux établissements de 50 salariés chacun ou plus, chaque syndicat représentatif peut désigner un délégué syndical central d'entreprise qui sera soit un délégué syndical d'établissement, soit tout autre personne au choix du syndicat (L. 412-2 al. 1)[17].

– Dans les entreprises **de moins de 2 000 salariés** qui comportent au moins deux établissements de 50 salariés chacun ou plus, chaque syndicat représentatif peut désigner un délégué syndical central d'entreprise qui devra **être nécessairement choisi parmi les délégués syndicaux d'établissement** – peu importe que celui-ci soit l'unique délégué dont dispose le syndicat dans l'entreprise.

Le calcul des effectifs s'effectue dans les conditions précisées au point 1.2 qui précède.

5.2 Désignation

Le lecteur est invité à se reporter aux développements concernant la désignation des délégués syndicaux[18].

5.3 Fonctions

Le délégué syndical central est chargé au niveau de l'entreprise, des attributions exercées par les délégués syndicaux au niveau des établissements[19].

5.4 Crédit d'heures

– Le délégué syndical central désigné dans les entreprises de 2 000 salariés et plus bénéficie d'un crédit d'heures légal spécial de 20 heures par mois qui s'ajoute au crédit dont il peut disposer le cas échéant **à un titre autre que celui de délégué syndical d'établissement** (L. 412-20 al. 3).

> *Exemple 1 :*
>
> Est nommé délégué syndical central, un membre titulaire du comité d'établissement A. Son crédit d'heures mensuel sera porté à 40 heures : 20 heures en sa qualité d'élu titulaire ; 20 heures en sa qualité de délégué syndical central.
>
> *Exemple 2 :*
>
> Est nommé délégué syndical central, le délégué syndical de l'établissement A. Le crédit d'heures mensuel normal dont il dispose en sa qualité de délégué syndical dans cet établissement, compte tenu de la taille de ses effectifs, est de 20 heures : ce crédit servira à l'exercice des deux mandats.
>
> *Exemple 3 :*
>
> Est nommé délégué syndical central, le délégué syndical de l'établissement B. Le crédit d'heures mensuel dont il dispose en sa qualité de délégué syndical dans cet établissement, compte tenu de la taille de ses effectifs, est de 15 heures : ce crédit sera porté à 20 heures du fait du double mandat.

– Dans les entreprises de moins de 2 000 salariés, le délégué syndical d'établissement nommé délégué syndical central ne bénéficie pas d'un crédit d'heures particulier pour l'exercice de ce dernier mandat : son crédit restera à 10, 15, ou 20 heures selon que la taille de l'effectif de l'établissement dans lequel il travaille est comprise entre 50 à 150, 151 à 500, ou supérieure à 500.

5.5 Statut

Sauf disposition spéciale, l'ensemble des règles relatives au délégué syndical d'entreprise est applicable au délégué syndical central.

---

17. La Cour de cassation a eu l'occasion de considérer qu'il est possible de procéder à la désignation d'un délégué syndical central d'entreprise lorsque des personnes morales juridiquement distinctes constituent une unité économique et sociale qui comportent au moins deux établissements de 50 salariés chacun ou plus (Cass. soc., 2 octobre 1985).

18. Voir *supra*, § 2.

19. Voir *supra*, § 3.

6. L'entrave à l'exercice du droit syndical

6.1 Auteur de l'infraction

Il était classique de faire supporter la responsabilité pénale sur le chef d'entreprise lui-même. Un arrêt de la chambre criminelle a remis en cause cette solution en admettant que pouvait être déclaré pénalement responsable pour délit d'entrave « *un préposé investi par délégation d'une parcelle de l'autorité patronale* ».

> *Exemple (Cass. crim., 21 février 1978) :*
>
> Le chef d'atelier avait refusé au délégué l'autorisation de se rendre à une réunion syndicale. Motif allégué : « charge de travail ».
>
> « Prétexte », ont estimé les juges, la gêne que l'absence du salarié aurait apportée à la production n'étant pas établie. Il y avait donc eu délit d'entrave à l'exercice du droit syndical, et délit directement imputable au chef d'atelier lui-même et non à l'employeur comme l'intéressé aurait souhaité voir juger. « Le délit d'entrave à l'exercice du droit syndical est susceptible d'être commis, non seulement par le chef d'entreprise mais aussi, le cas échéant, par d'autres personnes et notamment par un préposé investi par délégation d'une parcelle de l'autorité patronale ».

6.2 Sanctions

6.2.1 La nature des peines

Toute entrave à l'exercice des fonctions des délégués syndicaux est punie d'un emprisonnement d'un an et/ou d'une amende de 3 750 €.

En cas de récidive, l'emprisonnement peut être porté à 2 ans et l'amende à 7 500 €.

6.2.2 L'extension du domaine pénal

Selon une jurisprudence bien établie, des poursuites pénales peuvent être intentées à l'encontre de ceux qui entraveraient l'exercice des fonctions des délégués syndicaux conventionnels : délégués syndicaux supplémentaires par rapport au nombre légal ou délégués syndicaux nommés en dessous du seuil légal de 50 salariés.

Tableau 21 – Récapitulatif des champs d'application envisageables pour la mise en place des délégués syndicaux

• Entreprise unique > 10s < 50s	→ délégués du personnel – délégué syndical d'entreprise ou → délégué syndical conventionnel d'entreprise
• Entreprise < 50s à établissements distincts > 10s	→ délégués du personnel – délégué syndical d'établissement ou → délégué syndical conventionnel d'établissement
• Entreprise unique ≥ 50s	→ délégués syndicaux d'entreprise
• Entreprise < 2 000s à établissements distincts ≥ 50s	→ délégués syndicaux d'établissement → délégué syndical central d'entreprise (choisi obligatoirement parmi les délégués d'établissement)
• Entreprise ≥ 2 000s à établissements distincts ≥ 50s	→ délégués syndicaux d'établissement → délégué syndical central d'entreprise (peut être choisi en dehors des délégués d'établissement).

Chapitre 4

L'institution des délégués du personnel

Les délégués du personnel forment l'un des deux volets des *institutions* représentatives élues du personnel (L. 421-1 et suivant)[1].

1. Le champ d'application des délégués du personnel
2. La désignation des délégués du personnel
3. Le mandat des délégués du personnel

1. Le champ d'application des délégués du personnel

Le champ d'application est très large puisqu'il est prévu l'élection de délégués du personnel notamment « *dans tous les établissements industriels, commerciaux ou agricoles, les offices publics et ministériels, les professions libérales, les sociétés civiles, les syndicats professionnels,... les associations ou tout organisme de droit privé, quels que soient leur forme et leur objet, où sont occupés au moins onze salariés* » (L. 421-1). Nous retiendrons dans les développements qui suivent le cadre industriel et commercial.

1.1 Différents cadres de référence

Ce peut être l'entreprise ou l'établissement distinct et l'unité économique et sociale.

1.1.1 L'entreprise ou l'établissement distinct

A – Les principaux cas de figure

Le schéma ci-après présente les principaux cas de figure envisageables selon la structure organisationnelle de l'entreprise.

+ 10 s.

Soit une entreprise A unique de plus de 10 salariés ; cela implique : élection de délégués du personnel.

Ét. distinct + de 10 s.	Ét. distinct + de 10 s.	Ét. distinct + de 10 s.

entreprise B

Soit une entreprise B composée d'établissements distincts de plus de 10 salariés ; cela implique : élection de délégués du personnel dans chaque établissement.

1. Nous étudierons au § 6 les conditions de mise en place d'une délégation du personnel unique dans les entreprises dont l'effectif est inférieur à 200 salariés.

Ét. non distinct	Ét. non distinct	Ét. non distinct

entreprise C

Soit une entreprise C, composée d'établissements non distincts ; cela implique :
si total > 10 salariés, élection de délégués du personnel sur le plan de l'entreprise.

Ét. distinct + de 10 s.	Ét. distinct – de 11 s.	Ét. distinct – de 11 s.

entreprise D

Soit une entreprise D composée d'un établissement distinct > 10 salariés et d'établissements distincts < 11 salariés ; cela implique :
élection de délégués au niveau de l'établissement distinct > 10 salariés et regroupement des établissements < 11 salariés.

En cette matière, la jurisprudence de la Cour de cassation peut être résumée en deux propositions :

– ou bien l'on est en présence d'établissements distincts et l'effectif de chacun d'entre eux détermine l'existence et l'importance de sa propre représentation ouvrière ;
– ou bien il n'y a pas d'établissements distincts et l'ensemble du personnel de l'entreprise constitue un tout indissociable pour la désignation des délégués du personnel.

La Cour fait toutefois prévaloir le droit de tout salarié à être représenté, ce qui conduit, en présence d'établissements ayant un effectif inférieur au seuil de 11 salariés, à procéder à des regroupements ou à des rattachements.

« *Attendu que, lorsque des centres d'activité d'une entreprise, géographiquement éloignés, n'atteignent pas, pris isolément, l'effectif minimum exigé pour l'élection de délégués du personnel, il y a lieu soit de les regrouper entre eux, soit de les rattacher à un centre plus important en nombre de salariés afin de ne pas priver le personnel qui y sert de la possibilité d'avoir ses intérêts défendus par un délégué* » (Cass. soc., 21 mai 1986 ; Cass. soc., 12 janvier 1993).

B – La définition de l'établissement distinct

La loi n'ayant pas précisé ce qu'il fallait entendre par « *établissement distinct* », c'est aux juges qu'il est revenu d'en rechercher les critères. Nous rappelons que cette notion d'« *établissement distinct* » est **relative** car elle varie suivant l'institution envisagée.

Selon la jurisprudence la plus récente, l'établissement distinct permettant l'élection de délégués du personnel « *se caractérise par le regroupement d'au moins onze salariés constituant une communauté de travail ayant des intérêts propres, susceptibles de générer des réclamations communes et spécifiques, et travaillant sous la direction d'un représentant de l'employeur, peu importe que celui-ci ait le pouvoir de se prononcer sur ces réclamations* » (Cass. soc., 29 janvier 2003).

Cette jurisprudence aligne la définition de l'établissement distinct avec celle retenue pour les délégués syndicaux[2].

L'ordonnance n° 2005-1478 du 1er décembre 2005 portant simplification des élections professionnelles confie désormais à la Direction départementale du travail, de l'emploi et de la formation professionnelle (DDTEFP) le soin d'intervenir en cas de désaccord entre le chef d'entreprise et les organisations syndicales sur la reconnaissance d'établissements distincts.

Par parallélisme, la perte du caractère d'établissement distinct relèvera désormais d'une décision administrative et non plus judiciaire (L. 423-4).

1.1.2 L'unité économique et sociale

Nous invitons nos lecteurs à se reporter sur ce point au paragraphe 1.1.3 du chapitre 3 relatif aux délégués syndicaux. Nous rappelons seulement que la Cour de cassation envisage la possi-

2. Voir nos observations *supra*, chapitre 3, § 1.1.2.

bilité de désigner des représentants du personnel au niveau d'un groupe constitué de sociétés juridiquement distinctes dès lors que l'on peut **constater** la poursuite d'un même objectif économique et la réalité d'une même identité sociale.

Dans cette hypothèse, même si chacune des sociétés ne possède pas le seuil d'effectif requis pour mettre en place des représentants du personnel, la vérification de l'atteinte du seuil requis se fera en additionnant le nombre de salariés employés par chacune d'entre elles.

1.2 Conditions d'effectifs

1.2.1 Les seuils

A – Le seuil légal

L'élection de délégués est légalement obligatoire dans tous les établissements où sont occupés au moins 11 salariés.

B – Le seuil conventionnel

Dans les établissements employant moins de 11 salariés, des délégués du personnel peuvent être institués par voie conventionnelle. Ils bénéficient alors de la procédure protectrice de licenciement applicable aux délégués du personnel désignés en vertu de la loi[3].

1.2.2 Le calcul des effectifs

Il est en tous points identique à celui retenu pour la désignation des délégués syndicaux et nous convions nos lecteurs à se reporter au chapitre 3, § 1.2. Nous nous bornerons à trois observations :

- le calcul de l'effectif d'une entreprise ou d'un établissement sur 12 mois consécutifs ou non au cours des 3 années précédant la date des élections des délégués du personnel s'applique seulement lors de la **mise en place** de cette institution et non lors de son renouvellement ;
- appréciant la portée de l'article L. 412-2 qui prévoit que les travailleurs mis à disposition de l'entreprise par une entreprise extérieure sont pris en compte dans l'effectif au prorata de leur temps de présence dans celle-ci au cours de 12 mois précédents, la Cour de cassation opère une distinction au regard des circonstances de fait :
  - les salariés d'une entreprise prestataire de service ne doivent pas être inclus dans l'effectif de la société utilisatrice en vue des élections professionnelles, dès lors que cette dernière, n'exerce aucun pouvoir de direction sur ces salariés qui demeurent sous l'autorité exclusive des chefs de chantier délégués par la société intervenante ;
  - les salariés d'une entreprise extérieure, qui utilisent les locaux, le matériel et l'outillage fournis par l'entreprise utilisatrice, travaillent sous l'autorité de l'encadrement et se trouvent soumis au règlement intérieur de cette dernière, doivent être pris en compte pour le calcul de l'effectif de l'entreprise utilisatrice en vue des élections professionnelles ;
- concernant l'assiette des effectifs, la Cour de cassation considère que les directeurs ou cadres supérieurs, appelés à représenter le chef d'entreprise dans les réunions avec les délégués du personnel (ou le comité d'entreprise) sont à exclure de l'effectif de l'entreprise, « ... *mais attendu que le juge d'instance, qui a constaté que le directeur de la succursale représentait le chef d'entreprise dans les relations de l'employeur avec les représentants du personnel, a exactement décidé que, sa fonction étant incompatible avec l'exercice des droits d'électorat et d'éligibilité, ce salarié devait, dès lors, être exclu de l'effectif de l'établissement pour les opérations électorales en vue de la désignation des délégués du personnel* » (Cass. soc., 6 juillet 1983). La formule « *exclu de l'effectif*

---

3. Voir *infra*, chapitre 9.

pour les opérations électorales » est assez large pour paraître viser aussi bien le calcul de l'effectif retenu pour la détermination du nombre des délégués (comme dans l'affaire ici jugée), que le calcul de l'effectif effectué pour savoir si un établissement entre ou non dans le champ d'application de la loi.

La Cour de cassation reprend ici une jurisprudence déjà bien affirmée aux termes de laquelle les directeurs ou cadres supérieurs, appelés à représenter le chef d'entreprise dans les réunions avec les instances élues du personnel, sont exclus du droit de vote et d'éligibilité aux dites instances.

1.2.3 L'incidence de la baisse de l'effectif

À l'expiration du mandat des délégués du personnel, l'institution n'est pas renouvelée si les effectifs de l'établissement sont restés en dessous de 11 salariés pendant au moins 12 mois. Dans ce cas, une nouvelle élection ne peut intervenir qu'après une période de 3 ans au cours de laquelle l'effectif est resté égal ou supérieur à 11 salariés pendant 12 mois, consécutifs ou non, le point de départ de la période de 3 ans commençant à courir à partir de la **fin** du dernier mandat des délégués du personnel (L. 421-1 al. 3).

1.3 Incidence de la modification juridique de l'employeur

En cas de modification dans la situation juridique de l'employeur, notamment par succession, vente, fusion, transformation du fonds, mise en société, « *le mandat des délégués du personnel de l'entreprise qui a fait l'objet de la modification subsiste lorsque cette entreprise conserve son autonomie juridique* » (L. 423-16 al. 3). « *Si cette entreprise devient un établissement [...] ou si la modification [...] porte sur un ou plusieurs établissements distincts qui conservent ce caractère, le mandat des délégués du personnel élus dans l'entreprise ou dans chaque établissement concerné se poursuit jusqu'à son terme. Toutefois, la durée du mandat peut être réduite ou prorogée, pour tenir compte de la date habituelle des élections dans l'entreprise d'accueil...* » (L. 423-16 al. 4). Ce réajustement de la durée aura lieu par voie d'accord entre le nouvel employeur et les organisations syndicales représentatives existant dans le ou les établissements absorbés ou, à défaut, les délégués du personnel concernés.

2. La désignation des délégués du personnel

Les délégués du personnel sont **élus**. Pour faciliter le processus électoral, l'article L. 423-19 précise que « *l'élection des délégués du personnel et l'élection des représentants du personnel au comité d'entreprise ont lieu **à la même date*** ».

2.1 Annonce des élections

Lorsque l'entreprise ou l'établissement atteint le seuil effectif requis, le chef d'entreprise doit **tous les quatre ans** informer le personnel, **par voie d'affichage**, de l'organisation des élections en vue de la désignation des délégués du personnel. Le document affiché précise la date **envisagée** pour le premier tour des élections (L. 423-18 al. 1).

Les organisations syndicales représentatives de l'entreprise sont invitées par le chef d'entreprise à négocier le protocole d'accord préélectoral et à établir les listes de leurs candidats (L. 423-18 al. 2).

En vertu de ces dispositions, c'est donc à l'employeur qu'il revient d'engager le processus électoral dès que les conditions sont requises – peu importe qu'il y ait ou non probabilité de candidats[4].

---

4. Si la loi impose à l'employeur de « susciter » chaque année des élections de délégués du personnel, elle l'oblige aussi à engager un processus électoral, dès lors qu'un salarié ou une organisation syndicale l'invite à le faire. En cas de procès-verbal de carence, il n'y a pas lieu d'attendre un an à compter de sa date pour que cette invitation puisse être prise en considération. La demande d'un salarié ou d'une organisation syndicale peut donc intervenir à tout moment et pas seulement à l'échéance normale, annuelle, où devraient être organisées des élections de délégués (Cass. soc., 12 novembre 1987). Cette règle est transposable à la mise en place d'un comité d'entreprise.

2.1.1 La première désignation

La date, qui sera définitivement retenue pour le premier tour des élections, après avoir été négociée avec les organisations syndicales, doit se placer au plus tard **le 45e jour** suivant celui de l'affichage mentionné au point qui précède.

2.1.2 Le renouvellement

L'invitation des organisations syndicales doit être faite **un mois** avant l'expiration du mandat des délégués en exercice et le premier tour des élections doit avoir lieu dans la **quinzaine** qui précède l'expiration de ce mandat.

2.1.3 Le défaut de candidatures

Lorsque l'absence de candidature aboutit à rendre impossible la mise en place ou le renouvellement des délégués du personnel, **un procès-verbal de carence** doit être établi par le chef d'entreprise : celui-ci l'affiche dans l'entreprise et le transmet dans les 15 jours à l'inspecteur du Travail qui en envoie copie aux organisations syndicales des salariés du département concerné (L. 423-18 al. 5).

L'existence d'un procès-verbal de carence ne fait pas obstacle à la demande ultérieure d'organisation des élections. Dans cette hypothèse, le principe de **simultanéité** des élections délégués du personnel / comité d'entreprise dans les entreprises ayant 50 salariés et plus conduira les DP nouvellement élus à adapter la durée de leur mandat sur celle restant à courir pour les représentants du personnel au CE.

2.2 Conditions de participation aux élections

2.2.1 Les électeurs

La loi pose trois conditions pour qu'un salarié (de l'entreprise ou de l'établissement, selon le cas), de l'un ou l'autre sexe, français ou étranger, puisse être électeur :

– **être âgé de 16 ans accomplis** (sauf dérogation de l'inspecteur du travail) ;
– travailler à la date de l'élection depuis au moins **3 mois** dans l'entreprise.

La condition d'ancienneté s'apprécie *au niveau de l'entreprise* et non au niveau de l'établissement où le salarié demande son inscription sur les listes électorales.

> *Exemple (Cass. soc., 6 janvier 1977) :*
> « Il n'existe, au cas où l'entreprise comporte plusieurs établissements entre lesquels le salarié peut être muté, aucune disposition restreignant l'ancienneté à la présence du salarié dans le dernier établissement sur les listes auquel il demande son inscription. »

On relèvera que l'ancienneté a pu s'acquérir à la suite de contrats distincts ;

– n'avoir encouru aucune condamnation privative du droit de vote.

La jurisprudence apporte deux précisions :

– le salarié dont le contrat de travail est simplement suspendu reste électeur[5] ;
– les directeurs commerciaux, techniques ou administratifs d'une entreprise peuvent, en principe, participer aux élections dès lors qu'ils sont salariés et qu'ils ne sont pas appelés à recevoir les délégués du personnel à la place du chef d'entreprise.

5. Certains arrêts de la Cour de cassation avaient fait, de la perception d'une rémunération une condition de l'électorat pour les salariés dont le contrat était suspendu. Ce stade de l'évolution de la jurisprudence est maintenant dépassé, la Cour admettant désormais l'éligibilité – et par voie de conséquence l'électorat – de salariés dont le contrat est suspendu, sans s'attacher au versement d'une rémunération.

2.2.2 Le contentieux relatif à l'électorat

Les contestations relatives à l'électorat sont portées devant le tribunal d'instance par voie de simple déclaration au greffe dans les 3 jours qui suivent la publication de la liste électorale. Le tribunal statue dans les 10 jours et seul le recours en cassation est possible.

2.2.3 Les candidats

Sont éligibles, à l'exception des conjoint, ascendants, descendants, frères, sœurs et alliés au même degré de l'employeur, les électeurs des deux sexes, français et étrangers, qui répondent aux deux conditions légales ci-après :

– **être âgé de 18 ans accomplis** (sauf dérogation de l'inspecteur du travail) ;

– avoir travaillé dans l'entreprise **pendant un an au moins** de façon ininterrompue ou non (L. 423-8).

La Cour de cassation avait ajouté une condition supplémentaire : être en mesure d'exercer « **effectivement** » les fonctions de délégués. Son souci était de conférer à cette institution toute l'efficacité voulue : on ne pouvait que s'en féliciter.

> *Exemple (Cass. soc., 14 juin 1979) :*
>
> Employé d'une caisse régionale de crédit agricole mutuel, le salarié avait été détaché pour trois ans, à compter du 1er juin 1978, dans des fonctions syndicales permanentes à l'échelon national. Les premiers juges avaient décidé qu'il restait éligible aux élections des délégués du personnel de ladite caisse, au motif essentiel qu'il appartenait toujours au personnel de celle-ci.
>
> À tort : même si son contrat de travail n'était que suspendu, l'éloignement prolongé de l'intéressé ne lui permettait pas d'exercer effectivement les fonctions de délégué du personnel dans son établissement d'origine ; il ne pouvait donc figurer sur les listes de candidats.

Dans un arrêt du 1er décembre 1993, la Cour de cassation est revenue sur cette jurisprudence en déclarant éligible un salarié dont le contrat de travail était suspendu pour maladie. Un arrêt du 22 février 1994 confirme ce revirement en énonçant qu'un salarié en congé de formation pour un an était éligible aux fonctions de délégué du personnel suppléant. On ne peut que regretter que la Cour ait prononcé par voie de simple affirmation sans expliquer les raisons qui la conduisent à modifier sa ligne de jurisprudence antérieure. Dans le même ordre d'idées, la Cour semble rompre dans un arrêt du 12 janvier 1994 avec une autre jurisprudence en précisant en des termes généraux que des salariés détachés par une société mère dans une filiale demeurent éligibles dans cette société mère dès lors qu'ils ont le même intérêt au sort et à la délégation de leur entreprise d'origine que les salariés de cette dernière.

L'ordonnance du 26 mars 1982 sur le travail à temps partiel précise que les salariés occupant un emploi à temps partiel simultanément dans plusieurs entreprises ne sont éligibles que dans l'une de ces entreprises : ils choisissent celle où ils font acte de candidature (L. 423-8).

2.2.4 Le contentieux de l'éligibilité

Les contestations relatives à l'éligibilité sont portées devant le tribunal d'instance par voie de simple déclaration au greffe dans les 15 jours qui suivent la publication de la liste électorale. Le tribunal statue dans les 10 jours et seul le recours en cassation est possible[6].

2.2.5 L'appréciation des conditions d'électorat et d'éligibilité

La Cour de cassation a tranché l'importante question du moment de *l'appréciation* des conditions d'électorat. Elle considère que cette appréciation se fait **à la date du premier tour de scrutin** et qu'il n'est donc pas question d'apporter des correctifs entre les deux tours, la liste électorale étant établie une fois pour toutes (Cass. soc., 21 juillet 1986 ; 7 mars 1990).

---

6. La Cour de cassation a souvent eu l'occasion de rappeler qu'un électeur n'est pas fondé à contester le résultat des élections concernant un autre collège que celui auquel il appartient pour défaut d'intérêt à agir.

En revanche, l'appréciation des conditions d'éligibilité se fait au jour de chaque élection. En d'autres termes, les candidatures pouvant varier d'un tour à l'autre, il y aura nécessairement appréciation des conditions d'éligibilité, et à la date du premier tour, et à la date du second.

2.3 Procédure de désignation

2.3.1 L'étendue des pouvoirs des syndicats représentatifs

Nous ne revenons pas sur la notion de représentativité syndicale étudiée au chapitre 1 sur l'environnement syndical. Nous rappelons seulement que selon la loi du 28 octobre 1982, tout syndicat affilié à l'une des 5 grandes centrales nationales (CGT, FO, CFDT, CFTC, CFE-CGC) est considéré comme représentatif dans l'entreprise pour les élections des représentants du personnel.

Seuls les syndicats représentatifs peuvent négocier le protocole préélectoral avec l'employeur et seuls ils ont le monopole de présentation des candidats au premier tour des élections.

2.3.2 Le protocole préélectoral

Il a pour objet la répartition du personnel dans les collèges électoraux et la répartition des sièges entre les différentes catégories de personnel.

A – L'objet

Le protocole préélectoral a pour objet la répartition du personnel dans les collèges électoraux et la répartition des sièges entre les différentes catégories de personnel.

Soucieux de l'égalité professionnelle entre les femmes et les hommes, le législateur invite les organisations syndicales intéressées, à l'occasion de l'élaboration de ce protocole, à examiner les voies et moyens en vue d'atteindre une représentation équilibrée des femmes et des hommes sur les listes de candidatures (L. 423-3 al. 4).

B – Les parties à l'accord

Le protocole préélectoral fait l'objet d'un accord entre le chef d'entreprise et toutes les organisations syndicales intéressées. À défaut d'accord, l'autorité administrative est appelée à trancher.

C – Le contentieux

En cas de contestation de la décision de l'autorité administrative, celle-ci peut être portée devant le ministre du Travail par la voie du recours hiérarchique ou devant le tribunal administratif par la voie du recours contentieux.

Les recours administratifs *n'ont pas d'effet suspensif* et ils ne font pas obstacle au déroulement des élections selon la répartition décidée par l'autorité administrative. Toutefois la remise en cause ultérieure de sa décision par le ministre ou par la juridiction administrative entraîne l'irrégularité des élections auxquelles il a pu être procédé.

2.3.3 Les collèges électoraux

A – Le nombre

Légalement, les électeurs sont répartis en deux collèges – ouvriers et employés d'une part, ingénieurs, chefs de service, techniciens, agents de maîtrise et assimilés, d'autre part – sauf dans les entreprises ou établissements distincts ne dépassant pas 25 salariés, où l'ensemble du personnel vote dans un seul et même collège, du fait qu'en dessous de ce seuil d'effectifs, un seul délégué titulaire et un seul délégué suppléant sont élus (L. 423-6).

Le nombre et la composition des collèges électoraux ne peuvent être modifiés par une convention, un accord collectif de travail, étendus ou non, ou un accord préélectoral que lorsque la convention ou l'accord est signé par **toutes** les organisations syndicales représentatives existant dans l'entreprise. L'accord préélectoral est obligatoirement transmis à l'inspecteur du travail (L. 433-2 al. 5). Quand un accord modifie le nombre légal de collèges électoraux, il doit nécessairement en définir aussi la composition : l'un ne va pas sans l'autre. Faute d'accord sur la composition des collèges, la disposition conventionnelle relative au nombre deviendrait caduque, et la loi retrouverait toute son application.

B – La liste électorale

L'employeur établit une liste électorale pour chaque collège. Ces listes sont datées et affichées 4 jours au moins avant l'élection, de telle sorte que le délai de 3 jours prévu en matière de contentieux relatif à l'élection puisse être conservé.

2.3.4 La liste des candidats[7]

A – L'établissement des listes des candidats

Au premier tour de scrutin, les listes sont établies par les organisations syndicales représentatives[8]. L'organisation syndicale peut présenter un candidat, syndiqué ou non, à condition bien entendu qu'il fasse partie du personnel de l'entreprise.

En cas d'absence de syndicat représentatif, ou lorsque le syndicat ne présente aucune liste ou lorsque le quorum n'est pas atteint au premier tour des élections, un second tour est organisé, mais la liberté de candidature est alors de droit.

Les listes sont établies pour chaque collège, séparément pour les titulaires et les suppléants.

Il est interdit de faire figurer sur une liste de candidats plus de noms que de sièges à pourvoir, ceci pour éviter le risque de « *fausser la détermination du quotient électoral et le résultat des élections calculé à la proportionnelle* » (Cass. soc., 28 juin 1984). En revanche, ni les organisations syndicales, ni au second tour les candidats indépendants ne sont tenus de présenter des listes complètes ; à la limite une liste peut très bien ne comporter qu'un seul nom.

La double candidature est admise, en ce sens qu'un même candidat peut se présenter tout à la fois sur une liste « titulaire » et sur une liste « suppléant » : pour la Cour de cassation, ce comportement sous-entend qu'en cas de double élection, le candidat est nécessairement déclaré élu en qualité de délégué titulaire.

B – Le dépôt des listes

La loi n'a fixé aucun délai, ni aucune forme particulière pour le dépôt des listes de candidats. C'est pourquoi nous conseillons :

- de prévoir le délai dans le protocole d'accord pré-électoral ;
- de remettre à l'employeur les listes contre récépissé, ou les adresser par lettre recommandée avec accusé de réception. La preuve de la notification des candidatures à l'employeur est très importante, puisque c'est à compter de cette notification que court le délai de 6 mois durant lequel les candidats à l'élection bénéficient d'une procédure protectrice contre toute mesure de licenciement[9].

Enfin, il est courant en pratique d'afficher les listes de candidats avant le scrutin : les syndicats peuvent le faire sur les panneaux qui leur sont réservés.

---

7. La Cour de cassation a eu l'occasion de rappeler à différentes reprises que les listes de candidats aux élections des délégués du personnel (comme à celles du comité d'entreprise) ne peuvent être valablement déposées avant toute décision sur la répartition du personnel dans les collèges électoraux et la répartition des sièges entre les différentes catégories.

8. Deux syndicats affiliés à une même confédération syndicale peuvent, dans un même collège, présenter des listes distinctes de candidats (Cass. soc., 18 avril 1989). Jurisprudence différente pour ce qui concerne les délégués syndicaux : plusieurs syndicats affiliés à la même confédération ne sont pas admis à désigner séparément les délégués syndicaux. Le nombre des délégués syndicaux est fixé par syndicat représentatif, quelles que soient ses ramifications (Cass. soc., 2 avril 1981).

9. Voir *infra*, chapitre 9.

2.4 Organisation des élections

2.4.1. Les principes généraux

Aux termes de l'article L. 423-13, « *les modalités d'organisation et de déroulement des opérations électorales font l'objet d'un accord entre le chef d'entreprise et les organisations syndicales intéressées. Les modalités sur lesquelles aucun accord n'a pu intervenir* ***peuvent*** *être fixées par une décision du juge d'instance statuant en dernier ressort en la forme des référés* ».

La Cour de cassation a eu l'occasion de se prononcer à plusieurs reprises sur la portée de ce texte issu de la loi du 28 octobre 1982 : il résulte de sa dernière jurisprudence qu'il n'est pas exigé que la négociation aboutisse à un accord ; que l'échec des négociations ne conduit pas non plus nécessairement à l'intervention du juge, celle-ci n'étant qu'une possibilité ; et que si personne ne suscite l'intervention du juge, il ne reste plus à l'employeur qu'à fixer seul les modalités pratiques du vote (Cass. soc., 30 octobre 1991).

2.4.2 Les conditions matérielles de vote

Les votes pour désigner les délégués titulaires et suppléants doivent être effectués séparément, et ce, dans chaque collège. Cette exigence entraîne certaines conséquences pratiques dans l'organisation concrète du scrutin.

A – Les bulletins

L'impression des bulletins de vote et la fourniture des enveloppes incombent à l'employeur. Ces bulletins doivent, au premier tour de scrutin, mentionner l'organisation syndicale qui présente les candidats. Des bulletins distincts doivent être établis pour les élections des délégués titulaires et des délégués suppléants.

La mise à la disposition de bulletins de vote blancs par l'employeur n'entraîne pas l'irrégularité des élections. Elle contribue au contraire à la liberté du vote (Cass. soc., 8 juin 1977).

B – Les urnes

Deux urnes doivent être prévues dans chaque collège : l'une pour les titulaires, l'autre pour les suppléants.

C – Les isoloirs

Si selon la loi, le scrutin doit être secret, cela n'implique pas obligatoirement la fourniture d'isoloirs par l'employeur, mais pour éviter toute contestation des élections, l'installation d'isoloirs est conseillée.

D – La date

L'employeur doit fixer la date du scrutin. Il est toutefois normal que les élections des délégués aient lieu dans une période où le plus grand nombre des membres du personnel puisse exprimer directement son vote.

> *Exemple (Tribunal d'instance de Paris, 17 mai 1977) :*
>
> « Pour respecter les prescriptions légales en la matière, la direction de l'entreprise avait fixé aux 13, 14 et 15 juin la date des nouvelles élections des délégués du personnel.
>
> Un syndicat demanda un changement de date faisant valoir qu'à cette époque se cumuleraient départs en vacances et nombreux déplacements en France et à l'étranger, qu'il existait donc un « sérieux risque » pour que le quorum ne soit pas atteint au premier tour, l'organisation du vote par correspondance ne pouvant suppléer ces inconvénients et la propagande électorale ne pouvant se faire que difficilement.
>
> Jugé en effet qu'en l'espèce l'époque la plus favorable pour les élection devait se situer, comme le suggérait le syndicat, dans la deuxième quinzaine d'octobre et non au mois de juin ; jugé que dans ces conditions les élections devaient être reportées et le mandat de délégués en place prorogé en conséquence car il est « normal »,

ont estimé les juges, « que les élections pour la désignation des délégués du personnel aient lieu durant une période où le plus grand nombre des membres du personnel peut exprimer son vote directement, sans avoir recours au vote par correspondance ».

E – L'heure de scrutin

La loi du 28 octobre 1982 précise expressément que l'élection a lieu pendant le temps de travail sauf accord contraire entre l'employeur et toutes les organisations syndicales représentatives de l'entreprise. Nul ne conteste par ailleurs que le vote doit se dérouler sur les lieux de travail.

F – Le déroulement et le contrôle du vote

Les opérations sont dirigées par un bureau de vote, conformément au droit commun électoral. Un bureau doit être constitué par collège électoral. Les conventions collectives précisent souvent la composition des bureaux. Le bureau surveille la régularité du vote, fait émarger les électeurs et coche les noms inscrits sur la liste électorale, clôt le scrutin, procède aux dépouillements, proclame les résultats et dresse le procès-verbal.

La proclamation des résultats ne doit pas se borner à énoncer le nombre de sièges revenant à chaque liste, ce qui serait incomplet. Elle doit indiquer nominativement les élus, avec le nombre de voix obtenu par eux : cette formalité confère aux élus la qualité de représentants du personnel et constitue seule le terme des opérations électorales constatées dans des procès-verbaux, qui doivent être, en principe, établis à la même date (Cass. soc., 26 mai 1977).

1) Les raturages

Selon l'article L. 423-14 alinéa 3, « *lorsque le nom d'un candidat a été raturé, les ratures ne sont pas prises en compte si leur nombre est inférieur à 10 % des suffrages valablement exprimés en faveur de la liste sur laquelle figure ce candidat ; dans ce cas, les candidats sont proclamés élus dans l'ordre de présentation* ».

Sur la base de ce texte, les enseignements suivants peuvent être tirés :

- si le pourcentage de ratures est inférieur à 10 %, l'ordre de présentation est maintenu ;
- si le pourcentage est au moins égal à 10 %, l'attribution se fait selon le nombre de voix obtenu par chaque candidat ;
- si une liste comporte un nombre de ratures inférieur à 10 % pour certains candidats et supérieur à 10 % pour d'autres candidats, seront déclarés élus en premier, selon leur ordre de présentation les candidats ayant moins de 10 % de ratures, et ensuite, pour les sièges restant à attribuer à la liste, les candidats ayant plus de 10 % de ratures selon leur nombre de voix.

La Cour de cassation, quant à elle, est venue préciser la portée de cet article L. 423-14 alinéa 3 :

- en premier lieu, elle considère que cet article doit être « *limité à la conséquence qui en est tirée dans ce texte en ce qui concerne l'ordre dans lequel les candidats d'une même liste doivent être proclamés élus* ». En d'autres termes, cet article est susceptible de jouer uniquement au moment de la désignation des élus, mais nullement au stade de l'attribution des sièges et de leur répartition entre les listes en présence.

Exemple (Cass. soc., 16 juin 1983) :

En l'espèce, l'un des syndicats reprochait au bureau de vote d'avoir, pour déterminer le nombre de voix de chaque liste selon la méthode de la plus forte moyenne, tenu compte intégralement de toutes les ratures. Le tribunal d'instance avait admis ce reproche, annulé l'élection d'un candidat, proclamé un autre élu à sa place, au motif essentiel que le nombre des ratures n'ayant pas atteint le seuil de 10 % fixé par la loi du 28 octobre 1982, il ne devait effectivement en être tenu aucun compte. À tort, dit la Cour de cassation : pas question d'appliquer ici une règle qui ne vaut que pour la désignation des élus.

– en second lieu, elle a jugé que les dispositions relatives au décompte des ratures sont **d'ordre public**. L'arrêt rapporté ci-après à titre d'exemple concerne les élections au comité d'entreprise mais cela est sans importance du fait que les articles relatifs à la comptabilisation des ratures sont rédigés en termes strictement identiques tant pour les élections des délégués du personnel que pour celles des membres du comité (L. 423-14 al. 3, délégués ; L. 433-10 al. 3, comités).

Exemple (Cass. soc., 9 novembre 1983) :

Pour l'élection des membres du comité d'entreprise, un accord conclu entre l'employeur et l'ensemble des syndicats représentatifs dans l'entreprise avait notamment prévu que les bulletins raturés seraient nuls. Le syndicat CGT ayant obtenu 69 bulletins dont un portait une rature, 68 voix seulement lui avaient été décomptées en application de cet accord et le candidat du syndicat CFDT, qui avait obtenu le même nombre de voix (68) avait été élu au bénéfice de l'âge.

Sollicité, le juge d'instance avait rectifié les résultats du vote en décomptant 69 voix pour la CGT, et 68 pour la CFDT.

Juste décompte, estime la Cour de cassation, « car la disposition de l'accord pré-électoral relative aux ratures était ici contraire aux dispositions d'ordre public du dernier alinéa de l'article L. 423-14 » : dès lors que le nombre des ratures était inférieur à 10 % des suffrages valablement exprimés en faveur de la liste sur laquelle figurait le candidat dont le nom avait été rayé, il ne devait pas être tenu compte de cette rature dans le décompte des voix obtenues par ce candidat et c'est bien lui, le candidat CGT, qui devait être déclaré élu avec 69 voix.

2) Le contrôle judiciaire du vote

Le législateur a cherché à diminuer le nombre des irrégularités qui surviennent à l'occasion des élections en instituant la possibilité d'un contrôle judiciaire. L'article L. 423-3 alinéa 5 est ainsi libellé : « *Au cas où le juge d'instance, saisi préalablement aux élections, décide la mise en place d'un dispositif de contrôle de leur régularité, de la liberté et de la sincérité du scrutin, les frais entraînés par ces mesures sont à la charge de l'employeur* ».

G – Le vote par correspondance

Aucun texte légal n'oblige l'employeur qui a **régulièrement** informé les électeurs du lieu et de la date du scrutin par affichage sur les lieux de travail à convoquer spécialement ceux qui se trouveraient absents. Il n'en demeure pas moins que l'employeur peut se trouver obligé d'y procéder en vertu le cas échéant des dispositions d'une convention ou d'un protocole d'accord préélectoral.

Seuls seront appelés à voter par correspondance les salariés éloignés de l'entreprise du fait de leur emploi ou pour des motifs sérieux (VRP, travailleurs à domicile, salariés en congé, salariés accidentés, etc.). L'employeur est tenu de leur adresser, outre le matériel classique indispensable (bulletins de vote, enveloppes) les différents documents qui auraient pu être communiqués aux électeurs en place, tels des circulaires ou tracts de propagande. L'ensemble devra être adressé suffisamment tôt pour que l'électeur puisse retourner son bulletin de vote en temps utile. Les votes devront être acheminés exclusivement par la voie postale afin que puisse être assuré le secret du vote.

Toute irrégularité constatée dans les conditions du vote par correspondance ne conduit pas nécessairement à l'annulation des élections : cela ne serait seulement envisageable que s'il était rapporté que les irrégularités constatées ont pu fausser effectivement les résultats du scrutin.

Exemple (Cass. soc., 21 janvier 1981) :

Dans cette affaire, l'irrégularité d'un seul vote par correspondance avait pu conduire à l'annulation des élections parce que les deux syndicats en concurrence avaient obtenu le même nombre de voix.

La jurisprudence refuse le vote par procuration. « *Le vote par procuration s'exerce uniquement dans les cas et les limites prévues par le Code électoral et ne saurait recevoir application pour l'élection des délégués du personnel* » (ou l'élection des comités d'entreprise) (Cass. soc., 3 juillet 1984).

2.4.3 Le mode de scrutin

Selon les règles fixées par le Code du travail, il s'agit pour l'élection des délégués du personnel, **d'un scrutin de liste à deux tours avec représentation proportionnelle à la plus forte moyenne**.

A – Le premier tour

Il n'est valable que si le nombre des votants **est au moins égal à la moitié des électeurs inscrits**. À défaut, un second tour de scrutin s'impose. La vérification du **quorum** doit se faire pour chaque collège et pour chaque catégorie de délégués, titulaires d'une part, suppléants d'autre part.

Mais qui sont les votants ? Il faut entendre par votant « *les suffrages valablement exprimés* » (Cass. ass. plénière, 2 décembre 1977). En conséquence, les bulletins blancs ou nuls sont à exclure.

Ont été considérés notamment comme votes nuls :
- une liste sur laquelle tous les noms sont rayés (les électeurs ont en revanche la possibilité de rayer le nom de certains candidats) ;
- un bulletin panaché (il est interdit de remplacer sur une liste le nom d'un ou de plusieurs candidats par un ou plusieurs éligibles d'une autre liste, ou encore par un ou plusieurs salariés non candidats) ;
- un bulletin trouvé dans l'urne sans enveloppe ;
- un bulletin surchargé.

B – Le second tour de scrutin

Si le quorum n'a pas été atteint, il est procédé à un second tour de scrutin dans les 15 jours. Les électeurs peuvent alors voter pour des listes de candidats non présentées par des organisations syndicales. Aucun quorum n'est exigé pour le second tour.

C – L'attribution des sièges

1) La première phase d'attribution

Chaque liste obtient autant de sièges que le nombre de voix recueilli par elle contient de fois le **quotient électoral** (R. 423-2).
- Le nombre de voix recueilli par la liste est la moyenne des suffrages obtenus par les candidats de cette liste, calculée en divisant le total des suffrages exprimés en faveur des candidats de la liste, par le nombre de candidats (Cass. soc., 26 mars 1954).
- Le quotient électoral est égal au nombre total des suffrages *valablement* exprimés par les électeurs du collège, divisé par le nombre de sièges à pourvoir.

2) La seconde phase d'attribution

Au cas où aucun siège n'aurait pu être pourvu, ou s'il restait des sièges à pourvoir, ces sièges restants seraient attribués sur la base de la plus forte moyenne. Celle-ci est calculée en divisant le nombre de voix obtenu dans chaque liste, par le nombre des sièges déjà attribués augmenté d'une unité.

La même opération est, le cas échéant, effectuée plusieurs fois, jusqu'à ce que tous les sièges soient pourvus.

> *Exemple :*
>
> Soit un collège « ouvriers-employés » au profit duquel 5 sièges sont à pourvoir avec 3 listes en présence (X, Y, Z).
>
> | | |
> |---|---|
> | Nombre d'inscrits | 215 |
> | Nombre de votants | 207 |
> | Bulletins blancs et nuls | 9 |
> | Suffrages valablement exprimés | 198 |
>
> • Quotient électoral = $\frac{\text{198 suffrages valables}}{\text{5 sièges à pourvoir}}$ = 39,6

Liste X				Liste Y				Liste Z			
Candidats	Voix	Ratures		Candidats	Voix	Ratures		Candidats	Voix	Ratures	
		nb	%			nb	%			nb	%
X1	79	6	7,05	Y1	65	1	1,53	Z1	45	2	4,25
X2	75	10	11,76	Y2	66	0	–	Z2	47	0	–
X3	85	0	–	Y3	65	1	1,53				
X4	77	8	9,4								
X5	84	1	1,17								
Total	400				196				92		

• **Nombre de voix recueilli par chaque liste :**

Liste X : 400 : 5 = 80

Liste Y : 196 : 3 = 65,333

Liste Z : 92 : 2 = 46

• **Attribution des sièges au quotient :**

la liste X contient 2 fois le quotient électoral (80 : 39,6)

... = 2 sièges

la liste Y contient 1 fois le quotient électoral (65,333 : 39,6)

... = 1 siège

la liste Z contient 1 fois le quotient électoral (46 : 39,6)

... = 1 siège

• **Attribution du dernier siège à la plus forte moyenne :**

liste X : $\frac{80}{2 + 1} = 26{,}6$

liste Y : $\frac{65{,}333}{1 + 1} = 32{,}6$ (plus forte moyenne)

liste Z : $\frac{46}{1 + 1} = 23$

Le dernier siège revient à la liste Y.

• **Récapitulatif :**

liste X ... 2 sièges

liste Y ... 2 sièges

liste Z ... 1 siège

• **Désignation des élus :**

liste X : X1 (ratures négligés, car < 10 %)
X3

liste Y : Y1 (ratures négligés, car < 10 %)
Y2

liste Z : Z1 (ratures négligées, car < 10 %)

D – La proclamation des élus

– Lorsque les candidats d'une même liste ont obtenu le même nombre de voix, les sièges attribués à la liste sont dévolus selon l'ordre de présentation. Il ne s'agit là d'ailleurs que de l'application du droit commun lorsque l'incidence du raturage n'est pas appelée à intervenir.

– Lorsque les candidats d'une même liste ont obtenu un nombre de voix différent, les candidats sont élus selon leur ordre de présentation sur la liste sous réserve des règles relatives au raturage.

– Si lors de l'attribution des sièges restant à la plus forte moyenne, deux listes ont à la fois la même moyenne et le même nombre de voix, c'est alors au plus âgé des deux candidats susceptibles d'être élus que le siège est attribué.

E – Le contentieux des opérations électorales

1) La nature

Sauf le contentieux relatif à la répartition du personnel et des sièges entre les collèges électoraux qui est du ressort de la voie contentieuse administrative, les autres litiges sont de la seule compétence du tribunal d'instance.

Le contentieux sur l'électorat nécessite le dépôt d'un recours au secrétariat du greffe du tribunal d'instance dans les 3 jours suivant la publication de la liste électorale ; concernant la régularité des opérations électorales, le contentieux doit faire l'objet d'un recours auprès de ce même secrétariat au plus tard dans les 15 jours qui suivent l'élection[10]. Les motifs de contestation des opérations électorales peuvent être divers : contestation sur les conditions matérielles de vote, sur les conditions d'éligibilité des candidats, sur le caractère représentatif d'un syndicat, sur la détermination d'un établissement distinct, sur les conditions d'effectifs, etc.

2) Les parties intéressées

Peuvent être habilités à former un recours contentieux, l'employeur, les électeurs, les candidats, le délégué désigné, les organisations syndicales et de façon plus générale toute personne, physique ou morale, justifiant d'un **intérêt** pour agir en justice.

3) La procédure

Dans les 10 jours de sa saisine, le tribunal d'instance statue sans frais ni forme de procédure et sur simple avertissement qu'il donne 3 jours à l'avance à toutes les parties intéressées. La décision du tribunal est notifiée par le secrétariat-greffe dans les 3 jours par lettre recommandée avec avis de réception.

Le pourvoi en cassation, seule voie de recours, doit être formé dans les 10 jours.

2.5 Nombre de délégués

Il varie en fonction de deux critères : les effectifs dans l'entreprise et l'absence d'autres institutions représentatives.

2.5.1 Le nombre lié au critère de l'effectif

Selon les dispositions du décret du 8 juin 1983, le nombre des délégués varie comme indiqué dans le tableau ci-dessous :

Effectif de l'entreprise ou de l'établissement distinct	Délégués titulaires	Délégués suppléants
11 à 25	1	1
26 à 74	2	2
75 à 99	3	3
100 à 124	4	4
125 à 174	5	5
175 à 249	6	6
250 à 499	7	7
500 à 749	8	8
750 à 999	9	9

10. La Cour de cassation a jugé recevable la contestation d'élections adressée au greffe du tribunal d'instance par lettre recommandée avec AR qui est expédiée à l'intérieur du délai de 15 jours même si la lettre n'arrive au greffe du tribunal qu'après l'expiration de ce délai.

À partir de 1 000 salariés, il faut ajouter un délégué titulaire et un délégué suppléant par tranche supplémentaire de 250 salariés.

2.5.2 Le nombre lié au critère de l'absence d'autres institutions représentatives

Dans les entreprises ou établissements de 50 salariés et plus où n'a pas été mis en place soit un comité d'entreprise (ou d'établissement) par suite d'une carence de candidature, soit un comité d'hygiène, de sécurité et des conditions de travail, le nombre des délégués tel qu'indiqué au tableau ci-dessus est modifié comme suit pendant la durée d'absence de l'une ou de l'autre de ces deux institutions :

Effectif de l'entreprise ou de l'établissement distinct	Délégués titulaires	Délégués suppléants
50 à 74	3	3
75 à 99	4	4
100 à 124	5	5
125 à 149	6	6
150 à 174	7	7
175 à 199	8	8

« *Les délégués du personnel supplémentaires élus en fonction de ces dispositions perdent leur mandat en cas de mise en place du comité d'entreprise et du comité d'hygiène, de sécurité et des conditions de travail. Il conviendrait donc que le protocole d'accord pré-électoral indique la répartition du ou des délégués supplémentaires par collège étant précisé que ce sont les derniers élus ainsi répartis qui perdront éventuellement leur mandat* » (circulaire du ministère du Travail du 28 juin 1984).

2.6 Entrave à la désignation

Toute entrave à la libre désignation des délégués du personnel est punie d'un emprisonnement d'un an et/ou d'une amende de 3 750 €. En cas de récidive, l'emprisonnement peut être porté à 2 ans et l'amende à 7 500 €.

3. Le mandat des délégués du personnel

3.1 Durée du mandat

Jusqu'alors de 2 ans, renouvelable, la durée du mandat des délégués du personnel a été portée à **4 ans**, renouvelable, par la loi du 2 août 2005 « *en faveur des petites et moyennes entreprises* » (L. 423-16). Cette nouvelle disposition légale n'a vocation à s'appliquer qu'à compter des élections intervenant après le 4 août 2005.

Toutefois et par dérogation, un accord collectif de branche, de groupe ou d'entreprise peut fixer une durée **comprise entre 2 et 4 ans**.

3.2 Remplacement en cours de mandat

3.2.1 Le remplacement d'un délégué titulaire

A – Les causes

Le remplacement intervient en cas de décès, de démission, de résiliation du contrat de travail, de perte des conditions requises pour l'éligibilité, de révocation en cours de mandat sur proposition de l'organisation syndicale qui l'a présenté, approuvé au scrutin secret par la majorité des membres composant le collège électoral auquel il appartient. Il peut y avoir lieu également à remplacement lorsque le délégué titulaire se trouve momentanément absent pour une cause quelconque (maladie, congés, etc.). Une précision s'impose : la suppléance s'applique lorsque le titulaire est absent de l'entreprise à un instant donné, alors même que son contrat de travail n'est pas suspendu (ex. : organisation du travail en équipes successives).

Les délégués du personnel conservent leur mandat en cas de changement de catégorie professionnelle même si celui-ci entraîne également un changement de collège électoral (L. 423-16).

B – Les modalités de remplacement

Lorsqu'un délégué titulaire cesse ses fonctions pour une des raisons ci-dessus, son remplacement est assuré :

- par le suppléant de la même catégorie professionnelle ;
- à défaut, par le suppléant d'une autre catégorie appartenant au même collège ;
- à défaut, par le suppléant d'un collège différent ;
- à défaut, par le premier candidat non élu de la liste sur laquelle figurait le titulaire à remplacer ;
- à défaut, par le suppléant de la même catégorie présenté sur une autre liste et ayant obtenu le plus grand nombre de voix.

Le suppléant devient titulaire jusqu'au retour de celui qu'il remplace ou jusqu'au renouvellement de l'institution. Nous notons à ce sujet que le délégué du personnel suppléant ne dispose d'aucun crédit d'heures propre et qu'en conséquence l'exercice d'une mission donnée ne peut se faire qu'en utilisant le crédit d'heures du délégué titulaire qu'il remplace (sous réserve de l'application de dispositions conventionnelles plus favorables).

3.2.2 Le remplacement d'un suppléant

La loi est totalement muette sur le remplacement du délégué suppléant appelé, pour quelque raison que ce soit, à cesser ses fonctions. Son remplacement n'est donc pas obligatoire sauf s'il était prévu par les dispositions particulières d'une convention collective applicable à l'entreprise.

3.3 Élections partielles

Si, à la suite de la défection de plusieurs titulaires, l'institution se trouve dans l'impossibilité de fonctionner normalement, il est utile que pour son bon fonctionnement des élections partielles soient organisées pour pourvoir les sièges vacants jusqu'à son prochain renouvellement. La loi impose elle-même à l'employeur de procéder à des élections partielles si un collège électoral n'est plus représenté ou si le nombre des membres titulaires est réduit de moitié ou plus, sauf si ces événements interviennent moins de 6 mois avant le terme du mandat des délégués du personnel (L. 423-16 al. 2).

3.4 Cessation du mandat

Selon l'article L. 423-4, « *la perte de la qualité d'établissement distinct reconnue par décision judiciaire emporte la cessation des fonctions des délégués du personnel sauf accord contraire conclu entre le chef d'entreprise et les organisations syndicales représentatives permettant aux délégués du personnel d'achever leur mandat.* »

Nous rappelons que la perte de l'autonomie juridique de l'entreprise à la suite d'une opération visée à l'article L. 122-12 alinéa 2 donne lieu à la cessation du mandat.

3.5 Cumul de mandats

Il est possible de cumuler plusieurs fonctions représentatives (ex. : délégué syndical, délégué du personnel). Les cumuls logiquement impossibles sont les suivants : membre élu au comité d'entreprise ou d'établissement ou au comité central d'entreprise et simultanément représentant syndical dans ces mêmes institutions.

Selon les dispositions des articles L. 225-30 et L. 225-80 du Code de commerce, le mandat d'administrateur (ou des membres du conseil de surveillance) **élu** par les salariés est incompatible avec tout mandat de délégué syndical, de membre du comité d'entreprise, de délégué du personnel ou de membre du comité d'hygiène, de sécurité et des conditions de travail de la société. L'administrateur qui, lors de son élection, est titulaire d'un ou de plusieurs de ces mandats doit s'en démettre dans les huits jours. À défaut, il est réputé démissionnaire de son mandat d'administrateur.

Chapitre 5

Les attributions des délégués du personnel

1. Les missions particulières

Les délégués du personnel remplissent une mission spécifique, quelle que soit la taille de l'entreprise ou de l'établissement : cette mission leur est propre ; par ailleurs ils exercent des attributions en matière de formation professionnelle dans les seules entreprises de moins de 50 salariés ; enfin la nature de leurs interventions varie selon que l'entreprise ou l'établissement a ou n'a pas de comité d'entreprise ou d'établissement ou de CHSCT.

1.1 Mission spécifique

Elle présente deux aspects.

1.1.1 La présentation des réclamations

A – Les réclamations du personnel salarié de l'entreprise

« *Les délégués du personnel ont pour mission de présenter aux employeurs toutes les réclamations individuelles et collectives relatives aux salaires, à l'application du Code du travail et des autres lois et règlements concernant la protection sociale, l'hygiène et la sécurité, ainsi que des conventions et accords collectifs de travail applicables dans l'entreprise* » (L. 422-1). L'institution par l'employeur d'une procédure parallèle de règlement des réclamations des salariés serait jugée constitutive de « *délit d'entrave à fonctions* ».

L'énumération donnée à l'article L. 422-1 n'est pas limitative et les délégués du personnel gardent compétence pour toutes les réclamations auxquelles l'application du contrat de travail peut donner lieu, notamment celles relatives à la durée du travail, au repos hebdomadaire, aux conditions de travail des femmes, etc.

Dans les entreprises d'une certaine importance, où plusieurs délégués du personnel ont pu être désignés, chacun a seulement vocation en principe pour s'occuper des réclamations des salariés appartenant au collège qui l'a élu. Le délégué exerce son mandat pour la catégorie professionnelle qu'il représente.

Nous rappelons que l'introduction des sections syndicales d'entreprise a suscité de nombreuses difficultés et contestation sur les domaines respectifs de compétence des délégués du personnel et des délégués syndicaux[1]. On gardera à l'esprit que le délégué syndical a une mission de **revendication**, c'est-à-dire orientée vers une modification d'une situation de droit déterminée (légale ou conventionnelle) alors que la mission du délégué du personnel est davantage tournée vers l'**application** précise de cette situation de droit.

> *Exemple (Cass. crim., 26 janvier 1993) :*
>
> Un employeur avait été saisi par les délégués du personnel de demandes tendant :
>
> – à une augmentation des salaires et des congés supplémentaires pour tout le personnel,
>
> – à une réévaluation de diverses primes,
>
> – à une réduction de la durée du travail.
>
> Cet employeur avait refusé d'examiner ces revendications au motif qu'elles étaient du ressort exclusif de la négociation collective et donc des syndicats.
>
> S'il est vrai que, dans le domaine des salaires, la mission des délégués du personnel ne se limite pas aux seules réclamations ayant pour but l'application des règles de droit, l'augmentation des rémunération et la réduction de la durée du travail relèvent de la négociation collective avec les organisations syndicales que l'employeur est tenu d'engager chaque année dans les entreprises où sont constituées une ou plusieurs sections syndicales.
>
> En d'autres termes, si les délégués du personnel peuvent être amenés à présenter des réclamations sur ces questions, visant non seulement à assurer l'application des règles légales ou conventionnelles en vigueur mais aussi à faire évoluer ces dernières, leur compétence s'arrête là où commence celle des représentants syndicaux.
>
> Or, une augmentation générale des salaires et une réduction de la durée du travail entrent incontestablement dans le champ de la négociation annuelle d'entreprises, obligatoire dès lors que l'employeur trouve, dans l'entreprise, un interlocuteur syndical.

La Cour de cassation a eu à se prononcer sur la question suivante : un salarié qui entend, **de sa propre initiative**, présenter une réclamation le concernant à son employeur et sollicite à cet effet un rendez-vous avec lui, peut-il lui imposer la présence d'un délégué du personnel ? Y aurait-il délit d'entrave à la refuser ? Sa réponse est très claire : l'employeur est en droit de refuser la présence d'un délégué du personnel puisque l'initiative de la demande d'entretien revient au salarié et non au délégué, qui n'intervient donc pas dans le cadre de sa mission de présentation des réclamations individuelles.

B – Les réclamations du personnel extérieur à l'entreprise

– Les salariés d'entreprises extérieures, qui ne se trouvent pas sous la subordination directe de l'entreprise utilisatrice, peuvent demander l'intervention de délégués du personnel de l'établissement, dans le domaine des conditions d'exécution du travail (notamment l'hygiène, la sécurité et les conditions de travail) qui **relèvent** du chef de l'entreprise utilisatrice.

– Les travailleurs temporaires peuvent demander l'intervention des délégués du personnel de l'entreprise utilisatrice pour présenter toutes réclamations individuelles ou collectives concernant leur rémunération, leurs conditions d'exécution du travail et le bénéfice de certains avantages collectifs. Les délégués ont par ailleurs la possibilité de prendre connaissance des contrats de mise à disposition conclus entre leur entreprise et une entreprise de travail temporaire.

C – Le droit d'alerte

1) L'atteinte aux droits des personnes ou aux libertés individuelles

L'atteinte constatée par un délégué du personnel aux droits des personnes ou aux libertés individuelles lui permet de faire diligenter une enquête pouvant déboucher en cas de difficulté sur l'ouverture d'une action prud'homale.

« *Si un délégué du personnel constate, notamment par l'intermédiaire d'un salarié, qu'il existe une atteinte aux droits des personnes ou aux libertés individuelles dans l'entreprise qui ne serait pas justifiée par la nature de la tâche à accomplir ni proportionnée au but recherché, il en saisit immédiatement l'employeur.*

1. Voir *supra*, chapitre 3.

L'employeur ou son représentant est tenu de procéder sans délai à une enquête avec le délégué et de prendre les dispositions nécessaires pour remédier à cette situation.

En cas de carence de l'employeur ou de divergence sur la réalité de cette atteinte et à défaut de solution trouvée avec l'employeur, le salarié, ou le délégué si le salarié concerné averti ne s'y oppose pas, saisit le bureau de jugement du conseil de prud'hommes qui statue selon les formes applicables au référé.

Le juge peut ordonner toutes mesures propres à faire cesser cette atteinte et assortir sa décision d'une astreinte qui sera liquidée au profit du Trésor » (L. 421-1-1).

2) Le harcèlement moral

Selon les mêmes modalités que celles exposées au 1) qui précède, il revient aux délégués du personnel d'alerter sur l'existence de pratiques de harcèlement moral.

Il résulte de l'article L. 122-49 que constituent des actes de harcèlement moral les agissements **répétés** qui ont pour objet ou pour effet une dégradation des conditions de travail du salarié susceptible de porter atteinte à ses droits et à sa dignité, d'altérer sa santé physique ou mentale ou de compromettre son avenir professionnel[2].

1.1.2 L'intervention auprès de l'Inspection du travail

Les délégués sont habilités à saisir l'Inspection du travail de toutes les plaintes et observations relatives à l'application des prescriptions légales et réglementaires, dont elle est chargée d'assurer le contrôle.

« *L'inspecteur du travail doit se faire accompagner dans ses visites par le délégué compétent, si ce dernier le désire* » (L. 422-1 al. 6). Sous l'état du droit antérieur, on considérait que la présence du délégué ne s'imposait seulement que lorsque l'inspecteur procédait à une visite en vue de donner suite à une observation ou à une réclamation qui lui avait été transmise expressément par le délégué, libre à lui de vouloir ou non se faire accompagner dans les autres cas.

1.2 Missions en matière de formation professionnelle

Aux termes de l'article L. 932-7, les attributions ci-après précisées ne sont dévolues aux délégués du personnel que dans les entreprises de moins de 50 salariés.

Dans ces entreprises, « *les délégués sont investis des missions dévolues aux membres du comité d'entreprise en matière de formation professionnelle* ». En ce sens, ils sont obligatoirement consultés sur les orientations de la formation professionnelle et doivent donner leur avis sur le plan de formation de l'entreprise[3].

1.3 Nature des missions des délégués en fonction de l'absence ou de la présence d'autres institutions

1.3.1 La mission en l'absence d'un comité d'entreprise

A – Le cas des entreprises < 50 salariés

Dans ces entreprises, il n'y a pas d'obligation légale à mettre en place un comité d'entreprise. Dans de nombreux domaines, les délégués du personnel se voient alors octroyer de façon aménagée certaines des attributions normalement dévolues au comité d'entreprise. Ces attributions étant

---

2. La pratique de harcèlement moral est à la fois punie par le Code pénal (art. 222-33-2 : 1 an d'emprisonnement et 15 000 € d'amende) et par le Code du travail (L. 152-1-1 : 1 an d'emprisonnement et/ou une amende de 3 750 €). Conformément aux règles du cumul d'infractions prévu par l'article 132-3 du Code pénal, l'auteur du harcèlement moral pourra encourir la peine de même nature la plus élevée, prévue par l'un ou l'autre de ces textes, soit en l'espèce, un an d'emprisonnement et 15 000 € d'amende.
3. Voir *infra*, chapitre 6, § 2.2.

particulièrement variées, il nous a paru préférable de les présenter sous la forme d'un tableau récapitulatif plutôt que de les analyser une par une et nous invitons nos lecteurs à se reporter au point II de ce tableau placé à la fin du chapitre 8.

B – Le cas des entreprises ≥ 50 salariés

Dans ces entreprises, il y a lieu en vertu des textes légaux de mettre en place un comité d'entreprise et de procéder à son renouvellement tous les quatre ans. En cas de **carence** constatée, outre les attributions présentées au point A qui précède, les délégués du personnel se voient confier les **attributions économiques** du comité : c'est là une innovation majeure de la loi du 28 octobre 1982 qui a ainsi accru le rôle que peuvent être appelés à jouer les délégués du personnel de l'entreprise (L. 431-3). En l'absence de comité d'entreprise, les délégués du personnel se voient également dotés de prérogatives en matière sociale.

1) Les prérogatives économiques

a) Conditions d'exercice

Les délégués du personnel reçoivent l'exercice de ces attributions dans deux hypothèses :

- soit parce qu'il aura été établi **un procès-verbal de carence** constatant l'impossibilité de constituer ou de renouveler le comité faute de candidats[4] : exercice **de droit** des attributions économiques ;
- soit parce qu'il aura été décidé entre le chef d'entreprise et l'ensemble des organisations syndicales représentatives de l'entreprise de procéder à la suppression du comité en place : exercice des attributions économiques seulement **sur accord exprès** des parties concernées.

b) Nature des attributions

Les attributions économiques du comité telles que définies aux articles L. 432-1 à L. 432-5 sont présentées au point IV du tableau récapitulatif précité.

c) Moyens

Afin de leur permettre d'exercer avec une plus grande efficacité leurs attributions économiques, les délégués du personnel se trouvent dotés d'un certain nombre de moyens :

- bénéfice d'un crédit d'heures personnel **complémentaire** de 20 heures par mois ;
- possibilité de se faire assister d'un expert-comptable et d'experts rémunérés par le chef d'entreprise dans les mêmes conditions que le comité d'entreprise ;
- bénéfice d'une formation économique de 5 jours ouvrables au maximum ;
- gestion conjointe avec l'employeur d'un budget de fonctionnement (0,2 % de la masse salariale brute).

d) Prérogatives particulières en cas de situation économique préoccupante[5]

Elles sont issues de la loi du 1er mars 1984 « *relative à la prévention et au règlement amiable des difficultés des entreprises* », qui a introduit l'article L. 422-4 dans le Code du travail. Le décret d'application date du 1er mars 1985.

Lorsque les délégués ont connaissance de faits de nature à affecter de **manière préoccupante** la situation **économique** de l'entreprise (ex. : baisse importante du carnet de commande ; graves difficultés de trésorerie ; rentabilité insuffisante ; pertes répétées ; « faillite » de gros clients), **ils peuvent demander des explications** à l'employeur. Cette demande est inscrite de droit à l'ordre du jour de la **première réunion** entre les délégués du personnel et l'employeur suivant la demande. Il est établi, à cette occasion, un procès-verbal.

---

4. Voir *infra*, chapitre 6, § 2.2.
5. Il s'agit du droit d'alerte des délégués du personnel.

S'ils n'ont pu obtenir de **réponse suffisante** ou si la réponse qui leur a été donnée révèle le **caractère préoccupant** de la situation économique de l'entreprise, ils peuvent, après avoir pris l'avis d'un expert-comptable, dans les mêmes conditions que pourrait le faire le comité d'entreprise ainsi que celui du commissaire aux comptes, s'il en existe un, mettre en œuvre une procédure d'alerte.

- Dans les sociétés à conseil d'administration ou à conseil de surveillance ainsi que dans les autres personnes morales dotées d'un organe collégial, ils peuvent décider de saisir de la situation l'organe chargé de l'administration ou de la surveillance pour qu'il en délibère à l'occasion de sa **prochaine** réunion, à condition d'avoir été saisi au moins 15 jours avant ladite réunion ; à défaut il devra en avoir délibéré dans le mois de sa saisine.

  L'extrait du procès-verbal est adressé aux délégués du personnel **dans le mois** qui suit la réunion où aura eu lieu cette délibération spéciale (L. 422-4 ; R. 422-1).
- Dans les autres types de sociétés ou dans les GIE, ils peuvent décider d'informer les associés ou les membres du groupement de la situation en leur communiquant la demande d'explications. Cette communication doit être faite par le gérant ou les administrateurs dans **les 8 jours** de la délibération des délégués (L. 422-4 ; R. 422-2).

e) Publicité des débats

Les débats sur les questions économiques font l'objet d'un **procès-verbal spécifique**, qui sera adopté après modifications éventuelles lors de la réunion suivante et pourra faire l'objet d'un affichage, après accord entre les délégués du personnel et l'employeur.

2) Les prérogatives sociales

Aux termes de l'article L. 422-5, les délégués du personnel assurent, conjointement avec le chef d'entreprise, le fonctionnement de toutes les institutions sociales de l'établissement quelles qu'en soient la forme et la nature. Les délégués du personnel ne constituant toutefois pas une personne morale dotée de la personnalité civile, ils ne peuvent donc contracter qu'à titre individuel et non pas en tant que mandataires de l'institution, l'employeur continuant à assurer la responsabilité juridique de la gestion. Le fonctionnement conjoint implique donc qu'aucun acte de gestion des activités sociales et culturelles ne peut avoir lieu sans l'accord de la majorité des délégués du personnel et celui de l'employeur. En cas de désaccord, entre l'employeur et les délégués du personnel, le différend ne peut être tranché que par la juridiction compétente en la matière, à savoir le tribunal de grande instance.

1.3.2 La mission en cas de présence d'un CE

Dans cette hypothèse, le rôle des délégués du personnel se cantonne essentiellement à la mission spécifique telle que décrite au point 1.1 qui précède.

Les délégués ont toutefois compétence pour communiquer au comité toutes les suggestions et observations sur toutes les questions entrant dans sa compétence.

1.3.3 La mission en l'absence d'un CHSCT

A – Le cas des entreprises < 50 salariés

Dans ces entreprises, il n'y pas d'obligation légale à mettre en place un CHSCT. Les délégués sont alors appelés à remplir les missions confiées à ce comité, mais ils ne pourront les exercer que dans le cadre de leurs 15 heures mensuelles de délégation (L. 236-1), auxquelles s'ajoute normalement le temps passé avec l'employeur lors des réunions mensuelles obligatoires.

B – Le cas des entreprises ≥ 50 salariés

Dans ces entreprises, nous rappelons qu'en vertu des textes légaux, il y a lieu de mettre en place un CHSCT. À défaut d'une telle mise en place, les délégués du personnel sont appelés à le remplacer ; ils sont investis des mêmes missions que les membres du comité et disposent des **mêmes moyens**[6].

---

6. Voir Partie 3, chapitre 3, § 2.4.

1.3.4 La mission en cas de présence d'un CHSCT

Les délégués du personnel procèdent, conjointement avec les membres du comité d'entreprise, à la désignation des représentants du personnel de ce comité. Ils ont qualité pour lui communiquer toutes les suggestions et observations du personnel sur toutes les fonctions relevant de sa compétence. L'existence d'un comité d'hygiène ne prive pas les délégués du personnel de leur droit de présenter à l'employeur les réclamations individuelles ou collectives concernant l'hygiène et la sécurité.

2. Les modalités d'exercice des fonctions de délégué

Pour exercer leurs attributions, le législateur octroie aux délégués du personnel un certain nombre de prérogatives et moyens.

2.1 Bénéfice d'un crédit d'heures

Chaque délégué du personnel titulaire dispose d'un crédit d'heures mensuel[7] dont le montant varie en fonction de 2 critères[8] :

– *taille de l'entreprise ou de l'établissement*
  - 11 < salariés < 50 → 10 h / mois
  - salariés > 50 → 15 h / mois

– *absence de comité d'entreprise sur la base d'un constat de carence*
  - Entr. ou Et. > 50 salariés → 20 h / mois **complémentaires** (exercice des attributions économiques du CE)

À ces heures de délégation, s'ajoute le temps passé aux réunions obligatoires imposées par la loi ou tenues à l'initiative de l'employeur.

2.1.1 La nature du crédit d'heures

Le crédit d'heures de délégation dont bénéficient les délégués du personnel est un crédit mensuel, individuel et non forfaitaire.

A – Un crédit mensuel

Comme pour les délégués syndicaux, le crédit d'heures s'applique à chaque mois civil, indépendamment des périodes partielles de non-activité. De même, il n'est pas possible de reporter d'un mois sur l'autre un crédit d'heures non utilisé.

B – Un crédit individuel

À la différence des délégués syndicaux, le législateur n'a pas expressément ouvert la possibilité d'une répartition du crédit d'heures entre les différents délégués du personnel d'une même organisation syndicale. On en déduit que le crédit d'heures alloué aux délégués du personnel est **individuel** (même position pour les membres du comité d'entreprise).

La Cour de cassation va plus loin en considérant que **ni un accord ni un usage** ne peut en admettre la possibilité.

> *Exemple (Cass. soc., 22 octobre 1984) :*
>
> Un accord d'entreprise avait permis le cumul des heures de délégation entre membres du comité. Trois employés, membres du comité d'entreprise, avaient, sur le fondement de cet accord, demandé que leur

---

7. Le délégué suppléant ne peut disposer que du crédit d'heures du titulaire qu'il est appelé à remplacer.

8. N'est pas prise ici en considération l'hypothèse d'une délégation du personnel unique mise en place dans les entreprises dont l'effectif est inférieur à 200 salariés (voir *infra*, § 6).

employeur leur rembourse les retenues opérées sur leur salaire en excédent du crédit d'heures dont ils disposaient. Les juges du premier degré leur avaient donné gain de cause. À tort, dit la Cour de cassation, qui casse le jugement prud'homal : on ne saurait « reconnaître force obligatoire à un accord susceptible de porter atteinte au libre exercice de leur mandat pour les membres du comité d'entreprise, et comme tel illicite ».

Solution sévère, surtout si tout le monde est « pour ». Loin de porter atteinte au libre exercice du mandat, le cumul peut donner au contraire plus de souplesse et d'efficacité au fonctionnement de l'institution, eu égard aux circonstances du moment.

Renforçant sa jurisprudence, la Cour de cassation dans un arrêt du 20 octobre 1994 a confirmé une décision de cour d'appel considérant comme justifiée la sanction infligée au salarié en raison de ses absences répétées pour lesquelles il s'arrogeait unilatéralement le crédit d'heures des autres représentants du personnel.

C – Un crédit non forfaitaire

Il est bien clair que les délégués du personnel ne jouissent du crédit d'heures dont leur fait bénéficier le législateur que pour exercer la mission dont ils se trouvent investis. Toute utilisation non conforme pourrait être remise en question par l'employeur comme nous nous en expliquons dans les développements qui suivent.

2.1.2 L'utilisation des heures de délégation

Les heures de délégation doivent être utilisées conformément aux fonctions que la loi attribue aux délégués du personnel.

A – L'activité intérieure

Compte tenu de la mission spécifique dévolue aux délégués du personnel, elle s'exerce essentiellement à l'intérieur de l'entreprise ou de l'établissement. Cela implique la possibilité de circuler à l'intérieur de l'entreprise, mais aussi celle de s'entretenir directement avec les salariés. Les dispositions de la loi du 28 octobre 1982 sont très claires à ce sujet puisqu'elles précisent, à l'instar des délégués syndicaux, que les délégués du personnel peuvent « *circuler librement dans l'entreprise et y prendre tous contacts nécessaires à l'accomplissement de leur mission, notamment auprès d'un salarié à son poste de travail, sous réserve de ne pas apporter de gêne importante à l'accomplissement du travail des salariés* » . Il est également précisé que les délégués du personnel peuvent se déplacer dans l'entreprise « *tant durant les heures de délégation qu'en dehors de leurs heures habituelles de travail* » (L. 424-3).

B – L'activité extérieure

Les délégués du personnel sont appelés moins fréquemment que les membres du comité d'entreprise à se déplacer à l'extérieur de l'entreprise, en raison de la nature de leur mission.

2.1.3 Le paiement des heures de délégation

Nous invitons nos lecteurs à se reporter à ce qui a été développé à ce sujet à propos du paiement des heures de délégation des délégués syndicaux[9] tout en formulant deux observations fondamentales :

– les heures de délégation n'étant pas considérées comme un forfait, elle ne sont payées comme temps de travail que dans la mesure où elles ont été utilisées à une mission rentrant dans le cadre des fonctions de délégué du personnel.

Exemple 1 (Cass. soc., 6 octobre 1977) :

En participant à une réunion syndicale ayant pour objet de préparer l'ordre du jour d'une réunion syndicat-direction, les délégués du personnel remplissent une mission syndicale excédant le cadre de leurs fonctions dans l'entreprise. En l'espèce, la réunion avait été organisée par un syndicat à l'intention des délégués

9. Voir *supra*, chapitre 3, § 3.2.6 et § 3.2.7.

syndicaux de différentes entreprises : il s'agissait d'une réunion d'étude à programme bien délimité, traitant de l'amélioration du pouvoir d'achat, des conditions de vie et de travail, des salaires et des appointements, de la grille hiérarchique, d'une extension du droit syndical dans l'entreprise, de revalorisation des indemnités de poste et de prime de transport, tous sujets relevant de la compétence des délégués syndicaux ; mais au motif qu'il n'existait pas de section syndicale dans leur entreprise, les délégués du personnel concernés avaient cru pouvoir y assister, exerçant les prérogatives de délégués syndicaux, et utiliser à cette fin leur crédit mensuel d'heures de fonctions.

À tort : le temps consacré par un délégué du personnel à une activité syndicale – et c'en était une – ne doit pas être rémunéré au titre des heures de délégation.

Exemple 2 (Cass. soc., 24 février 1955) :

L'absence de deux délégués, qui s'étaient rendus à la caisse primaire de sécurité sociale, pour y discuter d'une question de maladie professionnelle, rentrait bien dans l'exercice de leurs fonctions et devait être, en conséquence, rémunérée comme temps de travail.

Exemple 3 (Cass. soc., 22 novembre 1961) :

C'est à bon droit que l'employeur a été condamné à payer à un délégué deux heures consacrées à s'entretenir avec l'inspecteur du Travail, visite en corrélation étroite avec des difficultés créées par l'employeur dans l'exercice de ses fonctions.

Exemple 4 (Cass. soc., 24 mars 1993) :

En participant à une réunion organisée par un syndicat ayant trait à l'environnement économique et social de leur entreprise, des délégués du personnel font une utilisation de leurs heures de délégation non conforme à leur mandat.

– la loi du 28 octobre 1982 aligne les modalités du contrôle a posteriori du chef d'entreprise concernant l'utilisation des heures de délégation des délégués du personnel sur celles adoptées pour les délégués syndicaux. Jusqu'alors, la Cour de cassation exigeait que les délégués du personnel fassent la preuve de la nature de leurs déplacements. Désormais, le temps de délégation étant de plein droit considéré par la loi comme temps de travail et devant être payé à l'échéance normale, c'est à l'employeur, qui conteste le bien-fondé de l'usage fait du temps alloué, qu'il appartient de saisir la juridiction compétente[10].

Il convient de distinguer le paiement des heures de délégation et celui des frais de déplacement. Aucune disposition légale ne met à la charge de l'employeur les frais de déplacement que les délégués du personnel peuvent engager dans l'utilisation de leurs heures de délégation. On prendra soin, par contre, de consulter à ce sujet les dispositions conventionnelles applicables à l'entreprise (convention collective, accord d'entreprise).

2.1.4 Le dépassement du crédit d'heures

A – Le principe

Lorsque le crédit d'heures a été épuisé, il semble que le délégué du personnel ne puisse plus demander d'heures complémentaires même non payées. Nous avons déjà évoqué les hésitations actuelles lors de nos développements concernant le dépassement du crédit d'heures des délégués syndicaux. Il en va de même pour les délégués du personnel : une décision de principe de la Cour de cassation serait souhaitable.

B – L'exception

Depuis longtemps, la loi a admis expressément que les délégués du personnel pouvaient prendre des heures complémentaires payées en cas de « *circonstances exceptionnelles* ». Mais voilà une expression que le législateur n'a pas définie, ce qui oblige à s'interroger, cas par cas, sur la réalité des « *circonstances exceptionnelles* ».

---

10. La présomption de bonne utilisation des heures de délégation s'applique aussi lorsque les fonctions de délégué du personnel sont assurées par le suppléant.

La grève a été jugée comme l'exemple classique de « *circonstances exceptionnelles* » justifiant le dépassement du crédit. Mais là encore, tout dépend de l'ampleur, de la durée de la grève et des circonstances de fait.

> *Exemple 1 (Cass. soc., 17 mai 1979) :*
> Des délégués du personnel avaient été contraints, lors d'un conflit collectif, à de fréquents déplacements dans trois usines de la société dont les 300 ouvriers étaient en grève. Compte tenu de l'éloignement de ces usines, un nombre d'heures important avait dû être consacré aux contacts entre les délégués et à leurs déplacements. Déduit de ces constatations que les heures de dépassements litigieuses avaient été nécessitées par des « circonstances exceptionnelles ».
>
> *Exemple 2 (Cass. soc., 26 octobre 1977) :*
> En mars 1975, une soudaine aggravation de la situation de l'emploi dans l'entreprise et les inquiétudes que cette évolution avait suscitées avaient obligé les délégués du personnel – en l'absence de comité d'entreprise – à se déplacer fréquemment pour s'informer des dispositions à prendre, compte tenu notamment de la loi, alors nouvelle, sur les licenciements collectifs, et être ainsi en mesure de faire, en temps voulu, toutes suggestions utiles. Jugé qu'il y avait eu là circonstances exceptionnelles justifiant, en faveur de ces délégués, l'indemnisation de deux heures de délégation supplémentaires.

Pour la chambre sociale de la Cour de cassation, un événement normal, prévisible, périodique et dépourvu de toute urgence ne peut constituer des circonstances exceptionnelles.

La chambre criminelle de cette même Cour a jugé de son côté que pour qu'il y ait circonstances exceptionnelles, il faut qu'elles constituent une activité inhabituelle nécessitant de la part des responsables un surcroît de démarches et d'activités débordant le cadre de leurs tâches coutumières en raison notamment de **la soudaineté** de l'événement ou de **l'urgence** des mesures à prendre (Cass. crim., 3 juin 1986).

2.1.5 L'incidence du cumul de mandats

Le mandat de délégué du personnel est compatible avec le mandat de délégué syndical et de membre du comité d'entreprise, ou de délégué syndical et de représentant syndical au comité d'entreprise. Le cumul de mandats entraîne un cumul d'heures de délégation.

Dans cette hypothèse, le salarié doit préciser *à quel titre* il entend exercer son déplacement qui sera alors contrôlé *a posteriori* sur le fondement du titre indiqué.

2.2 Tenue de réunions

2.2.1 Les différents types de réunions

A – Les réunions collectives

1) La fréquence

a) Réunion mensuelle

« *Les délégués sont reçus collectivement par le chef d'établissement ou **son** représentant au moins une fois par mois* » (L. 424-4 al. 1). Avant 1985, l'article L. 424-4 alinéa 1 admettait une représentation pluraliste de l'employeur par l'emploi des termes « *ses représentants* ». Constatant que les représentants de l'employeur pouvaient être en nombre supérieur à celui des délégués du personnel, notamment dans les petites entreprises, le législateur est intervenu dans le cadre de la loi du 3 janvier 1985 « *portant diverses dispositions d'ordre social* » pour donner une nouvelle rédaction à l'article précité.

Il est précisé par ailleurs que l'employeur (ou son représentant) peut se faire **assister** par des collaborateurs : ensemble, ils ne peuvent toutefois être en nombre supérieur à celui des délégués du personnel titulaires.

La réunion mensuelle s'impose **impérativement** à l'employeur sous peine de délit d'entrave. Hors le cas de force majeure, le non-respect de cette obligation ne peut être justifié que si elle a pour cause le refus ou la défection dûment démontrée des délégués eux-mêmes. Même en l'absence d'une note écrite préalable (voir B), l'employeur est tenu d'organiser cette réunion mensuelle : celui-ci a toutefois la faculté de **ne pas répondre** aux réclamations verbales n'ayant pas été précédées de la note prescrite.

b) Réunion sur demande

En cas d'urgence, et sur leur demande, les délégués doivent être reçus par l'employeur dans les mêmes conditions de représentation et d'assistance que celles exposées au point a) qui précède.

2) La procédure

Selon l'article L. 424-5 alinéa 1, sauf circonstances exceptionnelles, les délégués remettent au chef d'établissement 2 jours ouvrables avant la date où ils doivent être reçus une note exposant l'objet de leur demande. Pour satisfaire aux exigences de cette disposition, le chef d'entreprise est tenu d'organiser la réunion mensuelle et d'en fixer la date suffisamment à l'avance pour que les délégués du personnel soient en mesure de lui remettre dans le délai prescrit, la note prévue par le texte précité (Cass. soc., 9 mars 1977). Le délai de 2 jours ayant été stipulé en faveur de l'employeur pour lui permettre de connaître à l'avance l'objet de la réunion, rien ne lui interdit de proposer aux délégués de la tenir immédiatement. En revanche, il lui est interdit de se donner un « *délai de réflexion* » supérieur au délai légal de 2 jours.

Jusqu'à la loi du 25 juillet 1985 « *portant diverses dispositions d'ordre social* » l'employeur était seulement tenu de transcrire sur le registre spécial des délégués, dans un délai maximum de 6 jours, l'objet des demandes présentées et la réponse apportée verbalement par lui en réunion. La loi de 1985 va plus loin en alourdissant le formalisme. En effet, l'employeur doit désormais fournir des réponses motivées par écrit dans un délai maximum de 6 jours ouvrables suivant la réunion puis transcrire en annexe, sans délai particulier, demandes et réponses motivées sur le registre spécial.

Afin que les salariés de l'établissement puissent être informés, le registre doit être tenu pendant un jour ouvrable par quinzaine et en dehors de leur temps de travail, à leur disposition. Il doit être également tenu à la disposition de l'inspecteur du travail et des délégués du personnel.

Nous rappelons qu'en vertu des dispositions de l'article L. 422-3, les débats sur les questions rentrant dans les attributions économiques du comité d'entreprise (lorsqu'elles se trouvent transférées aux délégués du personnel) font l'objet d'un procès-verbal spécifique qui peut être affiché après accord entre les délégués et l'employeur.

3) Les participants

- Les délégués suppléants peuvent ***assister***, avec les délégués titulaires, aux réunions avec l'employeur (L. 424-4 al. 3) : c'est un droit propre auquel l'employeur ne saurait faire obstacle, sauf à se rendre coupable du délit d'entrave aux fonctions de délégués du personnel. Dans un arrêt du 11 octobre 1983, la chambre criminelle de la Cour de cassation, a adopté une position particulièrement sévère dans son interprétation du terme « *assister* » : cet article « *n'accorde aux délégués suppléants que le droit d'assister aux réunions et non celui d'intervenir lorsque les délégués titulaires sont présents ; leur rôle est seulement d'acquérir formation et informations afin d'être en mesure de remplacer les titulaires défaillants... En l'absence de dispositions contraires des textes applicables, il doit être admis que les délégués suppléants du personnel n'ont vocation à remplir les fonctions des délégués titulaires dans leur plénitude que lorsqu'ils en assurent effectivement leur remplacement...* ». Sur la base de cet arrêt, on peut en conclure que lorsque les délégués titulaires sont présents, l'employeur est en droit de refuser la parole aux délégués suppléants. Position peu réaliste en pratique, restrictive en tout cas par rapport à ce qui est admis pour les membres suppléants des comités d'entreprise.

  Le chef d'entreprise ne doit rémunérer le temps ainsi consacré par les suppléants aux réunions que s'il s'agit de la réunion mensuelle obligatoire ou d'une réunion organisée à son initiative.

– Aux termes de l'article L. 424-4 alinéa 3, les délégués du personnel peuvent se faire **assister d'un représentant d'une organisation syndicale**. Ce représentant peut être un salarié de l'entreprise ou une personne extérieure à l'entreprise. Dans ce dernier cas, le représentant doit avoir été habilité soit par une disposition statutaire du syndicat ou d'une union de syndicats, soit en vertu d'un mandat exprès. S'il n'existe aucune contestation sérieuse sur la régularité du mandat de cette personne extérieure, l'employeur ne saurait s'opposer à sa venue dans l'entreprise, sans commettre le délit d'entrave au libre exercice des fonctions de délégués du personnel. En pratique, les délégués ont naturellement tendance à inviter un représentant de la même étiquette syndicale, mais rien n'interdit en soi de faire appel à un représentant appartenant à une organisation syndicale différente. (Les dispositions antérieures à la loi du 28 octobre 1982 exigeaient que le représentant appartienne au syndicat de *la profession des délégués*, exigence qui n'est donc plus désormais nécessaire).

Les délégués suppléants et le représentant syndical sont les seuls participants visés par la loi. Aucune autre personne ne peut assister aux réunions employeurs-délégués du personnel.

Le chef d'entreprise ne peut réunir en même temps les délégués du personnel et le comité d'entreprise pour répondre à son obligation de réunion mensuelle : ces réunions doivent *être distinctes*.

B – Les réunions catégorielles ou individuelles

« *Les délégués sont également reçus par le chef d'établissement ou ses représentants, sur leur demande, soit individuellement, soit par catégorie, soit par atelier, service, ou spécialité professionnelle, selon les questions qu'ils ont à traiter* » (L. 424-4 al. 2).

Ce qui a été dit précédemment sur la procédure et la qualité des participants (internes et externes) s'applique également à ce type de réunion.

2.2.2 Les obligations consécutives

Les délégués du personnel sont tenus **au secret professionnel** pour toutes les questions relatives aux procédés de fabrication et à une **obligation de discrétion** à l'égard d'informations présentant un caractère confidentiel et données comme telles par le chef d'entreprise ou son représentant, sauf à voir leur responsabilité engagée.

2.3 Mise à disposition d'un local

Le chef d'établissement est tenu de mettre à la disposition des délégués du personnel le local nécessaire pour leur permettre de remplir leur mission, et notamment de se réunir (L. 424-2 al. 1).

Une lettre ministérielle dont nous reproduisons ci-après les points essentiels apporte des précisions pratiques très intéressantes sur l'utilisation du local :

« *Selon la Cour de cassation, les délégués du personnel n'ont pas « un droit de jouissance exclusif sur un local déterminé* » (Cass. crim., 17 novembre 1966).

« *C'est d'ailleurs la raison pour laquelle le local mis à la disposition des délégués du personnel est souvent le même que celui qui est utilisé pour les réunions du comité d'entreprise. De la même manière, la loi ne s'oppose pas à ce que le local serve à des réunions organisées par la direction. Mais à l'inverse, il a été jugé qu'un directeur d'usine qui, à plusieurs reprises, fait évacuer le local occupé par les délégués du personnel pour y tenir des réunions, sans avoir au préalable annoncé cette occupation des lieux aux délégués, se rend coupable du délit d'entrave* » (Cass. crim., 17 novembre 1966 précité).

« *Il résulte donc de la jurisprudence que : si les délégués du personnel ne peuvent prétendre à une utilisation exclusive et permanente du local mis à leur disposition, la direction doit, de son côté, veiller à ce que l'utilisation, par d'autres, du même local, n'ait pas pour résultat de gêner les délégués dans l'exercice normal de leurs fonctions.*

Il semble, par conséquent, qu'une solution satisfaisante au problème évoqué ne puisse être trouvée que par la voie d'un accord entre les différents utilisateurs éventuels, de sorte que les droits de chacun soient clairement établis par avance et non pas déterminés à chaque fois en fonction des circonstances.

En ce qui concerne les délégués du personnel, cet accord devrait permettre de fixer, dans la limite du crédit d'heures dont ils disposent, un temps d'utilisation du local qui tienne compte des souhaits et des possibilités des intéressés, ainsi que des caractéristiques et sujétions de l'entreprise.

Il paraît également conforme à l'esprit des textes que, pendant les heures où le local est mis à leur disposition, les délégués ***puissent y accéder en toute liberté****, sous la seule réserve des mesures que l'employeur serait amené à prendre du fait de la responsabilité générale qui découle de son pouvoir de direction.* »

2.4 Mise à disposition de panneaux d'affichage

« Les délégués peuvent faire afficher les renseignements qu'ils ont pour rôle de porter à la connaissance du personnel sur des emplacements obligatoirement prévus et destinés aux communications syndicales, ainsi qu'aux portes d'entrée des lieux du travail » (L. 424-2 al. 2).

Il a déjà été jugé que les dispositions de cet article ne sauraient autoriser que l'affichage soit discrétionnairement effectué sur n'importe laquelle des portes intérieures de l'établissement.

Dans tous les cas, les panneaux réservés à l'affichage des délégués du personnel doivent être *distincts* des panneaux réservés aux communications des délégués syndicaux.

Les tribunaux dans leur ensemble refusent les communications jugées trop exclusivement politiques, polémiques ou diffamatoires. Il en résulte que les délégués ne peuvent afficher que des renseignements entrant dans le cadre de leur mission, c'est-à-dire d'ordre *exclusivement professionnel.* Si l'employeur estime la communication étrangère à la mission dévolue aux délégués, il peut saisir, par voie de référé, le Président du tribunal de grande instance, seul habilité à ordonner éventuellement le retrait du document litigieux.

2.5 Possibilité de diffusion de tracts

Bien que la loi soit muette à ce sujet, la jurisprudence admet la libre diffusion de tracts par les délégués du personnel sous réserve qu'elle ne cause aucun trouble dans l'entreprise et que les informations ainsi diffusées soient en relation directe avec leur mission. À défaut de réunion de ces deux conditions, le chef d'entreprise serait légitimement en droit d'interdire la distribution de tracts.

2.6 Bénéfice d'une formation à la sécurité

L'ordonnance n° 2001-175 du 22 février 2001, qui a modifié l'article L. 236-10, fait bénéficier les délégués du personnel investis des missions dévolues aux membres du CHSCT d'une formation à la sécurité[11]. Jusque là, les délégués ne jouissaient de cette possibilité que dans les entreprises d'au moins 50 salariés n'ayant pas constitué de CHSCT[12].

3. L'entrave à l'exercice régulier des fonctions de délégué

3.1 Illustrations

Ont été considérés, à titre d'exemples, comme délits d'entrave à l'exercice des fonctions de délégués du personnel :

- le fait de ne pas tenir la réunion mensuelle prévue à l'article L. 424-4 (Cass. crim., 22 octobre 1975) ;
- le fait d'imposer à ses interlocuteurs un minutage excessif du temps consacré à l'exposé de chaque question et de limiter le temps de réunion empêchant l'épuisement de l'ordre du jour dans des conditions normales (Cass. crim., 29 mars 1977) ;

---

11. Voir Partie 3, chapitre 3, § 2.4.5.
12. Voir *supra*, § 1.3.3.

- le fait pour le chef d'établissement d'imposer un délai supérieur à celui fixé par l'article L. 424-5. Celui-ci prévoit que les délégués du personnel doivent remettre au chef d'établissement, 2 jours avant la date où ils doivent être reçus, une note écrite exposant l'objet de leur demande, même si, ce faisant, le chef d'entreprise répond au vœu d'une organisation syndicale (Cass. crim., 23 mai 1978) ;
- le fait de ne pas tenir le registre des délégués du personnel. Selon la Cour de cassation, cette omission constitue, en elle-même, une atteinte au fonctionnement régulier de l'institution des délégués du personnel, puisqu'elle prive à la fois les délégués de la garantie d'une réponse écrite à leurs réclamations, les autres salariés de l'entreprise d'une source légale d'information et l'inspecteur du travail, d'un moyen de contrôle prescrit par les textes (Cass. crim., 2 juin 1976) ;
- la décision de réduire, pendant la durée des vacances, le crédit d'heures de délégation mensuelle alloué aux délégués du personnel, même s'agissant d'une réduction ne visant que les heures allouées en plus des dispositions légales par un accord d'entreprise (Cass. crim., 14 février 1978) ;
- le fait d'insérer, dans le règlement intérieur, des dispositions prévoyant que les réclamations des salariés doivent être d'abord soumises à leurs chefs hiérarchiques avant de pouvoir être prises en charge par les délégués du personnel (Cass. crim., 9 octobre 1975) ;
- la limitation des attributions légales des délégués (Cass. crim., 9 avril 1975) ;
- la diffusion d'une note interdisant systématiquement le déplacement des délégués du personnel dans les ateliers (Cass. crim., 28 juin 1978).

3.2 Délit d'entrave

Concernant l'auteur de l'infraction, les sanctions et l'extension du domaine pénal, nous invitons nos lecteurs à se reporter à ce qui a été dit à ce sujet à l'occasion de l'entrave à l'exercice du droit syndical[13].

Le délit est constaté le plus souvent par un procès-verbal de l'inspecteur du travail.

13. Voir *supra*, chapitre 3, § 6.

Chapitre

6

L'institution du comité d'entreprise

Le comité d'entreprise constitue **la pièce maîtresse** des institutions représentatives élues du personnel (L. 431-1 et suivants).

1. Le champ d'application
2. La mise en place
3. Le mandat des membres du comité d'entreprise
4. Les instances représentatives en cas de pluralité d'établissements
5. L'institution d'un comité de groupe
6. La mise en place facultative d'une délégation unique du personnel dans les entreprises < 200 salariés

1. Le champ d'application

Il est très large puisqu'il est prévu la constitution de comités d'entreprise notamment « *dans toutes les entreprises industrielles et commerciales, les offices publics et ministériels, les professions libérales, les sociétés civiles, les syndicats professionnels, les associations de quelque nature que ce soit employant au moins 50 salariés* » (L. 431-1 al. 1)[1].

« *Dans les entreprises comportant des établissements distincts, il est créé des comités d'établissement et un comité central d'entreprise* » (L. 435-1).

« *Lorsqu'une unité économique et sociale regroupant au moins 50 salariés est reconnue par convention ou par décision de justice entre plusieurs entreprises juridiquement distinctes, la mise en place d'un comité d'entreprise commun est obligatoire* » (L. 431-1 dernier al.).

1.1 Différents cadres de référence

1.1.1 L'entreprise ou l'établissement distinct

Le schéma ci-après présente les principaux cas dans lesquels un comité doit se constituer selon la structure organisationnelle de l'entreprise.

1. Nous retiendrons dans les développements qui suivent le cadre industriel et commercial.

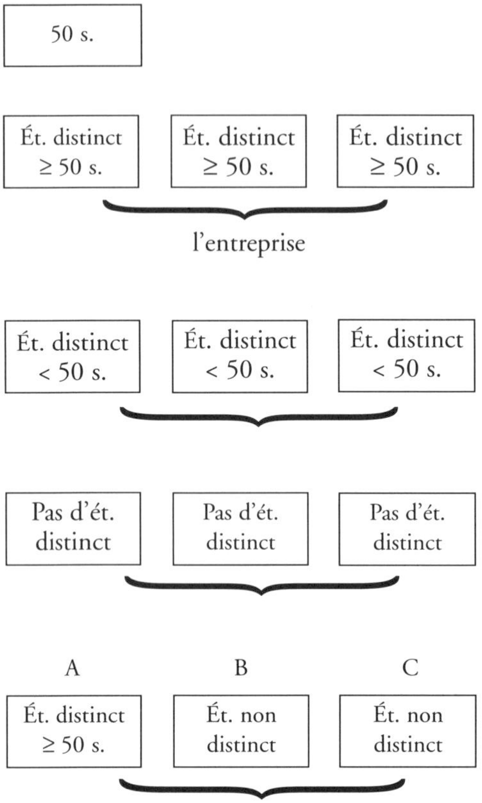

Soit une entreprise unique de 50 salariés :

cela implique :

l'élection d'un comité d'entreprise.

Soit une entreprise composée d'établissements distincts comprenant chacun au moins 50 salariés :

cela implique :

l'élection d'un comité d'établissement dans chaque établissement et l'élection d'un comité central d'entreprise.

Soit une entreprise composée d'établissements distincts comprenant chacun moins de 50 salariés :

cela implique :

l'élection d'un comité d'entreprise au niveau de l'entreprise si le total des effectifs est ≥ 50 salariés

Soit une entreprise composée d'établissements considérés comme non distincts :

cela implique :

l'élection d'un comité d'entreprise au niveau de l'entreprise si le total des effectifs est ≥ 50 salariés.

Soit une entreprise composée d'un établissement distinct ayant au moins 50 salariés et de 2 établissements considérés comme non distincts :

cela implique :

a) soit de réunir les 2 établissements non distincts et

si le total ≥ 50 salariés, il en résulte :

– 1 comité d'établissement pour l'établissement A,

– 1 comité d'établissement pour les établissements B et C,

– 1 comité central d'entreprise,

b) soit de rattacher les établissements B et C à l'établissement A et instituer un comité d'entreprise unique pour l'ensemble de l'entreprise.

A – La définition de l'établissement distinct

La loi n'ayant pas défini la notion d'établissement distinct, c'est *au juge administratif* que revient ici le soin d'en rechercher les critères en cas de litige[2].

En effet, en matière d'élection de comités d'entreprise, c'est au directeur départemental du travail et de l'emploi qu'il appartient de reconnaître ou non l'existence d'établissements distincts **à défaut d'accord** entre le chef d'entreprise et les organisations syndicales intéressées (L. 433-2 al. 8). **Le contentieux**, qui peut naître à la suite de la décision du directeur départemental, fait généralement en pratique l'objet d'un recours hiérarchique devant le ministre du Travail. La décision du ministre est portée, si le contentieux persiste toujours, devant les juridictions administratives.

Il ressort des différents arrêts du Conseil d'État rendus en la matière que le critère de l'établissement distinct est essentiellement recherché, en ce qui concerne la mise en place d'un comité

2. L'appréciation de l'établissement distinct, lorsqu'il s'agit de la mise en place de délégués syndicaux ou de délégués du personnel relève de la compétence des tribunaux de l'ordre judiciaire.

d'établissement, dans la nature des pouvoirs du responsable de l'établissement concerné. Il y a nécessité **d'une certaine autonomie de pouvoir du responsable** compte tenu des attributions du comité[3].

« ... *Considérant qu'il ressort des pièces du dossier que les huit établissements retenus, constitués pour l'essentiel de directions régionales, ont une implantation géographique distincte et un caractère de stabilité ; qu'ils présentent une autonomie certaine en ce qui concerne la procédure budgétaire, la gestion du personnel et l'organisation de leurs activités, du fait, notamment, que les directeurs des établissements disposent de l'intégralité des pouvoirs de décision en ce qui concerne l'embauche, le licenciement et la promotion du personnel local même si les conditions de travail et de rémunération appliquées à ce personnel sont définies au niveau du groupe...* » (Conseil d'État, 12 juin 1995).

B – La perte de la qualité d'établissement distinct

« *La perte de la qualité d'établissement distinct, reconnue par le directeur départemental du Travail et de l'Emploi emporte suppression du comité de l'établissement considéré, sauf accord contraire conclu entre le chef d'entreprise et les organisations syndicales représentatives dans l'entreprise permettant aux membres du comité d'établissement d'achever leur mandat* » (L. 433-2 al. 9).

Il convient d'attirer l'attention sur la jurisprudence du Conseil d'État, confirmée dans un arrêt « *Rivoire et Carret* » du 15 mai 1991, qui ne fait pas du critère d'effectif un élément déterminant devant rentrer nécessairement dans l'appréciation de l'autorité administrative pour décider ou non du maintien de la qualité d'établissement.

« *Pour refuser de reconnaître ou de maintenir la qualité d'établissement distinct, le directeur départemental du travail et de l'emploi ne peut légalement se fonder sur le seul motif que l'établissement en cause a un effectif inférieur à cinquante salariés* ». En s'appuyant clairement sur la rédaction de l'article L. 431-1 du Code du travail selon lequel « *des comités d'entreprise sont constitués dans les entreprises [...] employant au moins cinquante salariés* », le Conseil d'État énonce **que le seuil minimum légalement fixé** ne doit être retenu que pour la mise en place d'un comité d'entreprise, mais il **doit rester sans effet sur la mise en place des comités d'établissement**. Le Conseil d'État précise cependant que lorsqu'il doit se prononcer sur le caractère d'établissement distinct, que ce soit pour en constater l'existence ou la perte, le directeur départemental du travail et de l'emploi peut tenir compte notamment de l'importance de l'effectif de l'établissement afin d'apprécier si celui-ci dispose ou non d'une autonomie suffisante ; ainsi, la référence au seuil d'effectifs reste relative, et le motif tiré d'un effectif inférieur à cinquante salariés ne saurait être à lui seul déterminant.

Critère décisif pour la mise en place d'un comité d'entreprise, le seuil d'effectifs n'est que relatif lorsqu'il s'agit de la mise en place de comités d'établissement.

1.1.2 L'unité économique et sociale

Le législateur a expressément reconnu la notion d'unité économique et sociale en ce qui concerne la mise en place du comité d'entreprise (L. 431-1 al. 6). Deux modalités de reconnaissance de cette unité ont été prévues :

- une convention conclue entre les employeurs des différentes entreprises et l'ensemble des organisations syndicales concernées ;
- une décision de justice.

Nous rappelons à ce sujet que la notion d'unité économique et sociale a été dégagée par la Cour de cassation et nous avons déjà eu l'occasion de la développer à l'occasion du champ d'application des délégués syndicaux et des délégués du personnel[4].

---

3. Avec un brin d'humour, F. Moderne, commentant un des arrêts du Conseil d'État faisait remarquer que « *cette notion d'autonomie ne saurait être poussée trop loin sans quoi l'établissement constituerait une entreprise distincte* ».
4. Voir respectivement *supra*, chapitre 3, § 1.1.3 et chapitre 4, § 1.1.2.

- La Cour de cassation a utilisé initialement cette notion pour atteindre certaines fraudes au droit des institutions représentatives : quand il y a division artificielle d'une entreprise unique en sociétés juridiquement distinctes pour opérer une fraude à la loi (par exemple, éviter la constitution d'un comité d'entreprise en constituant des sociétés occupant moins de 50 salariés), le juge peut « reconstituer » une entreprise unique à partir de l'« unité économique et sociale » que constituent les différentes sociétés.
- Même sans retenir à l'encontre de l'employeur une volonté de fraude à la loi l'« unité économique et sociale » de sociétés juridiquement distinctes, mais étroitement imbriquées, a été établie par les juges afin d'assurer une bonne représentation du personnel.

Le texte de l'article L. 431-1 alinéa 6 précité ne donne aucun pouvoir au directeur départemental du travail et de l'emploi pour la reconnaissance d'une unité économique et sociale. Cependant, une fois l'unité reconnue selon les deux modalités exposées, il peut, en vertu de ses prérogatives de droit commun, être amené à intervenir, à défaut d'accord entre les parties, sur le nombre d'établissements distincts, et à prévoir, suivant les cas, la mise en place d'un comité d'entreprise unique ou de comités d'établissement avec un comité central d'entreprise.

1.2 Conditions d'effectifs

1.2.1 Les seuils

A – Le seuil légal

L'institution d'un comité d'entreprise est légalement obligatoire dans les entreprises employant au moins 50 salariés, effectif qui doit avoir été atteint pendant 12 mois, consécutifs ou non, au cours des 3 années précédentes.

B – Le seuil conventionnel

Dans les entreprises employant moins de 50 salariés, des comités d'entreprise peuvent être créés par voie conventionnelle. Leurs membres bénéficieront de la procédure protectrice de licenciement applicable aux membres des comités institués en vertu de la loi[5].

1.2.2 Le calcul des effectifs

Il convient de se reporter au chapitre 3, § 1.2.1, les modalités de calcul des effectifs étaient identiques.

1.2.3 L'incidence de la modification de l'effectif

A – La diminution de l'effectif

Une baisse de l'effectif au-dessous de 50 salariés n'entraîne pas la suppression automatique du comité d'entreprise (ou d'établissement). Elle est subordonnée en effet à un accord entre le chef d'entreprise et l'ensemble des organisations syndicales représentatives (c'est dans cet accord, ou dans un accord ultérieur, que les parties pourront décider de donner aux délégués du personnel, les attributions économiques du comité). À défaut d'accord, le directeur départemental du travail et de l'emploi peut autoriser la suppression du comité en cas de réduction importante et durable de l'effectif du personnel au-dessous de 50 salariés (L. 431-3).

L'autorisation de l'autorité administrative est-elle automatique ou discrétionnaire ? Selon un arrêt du Conseil d'État, « *l'autorité administrative tient de l'article L. 431-3 un pouvoir d'appréciation de l'opportunité de la suppression du comité d'entreprise qui lui permet, même si les conditions se trouvent remplies, de refuser l'autorisation sollicitée en se fondant sur des motifs d'intérêt général* » (Conseil d'État, 24 juillet 1981). Disposant de larges pouvoirs, l'autorité administrative,

---

5. Voir *infra*, chapitre 9.

estime le Conseil d'État, doit d'autre part s'assurer que l'abaissement des effectifs ne résulte pas de manœuvres destinées à éluder l'obligation d'avoir un comité d'entreprise. La circulaire ministérielle du 25 octobre 1983 reprend très précisément cette jurisprudence.

Cette même circulaire s'explique, à l'instar des délégués syndicaux, sur les termes « *réduction importante et durable* ». Concernant l'importance de la baisse, « *on considère habituellement qu'une diminution de l'ordre de 10 % de l'effectif, soit en dessous de 45 salariés, constitue une baisse importante* ». Concernant le délai, le ministre précise : « *le franchissement du seuil de 50 salariés s'apprécie sur une période mobile de 3 ans. Si une diminution des effectifs au-dessous de 50 salariés n'intervenait que pendant quelques mois, le seuil de 50 n'en resterait pas moins franchi pendant 12 mois au cours des 3 années précédentes, rendant ainsi le maintien de l'institution obligatoire. Il faut donc, pour éviter cette situation, que la baisse des effectifs soit constatée pendant au moins 24 mois sur les 3 années de référence* ».

Selon les principes procéduraux de droit commun, la possibilité d'un recours hiérarchique ou contentieux est ouverte contre la décision administrative.

La suppression du comité d'entreprise entraîne transfert aux délégués du personnel de *quelques-unes* des attributions économiques du comité, et en particulier la possibilité de communiquer à leur employeur toutes les suggestions tendant à l'amélioration du rendement et de l'organisation générale de l'entreprise (L. 422-5). On prendra soin de ne pas confondre cette situation avec celle où un comité d'entreprise n'a pu être institué faute de candidature. Le procès-verbal de carence entraîne alors la possibilité pour les délégués du personnel d'exercer temporairement les attributions économiques du comité telles que définies aux articles L. 432-1 à L. 432-5 (L. 422-3).

La loi en revanche ne règle pas la situation de l'entreprise qui voit ses effectifs diminuer pendant le mandat des membres du comité en place de telle sorte que leur nombre devient supérieur à celui prévu par la loi. Il nous semble qu'il convient de laisser les choses en l'état jusqu'aux prochaines élections.

B – L'augmentation de l'effectif

La loi ne règle pas également la situation de l'entreprise qui voit ses effectifs augmenter pendant le mandat des membres du comité en place de telle sorte que leur nombre devient inférieur à celui fixé par la loi. Nous adoptons une solution identique à celle du point précédent et préconisons d'attendre le renouvellement du comité.

1.2.4 La suppression conventionnelle du comité

En vertu de l'article L. 431-3, la suppression du comité peut avoir lieu, même dans les entreprises occupant 50 salariés ou plus, mais pour cela il faut que soit conclu un accord entre le chef d'entreprise et *l'ensemble* des organisations syndicales représentatives. Cela peut être envisageable dans une petite entreprise compte tenu du coût de la représentation du personnel. Cet accord, ou un accord ultérieur, pourra prévoir que les attributions économiques du comité seront alors exercées par les délégués du personnel.

1.3 Incidence de la modification juridique de l'employeur

Concernant les membres élus du comité, la législation est identique à celle prévue pour les délégués du personnel et nous invitons nos lecteurs à se reporter au chapitre 4, § 1.3.

2. La mise en place

2.1 Composition du comité d'entreprise

Le comité d'entreprise se compose du chef d'entreprise ou de son représentant, des membres élus titulaires et suppléants, des représentants syndicaux.

– Lorsque l'ordre du jour comporte des question relatives à **la médecine du travail, à l'hygiène ou à la sécurité**, le médecin du travail assiste de droit avec voix consultative aux séances du comité.
– Lorsque l'ordre du jour comporte des **questions sociales**, le conseiller ou la conseillère du travail assiste de droit avec voix consultative aux séances du comité. Dans les entreprises ou établissements qui occupent de façon habituelle 250 salariés au moins, il doit être institué un service social du travail aux fins de mettre en œuvre toutes mesures propres à améliorer le bien-être et l'adaptation des salariés (R. 250-2)[6].

2.1.1 Le président

Le chef d'entreprise, membre de droit du comité, en est le président. Dans les entreprises sous forme de sociétés, le représentant de la personne morale assure ce rôle : président du conseil d'administration, président du directoire, gérant, etc.

Toutefois, le chef d'entreprise peut se faire représenter de façon permanente ou occasionnelle par un cadre – le plus souvent directeur adjoint ou chef du personnel – qui perd, de ce fait, le droit d'être électeur et éligible. L'employeur est libre du choix de son mandataire. Toutefois ce dernier doit avoir, pour être un interlocuteur valable, les pouvoirs nécessaires sinon de décider de sa propre autorité, du moins d'apporter les éléments d'information pour faire progresser l'examen des problèmes. Le fait de désigner de façon systématique et délibérée, pour présider le comité, un salarié simplement habilité à jouer les intermédiaires pourrait caractériser le délit d'entrave au fonctionnement du comité.

La loi quinquennale du 20 décembre 1993 autorise désormais le chef d'entreprise ou son représentant à se faire **assister par deux collaborateurs** (L. 433-1). Cette disposition nouvelle fait échec à une jurisprudence qui refusait cette assistance, sauf accord (au moins implicite) entre la majorité des membres du comité et le président de celui-ci.

Il résulte des débats parlementaires que le rôle de ces collaborateurs est exclusivement d'apporter au chef d'entreprise ou à son représentant l'aide technique qui lui est nécessaire pour assurer son rôle d'information ou de consultation du comité : ils n'ont pas qualité pour participer aux votes, ni même aux débats.

2.1.2 Les représentants élus du personnel

Le comité d'entreprise comprend un nombre égal de membres élus titulaires et de membres élus suppléants. Les membres suppléants assistent aux réunions du comité « *avec voix consultative* » (L. 433-1). À défaut de voter, ils peuvent donner leur avis et le refus de les laisser participer aux discussions a déjà été jugé constitutif d'un délit d'entrave de la part de l'employeur. Les membres suppléants du comité d'entreprise se trouvent dans une situation plus confortable que les délégués du personnel suppléants puisque ces derniers, en présence des délégués du personnel titulaires, ne peuvent (théoriquement) prendre la parole au cours des réunions.

Si l'employeur (ou son représentant) n'a pas le droit d'imposer la présence de tiers aux réunions, un arrêt de la Cour de cassation du 26 avril 1988 paraît donner la possibilité à la délégation du personnel, **statuant par un vote**, d'inviter telle ou telle personne ; même étrangère à l'entreprise : sauf à s'exposer à une condamnation pour entrave au fonctionnement régulier du comité, l'employeur serait alors tenu de convoquer les personnes ainsi invitées par le comité.

2.1.3 Les représentants syndicaux

Chaque organisation syndicale de salariés reconnue comme **représentative** dans l'entreprise (ou l'établissement) peut désigner un représentant au comité d'entreprise (ou d'établissement) qui assiste aux séances avec voix consultative (L. 433 1 al. 4).

---

6. La direction du service social revient à une personne habilitée et diplômée appelée conseiller(e) du travail. En pratique, le service social est très souvent confié à des assistantes sociales. Si le service social du travail est organisé comme service d'entreprise, son personnel fait alors bien entendu partie du personnel de l'entreprise soumis comme tel au pouvoir hiérarchique et disciplinaire de l'employeur.

Le représentant doit appartenir obligatoirement au personnel de l'entreprise et remplir les conditions d'éligibilité au comité d'entreprise (ou d'établissement), c'est-à-dire en particulier être âgé de 18 ans accomplis et travailler dans l'entreprise (ou l'établissement) sans interruption depuis un an au moins.

Nous rappelons que, en vertu des dispositions de l'article L. 412-17, « *dans les entreprises de moins de 300 salariés et dans les établissements appartenant à ces entreprises, le délégué syndical est, de droit, représentant syndical au comité d'entreprise ou d'établissement* »[7].

Notification de la nomination du représentant syndical est faite à l'employeur par lettre recommandée avec accusé de réception ou par lettre contre récépissé. Ces formalités ne doivent être envisagées qu'à titre de preuve, en conséquence de quoi un employeur qui reconnaîtrait avoir bien reçu une lettre ne saurait demander la nullité de la désignation en invoquant le défaut de recommandé. Communication simultanée en est faite à l'inspection du Travail.

2.2 Désignation des membres élus du comité d'entreprise

Nous invitons nos lecteurs à se reporter au paragraphe 2 du chapitre 4 relatif à la désignation des délégués du personnel dans la mesure où ce qui a été dit sur le sujet est applicable aux membres élus du comité d'entreprise, **excepté les points de différence présentés ci-après**.

On précisera toutefois que les élections des représentants du personnel au comité d'entreprise ont lieu **à la même date** que celles des délégués du personnel : il s'agit là du principe de la **simultanéité** des élections DP/CE posé par le législateur.

2.2.1 Les collèges électoraux

Le nombre des collèges électoraux varie selon l'importance numérique des **cadres**.

Nombre de cadres	Nombre et composition des collèges	
• moins de 25	2 collèges :	– ouvriers et employés – ingénieurs, chefs de service, techniciens, agents de maîtrise et assimilés
• 25 et plus	3 collèges :	– ouvriers et employés – agents de maîtrise – cadres

La loi précise que dans les entreprises de plus de 500 salariés ayant moins de 25 cadres, un siège de titulaire est **obligatoirement** réservé aux cadres. La Cour de cassation a eu l'occasion de juger que le siège ainsi réservé ne saurait en aucun cas être attribué à un candidat n'appartenant pas à cette catégorie : il en résulte que si, au premier tour de scrutin, le jeu normal d'attribution des sièges ne conduit pas à faire désigner un candidat de la catégorie visée, il y a lieu de procéder à un second tour de scrutin, et si le second tour aboutit au même constat qu'au premier, il y a lieu de dresser alors un procès-verbal de carence. (Cette jurisprudence a vocation à s'appliquer chaque fois, qu'en vertu de dispositions légales ou conventionnelles, un siège est réservé à une catégorie particulière de personnel, cadre ou non cadre.)

Sans préjudice des dispositions relatives à la représentation obligatoire des cadres, le nombre et la composition des collèges électoraux ne peuvent être modifiés par une convention, un accord collectif de travail, étendus ou non, ou un accord préélectoral que lorsque la convention ou l'accord est signé par **toutes** les organisations syndicales représentatives existant dans l'entreprise. L'accord préélectoral est obligatoirement transmis à l'inspecteur du travail (L. 433-2 al. 5).

7. Voir *supra*, chapitre 3, § 4.2.2.

2.2.2 Le nombre de représentants élus

Le nombre de représentants élus croît avec l'importance des effectifs de l'entreprise avec un maximum de 15 titulaires et 15 suppléants pour les entreprises de plus de 10 000 salariés.

La délégation élue du personnel est composée légalement comme suit :

Effectifs de l'entreprise ou de l'établissement distinct	Délégués titulaires	Délégués suppléants
50 à 74	3	3
75 à 99	4	4
100 à 399	5	5
400 à 749	6	6
750 à 999	7	7
1 000 à 1 999	8	8
2 000 à 2 999	9	9
3 000 à 3 999	10	10
4 000 à 4 999	11	11
5 000 à 7 499	12	12
7 500 à 9 999	13	13
à partir de 10 000	15	15

2.3 Contentieux des désignations et élections

Aux termes des dispositions de l'article L. 433-11, « *Les contestations relatives à l'électorat, à la régularité des opérations électorales et à la désignation des représentants syndicaux sont de la compétence du tribunal d'instance qui statue en dernier ressort* ».

Le tribunal d'instance est saisi par voie de simple déclaration au secrétariat-greffe dans les 3 jours suivant la publication de la liste électorale en cas de contestation sur l'électorat, et dans les 15 jours suivant l'élection ou la désignation, en cas de contestation sur la régularité de l'élection ou sur la désignation des représentants syndicaux (R. 433-4)[8].

Le tribunal statue dans les 10 jours de la saisine. Contre la décision rendue, seul un pourvoi en cassation est possible : il doit être formé dans les 10 jours de la notification du jugement.

2.4 Le procès-verbal de carence

Lorsque le comité d'entreprise n'a pas été constitué, faute de candidats, à la suite de l'invitation faite par l'employeur, celui-ci doit établir un procès-verbal énonçant les diligences faites pour organiser les élections. Le PV est affiché dans l'entreprise et transmis dans les 15 jours à l'inspecteur du travail qui en adresse copie aux organisations syndicales de salariés du département concerné.

La carence ainsi constatée entraîne le transfert aux délégués du personnel des compétences **économiques** du comité d'entreprise.

8. Le texte de l'article R. 433-4 ne prévoit pas, que passé le délai de 15 jours, la désignation du représentant syndical au comité d'entreprise est « *purgée de tout vice* ». Il en va différemment de la désignation du délégué syndical.

3. Le mandat des membres du comité d'entreprise

3.1 Mandat des membres élus

3.1.1 La durée du mandat

Jusqu'alors de 2 ans, renouvelable, la durée du mandat des membres élus du comité d'entreprise a été portée à **4 ans**, renouvelable, par la loi du 2 août 2005 « *en faveur des petites et moyennes entreprises* » (L. 433-12). Cette nouvelle disposition légale n'a vocation à s'appliquer qu'à compter des élections intervenant après le 4 août 2005.

Toutefois et par dérogation, un accord collectif de branche, de groupe ou d'entreprise peut fixer une durée **comprise entre 2 et 4 ans**.

3.1.2 Le remplacement en cours de mandat d'un membre titulaire

A – Les causes

– Il peut s'agir d'un remplacement **définitif** à la suite d'un décès, d'une démission, de la résiliation du contrat de travail, d'une condamnation entraînant la perte du droit d'éligibilité, d'une révocation en cours de mandat sur proposition de l'organisation syndicale, révocation présentée et approuvée au scrutin secret par la majorité des membres composant le collège électoral auquel appartient la personne à remplacer. Les membres du comité conservent leur mandat en cas de changement de catégorie professionnelle même si celui-ci entraîne également un changement de collège électoral (L. 433-12).

La Cour de cassation a considéré par ailleurs que la mutation régulière d'un membre élu d'un comité d'établissement dans un autre établissement de l'entreprise met fin à l'exercice de ses fonctions représentatives. Voici rapporté ci-après le raisonnement de la Cour :

(Cass. crim., 4 octobre 1983) « ... *attendu qu'il est de principe constant qu'un membre du comité d'établissement ou du comité central d'entreprise ne peut exercer ses fonctions que s'il continue à travailler dans l'établissement même où il a été élu et que, dès lors, le changement d'établissement d'un tel délégué, régulièrement autorisé ou librement accepté, emporte résolution d'une clause essentielle du contrat de travail et met fin à l'exercice des fonctions représentatives précédemment exercées ; qu'enfin, le mandat des membres du comité central d'entreprise étant subordonné à celui qu'ils détiennent du comité d'établissement, ils ne peuvent exercer, au comité central, des droits qui ne sont plus fondés sur aucun mandat.* »[9]

– Il peut s'agir d'un remplacement **temporaire** pour une cause quelconque (congé parental, maladie, congé de maternité, etc.).

B – Les modalités de remplacement

Lorsqu'un membre élu titulaire cesse ses fonctions pour une des raisons ci-dessus, son remplacement est assuré :

– par le suppléant de la même catégorie ;
– à défaut, par le suppléant d'une autre catégorie appartenant au même collège ;
– à défaut, par le suppléant d'un collège différent ;
– à défaut, par le suppléant de la même catégorie présenté sur une autre liste et ayant obtenu le plus grand nombre de voix.

Le suppléant devient titulaire jusqu'au retour de celui qu'il remplace ou jusqu'au renouvellement de l'institution. Ne disposant légalement d'aucun crédit d'heures propre, l'exercice d'une mission donnée ne peut se faire qu'en utilisant le crédit d'heures du délégué titulaire qu'il remplace (sous réserve de l'application de dispositions conventionnelles plus favorables).

9. Cette position jurisprudentielle peut avoir vocation à s'appliquer en cas de mutation régulière d'un membre dans un autre établissement que celui où il a été élu.

3.1.3 Le remplacement en cours de mandat d'un membre suppléant

La loi est totalement muette sur le remplacement du membre suppléant appelé pour quelque raison que ce soit à cesser ses fonctions. Son remplacement n'est donc pas obligatoire sauf s'il avait été prévu par les dispositions particulières d'une convention ou d'un accord applicable à l'entreprise.

3.1.4 Les élections partielles

Si, à la suite de la défection de plusieurs titulaires, le comité d'entreprise se trouve dans l'impossibilité de fonctionner normalement, il est utile que pour son bon fonctionnement des élections partielles soient organisées pour pourvoir les sièges vacants jusqu'à son prochain renouvellement. La loi impose elle-même à l'employeur de procéder à des élections partielles si un collège électoral n'est plus représenté ou si le nombre des membres titulaires est réduit de moitié ou plus, sauf si ces événements interviennent moins de 6 mois avant le terme du mandat des membres du comité d'entreprise (L. 433-12 al. 7).

3.2 Mandat des représentants syndicaux

Il peut cesser **à tout moment** au seul gré des syndicats, ou à l'inverse, se prolonger « sine die ». Il y a lieu d'observer que les dispositions légales subordonnant l'application du régime protecteur contre le licenciement des anciens représentants syndicaux à une durée de 2 ans ne peuvent qu'inciter les organisations syndicales à donner une certaine permanence au rôle de représentant syndical.

Doit-on considérer par ailleurs que le mandat d'un représentant syndical expire de plein droit le jour du renouvellement du comité d'entreprise ? Selon le ministère du Travail « *lors d'une nouvelle élection d'un comité, hormis le cas où le représentant syndical a été élu membre du comité, son mandat est tacitement renouvelé en l'absence de toute manifestation contraire de l'organisation syndicale qui l'a désigné* » (lettre ministérielle du 30 mars 1977). La chambre criminelle de la Cour de cassation s'est prononcée dans le même sens. Elle a considéré qu'« ***il n'existe aucune corrélation*** *entre l'élection des membres du comité qui représentent les salariés et la désignation des représentants syndicaux, la durée du mandat de ces derniers relevant de la seule appréciation des syndicats* » (Cass. crim., 4 juin 1985). « *Dans cette affaire, a été condamné pour entrave au fonctionnement régulier du comité d'entreprise, l'employeur qui, au motif qu'il n'avait pas reçu notification officielle du maintien en fonction d'un représentant syndical, avait omis de convoquer ledit représentant à la première séance du nouveau comité.* »

3.3 Cumul de mandats

Le membre élu du comité d'entreprise peut cumuler son mandat avec celui de délégué du personnel et de délégué syndical. En revanche, il y a incompatibilité des fonctions de membre élu du comité d'entreprise et de représentant syndical auprès du comité d'entreprise : cette incompatibilité est fondée sur l'impossibilité de confondre en la même personne deux fonctions auxquelles sont reconnues des pouvoirs différents : celle de membre élu qui dispose d'une voix délibératrice et celle de représentant syndical qui assiste aux séances avec voix consultative. Si un salarié se trouve investi simultanément de ces deux mandats, il doit nécessairement opter entre l'une et l'autre.

L'ordonnance du 21 octobre 1986 modifiant la loi du 24 juillet 1966 « *sur les sociétés commerciales* » a introduit un autre cas de cumul interdit. Aux termes des dispositions des articles 97-4 et 137-2 de la loi de 1966 modifiée, le mandat d'administrateur (ou de membre du conseil de surveillance) **élu** par les salariés est incompatible avec tout mandat de membre du comité d'entreprise de la société. L'administrateur qui, lors de son élection, serait titulaire d'un tel mandat doit s'en démettre dans les 8 jours. À défaut, il est réputé démissionnaire de son mandat d'administrateur.

4. Les instances représentatives en cas de pluralité d'établissements

Lorsqu'une entreprise comporte plusieurs établissements distincts occupant au moins 50 salariés, il doit être créé dans chaque établissement **un comité d'établissement** et, au niveau de l'entreprise, **un comité central d'entreprise** (L. 435-1).

Aucun texte ne fait toutefois expressément obligation au chef d'entreprise de prendre l'initiative de la constitution de ce dernier organisme lorsque nulle démarche n'a été effectuée à cet effet auprès de lui. En conséquence un employeur ne peut être poursuivi sur le seul fondement d'une absence d'initiative en dehors de tout autre élément qui viendrait rapporter la preuve d'un comportement coupable de sa part, telles l'inertie volontaire après démarches syndicales ou les manœuvres dilatoires.

4.1 Comités d'établissements

Les règles relatives à la mise en place des comités d'établissements et au mandat de leurs membres étant identiques à celles qui gouvernent le comité d'entreprise, il convient donc de s'y reporter. Un certain nombre de points sont toutefois à souligner :

- le chef d'établissement représente le plus souvent le chef d'entreprise comme président du comité ;
- le nombre de membres élus du comité est fixé selon l'effectif de l'établissement ;
- les conditions d'ancienneté concernant l'électorat et l'éligibilité s'apprécient dans le cadre de l'entreprise et non de l'établissement ;
- les représentants syndicaux doivent être nécessairement salariés de l'établissement ;
- dans les établissements appartenant à des entreprises de moins de 300 salariés, le délégué syndical d'établissement est de droit représentant syndical au comité d'établissement ;
- « *la perte de la qualité d'établissement distinct, reconnue par la décision administrative, emporte la suppression du comité d'établissement considéré, sauf accord contraire conclu entre le chef d'entreprise et les organisations syndicales représentatives permettant aux membres du comité d'établissement d'achever leur mandat* » (L. 433-2).

4.2 Comité central d'entreprise (CCE)

Dans les entreprises qui comportent au moins deux établissements distincts occupant 50 salariés ou plus, un comité central d'entreprise doit être mis en place.

4.2.1 La composition

Celui-ci est composé :

- du chef d'entreprise, président de droit ;
- d'une délégation composée d'un nombre égal de délégués titulaires et de suppléants, élus **pour chaque établissement**, par le comité d'établissement parmi ses membres (L. 435-4)[10]. Sauf accord signé entre l'employeur et l'ensemble des organisations syndicales représentatives, le nombre total des titulaires et des suppléants du comité central d'entreprise ne peut dépasser respectivement vingt (D. 435-1, D. 435-2) ;

---

10. La question s'est posée de savoir comment régler le choix du suppléant appelé à remplacer un titulaire empêché ? Faut-il choisir le suppléant dans le cadre limite de la liste des délégués élus du même établissement ou dans le cadre plus large du collège pris au niveau de l'entreprise ? Les juges saisis de ce problème ont relevé que le texte de l'article L. 435-4 fixe clairement l'établissement comme cadre dans lequel doivent être élus titulaires et suppléants, ce qui exclut le choix d'un suppléant appartenant à un autre établissement que celui du titulaire.

– de représentants syndicaux désignés par chaque organisation syndicale représentative dans l'entreprise et choisis parmi les membres élus de l'un des comités d'établissements ou parmi les représentants syndicaux auprès de ces mêmes comités. La composition du CCE permet d'observer qu'un membre élu au comité d'établissement peut cumuler sa fonction avec un mandat de représentant syndical au CCE et inversement qu'un représentant syndical d'un comité d'établissement peut être également membre élu au CCE.

La notification de la désignation est faite à l'employeur par lettre recommandée avec accusé de réception ou par une lettre remise contre récépissé. Le tribunal d'instance est seul compétent pour connaître du contentieux de la désignation du représentant syndical.

Les représentants syndicaux assistent aux séances du CCE avec voix consultative.

4.2.2 La désignation des membres élus

L'élection a lieu tous les 4 ans après l'élection générale des membres des comités d'établissement.

A – La procédure de désignation

1) Le protocole préélectoral

Concernant l'élection au comité central d'entreprise, le protocole d'accord ne porte que sur le nombre de sièges à attribuer à chaque établissement et sur leur répartition entre les différentes catégories de personnel.

En cas de désaccord entre l'employeur et les organisations syndicales représentatives, c'est au directeur départemental du travail et de l'emploi qu'il revient de trancher sous réserve d'un recours hiérarchique ou contentieux contre sa décision.

2) La répartition des sièges

Concernant l'élection au comité central d'entreprise, la loi prévoit une représentation de la catégorie « cadres » liée à la taille de l'entreprise et à l'importance numérique des **cadres** dans l'entreprise ou dans les établissements de celle-ci.

Effectifs de l'entreprise	Nombre de cadres dans l'entreprise	Nombre de cadres dans un des établissements	Représentation des cadres au CCE
Entreprise de moins de 501 salariés	moins de 25	moins de 25	Pas de représentation obligatoire
	25 et plus	moins de 25	1 titulaire
		25 et plus	1 titulaire + 1 suppléant
Entreprise de plus de 500 salariés	moins de 25	moins de 25	1 titulaire
	25 et plus	moins de 25	1 titulaire
		25 et plus	1 titulaire + 1 suppléant

3) Le collège électoral

La désignation se fait en un collège unique sauf dispositions contraires du protocole d'accord, collège composé des **seuls** membres titulaires **élus** en exercice des différents comités d'établissement[11].

11. Les représentants au CCE étant choisis parmi les membres du comité d'établissement, les suppléants, cette fois, ne sont pas écartés. Toutefois, la Cour de cassation considère que si les membres titulaires d'un comité d'établissement peuvent être tout aussi bien titulaires que suppléants au comité central, en revanche, les suppléants aux comités d'établissement ne peuvent être qu'élus suppléants au comité central. Elle justifie sa position en énonçant que « *les suppléants au comité d'établissement ne peuvent avoir plus de droits au comité central qu'ils n'en ont dans leur établissement* ».

4) Le mode de scrutin

Le législateur ne précise pas selon quel mode de scrutin le comité central d'entreprise est élu. Dans le silence de la loi, l'employeur et les organisations syndicales peuvent convenir, par accord, du mode de scrutin qui s'impose alors à l'ensemble des parties : ils peuvent, par exemple, adopter le scrutin majoritaire à 2 tours requérant la majorité absolue au 1er tour et seulement la majorité relative au second tour.

En l'absence d'accord entre les parties, la Cour de cassation a récemment confirmé qu'il convient d'appliquer la règle selon laquelle l'élection doit avoir lieu au scrutin majoritaire à un seul tour, le plus âgé des candidats devant être élu en cas de partage des voix (Cass. soc., 20 mars 1994).

B – Le contentieux des opérations électorales

La Cour de cassation considérait qu'est seul compétent pour connaître d'un éventuel contentieux des opérations électorales le tribunal d'instance dans le ressort duquel se trouve l'établissement où se sont déroulées les élections litigieuses. La loi du 28 octobre 1982 confirme cette jurisprudence. Plusieurs tribunaux peuvent donc être appelés à intervenir si les opérations électorales ont été contestées dans plusieurs établissements.

4.2.3 L'incidence de la modification juridique de l'employeur (L. 435-5)

a) Si l'entreprise conserve son autonomie juridique, le comité central de l'entreprise absorbée demeure en fonction.

b) Si l'entreprise devient un établissement distinct de l'entreprise d'accueil, « *le comité d'entreprise désigne parmi ses membres 2 représentants titulaires et suppléants au comité central de l'entreprise absorbante* ».

c) Si la modification porte sur un ou plusieurs établissements distincts et qu'elle ne modifie pas cette caractéristique, « *ces établissements sont représentés au comité central de l'entreprise d'accueil par leurs représentants au comité central de l'entreprise dont ils faisaient partie* ».

Il est précisé que dans les cas visés sous b) et c), « *la représentation est assurée dans ces conditions pendant un délai d'un an au plus et peut entraîner un dépassement du nombre maximal de représentants au CCE* ».

5. L'institution d'un comité de groupe

Jusqu'à la loi du 28 octobre 1982, il n'existait que le comité d'entreprise (entreprise unique) ou les comités d'établissements et le comité central d'entreprise (entreprise à établissements multiples). En dehors du cas limite où la Cour de cassation a reconnu l'« *unité économique et sociale* » d'entreprises juridiquement distinctes, il n'existait pas officiellement de comité au niveau des groupes de sociétés. Compte tenu du phénomène de concentration industrielle, le législateur a comblé ce vide législatif en instituant un comité de groupe (L. 439-1 et suivants).

La construction de la dimension sociale de l'Union européenne a donné lieu à l'officialisation du comité d'entreprise européen via la directive du 22 septembre 1994. La loi française de transposition du texte européen du 12 novembre 1996 a modifié l'article L. 439-1 qui définit les notions de groupe et de société dominante afin d'assurer une cohérence entre le comité de groupe français et le comité de groupe européen.

5.1 Champ d'application

5.1.1 La définition du groupe

Un comité de groupe est constitué au sein du groupe formé par une entreprise appelée entreprise dominante, et les entreprises qu'elle contrôle dans les conditions définies aux articles suivants de la loi du 24 juillet 1966 « *sur les sociétés commerciales* », dont le siège social est situé sur le territoire français :

– article 354 : lorsqu'une société possède plus de la moitié du capital d'une autre société, la seconde est considérée comme la filiale de la première ;
– article 355-1 : une société est considérée comme en contrôlant une autre : lorsqu'elle détient directement ou indirectement une fraction du capital lui conférant la majorité des droits de vote dans les assemblées générales de cette société ; lorsqu'elle détermine en fait, par les droits de vote dont elle dispose, les décisions dans les assemblées générales de cette société. Elle est présumée exercer ce contrôle lorsqu'elle dispose, directement ou indirectement, d'une fraction des droits de vote supérieure à 40 % et qu'aucun autre associé ou actionnaire ne détient directement ou indirectement une fraction supérieure à la sienne ;
– article 357-1 alinéa 2 : le contrôle exclusif par une société résulte : soit de la détention directe ou indirecte de la majorité des droits de vote dans une autre entreprise ; soit de la désignation, pendant deux exercices successifs, de la majorité des membres des organes d'administration, de direction ou de surveillance d'une autre entreprise ; soit du droit d'exercer une influence dominante sur une entreprise en vertu d'un contrat ou de clauses statutaires.

Est également considérée comme une entreprise dominante pour la constitution d'un comité de groupe une entreprise qui exerce une influence dominante sur une autre entreprise dont elle détient au moins 10 % du capital, lorsque la permanence et l'importance des relations de ces entreprises établissent l'appartenance de l'une et de l'autre à un même ensemble économique.

L'existence d'une influence dominante est présumée établie, sans préjudice de la preuve contraire, lorsqu'une entreprise, directement ou indirectement :
– peut nommer plus de la moitié des membres des organes d'administration, de direction ou de surveillance d'une autre entreprise ;
– ou dispose de la majorité des voix attachées aux parts émises par une autre entreprise ;
– ou détient la majorité du capital souscrit d'une autre entreprise.

Lorsque plusieurs entreprises satisfont, à l'égard d'une même entreprise dominée, à un ou plusieurs des critères susmentionnés, celle qui peut nommer plus de la moitié des membres des organes de direction, d'administration ou de surveillance de l'entreprise dominée est considérée comme l'entreprise dominante, sans préjudice de la preuve qu'une autre entreprise puisse exercer une influence dominante (C. trav., art. L. 439-1 II).

5.1.2 La modification de la structure du groupe

Le groupe peut s'élargir par l'apparition d'une nouvelle filiale ou l'inclusion d'une nouvelle société contrôlée. Le comité d'entreprise d'une entreprise nouvellement contrôlée ou d'une entreprise sur laquelle s'exerce une influence dominante peut demander l'inclusion de l'entreprise dans le groupe ainsi constitué. La demande est transmise par l'intermédiaire du chef de l'entreprise concernée au chef de l'entreprise dominante qui, dans un délai de trois mois, fait droit à cette demande.

Inversement, le groupe peut se restreindre par la modification des relations entre la société dominante et ses filiales ou ses sociétés contrôlées. La disparition des relations fait l'objet d'une information préalable et motivée donnée au comité de l'entreprise concernée. Celle-ci cesse d'être alors prise en compte pour la composition du comité de groupe.

5.1.3 Le contentieux

En cas de litige, le comité d'entreprise ou les organisations syndicales représentatives dans l'entreprise considérée ou d'une entreprise du groupe peuvent porter le litige devant le tribunal de grande instance du siège de l'entreprise dominante.

5.2 Composition du comité de groupe

Le comité est composé, d'une part, du chef de l'entreprise dominante ou de son représentant, assisté de deux personnes de son choix ayant voix consultative, et d'autre part de représentants du personnel des différentes entreprises constitutives du groupe. La délégation du personnel comprend au maximum 30 membres. Toutefois, lorsque le nombre d'entreprises constitutives du groupe et dotées d'un comité d'entreprise est **inférieur** à 15, le nombre des membres du comité de groupe ne peut être supérieur au double du nombre de ces entreprises (D. 439-1).

> *Exemple :*
>
> Dans un groupe comprenant quatre entreprises dont trois sont dotées d'un comité d'entreprise, le nombre maximal des représentants du personnel au comité de groupe est égal à 6.

Le nombre maximal de représentants du personnel ne concerne que les membres du comité de groupe tels que la loi les prévoit. Ainsi, les représentants syndicaux au comité de groupe qui **peuvent** éventuellement être prévus **par accord** ne s'imputent pas obligatoirement sur le nombre de 30 membres.

5.3 Mode de désignation de la délégation du personnel

5.3.1 La procédure

« *Les représentants du personnel sont désignés par les organisations syndicales de salariés* ***parmi leurs élus*** *aux comités d'entreprise ou d'établissement de l'ensemble des entreprises du groupe et sur la base des résultats des dernières élections* » (L. 439-3 al. 3).

La Cour de cassation a considéré qu'« *aucune disposition légale relative au comité de groupe n'exige une représentativité syndicale dans l'ensemble du groupe ; qu'au contraire, le droit de désigner des représentants à ce comité est reconnu, en son principe, à toute organisation syndicale ayant obtenu des élus dans l'un au moins des comités d'entreprise ou d'établissement dépendant du groupe* » (Cass. soc., 29 mars 1994).

« *Le nombre total des sièges au comité de groupe est réparti entre les élus des différents collèges électoraux proportionnellement à l'importance numérique de chaque collège. Les sièges affectés à chaque collège sont répartis entre les organisations syndicales proportionnellement au nombre d'élus qu'elles ont obtenus dans ces collèges. Il est fait application du système de la représentation proportionnelle au plus fort reste.*

Lorsque, pour l'ensemble des entreprises faisant partie du groupe, la moitié au moins des élus d'un ou plusieurs collèges ont été présentés sur des listes autres que syndicales, le directeur départemental du Travail et de l'Emploi dans le ressort duquel se trouve le siège de la société dominante décide de la répartition des sièges entre les élus du ou des collèges en cause. Il effectue cette désignation en tenant compte de la répartition des effectifs du collège considéré entre les entreprises constitutives du groupe, de l'importance relative de chaque collège au sein de l'entreprise et du nombre des suffrages recueillis par chaque élu » (L. 439-3 al. 4 et 5).

La répartition se fait sur la base des résultats des dernières élections aux comités d'entreprise ou d'établissement.

5.3.2 Le contentieux

Le contentieux de la désignation des représentants du personnel au comité de groupe est de la compétence exclusive du tribunal d'instance. Celui-ci doit être saisi dans les 15 jours suivant cette désignation par voie de simple déclaration au secrétariat-greffe. Dans les 10 jours de sa saisine, il statue sans frais ni forme de procédure et sur simple avertissement qu'il donne 3 jours à l'avance à toutes les parties intéressées. La décision du tribunal est notifiée par le secrétariat-greffe dans les 3 jours par lettre recommandée avec accusé de réception.

Le pourvoi en cassation, seule voie de recours, doit être formé dans les 10 jours.

5.4 Mandat des représentants du personnel

5.4.1 La durée

Elle est de **4 ans**. Le représentant désigné au comité de groupe peut cumuler son mandat avec plusieurs autres fonctions représentatives (délégué du personnel, délégué syndical, membre du comité d'entreprise dans la société filiale ou la société contrôlée).

5.4.2 Le remplacement en cours de mandat

En vertu de l'article L. 439-3 dernier alinéa, lorsqu'un représentant du personnel au sein du comité de groupe cesse ses fonctions, son remplaçant, **pour la durée du mandat restant à courir**, est désigné :

- en principe, par les organisations syndicales ;
- par exception, par le directeur départemental du travail et de l'emploi lorsqu'il est intervenu initialement à l'occasion de la constitution du comité de groupe pour décider de la répartition des sièges entre les élus des collèges concernés[12].

Le contentieux est d'ordre judiciaire dans le premier cas, d'ordre administratif dans le second.

6. La mise en place facultative d'une délégation unique du personnel dans les entreprises < 200 salariés

Le législateur a cherché à réduire le poids des instances représentatives élues du personnel en ouvrant la faculté de la mise en place d'une délégation unique du personnel : dans cette hypothèse, les délégués du personnel **constituent** alors la délégation du personnel au comité d'entreprise.

6.1 Conditions de mise en place

Il résulte des dispositions de l'article L. 431-1-1 introduit par la loi quinquennale du 20 décembre 1993 « *relatif au travail, à l'emploi et à la formation professionnelle* », que « *dans **les entreprises** dont l'effectif est **inférieur** à 200 salariés, le chef d'entreprise a **la faculté** de décider que les délégués du personnel constituent la délégation du personnel au comité d'entreprise* ». Cette décision ne peut toutefois être prise qu'après avoir **consulté** les délégués du personnel et, s'il existe, le comité d'entreprise.

Dans un arrêt du 14 décembre 1995, la Cour de cassation a précisé les modalités de la mise en place de la délégation unique dans une entreprise de moins de 200 salariés, dotée d'implantations multiples. À l'occasion du renouvellement du comité d'entreprise, un employeur avait décidé de procéder à l'élection d'une délégation unique au niveau de l'entreprise. Un syndicat demanda néanmoins que les élections des délégués du personnel continuent d'être organisées par établissements distincts. Le tribunal d'instance écarta cette demande. La Cour de cassation a rejeté le pourvoi formé contre le jugement rendu aux motifs que la décision de mettre en place une délégation unique fait obstacle à l'organisation d'élections de délégués du personnel au sein d'établissements distincts au sens de la réglementation relative aux délégués du personnel.

La faculté ainsi reconnue au chef d'entreprise est ouverte soit à l'occasion de la constitution du comité d'entreprise, soit à l'occasion de son renouvellement. La durée du mandat des délégués du personnel est *prorogée* à due concurrence. Elle peut être *réduite* dans le cas où le mandat du comité d'entreprise vient à échéance avant celui des délégués du personnel (L. 431-1-1).

---

12. Voir *supra*, § 5.3.1.

Puisqu'il ne s'agit que d'une simple faculté de l'employeur, trois cas de figure peuvent se rencontrer dans une entreprise > 50 salariés < 200 salariés :

- coexistence de deux instances élues du personnel, les délégués du personnel d'une part et le comité d'entreprise d'autre part ;
- exercice des attributions économiques du comité d'entreprise à la suite d'un constat de carence dans les conditions examinées au § 1.3.1 du chapitre 5 ;
- délégation unique.

6.2 Caractéristiques de la délégation unique du personnel

6.2.1 Le nombre de délégués

Le décret d'application du 20 juin 1994 fixe comme suit le nombre de délégués en prévoyant une augmentation progressive par tranche de 25 salariés :

- de 50 à 74 salariés : 3 titulaires et 3 suppléants (au lieu de 2) ;
- de 75 à 99 salariés : 4 titulaires et 4 suppléants (au lieu de 3) ;
- de 100 à 124 salariés : 5 titulaires et 5 suppléants (au lieu de 4) ;
- de 125 à 149 salariés : 6 titulaires et 6 suppléants (au lieu de 5) ;
- de 150 à 174 salariés : 7 titulaires et 7 suppléants (au lieu de 5) ;
- de 175 à 199 salariés : 8 titulaires et 8 suppléants (au lieu de 6).

Globalement, il y a **diminution** du nombre total de délégués dans la délégation unique (puisqu'il n'y a plus de représentants du personnel propres au CE). Le nombre d'élus tant pour les titulaires que pour les suppléants (CE + DP) est actuellement de 5 (3 CE + 2 DP) dans les entreprises (ou établissements) de 50 à 74 salariés, 7 (4 CE + 3 DP) de 75 à 99 salariés, 9 (5 CE + 4 DP) de 100 à 124 salariés, 10 (5 CE + 5 DP), de 125 à 174 salariés, 11 (5 CE + 6 DP) de 175 à 199 salariés.

À la suite de la promulgation du décret d'application, des contestations sont apparues, fondées sur l'existence de dispositions conventionnelles préexistantes plus favorables élevant le nombre des représentants du personnel. Dans un arrêt du 14 décembre 1995, la Cour de cassation a considéré qu'il y avait lieu d'établir une comparaison entre le nombre réglementaire de « délégués uniques », le nombre conventionnel des délégués du personnel (prévu en cas d'élections séparées), le nombre conventionnel des délégués du personnel (également prévu en cas d'élections séparées), puis de retenir **le nombre le plus élevé des trois.**

6.2.2 Le bénéfice d'un crédit d'heures

Les délégués du personnel disposent, dans les limites d'une durée qui, sauf circonstances exceptionnelles, ne peut excéder 20 heures par mois, du temps nécessaire à l'exercice des attributions dévolues en leur double qualité de délégué du personnel et de membre du comité d'entreprise.

6.2.3 Le fonctionnement

La délégation du personnel est réunie au moins une fois par mois sur convocation du chef d'entreprise. Il est procédé à deux réunions à la suite l'une de l'autre, la délégation du personnel unique étant appelée dans la première à examiner l'ordre du jour spécifique aux attributions des délégués du personnel et dans la seconde l'ordre du jour spécifique aux attributions d'un comité d'entreprise, sauf à renverser en toute liberté la chronologie des réunions et placer par exemple la réunion « *comité d'entreprise* » en premier et la réunion « *délégués du personnel* » en second. L'essentiel est de respecter les règles de convocation et de tenue des réunions propres à chacune de ces deux instances.

Chapitre 7

Le fonctionnement du comité d'entreprise

1. L'organisation du comité d'entreprise
2. Les modalités d'exercice des fonctions des membres du comité d'entreprise
3. Le fonctionnement des structures représentatives en cas de pluralité d'établissements
4. Le fonctionnement du comité de groupe

1. L'organisation du comité d'entreprise

1.1 Bureau

1.1.1 La composition

Le président du comité, c'est-à-dire le chef d'entreprise ou son représentant, doit, dès la première réunion, faire désigner les membres du bureau. La loi ne prévoit que la désignation d'un secrétaire choisi parmi les membres titulaires. En pratique, il est procédé en plus à la désignation d'un trésorier. Dans les comités de quelque importance, l'on procède souvent à la désignation d'un secrétaire et d'un trésorier adjoints.

La Cour de cassation a confirmé clairement dans un arrêt du 10 juillet 1991 que la désignation du secrétaire du CE ne constitue pas une question sur laquelle les membres élus du comité aient seuls à se prononcer en tant que délégation du personnel ; qu'en conséquence, le président du CE doit y être, sans contestation possible, associé.

1.1.2 Le rôle du secrétaire du comité

Le secrétaire joue un rôle important dans le fonctionnement du comité d'entreprise. C'est lui qui arrête avec le chef d'entreprise l'ordre du jour des réunions du comité, prépare et établit les procès-verbaux des réunions, assure la liaison entre le chef d'entreprise, les autres membres du comité et le personnel.

1.2 Règlement intérieur

Si l'article R. 432-8 précise que *« chaque comité établit son règlement intérieur »*, il reste muet sur son contenu. En conséquence, le comité peut établir librement son règlement intérieur sous réserve du respect des règles impératives régissant l'organisation et le fonctionnement du comité.

En général, un règlement intérieur comporte fréquemment des dispositions concernant la composition et les attributions du bureau, l'organisation matérielle des réunions, la nature des commissions créées au sein du comité d'entreprise et des dispositions diverses variables selon les spécificités de l'entreprise.

Le comité peut modifier son règlement quand bon lui semble. L'adoption et la modification du règlement intérieur nécessitent une délibération et un vote du comité.

1.3 Commissions

1.3.1 Les commissions obligatoires

A – La commission « formation »

1) Les entreprises concernées

En vertu des dispositions de la loi du 24 février 1984 « *portant réforme de la formation professionnelle continue* », une commission « *formation* » est constituée au sein du comité d'entreprise dans les entreprises employant **au moins 200 salariés** (L. 434-7 al. 4). Lorsqu'une entreprise comporte plusieurs établissements de 200 salariés au moins chacun, chaque comité d'établissement constitue sa commission. Si aucun établissement n'atteint l'effectif de 200 salariés, la commission est mise en place auprès du comité central d'entreprise.

2) Le rôle

La commission est principalement chargée de préparer les délibérations du comité sur les orientations de la formation professionnelle dans l'entreprise et sur le plan de formation. Elle est, en outre, chargée d'étudier les moyens propres à favoriser l'expression des salariés en matière de formation et de participer à l'information de ceux-ci dans le même domaine. Elle étudie également les problèmes spécifiques concernant l'emploi et le travail des jeunes et des handicapés.

3) Le fonctionnement

La commission peut comprendre des salariés de l'entreprise n'appartenant pas au comité d'entreprise ; toutefois sa présidence revient obligatoirement à un membre du comité.

Le temps passé par les membres titulaires et suppléants du comité aux séances de la commission, en qualité de membres de cette commission, est payé comme temps de travail et **ne s'impute pas** sur les heures de délégation des titulaires. Nous conseillons de prévoir par accord les modalités de rémunération des salariés de la commission, non membres du comité, du fait que la loi est totalement muette à ce sujet. Si, à leur égard, l'employeur n'accepte pas de considérer les réunions de la commission pendant les heures de travail comme temps de travail et rémunéré comme tel, il sera nécessaire de prévoir la réunion de la commission après l'horaire de travail.

B – La commission « d'information et d'aide au logement »

1) Les entreprises concernées

Dans les entreprises industrielles et commerciales employant **au moins 300 salariés**, il est constitué obligatoirement, au sein du comité d'entreprise, une commission « d'information et d'aide au logement ». Les entreprises occupant moins de 300 salariés peuvent se grouper pour former une commission interentreprises.

2) Le rôle

La commission a pour objet de faciliter le logement des salariés de l'entreprise dans des immeubles destinés à l'accession à la propriété ou dans des immeubles à usage locatif.

À cet effet :

– elle recherche, en liaison avec les organismes collectant la contribution patronale à l'effort de construction, les possibilités d'offre de logements correspondant aux besoins du personnel ;

– elle informe les salariés sur les conditions dans lesquelles ils peuvent accéder à la propriété ou à la location d'un logement et les assiste dans les démarches nécessaires pour l'obtention des aides financières auxquelles ils peuvent prétendre.

3) Le fonctionnement

La commission peut comprendre des salariés de l'entreprise n'appartenant pas au comité ; toutefois sa présidence revient obligatoirement à un membre du comité.

Le nombre de ses membres varie en fonction de l'établissement :

Effectifs	Nombre maximum
300 à 500	3
501 à 1 000	4
1 001 à 2 000	5
> 2 000	6

Le temps passé par les membres titulaires et suppléants du comité d'entreprise aux séances de la commission est payé comme temps de travail dans la limite de 20 heures par an et **ne s'impute pas** sur les heures de délégation des titulaires.

Avec l'accord du chef d'entreprise, la commission peut s'adjoindre, à titre consultatif, un ou plusieurs conseillers délégués par des organisations professionnelles, juridiques ou techniques, et dont la rémunération incombe à l'entreprise.

C – La commission « économique »

1) Les entreprises concernées

En vertu de l'article L. 434-5, dans les entreprises employant **au moins 1 000 salariés**, une commission « *économique* » est créée au sein du comité d'entreprise ou du comité central d'entreprise.

2) Le rôle

La commission est chargée notamment d'étudier les documents économiques et financiers recueillis par le comité d'entreprise ainsi que toute question qui lui est soumise par ce dernier. Elle est également appelée à intervenir lors du déclenchement, par le comité d'entreprise, de la procédure de demande d'explications auprès des dirigeants en cas de situation économique préoccupante[1].

3) Le fonctionnement

La commission économique comprend au maximum 5 membres représentants du personnel dont au moins un représentant de la catégorie des cadres : il faut entendre par « représentants du personnel » des membres **élus** du comité, soit titulaires, soit suppléants, ce qui écarte, contrairement aux autres commissions, la possibilité de faire intervenir des membres extérieurs au comité. Sont de ce fait également écartés les représentants syndicaux puisque, au sens strict, s'ils sont membres à part entière du comité, ils ne sont pas des représentants du personnel. La présidence de la commission revient obligatoirement à un membre titulaire.

La commission se réunit au moins 2 fois par an.

Le chef d'entreprise est tenu de laisser aux membres de la commission le temps nécessaire pour tenir leurs réunions dans la limite d'une **durée globale** qui ne peut excéder 40 heures par an.

La commission peut se faire **assister** par l'expert-comptable et les experts du **comité**[2].

D – La commission de « l'égalité professionnelle »

1) Les entreprises concernées

En vertu des dispositions de l'article L. 434-7, dernier alinéa, une commission de « *l'égalité professionnelle* » est constituée au sein du comité d'entreprise dans les entreprises employant **au moins 200 salariés**.

---

1. Voir *infra*, chapitre 8, § 1.1.3.
2. Voir *infra*, § 2.7.

2) Le rôle

Cette commission est notamment chargée de préparer les délibérations du comité d'entreprise sur le rapport annuel présenté par le chef d'entreprise sur la situation comparée des conditions générales d'emploi et de formation des femmes et des hommes dans l'entreprise.

1.3.2 Les commissions facultatives

Libre au comité d'entreprise de constituer facultativement l'une ou l'autre des commissions citées précédemment dans les cas où l'entreprise ou l'établissement n'atteint pas les seuils d'effectifs requis (c'est-à-dire 200 ou 300 salariés). Dans cette hypothèse, il n'est prévu aucun crédit d'heures légal, ce qui implique la tenue de ces commissions en dehors des horaires de travail.

Par ailleurs, quel que soit l'effectif de l'entreprise ou de l'établissement, il est toujours possible de constituer des commissions pour l'examen de problèmes particuliers, tels que des problèmes d'ordre social (ex. : prévoyance, entraide), éducatif (ex. : cercles d'études, bibliothèques, camps de vacances), sportif, etc.

2. Les modalités d'exercice des fonctions des membres du comité d'entreprise

Pour exercer leurs attributions, le législateur accorde aux membres du comité d'entreprise un certain nombre de prérogatives et moyens.

2.1 Bénéfice d'un crédit d'heures

2.1.1 Le crédit d'heures des représentants élus

A – La nature du crédit d'heures

L'employeur est tenu de laisser aux membres titulaires du comité le temps nécessaire à l'exercice de leurs fonctions, dans la limite de 20 heures par mois. Les membres suppléants ne peuvent disposer que du crédit d'heures des titulaires qu'ils sont appelés à remplacer. Il est bien entendu que le temps passé par les suppléants aux séances mensuelles ou tenues à l'initiative de l'employeur leur est payé comme temps de travail.

1) Le crédit mensuel

Comme pour les délégués du personnel et les délégués syndicaux, le crédit d'heures s'applique à chaque mois civil, c'est-à-dire qu'il ne peut être réduit au prorata du nombre de jours de travail effectif. Inversement, il n'est pas possible de reporter d'un mois sur l'autre les heures de délégation non utilisées.

2) Le crédit individuel

Chaque titulaire dispose d'un crédit personnel de **20 heures par mois**. Aucune autre répartition des heures n'est possible.

3) L'imputation du crédit d'heures

Les heures utilisées pour participer aux réunions obligatoire imposées par la loi ou tenues *à l'initiative de l'employeur* ne sont pas imputables sur le crédit d'heures.

B – L'utilisation des heures de délégation

Les heures de délégation doivent être utilisées conformément aux fonctions que la loi attribue au comité d'entreprise.

1) L'activité intérieure

De même que pour les délégués syndicaux et les délégués du personnel, les représentants élus du comité peuvent, *« tant durant les heures de délégation qu'en dehors de leurs heures habituelles de travail, circuler librement dans l'entreprise et y prendre tous contacts nécessaires à l'accomplissement de leur mission, notamment auprès d'un salarié à son poste de travail, sous réserve de ne pas apporter de gêne importante à l'accomplissement du travail des salariés* » (L. 434-1).

2) L'activité extérieure

Contrairement aux délégués du personnel, la nature des attributions du comité entraîne pour ses membres des déplacements plus fréquents à l'extérieur de l'entreprise.

C – Le paiement des heures de délégation

Nous invitons nos lecteurs à reporter à ce qui a été développé à ce sujet à propos du paiement des heures de délégation des délégués syndicaux[3] et des délégués du personnel[4].

Nous rappellerons seulement deux points essentiels :

- les heures de délégation doivent être nécessairement utilisées à l'exercice d'une mission rentrant dans le cadre des fonctions du comité ;
- les temps de délégation sont de plein droit considérés comme temps de travail et payés à l'échéance normale ; en cas de contestation par l'employeur de l'usage fait des temps ainsi alloués, il lui appartient de saisir la juridiction compétente.

D – Le dépassement du crédit d'heures

1) Le principe

Comme pour les délégués du personnel, et en l'absence d'une jurisprudence bien établie, il nous semble que lorsqu'un représentant a épuisé son crédit d'heures, il ne peut plus demander d'heures complémentaires payées.

2) Les exceptions

De même que pour les délégués syndicaux ou les délégués du personnel, la loi admet que les représentants titulaires élus du comité d'entreprise puissent prendre des heures complémentaires *payées* en cas de « *circonstances exceptionnelles* ». Comme nous l'avions souligné à propos de nos développements sur les délégués du personnel, le législateur n'a pas défini ce qu'il fallait entendre par cette expression, et en cas de conflit, c'est aux juges qu'il revient d'établir si, en l'espèce, il y avait eu ou non « *circonstances exceptionnelles* ».

> *Exemple 1 (Cass. soc., 22 avril 1964) :*
> Ne constitue pas une circonstance exceptionnelle justifiant un dépassement du crédit d'heures la préparation d'un arbre de Noël.
>
> *Exemple 2 (Cass. soc., 17 mai 1979) :*
> Il y avait eu, pendant deux mois, une situation « provisoire et exceptionnelle » résultant de l'abandon de la gestion directe du restaurant d'entreprise par la direction ; le comité d'entreprise ayant dû la reprendre, la réorganisation et la recherche d'un gestionnaire avaient entraîné pour l'un de ses membres « un petit dépassement des heures de délégation ». Dépassement « légitime » ont estimé les juges.

E – L'incidence du cumul de mandats

Le mandat de membre du comité d'entreprise est compatible avec le mandat de délégué syndical et de délégué du personnel. Le cumul de mandats entraîne un cumul d'heures de délégation. Dans cette hypothèse, le salarié doit dire à quel titre il entend exercer son déplacement qui sera alors contrôlé a posteriori sur le fondement du titre indiqué.

2.1.2 Le crédit d'heures des représentants syndicaux au comité d'entreprise

A – L'allocation de crédit d'heures

Sauf dispositions plus favorables d'un accord d'entreprise ou d'une convention collective, c'est seulement dans les entreprises ou établissements occupant plus de 500 salariés que les représentants syndicaux bénéficient d'un crédit d'heures identique à celui des membres élus (20 heures par mois, sauf circonstances exceptionnelles).

---

3. Voir *supra*, chapitre 3, § 3.2.
4. Voir *supra*, chapitre 5, § 2.1.

Néanmoins, quel que soit l'effectif de l'entreprise ou de l'établissement, le temps passé par les représentants syndicaux aux séances du comité leur est payé comme temps de travail.

B – L'utilisation des heures de délégation

Les compétences du comité d'entreprise, notamment en ce qui concerne la marche de l'entreprise, nécessitant des consultations, des informations et donc des contacts tant à l'intérieur qu'à l'extérieur de l'entreprise, les représentants syndicaux bénéficiaires d'un crédit d'heures peuvent se déplacer dans l'établissement et à l'extérieur.

C – Le paiement des heures de délégation

Les représentants syndicaux au comité d'entreprise doivent ordonner principalement leurs activités sur les compétences du comité. Seules devront être payées en conséquence les heures utilisées en relation directe avec les attributions du comité.

Il faut se garder de confondre les fonctions de représentant syndical au comité avec celles des délégués syndicaux orientées vers la contestation et la revendication.

D – Le cumul de mandats

Nous rappelons à nouveau que dans les entreprises de moins de 300 salariés, le délégué syndical est obligatoirement représentant syndical au comité d'entreprise unique ou au comité d'établissement et que dans les entreprises (ou établissements) où il est possible de nommer plusieurs délégués, l'organisation syndicale fait connaître au chef d'entreprise celui qu'elle désigne comme représentant syndical au comité d'entreprise ou d'établissement.

Tableau 22 – Récapitulatif des allocations de crédit d'heures des représentants du personnel

Effectif de l'entreprise ou de l'établissement	Crédit d'heures mensuel de chaque délégué du personnel titulaire	Crédit d'heures mensuel de chaque membre titulaire du CE	Crédit d'heures mensuel de chaque délégué syndical	Crédit d'heures mensuel de chaque représentant syndical au CE
11 à 49	10 h	–	–	–
50 à 150	15 h	20 h	10 h	–
si « fusion » DP/CE	**20 h**			
151 à 199	15 h	20 h	15 h	–
si « fusion » DP/CE	**20 h**			
200 à 500	15 h	20 h	15 h	–
501 et plus	15 h	20 h	20 h	20 h

Tableau 23 – Physionomie comparée des instances représentatives élues du personnel dans les entreprises < 200 salariés

<table>
<tr><th rowspan="2">Effectif de l'entreprise</th><th colspan="2">Coexistence des instances</th><th rowspan="2">Délégation unique</th></tr>
<tr><th>DP[1]</th><th>CE[1]</th></tr>
<tr><td rowspan="2">50 à 74</td><td>2 x 15 h = 30 h</td><td>3 x 20 h = 60 h</td><td rowspan="2">3 x 20 h
60 h</td></tr>
<tr><td colspan="2">90 h</td></tr>
<tr><td rowspan="2">75 à 99</td><td>3 x 15 h = 45 h</td><td>4 x 20 h = 80 h</td><td rowspan="2">4 x 20 h
80 h</td></tr>
<tr><td colspan="2">125 h</td></tr>
<tr><td rowspan="2">100 à 124</td><td>4 x 15 h = 60 h</td><td>5 x 20 h = 100 h</td><td rowspan="2">5 x 20 h
100 h</td></tr>
<tr><td colspan="2">160 h</td></tr>
<tr><td rowspan="2">125 à 174</td><td>5 x 15 = 75 h</td><td>5 x 20 h = 100 h</td><td rowspan="2">125 à 149
6 x 20 h = 120 h
150 à 174
7 x 20 h = 140 h</td></tr>
<tr><td colspan="2">175 h</td></tr>
<tr><td rowspan="2">175 à 199</td><td>6 x 15 h = 90 h</td><td>5 x 20 h = 100 h</td><td rowspan="2">8 x 20 h
160 h</td></tr>
<tr><td colspan="2">190 h</td></tr>
<tr><td colspan="4">1. Pour clarification du calcul des crédits d'heures, nous n'avons retenu que le nombre de titulaires. Il convient naturellement d'y ajouter les suppléants en nombre identique.</td></tr>
</table>

2.2 Tenue de réunions

2.2.1 Les réunions avec l'employeur

A – La fréquence

Elle est liée à deux variables : la taille de l'entreprise et la mise en place ou non d'une délégation unique du personnel.

Taille de l'entreprise	Fréquence des réunions
50 ≤ salariés < 150	• présence distincte DP – CE ↓ réunion **bimestrielle** du CE[1] • délégation unique du personnel ↓ réunion **mensuelle**
150 ≤ salariés < 200	• présence distincte DP – CE ↓ réunion **mensuelle** du CE • délégation unique du personnel ↓ réunion **mensuelle**
200 ≤ salariés	réunion **mensuelle** du CE
1. La réunion des délégués du personnel reste mensuelle.	

La réunion mensuelle ou bimestrielle, selon le cas, constitue un minimum obligatoire pour l'employeur, sauf à courir le risque de poursuites sur le fondement du délit d'entrave au fonctionnement régulier du comité d'entreprise. Il est clair que rien ne lui interdit en revanche de prévoir une période plus courte et de convoquer plus souvent le comité.

Le comité peut tenir une seconde réunion à la demande de la majorité de ses membres avec ordre du jour spécial (L. 434-3 al. 1) : « *Cette réunion supplémentaire doit normalement se tenir sans attendre la prochaine réunion mensuelle à moins que des circonstances particulières, tenant notamment à la proximité de la date prévue pour celle-ci, ne justifient que les deux réunions, tout en demeurant distinctes, puissent sans inconvénient être fixées au même jour* » (Cass. crim., 17 janvier 1984). À défaut de telles circonstances justificatives, l'employeur qui refuserait de donner suite au vote majoritaire en se bornant chaque fois à renvoyer à la prochaine réunion mensuelle, commettrait le délit d'entrave.

B – La procédure

1) L'établissement de l'ordre du jour

« *L'ordre du jour est arrêté par le chef d'entreprise ou son représentant et le secrétaire du comité. Toutefois, lorsque sont en cause des consultations obligatoires par une disposition législative, réglementaire ou par un accord collectif de travail, elles sont inscrites de plein droit par l'un ou par l'autre* » (L. 434-3 al. 2)[5].

Il résulte de ce texte que dès lors qu'il ne s'agit pas d'une consultation obligatoire, ni le chef d'entreprise ni le secrétaire du CE ne peut imposer à l'autre l'inscription d'une question à l'ordre du jour. À défaut d'accord, il n'y a pas d'autre solution que de saisir le Président du tribunal de grande instance saisi en référé qui sera appelé à statuer et à fixer lui-même l'ordre du jour.

Dans l'attente d'une jurisprudence de la Cour de cassation, une question reste cependant ouverte concernant l'inscription des consultations obligatoires : l'employeur peut-il les inscrire

5. L'ordre du jour de la première réunion qui suit le renouvellement du CE après élection est nécessairement fixé par l'employeur seul puisque par définition le secrétaire n'a pas encore été désigné.

de droit unilatéralement ou ne peut-il le faire qu'après s'en être d'abord entretenu avec le secrétaire selon la procédure de principe d'élaboration conjointe de l'ordre du jour et avoir constaté un refus de sa part, l'autorisant alors à passer outre pour éviter de retarder, voire de bloquer les consultations du CE ? Cette question à tout son intérêt car les consultations sont quasiment toutes obligatoires !

Par ailleurs, les représentants syndicaux, dont il convient de rappeler que la participation est seulement consultative, ont la possibilité de demander l'inscription d'une question à l'ordre du jour, sans pouvoir toutefois l'exiger.

Une fois envoyé aux membres du comité, l'ordre du jour ne peut plus en principe être modifié, sauf si une telle modification intervient après un nouvel accord entre l'employeur et le secrétaire et qu'elle peut encore être portée à la connaissance des membres du comité dans les délais légaux.

Il est vivement conseillé d'apporter à la rédaction de l'ordre du jour de la réunion du CE un soin tout particulier afin d'éviter de libeller les questions en termes vagues, imprécis, elliptiques ou ambigus. Si la question ne peut être écartée puisqu'elle figure à l'ordre du jour, son imprécision peut conduire à une demande en nullité de la délibération.

2) La convocation

La convocation à laquelle est joint l'ordre du jour doit être adressée aux membres du comité 3 jours au moins avant la réunion. Doivent être convoqués tous les membres du comité, c'est-à-dire les titulaires, les suppléants et les représentants syndicaux[6].

Doivent être également convoqués le médecin du travail lorsque l'ordre du jour comporte des questions relatives à la médecine du travail, à l'hygiène ou à la sécurité, et le conseiller ou la conseillère du travail lorsque les réunions sont consacrées à des questions sociales.

Lorsque le comité se réunit à la demande de la majorité de ses membres, les questions jointes à la demande de convocation doivent obligatoirement figurer à l'ordre du jour.

> *Exemple (Cass. crim., 5 novembre 1975) :*
>
> Jugé que s'était rendu coupable de délit d'entrave l'employeur qui ayant rédigé l'ordre du jour que le secrétaire s'était borné à contresigner, n'y avait pas mentionné « l'adoption par vote du règlement intérieur », alors que la demande expresse lui en avait été faite par les membres de la majorité du comité et alors que c'est précisément pour cela qu'ils avaient souhaité la réunion spéciale du comité. En agissant ainsi l'employeur avait manifestement « tenté de retarder au maximum l'adoption dudit règlement intérieur voulu par la majorité ».

3) La présidence

Le comité d'entreprise est présidé par le chef d'entreprise – ou son représentant – assisté éventuellement de deux collaborateurs qui ont voix consultative (L. 434-2 al. 1). Le salarié représentant qui a reçu délégation de la présidence peut exercer toutes attributions reconnues au chef d'entreprise en tant que président. Cette délégation a également pour effet de substituer la responsabilité pénale de ce salarié à celle du chef d'entreprise en cas d'entrave au fonctionnement du comité. La Cour de cassation considère toutefois que le fait pour un chef d'entreprise d'avoir délégué la présidence du comité ne l'exonère pas de son obligation de veiller à ce que le comité fonctionne et soit consulté régulièrement.

4) Les délibérations

En principe, le comité doit siéger au complet, mais la loi n'ayant pas fixé de quorum pour la validité de ses délibérations, il peut valablement délibérer s'il est incomplet.

---

6. La Cour de cassation considère que rien ne saurait dispenser l'employeur de convoquer individuellement chaque membre du comité d'entreprise, car c'est là, dit-elle, une « *formalité substantielle* » dont l'absence réalise « *le délit d'entrave* », quand bien même les membres du comité auraient pu, par d'autres voies, être prévenus de la réunion et y assister.

a) Règles de majorité

Toutes les résolutions du comité sont prises à la majorité des membres présents. En cas de partage des voix, la proposition est rejetée. Le président du comité, c'est-à-dire le chef d'entreprise ou son représentant, ne dispose pas d'une voix prépondérante.

> *Exemple (Cass. crim., 4 octobre 1977) :*
>
> Pour le chef d'entreprise, s'attribuer une voix prépondérante pour déclarer adoptée une résolution qui n'avait pas accueilli la majorité des suffrages est constitutif du délit d'entrave au fonctionnement régulier du comité d'entreprise.

b) Votants

Seuls sont appelés à voter les membres titulaires. Les membres suppléants ne peuvent voter que lorsqu'ils remplacent des titulaires absents.

Qu'en est-il du chef d'entreprise, président du comité ? Aux termes des dispositions de l'article L. 434-3 alinéa 3, « *le président du comité ne participe pas au vote lorsqu'il consulte les membres élus du comité en tant que délégation du personnel* ». La formulation de ce texte a entraîné des divergences d'interprétation au niveau de la chambre criminelle et de la chambre sociale de la Cour de cassation. La première, faisant une application stricte de l'article, a admis que le président du comité peut participer à un vote sur une proposition concernant la gestion des activités sociales, dès lors que les membres élus du comité, devant délibérer sur l'engagement d'une dépense, n'ont pas à se prononcer en tant que délégation du personnel (Cass. crim., 4 novembre 1988). Dans un autre arrêt du 25 janvier 1995, la seconde a adopté un point de vue différent, retenant une interprétation moins littérale de la loi. La chambre sociale s'inscrit dans une jurisprudence traditionnelle qui n'admet qu'exceptionnellement la participation du chef d'entreprise au vote des résolutions du comité[7].

c) Forme du vote

Le Code du travail impose le vote à bulletins secrets en cas de nomination ou de licenciement envisagé d'un médecin du travail, et après que l'intéressé a été mis en mesure de présenter ses observations (R. 241-31), ainsi qu'en cas de licenciement d'un délégué du personnel ou d'un membre du comité d'entreprise, titulaire ou suppléant, et du représentant syndical au comité, après audition de l'intéressé (R. 436-1).

Pour les autres votes, il appartient au comité de se fixer un mode de votation qui est le plus généralement prévu dans le règlement intérieur du comité. (Le vote à main levée est parfaitement possible.)

d) Nullité

Seuls les membres du CE sont habilités à demander la nullité d'une délibération : cette demande doit être portée devant le tribunal de grande instance.

L'annulation peut reposer sur diverses causes ; on retiendra, à titre d'exemple, le non-respect du délai de convocation ; la composition irrégulière du comité ; l'irrégularité du scrutin ; l'imprécision de la question écrite à l'ordre du jour ; la question n'entrant pas dans la compétence du comité.

5) Le procès-verbal

a) Élaboration

Le procès-verbal est rédigé par le secrétaire du comité d'entreprise.

L'employeur n'a pas à intervenir, même en tant que président du comité, dans la rédaction du procès-verbal. S'il est en désaccord avec son contenu, il fera une mise au point lors de la séance suivante, laquelle figurera au procès-verbal de cette séance. En pratique, la rédaction du procès-verbal est souvent faite en commun entre le secrétaire et l'employeur.

---

7. L'employeur se trouve ainsi exclu du vote lorsqu'il consulte le comité lors d'un projet de licenciement pour cause économique ou de licenciement d'un salarié « protégé » élu. Il a été jugé que l'employeur se trouvait exclu du vote à propos de la désignation de l'expert-comptable rémunéré par la société (Cass. soc. 5 mai 1983). Il est considéré que l'employeur est exclu des votes relatifs à l'utilisation de la subvention de fonctionnement. Seule exception véritablement admise : la désignation du secrétaire du comité, et plus généralement, les mesures d'administration interne du comité.

Le secrétaire du comité ne saurait exiger un crédit d'heures particulier pour la rédaction des procès-verbaux de réunions. Cette activité fait partie de l'exercice de ses fonctions indemnisées dans la limite de 20 heures.

b) Communication

Le procès-verbal est communiqué au chef d'entreprise et à tous les membres du comité d'entreprise.

c) Diffusion ou affichage

Avant la loi du 28 octobre 1982, la Cour de cassation avait eu l'occasion de considérer que si le secrétaire du comité ne pouvait décider seul de la diffusion ou de l'affichage du procès-verbal des réunions, il n'en restait pas moins que cette publicité pouvait être faite sous réserve du respect de certaines conditions.

> *Exemple (Cass. soc., 4 novembre 1981) :*
>
> Le PDG d'une société, agissant en tant que président d'un comité d'entreprise, avait introduit une instance en annulation de dispositions du règlement intérieur du comité d'entreprise prévoyant la diffusion du procès-verbal après approbation du comité à la séance suivante.
>
> La Cour de cassation lui donne tort : « Il entre dans les pouvoirs du comité d'entreprise de tenir les salariés informés des problèmes concernant la vie de l'entreprise dont il a débattu... aucune disposition légale n'interdit que ces délibérations soient portées à la connaissance du personnel, par la diffusion d'un compte rendu dans les conditions prévues par le règlement intérieur ou les procès-verbaux eux-mêmes à la condition :
>
> – qu'ils aient été approuvés par la majorité du comité après communication à son président et à ses membres,
>
> – qu'ils n'enfreignent pas les obligations de discrétion,
>
> – qu'ils ne contiennent ni inexactitude, ni propos injurieux, ni allégations diffamatoires...
>
> Le président du comité ne peut s'opposer à une telle diffusion, sauf à en demander l'interdiction en justice si les conditions ci-dessus n'ont pas été respectées ».

L'affichage du procès-verbal pouvait donc résulter d'une disposition permanente insérée dans le règlement intérieur du comité ou, comme cela est habituellement pratiqué, après un vote pris à la majorité. Certaines de ces conditions jurisprudentielles sont reprises dans l'article L. 434-4 alinéa 3, aux termes duquel « *le procès-verbal, après avoir été adopté, peut être affiché ou diffusé dans l'entreprise par le secrétaire du comité, selon des modalités précisées par le règlement intérieur du comité* ».

6) Le secret professionnel – La discrétion

« *Les membres du comité d'entreprise et délégués syndicaux sont tenus au secret professionnel pour toutes les questions relatives aux procédés de fabrication.*

En outre, les membres du comité d'entreprise et les représentants syndicaux sont tenus à une obligation de discrétion à l'égard des informations présentant un caractère confidentiel et données comme telles par le chef d'entreprise ou son représentant » (L. 432-7).

La même obligation de discrétion incombe, en vertu de la loi du 24 juillet 1966 « *sur les sociétés commerciales* », aux représentants du comité appelés à assister aux réunions du conseil d'administration ou, le cas échéant, du conseil de surveillance.

C – La consultation

1) Les cas

Selon les dispositions de l'article L. 435-5 alinéa 1, « *la décision du chef d'entreprise doit être précédée par la consultation du comité d'entreprise, sauf dans le cas où l'employeur use du droit qui lui est conféré par l'article L. 432-1 ter* »[8]. Il revient à l'employeur d'apprécier le moment le plus

---

8. Est visé sous cet article L. 432-1 *ter* le cas où l'employeur décide du lancement d'une offre publique d'achat ou d'échange portant sur le capital d'une entreprise (voir *infra*, chapitre 8, § 1.1.1. K 3).

opportun pour saisir le comité, en tenant compte à la fois de la maturation de son projet et des exigences de ce texte[9]. On retiendra qu'informer seulement le comité de la décision prise constitue le délit d'entrave.

La Cour de cassation a eu l'occasion de préciser que dans la mesure où il est rempli de ses droits, le comité d'entreprise ne peut se prévaloir d'un droit de monopole à la priorité de l'information.

> *Exemple (Cass. soc., 15 mai 1990) :*
>
> Envisageant la cession de la presque totalité des actions de la société et une importante réorganisation, la direction d'une entreprise avait communiqué dans le même temps des informations sur son projet au comité d'entreprise, au personnel et à la presse. Le directeur départemental du travail avait été préalablement informé dans le détail des modalités de l'opération projetée.
>
> Ultérieurement le comité central et les comités d'établissement avait été consultés. L'acte de cession n'avait été signé que six semaines environ après la communication des informations.
>
> Les juges d'appel avaient néanmoins retenu la culpabilité de l'employeur sur le fondement du délit d'entrave. À tort, dit la Cour de cassation qui souligne qu'il importe seulement que la consultation du comité précède la décision effective et que le comité dispose d'un délai suffisant pour émettre un avis mais que l'annonce faite, tant à l'intérieur de l'entreprise qu'à l'extérieur de celle-ci, de ce qui n'est qu'un projet, n'a pas pour effet de transformer ce projet en décision définitive.

2) L'avis

a) Remise préalable d'une documentation

Le principe est énoncé par l'article L. 431-5 alinéa 2 : « *Pour lui permettre de formuler un avis motivé, le comité d'entreprise doit disposer d'informations précises et écrites transmises par le chef d'entreprise, d'un délai d'examen suffisant et de la réponse motivée du chef d'entreprise à ses propres observations.* »

Concernant l'information, il appartient au chef d'entreprise d'en déterminer la nature eu égard au bon déroulement de la consultation. Dans certains cas, le législateur a prévu la liste des documents d'information à remettre[10].

Concernant le délai d'examen suffisant, une circulaire ministérielle du 30 novembre 1984 a précisé que « *le délai de réflexion laissé au CE sera évalué compte tenu des difficultés spécifiques que présentera l'examen auquel il doit se livrer* ». En cas de litige, il appartiendra au juge de vérifier si le délai imparti a été suffisant. Là encore, le législateur est intervenu pour fixer un délai précis dans certaines hypothèses : un mois pour l'introduction de nouvelles technologies ; 3 semaines pour le plan de formation, 15 jours pour le bilan social.

b) Débat

Le terme « *consulter* » implique un dialogue, un échange de points de vue, une libre discussion. L'article L. 431-5 alinéa 2 impose d'ailleurs une réponse motivée aux observations du comité. À ce sujet, la circulaire ministérielle précitée a apporté les précisions suivantes : « *Si, durant la séance d'examen, l'employeur n'est pas en mesure de fournir des réponses motivées aux questions essentielles, de nature à conditionner la prise de position du comité d'entreprise, il ne saurait invoquer un refus du comité de se prononcer pour prendre définitivement sa décision et il devra fournir les réponses permettant au comité de donner son avis au cours de la réunion suivante.* »

2.2.2 Les autres réunions

- Le comité d'entreprise peut organiser, dans le local mis à sa disposition, **des réunions d'information internes au personnel**, non soumises à autorisation de l'employeur, réunions qui pourront porter notamment « *sur des problèmes d'actualité* ». La seule condition posée est que ces réunions aient lieu en dehors du temps de travail.

---

9. Sur toutes les questions où il est appelé à exercer ses attributions consultatives, le comité doit donc être consulté préalablement à la décision de l'employeur. Pour la Cour de cassation, cette règle implique qu'il ne soit pris par l'employeur aucune mesure constituant un commencement d'exécution du projet pendant le temps de consultation sous peine de s'exposer à des poursuites pénales pour délit d'entrave.

10. Voir Partie 3, chapitre 5, § 3.2, les informations à remettre lors d'un projet de licenciement collectif pour cause économique.

– Sont légalisées **les invitations de personnalités extérieures à l'entreprise** pour participer à des réunions organisées par le comité d'entreprise. Les conditions suivantes doivent être respectées :
  - les réunions doivent avoir lieu en dehors du temps de travail des participants, à l'exception des membres du comité d'entreprise qui peuvent se réunir sur leur temps de délégation ;
  - les réunions dans le local du comité ne nécessitent pas l'accord du chef d'entreprise ; accord en revanche nécessaire pour organiser cette réunion en un autre lieu ;
  - l'accord du chef d'entreprise est nécessaire pour inviter à ces réunions des personnalités extérieures autres que syndicales.

2.3 Mise à disposition de moyens matériels

« *Le chef d'entreprise met à la disposition du comité un local aménagé et le matériel nécessaire à l'exercice de ses fonctions* » (L. 434-8).

2.3.1 Le local

A – Le choix

Le choix du local appartient à l'employeur. Ce choix est fonction de l'importance de l'entreprise, de son implantation, de l'importance en nombre du comité. Sauf impossibilité matérielle, le local choisi se situera à l'intérieur de l'entreprise elle-même.

Si le local mis à la disposition des sections syndicales doit leur être spécialement réservé, il est admis en revanche que le local des délégués du personnel et celui des membres du comité d'entreprise se confondent et soit indifféremment utilisé par les uns et par les autres. À condition de ne pas porter une gêne excessive à l'utilisation du local par le représentant du personnel, la direction elle-même peut se servir du local pour organiser des réunions.

Par local aménagé, il faut entendre un local éclairé, chauffé et meublé (armoires, chaises, tables).

B – L'utilisation

Le local doit être utilisé conformément à la mission du comité d'entreprise ce qui interdit son utilisation à des fins de réunions de **pure propagande politique**.

> *Exemple (Cour d'appel de Paris, 14 décembre 1976) :*
>
> « Il suffit de lire les dispositions du Livre IV, titre III du Code du travail (celles qui réglementent le fonctionnement des comités d'entreprise) pour constater que l'obligation faite au chef d'entreprise de mettre un local à la disposition du comité répond au souci de permettre à cet organisme d'exercer ses attributions ; lesquelles sont hors du champ de toute propagande politique. »
>
> Statuant en référé, le Président du tribunal de grande instance avait, sur demande de l'employeur, interdit la réunion que devait tenir dans les locaux du comité la cellule locale d'un parti politique, avec participation du maire de la commune.
>
> Les juges d'appel confirment et la compétence du juge des référés en la matière et la décision prise par lui d'interdire une telle réunion : c'est seulement par un « abus de langage » précisent-ils que le CE avait tenté en l'espèce d'assimiler à un « cercle d'études » ou à un « cours de culture générale » une réunion dans laquelle aux termes mêmes de la lettre informant la direction de la réunion projetée « les militants d'un parti entendaient proposer leurs solutions politiques à une crise visant les travailleurs de la société ».

2.3.2 Le matériel

La loi parle du « *matériel nécessaire à l'exercice de ses fonctions* ». Il s'agit, à titre d'exemple, de classeur, de l'installation d'une ligne téléphonique, de la fourniture de matériel de dactylographie et de photocopie.

Concernant l'usage du téléphone, la Cour de cassation a eu l'occasion de décider que pour l'accomplissement de leur mission légale et la préservation de la confidentialité qui s'y rattache, les salariés investis d'un mandat syndical ou électif (donc jurisprudence également valable pour les délégués syndicaux, les délégués du personnel, les représentants au CHCST) doivent pouvoir y disposer d'un matériel ou procédé excluant l'interception de leurs communications téléphoniques et l'identification de leurs correspondants.

2.3.3 Les panneaux d'affichage

Les textes régissant le comité d'entreprise ne se sont pas prononcés expressément sur l'obligation de l'employeur de donner au comité d'entreprise ses propres panneaux d'affichage. La pratique a comblé cette carence dans la mesure où il se révélait indispensable compte tenu des attributions du comité de lui réserver des emplacements pour permettre l'affichage d'informations. La loi du 27 décembre 1968 a officialisé cette pratique en précisant que les panneaux syndicaux doivent être **distincts** de ceux qui sont affectés aux communications des délégués du personnel et du comité d'entreprise.

2.4 Personnalité civile

Jusqu'alors, la personnalité civile n'avait été octroyée aux comités d'entreprise que pour leur permettre d'exercer leurs tâches de gestion en matière sociale. Dorénavant, et en vertu des dispositions nouvelles, ils sont dotés de la personnalité civile pour *l'ensemble* de leurs attributions (L. 431-6).

Les comités constituent des personnes morales de droit privé. Ils peuvent donc, dans la mesure nécessaire à l'exercice de leurs attributions et aux buts qu'ils poursuivent, exercer les attributs liés à la reconnaissance de cette personnalité juridique (ester en justice, contracter, acquérir à titre onéreux ou gratuit, ouvrir un compte bancaire ou postal, etc.). À l'inverse, ils peuvent voir leur responsabilité civile engagée.

2.5 Octroi d'un budget de fonctionnement

2.5.1 Le montant

Depuis la loi du 28 octobre 1982, le chef d'entreprise doit doter le comité d'entreprise d'une subvention de fonctionnement dont le montant annuel minimal est équivalent à 0,2 % de **la masse salariale brute**, subvention qui « *s'ajoute à la subvention destinée aux activités sociales et culturelles, sauf si l'employeur fait déjà bénéficier le comité d'entreprise d'une somme ou de moyens en personnel équivalant à 0,2 % de la masse salariale brute* »[11] (L. 434-8). Il ressort de cette disposition que si le chef d'entreprise est en droit d'imputer sur le montant de la subvention qu'il est tenu de verser au comité les sommes ou les prestations en nature, notamment de personnel, qu'il met à la disposition du comité pour son fonctionnement, il ne peut pas par contre déduire de cette subvention les dépenses qu'il engage ou les moyens qu'il fournit au comité pour faire fonctionner les activités sociales de ce dernier. **Les deux budgets sont bien distincts.**

> *Exemple (Cass. soc., 26 septembre 1989) :*
>
> La possibilité de déduction prévue à l'article L. 434-8 du Code du travail est limitée aux sommes ou moyens en personnel versés par l'employeur pour les besoins de fonctionnement du comité autres que ceux occasionnés par ses activités sociales et culturelles.

Selon une réponse ministérielle, la masse salariale à retenir est constituée par les rémunérations – y compris les cotisations sociales des salariés – versées au titre de l'exercice considéré. Elle comprend la part qui constitue la rémunération proprement dite du personnel, primes comprises, en excluant toutefois les charges sociales patronales et les remboursements de frais.

---

11. L'employeur doit être en mesure d'établir qu'il a bien versé une somme ou fourni des prestations en nature d'un montant correspondant à cette obligation et affecté exclusivement au fonctionnement du comité. À défaut d'apporter une telle preuve, il peut être condamné pour délit d'entrave.

La masse salariale qui doit être retenue est celle de l'année en cours : mais, faute de pouvoir la connaître avec exactitude avant la fin de l'année, la subvention peut être calculée sur la masse de l'année précédente et réajustée en fin d'année.

Un arrêt de la Cour de cassation du 12 février 1991 précise que les indemnités de congés payés doivent être incluses dans la masse salariale servant de base au calcul de la subvention de fonctionnement.

Selon la jurisprudence de la Cour de cassation, lorsque l'entreprise comporte des établissements multiples, la subvention de fonctionnement doit être versée à chaque comité d'établissement. À défaut de verser la subvention de fonctionnement aux comités d'établissement, le chef d'entreprise se rend coupable du **délit d'entrave** au fonctionnement du comité d'entreprise (Cass. crim., 11 février 2003).

Pour cette même Cour, le refus d'indiquer à un comité d'établissement le montant de la masse salariale brute constitue également un délit d'entrave.

Une note ministérielle du 25 juillet 1985 précise que les sommes restantes du budget de fonctionnement constituent une provision dont le comité pourra disposer l'année suivante, ce report d'une année sur l'autre n'étant soumis à aucune condition de limitation. Elle rappelle que le versement de la subvention de fonctionnement est une obligation légale à laquelle l'employeur ne saurait se soustraire, et que celui-ci ne peut récupérer les sommes non utilisées par le comité d'entreprise au cours d'une année ni les déduire du montant de la subvention de l'année à venir.

2.5.2 L'utilisation

S'imputent sur la subvention de fonctionnement les dépenses suivantes :

- frais de formation économique des membres titulaires du comité d'entreprise en application de l'article L. 434-10[12] ;
- frais occasionnés par le recours aux experts prévu au 7e alinéa de l'article L. 434-6[13] ;
- dépenses afférentes à la rémunération du personnel assurant le secrétariat administratif, la loi du 28 octobre 1992 ayant en effet supprimé l'obligation de l'employeur de mettre à la disposition du comité d'entreprise le personnel indispensable pour ses réunions et son secrétariat[14] ;
- frais de déplacement des membres du comité, pour l'exercice de leur mandat, y compris pour participer aux réunions légales du comité d'établissement ou du comité central d'entreprise : « *Il n'existe pas d'indemnisation légale obligatoire, à la charge de l'employeur, des frais de transport occasionnés par les réunions légales des institutions représentatives du personnel* » (Cass. crim., 7 mai 1975)[15] ;

Ne s'imputent pas sur la subvention de fonctionnement :

- les frais de déplacement des membres du comité d'entreprise concernant les réunions organisées à l'initiative de l'employeur, celui-ci devant les supporter (Cass. soc., 28 mai 1996) ;
- la rémunération des temps de trajet des ces mêmes membres et pour les mêmes fins dès lors que le trajet dépasse en durée le temps normal de déplacement entre le domicile du salarié et le lieu de son travail.

2.6 Bénéfice d'une formation économique

Seuls les membres **titulaires** du comité d'entreprise peuvent prétendre à un stage de formation économique d'une durée maximale de 5 jours, durée qui s'impute sur la durée du congé de

12. Voir *infra*, § 2.6.
13. Voir *infra*, § 2.7.2.
14. Il a été jugé que les frais afférents à l'établissement et à la diffusion du procès-verbal du comité assurés par une secrétaire de la direction, aux lieu et place du secrétariat du comité, ne peuvent être déduits de la subvention de fonctionnement qu'à la condition que l'employeur puisse établir que cela ait été fait à la demande du comité (Cass. soc., 4 avril 1990).
15. L'usage s'est toutefois depuis longtemps instauré dans la plupart des entreprises de mettre les frais à sa charge : usage souvent consacré par un accord d'entreprise au par la convention collective.

formation économique, sociale et syndicale prévu à l'article L. 451-1, lui-même d'une durée annuelle maxima de 12 jours. Cette formation est **renouvelée** lorsqu'ils ont exercé leur mandat pendant 4 ans, consécutifs ou non. Ce renouvellement se justifie par la nécessité d'une formation économique régulièrement actualisée.

Le temps consacré à cette formation économique est pris sur le temps de travail ; **est rémunéré comme tel** ; ne s'impute pas sur le crédit d'heures. Le financement de la formation est pris en charge par le comité d'entreprise, entendons par là les frais d'inscription, les coûts de la formation proprement dite et les déplacements éventuels des représentants du personnel à cette occasion.

La formation économique des membres du comité d'entreprise peut être dispensée (L. 434-10) :

– soit par un centre rattaché à une organisation syndicale de travailleurs, reconnue représentative au plan national ;
– soit par un organisme figurant sur une liste arrêtée par le préfet de région après avis du comité régional de la formation professionnelle, de la promotion sociale et de l'emploi[16].

Une réponse ministérielle n° 37295 (*JOAN* du 19 décembre 1983, p. 5393) est venue préciser que les services de formation des entreprises ne peuvent être habilités à dispenser la formation économique prévue par le Code du travail.

La loi du 30 décembre 1985 « *relative au congé de formation économique, sociale et syndicale* » fait bénéficier les salariés accomplissant leur stage de formation de la couverture « *accidents du travail* » pour les accidents survenus par le fait ou à l'occasion de cette formation.

2.7 Interventions d'experts

2.7.1 L'expert-comptable

A – Les différentes missions de l'expert-comptable

1) La nature

Dans **toutes** les entreprises (et non plus seulement dans les sociétés anonymes), le comité d'entreprise peut se faire **assister** d'un expert-comptable **de son choix, rémunéré par l'entreprise** :

– en vue de l'examen annuel des comptes (bilan, compte de résultat, et annexes) ;
– dans la limite de deux fois par exercice, en vue de l'examen du rapport d'analyse établi par le conseil d'administration, le directoire ou les gérants, selon le cas, et portant sur l'actif réalisable et disponible, le passif exigible, le compte de résultat prévisionnel, le tableau de financement, le plan de financement prévisionnel ;
– une fois par exercice, en vue d'obtenir son aide pour la préparation du rapport qu'il entend rédiger afin d'alerter sur la situation économique préoccupante de l'entreprise ;
– lorsque la procédure de consultation pour licenciement collectif pour cause économique (portant sur plus de 10 salariés[17]) doit être mise en œuvre (L. 434-6) ;
– lorsque l'entreprise se trouve partie à une opération de concentration.

---

16. Selon les dispositions de la circulaire ministérielle du 27 septembre 1983, le contenu de la formation devrait intégrer pour l'essentiel les éléments suivants :
– « *les différentes formes juridiques de l'entreprise ; les restructurations : fusion, scission, prise de participation ;*
– *les mécanismes de base de la comptabilité : bilan, compte d'exploitation... ; les notions de base de l'analyse financière : stock, investissements, emprunts... ;*
– *éventuellement, les procédures de règlement des entreprises en difficulté.*
Sont exclues les formations de caractère trop général comme par exemple "le budget de l'État et l'inflation" ou "la monnaie et le crédit".
Enfin, les organismes devront pouvoir justifier de leur aptitude à organiser les stages prévus, et ceci en apportant la preuve d'une expérience suffisamment confirmée dans le domaine économique ».
17. En deçà de ce seuil, le comité d'entreprise peut se faire assister par un expert (expert-comptable ou tout autre expert) rémunéré par lui-même au moyen de la subvention de fonctionnement de 0,2 %.

À ces quatre missions, il faut ajouter deux autres cas d'assistance avec paiement par l'employeur :
– l'assistance de la commission « *économique* » (L. 434-5) ;
– l'assistance lors du rapport sur la réserve de participation (R. 442-24)[18].

Dans un arrêt du 8 novembre 1994, « *Syndex c/Manufacture vosgienne de meubles* », la Cour de cassation a considéré que la participation à une réunion préparatoire ayant pour objet de permettre à l'expert-comptable d'apporter les précisions complémentaires nécessaires et d'éclairer les représentants du personnel sur la situation financière de l'entreprise rentre dans le cadre légal de la mission d'expertise, en conséquence de quoi les frais qu'elle entraîne doivent être pris en charge par l'entreprise.

2) Les moyens d'investigation

Pour permettre à l'expert-comptable d'opérer toute vérification ou tout contrôle qui entre dans l'exercice de sa mission, l'article L. 434-6 lui donne le droit d'accéder *« aux mêmes documents que le commissaire aux comptes »*. Tous les documents qu'il juge utiles pour apprécier la situation de l'entreprise doivent en conséquence lui être fournis (documents comptables, évolution des ventes, état des investissements...)[19]. Une controverse s'était engagée à ce sujet : accès à **tous** les documents susceptibles d'êtres communiqués au commissaire aux compte ou uniquement, parmi ceux-ci, aux **seules pièces** nécessaires à l'exercice de sa mission, telle que définie à l'article L. 434-6 alinéa 2, à savoir « *l'intelligence des comptes et l'appréciation de la situation de l'entreprise* » ? La réponse a été donnée à plusieurs reprises par la Cour de cassation : « ... *qu'il appartient à l'expert-comptable désigné par le comité d'entreprise en vertu des dispositions de l'article L. 434-6 du Code du travail, et dont les pouvoirs d'investigation sont assimilés à ceux du commissaire aux comptes, d'apprécier quels sont les documents utiles à l'exercice de sa mission, dès lors que celle-ci n'excède pas l'objet défini par ledit article* » (Cass. soc., 29 octobre 1987 ; 16 mai 1990 ; 23 avril 1992). L'expert-comptable étant seul juge pour apprécier les documents qui sont utiles à l'exercice de sa mission dans le cadre défini par l'article L. 434-6, il appartient à l'employeur qui conteste le bien-fondé de la communication demandée de saisir en référé le tribunal de grande instance.

3) Les modalités d'exercice de l'intervention

L'expert-comptable a libre accès à l'entreprise, c'est-à-dire en pratique aux locaux où il est susceptible d'obtenir la communication des documents nécessaires à l'exercice de sa mission (établissement, services financiers, services administratifs...) et est rémunéré par elle. Il est tenu aux obligations de secret et de discrétion dans les mêmes conditions que les membres du comité.

B – Les diligences de l'expert-comptable

Une recommandation de l'Ordre des experts-comptables et comptables agréés, approuvée par décision du Conseil supérieur de l'Ordre le 11 juillet 1984, a présenté de façon synthétique en neuf points les diligences de l'expert-comptable assistant le comité d'entreprise :

« *I. – La mission de l'expert-comptable, appelé à assister un comité d'entreprise en vue de l'examen annuel des comptes, porte sur tous les éléments d'ordre économique, financier et social nécessaires à l'intelligence de ces derniers et à l'appréciation de la situation de l'entreprise.*

II. – Cette mission d'assistance ne peut être considérée comme une mission de contrôle des comptes.

---

18. Décret du 17 juillet 1987 portant application de l'ordonnance du 21 octobre 1986 relative à l'intéressement et à la participation, art. 24.

19. Il a été jugé que lorsqu'une société est constituée de « divisions » ayant chacune des relations économiques, et même parfois organiques avec d'autres établissements ou sociétés dépendant du même groupe et que les documents comptables établis au niveau de l'entreprise ne donnent pas une image fidèle de l'activité économique et sociale de celle-ci, l'expert-comptable doit pouvoir analyser les éléments comptables propres à chaque division et donc y avoir accès. Seule cette analyse « *permettra au comité d'avoir toutes les données nécessaires à l'intelligence des comptes et l'appréciation de la situation de l'entreprise* » (Cass. soc., 22 octobre 1987).

*III. – L'expert-comptable a accès aux **mêmes documents** que le commissaire aux comptes dès lors qu'ils sont **nécessaires** pour opérer les diligences entrant dans l'exercice de sa mission.*

IV. – Il appartient à l'expert-comptable du comité d'entreprise d'apprécier, sur la base de son programme de travail conformément aux considérations qui précèdent, l'étendue de ses investigations et, par là même, l'étendue des informations qui lui sont nécessaires.

*V. – L'expert-comptable a **libre accès dans l'entreprise**. Il peut exiger l'accès aux locaux habituellement affectés aux réunions du comité d'entreprise, ainsi qu'aux locaux où il peut obtenir communication des documents qu'il estime devoir consulter dans le cadre de sa mission.*

*VI. – La mission est **annuelle** ; elle s'exerce avant la ou les réunions du comité d'entreprise ou du comité central d'entreprise qui ont lieu normalement avant l'assemblée générale annuelle des actionnaires.*

*VII. – Lorsqu'il est fait appel à un expert-comptable dans le cadre de la procédure de consultation préalable à un **licenciement économique** d'ordre structurel ou conjoncturel ou lors de l'étude, par la **commission économique**, des documents économiques et financiers recueillis par le comité d'entreprise, ces missions sont conduites dans le même esprit que celui qui préside à l'examen des comptes annuels.*

*VIII. – La mission d'assistance est une mission confiée à un expert-comptable ou à une société, inscrit au tableau de l'Ordre. Si l'expert-comptable peut se faire assister par des collaborateurs, salariés ou on, **il ne saurait leur déléguer tous ses pouvoirs, ni leur transférer l'essentiel de sa mission**. Il conserve toujours l'entière responsabilité de cette dernière. **Il rend compte** au comité d'entreprise ; il le fait personnellement ou par l'intermédiaire d'un expert-comptable associé, sauf impossibilité et conformément aux règles générales applicables à la profession.*

*IX. – Comme pour toute mission confiée à un membre de l'Ordre, l'expert-comptable du comité d'entreprise doit préserver son **indépendance** et respecter le secret professionnel, tant à l'égard des membres du comité d'entreprise qu'à l'égard des tiers. »*

C – La contestation des honoraires de l'expert-comptable

Si le coût de l'expertise est obligatoirement pris en charge par l'employeur, celui-ci peut néanmoins contester le montant des honoraires réclamé s'il estime que le travail effectué ne correspond pas au prix demandé.

La recommandation de l'Ordre précitée conseille que l'expert-comptable recourt, avant tout contentieux judiciaire, à la procédure de conciliation organisée par le conseil régional de l'Ordre, lequel est chargé de veiller dans sa circonscription à l'exercice de la profession, et de régler les litiges d'ordre professionnel.

En cas de conflit persistant, compétence appartient au Président du tribunal de grande instance qui statue suivant la procédure de référé.

2.7.2 L'expert en technologie

Dans les entreprises d'au moins 300 salariés, le comité peut recourir à **un expert rémunéré par l'entreprise** à l'occasion de « *tout projet important d'introduction de nouvelles technologies* ». Le recours à cet expert (même s'il est aussi expert-comptable) fait l'objet d'un accord entre le chef d'entreprise et la majorité des membres élus du comité. En cas de désaccord sur la nécessité d'une expertise, sur le choix de l'expert, sur l'étendue de la mission qui lui est confiée ou sur le montant de sa rémunération, il en est référé au Président du tribunal de grande instance (L. 434-6).

Cet expert bénéficie des mêmes droits et se trouve tenu aux mêmes obligations que l'expert-comptable.

2.7.3 Les experts libres

Dans toutes les entreprises, le comité peut, après en avoir délibéré, faire appel **à tout expert rémunéré par ses soins** pour la préparation de ses travaux. Cet expert ne peut disposer que des documents détenus par le comité ; a accès au local du comité ; a accès aux autres locaux dans des conditions définies par accord entre l'employeur et la majorité des membres élus du comité ; est tenu aux obligations de secret et de discrétion dans les mêmes conditions que les membres du comité.

2.8 Représentation spéciale dans les sociétés anonymes[20]

Existence de deux collèges électoraux : 2 membres du comité d'entreprise, l'un appartenant au 1er collège (ouvriers, employés), l'autre appartenant au 2e collège (cadres, techniciens, agents de maîtrise), assistent avec voix consultative à toutes les séances du conseil d'administration ou du conseil de surveillance.

Existence de trois collèges électoraux : 4 membres du comité d'entreprise dont 2 appartenant au 1er collège (ouvriers, employés), 1 appartenant au 2e collège (maîtrise), 1 appartenant au 3e collège (supérieurs, cadres et assimilés), assistent avec voix consultative à toutes les séances du conseil d'administration ou du conseil de surveillance. (L. 432-6).

Les membres de cette délégation du personnel ont droit aux mêmes documents que ceux adressés ou remis aux membres du conseil d'administration ou du conseil de surveillance à l'occasion de leurs réunions.

3. Le fonctionnement des structures représentatives en cas de pluralité d'établissements

3.1 Fonctionnement des comités d'établissement

Les règles relatives à l'organisation interne des comités d'établissement pour ce qui concerne le bureau et le règlement intérieur sont identiques à celles du comité d'entreprise et il convient de s'y reporter.

Pour ce qui concerne les commissions obligatoires, la commission « *formation* » et la commission « *d'information et d'aide au logement* » peuvent être constituées auprès de chaque comité d'établissement. En revanche, la mise en place obligatoire d'une commission économique au sein des comités d'établissement dans les établissements d'au moins 1 000 salariés a été écartée.

Les modalités d'exercice des fonctions des membres du comité d'établissement sont calquées sur celles du comité d'entreprise et nous invitons nos lecteurs à s'y reporter.

3.2 Fonctionnement du comité central d'entreprise

3.2.1 L'organisation interne

Le comité central d'entreprise est présidé par le chef d'entreprise, assisté éventuellement de deux collaborateurs qui ont voix consultative (L. 435-4 al. 7). Il est procédé par le comité central à la désignation d'un secrétaire parmi les membres titulaires.

Dans les entreprises employant au moins 1 000 salariés et comprenant au moins deux comités d'établissement, la commission économique dont nous avons fait état lors des développements précédents est créée au sein du comité central d'entreprise.

3.2.2 Les réunions

A – La fréquence

Le comité central doit se réunir au moins une fois tous les 6 mois au siège de l'entreprise sur convocation du chef d'entreprise. Le comité central peut tenir en outre des réunions exceptionnelles à la demande de la majorité de ses membres.

---

20. À la suite de la parution de l'ordonnance du 21 octobre 1986 prévoyant la possibilité de faire élire des administrateurs par le personnel salarié, cette représentation est réduite à un seul membre titulaire lorsque cette faculté a été effectivement mise en œuvre (loi du 27 janvier 1987, art. 30).

B – L'ordre du jour

Il est arrêté par le chef d'entreprise et le secrétaire dans les mêmes conditions que celui du comité d'entreprise, et communiqué aux membres du CCE au moins **8 jours** avant la séance.

C – La prise en charge des frais

Pour les réunions se tenant sur convocation du chef d'entreprise, il nous paraît tout à fait normal que les frais de déplacement qu'elles entraînent pour les membres du comité soient pris en charge par l'entreprise.

D – Le crédit d'heures

1) Le cas des membres élus

a) Préparation des réunions

Le législateur n'a pas accordé de crédit d'heures spécifique aux membres élus pour préparer les réunions du comité central d'entreprise. Sauf accord de l'employeur reconnaissant un temps libre rémunéré en fonction de l'activité supplémentaire que requièrent les travaux préparatoires aux séances du comité central, les membres élus ne peuvent préparer les réunions qu'en utilisant le crédit d'heures dont ils disposent par ailleurs, en vertu soit de leur mandat de membres élus d'un comité d'établissement (20 heures par mois) soit de leur mandat de représentant syndical au comité d'établissement (20 heures par mois, établissement > 500 salariés).

b) Réunions

Le temps passé par les membres élus aux réunions du comité central doit leur être payé comme temps de travail.

2) Le cas des représentants syndicaux

a) Préparation des réunions

- Le représentant syndical, membre d'un comité d'établissement (Ent. > 500 salariés), nommé représentant syndical au comité central, peut utiliser le crédit d'heures dont il dispose au titre de son premier mandat pour préparer les réunions.
- Dans les entreprises employant plus de 500 salariés, et divisées en établissements distincts dont aucun n'atteint ce seuil, le représentant syndical au comité central d'entreprise bénéficie d'un crédit d'heures de 20 heures par mois, pouvant être dépassé en cas de circonstances exceptionnelles[21]. Chacun des établissements de l'entreprise concernée doit avoir moins de 500 salariés ; si un seul a plus de 500 salariés, la règle ne joue pas.

b) Réunions

Le temps passé par les représentants syndicaux aux réunions du comité central doit leur être payé comme temps de travail.

4. Le fonctionnement du comité de groupe

4.1 Organisation interne

Le comité de groupe est présidé par le chef de l'entreprise dominante ou son représentant. Il est procédé par le comité à la désignation à la majorité des voix, d'un secrétaire pris parmi ses membres.

---

21. Il s'agit là d'une disposition introduite par la loi du 13 janvier 1989 « *portant diverses mesures d'ordre social* » (C. trav., art. L. 434-1).

4.2 Réunions

A – La fréquence

Le comité de groupe se réunit au moins **une fois par an** sur convocation de son président.

B – L'ordre du jour

Il est arrêté par le président du comité de groupe et le secrétaire, puis communiqué aux membres au moins **15 jours** avant la date de la réunion.

C – La prise en charge des frais

Il sera utile de conclure un accord prévoyant les modalités de prise en charge des frais de déplacement des membres du comité.

D – La rémunération du temps passé

Le temps passé par les représentants du personnel aux séances du comité de groupe leur est payé comme temps de travail effectif. Ce temps ne s'impute pas sur le ou les crédit(s) d'heures dont ils peuvent disposer par ailleurs.

Les dispositions de 1982 ne prévoyant pas l'octroi d'un crédit d'heures attaché à la qualité de membre du comité de groupe, il sera utile de prévoir par accord un temps libre rémunéré en fonction de l'activité supplémentaire que requièrent les travaux préparatoires aux séances du comité de groupe. Il y va de l'**efficacité** de ce comité.

4.3 Personnalité civile

La loi du 28 octobre 1982 n'ayant pas spécifié que le comité de groupe est doté de la personnalité civile, une controverse est née à ce sujet. La Cour de cassation y a mis fin en tranchant de façon très claire : « *Les comités de groupe institués par les articles L. 439-1 et suivants du Code du travail sont dotés d'une possibilité d'expression collective pour la défense des intérêts dont ils ont la charge et possèdent donc la personnalité civile* » (Cass. soc., 23 janvier 1990).

Chapitre 8

Les attributions du comité d'entreprise

1. Les attributions particulières
2. Les attributions des instances représentatives en cas de pluralité d'établissements
3. Les attributions du comité de groupe
4. Les droits du CE dans les organes de gestion des sociétés par actions
5. L'entrave à l'exercice régulier des fonctions des membres du comité d'entreprise
6. Tableaux de synthèse sur les attributions du comité d'entreprise

Par la nature de ses attributions, le législateur a voulu faire du comité d'entreprise l'organisme central de **consultation** et **d'information** dans l'entreprise. Si la loi du 28 octobre 1982 relative « *au développement des institutions représentatives du personnel* » redéfinit, en les élargissant, les attributions du comité d'entreprise, renforçant particulièrement ses prérogatives dans le domaine économique et financier, il n'en demeure pas moins qu'il reste une institution purement **consultative**.

La mission générale du comité est définie à l'article L. 431-4 : « *Assurer une expression collective des salariés, permettant la prise en compte permanente de leurs intérêts dans les décisions relatives à la gestion et à l'évolution économique et financière de l'entreprise, à l'organisation du travail, à la formation professionnelle et aux techniques de production.* »

La déclinaison pratique de cette mission générale trouve son expression dans le texte de l'article L. 431-5 : « *La décision du chef d'entreprise doit être précédée par la consultation du comité d'entreprise. Pour lui permettre de formuler un avis motivé, le comité d'entreprise doit disposer d'informations précises et écrites transmises par le chef d'entreprise, d'un délai d'examen suffisant et de la réponse motivée du chef d'entreprise à ses propres observations*[1]. *Pour l'exercice de ses missions, le comité d'entreprise a accès à l'information nécessaire détenue par les administrations publiques et les organismes agissant pour leur compte, conformément aux dispositions en vigueur concernant l'accès aux documents administratifs. Il peut, en outre, entreprendre les études et recherches nécessaires à sa mission.* »

Il s'agit pour le comité **d'influer** sur les décisions qui concernent directement les salariés, la décision définitive étant toujours du ressort du seul chef d'entreprise et sous son entière responsabilité. La mesure de la liberté de décision du responsable d'entreprise doit toutefois être appréciée au regard de la force de pression influente de son comité d'entreprise.

---

1. Si l'article L. 431-5 impose au chef d'entreprise, qui consulte le comité sur un projet de décision de fournir des informations précises et écrites, il ne lui fait pas obligation de communiquer le texte du projet lui-même (Cass. soc., 6 avril 1993).

1. Les attributions particulières

Les nombreuses attributions du comité d'entreprise peuvent être regroupées autour de trois grands axes :

– attributions **économiques** ;
– attributions **professionnelles** ;
– attributions **sociales.**

1.1 Attributions économiques (L. 432-1 à L. 432-5)

Nous envisagerons successivement les principaux domaines d'intervention du comité d'entreprise et la nature de l'information économique et sociale qui lui est communiquée. Il convient de rappeler que les délégués du personnel peuvent être appelés à exercer temporairement les attributions économiques en l'absence de comité d'entreprise par suite d'une carence ou à la suite d'une décision de ne pas renouveler l'institution.

Un développement particulier sera consacré à l'examen des prérogatives du comité d'entreprise issues de la loi du 1er mars 1984 *« relative à la prévention et au règlement amiable des difficultés des entreprises ».*

1.1.1 Les principaux domaines d'intervention

Dans les domaines d'intervention qui lui reviennent, le comité d'entreprise émet **des avis et des vœux**. Le chef d'entreprise doit rendre compte en la motivant de la suite donnée à ces avis et vœux.

A – La gestion de l'entreprise

– Information et consultation sur :
  • les questions intéressant l'organisation, la gestion et la marche générale de l'entreprise et, notamment, sur les mesures de nature à affecter le volume ou la structure des effectifs[2] ;
  • les modifications de l'organisation économique ou juridique de l'entreprise (fusion, cession, acquisition ou cession de filiales, prise de participation, etc.).
– Consultation annuelle sur la politique de recherche de l'entreprise.

B – Les licenciements pour cause économique[3]

Information et consultation du comité d'entreprise sur tout projet de restructuration et de compression d'effectifs. L'avis rendu sur l'opération projetée et ses modalités d'application est transmis à l'Inspection du travail.

C – Les conditions de travail

– Consultation sur la durée et l'aménagement du temps de travail ainsi que sur le plan d'étalement des congés.
– Information et consultation sur la durée du travail, les conditions d'emploi, de travail et de formation professionnelle du personnel.
– Information et consultation sur les problèmes généraux concernant les conditions de travail résultant de l'organisation du travail, de la technologie, des conditions d'emploi, de l'organisation du temps de travail, des qualifications et des modes de rémunération.

---

2. Selon les dispositions de l'article L. 432-1-2, « *lorsque le projet de restructuration et de compression des effectifs soumis au comité d'entreprise est de nature à affecter le volume d'activité ou d'emploi d'une entreprise sous-traitante, l'entreprise donneuse d'ordres doit immédiatement en informer l'entreprise sous-traitante. Le comité d'entreprise de cette dernière, ou à défaut les délégués du personnel, en sont immédiatement informés et reçoivent toute explication utile sur l'évolution probable de l'activité et de l'emploi* ».
Le but de cette mesure est de permettre aux entreprises sous-traitantes d'être informées rapidement de toute projet susceptible d'entraîner une variation, positive ou négative, dans leur volume d'activité ou d'emploi.
3. Sur le détail des procédures, voir Partie 2, chapitre 5, § 3.2.

– Consultation, en liaison avec le comité d'hygiène, de sécurité et des conditions de travail (CHSCT) sur les mesures prises en vue de faciliter la mise ou la remise au travail des accidentés du travail, des invalides de guerre et assimilés, des invalides civils, des travailleurs handicapés.

D – L'introduction de nouvelles technologies

Information et consultation préalables à tout projet important d'introduction de nouvelles technologies, lorsque celles-ci sont susceptibles d'avoir des conséquences sur l'emploi, la qualification, la rémunération, la formation ou les conditions de travail du personnel. Une documentation appropriée est remise au comité un mois avant la réunion consacrée à ce sujet.

Ce texte appelle trois observations.

1) La saisine préalable du comité implique un stade de maturation du projet très avancé. Comme l'ont rappelé les services ministériels « *une esquisse, les propositions d'un bureau d'études ne sont pas assimilables à un projet qui doit être suffisamment élaboré* ».

L'article 10 de l'accord national interprofessionnel du 20 octobre 1986 « sur l'emploi » a apporté les précisions suivantes : « ... *Lorsque ces mutations (technologiques) seront importantes et rapides, un plan d'adaptation sera élaboré et transmis, pour information et consultation, au comité d'entreprise ou d'établissement en même temps que les autres éléments d'information relatifs à l'introduction de nouvelles technologies... Le comité d'entreprise ou d'établissement sera régulièrement informé et périodiquement consulté sur la mise en œuvre de ce plan* ». Le législateur a reformulé cette disposition conventionnelle en complétant l'article L. 432-2 par un second alinéa : « *Lorsque l'employeur envisage de mettre en œuvre des mutations technologiques importantes et rapides, il doit établir un plan d'adaptation. Ce plan est transmis, pour information et consultation au comité d'entreprise, en même temps que les autres éléments d'information relatifs à l'introduction de nouvelles technologies. En outre, le comité d'entreprise est régulièrement informé et périodiquement consulté sur la mise en œuvre de ce plan* ».

2) L'importance du projet doit s'apprécier au regard de **l'entreprise** concernée. En d'autres termes, la technologie introduite dans l'entreprise peut très bien être depuis longtemps largement répandue dans le secteur d'activité ou le reste de l'économie, mais garder toutefois son caractère de nouveauté parce que c'est la première fois qu'elle est utilisée dans l'entreprise.

> *Exemple 1 (Cass. soc., 2 juillet 1987) :*
>
> Déjà dotée depuis 1974 de moyens informatiques, une société forme le projet en 1984 d'installer un nouvel ordinateur permettant notamment l'implantation de terminaux dans un plus grand nombre de services. Informé, le CE décide de faire appel à un expert. L'employeur s'y oppose, la condition de nouveauté posée par le législateur, estime-t-il, n'est pas ici remplie puisque :
>
> – la modification technologique consiste seulement en la substitution d'un ordinateur dit de « troisième génération » par un ordinateur plus performant de même type ;
>
> – la situation serait tout à fait analogue si l'on décidait d'assurer le développement informatique de la société par un simple accroissement du nombre des postes de travail sur les ordinateurs déjà utilisés ;
>
> – l'acquisition projetée de ce nouveau matériel n'est en rien susceptible de constituer une menace pour l'emploi des personnes extérieures au service informatique : pour ces dernières, l'informatique ne constitue qu'un outil, facilitant les tâches qu'elles ont à effectuer, mais ne représente pas leur « raison d'être » dans l'entreprise.
>
> Les juges n'ont pas suivi l'argumentation.
>
> Dans les faits, le changement de matériel informatique opéré par la société n'a pas seulement pour effet de doter l'entreprise d'un matériel plus performant sur le plan technique ; il modifie au surplus profondément ses modes de gestion, par :
>
> – la connexion entre les divers matériels informatiques des entreprises du groupe ;
>
> – la multiplication des terminaux au sein de l'entreprise ;
>
> – l'élaboration de programmes sur plusieurs années ;
>
> – le nombre plus important de salariés ayant accès aux terminaux.

Il y a lieu en conséquence de conclure au « projet important d'introduction d'une nouvelle technologie susceptible de conséquences sur l'emploi », et d'admettre la légitimité du recours à l'expert.

Exemple 2 (CA Montpellier, 4 décembre 1995) :

Constitue un projet important introduisant une nouvelle technologie susceptible d'avoir des conséquences sur l'emploi, la qualification, la rémunération, la formation ou les conditions de travail du personnel et autorisant le comité d'entreprise à recourir à un expert rémunéré par l'entreprise l'acquisition d'une nouvelle rotative aboutissant en fait à une nouvelle méthode de fabrication du journal dans l'entreprise, différente de l'ancienne, mettant en œuvre une combinaison jusque-là inconnue de techniques dans l'atelier d'impression, notamment par l'apport massif de l'informatique et de l'automatisme, même si, isolément, ces divers techniques existaient dans d'autres secteurs de l'entreprise.

3) La loi n'exige pas que les conséquences du projet soient cumulatives : il suffit que l'une d'elles soit constatée.

E – L'hygiène et la sécurité

Relations avec le CHSCT dans la mesure où le comité d'entreprise reçoit obligatoirement ses comptes rendus d'activité et ses avis et peut lui confier des études dans les matières relevant de sa compétence.

F – La formation

Les dispositions concernant la formation professionnelles des salariés ont fait l'objet de modifications importantes opérées par la loi du 4 mai 2004 « *relative à la formation professionnelle tout au long de la vie et au dialogue social* ».

En premier lieu, la loi confirme l'obligation pour l'employeur d'adapter les salariés à leur poste de travail et de veiller au maintien de leur capacité à occuper un emploi, au regard notamment de l'évolution des emplois, des technologies et des organisations (L. 930-1).

En second lieu, la loi identifie clairement les trois voies d'accès des salariés aux actions de formation professionnelle :

– le plan de formation de l'entreprise mise en œuvre par l'employeur ;

– les actions suivies par le salarié à son initiative dans le cadre du congé formation[4] ;

– les actions mises en œuvre dans le cadre du droit individuel à la formation[5].

1) Le contenu du plan de formation

Faut-il rappeler que l'employeur n'est pas tenu légalement de mettre en place un plan de formation stricto sensu dans la mesure où il lui est reconnu toute liberté pour déterminer sa politique de formation et choisir les salariés qu'il souhaite envoyer en stage.

Ceci étant, la loi du 4 mai 2004 vient donner toutes précisions au contenu du plan de formation, comblant ainsi le vide antérieur en distinguant 3 types d'actions.

a) Les actions d'adaptation

Ces actions qui ont pour objet l'adaptation des salariés à leur poste de travail constituent un temps de travail effectif, se déroulent pendant le temps de travail et donnent lieu, pendant leur déroulement, au maintien de la rémunération par l'entreprise (L. 932-1 I).

b) Les actions liées à l'évolution de l'emploi ou au maintien dans l'emploi

Ces actions sont également mises en œuvre pendant le temps de travail et s'accompagnent du maintien de la rémunération. Toutefois, sous réserve d'un accord d'entreprise ou, à défaut, de

4. Voir *supra*, Partie 2, chapitre 4, § 3.1.
5. Voir *supra*, Partie 2, chapitre 4, § 3.2.

l'accord écrit du salarié, le départ en formation peut conduire le salarié à dépasser la durée légale ou conventionnelle du travail. Dans ce cas, le dépassement ne s'impute pas sur le contingent annuel d'heures supplémentaires (pour les salariés à temps plein)[6] ou sur le volume d'heures complémentaires (pour les salariés à temps partiel)[7] et ne donne pas lieu à un repos compensateur ni à majoration, dans la limite de 50 heures par an.

S'agissant des salariés rémunérés au forfait (jours ou heures), le dépassement ne s'impute pas sur le forfait dans la limite de 4 % ce celui-ci (L. 932-1 II).

Le texte de loi ayant précisé que les heures de formation dépassant l'horaire de travail ne donnent pas lieu à majoration dans la limite de 50 heures par an et par salarié, on peut en déduire que celles-ci se trouvent payées au taux normal.

c) Les actions de développement des compétences

Ces actions peuvent bien entendu se dérouler pendant le temps de travail avec maintien de la rémunération. Cependant, et sous réserve d'un accord écrit entre le salarié et l'employeur, les heures de formation peuvent se dérouler en tout ou partie en dehors des heures de travail dans la limite de 80 heures par an et par salarié ou, pour les salariés au forfait (heures ou jours) dans la limite de 5 % de leur forfait, et avec l'accord écrit du salarié.

Dans cette dernière hypothèse, les heures de formation donnent lieu au versement d'une allocation de formation dont le montant est égal à 50 % de la rémunération nette de référence du salarié concerné, allocation exonérée de toutes cotisations sociales et imputable sur la participation de l'entreprise au développement de la formation professionnelle continue (L. 933-2 III)[8].

Il y a lieu de relever que le législateur a pris soin de fixer un plafond global annuel d'heures de formation réalisée **au-delà** de la durée du travail. Selon les dispositions de l'article L. 932-2 V , la somme des heures de formation effectuées au titre d'une action liée à l'évolution de l'emploi ou participant au maintien dans l'emploi et n'affectant pas le contingent d'heures supplémentaires ou complémentaires ainsi que des heures de formation suivie hors temps de travail au titre d'une action de développement des compétences ne peut ainsi dépasser, par année civile, 80 heures, ou 5 % du forfait pour les salariés rémunérés selon un forfait en heures ou en jours.

2) Les modalités d'intervention du CE

– Avis annuel sur l'exécution du plan de formation du personnel de l'entreprise de l'année précédente et sur le projet de plan pour l'année à venir (L. 934-4). Cette consultation se fait au cours de **deux réunions spécifiques**. Chacune des deux réunions est précédée, **trois semaines** avant sa tenue, de la transmission au comité d'entreprise d'un certain nombre de documents[9]. Ces documents précisent notamment la nature des actions proposées par l'employeur en distinguant celles qui correspondent à des actions d'adaptation au poste de travail, celles qui correspondent à des actions de formation liées à l'évolution des emplois ou au maintien dans l'emploi des salariés et celles qui participent au développement des compétences des salariés.

  Le projet est élaboré en tenant compte de l'avis du comité sur les orientations de la formation professionnelle dans l'entreprise, du résultat des négociations sur le sujet avec les organisations syndicales au niveau des branches ou au niveau de l'entreprise et, le cas échéant, du plan pour l'égalité professionnelle entre les femmes et les hommes.

---

6. Voir *supra*, Partie 3, chapitre 2, § 1.4.2.
7. Voir *supra*, Partie 3, chapitre 2, § 4.4.2.
8. Voir *supra*, Partie 2, chapitre 4, note de bas de page sous § 3.1.5.
9. La liste des documents d'information est précisée à l'article D. 932-1. L'information est communiquée aux membres du comité d'entreprise, aux délégués syndicaux et, le cas échéant, aux membres de la commission « formation ». La première de ces consultations devant avoir lieu avant le 15 novembre, les informations requises doivent parvenir aux intéressés au plus tard avant le 24 octobre.

– Avis sur la mise en œuvre du droit individuel à la formation (DIF).
– Information et consultation obligatoires sur les mesures de nature à affecter les conditions de formation professionnelle du personnel.
– Consultation **annuelle** obligatoire[10] sur les orientations de la formation professionnelle dans l'entreprise en fonction des perspectives économiques et de l'évolution de l'emploi, des investissements et des technologies dans l'entreprise (L. 934-1). Ces orientations doivent prendre en compte :
  • l'analyse de la situation comparée des hommes et des femmes telle qu'elle ressort des informations fournies par l'employeur tant à l'occasion de l'ouverture de la réunion organisée en exécution de l'obligation annuelle de négocier (L. 132-28) que lors de la rédaction de son rapport annuel (L. 432-3 al. 1 – voir appendice) ;
  • les mesures temporaires de rattrapage éventuellement prises afin de remédier aux inégalités de fait dont les femmes font l'objet et qui affectent leurs chances (L. 123-3). (Parmi ces mesures, le plan pour l'égalité professionnelle ; L. 123-4 – voir appendice).
– Saisine obligatoire du comité d'entreprise chaque fois qu'un changement important peut affecter les orientations prévues ou arrêter les mesures prises en matière de formation professionnelle et d'égalité professionnelle entre les femmes et les hommes.

  Lorsqu'un programme pluriannuel de formation est élaboré par l'employeur, le comité d'entreprise est consulté au cours du dernier trimestre précédant la période couverte par le programme. Aux termes des dispositions de l'article L. 934-5, ce programme doit prendre en compte les objectifs et priorités de la formation professionnelle définis, le cas échéant, par les normes conventionnelles auxquelles l'entreprise se trouve assujettie, les perspectives économiques et l'évolution des investissements, des technologies, des modes d'organisation du travail et de l'aménagement du temps de travail dans l'entreprise.

  Dans les entreprises occupant au moins 200 salariés, les questions touchant à la formation sont examinées par la commission « formation » du comité d'entreprise obligatoirement instituée à cet effet.

G – La formation des jeunes en alternance

– Avis sur les conditions d'accueil, d'insertion et de formation de jeunes dans l'entreprise, notamment de jeunes bénéficiaires de contrats d'orientation.
– Information des conditions d'accueil en stage des jeunes en première formation technologique ou professionnelle ainsi que des conditions d'accueil dans l'entreprise des enseignants dispensant ces formations ou des conseillers d'orientation.
– Consultation sur les conditions d'accueil et les conditions de mise en œuvre de la formation reçue dans les entreprises par les élèves et étudiants pour les périodes obligatoires en entreprise prévues dans les programmes des diplômes de l'enseignement technologique ou professionnel, ainsi que sur les conditions d'accueil des enseignants dans l'entreprise.

H – La construction

Consultation sur :
– l'affectation de la contribution sur les salaires au titre de l'effort de construction ;
– les conditions de logement des travailleurs étrangers que l'entreprise se propose de recruter.

I – La recherche

« *Le comité d'entreprise est consulté chaque année sur la politique de recherche et de développement technologique de l'entreprise. À défaut, les aides publiques en faveur des activités de recherche et de développement technologique sont suspendues* » (L. 432-1 al. 7).

---

10. Le défaut de consultation du CE sur ces orientations est sanctionné fiscalement. Les entreprises d'au moins 50 salariés ayant un CE ne pourront, en effet, être considérées comme s'étant conformées à leur obligation de participation au développement de la formation professionnelle que si elles ont consulté leur CE, non seulement sur le plan de formation, mais également sur les orientations de la formation dans l'entreprise. À défaut, l'employeur doit régler au Trésor une amende au moins égale à la moitié du montant de la participation de l'entreprise.

J – Les difficultés de l'entreprise

En cas de procédure de redressement judiciaire :

– audition par le tribunal avant de statuer sur l'ouverture de la procédure ;
– communication du rapport de l'administrateur sur le bilan économique et social de l'entreprise et consultation sur le contenu du rapport ;
– audition par le tribunal avant de statuer sur le plan de redressement ;
– audition par le tribunal avant le prononcé de la liquidation judiciaire.

K – La concentration des entreprises

La loi du 15 mai 2001 « *relative aux nouvelles régulations économiques* » comprend un certain nombre de mesures aboutissant à renforcer le rôle du comité d'entreprise dans ce domaine.

1) Les opérations de concentration

a) Champ d'application

Elles sont visées à l'article L. 430-1 du Code de commerce, aux termes duquel une opération de concentration est réalisée :

– lorsque deux ou plusieurs entreprises antérieurement indépendantes fusionnent ;
– lorsqu'une ou plusieurs personnes détenant déjà le contrôle d'une entreprise au moins, ou lorsqu'une ou plusieurs entreprises acquièrent, directement ou indirectement, que ce soit par prise de participation au capital ou achat d'éléments actifs, contrat ou tout autre moyen, **le contrôle** de l'ensemble ou de parties d'une ou plusieurs autres entreprises ;
– ou lorsque la création d'une entreprise commune accomplissant de manière durable toutes les fonctions d'une entité économique autonome est créée.

Pour le législateur, « *le contrôle découle des droits, contrats ou autres moyens qui confèrent, seuls ou conjointement et compte tenu des circonstances de fait ou de droit, la possibilité d'exercer une influence déterminante sur l'activité d'une entreprise, et notamment : des droits de propriété ou de jouissance sur tout ou partie des biens d'une entreprise ; des droits ou des contrats qui confèrent une influence déterminante sur la composition, les délibérations ou les décisions des organes d'une entreprise* ».

b) Procédure

Lorsque l'entreprise est partie à une opération de concentration, l'employeur doit réunir le comité d'entreprise au plus tard dans un délai de 3 jours à compter de la publication de la notification du projet de concentration par le ministre chargé de l'économie pour les opérations de dimension interne ou par la Commission des Communautés européennes pour les opérations de dimension communautaire.

Au cours de cette réunion, le comité d'entreprise ou, le cas échéant, la commission économique peut décider de se faire assister d'un expert-comptable dans les conditions prévues à l'article L. 434-6[11], ce qui conduit alors le comité à tenir ultérieurement une seconde réunion afin d'entendre les résultats des travaux de l'expert. Aucun délai n'est imposé entre les deux réunions.

Il est à noter que lorsque l'opération de concentration a fait l'objet d'une saisine du Conseil de la concurrence, les CE des entreprises parties à l'opération de concentration peuvent demander à être entendus par cette instance.

2) Les offres publiques d'achat (OPA) ou d'échange (OPE) sur l'entreprise

Le législateur a renforcé le dispositif en la matière en le complétant en particulier d'un volet « sanction » (L. 432-1 al. 4 à 7).

---

11. Voir *supra*, chapitre 7, § 2.7.1. Pour ce qui concerne l'accès aux documents, l'expert-comptable a accès aux documents de toutes les sociétés concernées par l'opération.

a) Procédure

En cas de dépôt d'une OPA ou OPE portant sur l'entreprise[12], le chef de cette entreprise réunit **immédiatement** le comité d'entreprise pour l'en informer.

Au cours de cette première réunion, le comité décide s'il souhaite entendre l'auteur de l'offre lors d'une seconde réunion et se prononce sur le caractère amical ou hostile de l'offre.

L'auteur de l'offre adresse au comité d'entreprise la note d'informations visée par la Commission des opérations de bourse (COB), dans laquelle il définit **les orientations en matière d'emploi** de la personne physique ou morale qui effectue l'offre publique.

Dans les 15 jours suivant la publication de la note d'information visée par la COB, le comité d'entreprise se réunit une seconde fois pour procéder à l'examen de cette note, et, le cas échéant, à l'audition de l'auteur de l'offre si celle-ci a été décidée au cours de la première réunion. Si le comité a décidé d'auditionner l'auteur de l'offre, la date de réunion est communiquée à ce dernier au moins trois jours à l'avance.

La loi prévoit expressément que le comité peut se faire assister préalablement et lors de la réunion d'audition par un expert de son choix rémunéré par ses soins[13]. L'obligation de se rendre à la convocation du comité d'entreprise pèse sur le chef d'entreprise ou le représentant qu'il désigne parmi les mandataires sociaux ou les salariés de l'entreprise. Il ne peut s'agir, en revanche, d'une personne extérieure à l'entreprise attaquante (avocat d'affaires, représentant d'une banque d'affaires ou d'un cabinet d'audit). Lors de la réunion, l'auteur de l'offre peut se faire assister des personnes de son choix.

Selon les précisions apportées par le Gouvernement dans l'exposé des motifs du projet de loi, il appartient à l'auteur de l'offre convoqué par le comité d'entreprise de lui présenter son projet industriel et social et de répondre à ses questions.

b) Sanctions

Si le chef d'entreprise ou son représentant ne se rend pas à la convocation du comité d'entreprise, la société qui a déposé l'offre ne peut exercer les droits de vote attachés aux titres de la société faisant l'objet de l'offre qu'elle détient ou qu'elle viendrait à détenir. Cette interdiction s'étend aux sociétés qui la contrôlent ou qu'elle contrôle au sens de l'article L. 233-16 du Code de commerce.

Une sanction identique s'applique à l'auteur de l'offre, personne physique, lorsque celui-ci ne se rend pas à la convocation du comité.

Il s'agit d'une sanction d'application très large puisqu'elle immobilise tous les titres détenus précédemment ou acquis ultérieurement par la société initiatrice de l'offre et qu'elle s'étend aux sociétés qu'elle contrôle ainsi qu'à celles qui la contrôlent. Concrètement, elle prive l'initiateur du bénéfice de son offre.

La sanction est automatiquement levée dans deux cas :

- le lendemain du jour où l'auteur de l'offre a été entendu par le CE ;
- si l'auteur de l'offre n'est pas convoqué à une nouvelle réunion du comité d'entreprise dans les 15 jours qui suivent la réunion à laquelle il avait été préalablement convoqué (l'absence d'une manifestation de volonté du comité d'entreprise équivaut à rendre la sanction sans objet).

3) Les informations en cas d'OPA ou d'OPE de l'entreprise

Par dérogation à l'article L. 431-5[14], le chef d'entreprise n'est pas tenu de consulter le comité d'entreprise avant le lancement d'une OPA ou d'une OPE portant sur la capital d'une

12. Le point de départ de la procédure est le dépôt de l'offre devant la Commission des marchés financiers.
13. Voir *supra*, chapitre 7, § 2.7.3.
14. Voir *supra*, chapitre 7, § 2.2.1 C.

entreprise[15]. En revanche, il doit le réunir dans les deux jours ouvrables qui suivent **la publication de l'offre** en vue de lui transmettre des informations écrites et précises sur son contenu ainsi que sur les conséquences en matière d'emploi qu'elle est susceptible d'entraîner (L. 432-1 *ter*).

1.1.2 La nature de l'information économique et sociale

A – L'information commune à toute entreprise

L'information du comité d'entreprise a été élargie par la loi du 28 octobre 1982 pour lui permettre d'exercer plus efficacement ses attributions[16].

1) La documentation économique et financière

Cette documentation doit être communiquée un mois après chaque élection du comité d'entreprise quelle que soit la taille de l'entreprise. Elle précise :
– la forme juridique de l'entreprise et son organisation ;
– ses perspectives économiques envisageables ;
– le cas échéant, sa position dans le groupe (société mère, filiale, société contrôlée) ;
– la répartition du capital entre les actionnaires détenant plus de 10 % du capital ;
– la position de l'entreprise dans la branche d'activité à laquelle elle appartient.

2) Les informations économiques, sociales et financières périodiques

La nature et la périodicité des informations à fournir varient selon que l'effectif de l'entreprise est < ou > 300 salariés : souci du législateur qui a cherché à alléger les formalités et procédures au sein des PME[17].

E < 300 salariés

Le chef d'entreprise remet au comité d'entreprise **une fois par an** un rapport de synthèse couvrant obligatoirement les domaines suivants :

I – Activité et situation financière de l'entreprise	
1.1 Données chiffrées	• Chiffre d'affaires, bénéfices ou pertes constatés. • Résultats d'activité en valeur et en volume. • Transferts de capitaux importants entre la société mère et les filiales. • Situation de la sous-traitance. • Affectation des bénéfices réalisés. • Aides ou avantages financiers consentis à l'entreprise par l'état ou les collectivités locales, et leur emploi. • Investissements. • Évolution de la structure et du montant des salaires.

→

15. Se trouve sur ce point transposée la directive européenne 2002/14 CE du 11 mars 2002 établissant un cadre général relatif à l'information et la consultation des travailleurs. Selon ce texte, les États membres prévoient que, dans des cas spécifiques, l'employeur n'est pas tenu de communiquer des informations ou de procéder à des consultations lorsque leur nature est telle que, selon des critères objectifs, elles entraveraient gravement le fonctionnement de l'entreprise ou de l'établissement ou lui porterait préjudice.
16. En dehors des cas où l'employeur doit consulter le comité, celui-ci n'est tenu de l'informer « *qu'à l'occasion des communications périodiques prévues par la loi* » (Cass. crim., 27 octobre 1992). Voir le tableau de synthèse n° 26.
17. Voir le tableau de synthèse n° 25.

I – Activité et situation financière de l'entreprise	
1.2 Autres informations	• Perspectives économiques de l'entreprise pour l'année à venir. • Mesures envisagées en ce qui concerne l'amélioration, le renouvellement ou la transformation des équipements. • Mesures envisagées en ce qui concerne l'amélioration, le renouvellement ou la transformation des méthodes de production et d'exploitation. • Incidence de ces mesures sur les conditions de travail et d'emploi.
2.1 Données chiffrées – données générales – données par types de contrat de travail – données sur le travail à temps partiel	 • Évolution des effectifs retracée mois par mois. • Répartition des effectifs par sexe et par qualification. • Nombre de salariés sous contrat de travail à durée indéterminée. • Nombre de salariés sous contrat de travail à durée déterminée. • Nombre de salariés sous contrat de travail temporaire. • Nombre de salariés appartenant à une entreprise extérieure. • Nombre de journées de travail effectuées au cours des douze derniers mois par les salariés sous contrat de travail à durée déterminée et sous contrat de travail temporaire. • Nombre des contrats d'insertion et de formation en alternance ouverts aux jeunes de moins de vingt-six ans. • Nombre de contrats de retour à l'emploi prévus à l'article L. 322-4-2. • Nombre, sexe et qualification des salariés travaillant à temps partiel. • Horaires de travail à temps partiel pratiqués dans l'entreprise. • Nombre de contrats à temps partiel ouvrant droit à l'abattement prévu à l'article L. 322-12 du Code du travail.
2.2 Données explicatives	• Motifs ayant conduit l'entreprise à recourir aux contrats à durée déterminée, aux contrats de travail temporaire, aux contrats de travail à temps partiel, ainsi qu'à des salariés appartenant à une entreprise extérieure.
2.3 Prévisions en matière d'emploi	• Prévisions chiffrées en matière d'emploi. • Indication des actions de prévention et de formation que le chef d'entreprise envisage de mettre en œuvre, notamment au bénéfice des salariés âgés, peu qualifiés ou présentant des difficultés sociales particulières.

→

(Suite)

2.3 Prévisions en matière d'emploi (suite)	• Explications de l'employeur sur les écarts éventuellement constatés entre les prévisions et l'évolution effective de l'emploi, ainsi que sur les conditions d'exécution des actions prévues au titre de l'année écoulée.
2.4 Situations comparées des hommes et des femmes	• Analyse des données chiffrées par catégories professionnelles de la situation respective des femmes et des hommes en matière d'embauche, de formation, de promotion professionnelle, de qualification, de classification, de conditions de travail et de rémunération effective. • Mesures prises au cours de l'année écoulée en vue d'assurer l'égalité professionnelle. • Objectifs et actions pour l'année à venir. • Explications sur les actions prévues non réalisées.
2.5 Travailleurs handicapés	• Actions entreprises ou projetées en matière d'embauche, d'adaptation, de réadaptation ou de formation professionnelle. • La déclaration annuelle prévue à l'article L. 323-8-5 est jointe au présent rapport.

Les membres du comité d'entreprise reçoivent le rapport annuel 15 jours avant la réunion. Ce rapport, modifié le cas échéant à la suite de la réunion du comité d'entreprise, est transmis à l'inspecteur du travail, accompagné de l'avis du comité, dans les 15 jours qui suivent (L. 432-4-2).

Le chef d'entreprise communique au comité d'entreprise **une fois par trimestre** des informations sur l'évolution générale des commandes et de la situation financière, sur l'exécution des programmes de production ainsi que sur la situation de l'entreprise au regard des cotisations de sécurité sociale.

E ≥ 300 salariés

a) Rapports annuels

– Le chef d'entreprise communique au moins une fois par an au comité d'entreprise ou, à défaut, aux délégués du personnel, un bilan du travail à temps partiel réalisé dans l'entreprise portant notamment sur le nombre, le sexe et la qualification des salariés concernés, ainsi que les horaires de travail à temps partiel pratiqués et le nombre de contrats de travail à temps partiel ouvrant droit à l'abattement prévu à l'article L. 322-12. Il communique également le nombre d'heures complémentaires et supplémentaires effectuées par les salariés à temps partiel. Lors de la réunion où est discuté ce bilan, le chef d'entreprise explique les raisons qui l'ont amené à refuser à des salariés à temps complet de passer à temps partiel et à des salariés à temps partiel de travailler à temps complet. Ce bilan est également communiqué aux délégués syndicaux de l'entreprise (L. 212-4-9 al. 5).

– Au moins une fois par an, le chef d'entreprise présente au comité d'entreprise un rapport d'ensemble écrit sur l'activité de l'entreprise, le chiffre d'affaires, les bénéfices ou pertes constatés, les résultats globaux de la production en valeur et en volume, les transferts de capitaux importants entre la société mère et les filiales, les aides et avantages financiers consentis à l'entreprise par l'État, les régions et les collectivités locales et leur emploi, l'évolution de la structure et du montant des salaires (rémunération moyenne horaire et mensuelle par sexe et par catégories telle que prévue à la convention de travail applicable ainsi que par établissements ;

rémunérations minimales et maximales horaires et mensuelles au cours de l'exercice et par rapport à l'exercice précédent), la situation de la sous-traitance, l'affectation des bénéfices réalisés, les investissements et enfin les perspectives économiques pour l'année à venir (L. 432-4).

Lors de cette réunion annuelle, l'employeur doit informer et consulter le comité d'entreprise sur l'évolution de l'emploi et des qualifications de l'entreprise au cours de l'année passée ainsi que sur les prévisions annuelles ou pluriannuelles et les actions, notamment de prévention et de formation, qu'il envisage de mettre en œuvre compte tenu de ces prévisions, particulièrement au bénéfice des salariés âgés ou présentant des caractéristiques sociales ou de qualification qui les exposent plus que d'autres aux conséquences de l'évolution économique ou technologique. L'employeur doit également apporter toute explication sur les écarts éventuellement constatés entre les prévisions et l'évolution effective de l'emploi, ainsi que sur les conditions d'exécution des actions prévues au titre de l'année écoulée (L. 432-1-1).

Le rapport annuel retrace en outre l'évolution de la productivité, le taux d'utilisation des capacités de production quand ces éléments sont mesurables dans l'entreprise (L. 432-4).

– Chaque année, le chef d'entreprise soumet pour avis au comité d'entreprise, soit directement, soit, si elle existe, par l'intermédiaire de la commission de l'égalité professionnelle, un rapport écrit sur la situation comparée des conditions générales d'emploi et de formation *des femmes et des hommes* dans l'entreprise. À ce titre, ce rapport comporte une analyse comparée par sexe sur la base des indicateurs suivants[18] : conditions générales d'emploi (effectifs, durée et organisation du travail, congés, embauches et départs, positionnement dans l'entreprise, promotion) ; rémunérations ; formation ; conditions de travail (risques et pénibilité) (D. 432-1).

  Il recense les mesures prises au cours de l'année écoulée en vue d'assurer l'égalité professionnelle, les objectifs prévus pour l'année à venir et la définition qualitative et quantitative des actions à mener à ce titre ainsi que l'évaluation de leur coût (L. 432-3-1).

  Dans les cas où des actions prévues par le rapport précédent ou demandées par le comité n'ont pas été réalisées, le rapport donne les **motifs** de cette inexécution. Ce rapport, modifié, le cas échéant, pour tenir compte de l'avis motivé du comité d'entreprise, est transmis à l'inspecteur du travail accompagné dudit avis dans les 15 jours qui suivent. En cas d'entreprise comportant des établissements distincts, ce rapport est transmis au comité central d'entreprise.

  Les délégués syndicaux reçoivent communication du rapport dans les mêmes conditions que les membres du comité d'entreprise.

  Enfin, le rapport est mis à disposition de tout salarié qui en fait la demande.

  Le rapport, accompagné de l'avis du comité d'entreprise, est transmis à l'inspecteur du travail.

b) Rapports trimestriels

– Le chef d'entreprise communique au comité d'entreprise des informations sur l'évolution générale des commandes et de la situation financière, sur l'exécution des programmes de production ainsi que sur la situation de l'entreprise au regard des cotisations de sécurité sociale.

– Il l'informe également des mesures envisagées en ce qui concerne l'amélioration, le renouvellement ou la transformation de l'équipement ou des méthodes de production et d'exploitation et de leurs incidences sur les conditions de travail et d'emploi.

– Il est tenu également de l'informer de la situation de l'emploi qui est analysée en retraçant, mois par mois, l'évolution des effectifs et de la qualification des salariés par sexe en faisant apparaître le nombre de salariés sous contrat de travail à durée indéterminée, le nombre de salariés sous contrat de travail à durée déterminée, le nombre de salariés sous contrat de

18. Les indicateurs sont portés par l'employeur à la connaissance des salariés par voie d'affichage sur les lieux de travail et, éventuellement, pour tout autre moyen adapté aux conditions d'exercice de l'activité de l'entreprise.

travail à temps partiel, le nombre de salariés sous contrat de travail temporaire, le nombre de salariés appartenant à une entreprise extérieure. Le chef d'entreprise doit également présenter au comité les motifs l'ayant amené à recourir aux quatre dernières catégories de personnel sus-mentionnées. Il lui communique enfin le nombre des journées de travail effectuées, au cours de chacun des trois derniers mois par les salariés sous contrat de travail à durée déterminée et sous contrat de travail temporaire ainsi que le nombre des contrats de stage d'initiation à la vie professionnelle (SIVP) et le nombre des contrats de retour à l'emploi (CRE). À cette occasion, le chef d'entreprise est tenu, à la demande du comité, de porter à sa connaissance tous les contrats passés avec les entreprises de travail temporaire pour la mise à disposition des salariés sous contrat de travail temporaire ainsi qu'avec les établissements de travail protégé lorsque les contrats passés avec ces établissements prévoient la formation et l'embauche par l'entreprise de travailleurs handicapés.

Si le nombre de salariés occupés dans l'entreprise sous contrat précaire connaît un accroissement important par rapport à la situation existant lors de la dernière réunion portent sur la situation de l'emploi, l'examen de cette question est inscrit de plein droit à l'ordre du jour de la prochaine réunion **ordinaire** si la majorité des membres du comité la demande. Lors de cette réunion, le chef d'entreprise est tenu de communiquer au comité d'entreprise le nombre de salariés sous contrat de travail à durée déterminée et sous contrat de travail temporaire, les motifs l'ayant amené à y recourir ainsi que le nombre des journées de travail effectuées par les intéressés depuis la dernière communication d'informations effectuée à ce sujet (L. 432-4-1).

Le comité d'entreprise peut également décider de saisir l'inspecteur du travail s'il a connaissance de faits susceptibles de caractériser **un recours abusif** aux contrats de travail précaires ou lorsqu'il constate un **accroissement important** du nombre de salariés occupés dans l'entreprise sous ce type de contrat.

L'inspecteur effectuera les constatations qu'il estime utiles, en fera rapport puis l'adressera à l'employeur, le tout sans préjudice de la possibilité de dresser procès-verbal s'il constate une infraction à la législation sur les contrats de travail précaires.

L'employeur communique le rapport de l'inspecteur au comité d'entreprise en même temps que sa réponse motivée aux constatations de l'autorité administrative. Dans sa réponse, l'employeur précise, en tant que de besoin, les moyens qu'il met en œuvre dans le cadre *d'un plan de résorption de la précarité* destiné à limiter le recours à ces formes de contrats de travail (L. 432-4-1 al. 4 à 6).

B – Les informations complémentaires propres aux sociétés commerciales

1) Les règles communes aux différentes sociétés

Les dirigeants d'une société commerciale doivent communiquer au comité d'entreprise préalablement à la tenue de l'assemblée générale des actionnaires (SA) ou des associés (autres sociétés commerciales) :

– le compte de résultat ;

– le bilan annuel ;

– les annexes aux comptes annuels[19];

---

19. Est annexé au bilan un état des cautionnements, avals et garanties donnés par la société ainsi qu'un état des sûretés consenties par elle.
Les sociétés cotées en bourse doivent annexer un inventaire des valeurs mobilières détenues en portefeuille à la clôture de l'exercice ainsi qu'un tableau relatif à la répartition et à l'affectation des sommes distribuables qui seront proposées à l'assemblée générale.
Les sociétés commerciales non cotées dont la moitié du capital appartient à des sociétés cotées, dont le bilan dépasse 3 048 980 € ou dont la valeur d'inventaire ou la valeur boursière de leur portefeuille excède 304 898 €, sont tenues d'annexer un inventaire des valeurs mobilières détenues en portefeuille à la clôture de l'exercice.

– le rapport de gestion écrit du conseil d'administration ou du directoire, selon le cas (SA) ou des gérants (autres sociétés commerciales) et le texte des projets de résolution ;
– le rapport du commissaire aux comptes.

Le comité peut convoquer le ou les commissaires aux comptes de la société afin de recevoir leurs explications sur les différents postes des documents communiqués ainsi que sur la situation financière de l'entreprise ; il peut également formuler toutes observations utiles sur la situation économique et sociale de l'entreprise, observations qui seront obligatoirement transmises à l'assemblée générale des actionnaires en même temps que le rapport du conseil d'administration, du directoire ou des gérants, selon le cas.

Depuis 1982, le comité d'entreprise peut se faire assister d'un expert-comptable à l'occasion de l'examen annuel des comptes[20]. (Une telle faculté n'existait auparavant que pour les seules sociétés anonymes.)

2) Les règles propres aux sociétés anonymes

Dans les sociétés anonymes, les membres du comité ont droit aux mêmes communications et aux mêmes copies que les actionnaires, et aux mêmes époques. À ce titre, le comité d'entreprise a accès aux rémunérations des mandataires sociaux qui doivent figurer dans le rapport annuel de gestion ainsi qu'au rapport spécial sur les stocks options attribués aux mandataires sociaux et aux 10 attributaires salariés les plus importants.

3) Les règles particulières à certaines sociétés commerciales

a) Sociétés concernées

Il s'agit de celles qui, à la clôture d'un exercice social, comptent 100 salariés ou plus (déterminés sur la base de la moyenne arithmétique des effectifs liés à la société par un contrat de travail à durée indéterminée à la fin de chaque trimestre) ou, si l'effectif est moindre, font état d'un chiffre d'affaires dont le montant net est égal ou supérieur à 40 millions de francs.

b) Nature des documents à établir

Les dirigeants (conseil d'administration, directoire ou gérants, selon le cas) sont tenus d'établir une situation de l'actif réalisable et disponible (valeurs d'exploitation exclues), et du passif exigible, un compte de résultat prévisionnel, un tableau de financement en même temps que le bilan annuel et un plan de financement prévisionnel (C. com., art. L. 232-2).

c) Procédure d'analyse et d'information

– Cas de la SA

Ces documents comptables et financiers sont analysés dans des rapports **écrits** sur l'évolution de la société (dans le rapport annuel de gestion notamment) et établis par le conseil d'administration ou le directoire, selon le cas. Documents et rapports sont communiqués simultanément au conseil de surveillance (SA avec directoire), au commissaire aux comptes et au comité d'entreprise.

Si les documents n'ont pas été établis, ou ont été établis mais non analysés, ou établis ou analysés mais non communiqués aux intéressés visés par la loi, le commissaire aux comptes le signale dans un rapport au conseil d'administration ou au directoire, selon le cas, rapport qui est communiqué au comité d'entreprise (C. com., art. L. 232-3).

– Cas des autres sociétés commerciales

Les documents comptables et financiers dont il s'agit sont analysés dans des rapports écrits sur l'évolution de la société et établis par le ou les gérants. Documents et rapports sont communiqués au commissaire aux comptes et au comité d'entreprise (C. com., art. L. 232-4).

---

20. Voir *infra*, § 2.7.

Si les documents n'ont pas été établis, ou ont été établis mais non analysés, ou établis et analysés, mais le rapport non communiqué aux intéressés visés par la loi, le commissaire aux compte le signale dans un rapport au gérant qui est communiqué au comité d'entreprise.

C – Les informations propres aux groupements d'intérêt économique

1) Les GIE concernés

Ce sont ceux qui comptent un nombre de 100 salariés ou plus à la clôture d'un exercice.

2) La nature des documents à établir

Elle est la même que celle indiquée au § B 3) b) qui précède.

3) La procédure d'analyse et d'information

Elle suit le même cheminement que dans le cas de la SA.

1.1.3 Les prérogatives issues de la loi du 1er mars 1984

Elles ont été instituées en vue de donner la possibilité au comité d'entreprise de contribuer à la **prévention des difficultés des entreprises**.

A – La récusation des commissaires aux comptes

Le comité d'entreprise peut demander en justice la récusation pour juste motif d'un ou plusieurs commissaires aux comptes désignés par l'assemblée générale.

Concernant cette prérogative, le comité d'entreprise se trouve placé au même niveau que les associés ou actionnaires ou membres représentant au moins le 1/10e du capital social, que le ministère public et que la Commission des opérations de bourse (COB) à l'égard des commissaires aux comptes des sociétés anonymes faisant publiquement appel à l'épargne.

B – Le recours aux experts

1) La désignation judiciaire des experts

Dans les SARL et les SA, le comité d'entreprise est habilité à demander en justice la désignation d'un ou plusieurs experts chargés de présenter un rapport sur une ou plusieurs opérations de gestion. À ce titre, il est placé au même plan que les associés ou actionnaires représentant au moins 1/10e du capital et que le ministère public, qui sont habilités à agir aux mêmes fins.

S'il est fait droit à la demande, la décision de justice détermine l'étendue de la mission et des pouvoirs des experts. Elle peut mettre les honoraires du ou des experts à la charge de la société.

2) La communication du rapport d'expertise

Le rapport d'expertise est communiqué au comité d'entreprise, rapport qui se trouvera annexé à celui établi par le commissaire aux comptes en vue de la prochaine assemblée générale.

C – Les prérogatives en cas de situation économique préoccupante

Celles-ci sont de deux ordres :

– une action directe auprès des principales instances dirigeantes ;

– le bénéfice d'informations privilégiées.

1) L'action directe auprès des dirigeants (L. 432-5)[21]

La loi accorde cette prérogative au comité d'entreprise ; toutefois, comme l'appréciation de la situation économique ne peut être logiquement envisagée que sur le plan de l'entreprise (dans

21. Il s'agit du droit d'alerte du comité d'entreprise.

son sens global), il en résulte que pour une entreprise comportant plusieurs établissements géographiquement disséminés, il reviendra naturellement au **comité central d'entreprise** d'exercer ces prérogatives.

a) Nature

Lorsque le comité d'entreprise a connaissance de faits de nature à affecter de manière préoccupante la situation économique de l'entreprise (ex. : baisse de commandes ; faillite de clients ; arrêt de fabrication d'un produit), il peut demander des explications à l'employeur qui devra répondre à la prochaine réunion qui suit cette demande.

b) Suites éventuelles

– Rédaction d'un rapport

• Conditions requises

S'il n'a pu obtenir de **réponse suffisante** de l'employeur ou si celle-ci confirme **le caractère préoccupant** de la situation, le comité ou la commission « *économique* » lorsqu'elle existe (entreprise $\geq$ 1 000 salariés), établit alors un rapport.

• Assistance technique

Le comité ou la commission économique peut :

– se faire assister, une fois par exercice, de l'expert-comptable ;
– convoquer le commissaire aux comptes ;
– s'adjoindre avec voix consultative 2 salariés de l'entreprise choisis pour leur compétence et en dehors du comité, chacun d'eux disposant de 5 heures au titre de cette assistance.

• Communication

Le rapport est transmis à l'employeur et au commissaire aux comptes.

– Saisine des organes d'administration ou de surveillance ou information des associés

Au vu des conclusions du rapport, le comité d'entreprise, délibérant à la majorité des membres présents, peut décider :

• si l'entreprise est exploitée sous forme de SA, de saisir le conseil d'administration ou le conseil de surveillance selon la structure de société anonyme adoptée, pour qu'il délibère sur le sujet dès sa prochaine séance (à condition que le conseil ait été saisi du problème au moins 15 jours à l'avance) ;

• si l'entreprise est exploitée sous une autre forme ou s'il s'agit d'un GIE, **d'informer** de la situation les associés ou les membres du groupement, le gérant ou les administrateurs étant alors tenus de leur communiquer le rapport du comité ou de la commission économique.

2) Le bénéfice d'informations privilégiées

a) Cas de la société anonyme

Le commissaire aux comptes peut demander des explications au président du conseil d'administration ou au directoire, selon le cas, sur tout fait de nature à compromettre la continuité de l'exploitation qu'il a relevé à l'occasion de sa mission.

À défaut de réponse ou si celle-ci n'est pas satisfaisante, le commissaire aux comptes invite le président ou le directoire à faire délibérer le conseil d'administration ou le conseil de surveillance sur les faits relevés, délibération **communiquée au comité d'entreprise**.

Si aucune délibération n'a lieu ou si en dépit des décisions prises à la suite de cette « interpellation », il constate que la continuité de l'exploitation demeure compromise, le commissaire aux comptes établit un rapport spécial en vue de la prochaine assemblée générale, rapport **communiqué au comité d'entreprise** (C. com., art. L. 234-1).

b) Cas des autres formes de sociétés et des GIE

Le commissaire aux comptes peut demander des explications au gérant ou aux administrateurs, selon le cas, sur tout fait de nature à compromettre la continuité de l'exploitation qu'il a relevé à l'occasion de sa mission. La réponse doit être **communiquée au comité d'entreprise**.

En l'absence de réponse, ou si, en dépit des décisions prises à la suite de cette « interpellation », il constate que la continuité de l'exploitation demeure compromise, le commissaire aux comptes établit un rapport spécial qui est **communiqué au comité d'entreprise** (C. com., art. L. 234-2 et L. 251-15).

1.2 Attributions professionnelles

Nous présentons ci-après les principaux domaines d'intervention du comité d'entreprise.

1.2.1 La participation et l'intéressement des salariés[22]

Des accords de participation **doivent** obligatoirement être conclus dans les entreprises employant habituellement au moins 50 salariés. La conclusion de tels accords peut avoir lieu au sein du comité d'entreprise (ord. 1986, art. 16).

Des accords d'intéressement **peuvent** être conclus par les entreprises au sein du comité d'entreprise (ord. 1986, art. 1er).

1.2.2 Le bilan social

Toutes les entreprises et organismes soumis à la législation sur les comités d'entreprise, occupant habituellement au moins 300 salariés, doivent établir et soumettre chaque année au comité d'entreprises un bilan social.

A – La présentation

Le bilan social se présente sous la forme d'un document unique récapitulant les principales données chiffrés permettant :

- d'apprécier la situation de l'entreprise dans le domaine social ;
- d'enregistrer les réalisations effectuées ;
- de mesurer les changements intervenus au cours de l'année écoulée et des deux années précédentes.

Il doit comporter un certain nombre d'informations que le législateur a regroupées sous 7 chapitres :

- l'emploi ;
- les rémunérations et charges accessoires ;
- les conditions d'hygiène et de sécurité ;
- les autres conditions de travail (organisation de travail, horaires) ;
- la formation ;
- les relations professionnelles ;
- les conditions de vie du personnel et de la famille si elles dépendent de l'entreprise (dépenses réalisées en matière de logement, transport, restauration, loisirs organisés par l'entreprise).

B – La procédure d'élaboration

L'employeur prépare un projet de bilan social qu'il communique au comité d'entreprise 15 jours avant la réunion au cours de laquelle il sera appelé à émettre son avis. Cette réunion doit se tenir dans les 4 mois suivant la fin de la dernière des années visées par le bilan social (généralement, dans les entreprises où l'exercice couvre l'année civile cette réunion devra se

---

22. Voir Partie 3, chapitre 1, § 2.

tenir avant le 1er mai). Le projet de bilan social est communiqué aux délégués syndicaux en même temps qu'au comité d'entreprise.

Le délai de 15 jours se substitue opportunément au délai de droit commun de 3 jours ; il est en effet indispensable que le comité ait le temps d'examiner avec attention le projet qui lui est soumis. Le comité émet un avis sur ce projet qui est éventuellement modifié pour tenir compte des observations formulées.

C – La communication du bilan social définitif

Le bilan social définitif et le procès-verbal de la réunion du comité au cours de laquelle il en a été délibéré sont transmis à l'Inspection du travail dans un délai de 15 jours suivant cette réunion.

Il est communiqué à tout salarié qui en fait la demande.

Dans les sociétés par actions, le dernier bilan social accompagné de l'avis du comité est adressé aux actionnaires ou mis à leur disposition en même temps que les autres documents prévus par la législation commerciale (bilan, compte de résultat, rapport du commissaire aux comptes, rapport des dirigeants).

1.3 Attributions sociales et culturelles

« *Le comité d'entreprise* ***assure ou contrôle*** *la gestion de toutes les activités sociales et culturelles établies dans l'entreprise au bénéfice de salariés ou de leurs familles ou participe à cette gestion...* » (L. 432-8). Au-delà d'un changement de terminologie (« œuvres » remplacées par « activités » ; ajout du qualificatif « culturelles »), la loi du 28 octobre 1982 n'a pas apporté de modification aux attributions du comité d'entreprise dans ce domaine.

1.3.1 Le cadre de compétence

A – La définition des activités sociales

De même que la législation antérieure restait muette sur la définition des « *œuvres sociales* », de même la législation ne dit mot sur celle des « *activités sociales* ». Le seul article de référence est l'article R. 432-2 qui se borne simplement à établir un classement des institutions sociales d'entreprises selon leur objet et par catégorie :

- institutions sociales de prévoyance et d'entraide telles que les institutions de retraites, les sociétés de secours mutuels ;
- activités sociales et culturelles tendant à l'amélioration des conditions de bien-être, telles que les cantines, les coopératives de consommation, les logements, les jardins ouvriers, les crèches, les colonies de vacances ;
- activités sociales et culturelles ayant pour objet l'utilisation des loisirs et l'organisation sportive ;
- institutions d'ordre professionnel ou éducatif attachées à l'entreprise ou dépendant d'elle, telles que les centres d'apprentissage et de formation professionnelle, les bibliothèques, les cercles d'études, les cours de culture générale et d'enseignement ménager ;
- les services sociaux chargés :
  - de veiller au bien-être du travailleur dans l'entreprise, de faciliter son adaptation à son travail et de collaborer avec le service médical de l'entreprise ;
  - de coordonner et de promouvoir les réalisations sociales, décidées par le comité d'entreprise et par le chef d'entreprise ;
- le service médical institué dans l'entreprise.

Ce texte n'est donc qu'indicatif en la matière. Il faut reconnaître que l'activité sociale est une notion juridique flottante, variable avec l'époque : rien n'est par nature du social, tout peut le devenir par destination. Le seul critère consiste à viser l'amélioration de la situation sociale des salariés. Il appartient au juge de dire ce qui est aujourd'hui social.

Sous l'empire de la législation antérieure, les juges avaient considéré que « *l'œuvre sociale* » devait présenter les caractéristiques suivantes :
- être réservée aux salariés ou anciens salariés de l'entreprise et à leur famille ;
- être accessible à tous les salariés de l'entreprise **sans distinction** ;
- être indépendante des obligations légales et conventionnelles de l'employeur ;
- avoir un but social et non lucratif.

L'article L. 432-8 modifié par la loi du 17 juillet 2001 « *portant diverses dispositions d'ordre social, éducatif et culturel* » rend les salariés de l'entreprise et leur famille bénéficiaires **prioritaires** des activités sociales et culturelles établies dans l'entreprise, et dont le comité assure ou contrôle la gestion.

Le comité d'entreprise peut, depuis le 20 juillet 2001 (date d'entrée en vigueur de la loi sus-visée), prendre des résolutions prévoyant un versement à une association humanitaire. L'alinéa 4 de l'article L. 432-8 est ainsi formulé : « *en cas de reliquat budgétaire limité à 1 % de son budget, les membres du comité d'entreprise, après s'être prononcés par un vote majoritaire, peuvent décider de verser ces fonds à une association humanitaire reconnue d'utilité publique afin de favoriser les actions locales ou régionales de lutte contre l'exclusion ou des actions de réinsertion sociale* ».

B – La gestion des activités sociales et culturelles

1) La gestion directe

Le comité d'entreprise assure la gestion directe des activités sociales et culturelles de toute nature, qui n'ont pas la personnalité civile, notamment :
- cantines, restaurants d'entreprise ;
- crèches ;
- colonies de vacances ; etc.

Il peut exercer cette gestion lui-même, ou par l'intermédiaire de commissions spécialisées, ou la déléguer à des personnes qu'il désigne, ou à des organismes qu'il crée.

2) La participation à la gestion

Le comité d'entreprise participe à la gestion des activités sociales et culturelles dotées de la personnalité civile, notamment :
- les coopératives de consommation ;
- les associations sportives ;
- les fondations.

Cette participation à la gestion se traduit par le fait que les conseils d'administration ou organismes de direction et les commissions de contrôle, qui assurent la gestion de ces activités, doivent comprendre, pour moitié au moins, des représentants du comité d'entreprise. En outre, les bureaux nommés par les conseils d'administration comprennent au moins un membre désigné par le comité.

Les institutions sociales dotées de la personnalité civile peuvent être subventionnées par les comités d'entreprise.

3) Le contrôle de la gestion

Le comité d'entreprise contrôle la gestion de certaines activités sociales et culturelles dotées ou non de la personnalité civile, limitativement énumérées par la loi :
- les sociétés de secours mutuel ;
- les œuvres de logement ;
- les œuvres de jardins ouvriers ;
- les centres d'apprentissage ;
- les centres de formation professionnelle.

Le comité est représenté auprès des organes de gestion et de contrôle de ces différentes activités sociales.

Par ailleurs, le comité est obligatoirement consulté sur la modification des statuts de ces activités, la création d'activités nouvelles, la transformation ou la suppression d'activités existantes.

1.3.2 Les moyens d'action

A – La personnalité civile du comité

La loi du 28 octobre 1982 octroie la personnalité juridique au comité d'entreprise pour l'ensemble de ses attributions, alors qu'auparavant cette personnalité juridique était limitée à la seule gestion des œuvres sociales.

B – Les ressources du comité

1) La nature

Pour assurer la pleine gestion des activités sociales et culturelles que le législateur leur a conférée, les comités d'entreprise disposent de ressources propres.

Les principales catégories de ressources dont peuvent disposer les comités sont les suivantes :

- la contribution patronale ;
- le remboursement obligatoire par l'employeur des primes d'assurance dues par le comité d'entreprise pour couvrir sa responsabilité civile ;
- les cotisations facultatives du personnel de l'entreprise dont le comité d'entreprise fixe éventuellement les conditions de perception et les effets ;
- les subventions qui peuvent être accordées par les collectivités publiques ou les organisations syndicales ;
- les dons et legs ;
- les recettes procurées par les manifestations organisées par le comité ;
- les revenus de biens meubles et immeubles dont dispose le comité.

2) La contribution patronale

C'est, en pratique, la contribution patronale qui constitue la ressource principale et régulière du comité d'entreprise. Son montant ne peut, en aucun cas :

- être inférieur (en valeur) au total le plus élevé des sommes affectées aux dépenses sociales de l'entreprise atteint au cours des 3 dernières années précédant la prise en charge des œuvres sociales par le comité d'entreprise ;
- ni inférieur (en pourcentage) du montant global des salaires payés dans l'année au rapport existant pour l'année de référence entre les dépenses sociales qui avaient été faites et le montant global des salaires qui avaient été payés (L. 432-9).

Il résulte de ces dispositions que dans les entreprises où il n'existait pas d'activités sociales avant la mise en place du comité, l'employeur n'a pas d'obligation légale de verser une contribution à d'éventuelles activités sociales.

> *Exemple : calcul de la contribution patronale 2004 :*
>
> – Année de prise en charge des activités sociales par le comité : 1996
> – Sommes affectées par l'employeur aux œuvres sociales :
> 1995 : 110 000 F
> 1996 : 150 000 F
> 1997 : 135 000 F
> L'année de référence est donc 1996.
> – Masse salariale de l'année 1996 : 9 millions soit un % de 1,666.
> – Masse salariale 2004 : 1 372 041,10 €.
> Le minimum de la contribution patronale 2004 ne peut être inférieur à 1,666 % de 1 372 041,10 €, soit 22 858,20 €.

Certaines conventions collectives prévoient un taux minimum de financement du comité d'entreprise par l'employeur :

– imprimerie de labeur :	1,00 % des salaires
– habillement :	0,25 % des salaires
– commerce de gros :	0,50 % des salaires plafonnés
– textiles :	0,50 % des salaires
– etc.	

La contribution ainsi déterminée est versée chaque année par l'employeur (L. 432-9). Toutefois, selon la Cour de cassation, le versement de la contribution patronale peut être effectué en plusieurs fois selon les besoins du comité (Cass. soc., 18 mars 1971).

3) L'utilisation

Les ressources du comité ne peuvent être utilisées **qu'au seul profit des activités sociales et culturelles** fonctionnant dans l'entreprise au bénéfice des salariés et de leur famille. L'employeur, en tant que tel, n'a aucun droit de veto sur l'utilisation de ces ressources par le comité. En revanche, en tant que membre et président du comité, il est en droit de demander devant le tribunal de grande instance l'annulation d'une décision relative à l'emploi contestable des fonds du comité.

Chaque année, le comité est tenu de faire un compte rendu de sa gestion financière indiquant le montant des ressources dont il a disposé au cours de l'année, et le montant des dépenses qu'il a engagées : ce compte rendu doit être porté à la connaissance du personnel par voie d'affichage.

Il y a lieu de bien distinguer le budget des activités sociales et culturelles du budget de fonctionnement[23] : chaque budget a une affectation précise et il n'est pas possible de transférer les sommes restant au titre de la subvention de fonctionnement sur le budget des activités sociales et culturelles.

C – La constitution d'un comité interentreprises

« Lorsque plusieurs entreprises possèdent ou envisagent de créer certaines institutions sociales communes, les comités d'entreprise intéressés doivent constituer un comité interentreprises investi des mêmes attributions que les comités eux-mêmes dans la mesure nécessaire à l'organisation et au fonctionnement de ces institutions communes. » (R. 432-9)

1) La composition

Le comité interentreprises comprend :

- un représentant des chefs d'entreprise désigné par eux, président, assisté d'un ou deux suppléants ;
- des représentants des salariés de chaque comité choisis autant que possible de façon à assurer la représentation des diverses catégories de personnel, à raison de deux délégués par comité, sans que leur nombre total ne puisse excéder 12, sauf accord contraire avec les organisations syndicales intéressées ou dérogation accordée par l'inspecteur du travail.

2) Le fonctionnement

Le comité interentreprises fonctionne dans les mêmes conditions qu'un comité d'entreprise (R. 432-10). Les membres du comité exercent leurs fonctions dans les locaux, et avec le matériel et le personnel de l'un ou de plusieurs des comités d'entreprise qui y sont représentés (R. 432-11).

3) Les attributions et les ressources

Les comités interentreprises exercent les mêmes attributions que les comités d'entreprise en matière d'activités sociales ; ils jouissent pour cela de la personnalité civile.

Les dépenses nécessaires à leur fonctionnement sont supportées par les entreprises proportionnellement au nombre de salariés qu'elles occupent.

---

23. Voir *supra*, chapitre 7, § 2.5.

2. Les attributions des instances représentatives en cas de pluralité d'établissements

2.1 Attributions des comités d'établissement

Les comités d'établissement, dotés de la personnalité civile, ont les mêmes attributions que les comités d'entreprise dans la limite des pouvoirs confiés aux chefs de ces établissements.

Ils assurent et contrôlent la gestion de toutes les activités sociales et culturelles instituées au niveau de l'établissement sous réserve des activités communes de l'entreprise qui peuvent être gérées directement par le comité central d'entreprise.

2.2 Attributions du comité central d'entreprise

2.2.1 Les attributions d'ordre économique

A – La règle de répartition des compétences

Le comité central d'entreprise exerce « *les attributions économiques qui concernent la marche générale de l'entreprise et qui excèdent les limites des pouvoirs des chefs d'établissement* » (L. 435-3 al. 1).

Cet article énonce les deux critères sur lesquels repose cette répartition des compétences entre le comité central et les comités d'établissement : la portée des décisions prises, et les pouvoirs du chef d'établissement. Il en résulte qu'à l'égard des matières où la décision appartient à **la direction générale de l'entreprise**, les comités d'établissement ne sont obligatoirement consultés que dans la mesure où la mise en œuvre de la décision et son application au cas particulier de l'établissement rend nécessaire l'élaboration de dispositions particulières relevant normalement du chef d'établissement.

> *Exemple (Cass. crim., 17 janvier 1984) :*
>
> Il était reproché en l'espèce au chef d'établissement d'avoir omis de consulter et simplement informé le comité d'établissement à l'occasion de mesures de restructuration de l'entreprise ayant comporté la fusion d'un groupe d'agences, celui de Moulins qu'il dirigeait, avec le groupe de Clermont-Ferrand. La décision avait été prise au niveau de la direction générale du groupe bancaire, et le comité central avait seul été consulté.
>
> Consultation certes prévue par la loi avaient dit les juges d'appel, mais « ne pouvant se substituer à celle du comité local : saurait-on dessaisir le comité d'établissement au seul profit d'une instance nationale peu au fait des réalités locales » ? Ils avaient, en conséquence, déclaré établi « le délit d'entrave ».
>
> À tort, dit la chambre criminelle de la Cour de cassation : statuer ainsi, c'est tout à fait méconnaître le partage de compétence institué par l'article L. 435-1 précité du Code du travail entre le comité central d'entreprise et les comités d'établissement. Il n'était pas ici établi que des mesures spéciales d'application de cette restructuration aient dû être prises au niveau de l'établissement. L'entrave n'était donc pas constituée. La décision condamnant le chef d'établissement devait être cassée.

B – La nature des attributions

Le comité central d'entreprise « *est obligatoirement informé et consulté sur tous les projets économiques et financiers importants concernant l'entreprise* » (L. 435-3 al. 2) et notamment sur les modifications projetées de l'organisation économique ou juridique de l'entreprise, telles que fusion, cession, acquisitions ou cessions de filiales, prise de participation, etc.

Il reçoit communication du rapport annuel sur la situation comparée des conditions générales d'emploi et de formation des femmes et des hommes dans l'entreprise.

C – La création d'une commission « économique »

Dans les entreprises comportant plusieurs établissements distincts et employant au moins 1 000 salariés, il est créé auprès du comité central d'entreprise une commission « économique » chargée d'étudier les documents économiques et financiers de l'entreprise.

2.2.2 Les attributions sociales

En application des dispositions de l'article L. 435-3 alinéa 3, « *dans le domaine des activités sociales et culturelles, les comités d'établissement peuvent confier au comité central d'entreprise la gestion d'activités communes. Un accord entre le chef d'entreprise et l'ensemble des organisations syndicales représentatives dans l'entreprise peut définir les compétences respectives du comité central d'entreprise et du comité d'établissement* ».

Pour la Cour de cassation, si l'accord collectif **unanime** peut accorder au comité central, dans les conditions définies par l'accord, la gestion, en totalité ou en partie d'activités sociales communes à l'ensemble de l'entreprise, il ne peut ni enlever aux comités d'établissement la gestion d'activités propres à chaque établissement ni les priver du droit de percevoir directement de l'employeur la subvention calculée sur la masse salariale de l'établissement.

2.2.3 L'élaboration du bilan social

En même temps que le projet de bilan social de l'entreprise, le comité central d'entreprise reçoit communication des bilans sociaux particuliers, accompagnés des avis émis par les comités d'établissement. Cette communication élargit l'information du comité central d'entreprise. Elle pourra donc éclairer son avis sur le bilan d'entreprise ; mais le comité central d'entreprise n'a pas à émettre sur les bilans d'établissement un avis qui a déjà été donné par les comités d'établissement. La réunion au cours de laquelle le comité central d'entreprise émet son avis a lieu dans les 6 mois suivant la fin de la dernière des années visées par le bilan social (dans les entreprises où l'exercice couvre l'année civile, cette réunion devra donc se tenir avant le 1er juillet).

Le projet de bilan social doit être communiqué aux membres du comité central d'entreprise 15 jours au moins avant la réunion.

3. Les attributions du comité de groupe

La circulaire ministérielle du 28 juin 1984 définit le comité de groupe comme « *une instance d'information et de dialogue sur les orientations stratégiques du groupe* » et précise que ses attributions, qui sont spécifiques, permettent de mieux éclairer les comités d'entreprise dans l'exercice de leur pouvoir consultatif.

3.1 Information sur la marche générale du groupe

En vertu des dispositions de l'article L. 439-2 : « *Le comité de groupe reçoit des informations sur l'activité, la situation financière, l'évolution et les prévisions d'emploi annuelles ou pluriannuelles et les actions éventuelles de prévention envisagées compte tenu de ces prévisions, dans le groupe et dans chacune des entreprises qui le composent. Il reçoit communication, lorsqu'ils existent, des comptes et du bilan consolidés ainsi que du rapport du commissaire aux comptes correspondant* ». Dans les domaines susvisés, il est également informé des perspectives économiques du groupe pour l'année à venir.

Pour l'aider dans la compréhension des documents, le comité peut se faire assister par un expert-comptable de son choix rémunéré par l'entreprise dominante. Celui-ci a accès aux mêmes documents que les commissaires aux comptes des entreprises constitutives du groupe.

La Cour de cassation, confirmant l'interprétation de l'Administration, a considéré que l'expert-comptable doit avoir accès aux informations que détient la société dominante sur les sociétés, même étrangères, comprises dans l'établissement des comptes consolidés de la société dominante. Dans le cas d'espèce, elle a estimé qu'une investigation limitée aux seules filiales françaises du groupe ne permettait pas d'apporter les informations nécessaires pour éclairer sa stratégie globale (Cass. soc., 6 décembre 1994).

3.2 Prérogatives en cas d'OPA ou d'OPE

Lorsqu'une offre publique d'achat ou d'échange porte sur la société dominante d'un groupe de sociétés, la procédure spécifique mise en place par le législateur au profit du comité d'entreprise se déroule au niveau du comité de groupe[24]. L'information du comité de groupe est exclusive de celle des comités d'entreprise des sociétés appartenant au groupe.

4. Les droits du CE dans les organes de gestion des sociétés par actions

4.1 Représentation au comité d'administration ou au conseil de surveillance

Le comité d'entreprise est représenté aux séances du conseil d'administration ou du conseil de surveillance par **deux** de ses membres élus, l'un appartenant au premier collège (ouvriers/employés), l'autre au second (agents de maitrise/cadres). Lorsqu'un collège distinct a été institué pour les cadres[25], le nombre des représentants au conseil d'administration ou au conseil de surveillance est porté à **quatre**, dont deux appartiennent au premier collège, un au deuxième collège (agents de maîtrise) et le dernier au collège des cadres.

Les membres de cette délégation du personnel assistent aux séances avec voix consultative et ont droit aux mêmes documents que ceux adressés ou remis aux membres du conseil d'administration ou du conseil de surveillance à l'occasion de leurs réunions. Ils peuvent soumettre les vœux du comité au conseil d'administration ou au conseil de surveillance lequel doit donner un avis motivé sur ces vœux (L. 432-6).

4.2 Droits du comité dans les assemblées générales (AG)

La loi du 15 mai 2001 « *relative aux nouvelles régulations économiques* » reconnaît au comité d'entreprise de nouvelles prérogatives.

4.2.1 La convocation d'une AG

Le comité peut demander en justice la désignation d'un mandataire chargé de convoquer l'assemblée générale des actionnaires en cas d'urgence.

4.2.2 L'inscription de points à l'ordre du jour

Le comité peut requérir l'inscription de projets de résolution à l'ordre du jour des assemblées. Aucune limite n'ayant été prévue par le législateur, on peut penser que le comité d'entreprise peut disposer autant de projets de résolution qu'il veut et pour toutes les assemblées, y compris spéciales.

4.2.3 La participation aux assemblées générales

Deux membres[26] du comité d'entreprise désignés par celui-ci et appartenant l'un à la catégorie des techniciens et agents de maîtrise, l'autre à la catégorie des employés et ouvriers, peuvent assister aux assemblées générales[27]. Ils doivent, à leur demande, être entendus lors de toutes les délibérations requérant l'unanimité des associés.

---

24. Voir *supra*, § 1.1.1 K.
25. Voir *supra*, chapitre 6, § 2.2.1.
26. Dans les SA dans lesquelles le conseil d'administration ou de surveillance comprend des administrateurs ou des membres élus par les salariés, la représentation du comité d'entreprise aux AG est assurée par le membre du CE désigné par ce dernier pour assister aux séances du conseil d'administration ou du conseil de surveillance.
27. Nous rappelons que les membres du CE disposent des mêmes informations que les actionnaires (voir *supra*, § 1.1.2 B).

5. L'entrave à l'exercice régulier des fonctions des membres du comité d'entreprise

5.1 Illustrations

Ont été considérés, à titre d'exemples, comme délits d'entrave au fonctionnement du comité d'entreprise :

– le fait pour un employeur de procéder sans consultation préalable du comité à la réorganisation d'un important service, réorganisation ayant pour effet une nouvelle répartition des tâches, et, par suite, une importante modification des conditions de travail du personnel intéressé (Cass. crim., 25 octobre 1977) ;
– le fait pour un employeur d'imposer l'ordre du jour lors de la réunion mensuelle du comité au lieu de l'arrêter d'un commun accord avec le secrétaire du comité (Cass. crim., 20 janvier 1981) ;
– le fait pour un employeur d'omettre d'adresser l'ordre du jour ou encore d'adresser l'ordre du jour sans respecter le délai de 3 jours (Cass. crim., 22 juillet 1981) ;
– le fait de faire obstacle à la liberté de l'information du comité dans les limites des prérogatives qui lui sont reconnues (Cass. crim., 7 janvier 1981) ;
– le fait de ne pas convoquer au moins une fois par mois le comité d'entreprise (Cass. crim., 22 novembre 1977) ;
– le fait de faire obstacle à la libre discussion des projets inscrits à l'ordre du jour d'une réunion exceptionnelle du comité tenue à la demande de la majorité de ses membres (Cass. crim., 5 novembre 1979) ;
– le fait d'omettre de communiquer au comité d'entreprise, avant leur présentation à l'assemblée générale des actionnaires ou à l'assemblée des associés, l'ensemble des documents obligatoirement transmis annuellement à ces assemblées ;
– le fait pour un employeur d'imposer la présence à ses côtés de personnes étrangères au comité, (en dehors de l'assistance légalement autorisée de deux collaborateurs) malgré la demande de retrait présentée par le secrétaire au nom de la majorité des membres du comité.

A été considéré comme délit d'entrave au fonctionnement du comité central le fait de ne pas saisir le comité central d'entreprise d'une décision de licenciement collectif pour cause économique touchant plusieurs établissements (Cass. crim., 4 mars 1979).

5.2 Sanctions

Toute entrave apportée soit à la constitution d'un comité d'entreprise, d'un comité d'établissement, d'un comité central d'entreprise ou d'un comité de groupe, soit à la libre désignation de leurs membres, soit à leur fonctionnement régulier, est punie d'un emprisonnement d'un an et/ou d'une amende de 3 750 €. En cas de récidive, l'emprisonnement peut être porté à 2 ans et l'amende à 7 500 €.

Selon les dispositions de l'article L. 153-1, des poursuites pénales pourront être intentées à l'encontre de ceux qui entraveraient le fonctionnement d'institutions représentatives mises en place sur la base d'une convention de branche ou d'un accord professionnel étendu dans les cas où les dispositions législatives n'ont pas rendu obligatoire cette institution.

6. Tableaux de synthèse sur les attributions du comité d'entreprise

Tableau 24 : Récapitulatif des variables régissant les institutions représentatives élues du personnel dans les PME.
Tableau 25 : Récapitulatif des principaux domaines de compétence des institutions représentatives du personnel dans l'entreprise.

Tableau 24 – Récapitulatif des variables régissant les institutions représentatives élues du personnel dans les PME

	NATURE DES VARIABLES					
Effectifs de l'entreprise	**Instance présente**	**Nombre de représentants**	**Fréquence des réunions**	**Nature de l'information**	**Périodicité de l'information**	**Crédit d'heures mensuel**
10 < E < 49	DP	1 t + 1 s **entre 11 et 25** 2 t + 2 s **entre 26 et 49**	mensuelle			10 h
50 < E < 150	DP + CE		mensuelle tous les 2 mois	rapport de synthèse	annuelle	DP 15 h CE 20 h
	fusion DP / CE		mensuelle			20 h
150 < E < 200	DP + CE ou fusion DP / CE		mensuelle mensuelle	idem	idem	
200 < E < 300	DP + CE		mensuelle mensuelle	idem	annuelle	
E > 300	DP					
	CE			**rapport des art.** L. 212-4-9 al. 4 L. 432-1-1 al. 1 L. 432-3-1 L. 432-4 al. 2-3-4-5	annuelle	
				rapport des art. L. 432-4 al. 12 (dernière phrase) L. 432-4-1	trimestrielle	

Tableau 25 – Récapitulatif des principaux domaines de compétence des institutions représentatives du personnel dans l'entreprise

	Référence aux articles du Code du travail
I – DOMAINES DE COMPÉTENCE SPÉCIFIQUES DES DP[1] quelque soit la taille de l'entreprise	
1 – Présentation des réclamations individuelles et collectives du personnel	L. 422-1 al. 1
2 – Droit d'alerte en cas d'atteinte aux droits des personnes, à leur santé physique ou mentale ou aux libertés individuelles	L. 422-1-1
3 – Relations avec l'inspecteur du travail :	
• Communication des plaintes et observations du personnel	L. 422-1 al. 1
• Accompagnement de l'inspecteur dans ses visites de l'entreprise	L. 422-1 al. 5
4 – Fractionnement des congés payés en cas de fermeture de l'établissement	L. 223-8 al. 5
II – DOMAINES D'INTERVENTION PROPRES AUX DP dans les entreprises < 50 salariés	
1 – Formation professionnelle (entreprises < 50 salariés)	L. 934-6
2 – Licenciement pour cause économique (entreprises < 50 salariés)	
• 2 à 9 salariés	L. 321-2 1°a ; L. 422-1 al. 3
• 10 salariés et plus	L. 321-2 2°a ; L. 321-3 al. 1 et al. 4
III – DOMAINES D'INTERVENTION DES DP en l'absence de CHSCT[2] dans les entreprises < 50 salariés	L. 236-1 al. 4
1 – Missions dévolues aux membres du CHSCT	
IV – DOMAINES D'INTERVENTION DU CE, OU, À DÉFAUT, DES DP	
1 – Règlement intérieur	L. 122-36 al. 1 ; L. 122-37 al. 2 et 3
2 – Liste des modifications des accords applicables dans l'entreprise	L. 135-8 al. 1
3 – Temps de travail	
• Pratique des horaires individualisés	L. 212-4-1 al. 1
• Travail à temps partiel	L. 212-4-2 al. 1 ; L. 212-4-9 al. 5
• Heures supplémentaires	L. 212-5 II al. 3 L. 212-6 al. 1 et al. 4 ; L. 212-7 al. 1
• Dérogations à divers aspects de la réglementation du temps de travail	L. 212-7 al. 5 ; D. 212-11 ; D. 212-13
• Modulation des horaires de travail	L. 212-8 al. 6 et al. 8
4 – Travail de nuit	L. 213-1-1 ; L. 213-3
5 – Licenciement pour cause économique	
• Procédure	L. 321-2 1°a ; L. 321-2 2°a ; L. 321-3 al. 2 et al. 3 ; L. 321-4 ; L. 321-7 al. 7, 8 et 10

1. DP : délégués du personnel.
2. CHSCT : Comité d'hygiène, de sécurité et des conditions de travail.

	Référence aux articles du Code du travail
• Ordre des licenciements	L. 321-1-1 al. 1
• Conventions FNE	R. 322-8
• Congé de reclassement	R. 321-10 al. 1
6 – Hygiène et sécurité	L. 236-5 al. 1
7 – Congés	
• Congé pour la création d'entreprise et pour congé sabbatique	L. 122-32-23 ; L. 122-32-27
• Congé de représentation	L. 225-8 IV
• Congé de solidarité internationale	L. 225-11
• Congé de formation	L. 931-6
• Congé de formation économique sociale et syndicale	L. 451-3 al. 1
8 – Emploi	
• Emploi des handicapés	R. 323-10
9 – Droit d'expression des salariés (en l'absence d'accord ou de désignation d'un délégué syndical)	L. 461-4
10 – Chèques vacances	Code du tourisme, art. L. 411-8
11 – Égalité professionnelle hommes/femmes	L. 123-4 al. 2
12 – Amélioration du rendement et de l'organisation générale de l'entreprise	L. 422-5 al. 1
13 – Mise ou remise au travail des travailleurs handicapés	L. 422-5 al. 1
14 – Institutions sociales de l'établissement	L. 422-5 al. 1
15 – Contrat d'apprentissage	L. 117-5 al. 6
16 – Choix du service de santé	R. 241-1 al. 2
V – CHAMP DES ATTRIBUTIONS ÉCONOMIQUES DU CE (EXERCÉES PAR LES DP DANS LES ENTREPRISES ≥ 50 SALARIÉS EN L'ABSENCE DE CE CONSTATÉE PAR UN PV DE CARENCE)	
1 – Nature	
• Organisation, gestion et marche générale de l'entreprise	L. 432-1 al. 1
• Projet de compression d'effectifs	L. 432-1 al. 2
• Modification de l'organisation économique et juridique de l'entreprise restructurations et concentrations	L. 432-1 al. 3 ; L. 432-1 *bis*
• Impact des décisions stratégiques sur les sous-traitants de l'entreprise	L. 432-1-2
• Projet de cessation totale ou partielle d'activités	L. 432-1-3
• Modifications de l'organisation économique ou juridique de l'entreprise (fusion, cession, prise de participation…)	L. 432-1 al. 7
• Dépôt d'une OPA ou OPE portant sur une entreprise	L. 432-1 al. 8
• Procédure de redressement ou de liquidation judiciaire	L. 432-1 al. 9
• Politique de recherche et de développement technologique	L. 432-1 al. 10
• Emploi et gestion prévisionnelle de l'emploi	L. 432-1-1
• Introduction de nouvelles technologies	L. 432-2
• Gestion du personnel (recrutement, gestion, contrôle de l'activité)	L. 432-2-1
• Conditions de travail	L. 432-3 al. 1 à 5
• Conditions générales d'emploi et de formation hommes/femmes	L. 432-3-1 al. 1
• Contrat initiative – emploi, contrats d'accompagnement dans l'emploi, contrats insertion – revenu minimum d'activité, contrats d'avenir	L. 432-4-1-1
• Garanties complémentaires de protection sociale	L. 432-3 al. 8
• Apprentissage	L. 432-3 al. 9

→

(Suite)

2 – Information économique et financière	
• Après chaque élection de CE	L. 432-4 al. 1
• Rapport annuel sur l'activité (au sens large) de l'entreprise	L. 432-4 al. 2 à 4
• Communication des documents remis aux AG + rapport du commissaire au compte	L. 432-4 al. 4
• Communication des documents comptables et comptes prévisionnels	L. 432-4 al. 9 et 10
• Communication du rapport de l'expert judiciaire sur une ou plusieurs opérations de gestion	L. 432-4 al. 11
• Communication du rapport du commissaire aux comptes dans le cadre de la mise en œuvre de la procédure d'alerte	L. 432-4 al. 11
• Communication d'informations sur « l'état de santé » de l'entreprise	L. 432-4 al. 12
• Rapport sur la situation de l'emploi et en particulier sur le recours au travail précaire	L. 432-4-1
• Rapport de synthèse spécifique aux entreprises < 300 salariés	L. 432-4-2
• Information communiquées dans le cadre de la mise en œuvre de la procédure d'alerte par le CE	L. 432-5
VI – ATTRIBUTIONS CONJOINTES DES DP ET DU CE	
1 – Fixation de la période des congés payés	L. 223-7 al. 2
2 – Désignation des représentants du personnel au CHSCT	L. 236-5
VII – PRÉROGATIVES SPÉCIFIQUES DU CE	
1 – Représentation du CE au conseil d'administration ou du conseil de surveillance des sociétés commerciales	L. 432-6
2 – Prérogatives dans le cadre des AG d'actionnaires	
• Représentation du CE dans les assemblés générales	L. 432-6-1 II
• Inscription de projets de résolution à l'ordre du jour	L. 432-6-1 I al. 2
• Demande de convocation d'une AG des actionnaires en cas d'urgence	L. 432-6-1 I al. 1
• Droit d'être entendu aux AG	L. 432-6-1 II
VIII – DOMAINES D'ATTRIBUTIONS SPÉCIFIQUES DU CE	
1 – Domaines d'attribution de nature « économique »	
• Conclusion d'accords d'intéressement des salariés à l'entreprise	L. 441-1
2 – Domaines d'attribution de nature « professionnelle »	
• Bilan social	L. 438-1 et suivants
• Services de santé au travail :	
– Nomination du médecin du travail	R. 241-31
– Organisation et fonctionnement du service médical du travail	R. 241-3
• Licenciement des « salariés protégés »	L. 236-11 ; L. 425-1 ; L. 436-1
• Rupture anticipée ou non renouvellement d'un CDD des « salariés protégés »	L. 236-11 ; L. 412-18 al. 8 ; L. 425-2 al. 1 ; L. 436-2 al. 1
• Formation professionnelle	L. 934-1 ; L. 934-4 ; L. 934-5
3 – Domaines d'attribution de nature « sociale »	
• Œuvres sociales non dotées de la personnalité civile (cantines, colonies de vacances...)	R. 432-3 al. 1
• Œuvres sociales dotées de la personnalité civile	R. 432-3 al. 2 ; R. 432-5
• Autres œuvres sociales dotées ou non de la personnalité civile	R. 432-3 al. 3 ; R. 432-6
IX – DOMAINES D'INTERVENTION DES DÉLÉGUES SYNDICAUX	
1 – Négociation des accords d'entreprise	L. 132-19 ; L. 135-8 al. 1 ; L. 461-3
2 – Bilan du travail à temps partiel	L. 212-4-9 al. 5

→

	Référence aux articles du Code du travail
3 – Repos dominical (équipe de suppléance)	L. 221-5-1
4 – Travail de nuit	L. 213-1-1
5 – Rapport sur l'égalité professionnelle hommes/femmes	L. 432-3-1 al. 1
6 – Plan de formation de l'entreprise	L. 934-4 al. 5
7 – Formation des jeunes en alternance	L. 934-4 al. 3

Chapitre 9

La protection des représentants du personnel

Ne sont retenues dans ce chapitre que les particularités procédurales spécifiques à la cessation du contrat de travail des représentants du personnel, appelés « salariés protégés »[1].

1. Les transferts partiels d'entreprise
2. La cessation du contrat de travail à durée indéterminée
3. La cessation du contrat de travail à durée déterminée

1. Les transferts partiels d'entreprise

1.1 Salariés protégés

– Les délégués syndicaux en exercice.
– Les anciens délégués syndicaux pendant 12 mois après la cessation de leurs fonctions, lorsque celles-ci ont été exercées pendant un an au moins.
– Les délégués du personnel (titulaires et suppléants) en exercice.
– Les membres élus (titulaires et suppléants) en exercice du comité d'entreprise.
– Les représentants syndicaux en exercice au comité d'entreprise.
– Les salariés qui siègent ou ont siégé en qualité de représentants du personnel dans un CHSCT.

À cette liste, il convient d'ajouter le représentant des salariés, « salarié protégé » institué par la loi du 25 janvier 1985 « sur le redressement et la liquidation judiciaires des entreprises » pour vérifier le relevé des créances résultant des contrats de travail établi par le représentant des créanciers.

1.2 Dispositif protecteur

Lorsqu'un salarié visé au point qui précède est compris dans un transfert **partiel** d'entreprise ou d'établissement, par application du deuxième alinéa de l'article L. 122-12, « *le transfert de ce salarié doit être soumis à* ***l'autorisation préalable*** *de l'inspecteur du travail qui s'assure que le salarié ne fait pas l'objet d'une mesure discriminatoire. Si l'autorisation de transfert est refusée, l'employeur doit proposer au salarié un emploi similaire assorti d'une rémunération équivalente dans un autre établissement ou une autre partie de l'entreprise* »[2] (L. 412-18 al. 7 ; L. 425-1 al. 6 ; L. 436-1 al. 5 ; L. 236.11).

---

1. Pour les autres salariés, voir Partie 2, chapitre 5.
2. Aucune autorisation préalable n'est à demander dans l'hypothèse d'un transfert total d'entreprise ou d'établissement.

La demande d'autorisation est adressée à l'inspecteur du travail par lettre recommandée avec AR au moins 15 jours avant la date arrêtée pour le transfert. Le contrôle de l'inspecteur se limite à vérifier que la mesure de transfert ne présente pas un caractère discriminatoire. Pour s'en assurer, l'inspecteur doit procéder à une enquête contradictoire au cours de laquelle chaque salarié concerné peut, sur sa demande, se faire assister d'un représentant de son syndicat. Sauf nécessités imposées par l'enquête, l'inspecteur du Travail statue dans un délai de **15 jours** à compter de la réception de la demande en informant les intéressés par lettre recommandée avec AR.

2. La cessation du contrat de travail à durée indéterminée

2.1 Salariés protégés

Délégués syndicaux

- Le salarié qui fait **la preuve** que son employeur connaissait l'imminence de sa désignation comme délégué syndical lors du déclenchement d'une procédure de licenciement à son encontre (le premier acte officiel d'une procédure de licenciement est la lettre de convocation du salarié à un entretien préalable).
- Les délégués syndicaux en exercice.
- Les anciens délégués syndicaux pendant **12 mois** après la cessation de leurs fonctions, lorsque celles-ci ont été exercées pendant un an au moins[3].

Délégués du personnel

- Les salariés qui ont demandé à l'employeur d'organiser les élections de délégués du personnel ou d'accepter d'organiser ces élections, pendant une durée de **6 mois** qui court à compter de l'envoi à l'employeur de la lettre recommandée par laquelle une organisation syndicale a, la première, demandé ou accepté qu'il soit procédé à des élections[4].
- Le salarié qui fait la preuve que son employeur a reçu la lettre lui notifiant sa candidature ou connaissait *l'imminence* de sa candidature aux fonctions de délégués du personnel lors du déclenchement d'une procédure de licenciement à son encontre.
- Les candidats aux fonctions de délégués du personnel, au premier tour comme au second tour, pendant **6 mois** à partir de la publication des candidatures, c'est-à-dire à partir de l'envoi à l'employeur par lettre recommandée des listes de candidatures[5].

Délégués du personnel

- Les délégués du personnel (titulaires et suppléants) en exercice.
- Les anciens délégués du personnel pendant les 6 premiers mois qui suivent l'expiration de leur mandat ou la disparition de l'institution.
- Le délégué licencié puis réintégré après annulation de l'autorisation de licenciement, pendant une durée de **6 mois** à compter du jour où il retrouve sa place dans l'entreprise, si l'institution avait été renouvelée entre son licenciement et sa réintégration (à défaut, il est rétabli dans ses fonctions de délégué).

---

3. Le licenciement prononcé à l'expiration de la période légale de protection ne peut légalement être motivé par les faits invoqués devant l'autorité administrative et qui ont donné lieu à une décision de refus d'autorisation de licenciement (Cass. soc., 26 janvier 1994).
4. La procédure protectrice ne peut s'appliquer qu'à un seul salarié par organisation syndicale ainsi qu'au premier salarié, non mandaté par une organisation syndicale, qui a demandé l'organisation des élections.
5. Se ralliant désormais à la jurisprudence de la chambre sociale de la Cour de cassation, la chambre criminelle a estimé dans un arrêt du 3 décembre 1996 que doit être considérée comme imminente la candidature individuelle d'un salarié aux fonctions de délégué du personnel, dont l'employeur a connaissance avant la convocation de ce dernier à l'entretien préalable au licenciement, même si cette candidature est présentée avant l'organisation du premier tour des élections, pour lequel les syndicats représentatifs ont le monopole des candidatures. En d'autres termes, ce caractère imminent n'est pas subordonné à la conclusion préalable d'un protocole d'accord électoral, ni remis en cause du fait qu'un salarié se présentant à titre individuel ne puisse être candidat qu'au second tour, les syndicats représentatifs ayant seuls le monopole des candidatures au premier tour. Il convient de préciser toutefois que la communication à l'employeur, en dehors de tout processus électoral engagé (qui pourrait se traduire par l'information par l'employeur de l'organisation des élections et de la mise en œuvre du processus électoral), de l'intention du salarié de se porter candidat ne peut à elle seule, permettre au salarié de bénéficier du dispositif protecteur.

Membres élus du comité d'entreprise	Concernant les membres élus (titulaires et suppléants) du comité d'entreprise (ou d'établissement), on transposera les 6 cas de figure concernant les délégués du personnel.
Représentants syndicaux au comité d'entreprise	Concernant les représentants syndicaux au comité d'entreprise (ou d'établissement), on transposera les 3 cas de figure concernant les délégués syndicaux, sous la seule réserve que la durée de protection des anciens représentants n'est que de **6 mois** et à la condition qu'ils aient été désignés depuis **2 ans au moins**. Le représentant syndical licencié puis réintégré retrouve ses fonctions sans qu'il soit nécessaire de procéder à une nouvelle désignation. Toutefois, s'il a été remplacé dans son mandat pendant la période où il était licencié de l'entreprise, il bénéficie d'une protection d'une durée de **6 mois** à compter de sa réintégration.
CHSCT	Les salariés dans l'exercice de leur mandat et les anciens membres du CHSCT pendant les **6 mois** qui suivent l'expiration de leur mandat. La Cour de cassation étend le dispositif protecteur aux **candidats** aux fonctions de membre élu du CHSCT.

À cette liste doit s'ajouter le représentant des salariés déjà cité au § 1.1 qui précède.
Le cumul de fonctions entraîne l'application du statut le plus protecteur.
Les procédures dont nous faisons état ci-après sont applicables aux « salariés protégés » institués par **voie conventionnelle**[6].

2.2 Dispositif protecteur

Le champ d'application de ce dispositif protecteur est particulièrement large puisqu'il a vocation à s'appliquer à **toute** rupture du contrat de travail du salarié protégé[7], hors le cas de démission expressément et clairement formulée[8]. Pour la Cour de cassation, ce dispositif protecteur est exclusif de toute autre procédure, **ce qui interdit la résiliation judiciaire du contrat de travail ou la rupture à l'amiable**.

– **Exclusion de l'action judiciaire** : dans ses arrêts « *Perrier* », rendus le 21 juin 1974, la chambre mixte de la Cour de cassation a écarté la possibilité pour l'employeur de demander aux tribunaux la résiliation du contrat de travail d'un représentant du personnel au motif que les règles édictées par le législateur au profit de tels salariés « *ont institué une protection exceptionnelle et exorbitante du droit commun, qui interdit par suite à l'employeur de poursuivre par d'autres moyens (autres que la nécessité d'obtenir l'avis du comité d'entreprise et l'autorisation de l'inspecteur de travail) la résiliation du contrat de travail...* ». Cette même chambre a tiré la conséquence que le seul fait d'introduire une action en justice en vue de la résiliation du contrat de travail d'un « *salarié protégé* » constitue un « *délit d'entrave* ».

---

6. Les institutions représentatives du personnel créées par voie conventionnelle doivent, pour ouvrir à leurs membres le bénéfice de la procédure spéciale protectrice prévue en faveur des représentants du personnel et des syndicats, être de même nature que celles prévues par le Code du travail.
Ex. : Le législateur n'a pas prévu la désignation de représentants syndicaux au CHSCT. De tels représentants désignés par accord collectif ne peuvent en conséquence bénéficier de la protection légale spéciale.
7. Ainsi se trouve englobés, et donc requiert la procédure spéciale de licenciement, les cas de rupture du contrat de travail né du refus par un salarié protégé d'une modification de son contrat de travail.
8. Un autre cas de figure ne requiert pas l'application du dispositif protecteur : il s'agit de l'hypothèse de la faute grave commise par un représentant du personnel en cours de préavis et justifiant la rupture immédiate des relations de travail. Une fois obtenue, en bonne et du forme, l'autorisation administrative de licencier, l'employeur s'est acquitté de ses obligations sans que les incidents, graves ou moins graves, susceptibles d'émailler le cours du préavis le contraignent à faire davantage. En d'autres termes, il n'a pas à solliciter une nouvelle autorisation de licencier.

– **Exclusion de la rupture à l'amiable** : la chambre criminelle de la Cour de cassation a eu l'occasion de juger à plusieurs reprises que ni l'employeur ni le salarié ne peuvent rompre à l'amiable le contrat de travail, les dispositions du Code du travail prévoyant le respect de la procédure spéciale de licenciement étant en effet d'ordre public. Elle a cependant également estimé que le salarié protégé peut valablement conclure un accord transactionnel avec son employeur en vue de régler les conséquences pécuniaires de la rupture.

Cette interdiction absolue de poursuivre la rupture du contrat de travail d'un salarié protégé par d'autres voies que la procédure protectrice instituée par la loi, n'empêche toutefois pas l'employeur et le salarié, une fois le contrat rompu suivant des formes régulières, de régler par accord les conséquences de la rupture. En d'autres termes, **une fois la rupture régulièrement acquise, l'employeur et le salarié peuvent en régler librement les conséquences pécuniaires sur la base d'un accord transactionnel**.

2.2.1 La nécessité de l'avis du comité d'entreprise[9]

Jusqu'à la loi du 28 octobre 1982, l'autorisation du comité d'entreprise devait être demandée. Désormais, il est exigé seulement de l'employeur qu'il sollicite **l'avis** du comité sur le projet de licenciement envisagé. Quoi qu'il en soit, le comité est appelé à se prononcer sur le cas de chaque « salarié protégé » concerné par ce projet de licenciement par une délibération spéciale.

Quelques règles dégagées par le Conseil d'État concernant la procédure de consultation du CE méritent d'être rappelées :

– l'avis du comité doit être regardé comme ayant été régulièrement émis même si le délai de 3 jours de communication de l'ordre du jour, avant la réunion au cours de laquelle le comité s'est prononcé, n'a pas été respecté dès lors que la méconnaissance du délai n'a pas empêché le comité de donner un avis en connaissance de cause ;

– lorsque le comité saisi d'un projet de licenciement concernant des salariés protégés refuse de donner son avis, l'employeur peut néanmoins saisir l'Administration d'une demande d'autorisation de licenciement. Cette jurisprudence se justifie dès lors que le comité, ou une partie de ses membres, ne saurait faire obstacle à la procédure en refusant de se prononcer alors que l'employeur a rempli son obligation en mettant le comité en mesure de formuler son avis ;

– il n'est pas nécessaire que le procès-verbal de la réunion du comité qui, en application de l'article R. 436-3, doit accompagner la demande d'autorisation adressée à l'Administration, ait été approuvé par le comité dès lors qu'aucun texte n'exige cette formalité.

2.2.2 L'intervention de l'inspecteur du travail

A – La nécessité de l'autorisation de l'inspecteur du travail

Quel que soit le licenciement envisagé (pour cause personnelle ou pour cause économique) et quelle que soit la catégorie de salariés concernés, l'autorisation préalable de l'inspecteur est **nécessaire**. Jusqu'à la loi du 28 octobre 1982, elle n'était requise que pour le licenciement des délégués syndicaux et lorsque le comité avait refusé son autorisation dans les autres cas (en pratique, le comité ne donnait que très rarement son autorisation).

La demande d'autorisation de licenciement est adressée par lettre recommandée avec demande d'avis de réception à l'inspecteur du travail dont dépend l'établissement où est employé l'intéressé. Cette demande énonce les motifs du licenciement ; y sera annexé le procès-verbal de la réunion du comité d'entreprise dans les cas où la consultation du comité est légalement requise. Sauf dans le cas de mise à pied de l'intéressé, la demande est présentée à l'Inspection du travail au plus tard dans les **15 jours** suivant la délibération du comité d'entreprise.

---

9. L'avis spécial du comité n'est pas requis lorsqu'il s'agit du licenciement d'un délégué syndical sauf s'il cumule son mandat avec un mandat électif.

B – Les recours contre la décision de l'inspecteur du travail

Les décisions de l'inspecteur du travail peuvent donner lieu à un recours hiérarchique et à un recours contentieux.

Ces recours sont ouverts à l'employeur lorsque le licenciement est refusé ou au(x) représentant(s) du personnel concerné(s) lorsque le licenciement est autorisé.

1) Le recours hiérarchique

a) Procédure

Le recours doit être introduit **dans le délai de 2 mois**[10] à compter de la notification de la décision de l'inspecteur, sous peine d'irrecevabilité. Aucune forme particulière n'est exigée : la lettre recommandée avec accusé de réception est toutefois généralement utilisée.

Dans cette lettre, le demandeur expose tous les arguments qui, selon lui, doivent aboutir à l'annulation de la décision de l'inspecteur. Nous ne pouvons que conseiller de présenter un **dossier fortement argumenté** avec preuve à l'appui.

b) Décision du ministre

Le ministre du Travail doit notifier sa décision motivée dans les 4 mois suivant la date du recours. Le **silence** du ministre à l'issue de ce délai vaut **décision de rejet**, c'est-à-dire confirmation de la décision de l'inspecteur du travail.

2) Le recours contentieux

a) Procédure

La décision de l'inspecteur du travail, comme celle du ministre du travail, peut faire l'objet d'un recours pour excès de pouvoir devant le tribunal administratif. Il doit être intenté **dans le délai de 2 mois** qui suit la notification à l'intéressé de la décision administrative. Il peut être interjeté appel du jugement du tribunal administratif devant le Conseil d'État.

b) Conséquences

Quelles conséquences doit-on faire produire à une décision ministérielle ou à une décision du juge administratif qui annule les décisions d'autorisation de licenciement antérieures ? Le licenciement doit-il être alors remis en question et le salarié réintégré ?

La chambre mixte de la Cour de cassation, dans l'arrêt « *Pampre d'Or* », rendu le 18 janvier 1980 a tranché la question et la loi du 28 octobre 1982 a confirmé la position jurisprudentielle (L. 412-19, L. 425-3 et L. 436-3).

L'employeur qui, après avoir obtenu de l'inspecteur du travail l'autorisation de licencier, décide effectivement le licenciement, doit savoir qu'il prend sa décision à ses risques et périls et qu'il pourra donc se trouver exposé à une obligation de réintégration si l'autorisation de licenciement est ultérieurement annulée[11]**.**

Qu'il y ait autorisation ou refus de licenciement, il est fort à parier qu'une procédure va alors s'engager, procédure longue et complexe, au surplus difficile à « manager » sur le plan pratique, comme l'illustre le schéma ci-contre.

---

10. En application de l'article 642 du Nouveau Code de procédure civile, lorsque le dernier jour d'introduction du recours tombe un samedi, un dimanche, un jour férié ou chômé, le recours peut encore être introduit le premier jour ouvrable suivant.
11. Voir *infra*, § 2.5.

2.3 Licenciement pour cause personnelle

2.3.1 La procédure

L'employeur doit tenir compte tout à la fois du dispositif mis en place par la loi du 13 juillet 1973 sur les licenciements individuels[12] et du dispositif protecteur (résumé par le diagramme ci-contre) que nous venons d'exposer.

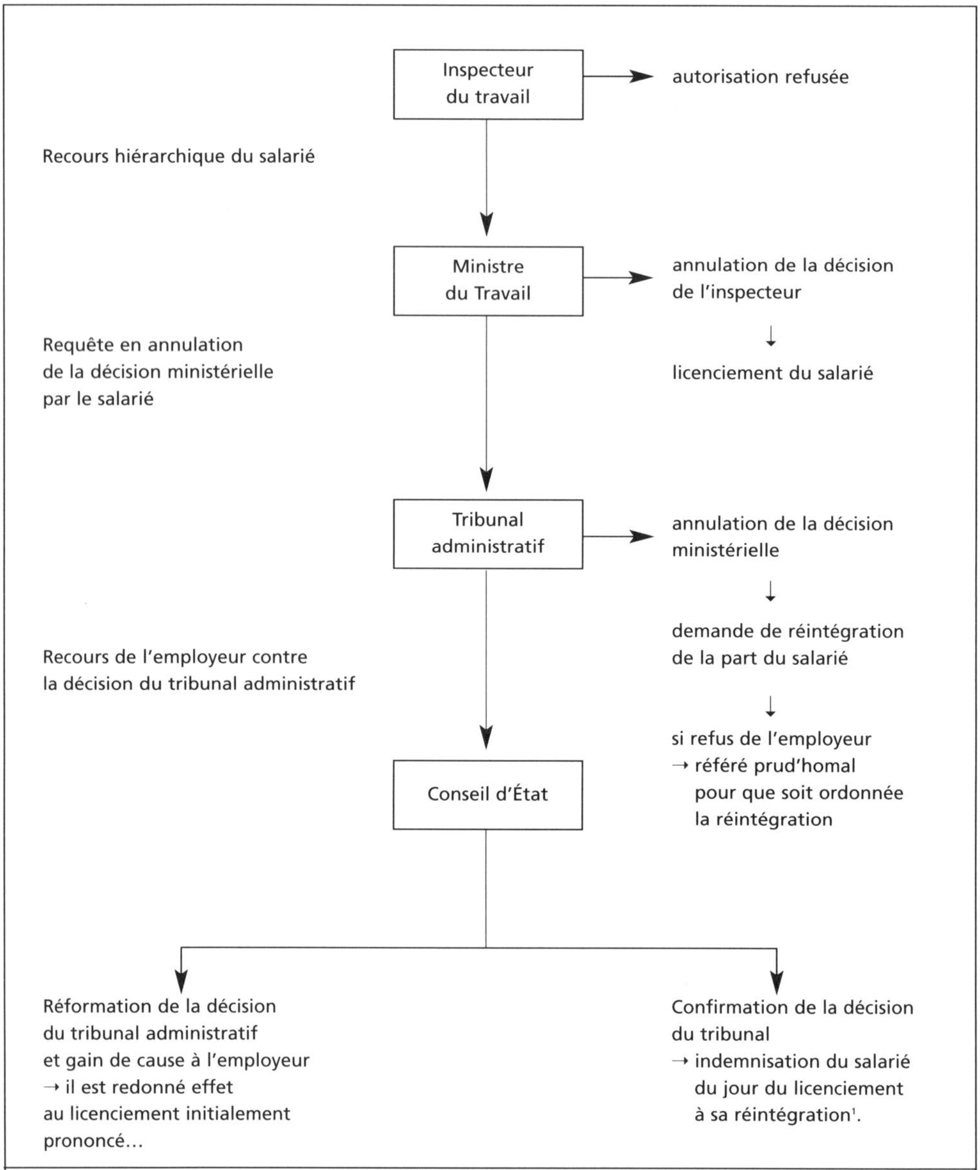

1. Voir *infra*, § 2.5.

12. Voir *infra*, § 2.5.

A – *La présentation des principales hypothèses procédurales*

1) La première hypothèse

Licenciement d'un délégué du personnel en l'absence de comité d'entreprise.

Convocation à un entretien préalable
↓
entretien
↓
demande d'autorisation à l'inspecteur du travail
↓
si accord :
↓
notification du licenciement par lettre motivée[1] recommandée avec AR

1. L'énonciation des motifs du licenciement dans la lettre de notification est **obligatoire** quelle que soit la raison du licenciement.

2) La deuxième hypothèse

Licenciement d'un délégué du personnel (quand il existe un CE),
ou licenciement d'un membre du CE,
ou licenciement d'un représentant syndical au CE,
ou licenciement d'un membre du comité d'hygiène, de sécurité et des conditions de travail.

Convocation à un entretien préalable
↓
entretien
↓
avis du CE
↓
demande d'autorisation à l'inspecteur du travail
↓
si accord :
↓
notification du licenciement par lettre motivée recommandée avec AR

3) La troisième hypothèse

Licenciement d'un délégué syndical.

(Même procédure que le licenciement d'un délégué du personnel en l'absence de CE, voir 1re hypothèse.)

B – *Les formes d'intervention du comité d'entreprise*

1) La convocation

Le comité d'entreprise consulté sur le licenciement d'un « *salarié protégé* » doit se réunir dans les conditions habituelles. Ainsi, l'ordre du jour, indiquant clairement le projet de licenciement envisagé, doit parvenir aux membres du comité 3 jours au moins avant la séance.

Un délai suffisant doit exister entre l'entretien préalable et la consultation du comité de nature à permettre au salarié de préparer son audition.

2) L'audition de l'intéressé

Le comité ne peut donner son avis sur le projet de licenciement qu'après audition de l'intéressé. En réalité, c'est moins son audition qui importe, que sa convocation. La convocation est une formalité substantielle dont l'absence entraîne l'irrégularité du licenciement. Par contre, l'absence de l'intéressé au jour de la convocation n'entache pas la procédure d'irrégularité sauf empêchement dûment rapporté.

3) L'avis du comité d'entreprise

En vertu des dispositions de l'article R. 436-2, l'avis du comité sur le projet qui lui est soumis doit être donné par vote à bulletin secret. Le Conseil d'État considère que l'absence de vote à bulletin secret ne vicie pas substantiellement la procédure s'il est établi que cette omission n'a pas eu d'influence sur le sens du vote (ex. : le comité d'entreprise a émis à l'unanimité un vote défavorable au licenciement du salarié).

Si la consultation concerne le licenciement de plusieurs salariés protégés, l'employeur doit faire procéder à un vote du comité d'entreprise sur le licenciement de chaque salarié et non à un vote global.

C – La procédure d'intervention de l'inspecteur du travail

1) La demande d'autorisation de licenciement

Elle est adressée par lettre recommandée avec AR dans un délai **maximum** de 15 jours suivant la date à laquelle a été émis l'avis du CE. Cette demande énonce les motifs du licenciement envisagé ; concernant un délégué du personnel ou un membre du comité d'entreprise, elle est accompagnée du procès-verbal de la réunion du comité.

2) L'enquête contradictoire

L'inspecteur du travail doit, selon les termes de la loi, effectuer une enquête contradictoire au cours de laquelle l'intéressé peut, sur sa demande, se faire assister d'un représentant de son syndicat (R. 436-4). Le caractère contradictoire de l'enquête implique, selon une circulaire ministérielle, l'audition particulière du chef d'entreprise au sujet du ou des licenciements envisagés. Ceci étant, la procédure administrative d'autorisation, précise le Conseil d'État, n'est pas entachée d'irrégularité par le fait que l'inspecteur du travail n'a pas donné connaissance au salarié des témoignages recueillis au cours de cette enquête, ni communiqué à l'intéressé les documents produits par l'employeur, ni opéré de confrontation des parties.

Selon les dispositions de l'article R. 436-7, l'inspecteur du travail examine notamment « ... *si la mesure de licenciement envisagée est en rapport avec le mandat détenu, brigué ou antérieurement exercé par l'intéressé...* ».

Le Conseil d'État a déterminé comme suit le pouvoir de l'Administration saisie d'une demande d'un « salarié protégé » fondé sur un comportement fautif :

« *... que lorsque le licenciement d'un de ces salariés est envisagé, ce licenciement ne doit pas être en rapport avec les fonctions représentatives normalement exercées ou l'appartenance syndicale de l'intéressé ; que, dans le cas où la demande de licenciement est motivée par un comportement fautif, il appartient à l'inspecteur du travail et le cas échéant au ministre compétent, de rechercher, sous le contrôle du juge de l'excès de pouvoir, si les faits reprochés au salarié sont d'une gravité suffisante pour justifier son licenciement compte tenu de l'ensemble des règles applicables au contrat de travail de l'intéressé et des exigences propres à l'exécution normale du mandat dont il est investi* » (Conseil d'État, 5 mai 1976).

> *Exemple (Conseil d'État, 8 novembre 1993) :*
>
> En l'espèce, la haute assemblée a estimé que, compte tenu de la succession des mesures de licenciement envisagées contre le salarié depuis qu'il avait concouru à l'implantation d'une nouvelle formation syndicale, du rôle que celui-ci avait joué dans le cadre de ses fonctions représentatives lors d'un récent conflit social et des comportements discriminatoires de l'employeur à son égard relevés par l'inspecteur du Travail lors de son enquête, la demande de licenciement avait un lien avec les fonctions représentatives que l'intéressé exerçait. En conséquence, elle a confirmé le refus d'autorisation de licenciement.

L'assiette du contrôle s'étend bien jusqu'à l'appréciation des faits invoqués au regard de l'exécution du contrat de travail. La Cour de cassation en a alors tiré les conséquences qui s'imposaient en se prononçant contre la possibilité pour le juge prud'homal de revenir sur l'appréciation faite par l'inspecteur du travail du bien-fondé du licenciement :

« ... mais attendu que l'inspecteur du travail ayant estimé que les fautes invoquées à l'encontre de R. justifiaient son licenciement, sa décision ne pouvait être critiquée que par la voie du recours hiérarchique ou d'un recours contentieux devant les juridictions administratives : que les juges du Fonds ont exactement retenu qu'ils ne pouvaient contrôler son appréciation sans violer le principe de la séparation des pouvoirs... » (Cass. soc., 12 juin 1980).

Ceci étant, si l'Administration saisie d'une demande d'autorisation de licenciement d'un salarié motivé par une faute doit rechercher si les faits reprochés sont d'une gravité suffisante pour justifier l'autorisation sollicitée, **elle n'a pas à qualifier le degré de gravité de la faute**. Dans le cas d'un licenciement autorisé, les juridictions prud'homales conservent le contrôle de la gravité de la faute et peuvent octroyer des indemnités de préavis, de congés payés et de licenciement.

3) Le délai de réponse

L'inspecteur du travail doit faire connaître sa décision dans un délai de 15 jours à compter de la réception de la demande d'autorisation. Ce délai ne peut être prolongé que si les nécessités de l'enquête le justifient, prolongation qui doit être notifiée par l'inspecteur aux intéressés (R. 436-4).

Plusieurs décisions du Conseil d'État ont permis de préciser la portée de cette disposition réglementaire :

- la venue à expiration du délai ne vaut ni décision implicite d'autorisation, ni décision implicite de rejet ; la décision ne peut être qu'expresse sous réserve de l'application de la règle de droit commun selon laquelle le silence gardé pendant plus de 4 mois vaut décision implicite de rejet de la part de l'autorité administrative ;
- le délai de 15 jours n'étant pas prescrit à peine de forclusion ou de nullité, l'inspecteur du travail n'est pas dessaisi de ses pouvoirs lorsqu'il est expiré, et peut encore statuer ultérieurement sans entacher sa décision d'illégalité.

Un conseil : relancer « son » inspecteur et attendre patiemment sa décision.

4) La notification de la décision

La décision de l'inspecteur du travail qui est nécessairement motivée – c'est-à-dire qui doit préciser les éléments de droit et de fait sur lesquels elle se fonde – est notifiée par lettre recommandée avec AR aux parties intéressées, c'est-à-dire à l'employeur et au salarié ainsi que, lorsqu'il s'agit d'un délégué syndical ou d'un représentant syndical au CE, à l'organisation syndicale concernée.

2.3.2 Le prononcé d'une mise à pied conservatoire[13]

A – Les conditions

En cas de faute **grave** du « salarié protégé », l'employeur a la faculté de prononcer sa mise à pied immédiate dans l'attente de la décision de l'inspecteur du travail sur le projet de licenciement.

La faute grave se caractérise par un acte tel que le maintien du salarié dans l'entreprise ne peut être toléré plus longtemps parce que sa présence serait de nature à nuire ou à troubler l'ordre au sein de celle-ci[14]. La qualification de la faute peut faire l'objet d'un contrôle judiciaire à posteriori : une mesure de mise à pied pour une faute sans caractère de gravité peut être considérée comme une entrave à l'exercice des fonctions de représentant du personnel.

---

13. Il convient de bien distinguer cette mise à pied conservatoire de la mise à pied disciplinaire.
14. Pour des exemples de faute graves voir Partie 2, chapitre 5.
Ont été retenus de façon plus spécifique comme constitutifs d'une faute d'une gravité suffisante : le fait de falsifier des bons de délégation pour justifier des retards répétés ; le fait pour un délégué du personnel de falsifier des comptes rendus de travail qu'il était chargé d'établir pour lui-même et d'autres salariés.

B – La procédure

Elle varie selon qu'il s'agit de la mise à pied d'un délégué syndical ou d'une autre catégorie de salarié protégé.

1) La mise à pied d'un délégué syndical

L'article L. 412-18 prévoit que toute décision de mise à pied conservatoire d'un délégué syndical doit être notifiée à l'inspecteur du travail sous **48 heures**, **à peine de nullité**.

2) La mise à pied des représentants élus du personnel et des représentants syndicaux au comité d'entreprise

a) Consultation du comité d'entreprise

Elle doit avoir lieu dans un délai de **10 jours** à compter de la date de mise à pied (R. 436-8)[15].

b) Demande d'autorisation

L'inspecteur du travail est saisi par le chef d'entreprise **dans les 48 heures** suivant la délibération du comité d'entreprise. S'il n'y a pas de comité, cette demande est présentée dans un délai de **8 jours** à compter de la date de mise à pied (R. 436-8).

c) Réponse de l'Administration

L'inspecteur du travail, doit faire connaître sa décision dans un délai de **8 jours**. La durée de mise à pied est donc normalement limitée à ce délai.

- Si l'autorisation de licenciement est **accordée**, la mise à pied prend fin avec la notification du licenciement.
- Si l'autorisation est **refusée**, la mise à pied est annulée et ses effets supprimés de plein droit : la décision de l'inspecteur a une portée rétroactive. L'employeur doit, dans ce cas, non seulement réintégrer le salarié, mais encore lui verser les salaires correspondant aux journées de mise à pied.

  Le représentant retrouve alors le plein exercice de son mandat : tout refus de l'employeur à ce libre exercice constituerait le délit d'entrave.

La Cour de cassation a considéré à plusieurs reprises que le recours formé par l'employeur devant le ministre contre la décision de refus d'autorisation **n'a aucun effet suspensif** et qu'en conséquence, le délit d'entrave se trouve caractérisé, dans tous ses éléments, par le refus de réintégration opposé par l'employeur après la décision de l'inspecteur du travail (Cass. soc., 15 mai 1973 ; Cass. crim., 5 mars 1991).

Date de mise à pied

M[1] = ↕ 10 j

Consultation du CE[2]

M = ↕ 48 h

Demande d'autorisation de licenciement à l'IT[3]

↓

Réponse sous 8 j

1. Durée maximale du délai.
2. Inspecteur du travail.
3. En l'absence de CE, la demande d'autorisation à l'IT doit être présentée dans un délai de 8 jours.

---

15. Dans un arrêt du 9 novembre 1990, le Conseil d'État déclare que si les délais de l'article R. 436-8 ne sont pas prescrits à peine de nullité, ils doivent cependant être aussi courts que possible, eu égard à la gravité de la mesure de mise à pied, et que le fait de laisser écouler un délai excessif entre la décision de mise à pied et la saisine de l'inspecteur du travail est de nature à entacher d'irrégularité la procédure au terme de laquelle l'inspecteur du travail a accordé l'autorisation de licencier un salarié protégé.

d) Notification du licenciement

Selon le droit commun applicable au licenciement pour cause disciplinaire, l'employeur doit notifier le licenciement au salarié concerné au plus tard dans **le mois suivant l'entretien préalable.**

Qu'en est-il du point de départ de ce délai lorque le licenciement concerne un salarié protégé ? La Cour de cassation a donné la réponse suivante : « *mais attendu que lorsque l'employeur est tenu de recueillir l'autorisation de l'inspecteur du travail pour licencier un salarié protégé, le délai d'un mois pour notifier le licenciement (disciplinaire) court à compter du jour où l'employeur a reçu notification de cette autorisation ; qu'en cas de dépassement de ce délai, le licenciement est sans cause réelle et sérieuse* ».

C – *Les effets*

La mise à pied suspend le contrat de travail, mais le salarié reste lié à son employeur jusqu'à ce que celui-ci ait obtenu l'autorisation de licencier.

- Le salaire n'est pas dû pendant la période de mise à pied.
- Depuis l'arrêt « *Debout* » de la chambre sociale de la Cour de cassation du 23 juin 1999, qui est venu opérer un complet revirement de jurisprudence, la mise à pied disciplinaire « *n'a pas pour effet de suspendre l'exécution du mandat de représentant du personnel* ».
- Le représentant du personnel demeure électeur et éligible au cas où des élections se dérouleraient durant la mise à pied (Cass. ch. mixte, 25 octobre 1968).

2.3.3 Les incidences du cumul de mandats sur la procédure de licenciement

En cas de cumul de mandats, le Conseil d'État comme la Cour de cassation se sont prononcés pour le cumul des procédures. Dans un arrêt du 6 novembre 1974, la Cour de cassation pose que « *la situation de l'intéressé doit être nécessairement appréciée au regard des règles propres à chacune des fonctions* ». S'agissant d'un délégué du personnel par exemple, ayant par ailleurs un mandat de délégué syndical, l'avis du comité d'entreprise s'ajoute à l'obligation de demander l'autorisation de l'inspecteur du travail.

2.4 Licenciement pour cause économique

En application d'une jurisprudence constante du Conseil d'État, il appartient à l'autorité administrative, saisie d'une demande d'autorisation de licenciement d'un « salarié protégé » pour motif économique, de contrôler que le licenciement projeté est sans rapport avec le mandat mais aussi de rechercher si un reclassement a été offert au salarié[16].

« … *dans le cas où la demande de licenciement est fondée sur un motif de caractère économique, il appartient à l'inspecteur du travail de rechercher si la situation de l'entreprise justifie le licenciement du salarié en tenant compte notamment de la possibilité d'assurer son reclassement…* » (Conseil d'État, 22 mai 1995).

2.4.1 Le licenciement individuel

La procédure de licenciement individuel pour cause économique d'un « *salarié protégé* » suit la procédure applicable au licenciement pour cause personnelle sans faute grave et il convient de se reporter aux développements qui précèdent[17].

La demande d'autorisation à l'inspecteur du travail doit indiquer :
- le nom et l'adresse de l'employeur ;
- la nature de l'activité de l'entreprise ;

16. À titre d'exemple, a été regardé comme ayant satisfait à son obligation de reclassement l'employeur qui avait procédé à des appels de candidatures pour des postes offerts dans l'entreprise ou à l'extérieur, auxquels le « salarié protégé » en cause n'avait pas répondu.
17. Voir *supra*, § 2.3.

- les nom, prénoms, nationalité, date de naissance, sexe, adresse, emploi, qualification, date d'embauchage du salarié dont le licenciement est demandé ;
- la nature de la ou des raisons économiques, financières ou techniques invoquées ;
- la date envisagée du licenciement.

2.4.2 Le licenciement collectif

A – Le licenciement collectif de 2 à 9 salariés[18]

La procédure spéciale de protection doit être intégrée dans la procédure de droit commun. Ainsi, dans l'hypothèse où un représentant du personnel est inclus dans un licenciement pour cause économique de plus de 10 salariés dans une entreprise ≥ 50 salariés au sein de laquelle se trouve un comité d'entreprise, il conviendra :

- de consulter le CE au titre des livres III et IV du Code du travail[19] ;
- de convoquer le salarié concerné à un entretien préalable ;
- de procéder à l'entretien préalable ;
- de réunir le CE pour une délibération spéciale sur le projet de licenciement du « salarié protégé » ;
- de solliciter l'autorité administrative pour obtenir une autorisation de licenciement ;
- et de notifier le licenciement par LR/AR en cas d'autorisation administrative accordée.

B – Le licenciement collectif de 10 salariés et plus

Lorsqu'un ou plusieurs « salariés protégés » sont inclus dans un licenciement collectif pour motif économique de 10 salariés et plus dans une même période de 30 jours, la réunion du comité d'entreprise au cours de laquelle ceux-ci doivent être entendus et où il doit être procédé au recueil de l'avis du comité par un vote à bulletin secret, ne peut avoir lieu avant que ne se tienne la seconde réunion du comité d'entreprise destinée à clore la procédure d'information et de consultation des représentants du personnel sur le projet de licenciement collectif dans le cadre du livre III du Code du travail. Si le comité d'entreprise entend désigner un expert-comptable, la consultation propre aux représentants du personnel ne peut avoir lieu avant que ne se tienne la troisième réunion du comité d'entreprise. Ces réunions peuvent avoir lieu le même jour : il peut s'agir d'une même réunion dès lors que l'ordre du jour précise expressément que le comité d'entreprise aura à entendre les salariés concernés et à se prononcer sur leur cas (voir tableaux 15 et 16).

À la différence du droit commun qui régit ce type de licenciement, l'exigence d'un entretien préalable avec le ou les salariés protégés concernés est requise par la Cour de cassation.

C – Le licenciement dans le cadre d'une procédure de redressement judiciaire

En cas de redressement judiciaire, la consultation « spéciale » du comité d'entreprise suivie de la demande d'autorisation de l'inspecteur du travail ont vocation à s'appliquer, et ce, quelle que soit la phase de la procédure au cours de laquelle le licenciement est envisagé, y compris en cas de liquidation, phase ultime de la procédure de redressement.

La consultation du comité d'entreprise sur le cas des « salariés protégés » ne peut avoir lieu avant que le comité ait été informé et consulté sur le projet de licenciement collectif. Lorsque le licenciement collectif concerne moins de 10 salariés sur une même période de 30 jours, la consultation du comité d'entreprise a lieu après l'entretien préalable.

Cette consultation et la décision du juge-commissaire précèdent la demande d'autorisation de licenciement.

---

18. Voir Partie 2, à partir du § 3.2.3.
19. Voir tableau 15.

Tableau 26 – Étapes procédurales du licenciement collectif pour raisons économiques de 2 à 9 salariés, englobant tout à la fois des « salariés ordinaires » et des « salariés protégés »[1]

– Consultations du CE (ou des DP)

↓

– Entretien préalable avec chaque salarié

SO	SP
	– Délibération spéciale du CE[2] (s'il existe) ↓
Délai d'attente	– Demande d'autorisation à l'IT ↓
(7 j)	– Réponse dans le délai de 15 j à compter de la demande ↓
– Notification du licenciement	– Notification du licenciement aux salariés si autorisation

1. Pour le détail, consulter les tableaux 12 et 13 (partie 2).
2. Excepté pour les délégués syndicaux (R. 436-2).

Tableau 27 – Étapes procédurales du licenciement collectif pour raisons économiques de 10 salariés et plus, englobant tout à la fois des « salariés ordinaires » et des « salariés protégés » dans une entreprise ≥ 50 salariés[1]

SO	SP
– Consultations du CE (ou des DP) (Livres III et IV du Code du travail)	idem
• réunion ① → notification du projet à la DDTE réunion ② réunion ③[2] ↓ • notification des licenciements → 30 j si < 100 s → 45 j si ≥ 100 s < 250 s → 60 j si ≥ 250 s	① ② ou ③ • entretien préalable • délibération spéciale du CE[3] ↓ • demande d'autorisation à l'IT[4] ↓ • notification des licenciements, si autorisation (dans le respect des délais)

1. Voir également tableau 15.
2. En cas de recours à l'assistance d'un expert-comptable.
3. Excepté pour les délégués syndicaux (R. 436-2).
4. La demande d'autorisation doit être accompagnée de la copie de la notification du projet de licenciement à la Direction départementale du travail et de l'emploi (R. 436-5).

Abréviations utilisées dans les tableaux 26 et 27 :
DP : délégués du personnel
CE : comité d'entreprise
SO : salariés ordinaires
SP : salariés protégés
DDTE : Direction départementale du travail et de l'emploi
IT : inspecteur du travail

2.5 Sanctions du licenciement irrégulier

2.5.1 Le licenciement irrégulier sur le fond

A - Le droit à réintégration

1) Les conditions

L'annulation sur recours hiérarchique par le ministre compétent d'une décision de l'inspecteur du travail autorisant le licenciement d'un « *salarié protégé* » comporte, pour le salarié concerné et s'il le demande dans un délai de 2 mois à compter de la notification de la décision, droit à réintégration dans son emploi **ou** dans un emploi équivalent[20].

Il en est de même dans le cas où, sauf sursis à exécution ordonné par le Conseil d'État, le juge administratif a annulé une décision de l'Inspection du travail ou du ministre compétent autorisant un tel licenciement (L. 412-19, L. 425-3, L. 436-3).

À l'issue du délai de 2 mois, le salarié est déchu du droit de demander sa réintégration et ne peut plus prétendre qu'à une indemnité (voir *infra*, § B).

« *Tant que le travailleur n'a pas demandé sa réintégration, le licenciement continue à produire ses effets malgré l'annulation de l'autorisation administrative. Et même après cette demande, l'annulation ne paraît pas avoir un effet totalement rétroactif ; on ne saurait reprocher à l'employeur d'avoir entravé les fonctions du représentant du personnel ni pendant la période comprise entre le licenciement autorisé et l'annulation de l'autorisation, ni même après cette annulation avant que le travailleur ait manifesté son intention d'être réintégré* » (Note Jean Savatier, *Droit social* n° 2, février 1983, p. 100).

2) L'emploi réintégré

L'utilisation par le législateur de la conjonction « ou » donne aux textes de loi susvisés une portée ambiguë car susceptible d'une double interprétation. Cette conjonction signifie le plus souvent qu'il existe une alternative, qu'un choix est possible ; elle est employée à la place de « soit..., soit... » ce qui donnerait réintégration *soit* dans un emploi, *soit* dans un emploi équivalent. Mais selon une autre analyse du texte le mot « ou » peut avoir un sens différent, impliquant une opposition entre deux solutions l'une excluant l'autre et dans ce cas il faudrait sous-entendre l'expression « *à défaut* » ce qui donnerait : réintégration dans l'emploi ou *à défaut* dans un emploi équivalent. Ainsi, ce serait seulement dans le cas où la réintégration dans l'emploi ne serait pas possible que l'employeur pourrait adopter la seconde branche de l'alternative (réintégration dans un emploi équivalent).

Dans un arrêt du 24 janvier 1990, la Cour de cassation a tranché dans le sens du « *ou, à défaut* » :
« *Mais attendu que l'annulation par le juge administratif d'une décision de l'inspecteur du travail ou du ministre compétent autorisant le licenciement d'un salarié (protégé) emporte pour le salarié concerné le droit à réintégration dans son emploi ; que ce n'est que dans le cas où cet emploi n'existe plus ou n'est pas vacant que la réintégration peut avoir lieu dans un emploi équivalent comportant* ***le même niveau de rémunération, la même qualification et les mêmes perspectives de carrière que l'emploi initial et permettant l'exercice du mandat représentatif.***

Attendu, dès lors, que c'est à bon droit, et sans excéder ses pouvoirs que la cour d'appel, ayant relevé que l'emploi occupé par le salarié protégé avant son licenciement était disponible, a ordonné, sous astreinte, sa réintégration dans cet emploi ».

Il a été jugé par ailleurs par la Cour de cassation que la réintégration dans son emploi d'un délégué syndical, à la suite de l'annulation par le ministre de la décision de l'inspecteur du travail autorisant

---

20. En cas de refus de l'employeur de procéder à la réintégration demandée, le conseil de prud'hommes est seul compétent pour ordonner la réintégration par la voie du référé.
Le refus de réintégration caractérise le délit d'entrave.

son licenciement, n'emporte pas la réintégration de plein droit du salarié dans son mandat. Elle souligne que le rétablissement dans les fonctions ne peut résulter que d'une nouvelle désignation de l'intéressé par son organisation syndicale, désignation qui fait courir le délai de contestation de 15 jours.

B – L'indemnisation du licenciement

1) La naissance du droit à indemnisation

En vertu des dispositions de la loi du 28 octobre 1982, le droit au paiement d'une indemnité n'est possible que « *lorsque l'annulation de la décision d'autorisation est devenue définitive* », c'est-à-dire soit en raison de l'expiration des délais de recours, soit en raison d'un arrêt définitif rejetant le recours contentieux formé contre elle.

2) Le montant de l'indemnisation

Le salarié a droit « *au paiement d'une indemnité correspondant à la totalité du préjudice subi au cours de la période qui s'est écoulée entre son licenciement et sa réintégration, s'il l'a demandée dans le délai de 2 mois* (voir § A)*, ou à l'expiration de ce délai dans le cas contraire* ».

Il en résulte que le droit à indemnité est ouvert au « salarié protégé » **aussi bien lorsque sa demande de réintégration a été suivie d'effets que lorsqu'il renonce à demander sa réintégration**.

3) La qualification de l'indemnité

La loi qualifie l'indemnité de « *complément de salaire* » et l'assujettit aux cotisations assises sur les salaires.

C – La situation du salarié en cas de non-réintégration

Envisageons l'hypothèse où le refus de réintégration est postérieur au moment où l'annulation de la décision d'autorisation est devenue définitive. Cette situation où le travailleur se heurte à un refus de réintégration n'est pas envisagée par la loi du 28 octobre 1982 : il faut alors raisonner à partir des règles de droit commun. L'employeur étant en faute de ne pas réintégrer le salarié qui en a fait la demande dans le délai légal, il est donc responsable du préjudice causé par le refus de réintégration, et à ce titre lui doit réparation. L'indemnité correspondant à un préjudice n'ayant pas la même nature que celle prévue par la loi de 1982 n'est pas assujettie aux cotisations sociales.

Nous rappelons que les délégués du personnel qui font l'objet d'une réintégration dans l'entreprise bénéficient de la procédure protectrice de licenciement jusqu'aux prochaines élections de délégués s'ils n'ont pu être réintégrés dans leur mandat et que les membres du comité bénéficient de cette procédure pendant les 6 premiers mois qui suivent leur réinsertion s'ils n'ont pu retrouver également leur mandat (cas visé : l'institution a entre-temps été renouvelée).

2.5.2 Le licenciement irrégulier sur la forme

A – La sanction civile

La non-observation de la procédure de consultation obligatoire du comité d'entreprise suivie de l'autorisation préalable de l'inspecteur du travail suffit à donner au licenciement un caractère abusif permettant au salarié de poursuivre son ex-employeur en dommages-intérêts. Mais l'employeur peut-il rétracter sa décision et tenter de réparer l'erreur procédurale commise en recommençant une nouvelle procédure sans l'accord de l'intéressé ? Les tribunaux répondent par la négative : en l'absence d'acceptation par le salarié de la rétractation de l'employeur, le licenciement conserve tous ses effets et, dès lors, le salarié est fondé à demander des dommages-intérêts pour rupture abusive de son contrat de travail.

B – Les sanctions pénales

Le licenciement d'un représentant du personnel en violation des procédures protectrices est constitutif du délit d'entrave, sanctionné par un emprisonnement d'un an et/ou d'une amende de 3 750 €, peines portées en cas de récidive à 2 ans d'emprisonnement et à 7 500 € d'amende.

Il en est de même du licenciement de « salariés protégés » institués exclusivement en vertu d'une convention de branche ou d'un accord professionnel étendu.

Les poursuites pénales seront déclenchées soit par le Procureur de la République qui aura été saisi d'un procès-verbal de l'inspecteur du travail, soit par le représentant du personnel irrégulièrement licencié qui pourra se constituer partie civile[21].

3. La cessation du contrat de travail à durée déterminée[22]

3.1 Salariés protégés

On se reportera utilement au § 2.1 qui précède en reprenant dans chaque catégorie et avec les conditions qui lui sont propres les salariés ci-après :

- candidats aux fonctions de représentants du personnel ;
- représentants du personnel en exercice ;
- anciens représentants du personnel ;
- délégués syndicaux et anciens délégués syndicaux ;
- représentants syndicaux et anciens représentants syndicaux ;
- salariés qui siègent ou ont siégé en qualité de représentant du personnel dans un CHSCT.

3.2 Dispositif protecteur

Le problème de la cessation des contrats de travail à durée déterminée de « salariés protégés » est rarement soulevé en pratique du fait de la durée relativement courte de ce type de contrat.

Il convient de distinguer selon les motifs de cessation du contrat de travail à durée déterminée.

3.2.1 La cessation anticipée pour faute grave du salarié ou le non-renouvellement du contrat comportant une clause de report du terme

Dans l'une ou l'autre de ces hypothèses, l'employeur est tenu de mettre en œuvre la procédure applicable au licenciement pour cause personnelle des délégués du personnel ou membre du CE telle que décrite au point 2 qui précède (L. 236-11 ; L. 412-18 al. 8 ; L. 425-2 ; L. 436-2).

3.2.2 La cessation du contrat pour arrivée du terme

L'arrivée du terme du contrat n'entraîne la cessation du lien contractuel qu'après **constatation** par l'inspecteur du travail que le salarié en cause ne fait pas l'objet d'une mesure discriminatoire. Un mois avant l'arrivée du terme du contrat, l'employeur doit saisir l'inspecteur du travail qui doit statuer avant la date du terme du contrat.

---

21. Se constituer partie civile signifie présenter une demande en dommages et intérêts contre l'auteur de l'infraction devant la juridiction pénale compétente.
22. Pour la présentation des contrats à durée déterminée, voir Partie 2, chapitre 1, § 2.2 ; pour la cessation du contrat de travail à durée déterminée des « *salariés ordinaires* », voir Partie 2, chapitre 5, § 1.

Tableau 28 – Recours administratif et ses conséquences à la suite du licenciement d'un « salarié protégé »

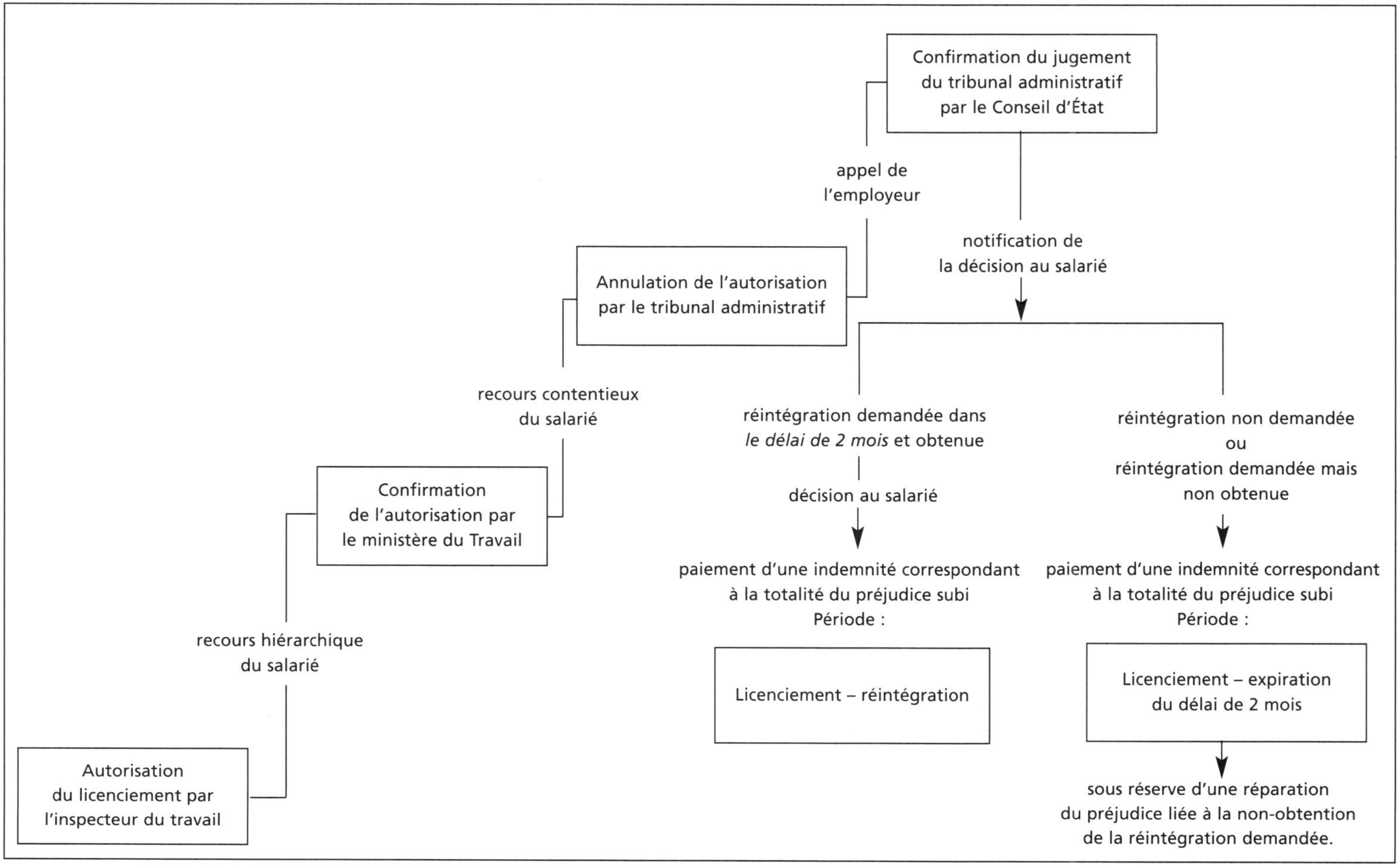

Tableaux annexes sur les relations collectives au sein de l'entreprise

Tableau 29 : Principaux points-clés concernant les institutions représentatives du personnel
Tableau 30 : Principaux événements sociaux liés au seuil d'effectifs

Tableau 29 – Principaux points-clés concernant les institutions représentatives du personnel[1]

Points-clés	Délégués syndicaux	Délégués du personnel	Comité d'entreprise
– Établissement distinct	contentieux administratif		contentieux administratif
– Effectifs : – seuil légal	50	11	50
– méthode de calcul de l'effectif	*identique pour les trois institutions*		
– période retenue pour le calcul de l'effectif	*identique pour les trois institutions*		
– réduction des effectifs en dessous du seuil légal	nécessité d'un accord entre le chef d'entreprise et l'ensemble des organisations syndicales. À défaut d'accord, intervention du DDTE[2].	institution non renouvelée si les effectifs de l'établissement sont restés en-dessous de onze salariés pendant 12 mois.	nécessité d'un accord entre le chef d'entreprise et l'ensemble des organisations syndicales. À défaut d'accord, intervention du DDTE[2].

1. Ce tableau ne retient pas l'hypothèse d'une délégation unique du personnel DP/CE dans les entreprises de moins de 200 salariés. Voir Tableau 24 relatif à cette hypothèse.
2. DDTE = directeur départemental du travail et de l'emploi.

→

Points-clés	Délégués syndicaux	Délégués du personnel	Comité d'entreprise	
– Désignation – mode	nomination	élection	délégation du personnel : élection	représentants syndicaux : nomination
– organisation syndicale représentative	*appréciation de la représentativité identique pour les trois institutions*			
– déroulement des opérations électorales • procédure de répartition du personnel dans les collèges électoraux et de répartition des sièges • électorat • candidats • dérogations aux conditions d'électorat et d'éligibilité • mode de scrutin • conditions de prise en compte des raturages		*identique pour les membres élus des deux institutions*		
– Contentieux • de la nomination	tribunal d'instance			tribunal d'instance
• relatif à l'électorat et aux opérations électorales		tribunal d'instance	tribunal d'instance	
– Nombre	50 à 999 salariés 1 délégué 1 000 à 1 999 salariés 2 délégués 2 000 à 3 999 salariés 3 délégués 4 000 à 9 999 salariés 4 délégués	Établissement occupant de : Tit. Sup. 11 à 25 s. 1 1 26 à 74 s. 2 2 75 à 99 s. 3 3 100 à 124 s. 4 4 125 à 74 s. 5 5 175 à 249 s. 6 6 250 à 499 s. 7 7 500 à 749 s. 8 8 750 à 999 s. 9 9	Délégation du personnel Entreprise de : Tit. Sup. 50 à 74 s. 3 3 75 à 99 s. 4 4 100 à 399 s. 5 5 400 à 749 s. 6 6 750 à 999 s. 7 7 1 000 à 1 999 s. 8 8 2 000 à 2 999 s. 9 9 3 000 à 3 999 s. 10 10 4 000 à 4 999 s. 11 11	Représentants syndicaux : 1 représentant au CE par organisation syndicale représentative dans l'entreprise

→

(Suite)

– Nombre (suite)	plus de 9 999 salariés 5 délégués	Établissement occupant de : Tit. Sup. Au-dessus de 1 000 salariés, un délégué titulaire et un délégué suppléant doivent être désignés en plus par tranche supplémentaire de 250 salariés. Si carence CE, ou si carence CHSCT : 50 à 99 s. 4 4 100 à 124 s. 5 5	Délégation du personnel Entreprise de : Tit. Sup. 5 000 à 7 499 s. 12 12 7 500 à 9 999 s. 13 13 Plus de 10 000 s.15 15	Représentants syndicaux : 1 représentant au CE par organisation syndicale représentative dans l'entreprise
– Mandats	au gré de l'organisation syndicale	2 ans	2 ans	au gré de l'organisation syndicale
– Crédit d'heures • Montant	50 à 150 salariés 10 h/mois 151 à 500 salariés 15 h/mois 501 salariés et plus 20 h/mois	11 à 49 salariés 10 h/mois 50 salariés et plus 15 h/mois	20h/mois	20h/mois entreprise de plus de 500 salariés
• Contrôle des heures utilisées	*identique pour les trois institutions*			
Protection en matière de licenciement – Salariés bénéficiaires			délégation du personnel	représentants syndicaux
• Salariés demandant ou acceptant d'organiser ces élections				
• Point de départ de la protection		envoi de la lettre recommandée avec AR informant l'employeur		
• Durée de la protection		6 mois à compter de l'envoi	3 mois à compter de l'envoi	
• Candidats aux fonctions électives				
• Point de départ de la protection		envoi par lettre recommandée avec AR à l'employeur des listes de candidatures		
• Durée de la protection		6 mois à compter de la publication des candidatures	3 mois à compter de la publication des candidatures	

→

<table>
<tr><th>Points-clés</th><th>Délégués syndicaux</th><th>Délégués du personnel</th><th colspan="2">Comité d'entreprise</th></tr>
<tr><td>• Anciens délégués syndicaux</td><td>pendant les 12 mois suivant la cessation de leurs fonctions (à condition qu'elles aient été exercées pendant 1 an au moins)</td><td></td><td></td><td rowspan="4">pendant les 6 mois suivants l'expiration de leurs fonctions (à condition qu'elles aient été exercées pendant 2 ans au moins)</td></tr>
<tr><td>• Anciens représentants du personnel
• Anciens représentants syndicaux au CE</td><td></td><td colspan="2">pendant les 6 mois suivant l'expiration de leur mandat ou la disparition de l'institution</td></tr>
<tr><td>• Représentants élus réintégrés
• institution non encore renouvelée</td><td></td><td colspan="2">réintégration dans le mandat</td></tr>
<tr><td>• institution renouvelée</td><td></td><td>pendant 6 mois à compter du jour de la réintégration effective dans l'entreprise</td><td>pendant 6 mois à compter du jour de la réintégration effective dans l'entreprise</td></tr>
<tr><td>– Procédure en cas de projet de licenciement</td><td>requérir l'autorisation de l'inspecteur du Travail</td><td colspan="2">– avis du comité d'entreprise
– requérir l'autorisation de l'inspecteur du Travail</td><td>– avis du CE
– requérir l'autorisation de l'inspecteur du travail</td></tr>
<tr><td>– Demande de réintégration dans l'emploi sur demande de l'intéressé</td><td colspan="3">procédure identique pour les trois institutions</td><td></td></tr>
<tr><td>– Réparation du préjudice subi par le salarié</td><td colspan="3">modalités identiques pour les trois institutions</td><td></td></tr>
</table>

Tableau 30 – Principaux événements sociaux liés au seuil d'effectifs

Seuil	Événements sociaux	Textes applicables
Quel que soit l'effectif	• libre constitution de sections syndicales.	L. 412-4
À partir de 11 salariés	• élection de délégués du personnel (crédit d'heures = 10 h/mois).	L. 421-1 L. 424-1
À partir de 50 salariés	• crédit d'heures des délégués du personnel = 15 h/mois.	L. 424-1 al. 1
	• constitution obligatoire d'un comité d'entreprise (crédit d'heures = 20 h/mois).	L. 431-1 L. 434-1
	• libre désignation de délégués syndicaux (crédit d'heures = 10 h/mois).	L. 412-11 L. 412-16
	• constitution d'un comité d'hygiène, de sécurité et des conditions de travail dans toutes les entreprises.	L. 236-1
	• si existence de sections syndicales, « obligation d'engager une négociation annuelle ».	L. 132-27
	• négociation sur le droit d'expression des salariés.	L. 416-3
À partir de 100 salariés	• ouverture du droit au congé parental.	L. 122-28-1
À partir de 150 salariés	• crédit d'heures mensuel de 15 h pour les délégués syndicaux.	L. 412-20
À partir de 200 salariés	• création d'une commission « formation ».	L. 434-7 al. 4
	• création d'une commission de « l'égalité professionnelle ».	L. 434-7 *in fine*
Au-delà de 200 salariés	• mise à disposition par le chef d'entreprise d'un local *commun* aux sections syndicales.	L. 412-9
À partir de 300 salariés	• établissement d'un bilan social.	L. 438-1
	• recours à un expert, en cas de besoin, lors du projet de mise en place de nouvelles technologies.	L. 434-6
Au-delà de 300 salariés	• constitution obligatoire au sein du CE de 2 commissions : formation professionnelle et emploi ; information et aide au logement.	L. 434-7 Loi du 13.5.1976
À partir de 500 salariés	• crédit d'heures annuel global de 10 heures par section syndicale.	L. 412-20
	• désignation d'un délégué syndical supplémentaire.	L. 412-11
Au-delà de 500 salariés	• crédit d'heures mensuel de 20 heures pour les représentants syndicaux.	L. 434-1
	• crédit d'heures mensuel de 20 heures pour les délégués syndicaux.	L. 412-20
	• détermination du nombre de comité d'hygiène, de sécurité et des conditions de travail.	L. 236-6
À partir de 1 000 salariés	• crédit d'heures annuel global de 15 heures par section syndicale.	L. 412-20
	• création d'une « *commission économique* » auprès du CE.	L. 434-5
	• mise à disposition de *chaque* section syndicale d'un local aménagé.	L. 412-9
À partir de 2 000 salariés	• désignation d'un délégué syndical central d'entreprise qui peut être distinct des délégués syndicaux d'établissement.	L. 412-11

PARTIE 5 Les conflits collectifs

Chapitre 1 : La grève

Chapitre 2 : Le lock-out

Chapitre

1

La grève

1. Les différents types de grèves
2. Les conséquences de la grève sur les rapports de travail

Le texte de base régissant la grève figure à l'article L. 521-1 : « *La grève ne rompt pas le contrat de travail, sauf faute lourde imputable au salarié* ».

Mais qu'est-ce qu'une grève ? En l'absence de précision législative, les juges ont été conduits à définir la grève comme « *la cessation collective et concertée du travail en vue d'appuyer des revendications professionnelles* ».

De cette définition, ressortent les trois conditions de l'exercice du droit de grève : l'arrêt de travail, le mouvement concerté et les revendications professionnelles.

La jurisprudence exige en premier lieu une cessation franche du travail, même si celle-ci n'est que de brève durée. À défaut, le mouvement de protestation des travailleurs n'est pas une grève. Tel est le cas de la « grève du zèle » qui consiste précisément à travailler avec une telle conscience professionnelle que le service s'en trouve paralysé. Il en va de même pour d'autres formes d'action qui ne se concrétisent pas par un arrêt de travail (ex. : ralentissement des cadences, réduction volontaire de rendement, accomplissement de certaines tâches seulement).

La seconde condition veut qu'il y ait mouvement collectif et concerté, peu importe si le nombre des grévistes est peu nombreux.

La grève enfin, doit être fondée sur des revendications **professionnelles**. Il a quelques temps encore, la Cour de cassation exigeait l'existence de revendications non préalablement satisfaites. Aujourd'hui, elle considère que dès lors que l'employeur a connaissance de revendications, la grève peut être déclenchée à tout moment : en d'autres termes, les salariés ne sont pas tenus d'attendre une manifestation de refus de la part de l'employeur (Cass. soc., 7 février 1990 ; 26 septembre 1990).

La condition de l'existence de revendications professionnelles aboutit à écarter de la grève toute forme d'arrêt de travail qui n'aurait que pour seul objectif la satisfaction des désirs personnels de salariés par la recherche d'une modification unilatérale de leurs conditions contractuelles de travail. Cet arrêt de travail s'analyserait alors comme une inexécution du contrat du travail et devrait être sanctionné comme tel. La jurisprudence est bien établie.

> *Exemple (Cass. soc., 7 novembre 1984) :*
>
> Les salariés avaient demandé à faire le « pont » du 14 juillet. L'employeur avait refusé. Alors un tract, émanant d'une organisation syndicale, avait été distribué, appelant le personnel à faire grève le 13 juillet pour la réduction du temps de travail. Répondant à l'appel, plusieurs salariés s'étaient abstenus de venir travailler le lundi 13, et s'étaient vus ainsi privés d'une partie de leur prime d'assiduité. La Cour a répondu ainsi : « Le droit pour

> les salariés de recourir à la grève ne les autorise pas, sous son couvert, à exécuter le travail dans les conditions qu'ils revendiquent et autres que celles prévues par leur contrat ; en s'abstenant de venir au travail le lundi 13 juillet, ils s'étaient eux-mêmes dispensés d'exécuter la prestation essentielle de leur contrat de travail correspondant à la prime d'assiduité ».

Dans un arrêt du 4 juillet 1986, l'assemblée plénière de la Cour de cassation avait posé comme autres conditions que les revendications professionnelles ne soient pas « *déraisonnables* », conduisant alors les juges à faire une appréciation de ce caractère « *déraisonnable* » par une recherche de l'« *impossibilité manifeste de les satisfaire* ». Bien des remous avaient été soulevés à la suite de cette décision et certaines cours d'appel n'avaient pas hésité à contrecarrer la position ainsi prise.

> *Exemple (Cour d'appel de Paris, 27 janvier 1988) :*
>
> Considérant que le juge de l'ordre judiciaire, qui n'a reçu ni de la loi, ni des parties, mission d'arbitrer ou de trancher un conflit collectif de travail n'a pas qualité ni compétence pour apprécier le bien-fondé et, par suite, la légitimité des revendications d'ordre professionnel présentées par l'une ou l'autre des parties au conflit ; qu'il ne lui appartient pas de substituer sa propre appréciation de la rationalité du mouvement collectif à celle normalement débattue entre employeur et syndicat professionnel, non plus que d'exercer un contrôle sur les problèmes d'ordre technologique, économique ou financier qui font l'objet du débat et d'imposer sa solution auxdits problèmes ; considérant que le juge doit seulement, au vu des circonstances particulières d'une espèce donnée, vérifier que l'exercice du droit de grève reconnu licite dans son principe par le préambule de la Constitution du 27 octobre 1946 se réalise suivant des modalités qui ne le fassent pas dégénérer en abus insusceptible de protection... »

Dans un arrêt du 2 juin 1992, la chambre sociale de la Cour de cassation conforte cette position des juges du fond en considérant que le juge n'a pas à substituer son appréciation à celle des grévistes sur la légitimité ou le bien-fondé de ces revendications, sous réserve de l'abus constaté dans la volonté d'une désorganisation systématique de la marche de l'entreprise.

1. Les différents types de grèves

L'analyse de la grève peut être faite au regard de ses mobiles, de ses formes d'action, de ses modalités de déclenchement.

1.1 Mobiles de la grève

1.1.1 La grève politique

Peut être définie comme une grève politique celle qui entend protester contre une décision de politique intérieure ou internationale *sans incidence directe sur la vie des travailleurs*. Compte tenu de la définition jurisprudentielle de la grève exposée plus haut, on peut considérer que la participation à une telle grève n'est pas licite et qu'elle s'analyse en fin de compte comme une inexécution du contrat de travail pouvant être sanctionnée comme telle.

On devrait, en revanche, se montrer beaucoup plus prudent dans le jugement à porter si cette décision d'ordre « *politique* » pouvait avoir des incidences étroitement liées aux préoccupations quotidiennes des salariés au sein de leur entreprise.

1.1.2 La grève de solidarité

A – La grève de solidarité pour soutenir une cause collective

Elle se présente comme une manifestation de soutien aux salariés d'autres entreprises déjà en grève. Cette forme de grève ne sera licite que dans la mesure où le mouvement, auquel les salariés s'associent, pose des revendications professionnelles qui peuvent avoir une **influence** sur leur propre situation, et en conséquence faire l'objet de discussions futures avec leur propre employeur.

Exemple (Cass. soc., 29 mai 1979) :

L'ouvrier avait été le seul dans l'entreprise à s'être absenté le 7 octobre 1976 pour participer à une grève nationale. Il fut licencié avec effet immédiat et sans indemnité par son employeur. Licenciement abusif ont déclaré les juges, la grève ainsi effectuée étant tout à fait licite, car la grève déclenchée avait pour objet le refus du blocage des salaires, la défense de l'emploi et la réduction du temps de travail, revendications « étroitement liées aux préoccupations quotidiennes des salariés au sein de leur entreprise » ; elle avait donc bien pour but, comme le veut la finalité d'une grève licite, « d'appuyer des revendications professionnelles ».

Lorsqu'une grève a pour but d'appuyer des revendications professionnelles ainsi formulées au plan national, « il importe peu que le salarié soit le seul à faire grève dans son entreprise et qu'aucune revendication professionnelle particulière à celle-ci n'ait été formulée ».

B – La grève de solidarité pour soutenir une cause individuelle

Une grève de solidarité déclenchée dans une entreprise pour soutenir la cause purement personnelle d'un ou de plusieurs salariés avait été jusqu'alors considérée de principe comme illicite. Mais bien plus que déclaré « *illicite* », la Cour de cassation maintenait le mouvement sur le terrain de la grève, ce qui entraînait le nécessaire constat d'une faute lourde pour permettre le licenciement du ou des salariés grévistes[1].

Dans un arrêt du 16 novembre 1993, la chambre sociale de la Cour de cassation a changé son système d'analyse en ne plaçant plus le litige sur le terrain de la grève. « ... *Mais attendu que la cour d'appel a relevé que l'arrêt de travail était destiné à soutenir un ouvrier qui avait été licencié après avoir refusé d'exécuter un travail, au prétexte que le local, que son employeur lui demandait de nettoyer, n'était pas son lieu de travail ; que dès lors que le licenciement n'impliquait rien d'autre que la faute personnelle du salarié sanctionné et qu'aucune revendication professionnelle n'était en cause, elle a décidé à bon droit que l'arrêt de travail ne constituait pas l'exercice du droit de grève...* ».

Selon cette nouvelle approche, le salarié qui participe à un mouvement qui ne présente pas toutes les caractéristiques d'une grève, se place hors du champ des dispositions protectrices attachées à l'exercice de ce droit et peut dès lors être licencié selon les règles du droit commun. En d'autres termes, si l'arrêt de travail n'est pas caractérisé par un arrêt de travail concerté en vue d'appuyer des revendications professionnelles, il ne s'agit pas d'une grève et donc le mouvement échappe au régime juridique de la grève.

1.2 Formes d'action de la grève

1.2.1 Les débrayages répétés

La Cour de cassation a considéré que « *la répétition d'arrêts de travail dont l'employeur a été prévenu à l'avance, même de très courte durée, constitue l'exercice normal du droit de grève, dès lors que ce mouvement ne procède pas d'une volonté de désorganiser l'entreprise ou de nuire à sa situation économique* ».

Sur la base de cette décision, les débrayages répétés d'amplitude limitée sont des formes de grève licite dès lors que l'employeur est prévenu, que les cadences de travail sont normales entre les arrêts, que le travail des non-grévistes est respecté, que la sécurité est assurée. L'abus peut toutefois naître des circonstances entourant une telle forme de grève et révélant « l'intention de nuire ».

1.2.2 La grève tournante

Elle se caractérise par des débrayages de durée variable affectant successivement les différents secteurs de l'entreprise. Les débrayages peuvent être effectués par roulement, un atelier relayant l'autre (grève dite « horizontale »), ou une catégorie de personnel en relayant une autre (grève dite « verticale »).

---

1. Voir *infra*, § 2.2.

Nous ferons la même remarque que pour les débrayages répétés : la grève tournante est une forme d'action licite en elle-même, sauf abus caractérisé eu égard aux résultats recherchés.

1.2.3 La grève perlée

Elle consiste non pas en un arrêt de travail mais en une exécution du travail dans des conditions inhabituelles, comme l'exécution volontairement défectueuse du travail, ou le ralentissement anormal de la cadence de production.

En nous appuyant sur la définition jurisprudentielle énoncée précédemment, nous considérons que la grève perlée n'est pas une forme de grève licite, en conséquence de quoi, l'employeur pourra en sanctionner l'usage. Il y a en fin de compte inexécution des obligations contractuelles des salariés telles qu'elles résultent de leur contrat de travail.

1.2.4 La grève avec occupation de locaux

A – Le piquet de grève

L'occupation d'une usine est souvent accompagnée de piquets de grève constitués par des grévistes aux portes d'entrée de l'entreprise, afin de dissuader leurs camarades de travail de rejoindre leur poste et de les inciter à se joindre au mouvement de grève.

Selon la jurisprudence dominante, le piquet de grève s'inscrit dans l'exercice normal du droit de grève dès lors qu'il constitue une simple « *force de dissuasion* ». En revanche, s'il consiste à interdire par la menace ou la violence tout accès du personnel sur les lieux de travail, le piquet de grève s'impose alors comme une « *force d'intervention* » étrangère à l'exercice normal du droit de grève.

> *Exemple :*
>
> A été considéré comme illicite le fait pour les grévistes de former des barrages au coude à coude sur toute la largeur de la rue pour empêcher les ouvriers et les employés venant prendre leur travail d'accéder à l'usine.

B – L'appréciation judiciaire de l'occupation des locaux

Elle est le fait des Présidents des tribunaux de grande instance agissant en tant que juges des référés. Devant l'occupation de son usine, le chef d'entreprise ne manquera pas en effet de saisir rapidement le juge des référés pour obtenir de lui une ordonnance d'expulsion des grévistes.

Nous constatons des différences d'appréciation de la part des juges des référés sur le problème de l'occupation des locaux.

1) La première thèse : l'occupation des locaux : une voie de fait

Certains juges considèrent que l'occupation des locaux constitue en soi une voie de fait indépendamment de toute violence, en conséquence de quoi ils font droit à la demande de l'employeur.

2) La seconde thèse : l'occupation des locaux : licéité de principe

Certains autres juges, en revanche, considèrent que l'occupation des locaux constitue un moyen de pression supplémentaire pour faire aboutir les revendications et, de ce fait, ne se déclarent compétents pour prononcer l'expulsion des grévistes que s'il s'ajoute à l'occupation des locaux des risques sérieux de dégradation, des menaces pour la sécurité des personnes, des biens et des locaux industriels. Cette seconde catégorie de magistrats fera d'abord appel à un expert pour qu'il étudie les conditions dans lesquelles se déroule le mouvement de grève.

> *Exemple (Tribunal de grande instance d'Évry-Corbeil, Ord. réf., 4 janvier 1974) :*
>
> « M. X..., expert, se rendra à l'usine Y... ; déterminera l'ampleur du mouvement de grève actuellement en cours par rapport aux différentes catégories de personnel, en recherchera les causes ; examinera les conditions dans lesquelles il se poursuit, notamment en ce qui concerne l'occupation de locaux ou l'entrave à la liberté du travail ; d'une manière générale, recueillera tous éléments de fait permettant de déterminer, s'il y a voie de fait, trouble ou risque de trouble public, et s'il y a urgence. »

C – L'intervention administrative

La question s'est posée de savoir si l'employeur pouvait saisir directement l'autorité administrative compétente – le préfet en l'espèce – pour obtenir avec l'appui de la force publique **l'expulsion** des grévistes ou s'il devait obtenir au préalable en référence une ordonnance d'expulsion. La Cour de cassation a admis que l'employeur pouvait s'adresser directement au préfet sans recours judiciaire préalable nécessaire.

Nous pensons toutefois qu'il est préférable de recourir d'abord à la voie judiciaire pour trois raisons essentielles :

- le préfet aura davantage tendance à faire exécuter une décision de justice que d'agir sur intervention directe ;
- une décision judiciaire non exécutée à la suite du refus du concours de la force publique peut permettre l'ouverture d'une action en responsabilité civile contre l'État.

  Par ailleurs, les justiciables nantis d'une décision de justice dûment revêtue de la formule exécutoire étant en droit de compter sur l'appui de la force publique pour assurer l'exécution du titre qui leur a été ainsi délivré, le refus de l'autorité administrative d'apporter le concours des forces de l'ordre à l'exécution d'une ordonnance d'expulsion est susceptible d'engendrer un préjudice dont l'employeur peut demander réparation à l'Administration ;
- si l'employeur a tout mis en œuvre pour obtenir l'expulsion – et s'est donc adressé aussi à la justice – le refus de l'autorité préfectorale de faire exécuter l'ordonnance peut être constitutif d'un cas de force majeure. En d'autres termes, si ce refus entraîne l'impossibilité absolue de faire travailler les non-grévistes, l'employeur se trouve juridiquement libéré à leur égard du paiement des salaires.

1.3 Modalités de déclenchement

1.3.1 Le cas du secteur privé

Le déclenchement d'une « *grève surprise* » sans tentative préalable de conciliation est tout à fait licite dans les entreprises industrielles et commerciales du secteur privé.

Il en irait autrement si les dispositions d'un accord collectif applicable à l'entreprise avait prévu le respect obligatoire d'un délai de prévenance entre la décision de faire grève et l'arrêt effectif du travail. La violation de cette disposition conventionnelle pourrait être constitutive d'une faute lourde à l'encontre des salariés dont il est prouvé qu'ils ont joué le rôle de meneurs.

1.3.2 Le cas du secteur public

La grève « *surprise* » est interdite dans le secteur public dans la mesure où le législateur a imposé le respect d'un préavis avant la cessation effective du travail. Le préavis qui précise les motifs du recours à la grève doit parvenir *5 jours francs* avant le déclenchement de la grève à l'autorité hiérarchique ou à la direction de l'établissement, de l'entreprise ou de l'organisme intéressé. Il fixe le lieu, la date et l'heure du début ainsi que la durée, limitée ou non, de la grève envisagée.

Cette intervention législative se comprend parce que des millions d'usagers étant intéressés par les services émanant du secteur public, une grève surprise est particulièrement préjudiciable au bon déroulement de la vie économique nationale.

Sont concernés par cette réglementation les personnels civils de l'État, des départements et des communes comptant plus de 10 000 habitants, ceux des établissements publics (ANPE, ANACT, etc.), des entreprises industrielles et commerciales ayant un but spécial (SNCF, RATP, EDF, etc.), ainsi que ceux des organismes privés chargés de la gestion d'un service public (ex. : caisses de sécurité sociale).

2. Les conséquences de la grève sur les rapports de travail

Depuis la loi du 11 février 1950, la grève ne fait que suspendre le contrat de travail. La rupture du contrat de travail par l'employeur n'est possible qu'en cas de **faute lourde** imputable au salarié.

2.1 Suspension du contrat de travail

2.1.1 La suspension du salaire

Cet effet ne se produit que vis-à-vis de grèves déclenchées pour obtenir la satisfaction de revendications professionnelles. Si une grève avait été déclenchée à la suite de manquements par l'employeur à ses propres obligations contractuelles, celui-ci, en situation de faute, se trouverait dans l'obligation d'indemniser les salariés de la perte de salaire entraînée par la grève[2].

A – La situation des grévistes

L'employeur est libéré du paiement des salaires aux grévistes pendant toute la période pendant laquelle le travail s'est trouvé interrompu[3].

B – La situation des non-grévistes

1) Le principe

La grève ne modifie pas les obligations de l'employeur vis-à-vis du personnel non gréviste dont le contrat de travail n'est pas suspendu. La Cour de cassation a souvent rappelé ce principe : « *L'employeur n'est pas libéré de ses obligations vis-à-vis des salariés non grévistes qui sont demeurés à sa disposition* ».

2) Les exceptions

Le chef d'entreprise se trouve exonéré de son obligation de payer le salarié s'il peut démontrer l'existence de cas de **force majeure**, cas restant bien entendu soumis à l'appréciation du juge. Plus précisément, l'employeur doit faire état d'une impossibilité absolue de poursuivre l'activité de l'entreprise.

2.1.2 L'interdiction des mesures discriminatoires

« *L'exercice de la grève ne saurait donner lieu de la part de l'employeur à des mesures discriminatoires en matière de rémunération et d'avantages sociaux* » (L. 521-1 al. 2).

Comment comprendre ce texte ? Faut-il entendre que seules sont prohibées les primes dont l'attribution est conditionnée par le seul fait de ne pas faire grève (primes aux non grévistes dites **primes « anti-grèves »**) ou doit-on considérer que la loi a voulu désormais rendre inapplicable toute suppression ou diminution de primes d'assiduité, de rendement ou de productivité quand l'absence est due à la grève ?

Nous penchons pour la première interprétation considérant qu'il ne peut y avoir discrimination que lorsque l'employeur prend des mesures tendant *directement* à entraver l'exercice du droit de grève.

---

2. La Cour de cassation considère traditionnellement par ailleurs que lorsque les salariés se mettent en grève en raison d'un manquement de l'employeur à une obligation essentielle de sa part, celui-ci doit indemniser les heures perdues aux salariés car la grève a pour cause une faute de l'employeur. Elle estime toutefois qu'il ne suffit pas de rapporter la preuve de la carence de l'employeur pour obtenir le paiement des salaires correspondant à la durée de la grève, il convient aussi de démontrer qu'il n'y avait pas d'autres moyens que l'arrêt de travail pour obtenir satisfaction, c'est-à-dire de prouver que les salariés ont été contraints à la grève pour faire respecter leurs droits.
3. Dans un premier temps, la Cour de cassation a considéré que, lorsque les formes de grèves choisies par les salariés (débrayages répétés, grèves perlées) entraînaient une perte de production supérieure au temps d'arrêt, l'employeur était en droit de réduire la rémunération dans une proportion supérieure au temps d'arrêt, soit proportionnellement à la perte de production. La Cour est revenue depuis sur sa jurisprudence en décidant que les abattements de salaire ne peuvent que correspondre à la durée des arrêts.

Il faut bien distinguer le retrait ou la réduction d'une prime pour cause d'absences quelle qu'en soit la nature (maladie, absence pour événement familial, grève, etc) et le retrait ou réduction de prime pour exercice du droit de grève. Seule le second cas de figure est illégal.

Les trois exemples jurisprudentiels ci-après viennent étayer notre position.

Exemple 1 (Cass. soc., 12 décembre 1980) :

Cet arrêt pose nettement le principe que, dès lors que la réduction de la prime est applicable dans les mêmes conditions à tous les salariés, quel que soit le motif de leur absence, elle n'a aucun caractère discriminatoire au détriment des grévistes.

Exemple 2 (Cass. soc., 26 février 1981) :

En l'espèce, l'employeur avait été condamné à verser à quinze de ses salariés la prime d'assiduité dont il leur avait refusé le bénéfice en raison d'absences pour fait de grève.

À tort, déclare la Cour de cassation :

- il était bien établi en l'espèce que les ouvriers grévistes ne remplissaient pas les conditions de présence stipulées par l'employeur pour l'attribution de la prime destinée à récompenser « une assiduité profitable à l'entreprise... » ;
- il n'était pas contesté que toute absence, autorisée ou non, **et quelle qu'en fût la cause**, entraînerait la perte de la prime ;
- il n'y avait donc là « aucune discrimination destinée à pénaliser les grévistes par rapport aux non-grévistes ». L'employeur avait donc pu valablement refuser le versement de ladite prime aux quinze salariés concernés.

Exemple 3 (Cass. soc., 15 octobre 1981) :

Postérieurement à une grève qui avait affecté son entreprise, un employeur décida, en fin d'année, d'allouer à tout le personnel une prime exceptionnelle de 30 % du salaire mensuel pour les non-grévistes et de 20 % pour les grévistes. Plusieurs salariés qui avaient été grévistes assignèrent la société en paiement d'un complément de prime.

Le tribunal du premier degré les débouta de leur demande au motif que la majoration de prime accordée aux non-grévistes avait été la contrepartie de la prestation supplémentaire de travail que leur avait imposé la grève et de leur rendement élevé et qu'elle ne constituait pas une sanction à l'égard des grévistes.

La Cour de cassation casse ce jugement : « La décision prise **après** la grève par l'employeur de créer une prime et d'en faire varier le montant suivant que les salariés avaient fait la grève ou non constituant **une mesure discriminatoire** à l'encontre des grévistes... »

2.1.3 L'incidence de la grève sur l'exercice des mandats représentatifs

Le fait que les représentants du personnel et les délégués syndicaux soient en grève ne les empêche pas d'exercer normalement leur mandat. Le fondement du mandat représentatif est l'appartenance à l'entreprise, et cette appartenance n'est en aucune façon remise en question par la grève.

2.1.4 Le remplacement des salariés grévistes

En aucun cas, un contrat à durée déterminée ou un contrat de travail temporaire ne peut être conclu pour remplacer un salarié dont le contrat de travail est suspendu par suite d'un conflit collectif de travail (L. 122-3, L. 124-2-3). Saisie sur le fondement de l'article L. 124-2-3, la Cour de cassation a eu l'occasion de préciser que « *ses termes ne sauraient être interprétés de façon extensive, comme faisant défense au chef d'entreprise d'employer, dans leur qualification professionnelle, des travailleurs temporaires embauchés antérieurement à tout conflit* » (Cass. crim., 2 décembre 1980). Les salariés à durée déterminée ou temporaire concernés, embauchés avant la grève, ne doivent pas être affectés à des tâches étrangères à celles prévues par le contrat de travail ou le contrat de mise à disposition.

2.2 Rupture du contrat de travail

La rupture du contrat de travail pour fait de grève est exceptionnelle dans la mesure où elle ne peut être fondée que sur une **faute lourde** commise par le salarié.

2.2.1 La notion de faute lourde

Cette expression n'a pas été définie par le législateur et ne peut donc être appréciée qu'à la lumière d'exemples jurisprudentiels. N'oublions pas que ce sont en fin de compte les juges qui apprécient et qualifient souverainement les attitudes fautives à la suite d'un recours contentieux. La faute lourde est généralement caractérisée par les tribunaux comme celle qui revêt une particulière gravité et révèle **l'intention de nuire** : cela étant, elle doit être appréciée cas par cas au regard des circonstances de l'espèce.

La faute lourde peut être individuelle ou collective, étant entendu que dans le second cas, les conséquences ne peuvent en être tirées au point de vue disciplinaire à l'encontre des grévistes que dans la mesure où l'employeur rapporte la preuve de la participation individuelle de chacun[4].

Exemples jurisprudentiels :

– Comportements pénalement répréhensibles.

- Entrave caractérisée à la liberté du travail :

Exemple 1 (Cass. soc., 1er février 1978) :

A été considérée comme faute lourde « la participation d'un délégué du personnel à une grève menée par un groupe minoritaire de salariés, grève accompagnée d'occupation, d'entraves à la liberté du travail, de menaces de mort et de voies de fait envers le directeur ».

Exemple 2 (Cass. soc., 4 octobre 1978) :

Se sont rendus coupables de fautes lourdes privatives de toutes indemnités de rupture, un certain nombre de salariés qui, après déclenchement de la grève, avaient interdit les accès de l'usine en les cadenassant, refusant ainsi d'assurer la liberté du travail, occupant les locaux de l'usine et accompagnant cette occupation de placards et de panneaux contenant des menaces de mort envers le directeur, celui-ci ayant été par ailleurs victime de certaines violences.

Exemple 3 (Cass. soc., 9 février 1984) :

Au cours d'une grève non suivie par le reste du personnel, neuf salariés d'une entreprise avaient démonté certaines pièces de sableuses, rendues ainsi inutilisables, et refusé de les rendre malgré une sommation d'huissier de justice.

Les juges d'appel avaient dit que ces agissements ayant empêché l'employeur de faire poursuivre le travail par des non-grévistes, ils avaient constitué une atteinte à la liberté du travail, faute lourde justifiant le licenciement de ses auteurs.

La Cour de cassation approuve : même en l'absence de violence, constitue une faute lourde le fait pour les grévistes d'empêcher, par quelque moyen que ce soit que leur tâches soient exécutées par d'autres salariés.

Exemple 4 (Cass. soc., 12 janvier 1983) :

Dix-huit salariés d'une entreprise de nettoyage, chargés de nettoyer les cabines de peinture d'une entreprise, s'étaient mis en grève et avaient refusé que le travail soit fait par des salariés de l'entreprise. Ils furent licenciés pour atteinte à la liberté du travail. La Cour confirme la décision prise.

Exemple 5 (Cass. soc., 13 janvier 1993) :

Se rendent coupables de fautes lourdes des grévistes qui font obstacle au déchargement des camions en bloquant les portes et les voies d'accès, exercent des violences sur le directeur ou sur un autre salarié non gréviste ou s'opposent au travail de non-grévistes par la violence.

Exemple 6 (Cass. soc., 30 juin 1993) :

Les salariés grévistes d'une entreprise avaient constitué un piquet de grève empêchant l'accès de l'entreprise à tout véhicule et désorganisant celle-ci.

---

4. La Cour de cassation a jugé dans un arrêt du 1er mars 1994 que la faute lourde ne peut être retenue à l'encontre des salariés grévistes n'ayant eu qu'un rôle passif pendant le déroulement de la grève au cours de laquelle des abus ont été commis.

- Violences sur les personnes.
- Séquestration de personnes.
- Détérioration de marchandises.

– Déclenchement d'une grève au mépris d'une clause conventionnelle imposant un délai de prévenance.

– Poursuite de l'occupation d'une usine au mépris d'une décision de justice ordonnant la libération des lieux.

2.2.2 Les effets de la faute lourde

La faute lourde permet la rupture du contrat de travail sans préavis ni indemnité. Nous attirons toutefois l'attention de l'employeur sur le fait que la rupture du contrat de travail à durée indéterminée entraîne, malgré tout, la mise en œuvre de la procédure de licenciement. Il faut bien faire attention à l'expression « *licenciement immédiat* » : si elle veut dire que l'on peut licencier sans avoir à respecter un délai de préavis, elle ne sous-entend pas pour autant que l'on puisse se dispenser du respect du formalisme procédural. En matière de licenciement, il y a une distinction fondamentale à faire entre la forme et le fond.

2.2.3 Les conséquences d'un licenciement non fondé sur une faute lourde

En vertu des dispositions de l'article L. 521-1 alinéa 3, tout licenciement prononcé à l'encontre d'un salarié, sans que la preuve d'une faute lourde puisse être rapportée contre lui, est **nul** de plein droit, ouvrant ainsi au salarié la possibilité d'exiger sa réintégration dans l'entreprise.

Cet alinéa, ajouté par la loi du 25 juillet 1985 « *portant diverses dispositions d'ordre social* », traduit le souci du législateur de privilégier l'emploi à l'argent, ce qui permet ainsi au salarié d'exercer son droit de grève sans crainte. Rien n'est en effet plus dissuasif de l'exercice du droit de grève que le risque d'un chômage subséquent. En revanche, le salarié, conscient que son emploi lui restera acquis après le conflit (sauf faute lourde), n'hésitera pas à cesser provisoirement le travail pour obtenir satisfaction de ses revendications.

Il convient toutefois de modérer cet élan généreux du législateur. Certes, l'alinéa 3 de l'article L. 521-1 autorise le salarié licencié à demander en justice sa réintégration. Mais l'obtiendra-t-il des juges ? L'expérience pratique montre que l'intéressé a davantage intérêt à présenter une demande en indemnisation du préjudice subi : il a beaucoup plus de chances d'obtenir gain de cause.

Chapitre 2

Le lock-out

Le lock-out peut se définir comme la fermeture provisoire de l'entreprise décidée volontairement par le chef d'entreprise.

1. Les applications pratiques
2. Les effets du lock-out

1. Les applications pratiques

Cette initiative patronale peut être motivée par le souci de déjouer une grève imminente, – cas de lock-out préventif – ou de riposter à une grève déclarée, – cas de lock-out défensif.

1.1 Lock-out préventif

Parmi les obligations contractuelles qui pèsent sur le chef d'entreprise, il y a notamment celle de fournir du travail aux salariés qu'il emploie. Le lock-out de l'entreprise traduit une inexécution de cette obligation engageant alors la responsabilité contractuelle de l'employeur qui se trouve tenu en conséquence de payer les heures de travail perdues.

La jurisprudence accepte, toutefois, de légitimer le lock-out préventif lorsqu'il se révèle être la solution de dernier recours, pour éviter tout risque grave d'atteinte à la sécurité des biens et des personnes.

Les juges feront naturellement une appréciation très stricte des circonstances de l'espèce afin d'éviter une utilisation abusive du lock-out préventif.

> *Exemple (Cass. soc., 8 décembre 1977) :*
>
> À la suite d'un conflit mené sous forme de débrayages tournants, la direction de la société avait informé le personnel, qu'en raison des exactions commises ce jour-là au siège du syndicat patronal et des actions annoncées par tract dans l'entreprise pour le lendemain, le chantier serait fermé deux jours pour l'ensemble du personnel « afin d'assurer la sécurité des personnes et des biens ».
>
> De tels actes de violence et de déprédation « d'une extrême gravité », joints à l'annonce de poursuite de l'action sous des formes différentes, avaient pu constituer pour l'employeur non la simple crainte d'événements futurs et incertains, mais un risque connu contre lequel il avait pu, sans commettre de faute contractuelle, se prémunir pour protéger les membres du personnel continuant le travail.

1.2 Lock-out défensif

Le lock-out défensif n'est légitimé par les juges que lorsqu'ils constatent que l'employeur se trouvait, par suite de la grève, dans une « situation contraignante » le mettant dans l'impossibilité absolue de fournir un quelconque travail aux non-grévistes.

Exemple (Cass. soc., 26 octobre 1976) :

Divers mouvements de grève tournante s'étaient succédés presque continuellement pendant plusieurs semaines, notamment dans un atelier de tôlerie occupant environ 600 salariés, ce qui avait entraîné nécessairement une paralysie croissante de la fabrication, puis l'arrêt total de l'atelier de tôlerie pendant 15 jours. Plusieurs centaines de salariés non-grévistes s'étaient trouvés ainsi sans travail, la société ne pouvant leur fournir un travail de remplacement.

Appréciant la situation, les juges ont effectivement estimé que l'employeur s'était bien trouvé dans l'impossibilité de fournir du travail aux non-grévistes, qu'il était donc libéré de toute obligation de salaire (peu importait que les salariés aient ou non manifesté leur intention de travailler).

2. Les effets du lock-out

Le lock-out reconnu, fondé dans les conditions que nous avons présentées, dispense l'employeur du paiement des salaires. Cet effet justifie, rappelons-le, une appréciation juridictionnelle très stricte de la licéité du lock-out.

Le lock-out non justifié laisse subsister à la charge de l'employeur l'obligation de payer les heures de travail perdues aux salariés « lock-outés ».

Conclusion

En rédigeant ce livre, nous ne pouvions avoir la prétention de répondre à chacune des multiples questions que la pratique ne cesse de faire surgir. Nous espérons néanmoins avoir attiré l'attention des chefs d'entreprise et cadres de gestion (futurs et en exercice) sur les principaux aspects du droit du travail qu'ils peuvent rencontrer dans l'exercice de leurs fonctions.

Nous n'insisterons jamais assez sur la nécessité qu'il y a aujourd'hui de se doter d'une formation de base en droit du travail, formation devant aboutir, comme nous l'avons souligné dans l'introduction de cet ouvrage, à l'acquisition de ***réflexes préventifs*** indispensables à une meilleure maîtrise des relations de travail dans l'entreprise. Il s'agit là d'une donnée de base essentielle si l'on veut parvenir à développer progressivement une compréhension plus efficace au sein de la collectivité de travail que constituent les niveaux hiérarchiques et subordonnés au sein de l'entreprise.

Que de situations, bénignes au départ, se sont transformées en « événements sociaux » particulièrement fâcheux, uniquement par une absence de connaissances élémentaires en droit du travail !

L'ignorance doit être formellement condamnée en la matière : elle contient les germes de la paralysie et du blocage. En revanche, la volonté de s'informer constitue déjà en elle-même un facteur de progrès social. Souhaitons que ce livre puisse contribuer à *la développer* !

Index

R

S

T

U

Table des tableaux

Table des matières

Partie 2
LA RELATION INDIVIDUELLE DE TRAVAIL

Partie 3
LA RÉGLEMENTATION DU TRAVAIL

Partie 4
LES RELATIONS COLLECTIVES AU SEIN DE L'ENTREPRISE

Partie 5
LES CONFLITS COLLECTIFS